国家社会科学基金重大项目成果

民族地区深度贫困大调查与巩固脱贫攻坚成果研究

李俊杰　李波　吴海涛　耿新　王鑫 / 著

民族出版社

前　言

人类社会诞生以来，从未停止过与贫困斗争的脚步，人类社会的发展史可以看作一部从落后、愚昧走向繁荣、文明的反贫困史。

人类因生存的贫困，被迫从树上到地面，从爬行到直立，学会了制造工具捕猎、打猎，逐步发展成今天的人类。原始社会末期，随着生产力不断增加，开始出现相对剩余产品，继而私有制在人类社会得到确立，产生社会阶级和剥削制度，人类社会关于富裕与贫困出现第一次大分野。

进入 18 世纪尤其是第一次工业革命以后，依附于落后生产方式的自耕农阶级消失了，工业资产阶级和无产阶级形成和壮大起来，加快了贫困问题由个人原因向社会问题的转向，“有产者”的富有和“无产者”的贫穷开始引起国家和社会的广泛关注，贫困现象作为社会问题开始进入大众视野。1899 年，英国企业家和管理学家本杰明·西伯姆·朗特里（Benjamin Seebohm Rowntree）在伦敦进行了大范围的工人阶级生活状况调查，并于 1901 年呈献著作《贫穷：城镇生活研究》，首次提出了将贫困线作为贫困测量的标准，开启了贫困问题研究的先河。当贫困成为资本主义社会普遍存在的现象时，西方经济学、社会学领域出现了贫困研究的热潮，有关贫困问题的存在、界定、测量、解释、缓解和消除策略等开始成为贫困研究领域的重要议题和内容，他们围绕“贫困现象—贫困内涵—贫困原因—贫困测量、贫困类型和特征—减缓和消除贫困—反贫困效果评估—贫困与发展问题的进一步反思”形成了贫困与贫困治理理论研究演进和发展的逻辑主线。

我国贫困治理战略总体特征是以经济建设发展为基础，以国家强有力的扶贫政策为主导，并随着经济体量的增大而越来越走向深入和精细，走出了一条具有中国特色的扶贫道路。

从历史看，新中国成立之初到改革开放，扶贫道路主要处于社会主义现代化探索下的救济式政策阶段，改革开放至 1985 年期间则处于制度改革下的缓贫式政策阶段。随着改革开放的持续深入，扶贫进程走入经济起飞下的开发式政策阶段。2000年后，随着我国经济的快速发展，社会面貌焕然一新，扶贫道路发展到经济快速发展下的区域中心式政策阶段。精准扶贫政策提出后，扶贫工作走入全新的发展阶段——经济结构性改革下的精准式政策阶段，在现行标准下消除绝对贫困，全面建成小康社会成为我国最重要的发展目标之一，扶贫进程加速开展，农村贫困人民的幸福生活迎来了史无前例的机遇。

2020年11月23日，贵州省人民政府发布公告宣布，紫云县、纳雍县、威宁县、赫章县、沿河县、榕江县、从江县、晴隆县、望谟县9个县退出贫困县序列，标志着我国832个贫困县全部脱贫，脱贫攻坚取得了最终的胜利，但同时也要清醒地看到原深度贫困地区的脱贫成果较为脆弱，返贫风险依然较为严峻。我国原深度贫困地区主要分布在“三区三州”①。“三区三州”原深度贫困地区是少数民族人口聚居地区，集自然灾害频发区、边境开发地区、生态脆弱与资源保护区、连片特困区于一体，又是我国重要的农牧交错带、文化富集区和开放前沿阵地，贫困程度深、贫困面广、致贫因素复杂、扶贫成本高、脱贫难度大，是脱贫攻坚的硬骨头和防止返贫的重点地区。原深度贫困地区的贫困特征主要表现为“两高、一低、一差、三重”（即贫困人口占比高、贫困发生率高，人均可支配收入低，基础设施和住房差，低保五保贫困人口脱贫任务重、因病致贫返贫人口脱贫任务重、贫困老人脱贫任务重）。

本课题以在决胜全面小康和脱贫攻坚期间党中央提出的“深度贫困”为研究视角，以陷入深度贫困的民族地区为研究区域，以大规模田野调查为主要研究手段，利用理论与实证相结合的方法，探究民族地区深度贫困的现状、特征、成因机理以及脱贫成效，在此基础之上，对民族地区深度贫困的形成进行系统性分析，总结提炼“三区三州”脱贫减贫的历史成功经验，并为防止发生规模性返贫提供方向指引和理论借鉴。

一、民族地区深度贫困大调查

对民族地区深度贫困进行总体分析后发现，随着民族地区扶贫工作的持续展开，不同历史阶段中民族地区贫困特征也在不断发生变化。自2012年以来，我国扶贫进程拉开了新的篇章，扶贫政策、脱贫资金持续投入到贫困地区的脱贫攻坚计划中，尤其是精准扶贫战略提出后，民族地区深度贫困治理不断推进。

① “三区”是指西藏自治区，青海、四川、甘肃、云南四省藏区以及南疆的和田地区、阿克苏地区、喀什地区、克孜勒苏柯尔克孜自治州四地州；“三州”是指四川凉山州、云南怒江州、甘肃临夏州。

在这一时期，民族地区深度贫困总特征主要为：生态环境脆弱，发展与保护两头难；产业升级受限，投入要素落地融合难；过度依赖帮扶，内生动力激发难；营商环境落后，乡村创业维持难等方面。分析全国贫困县脱贫前后的经济发展趋势，发现贫困县在“脱贫摘帽”的时间节点前后呈现出经济发展趋势的不平稳波动特征。较晚脱贫的深度贫困县在离开扶贫政策集中帮扶后，经济增长出现较为明显的下滑趋势。但总体来说，聚焦原深度贫困地区脱贫攻坚以来，原深度贫困地区扶贫政策对当地的脱贫攻坚发展起到了至关重要的作用，地区的社会经济水平得到显著提高。

课题组所开展的民族地区深度贫困大调查全面覆盖“三区三州”，通过各地扶贫建档立卡信息系统，抽样获取9.30万户贫困户信息资料；课题组入户调查1800余户，获取有效调查信息1722户，有效率为93.74%；同时，收集20万字左右地方政府部门工作分析报告以及近90余场次座谈访谈记录等。基于调研问卷和数据，发现不同地区深度贫困特征存在一定区别，脱贫的途径也各有不同。

近年来，西藏除拉萨以外，其余各市的人口均有所降低，人口流失严重，劳动力不足等问题日益凸显；精准扶贫以来，西藏生产总值、一般公共预算收入年均分别增长7.14%、8.80%，但生产总值和人均生产总值增速总体呈现逐年递减态势。产业结构不断优化，但第三产业增速相比于一、二产业较慢。农村居民收入增长稳定，脱贫成效显著，2019年底实现了全部贫困县摘帽脱贫。精准扶贫初期，西藏贫困发生率明显高于全部片区平均水平，贫困整体集中性、区域连片性、高寒特殊性的特征十分明显。对阿里地区、林芝市、昌都市、拉萨市、那曲市、日喀则市、山南市等7个地区46个县建档立卡户进行调查分析，结果表明，文化程度低，小学及以下占比均高于80%；农业就业占比高，阿里地区、拉萨市、林芝市、昌都市、日喀则市、山南市、那曲市被调查农户农业就业占比分别高达99%、68.75%、80%、83.78%、87.67%、99%、71.87%；未拥有技能的比例高，除拉萨市和昌都市外，其他五个地区均高于90%。生产生活条件方面，2017—2019年有83.5%的农户家庭人均纯收入呈现上升或平稳态势，返贫和持续贫困的家庭存在人均纯收入逆增长的现象；三年间存在欠款的家庭数有所下降，存在欠款的家庭占比26.8%；衣着支出的分布集中度不高，耐用品支出在家庭中具有一定的周期性，文化娱乐支出占比与食物支出比重的分布密度具有较大偏差；22.3%的家庭参加了扶贫互助资金组织，23.9%的家庭参加了农业合作组织；仍有22.1%的家庭饮水存在困难现象，

2.1%的农户反映饮水安全性问题，70.5%的农户以柴草、农作物秸秆、干畜粪为主要生活燃料。脱贫认知与意愿方面，64.2%的农户认为政府对待扶贫非常重视，在扶贫满意度调查中觉得非常满意和满意的农户家庭占比分别为47.4%和43.4%，90.3%的农户认为从现行的扶贫政策中享受到了实惠，而22.9%的农户认为扶贫政策仍然存在漏掉或错置现象。政策参与及评价方面，绝大多数农户都认为政策较多地改善了生活质量和生活条件；1.7%的农户认为其生产条件和子女教育没有得到改善，在各类没有改善的评价中位居第一。通过进一步多维测度与分解研究，我们发现西藏农户家庭教育、生产力水平、社会保障等维度的相对落后程度较深，相对贫困发生率达到41.09%。社会保障缺失对相对贫困影响效应最高达到43.5%，其次是生产力落后对相对贫困发生的影响效应达26.6%，家庭负债对相对贫困影响达到10%。家庭生产投入提升有效地促进了生产力水平的提高，进而显著地抑制家庭相对贫困状态的发生。从脱贫成效来看，西藏形成了产业脱贫、技能扶贫、“党支部+贫困户”、社会保障扶贫等四类典型模式，在蔬菜产业助力脱贫、旅游扶贫、优秀干部带领方面形成了典型案例。

2013—2018年南疆四地州[①]在全国、新疆、全部片区中，农村居民可支配收入净增加和增幅均为最高，南疆四地州的农村贫困人口及贫困发生率稳步缩小，居民的收入稳步增长、生活水平明显提高。在所调研的77户家庭样本中，发现农户对各项脱贫攻坚政策实施的满意度整体达到了96%以上，尤其是义务教育减免、卫生和计划生育、新型养老保险等指标的满意度占比均超过98.8%，其中义务教育减免政策实施满意度高达100%。对驻村工作队工作满意度（包括满意和一般满意）综合评价高达99.6%，其中对驻村工作队开展扶贫项目建设、维护社会稳定两项指标满意度均达到了100%。总体来看，南疆四地州农户的农作物种植种类较为单一（仅种植一类和二类作物农户占比64.6%），易受自然环境的影响，生计脆弱性突出。有96.60%的样本农户没有安装互联网宽带，80%以上农户都使用柴草作为生活燃料，较为方便和清洁的生活能源还未广泛使用。通过对南疆四地州原深度贫困地区建档立卡贫困户数据进行多维贫困测度发现，教育依旧是该地区贫困发生的主要原因，生产技能掌握、户主健康情况也较大程度影响着贫困居民的发展。边疆地区的深度贫困治理面临更多的复杂成因和实施阻碍，南疆四地州主要采用对口支援帮扶、就业扶贫、数据

① 南疆四地州是指和田地区、阿克苏地区、喀什地区、克孜勒苏柯尔克孜自治州。

扶贫等模式有针对性地展开帮扶工作。整体来说，南疆四地州的营商环境较为落后，企业的融资渠道狭窄、精深加工产业发展滞后，服务文旅产业的基础设施仍有待加强。

云南怒江州是原深度贫困地区之一，96%以上的独龙族、90%以上的怒族、98%以上的普米族、67%以上的傈僳族群众都曾处于贫困状态。2015—2019 年，怒江州贫困发生率从 2015 年的 33. 1%减少到 2019 年的 10%，但每年发生率远高于全国平均水平。迪庆州 2011 年贫困发生率曾达 63. 7%，少数民族贫困人口占全州贫困人口的 93%，“直过民族”贫困人口占全州贫困人口的 54%。典型地区调查结果表明，2019 年泸水市建档立卡人口中，文化程度占比依次为小学（39. 8%）、初中（17. 9%）、文盲或半文盲（12. 5%）；普通劳动力占比最高（59%），其他依次为无劳动力（占 34. 9%）、丧失劳动力（4. 2%）；“健康”占比高达 90%，其次为“长期慢性病”占 5%，“残疾”占 4. 2%，“患有大病”占 0. 7%；参加大病医疗和安全饮用水覆盖率 100%；内生动力不足和生产生活条件滞后是主要致贫原因（因缺技术致贫、交通条件落后致贫、自身发展动力不足致贫占比分别为 51. 54%、14. 2%、13. 2%，三项合计 78. 94%）。通过对云南原深度贫困地区建档立卡贫困户数据进行多维贫困测度发现，教育落后是制约贫困人口发展的主要原因，生产能力欠缺、户主非健康的情况也在较大程度上影响着贫困居民的发展，而因房屋条件与生活条件致贫的情况较少。云南省针对民族地区深度贫困治理，采取了易地扶贫搬迁、产业就业扶贫、教育健康扶贫、基础设施保障等多方位的扶贫手段，当地贫困乡村的风貌明显改善、产业组织化水平得到稳步提升。

四川省原深度贫困县有 45 个，主要是凉山州的 11 个县、阿坝州的 13 个县和甘孜州的 18 个县以及乐山市的 3 个区县，四川三州是我国脱贫攻坚的重难点地区之一。四川民族地区的生产总值呈现逐步增加的趋势，2012—2020 年年均增长率约为 7. 09%，但低于全国和四川同期平均水平。四川省的连片特困地区在地理上表现出边缘性特征，四川原深度贫困地区的贫困问题呈现出明显的区域整体性特征，不仅表现在收入贫困上，更表现在受教育程度、基本公共服务的获得等方面，呈现出多维贫困的特点。从微观调查结果来看，小学及以下学历占比为 83. 73%；贫困农户仍然是以经营第一产业作为主要的生计方式，主要职业是务农的占比为 67. 22%；仅有 14. 11%的农户具备专业技能；77. 99%的参加了新型合作医疗，61. 48%参加了城乡基本养老保险，贫困户的社会保障依旧还具有可发展的空间。有 24. 14%的农户认为政府非常重视农村的扶贫工作；

27.59%的农户认为政府重视农村的贫困问题，并且也实施了相应的扶贫措施；48.28%的农户认为政府只是一般或不重视农村扶贫。91.43%的农户认为帮扶措施充分降低了他们的医疗负担，68.57%的农户认为帮扶措施对于提升其生活质量和改善交通条件有明显作用，但仅有37.14%的受访农户认为帮扶措施能够增加农户的收入渠道和收入。受访农户对于“五个一批”政策效果的评价情况中，最为满意的政策是“生态补偿脱贫一批”政策和“发展教育脱贫一批”政策，分别有65.71%和60%的农户表示满意。满意程度最低的政策是“易地搬迁脱贫一批政策”，仅有2.86%的农户表示很满意。从贫困总体特征来看，主要是区域性和整体性凸显、边缘性与统一性凸显、多维贫困特征凸显。根据多维贫困测度结果可以发现，四川三州贫困农户因缺乏生产能力致贫的比重最高，其次是教育资源欠缺导致贫困，房屋安全与生活条件致贫的情况占比较少。从贫困成因来看，发展资金欠缺占比高达57.66%。四川三州在完善基础设施建设、加快发展特色产业、补齐社会保障短板等方面形成了典型脱贫模式，并涌现一批典型脱贫案例。

青海省下辖6个藏族自治州，是我国除西藏外第二大藏族聚居区，是集中连片特困地区——四省涉藏地区的重要组成部分，集西部地区、民族地区、贫困地区典型特征于一身。在以易地扶贫搬迁和产业扶贫为主的国家各类扶贫政策推动下，青海涉藏地区经济发展较快，投资、金融、旅游、边境贸易发展迅速，贫困地区面貌大为改观，贫困人口生活水平显著提升。基于调研数据进行相对贫困测度发现，青海省原深度贫困地区收入贫困发生率达到13.94%，脱贫形势依旧严峻，总体贫困发生率排序为：教育（94.47%）>健康（27.1%）>收入（13.94%）>住房（6.49%）>饮水情况（5.14%）。在巩固脱贫攻坚的关键时期，仍需关注青海涉藏地区的诸多返贫现存风险，主要在于当地农民巩固脱贫成果的主动意识不足和提升家庭生产力水平的动力较弱两个方面。根据青海省尖扎县、泽库县、共和县和兴海县建档立卡贫困户数据，采用A-F方法测算了四县单维贫困发生率和多维贫困指数，并在此基础上，通过构建OLS（普通最小二乘）和Logit（离散选择）模型分析了青海省四县多维贫困的影响因素。研究结果表明，教育是致贫的主要原因，户主性别、年龄和劳动能力、家庭人数、家庭属性、医疗及基础设施建设等均在不同程度上影响了单维贫困和多维贫困的发展。青海省在解决区域性整体贫困、农民收入水平提升、“两不愁三保障”全面实现方面取得了显著成效，形成了易地扶贫搬迁、产业脱贫等方面脱贫模式，在产业发展、党建引领、增强内生动力等方面涌现了一批典型脱贫案例。

甘肃省原深度贫困地区主要分布在六盘山、秦巴山特困片区和涉藏地区。2017—2019年，临夏州贫困发生率连续三年高于民族地区贫困发生率的两倍多。2015—2017年临夏州的贫困发生率高于全国水平的三倍多，2018年高于全国贫困发生率的五倍多，可见贫困程度之深。甘肃原深度贫困地区多分布在民族地区，贫困与传统文化、民族文化相互交织，生态保护同经济发展的矛盾突出，贫困程度深，致贫原因复杂，脱贫难度大。总体贫困特征表现为：贫困发生率高，贫困村占比高；受教育水平低，内生动力不足；生态环境脆弱，基础设施薄弱；农村产业化水平低，农户增收困难；返贫时有发生，巩固脱贫成果难度大。通过微观调查结果表明，农户属性普遍为一般户和贫困户，家庭经济条件较为低下，生活状况普遍较差；不同县市的农户收支情况差异较大，在农户的各项支出中生产支出居首位，医疗支出及食物支出和衣着支出也有较高水平，农户的文化娱乐支出水平较低；农户普遍从事种植业及养殖业2—3类，占比高达59.42%。98.55%的农户认为政府在扶贫方面是很重视的，65.22%的农户认为政府在扶贫层面非常重视。97.83%的被调研农户对政府实施的扶贫政策持满意态度，其中59.42%的农户对政府政策实施是非常满意的。33.23%的农户在加大教育、医疗、社保等扶贫投入力度方面认知程度最高，其次有19.17%的农户对提高扶贫金额标准方面有认知。在此基础上对甘肃省原深度贫困地区建档立卡贫困户进行多维贫困测度发现，甘肃省贫困县域教育资源缺乏、发展水平落后的现状长久制约着贫困居民的发展，谋生能力欠缺、住房安全保障缺乏、不能及时就医的问题也普遍存在。甘肃原深度贫困地区充分发挥政策的作用，通过资金、技术、教育、人才等资源的投入，区域发展水平和人民生活水平得到显著提高，完成了脱贫攻坚的伟大历史任务，实现了消除绝对贫困的总体目标。

二、巩固脱贫成果与衔接乡村振兴

乡村振兴战略以建立健全城乡融合发展为目标，以解决人民日益增长的美好生活需要和不平衡不充分发展之间的矛盾为宗旨，是更好实现“两个一百年”奋斗目标和全体人民共同富裕的必然要求。原深度贫困地区的现实基础和乡村振兴战略目标之间存在巨大鸿沟，如何巩固脱贫攻坚成果并衔接乡村振兴值得学术界的进一步探讨。我国民族地区在国家各项政策帮扶下，已经消除了绝对贫困并全面建成了小康社会，但主要基于“输血式”的扶贫短期取得成效，脱贫的稳定性并不高，一旦政策摘帽或者农户因突发疾病、丧失劳动力、缺乏内生动力等，脱贫人口极有可能返贫。在这期间多种贫困因素相互交织而出现贫困的新样态。要摆脱贫困的新样态，就需要把扶贫方式由“输血式”转变为“造血式”，构建一套完整的稳定脱贫机制来巩固脱贫成果，走出“贫困—扶贫—脱贫—返贫”怪圈，将返贫风险消灭在萌芽状态。

纵观我国消除绝对贫困的历史道路，9899 万农村贫困人口全部脱贫，832 个贫困县全部摘帽，12.8 万个贫困村全部出列。这些数字的背后彰显着脱贫攻坚战役的艰难与可贵，同时也显现出我国历史上深度贫困的程度之深，在决战决胜之后依然存在着诸多返贫风险。尤其民族地区的原深度贫困地区，巩固跨越成果的障碍因素值得密切关注。从原深度贫困地区的地理区域分布来看，大多位于自然条件恶劣的山区地带，多数原深度贫困县的地理位置和多样化的地质地貌，导致地震、干旱、洪涝、泥石流等自然灾害频发。从地区经济发展方面的数据来看，区域性整体上的绝对贫困已经得到解决，但地区经济之间发展水平差距仍然比较大。就业扶贫取得了巨大的成就，但仍然存在脱贫人口就业能力与社会需求不匹配、就业培训针对性不强和公益性岗位设置不合理等方面的问题，需要得到长期的关注。

通过系统研究民族地区消除绝对贫困的历史路径，课题组发现路径主要在于四个方面，即制度保驾护航、产业支撑发展、教育强基固本、文化托举特色。在过去的三十年里，世界上大多数经济体的个人收入分配不平等加剧，这也使得包括我国在内的部分国家相对贫困情况依然复杂。尽管我国相对贫困的治理在国家层面上暂时没有统一的部署与政策设计，但是我国东部沿海省份以及西部的中心城市已经开始相关的探索与实践，这些探索与实践为 2020 年后我国相对贫困长效治理的路径选择积累了宝贵的经验。2020 年后，在基本公共服务没有实现普惠化、均等化以及城镇化没有完成的条件下，我国应制定多维相对贫困标准，在确保“两不愁三保障”可以实现的基础上，进一步弥合脱贫攻坚和乡村振兴之间政策差异、目标差距，筑高、加固、提升原深度贫困地区脱贫基座，为更好赓续乡村振兴蓄积力量。

目 录

第一章 研究的理论基础与基本框架 …… (1)
第一节 研究背景 …… (1)
第二节 研究地域及对象 …… (17)
第三节 国内相关研究的学术史梳理 …… (23)
第四节 国外相关研究的学术史梳理 …… (40)
第五节 研究意义及价值 …… (46)
第六节 研究内容与思路方法 …… (50)

第二章 民族地区深度贫困阶段特征与脱贫演进 …… (56)
第一节 民族地区深度贫困的阶段特征 …… (56)
第二节 民族地区深度贫困的治理与脱贫演进的实证研究 …… (69)

第三章 西藏自治区深度贫困大调查与脱贫现状 …… (85)
第一节 西藏自治区总体概况 …… (85)
第二节 西藏深度贫困大调查 …… (97)
第三节 西藏自治区脱贫现状 …… (121)

第四章 南疆四地州深度贫困大调查与脱贫现状 …… (138)
第一节 南疆四地州总体概况 …… (138)
第二节 南疆四地州贫困大调查 …… (144)
第三节 南疆四地州贫困治理的主要实践和现状分析 …… (163)

第五章 云南省深度贫困大调查与脱贫现状 …… (179)
第一节 云南省原深度贫困地区总体概况 …… (179)

第二节　云南省深度贫困大调查 …………………………………（195）
第三节　云南省原深度贫困地区脱贫现状 ……………………………（204）

第六章　四川三州深度贫困大调查与脱贫现状 ……………………（220）
第一节　四川三州总体概况 ……………………………………（220）
第二节　四川三州深度贫困大调查 ………………………………（235）
第三节　四川三州脱贫现状 ……………………………………（252）

第七章　青海涉藏地区深度贫困大调查与脱贫现状 ………………（260）
第一节　青海涉藏地区总体概况 …………………………………（260）
第二节　青海涉藏地区深度贫困大调查 ……………………………（269）
第三节　青海涉藏地区脱贫现状 …………………………………（279）

第八章　甘肃深度贫困大调查与脱贫现状 …………………………（291）
第一节　甘肃省原深度贫困地区概况 ………………………………（291）
第二节　甘肃省深度贫困大调查 …………………………………（311）
第三节　甘肃省原深度贫困地区脱贫现状 ……………………………（338）

第九章　原深度贫困地区脱贫路径与实践借鉴 ……………………（356）
第一节　原深度贫困地区消除绝对贫困的制度路径 ……………………（356）
第二节　原深度贫困地区消除绝对贫困的产业路径 ……………………（360）
第三节　原深度贫困地区消除绝对贫困的教育路径 ……………………（365）
第四节　原深度贫困地区消除绝对贫困的文化路径 ……………………（370）
第五节　原深度贫困地区稳定脱贫的实践借鉴 …………………………（373）

第十章　民族地区巩固拓展脱贫攻坚成果的障碍因素 ………………（384）
第一节　自然因素限制，巩固脱贫成果存在困难 ………………………（386）
第二节　经济发展水平制约，持续增收效力不足 ………………………（392）
第三节　社会发展程度偏低，可持续发展保障不足 ……………………（399）
第四节　历史文化因素影响，自我发展动能不足 ………………………（405）
第五节　生态扶贫矛盾凸显，易地搬迁增收有困难 ……………………（408）

第十一章　巩固脱贫攻坚成果与乡村振兴有效衔接的建议 ……………… (412)
第一节　巩固脱贫攻坚成果与乡村振兴有效衔接的内在逻辑 ………… (413)
第二节　巩固脱贫攻坚成果与乡村振兴有效衔接的作用机制 ………… (441)
第三节　巩固脱贫攻坚成果与乡村振兴有效衔接的对策建议 ………… (449)

参考文献 …………………………………………………………………… (458)
后　记 ……………………………………………………………………… (471)

第一章　研究的理论基础与基本框架

第一节　研究背景

一、国际背景

人类社会发展经过农业革命、工业革命、信息革命以及新技术革命，每次革命都伴随着世界经济的壮大和社会财富的增加。然而，与此形成鲜明对比的却是贫富差距日趋凸显。

进入 21 世纪，全球经济以每年 2 万亿美元均速增长（图 1-1）。但是近年

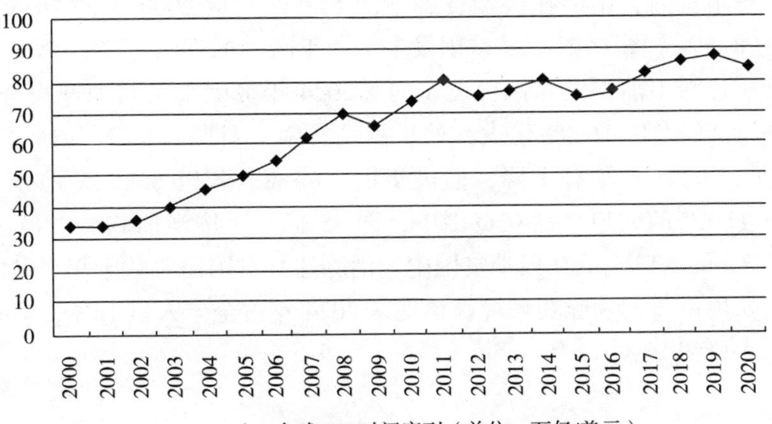

图 1-1　2000 年以来全球 GDP 时间序列

数据来源：世界银行官方网站，https：//data. worldbank. org. cn/indicator/NY. GDP. MKTP. CD？ end = 2020&start = 2000；该数据按照现价美元计算。

来，随着“新冠疫情”肆虐，全球经济进入萎靡期，劳动力市场紧缺、供应链挑战和通胀压力持续上升，经济复苏正面临重大阻力。联合国发布的2022年度《世界经济形势与展望》报告称，由于新冠疫情持续、劳动力市场问题、持续的供应链挑战和通胀不断增加，全球经济面临着较大压力。

《世界经济形势与展望》显示，在2021年全球经济增长5.5%后，2022年和2023年全球经济增长将会降至4%和3.5%。2021年全球经济增长由强劲的消费者需求及部分货物交换投资带动，但主要经济体在2021年底增长均减缓。因此，单从人均GDP增长率来看，新冠疫情对世界经济的影响更甚于一场金融危机。根据世界银行公布的数据，2019年全球人均GDP增长率为1.48%，2020年受新冠疫情影响，人均GDP增长为-4.39%，创1961年以来增长率新低，与2008年金融危机影响下2009年人均GDP增长率-2.5%相比，还要低近1.9个百分点，当下全球经济停滞甚至倒退的现状无疑给反贫困事业带来更大困难。

2015年9月25日，世界各国领导人在联合国签署了《2030年可持续发展议程》，该议程是继《联合国千年发展宣言》到期之后指导全球2015—2030年发展的纲领性目标指导文件。该《议程》继续将解决全球贫困问题作为各国发展的主要目标之一。“在世界各地消除一切形式的贫困”位列17项目标之首，充分说明解决全球贫困问题的迫切性和贫困本身的顽固性。

在全球范围内，生活在极端贫困中的人口比例从2000年的28.8%下降到2024年的8.5%（图1-2）。从贫困发生率历年减少的程度可知，全球减贫速度放缓至几乎停滞不前。世界银行发布的《2024年贫困繁荣与地球报告》显示，2004年约8.5%人口16.92亿人，处于极端贫困（日收入低于2.15美元），虽较2019年（8.8%）稍有下降，但进步近乎停滞。若以6.85美元/天为标准，全球仍有43.6%的人口生活在贫困中，即35亿人。按当前趋势，预计到2030年仍有7.3%的人口生活在极端贫困中，消除这种贫困需要数十年。贫困主要集中在撒哈拉以南非洲和脆弱环境。该地区2024年占全球人口16%，却有67%的极端贫困人口。①

① 世界银行：《2024年贫困、繁荣与地球报告》，https://www.worldbank.org/en/publication/poverty-prosperity-and-planet.

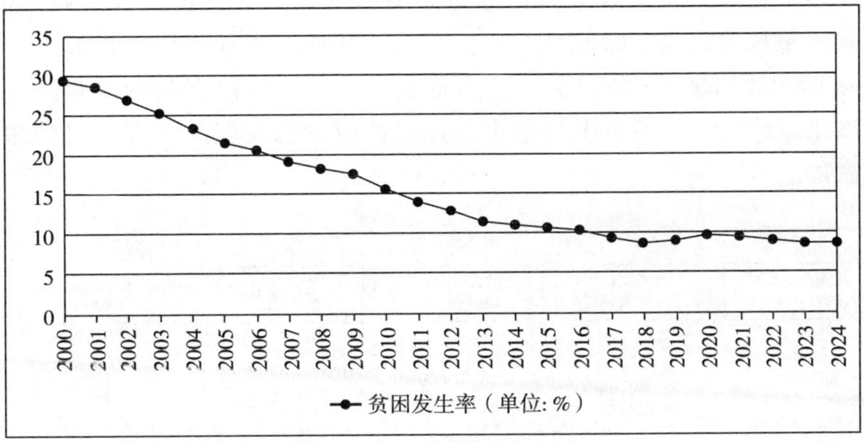

图 1–2 2000 年以来全球贫困发生率

数据来源：世界银行官方网站：https：//data. worldbank. org. cn/topic/11. 该数据是按照每天 2. 15 美元每天所衡量的贫困现状。

二、国内背景

（一）政策背景

2020 年底，随着脱贫攻坚工作的全面胜利，我国创造了前所未有的大规模减贫和民生进步的奇迹。国务院新闻办公室 2021 年 4 月发布《人类减贫的中国实践》白皮书，指出现行贫困标准下 9899 万农村贫困人口现已全部脱贫，832 个贫困县全部摘帽，12. 8 万个贫困村全部退出贫困行列，贫困地区农村居民人均可支配收入从 2013 年的 6079 元增长到 2020 年的 12588 元，年均增长高达 11. 6%。实施农村饮水安全和巩固提升工程，累计解决 2889 万贫困人口的饮用水安全问题，3. 82 亿农村人口受益；贫困地区自来水普及率从 2015 年的 70% 提高到 2020 年的 83%，6098 万贫困人口参加了城乡居民基本养老保险，基本实现了应保尽保。①

纵观我国的扶贫史，可谓波澜壮阔。本书尝试以我国经济建设和社会发

① 凤凰网：《人类减贫的中国实践》白皮书（全文），https：//news. ifeng. com/c/85DUUSxdQBe。

展为主线，将我国扶贫政策阶段划分为救济式政策阶段、缓贫式政策阶段、开发式政策扶贫阶段、区域中心式扶贫政策阶段、精准式扶贫政策阶段（如图 1-3 所示）。同时，我们也能清晰地发现，每个阶段有其亟需解决的不同程度贫困现象，我国的贫困问题也是在接续政策的实施之中逐步得到缓解乃至消融的。

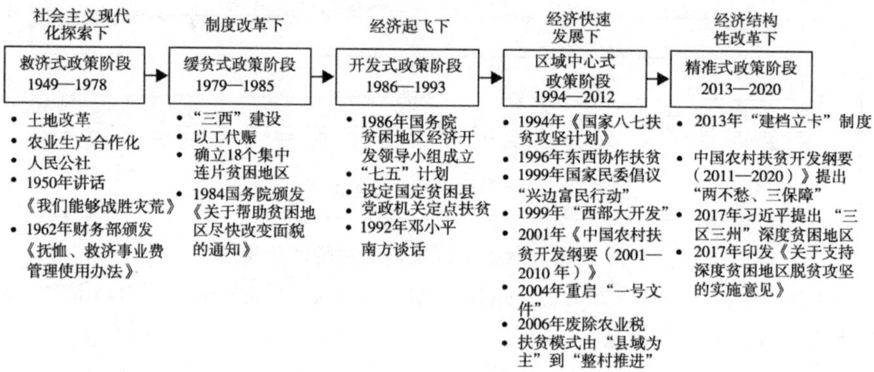

图 1-3　扶贫政策演变图

1. 社会主义现代化探索下的救济式政策阶段（1949—1978 年）

救济式扶贫被形象地描述为输血式保生存型扶贫，是以政府为主体，以国家财政为支撑，以财政补贴、实物救济为主要手段的政策体系。从 1949 年到 1978 年，中国农村经济的发展经历了三个阶段：土地改革、农业生产合作化、人民公社。在这个过程中，建立了农村土地制度、农村分配制度和农产品流通制度等基本农村经济发展制度。这些制度的确立，为恢复我国农村经济的发展和缓解当时因战争、封建制度所造成的农村普遍贫困起到了积极作用。

1950 年 4 月 26 日，时任内务部长的谢觉哉在中国人民救济大会上发表的讲话——《我们能够战胜灾荒》表达了新中国成立初期扶贫工作的基调和思想基础。他提出“政府的钱、粮，即是人民的钱、粮”①，调集资源实施贫困救济是合情合理、毋庸置疑的。赈济灾荒是新中国成立后农村扶贫工作的重中之重，也是几千年来中国社会福利思想的一种延续。此时期是中国进行工业化和现代化建设的初期，农村土地改革和农业技术进步改善了贫困农户以土地为核心的

① 雷明、李浩、邹培：《小康路上一个也不能少：新中国扶贫七十年史纲（1949—2019）——基于战略与政策演变分析》，载《西北师大学报》（社会科学版），2020，57（1），118~133 页。

资产状况，提高了农民收入和福利水平，具有明显的扶贫效果。

1962年，内务部、财政部颁发了《抚恤、救济事业费管理使用办法》，对合理、及时地使用抚恤费、救济事业费，保证农村社会保障工作起到了很重要的作用。但是，由于我国学习苏联模式优先发展重工业，贯彻的是农业为国家现代化提供原始积累的宏观发展战略，“以农养工”和价格“剪刀差”现象造成我国农村的普遍贫困，加上后来连续的自然灾害，严重约束了农民生产的积极性，土地生产效益持续下降。

总体来说，此时期我国采取的城乡隔离政策和城市、工业优先发展政策以及逐步形成的“城乡二元”体制、“以村养城”等措施最终成为我国农村长期贫困的制度性根源。因此，此阶段的扶贫政策也主要体现为计划经济下的救济式保生存型扶贫。

2. 制度改革下的缓贫式政策阶段（1979—1985年）

改革开放和农村经济的快速发展，为农村创造了大规模减贫的宏观环境。随着家庭联产承包责任制的建立，农产品价格政策的改革、户籍制度的松动等措施开展，农村劳动力的积极性进一步激活，富余劳动力得到转移。在扶贫政策上，主要有以下几方面措施。

第一，三西建设。1982年12月10日，国务院决定开启“三西”（甘肃河西地区、定西地区、宁夏西海固地区）农业建设计划，专项拨款20亿（每年2亿元），建设期10年。提出“3年停止破坏，5年解决温饱，2年巩固提高”的目标。在实施过程中，制定了“兴河西之利，济中部之贫”的发展战略，特别是对“一方水土养不活一方人”的特殊干旱地区，摸索出了“水路不通走旱路，旱路不通另找出路”的经验，实施了大规模的自愿移民搬迁。“三西”建设开启了我国区域性扶贫之先河，为之后有计划、有组织、大规模的全国性扶贫开发积累了丰富经验。

第二，以工代赈。1984年，国家计划委员会（现“国家发展和改革委员会”）实施以工代赈计划，它是要求救济对象通过参加必要的社会公共工程建设而获得赈济实物或资金的一种带救济性质的扶贫方式。以工代赈是以开发贫困地区剩余劳动力为手段，以缓解和最终消除贫困为目的，通过实物或现金的投入，使贫困地区基础设施条件得到改善，同时为贫困地区和贫困人口的经济发展创造一个相对优越的外部环境，进而提高贫困地区经济自我增长的能力。

第三，18个集中连片贫困地区的确定。据统计，1985年中国农村人均纯收入206元以下的贫困人口有1.25亿，占当时农村总人口的14.8%，其中近4000

万人的年均纯收入不足50元，占农村人口总数的4.4%。[①] 这些贫困人口居住较为集中，相当一批是革命老区、少数民族地区和边远地区，因而人们将这些地区习惯上称为“老、少、边、穷”地区。这些地区包括东部的两个地区：沂蒙山区、闽西南和闽东北地区；中部的七个地区：努鲁尔虎山区、太行山区、吕梁山区、秦岭大巴山区、武陵山区、大别山区、井冈山区和赣南地区；西部的九个地区：定西干旱山区、西海固地区、陕北地区、西藏地区、滇东南地区、横断山区、九万大山地区、乌蒙山区、贵西北地区。

第四，扶贫政策的初步确定。1984年9月29日，国务院颁发了《关于帮助贫困地区尽快改变面貌的通知》，明确强调解决贫困地区的问题要突出重点，集中力量解决18个连片贫困地区的问题。从此，“连片贫困地区”的概念正式确立。该《通知》明确了一系列优惠政策，如延长垦荒耕地承包时间，在一定年限内减免农业税等；提出凡国营企业单位无力经营或经营不好的山场、水面、矿藏，可以由农民承包经营；一切农、林、牧、副土特产品，包括粮食、木材、毛竹等，都不再实行统派统购的方式，改为自由购销等。

此时期，中国农村贫困状况得到快速缓解，农民收入迅速增长。农村居民家庭年人均纯收入由1979年的160.7元增加到1985年的397.6元，增长了147.42%。扣除价格上涨因素的影响，实际增长了87.23%，年均增长11.02%。[②] 1986年，我国尚存在温饱问题的贫困人口数量在1978年的2.5亿人的基础上缩减了一半，平均每年减少1786万人，贫困人口占农村人口比例从1978年的31%下降到14.8%，中国减贫出现了历史性的突破。

3. 经济起飞下的开发式政策阶段（1986—1993年）

1986—1993年间，随着我国对外开放的深入，基本形成“经济特区—沿海开放城市—沿海经济开放区—沿江和内陆开放城市—沿边开放城市”这样一个宽领域、多层次、有重点、点线面结合的全方面对外开放新格局。到1993年，我国的对外开放城市已遍布全国所有省区，真正进入了改革开放新时代。此外，1989年末和1990年，中央政府实施了一系列的刺激经济的政策措施，包括放宽信贷控制、提高农产品价格、降低人民币汇率。特别是1992年邓小平同志南方谈话以后，与之相配套的改革方案也同时摆上了议程，此后经济增长势头更加

① 国家统计局住户调查办公室编：《中国农村贫困监测报告》（2020），北京，中国统计出版社，2021。

② 张磊：《中国扶贫开发政策演变》（1949—2005年），64页，北京，中国财政经济出版社，2007。

迅猛。我国人均地区生产总值迎来新中国成立以来第一次快速发展，由1986年的973元增加到1993年3027元，增加了211.10%，年均增长率为17.60%。人们越来越认识到，经济的增长和发展是解决贫困问题的根本之策和力量来源。如果没有持续扩大的“蛋糕”，解决贫困问题也将会是无源之水、无本之木，最终成为一场杀富济贫、削峰填谷的“零和”博弈。世界银行的研究也表明，经济增长1%，农村贫困人口可以减少0.8%，经济的发展可以通过涓滴效应和增长极的扩散效应使贫困群体受益。

第一，扶贫机构的建立。1986年5月16日，国务院贫困地区经济开发领导小组成立，下设办公室（简称“扶贫办”）处理日常工作。扶贫办的设立，标志着中国开发式扶贫的正式开始，扶贫工作也步入规范化、机构化、专业化。至此，我国扶贫工作实现了两个转变，一是由道义性扶贫向制度性扶贫转变，扶贫工作有了具体的组织机构，帮助贫困地区脱贫成为政府不可推卸的责任；二是由救济性扶贫向开发性扶贫转变，扶持贫困人口脱贫致富工作成为一项独立的社会工程。

第二，扶贫目标群体瞄准机制的起始。1986年，中央政府第一次确定了国定贫困县标准。以县为标准，1985年年人均纯收入低于150元的县和年人均纯收入低于200元的少数民族自治县；对民主革命时期做出过重大贡献、在海内外有较大影响的老区县，给予重点照顾，放宽到年人均纯收入300元。在我国扶贫史上具有重要意义的《国家八七扶贫攻坚计划》重新调整了国定贫困县的标准。具体标准是：以县为单位，凡是1992年年人均纯收入低于400元的县全部纳入国家贫困县扶持范围，凡是1992年年人均纯收入高于700元的原国定贫困县，一律退出国家扶持范围。根据这个标准，列入《国家八七扶贫攻坚计划》的国家重点扶持的贫困县共有592个，分布在27个省（自治区、直辖市）。国家重点扶持贫困县数量较多的省区是：云南（73个）、陕西（50个）、贵州（48个）、四川（43个）、甘肃（41个），数量较少的省区是：广东（3个）、浙江（3个）、吉林（5个）、海南（5个）。从集中连片的角度看，这些贫困县主要分布在18个贫困地区。

第三，党政机关定点扶贫。定点扶贫是指党政机关、企事业单位和社会团体利用自己的资源，定点扶持部分国定贫困县。定点扶贫工作机制从最初1986年的10个中央政府部门开始进行定点扶贫工作，发展到2000年共有138个中央党政机关、企事业单位和社会团体参与定点扶贫工作，共扶持了350个贫困县。至2002年，国家确定了272个中央部委和企事业单位定点帮扶481个国家扶贫开发工作重点县。2010 年 7 月，中共中央办公厅、国务院办公厅印发《关于进一步做好定点扶贫工作的通知》，提出中央和国家机关各部门各单位、人民团体、参照公务员法管理的事业单位、国有大型骨干企业、国有控股金融机构、国家重点科研院校、军队和武警部队，均应参加定点扶贫工作，承担相应的定点扶贫任务，并提出定期选派德才兼备、具有发展潜力和培养前途的优秀中青年干部赴定点扶贫地区挂职扶贫。2012 年 11 月，国务院扶贫办、中组部等八部门联合印发了《关于做好新一轮中央、国家机关和有关单位定点扶贫工作的通知》，确定了新一轮定点扶贫结对关系，第一次实现了定点扶贫工作对国家扶贫开发工作重点县的全覆盖，并要求选派德才兼备的优秀中青年干部赴定点扶贫地区挂职扶贫。2015 年 8 月，国务院扶贫办、中组部等九部门联合下发了《关于进一步完善定点扶贫工作的通知》，对定点扶贫结对关系进行了局部调整，调整后参与定点扶贫的中央、国家机关和有关单位共 320 个，帮扶全国 592 个国家扶贫开发工作重点县，并要求选派优秀干部赴定点扶贫县挂职，可担任县委或县政府副职，分管或协助分管扶贫工作，不占领导班子职数，定期轮换，轮换时间一般为 1 至 3 年。2017 年 8 月，国务院扶贫开发领导小组印发了《中央单位定点扶贫工作考核办法（试行）》，从帮扶成效、组织领导、选派干部、督促检查、基层满意情况、工作创新六个方面对包含中央企业在内的中央单位实施年度考核，确保了中央单位开展定点扶贫工作的主动性和实效性。

第四，人口流动机制进一步健全。1993 年 11 月 3 日，十四届中央委员会第三次全体会议通过《中共中央关于建立社会主义市场经济体制若干问题的决定》，提出“鼓励和引导农村剩余劳动力逐步向非农产业转移和地区间有序流动”。同年 12 月，劳动部印发《关于建立社会主义市场经济体制时期劳动体制改革总体设想的通知》，明确提出“要打破统包统配的就业政策，破除妨碍劳动力在不同所有制之间流动的身份界限……建立公平竞争的劳动力市场，还要逐步打破城乡之间、地区之间劳动力流动的界限”。至此，我国农村富余劳动力得到完全释放，我国也步入“人口红利”回报最丰厚的时期。

1986—1993 年是我国开发式扶贫工作的全新阶段。这一时期，随着经济的起飞，尤其东、中部地区经济的快速发展，我国贫困分布与之前相比有一些新的变化，表现为“三个凸显”：一是在地域上，西部地区和边远地区贫困人口凸显；二是地形上，深山区和高海拔地区脱贫难度凸显；三是在民族上，少数民族贫困人口占比凸显。“三个凸显”充分说明了该阶段我国扶贫事业取得的进步，是我国扶贫事业走向更加深入和扶贫政策走向成熟必然会出现的阶段，也是我国从整体性贫困走向区域性贫困的必然阶段，成为今后扶贫政策和扶贫资金走向更加精准的现实基础。另外，值得一提的是1987年10月底，《关于加强贫困地区经济开发工作的通知》提出了“扶贫落实到户”的口号，致力于提高扶贫对象的瞄准精确性。贫困户、五保户、救济户等我们今日耳熟能详的概念出现在这一《通知》中，也彰显了个体贫困的层次差异和程度差异。

4. 经济快速发展下的区域中心式政策阶段（1994—2012年）

该阶段涉及时间长，针对贫困群体政策多，脱贫人口数量大，但是综合来看，该阶段是以区域（县、村）为中心的阶段。1993年，我国人均全年GDP为3027元，经过近20年的发展，到2012年我国人均全年GDP为39771元[①]，比1993年增长了12倍。2001年，我国加入世贸组织标志着我国市场与国际市场的对接和全面融入经济全球化的浪潮之中。来料加工、来件装配等贸易业务使得东部经济快速发展，但也同时凸显出了区域和地区之间发展的不平衡，东西部之间的差距开始显现并进一步扩大。东部地区与其他地区的GDP之比由1978年的0.71∶1发展到1997年的1.15∶1，城乡居民收入之比由1986年的2.13∶1发展到1999年的2.65∶1。

在贫困人口方面，截至1992年底，依据年人均纯收入320元的标准，全国尚有8065.5万名农村居民生活在贫穷的困境之中。这些贫困人口集中分布在深山区、荒漠区等自然、生态条件险恶的偏远地区的592个贫困县中。

1999年，中共十五届四中全会通过《中共中央关于国有企业改革和发展若干重大问题的决定》，提出实施“西部大开发”战略。2003年，中共中央、国务院发布《关于实施东北地区等老工业基地振兴战略的若干意见》。此阶段，国家对“三农”的政策持续向好。2002年，《全面建设小康社会，开创中国特色社会主义事业新局面》报告提出要在21世纪的前20年全面建成小康社会。2004年，在时隔18年后，中央重启以“一号文件”发布指导“三农”问题发展的传统，充分说明“三农”对于我国经济发展的决定性地位和第一产业在脱贫致富中的基础性地位。2005年，中共十六届五中全会提出建设以“生产发展、生活宽裕、乡风文明、村容整洁、管理民主”为目标的社会主义新农村。2006年，国家废除农业税，我国延续两千多年的农业税走到尽头。此外，还有粮食、良种直补、退耕还林、退牧还草，义务教育，农村社会保障，农基建设等利农惠农政策的实施，全方位、多渠道来减少我国贫困人口。

① 国家统计局：https：//data. stats. gov. cn/search. htm？s=%E4%BA%BA%E5%9D%87GDP。

（1）以县域为中心的政策阶段（1994—2000年）

1986年，我国第一次制定国定贫困县标准。按照该标准，我国有258个贫困县入列。1994年，国家颁布《国家八七扶贫攻坚计划》，调整了贫困县标准，27个省（自治区、直辖市）的592个贫困县入列该《计划》。该《计划》明确确定了中央财政、信贷等扶贫资金要重点投放到国定贫困县。该《计划》是中国历史上第一个有明确目标、明确对象、明确措施、明确期限的扶贫纲领性的文件，在我国反贫史上具有重要指导和奠基作用。“八七”的含义是指对当时全国农村8000万贫困人口的温饱问题，要集中人力、物力、财力，动员社会各界力量，力争用7年左右的时间（从1994年到2000年）基本解决。以该计划的公布实施为标志，我国的扶贫开发进入攻坚阶段。该《计划》指出20世纪80年代中期以来，国家在全国范围内开展了有组织、有计划、大规模的扶贫工作，实现了从救济式扶贫向开发式扶贫的转变。该《计划》要求到20世纪末，通过依托资源优势等途径，充分利用信贷优惠政策、财税优惠政策、经济开发优惠政策，解决8000万贫困人口的温饱问题，减少返贫人口。该《计划》提出“资金到省、权力到省、任务到省、责任到省”，即“四到省”的工作原则，省长（自治区主席）负责制的工作方针，使我国扶贫工作不仅有了责任单位，更有了责任人。这一阶段还提出了“东西协作扶贫”和“兴边富民行动”。

1996年，国务院扶贫领导小组在全国扶贫工作会议上决定让东部沿海的13个发达省市分别对口帮助西部的10个贫困省和自治区，并做出了具体的帮扶安排。东西协作扶贫是“八七扶贫攻坚计划”实施期间提出的一项措施，其目的是动员东部发达省市的力量对口支持贫困地区的发展和贫困人口的脱贫。东西协作扶贫开展的20年来，东部省市向西部10个省区市共提供财政援助132.7亿元，帮助修建农村公路2.15万千米，援建卫生院（所）1690个……真金白银解决实际困难，缓解脱贫瓶颈。①

1999年，国家民委联合国家发展改革委、财政部等部门倡议发起“兴边富民行动”，其宗旨是通过强化政府组织领导，广泛动员全社会参与，加大对全国2.2万千米陆地边境上的135个边境县的投入，使边境地区尽快发展起来，边民尽早富裕起来，在发展中进一步增强爱国主义情感和加强各民族大团结，最

① 《兄弟携手共奔全面小康——全国东西扶贫协作工作20年综述》，见人民网，http://finance.people.com.cn/n1/2016/0720/c1004-28567815.html。

终达到富民、兴边、强国、睦邻的目的。[①]

以县域为中心的扶贫机制是区域瞄准的初始阶段。该瞄准机制虽然进一步瞄准了贫困群体，在一定程度上做到了对症下药，降低了管理成本，但是以国定贫困县为标准和依据的扶贫资源配额，会产生对国定贫困县的非贫困人口的“富配”和非国定贫困县的贫困人口的“漏配”。此外，据统计，1994—2000年间，中央总计下发1240亿元资金用于专项扶贫贷款、以工代赈和财政发展及新增财政扶贫资金等三项扶贫投资计划。[②] 但因农户缺乏还款能力和抵押之物，大部分扶贫资金流向实体经济，以推动区域产业、企业发展来涓滴农户和穷人，事实证明该做法对农户效果不大。在以县域为中心的扶贫机制下，扶贫资源没有真正做到“物尽其用”，不利于真正的贫困人口脱贫，同时也影响了扶贫政策的公平公正性。

（2）以村为单位的政策阶段（2001—2012年）

进入21世纪，我国基本完成“八七扶贫攻坚计划”，绝对贫困人口下降到3000万人左右，贫困人口温饱问题基本解决。我国贫困样态随之也出现新变化，贫困人口更加集中聚居在更小的地理范围内，贫困人口的分布从区域分布逐渐转向为点状分布，贫困人口在空间上更加分散。同时由于《国家八七扶贫攻坚计划》的实施极大地缓解了农村贫困问题，国定县的贫困人口数量和比例下降非常迅速，如果仍然坚持县级瞄准机制，势必会造成扶贫资源的渗漏和扶贫“靶心”的偏离，因此，在《中国农村扶贫开发纲要》的指导下，扶贫瞄准方法开始向村级瞄准调整。我国开始了以“整村推进”作为扶贫工作的主要理念和方法，扶贫资源到村到户。以村级扶贫规划为内容的整村推进的实施，标志着中国扶贫工作在实际操作中，将资金分配开始由县级瞄准向村级瞄准转移。国际经验也表明，贫困人口越少，扶贫措施越要精细化、对标化，越要向微观层面趋近。在扶贫政策上，此阶段主要体现在以下几方面。

2001年5月，召开第三次中央扶贫工作会议，对21世纪前10年的农村扶贫开发工作进行了全面部署。会后，颁布了《中国农村扶贫开发纲要（2001—2010年）》。该《纲要》提出尽快解决少数贫困人口温饱问题，进一步改善贫困地区的基本生产生活条件，巩固温饱成果，提高贫困人口的生活质量和综合

---

① 赵薇：《“兴边富民行动”正式启动》，载《民族团结》，2000（3），4页。

② 雷明、李浩、邹培：《小康路上一个也不能少：新中国扶贫七十年史纲（1949—2019）——基于战略与政策演变分析》，载《西北师大学报》（社会科学版），2020，57（1），118~133页。

素质，加强贫困乡村的基础设施建设，改善生态环境，逐步改变贫困地区经济、社会、文化的落后状况，为达到小康水平创造条件。该《纲要》指出扶贫工作的基本方针是坚持开发式扶贫方针，强调以经济建设为中心，以市场为导向发展生产力是贫困地区脱贫致富的根本出路，也是扶贫工作必须长期坚持的基本方针。该《纲要》规定今后一段时期内，我国扶贫工作的组织领导是“省负总责，县抓落实，工作到村，扶贫到户”。这些措施也是组织实施好扶贫任务的重要保障。

针对我国新时期出现的人才结构性短缺和结构性失业问题，2004 年，国务院扶贫办出台《关于加强贫困地区劳动力转移培训工作的通知》，2007 年出台《关于在贫困地区实施“雨露计划”的意见》《贫困青壮年劳动力转移培训工作实施指导意见》，着力提高贫困地区人力资本，以此来缓解东部制造业市场劳动力不足、广大西部地区存在大量农村剩余劳动力就业困难的就业失衡困境。

5. 经济结构性改革下的精准式政策阶段（2013—2020 年）

“精准扶贫”是“粗放扶贫”的对称，是针对不同贫困区域环境、不同贫困农户状况，运用科学有效程序对扶贫对象实施精确识别、精确帮扶、精确管理的治贫方式。一般来说，精准扶贫主要是就贫困居民而言的，谁贫困就扶持谁。《2012 中国可持续发展战略报告》指出，按 2011 年提高后的贫困标准（农村居民家庭人均纯收入 2300 元人民币/年），我国还有 1. 28 亿的贫困人口。可以看出，在这一阶段，扶贫瞄准机制越发精细，开始注重对贫困户和贫困人口的关注。2013 年设立的“建档立卡”制度，对人均纯收入低于 2736 元的 8249 万农民进行网络化动态管理。其实施步骤是以“户”为单位，包括规模分解、初选对象、公示公告、结对帮扶、制定计划、填写手册、数据录入、联网运行、数据更新等九个阶段。它被形象地称为“鱼鳞册”①，为精准扶贫提供数据支撑②。一户一册（策）进行动态化数据处理，极大方便了政府部门的监管和政策的实施。

这一阶段的扶贫政策深刻体现在《中国农村扶贫开发纲要（2011—2020 年）》中。多年来我国扶贫取得的一些良好举措在该《纲要》中得到延续并在考虑新阶段贫困样态的基础上，提出了针对性措施。该《纲要》提出到 2020 年

① 鱼鳞册是中国古代官府为征收赋税而编造的土地档案，因档案中所绘田亩依次排列似鱼鳞而得名。

② 新华社国家高端智库：《中国减贫学——政治经济学视野下的中国减贫理论与实践》，14 页，新华出版社，2021。

我国扶贫开发针对扶贫对象的总体目标是："稳定实现扶贫对象不愁吃、不愁穿，保障其义务教育、基本医疗和住房"（简称"两不愁三保障"）。2015年11月召开的中央扶贫开发工作会议再次强调"十三五"期间脱贫攻坚的目标是，到2020年稳定实现农村贫困人口不愁吃、不愁穿，农村贫困人口义务教育、基本医疗、住房安全有保障，同时实现贫困地区农民人均可支配收入增长幅度高于全国平均水平、基本公共服务主要领域指标接近全国平均水平。

该《纲要》把贫困程度比较深、相对连片的特困地区作为扶贫开发主战场，以此解决存在已久的区域发展差异问题。把连片特困地区作为扶贫开发主战场是扶贫工作"缩小范围、加大力度"的体现，扶贫攻坚力度在这些地方将更大，扶贫开发工作也会更加有效。2017年6月，在扶贫进入全面攻坚阶段和全面建成小康社会的关键时期，习近平总书记主持召开原深度贫困地区脱贫攻坚座谈会并发表重要讲话，就攻克坚中之坚、解决难中之难、坚决打赢脱贫攻坚战作出部署安排。同年11月，中共中央办公厅、国务院办公厅印发《关于支持原深度贫困地区脱贫攻坚的实施意见》，指出西藏、四省涉藏地区、南疆四地州和四川凉山州、云南怒江州、甘肃临夏州（简称"三区三州"），以及贫困发生率超过18%的贫困县和贫困发生率超过20%的贫困村是脱贫攻坚进程中的"坚中之坚、难中之难"的深度贫困区。该《意见》要求新增脱贫攻坚资金、项目、举措都将主要用于原深度贫困地区。

该《纲要》提出的"三位一体"（专项扶贫、行业扶贫、社会扶贫）扶贫工作格局逐渐清晰并走向深化。专项扶贫、行业扶贫、社会扶贫互为支撑、共同推进的大扶贫格局逐步形成。2015年，习近平总书记在减贫与发展高层论坛的讲话中指出："我们坚持动员全社会参与，发挥中国制度优势，构建了政府、社会、市场协同推进的大扶贫格局，形成了跨地区、跨部门、跨单位、全社会共同参与的多元主体的社会扶贫体系。"从这一变化中可以看出，扶贫格局在强调政府作用的同时，要求社会、市场参与其中，尤其在党的十八届三中全会之后，有效市场和有为政府配合有力社会，共同主导扶贫资源的分配和生成。

（二）现实背景

2020年11月23日，贵州省人民政府宣布紫云县、纳雍县、威宁县、赫章县、沿河县、榕江县、从江县、晴隆县、望谟县等9个县退出贫困县序列。至此，我国832个贫困县全部脱贫，历史性地解决了困扰中华民族几千年的绝对贫困问题，提前10年实现联合国2030年可持续发展议程的减贫目标。这是

“21 世纪最伟大的世界故事之一”，将成为全球反贫困事业的教科书。[①] 我国脱贫攻坚取得决定性胜利，但原深度贫困地区返贫风险依然严峻。

1. 脱贫攻坚取得决定性胜利

据《国家脱贫攻坚普查公报（第三号）》显示，在产业帮扶政策上，建档立卡以来，享受过产业帮扶政策的建档立卡户 1465. 8 万户，占全部建档立卡户 98. 9%。其中，在项目资金、实物等帮扶下，独立发展产业 1146. 4 万户；农民合作社、龙头企业等新型经营主体带动 1076. 5 万户；技术指导或技术培训 1064. 8 万户；获得信贷资金扶持 548. 6 万户。在就业帮扶政策上，建档立卡以来，有家庭成员享受过就业帮扶政策的建档立卡户 1390. 6 万户，占全部建档立卡户的 93. 8%。其中，参加职业技能培训 929. 5 万户，就读技工学校 47. 6 万户，参加过招聘会或得到过政策咨询、职业指导、岗位信息推荐等就业服务 1199. 9 万户，享受过创业扶持 212. 5 万户，在公益岗位工作过 409. 8 万户，在扶贫车间工作过 80. 5 万户，享受过外出务工交通补贴 330. 9 万户。在健康帮扶政策上，建档立卡以来，有家庭成员享受过健康帮扶政策的建档立卡户 1476. 6 万户，占全部建档立卡户的 99. 6%。其中，享受医保扶贫参保缴费补贴 1456. 4 万户，县域内住院“一站式”结算服务 938. 1 万户，高血压、糖尿病、肺结核、严重精神障碍等四类慢性病家庭医生签约服务 513. 8 万户。在教育帮扶政策上，建档立卡以来，有家庭成员享受过学生资助政策的建档立卡户 807. 1 万户。其中，学前教育幼儿资助 273. 6 万户，义务教育阶段家庭经济困难学生生活补助、营养膳食补助 621. 2 万户，普通高中免学杂费 191. 1 万户，中等职业学校免学费 103. 9 万户，国家助学金 275. 0 万户，国家助学贷款 85. 8 万户，雨露计划 160. 7 万户。在危房改造政策上，建档立卡户全面实现住房安全有保障，其中建档立卡以来享受过危房改造政策的建档立卡户 626. 2 万户：危房改造维修加固 186. 6 万户，危房改造拆除重建 360. 9 万户，集体公租房、幸福大院等其他危房改造政策 78. 7 万户。在易地扶贫搬迁政策上，建档立卡以来，易地扶贫搬迁的建档立卡户 207. 7 万户。搬迁后建档立卡户享受了后续帮扶政策。在社会保障政策上，截至 2020 年 9 月底，建档立卡贫困人口中，纳入最低生活保障范围 1109. 0 万人，纳入农村特困人员救助供养范围 73. 9 万人，参加城乡居民基本养老保险 3844. 7 万人，领取基本养老金 1017. 0 万人。

---

① 新华社国家高端智库：《中国减贫学——政治经济学视野下的中国减贫理论与实践》，1 页，新华出版社，2021。

2. 原深度贫困地区返贫风险依然严峻

按现行国家农村贫困标准测算，2010 年全国农村贫困人口 1.66 亿人，贫困发生率 17.2%。从 2010 年到 2019 年全国农村贫困人口共减少 1.60 亿人，年均减贫人口规模 1780 万人；贫困发生率下降 16.6 个百分点，年均下降 1.8 个百分点。据《2020 年中国农村贫困监测报告》显示（见表 1-1），至 2019 年全国一半以上的农村贫困人口仍集中在西部地区。2019 年，东部地区农村贫困人口 47 万人，贫困发生率为 0.1%，贫困人口占全国农村贫困人口的比重为 8.5%；中部地区农村贫困人口 181 万人，贫困发生率为 0.6%，贫困人口占全国农村贫困人口的比重为 32.9%；西部地区农村贫困人口 323 万人，贫困发生率为 1.1%，贫困人口占全国农村贫困人口的比重为 58.7%。

2019 年，在中央和各地的大力支持下，深度贫困区贫困人口大幅减少，贫困发生率显著下降。然而，截至 2019 年底，“三区三州”还有建档立卡贫困人口 43 万，贫困发生率达 2%，其中，云南怒江州高达 10.09%。[①] 因此可以说，原深度贫困地区是否能脱贫，是全国扶贫“一盘棋”的关键一步，关系到我国全面建成小康社会目标是否能如期实现，其重要性不言而喻。在防返贫风险上，原深度贫困地区的遭遇风险时的抗逆力，脱贫户自我发展能力、可行能力、内生动力等内容是应该重点关注的焦点，最大限度增强原深度贫困地区脱贫的韧性。

表 1-1　2010—2019 年分地区农村贫困人口状况

年份	贫困人口规模（万人）			贫困发生率（%）		
	东部	中部	西部	东部	中部	西部
2010	2587	5551	8429	7.4	17.2	29.2
2011	1655	4238	6345	4.7	13.1	21.9
2012	1367	3446	5086	3.9	10.6	17.5
2014	956	2461	3600	2.7	7.5	12.4
2015	653	2007	2914	1.8	6.2	10.0
2016	490	1594	2251	1.4	4.9	7.8
2017	300	1112	1634	0.8	3.4	5.6

① 魏后凯：《高质量打好脱贫攻坚收官之战》，载《农村工作通讯》，2020（4），33~34 页。

续表

年份	贫困人口规模（万人）			贫困发生率（%）		
	东部	中部	西部	东部	中部	西部
2018	147	597	916	0.4	1.8	32
2019	47	181	323	0.1	0.6	1.1

数据来源：《中国农村贫困监测报告 2020》。

2021 年中共中央国务院发布《关于实现巩固拓展脱贫攻坚成果同乡村振兴有效衔接的意见》，指出以下五点：一要建立健全巩固拓展脱贫攻坚成果长效机制。保持主要帮扶政策总体稳定。过渡期内严格落实“四个不摘”要求，摘帽不摘责任，防止松劲懈怠；摘帽不摘政策，防止急刹车；摘帽不摘帮扶，防止一撤了之；摘帽不摘监管，防止贫困反弹。二要健全防止返贫动态监测和帮扶机制。对脱贫不稳定户、边缘易致贫户，以及因病因灾因意外事故等刚性支出较大或收入大幅缩减导致基本生活出现严重困难户，开展定期检查、动态管理，重点监测其收入支出状况、“两不愁三保障”及饮水安全状况，合理确定监测标准。建立健全易返贫致贫人口快速发现和响应机制，分层分类及时纳入帮扶政策范围，实行动态清零。三要巩固“两不愁三保障”成果。落实行业主管部门工作责任。健全控辍保学工作机制，确保除身体原因不具备学习条件外脱贫家庭义务教育阶段适龄儿童少年不失学辍学。有效防范因病返贫致贫风险，落实分类资助参保政策，做好脱贫人口参保动员工作。建立农村脱贫人口住房安全动态监测机制，通过农村危房改造等多种方式保障低收入人口基本住房安全。巩固维护好已建农村供水工程成果，不断提升农村供水保障水平。四要做好易地扶贫搬迁后续扶持工作。聚焦原深度贫困地区、大型特大型安置区，从就业需要、产业发展和后续配套设施建设提升完善等方面加大扶持力度，完善后续扶持政策体系，持续巩固易地搬迁脱贫成果，确保搬迁群众稳得住、有就业、逐步能致富。提升安置区社区管理服务水平，建立关爱机制，促进社会融入。五要加强扶贫项目资产管理和监督。分类摸清各类扶贫项目形成的资产底数。公益性资产要落实管护主体，明确管护责任，确保继续发挥作用。经营性资产要明晰产权关系，防止资产流失和被侵占，资产收益重点用于项目运行管护、巩固拓展脱贫攻坚成果、村级公益事业等。确权到农户或其他经营主体的扶贫资产，依法维护其财产权利，由其自主管理和运营。可以看出，虽然我国已经解决了绝对贫困问题，但是基于部分地区尤其是深度贫困区返贫风险的考量，设置5年过渡期，过渡期内继续实施“四个不摘”。

第二节　研究地域及对象

本课题聚焦党中央提出的“深度贫困地区”。2017年6月，习近平总书记在山西省太原市主持召开原深度贫困地区脱贫攻坚座谈会。同年10月，中国共产党第十九次全国代表大会在北京召开。党的十九大报告着重强调要集中力量重点攻克原深度贫困地区脱贫攻坚任务，确保脱贫目标的实现。习近平总书记在报告中将“精准脱贫”列为决胜全面建设小康社会的三大攻坚战之一，明确提出“打好精准脱贫攻坚战，要把扶贫和扶志、扶智结合起来，进一步向深度贫困地区聚焦发力，重点攻克深度贫困地区脱贫任务”。同年11月，中办、国办联合下发《关于支持深度贫困地区脱贫攻坚的实施意见》明确了深度扶贫的主要对象：贫困发生率超过18%的贫困县，贫困发生率超过20%的贫困村以及西部少数民族聚居地区的“三区三州”（见表1-2）。

表1-2　“三区三州”原深度贫困地区范围及2020年人口情况

片区	地区	省（自治区）	州、市（县）	面积（万平方千米）	人口（万人）	县数（个）
“三区”	西藏	西藏	拉萨市、日喀则市、昌都市、林芝市、山南市、那曲市、阿里地区	122.84	365.6	74
	四省涉藏地区	四川	阿坝藏族羌族自治州、甘孜藏族自治州、木里藏族自治县	25.04	211.9	32
		云南	迪庆藏族自治州	2.39	40.03	3
		甘肃	甘南藏族自治州、武威市天祝藏族自治县	4.68	92.18	9
		青海	海北藏族自治州、黄南藏族自治州、海南藏族自治州、果洛藏族自治州、玉树藏族自治州、海西蒙古族藏族自治州	77.96	207.02	33

续表

片区	地区	省（自治区）	州、市（县）	面积（万平方千米）	人口（万人）	县数（个）
	南疆四地州	新疆	喀什地区、和田地区、克孜勒苏柯尔克孜自治州、阿克苏地区	61. 44	1033. 73	33
“三州”		四川	凉山彝族自治州	0. 82	530. 9	16
		云南	怒江傈僳族自治州	4. 91	55. 7	4
		甘肃	临夏回族自治州	1. 47	210. 98	8

资料来源：根据2021年统计年鉴或2020年统计公报整理。

一、原深度贫困区贫困概况

我国原深度贫困地区主要分布在“三区三州”，面积达301. 55万平方千米，占我国国土面积31. 30%。在致贫机理上，自然地理环境、社会环境、人文环境、经济环境等多重因素耦合交织，具有经济欠发达、发展机会欠缺、生存环境恶劣、生态环境脆弱与基础设施薄弱等典型共性特征。其中“三区”主要分布在青藏高原及周边地区，覆盖面积294. 35万平方千米、占原深度贫困地区总面积的97. 61%；“三州”主要分布在青藏高原东缘的藏彝走廊上，覆盖面积7. 2万平方千米，占比2. 39%。

从空间分布上来看，原深度贫困地区共涉及西藏、四川、云南、甘肃、青海和新疆六个省份，但主要集中在西藏、青海和新疆，分别占全国原深度贫困地区总面积的40. 74%、25. 85%、20. 38%。其中，西藏是全国唯一的省级集中连片特困地区和整体性原深度贫困地区；其次是四川、甘肃和云南，分别占全国原深度贫困地区总面积的9. 93%、1. 82%和1. 28%。

从人口比例来看，2016年底，我国原深度贫困地区总人口约2650. 68万人，占全国人口（138271万人）的1. 92%。其中，“三区”人口1906. 68万人，占原深度贫困地区总人口的71. 93%；“三州”人口744万人，占28. 07%。就涉及的省份而言，主要集中在新疆、四川和西藏，占比分别为38. 23%、26. 94%和12. 49%；其次是甘肃、青海和云南，占比分别为10. 75%、8. 13%和3. 46%[①]。

① 蓝红星：《中国深度贫困地区跨越贫困陷阱研究》，51页，载《经济管理出版社》，2019。

从贫困县的数量来看，我国原深度贫困地区共有 212 个县（市、区）。其中，“三区”有 184 个，占总数的 86.79%；“三州”有 28 个，占 13.21%。从六个省区的分布来看，首先是主要集中在西藏、四川、新疆和青海，分别为 74 个、48 个、33 个和 33 个，分别占总数的 34.91%、22.64%、15.57% 和 15.57%；其次是甘肃和云南，分别为 17 个和 7 个，占总数的 8.02%和 3.30%。

二、原深度贫困地区贫困特征

深度贫困的特征为“两高、一低、一差、三重”（即贫困人口占比高、贫困发生率高；人均可支配收入低；基础设施和住房差；低保五保贫困人口脱贫任务重、因病致贫返贫人口脱贫任务重、贫困老人脱贫任务重）。[①]“深度贫困”不仅表现为一定时间点上的收入水平低下与物质匮乏，也表现为长期性和代际性特点，短期内难以摆脱贫困，或脱贫后易返贫。“顽固性”贫困的产生往往与贫困地区或贫困人口陷入贫困恶性循环有密切关联。恶性循环的产生既与贫困人口自身的局限有关，也与恶劣的自然环境、经济发展水平低、文化观念落后、内生动力不足等结构性因素的制约有关。贫困人口自身的局限性，以及宏观结构性因素的制约都会导致贫困户难以打破贫困的恶性循环，陷入持久性贫困之中，并将贫困代际传递。

与一般贫困相比，深度贫困具有区域性、整体性、集中性特征，自然条件、经济发展、公共服务、民生水平等较差，是贫中之贫、困中之困，也是减贫的难中之难、坚中之坚。总之，原深度贫困地区贫困程度深、贫困面广、致贫因素复杂、扶贫成本高、脱贫难度大，是脱贫攻坚硬仗中的硬仗。具体来说，其主要表现在以下几个方面。

（一）贫困程度深，脱贫难度大

从贫困规模来看，截至 2016 年，“三区”仍有 175 万贫困人口，占 14 个连片特困地区贫困人口（2182 万人）的 8.02%，占全国农村地区贫困人口（4533 万人）的 3.86%。西藏是“三区”中贫困发生率最高的地区，为 13.20%；怒江州在 24 个市州中贫困发生率最高，为 30.02%；福贡县贫困发生率在 212 个县中贫困发生率最高，为 34.80%，三者分别是全国平均水平的

① 李俊杰、耿新：《民族地区深度贫困现状及治理路径研究——以“三区三州”为例》，载《民族研究》，2018（1），47-57+124 页。

2.93 倍、6.67 倍和 7.73 倍。从减贫情况来看，全部片区 2016 年较 2015 年贫困人口下降 693 万人，减贫率为 24.1%；“三区”减贫情况相对较差，减贫率为 22.6%，比全部片区低 1.5 个百分点，“三区三州”贫困帮扶工作仍需继续推进（见表 1-3）。

表 1-3　2016 年“三区”农村贫困人口变动及片区对比情况

（单位：万人;%）

地区	贫困人口			贫困发生率	
	数量	比上年下降	下降幅度	水平	比上年降幅
全国农村	4335	1240	22.2	4.5	1.2
全部片区	2182	693	24.1	10.5	3.4
西藏	34	14	28.9	13.2	5.4
四省涉藏地区	68	20	22.9	12.7	3.8
南疆三地州	73	17	19.1	12.7	3

（二）贫困类聚，贫困发生率长期不减

截至 2016 年，西藏（13.2%）、四省涉藏地区（12.7%）、新疆三地州（12.7%）的贫困发生率较高，在 14 个片区中位于第三位和第四位（并列），仅低于乌蒙山区（13.5%）与吕梁山区（13.4%）。“三区”的贫困发生率显著高于全国农村（4.5%）和全部片区（10.5%），贫困之根较深，脱贫难度较大。

为了对“三区”与其他片区的贫困水平差异做出较好分析，此处用快速聚类法进行 2016 年 14 个片区农村贫困发生率的聚类分析，结果表明：F = 85.931，Sig = 0.000，整体聚类效果较好。基于 14 个片区分项聚类所得的四种类型贫困来看（见表 1-4），“三区”均属 I 类贫困地区，其主要原因是经济发展水平较低、生态环境脆弱、贫困人口能力缺乏且素质低下等多重原因。

表 1-4　“三区”贫困水平的分类及特征

类别	片区	特征
I 类贫困	乌蒙山区、吕梁山区、西藏、四省涉藏地区、南疆三地州、六盘山区	经济社会发展落后、生态环境特殊且脆弱、贫困发生率高、贫困程度深、贫困人口多、贫困人口素质低且能力差

续表

类别	片区	特征
Ⅱ类贫困	武陵山区、秦巴山区、大兴安岭南麓山区	经济社会发展落后、生态环境脆弱、贫困发生率高、贫困面大、贫困人口多、贫困人口素质较低
Ⅲ类贫困	滇西边境地区、滇黔桂石漠化区、燕山—太行山区	经济社会发展相对落后、贫困发生率较高、贫困人口规模大
Ⅳ类贫困	大别山区、罗霄山区	经济社会发展相对落后、贫困发生率较高、贫困人口规模较大

（三）区域发展优势缺乏，发展位次差

运用主成分分析法，构建了由5个一级指标（经济发展、社会保障、生活质量、科教文卫、资源环境）、31个二级指标的自治州发展评价体系。通过测算评估各自治州经济社会综合发展水平，按评价得分高低排序对比。如表1-5所示，2015年度，凉山州相对有一定优势，但综合发展较不稳定，怒江州相对来说，劣势较为明显，临夏州绝对劣势最为突出；“三区”中的阿坝、甘孜、海南、海北、黄南、玉树、甘南、果洛、克孜勒苏等自治州处于劣势区域。①

表1-5 2015年自治州综合发展水平的区域分类及特征

类别	自治州	特征
Ⅰ类区域（绝对劣势）	甘南、临夏、果洛、克孜勒苏	自然资源和地理劣势极为明显，发展速度较为落后，且后续发展的制约因素明显
Ⅱ类区域（相对劣势）	阿坝、甘孜、怒江、海南、海北、黄南、玉树、伊犁	区位和地理劣势明显，发展基础较差，发展速度较慢，发展潜力一般
Ⅲ类区域（相对优势）	湘西、凉山、黔东南、黔西南、西双版纳、德宏、楚雄、文山、博州	相比于落后民族地区而言，区位优势和自然资源优势较为明显，发展前景比较好

① 资料来源：国家民委科研项目“‘十二五’期间我国民族自治州发展评估与同步小康研究”（项目编号：2015-GM-233）研究成果。

续表

类别	自治州	特征
Ⅳ类区域（绝对优势）	延边、恩施、黔南、迪庆、大理、红河、海西、巴州、昌吉	经济发展较好，区位优势明显，资源丰富、政策支持优势明显

如表 1-6 所示，在综合评估得分和发展排名上，“十二五”期间“三州”在全国 30 个自治州排名中处于中下游水平，2015 年凉山州第 14 名，怒江州第 25 名，临夏州第 29 名。2012 年，怒江州综合评价得分垫底。

表 1-6　“十二五”期间“三州”综合评价排名及位次变化

自治州	2010 年		2012 年		2015 年		位次变化说明
	评价得分	排名	评价得分	排名	评价得分	排名	
凉山州	35.92	14	34.28	17	64.54	14	处于中游，变化不大
怒江州	32.57	18	10.10	30	31.17	25	下降态势明显
临夏州	16.50	28	16.01	27	13.38	29	末位显著

（四）人均收入支出低下，发展质量欠佳

如表 1-7 所示，2016 年，西藏、四省涉藏地区、南疆四地州的人均可支配收入分别为 9094 元、7288 元、7868 元，为全国平均水平（12363 元）的 73.56%、58.95%、63.64%；临夏州（5680 元）、凉山州（10638 元）、怒江州（5299 元）的人均可支配收入分别为全国的 45.9%、86%、42.9%，低于全国平均水平。西藏、四省涉藏地区、南疆四地州 2016 年人均消费支出分别为 6070 元、6186 元、5512 元，较 14 个片区的总体水平（7273 元）低 1203 元、1087 元、1761 元，低于全国农村平均水平（10130 元），在 14 个片区中位于倒数前三位。

表 1-7　2016 年“三区三州”农村居民人均可支配收入和人均消费情况

地区	人均可支配收入（元）	名义增长（%）	人均消费（元）	名义增长（%）
全国农村	12363	8.2	10130	9.8
全部片区	8348	10.9	7273	10.7

续表

地区	人均可支配收入（元）	名义增长（%）	人均消费（元）	名义增长（%）
西藏	9094	10.3	6070	8.8
四省涉藏地区	7288	12.9	6186	13.8
南疆四地州	7868	11.6	5512	5.8
临夏州	5680	8.3	5079	6.5
凉山州	10368	10	8036	8.8
怒江州	5299	10.6	—	—

（五）扶贫政策依赖性与收入相关

2014 年，所调查五省涉藏地区的农牧民人均收入为 4030.41 元，较全国农村居民收入水平低 5861.59 元；收入中排在前两位的分别是户均养殖收入（占 42.19%）与种植业收入（占 34.46%），而经营性收入比例较低，为 23.35%。农牧民平均每年可获得几百元至上万元的“计划生育金”“低保金”“退耕还林补贴”“草原奖补”“农业补贴”“春节政府慰问金”等各类补贴，成为了贫困户的一笔很重要的收入，一定程度上缓解了其贫困程度。高寒涉藏地区的农牧民对扶贫政策的依赖行为、心理与其收入呈显著正相关关系，所以脱贫进展可以通过强化贫困户对扶贫政策的依赖行为与依赖心理进行。①

第三节　国内相关研究的学术史梳理

一、民族地区经济社会发展与贫困问题大调查的渊源

现代民族学是在调查研究的基础上诞生并进一步发展的。马林洛夫斯基的“参与观察”方法，对于以民族学为代表的社会科学的研究方法具有开创性意义。

① 李俊杰等：《民族地区特殊类型贫困与反贫困研究》，51 页，北京，经济科学出版社，2019。

新中国成立以来，我国一系列有利于少数民族地区和人民发展政策的提出和实施，都是基于那个时期民族工作大调查。1956—1964 年，中国历史上第一次有组织有计划开展了全国少数民族社会历史状况科学调查，这是我国第一次开展大规模、多学科的全国少数民族社会历史大调查。调查以各民族的经济结构和阶级关系为主，涉及各民族的社会历史文化情况与发展情况。在搜集获取大量资料的基础上，大调查共形成了 300 多个调查报告，并整理出版了 400 余种、6000 多万字的民族社会历史建设工程——“民族问题五种丛书”，为党和政府在民族地区开展民主改革和推动少数民族经济社会发展提供了重要依据，为民族成分的科学划定和民族自治地方的成立提供了重要支撑，也奠定了新中国民族研究事业的坚实基础。

20 世纪 90 年代初期，中国社科院民族研究所组织实施中国少数民族现状与发展调查项目，选择民族地区具有代表性的县（市、旗），即在全国各少数民族地区选择 20 个以上不同民族的调查点开展调查，各点以县、旗或县级市为基本调查单位，深入乡（镇）、村（寨）和企业、学校进行。这是党的十一届三中全会以后的第一次较大规模的综合性民族调查。调查形成了“中国少数民族现状与发展调查研究丛书”，相对全面反映了所调查地区的政治、经济、文化教育和社会各方面的现状及未来发展趋势。

1998 年，经由国家民委党组统一部署，各部门结合民族工作实际，研究制定了《民族工作调查研究组织实施方案》，分别组织 6 个调查组，由民委领导带队分赴全国 18 个省（区），分别就民族关系问题、少数民族和民族地区的发展问题、民族干部培养使用问题、科教兴国和民族文化发展问题、边境地区稳定与发展问题、民族政策与民族法规的贯彻落实等问题进行调查研究。研究中收集了大量第一手材料，并有针对性地提出了促进民族地区发展的有效政策性建议与措施，西部大开发战略决策应运而生。

2000 年 7—12 月，由国家民委牵头，联合北京大学、中央民族大学等单位，先后两次开展了“中国人口较少民族经济和社会发展调查研究”，在此基础上出版了《中国人口较少民族经济社会发展调查报告》一书以及其他一系列论著。该调研的实施，不仅带动了各级政府部门全面实施扶持人口较少民族的发展工作计划和政策、措施，同时也引起了专家学者对人口较少民族研究工作的关注。

应改革开放尤其是进入新世纪以来我国少数民族地区经济社会发展的深刻变化的时代需求，由中国社科院民族学与人类学研究所组织实施的课题《21 世纪初中国少数民族地区经济社会发展综合调查》作为国家社科基金特别委托项目、中国社会科学院创新工程重大项目获得立项，2013—2017年选择60—70个民族区域自治地方开展多学科综合调查，集体调研主要在民族地区县域区域，以召开座谈会、开展田野调查形式进行，每年动员中国社科院民族学与人类学研究所科研骨干近100人次参加专题调研，同时吸收约半数涉及全国民族研究领域的外单位科研教学人员约200人次协助，另请10余所高校师生300多人组成20余支问卷调查队协助开展问卷调查工作①，最终形成多部调研专著。课题组在充分了解民族地区的实际情况的基础上，出版的《中国民族地区经济社会调查报告》系列丛书关注民族地区发展，总结处理民族关系的经验，系统地对我国民族政策和民族工作情况进行了评价，对民族地区现代化进程中面临的突出矛盾、突出问题及经验教训进行了总结。② 其中，刘小珉利用2014年民族地区大调查数据，基于农户满意度的角度运用路径分析方法，分析了扶贫工作满意度的影响因素及其实现机制的理论框架和模式，实证研究了民族地区农村扶贫开发绩效。③ 李克强、龙远蔚、刘小珉等根据问卷调查数据形成的描述性分析报告《中国少数民族地区经济社会住户调查》反映了2011年7个民族省区城镇、农村个人及家庭样本的全面情况，旨在为学界同仁探讨少数民族和民族地区经济社会发展提供数据支持，同时也可以为政府相关部门的决策提供参考。④

2013年以来，国家民委经济司委托本课题首席专家李俊杰教授对我国民族地区经济发展状况进行全面调研，从理论与实践相结合、定量分析与定性分析相结合、指标体系与实证分析相结合、常规统计方法与社情民意调查相结合等角度，联系当前民族地区经济发展的实际，形成《中国民族地区经济发展报告（2015）》《中国民族地区经济发展报告（2016）》《中国民族地区经济发展报告（2017）》《中国民族地区经济发展报告（2018）》共4部发展报告，深入阐述民族地区经济发展现状、存在的问题，提出加快民族地区发展的政策建议。

---

① 王延中：《21世纪初中国少数民族地区经济社会发展综合调查进展与展望》，载《民族研究》，2015（5），115~120页。

② 王延中、丁赛：《中国民族地区经济社会调查报告（2015年调查问卷分析）》，北京，中国社会科学出版社，2019。

③ 刘小珉：《农户满意度视角的民族地区农村扶贫开发绩效评价研究——基于2014年民族地区大调查数据的分析》，载《民族研究》，2016（2），29~41页。

④ 李克强、龙远蔚、刘小珉：《中国少数民族地区经济社会住户调查（2013）》，北京，社会科学文献出版社，2014。

二、民族地区贫困形成机理与影响因素的分析

（一）民族地区空间地理位置禀赋的研究

三十多年的扶贫开发进程使得中国农村贫困空间分布上由原来的“大面积”向“区域性、大分散小集中”转变①。《中国农村扶贫开发纲要（2001—2010 年）》中期评估政策报告指出，当时的贫困人口分布点、片、线并存，中西部老区、少数民族地区、边境地区和特困山区（通常说老少边穷地区）中贫困人口高度集中。② 一定意义上讲，中国最主要的贫困集中区与反贫困的主战场仍然是少数民族农村地区。世界银行东亚及太平洋地区扶贫与经济管理局在对中国贫困和不平等问题评估报告中也指出，目前中国贫困人口分散在农村各地，在贫困发生率下降的同时，贫困集中度趋于下降，中国的贫困和不平等已经从地区转变为人群（世界银行东亚及太平洋地区扶贫与经济管理局，2009）。③ 众多研究表明，少数民族居住的自然地理条件紧密影响其经济发展情况，进而影响其贫困情况，空间贫困理论具有较强的说服力。④

（二）民族地区地理因素与贫困发生的空间耦合研究

空间地理因素是民族地区贫困形成的一个最重要决定因素，城乡、贫富人群之间的教育、医疗、卫生、社会保障差别，可以因空间地理位置禀赋的不同来确定。⑤ 我国有 76%的连续贫困群体居住在资源匮乏、环境恶劣的深山区、石山区、高寒山区、黄土高原地区，农户面临的风险会由于空间原因加速累积，引起贫困状况在空间上相对集中。就空间地理位置而言，自然环境恶劣区、地理位置偏僻区往往是少数民族的聚居区，这部分地区地理资本脆弱且低级，更

---

① 张磊：《中国扶贫的回顾与展望》，中国国际扶贫中心“中国扶贫经验国际研修班”，培训材料，2005-12-01。

② 刘坚：《新阶段扶贫开发的成就与挑战》《中国农村扶贫开发纲要（2001—2010 年）中期评估报告》，北京，中国财政经济出版社，2006。

③ 世界银行东亚及太平洋地区扶贫与经济整理局：《贸易前沿问题—加入 WTO 后中国面临的选择》，北京，中国商务出版社，2009。

④ 张丽君、董益铭、韩石：《西部民族地区空间贫困陷阱分析》，载《民族研究》，2015（1），25~35 页。

⑤ 张晓旭、冯宗宪：《中国人均 GDP 的空间相关与地区收敛：1978—2003》，载《经济学（季刊）》，2008（2），399~414 页。

容易促使贫困尤其是深度贫困的发生。[①]

（三）原深度贫困地区地理禀赋致贫路径研究

空间分布不均的自然地理禀赋是民族地区贫困发生的自然基础，是相对普遍、初始的致贫因子，[②] 主要体现在土地质量、地质条件和气候状况方面，如原深度贫困地区均分布于山地或高海拔地区，且普遍地质条件复杂。[③] 原深度贫困地区与一般贫困地区、民族贫困地区与一般城市贫困地区相比较有更明显的四大劣势特征：位置劣势、生态劣势、经济劣势、政治劣势，并且由于自然或地理禀赋难以改变，因此空间特征（包括地理特征、公共服务和协变冲击）在贫困发生中处于较高地位。[④] 西部民族地区农牧民的贫困现象相对严重，自然条件恶劣、生态环境脆弱的地区，贫困更是连片分布。[⑤] 缺失自然地理禀赋不仅导致了先天不足的生存环境，遏制了生产条件的改善，还形成了自然对基本生存能力的削弱甚至是剥夺。[⑥]

三、民族地区经济活动转轨导致深度贫困发生机理的研究

（一）经济活动转轨对民族地区经济发展影响的研究

市场化改革过程中，不同经济发展水平的地区面临的问题各不相同，对发达地区是如虎添翼，而对贫困地区会产生新的危机，[⑦] 特别是经济发展十分落后的民族地区，其区域经济总量和人口贫困程度与非民族地区的差距被进一步

---

① 庄天慧：《四川农村贫困状况与仅贫困对象》，载《农村经济》，205（3），59~61页。

② 王燕梅、陈建全、何利辉：《自然条件和制度因素的双重约束——我国西南贫困山区发展障碍分析》，载《探索》，2004（5），119~122页。

③ 王亮、韩振海、余金艳、王蓓、刘卫东：《西部特殊困难地区发展：凉合评价与地域划分》，载《经济地理》，2011（5），719~723页。

④ Luocl：Spatial Effects on Poverty Incidence in Rural China，The Research Project in BRICSAM，2009. http：//www bricsam. org.

⑤ 王亮、韩振海、余金艳、王蓓、刘卫东：《西部特殊困难地区发展：凉合评价与地域划分》，载《经济地理》，2011（5），719~723页。

⑥ 胡联、孙永生、王娜、倪国华：《贫困的形成机理：一个分析框架的探讨》，载《经济问题探索》，2012（2），1~5页。

⑦ 胥留德：《论欠发达地区支柱产业的选择和培育》，载《经济问题探索》，1994（9），1~3页。

拉大，在转轨初期收入差距呈明显快速上升过程。① 经济体制转型期的贫困问题始终是学界的研究热点。自21世纪以来，我国经济社会变化迅速，民族地区社会经济结构与人口结构转型与转换发生较多，如何在发展战略调整的背景下及时改变反贫困战略，调整措施手段更好地进行扶贫攻坚，有机结合区域发展和精准扶贫，通过全方位的区域发展、人口进步、生态修复，在社会经济发展中全方位融入农村贫困地区和贫困人口发展，彻底摆脱发展中的贫困是民族地区必须解决的重大问题。② 我国贫困地区尤其是民族贫困地区，提高人的经济价值是促进传统经济转型的关键，增强人力资本投资、促进人力资本与物质资本间的良性匹配是摆脱贫困的基本要求。传统经济转型可以沿着多种路径展开，民族地区农业经济整体上正处在经济起飞前夕，而发展的不平衡性决定了农业经济转型路径的差异。民族地区面对着成本提升损害农民竞争力、农民增收压力不断增大、资源浪费严重等八个方面的问题亟待解决。③

（二）经济活动转轨对民族地区致贫路径的研究

民族地区贫困的根源主要是由于教育、社会保障、健康和机会等贫困而导致的“能力贫困”，而不是简单的收入、消费匮乏。④ 夏庆杰利用1988年、1995年、2002年中国家庭收入项目（CHIP）农村入户调查数据考察影响中国农户脱贫、增收的因素及其变化趋势，认为经济转型过程中，少数民族农户收入的增速快于汉族农户，少数民族农户特别是那些处于收入底层的少数民族农户已分享了经济增长的好处。⑤ 叶初升基于1996—2008年间5轮中国营养健康调查（CHNS）数据，在测度我国农户脆弱性水平及其长期发展变动趋势的基础上，指出中国经济渐进转型保证了农村居民的脆弱性水平逐渐降低，但脆弱性水平仍然较高，其中的风险脆弱性近年来呈上升趋势，贫困脆弱性水平很低

---

① 洪丽：《经济转轨国家居民收入差距的速度及影响因素分析》，载《山东社会科学》，2014（2），93~97页。

② 王博、张建：《中国农村地区贫困性质演变与反贫困战略调整研究》，载《农业科学研究》，2016（2），80~85页。

③ 魏后凯：《如何正走好新时代乡村振兴之路》，载《人民论坛学术前沿》，2018（3），14~18页。

④ 邹薇：《传统农业经济转型的路径选择：对中国农村的能力贫困和转型路经多样性的研究》，载《世界经济》，2005（2），34~47页。

⑤ 夏庆杰、宋丽娜、Simon Appleton：《经济转型期间中国农村贫困转入决定因素的变化》，载《社会科学战线》，2010（7），42~56页。

且总体上呈下降趋势。① 李小云指出虽然我国扶贫瞄准单元经历了县、村、户的精确转变，但实际上仍然存在偏离情况，资源瞄准一直没有得到有效、及时的改进与完善。扶贫资源瞄准与传递背后的治理和管理机制容易产生相脱离的资源的使用与需求；另一方面，由于社会阶层的分化性和基层社会治理结构的复杂性，扶贫容易导致“精英捕获”现象，以上两个原因使我国扶贫瞄准机制面临治理困境。② 邢成举强调我国农村贫困转型有4个内涵：贫困人口构成主体上的相对贫困性、贫困生成上的结构性、贫困内涵上的消费性和贫困治理上的复杂性。③ 郭熙保通过利用 Alkire&Foster 的多维贫困测度方法和 Foster 的持续时间分析法，构建了长期多维贫困与平均贫困持续时间指数。研究表明，长期多维贫困指数不仅能测度家庭贫困程度，还能对平均贫困持续时间进行反映；与城市家庭相比，农村家庭的长期多维贫困发生率较高，然而随着贫困持续时间的延长，城乡贫困家庭的平均被剥夺深度出现明显逆转，城市贫困家庭的贫困程度更甚于农村；城乡家庭长期多维贫困发生率差异的43%可以由户籍制度解释，且户籍制度还能解释城乡贫困家庭的贫困不平等程度的17%；家庭的户主特征、社会关系、人口规模与结构、户籍制度等因素对长期多维贫困发生率及不平等有显著影响。④ 郭熙保构建了一个可分解的综合代际多维贫困指数，并结合1991—2011年中国健康与营养调查（CHNS）数据考察了导致家庭代际多维贫困流动、不平等程度及教育回报率差异的原因。研究发现同代人的多维贫困程度已从高维向低维转变，并且2000年以后子代贫困下降更显著；教育贫困是代际多维贫困的关键贡献因素，教育扩大了代内的能力不平等，从而造成贫困的不平等；教育回报率在地区间有明显差异，并且代际显著差别，不同地区教育回报率的代际差异是多维贫困代际传递及流动性差异的主要致因；多维贫困的代际传递主要由父代贫困导致子代发展能力被剥夺，加之贫困环境的负面影响，致使贫困子代无法享有与非贫困子代同等的发展权利或机会。这种自我循环和强化的内生关联性，增强了贫困家庭多维代际传递的倾向，扩大了不平

① 叶初升：《经济转型中的贫困脆弱性：测度、分解与比较——中俄经济转型绩效的一种微观评价》，载《经济社会体制比较》，2014（1），103~114页。

② 李小云、唐丽霞、许汉泽：《论我国的扶贫治理：基于扶贫资源瞄准和传递的分析》，载《吉林大学社会科学学报》，2015（4），90~98页。

③ 邢成举、赵晓峰：《论中国农村贫困的转型及其对精准扶贫的挑战》，载《学习与实践》，2016（7），116~123页。

④ 郭熙保、周强：《长期多维贫困、不平等与致贫因素》，载《经济研究》，2016（6），143~156页。

等差距。[①] 左停指出深度贫困兼具长期性与代际性，“贫”与“困”相互影响，突出表现为因“困”致贫，既有贫困人口内在局限性之困，也有外在的自然、经济、社会制度之困，导致贫困人口的“可行能力贫困”。[②]

四、民族地区社会不公平发展导致深度贫困发生机理的研究

（一）反贫困战略框架中社会公平定位的研究

经济的高速发展与全方位的经济改革给我国社会经济结构带来深刻变化，解决贫困问题的实质在很多方面已发生改变，[③] 其中伴随着城乡间以及农村内部和城市内部不平等的迅速扩大，建立社会平等发展秩序成为扶贫的主要目标之一[④]。国内部分学者认为我国民族农村地区反贫困战略的基本框架是一种亲市场的经济政策与具有“剩余”特征的选择性社会救助，体现在生产性的开发式经济扶贫和处于“激活”程序中的农村五保与医疗救助政策。[⑤] 在实现这一目标过程中，强化政府福利保障性财政支出公平是最基础的工作之一，就实际而言，这种基础性公平的实践在广大农村地区却非一帆风顺，福利资源的相对短缺与需要人数的充备之间存在着尖锐矛盾，只有较少部分贫困者可以获得所需福利保障。[⑥]

（二）社会公平视角贫困治理的研究

李小云从平等参与、赋权、提高效率 3 个角度定义了参与式发展，指出参与式发展是发展主体积极的全面介入经济发展活动，进而促进自身经济能力提

---

① 郭熙保、周强：《中国农村代际多维贫困实证研究》，载《中国人口科学》，2017（4），77~86 页。

② 左停、徐加玉、李卓：《摆脱贫困之“困”：深度贫困地区基本公共服务减贫路径》，载《南京农业大学学报》（社会科学版），2018（2），35~44 页。

③ 都阳、蔡昉：《中国农村贫困性质的变化与扶贫战略调整》，载《中国农村观察》，2005（5），2~9 页。

④ 世界银行：《从贫困地区到贫困人群：中国扶贫议程的演进》，181 页，2009。

⑤ 张新文：《我国农村反贫困战略中的社会政策转型研究——发展型社会政策的视角》，载《公共管理学报》，2010（4），93~99 页。

⑥ 王三秀：《英国促进贫困人群可持续就业政策及其借鉴》，载《中国行政管理》，2011（2），94~97 页。

升，摆脱贫困的一种发展方式。[①] 同时，一系列实现社会公平的农村贫困治理的可行性对策被不断提出，如政府治理能力创新、构建多元化、可持续贫困治理体系、发挥社会资本减贫作用等。[②]

（三）社会不公平因素致贫路径的研究

社会参与式扶贫从程序来看一般包含评估、规划、实施与监督四个主要过程，[③] 并具有两方面的突出优点：一是技术和理念逐渐适应与融合了我国贫困地区的发展环境；[④] 二是扶贫政策体系融合了贫困群众社会参与式的优点。[⑤] 但一些学者认为参与式扶贫没有从制度上激励和帮助农户参与到贫困村的发展中去，农民的参与积极性没有被充分地调动起来，在扶贫项目的选择和实施中，仍然是县乡政府发挥主导作用，[⑥] 甚至有的制度制定了参与的门槛，具备发展项目条件的往往是精英，或是具有一定经济能力和广泛人际关系的人，真正的弱势群体容易因门槛设置而被过滤。[⑦]

五、民族地区生态承载脆弱性导致深度贫困致贫发生的机理研究

（一）民族地区生态承载力的研究

20世纪末，我国西部大开发战略启动，经济发展的战略重心向西偏移。民族地区由于全部位于西部大开发之列，所以在理论研究过程中，学者们提出生态经济发展方向是西部地区实现可持续发展的基础，并定位西部为中国的生态

---

① 李小云：《反贫困中制度创新——有关贫困社区及群体的参与问题》，12页，《中国扶贫论文精粹》，2001。

② 张丽新：《基于社会公平的农村贫困治理》，载《中国井冈山干部学院学报》，2015（2），136~140页。

③ 叶敬忠：《参与式林业规划过程中的利益相关群体分析》，载《绿色中国》，2005（12），43~46页。

④ 沈红：《穷人主体建构与社区性制度创新》，载《社会学研究》，2002（1），40~54页。

⑤ 杨小柳：《参与式扶贫的中国实践和学术反思——基于西南少数民族贫困地区的调查》，载《思想战线》，2010（3），103~107页。

⑥ 韩国民、高颖：《西部地区参与式扶贫与农民专业合作社发展的互动研究》，载《农村经济》，2009（10），116~118页。

⑦ 王志丹：《贫困村参与式发展研究评述》，载《黔南民族师范学院学报》，2014（1），97~100页。

屏障,[①] 对西部民族地区经济起飞的基础条件、结构因素和制度环境进行了分析。[②] 伴随着生态系统耦合概念的提出，有关生态脆弱带与贫困关系的研究朝多元化方向发展，李周等指出中国生态脆弱带与贫困区分布有一定的相关性和地理耦合性,[③] 李俊杰等依据 P-R-E 模型测算结果表明民族地区整体资源环境承载力有限，区域间存在较强异质性。[④]《中国西部环境演变评估》《中国西部开发重点区域规划前期研究》《西北地区水资源配置、生态环境建设和可持续发展战略研究》等系列专著标志着民族地区生态环境与经济发展的研究达到了新高度。如何促进民族地区产业发展，推动区域经济实现又好又快增长，一直是重点研究对象。

（二）民族地区生态脆弱性限制产业发展的研究

早期关于民族地区产业发展与经济增长的研究认为发展第一产业是实现民族地区经济快速增长的有效途径。民族地区有着丰富的自然资源以及开发潜力，第一产业可以将自然资源有效转化为资本积累，提供经济发展动力。[⑤] 20 世纪 80 年代以来，许多国外自然资源禀赋优越的国家出现经济增长缓慢甚至停滞的现象，国内学者随之改变了经济发展与自然资源禀赋关系的判断。[⑥] 随着我国东部经济的不断发展，学者们提出了产业转移概念，郑峰文等认为第二产业是民族地区经济实现跨越式发展的主要支柱产业，应通过投入资本、搞好基建、促进工业化发展的方式发展民族地区经济。[⑦] 近年来，随着国内居民人均可支配收入的稳步增加，人民群众生活得到改善，服务业、旅游业等第三产业的社会需求逐年增大，谢红雨等认为发展第三产业可以实现地区经济的绿色可持续发展，民族地区应注重民族文化的培养、生态环境的保护，以大力发展第三产

---

① 李锦：《四川藏区生态环境建设与经济发展的链接》，载《天府新论》，2001（4），12~16 页。

② 黄健英：《对西部地区全面建设小康社会基于问题的思考》，载《北方经济》，2003（8），32~33 页。

③ 李周、孙若梅：《生态敏感地带与贫困地区的相关性研究》，载《农村经济与社会》，1994（5），19~56 页。

④ 李俊杰、刘丽娜：《基于人口预测的民族地区资源环境承载力趋势研究》，载《民族研究》，2014（5），27~37 页。

⑤ 黄忠彩：《少数民族地区农业经济发展探讨》，载《民族研究》，1990（2），36~40 页。

⑥ 徐康宁、邵军：《自然禀赋与经济增长：对资源诅咒命题的再检验》，载《世界经济》，2006（11），38~47 页。

⑦ 郑峰文：《飞地合作：中西部地区城镇化建设的新思路》，载《理论与改革》，2014（3），59~61 页。

业的方式促进经济增长。① 在产业发展备受瞩目的同时，关于生态环境与工业产业发展关系的研究也在逐步展开，一是对投入产业模型、生产函数以及新古典经济学模型的应用和研究；② 二是基于生态承载力等方面的角度对经济环境协调发展关系的研究；③ 三是通过构建库兹涅茨曲线对经济环境发展关系的研究。④

六、民族地区消除绝对贫困的路径与对策研究

（一）综合性视角下消除绝对贫困的路径与对策

蔡运龙以西南喀斯特山区为例，指出民族地区具备独特的自然环境与传统文化等旅游资源优势，生态旅游的开发可以促进资源优势向产品优势的转化，“穷山恶水”“穷乡僻壤”可以逐步转化为“绿水青山”与“特色旅游”。这不仅满足现代社会的需求，也使当地的资源潜力得到发挥，而且把资源利用的方式从掠夺、耗竭型转换为可持续型。摆脱绝对贫困的根本对策在于扭转人口生存依靠掠夺土地的状况，大力发展生态旅游。⑤ 何龙斌认为陕、鄂、川、甘省际边缘区的绝对贫困形成机理一是由于分散的经济密度、分割的区域类型等地理特征，空间制约明显，先天发展缺乏；二是由于循环累积因果机制的存在，省际边缘区与中心城市形成核心—边缘结构，被彻底边缘化，发展条件进一步自然恶化；三是中央政府转移支付的负面效应使省际边缘区陷入不发展的困境。⑥ 汪三贵指出收入分配不平等的大幅度增加使经济增长的减贫效应不断下降，中国需要更加有针对性的扶贫政策。精准扶贫通过对贫困人口的精准识别和综合性的帮扶措施，来提高扶贫的效率和效果，但面临贫困人口素质低、致

① 谢红雨、伊继东、甘建候：《云南民族文化旅游产业效益的 SSA 分析》，载《中国人口资源与环境》，2014（S3），238~241 页。

② 吴玉鸣：《广西生态足迹与能源消费的库兹涅茨曲线分析》，载《中国人口资源与环境》，2010（11），30~35 页。

③ 黄宁生、匡耀求：《广东相对资源承载力与可持续发展问题》，载《经济地理》，2000（2），52~56 页。

④ 辛毅、曹斌、吴燕红：《民族地区经济发展与工业固体废弃物污染的库兹涅茨曲线分析》，载《中国人口资源环境》，2014（53），83~86 页。

⑤ 蔡运龙：《生态旅游：西南喀斯特山区摆脱“贫困陷阱”之路》，载《中国人口资源环境》，2006（1），113~116 页。

⑥ 何龙斌：《省际边缘区“贫困陷阱”的形成与突破——以陕、鄂、川、甘省际边缘区为例》，载《经济问题探索》，2016（9），58~64 页。

贫因素多样复杂、资金管理缺乏灵活性等问题，需要在识别方法、帮扶方式、资金管理和考核评估方面进行创新。精准扶贫为形塑新型地方政府、创新扶贫工作机制提供了契机。① 魏后凯通过对贵州大扶贫模式的研究发现，该模式核心内涵为全力投入、系统工程、创新驱动、同步小康、精准帮扶、攻坚克难等6个方面。大扶贫模式的成效体现在发展与减贫、扶贫攻坚体制机制建设、示范带动效应等方面，从扶贫云的拓展完善入手，挖掘大数据的识别、管理和监测功能，将扶贫工作重点从体制机制建设转向各项帮扶措施的落实，着力构建精准帮扶的长效机制，着力深化和完善各项扶贫创新模式，建立扶贫攻坚的示范和推广机制等方面加以完善。② 张明皓、豆书龙认为深度贫困的特殊性质以及精准扶贫的政治伦理是导致原深度贫困成为坚中之坚、困中之困的根由。深度贫困的破解需要精准扶贫超常规功能的发挥，该功能以“超时空强制”和“超市场强制”为表现形式，以中国特色社会主义扶贫的体制优势为合法来源。回归精准扶贫超常规功能的治理本源，深度贫困的消除为贫困治理形态向综合性转变提供了契机。综合性治理框架以公共价值、制度结构以及扶贫内容的综合为必要构成，真正显示出消解深度贫困的真正潜力。③ 黄承伟认为贫困的多维性决定了贫困治理主体和治理手段的多元化。精准扶贫思想通过“五个一批”的制度设计，实现了扶贫项目安排的精准化，并验证了多维贫困治理理论的正确性。④

（二）制度创新视角下消除绝对贫困的路径与对策

刘明宇认为我国农业产业揭示了现有制度“域”抑制了分工演化，使农民不能获得分工经济的好处，在生产和交换中处于不利地位。只有通过制度变迁，

---

① 汪三贵、刘未：《以精准扶贫实现精准脱贫：中国农村反贫困的新思路》，载《华南师范大学学报》（社会科学版），2016（5），110~115页。

② 中国社会科学院农村发展研究所、贵州省社会科学院、“贵州扶贫开发攻坚示范区建设研究”联合课题组、魏后凯：《大扶贫：贵州创建扶贫开发攻坚示范区模式研究》，载《贵州社会科学》，2017（7），148~154页。

③ 张明皓、豆书龙：《深度贫困的再生产逻辑及综合性治理》，载《中国行政管理》，2018（4），44~50页。

④ 黄承伟、王猛：《“五个一批”精准扶贫思想视阈下多维贫困治理研究》，载《河南大学学报》（哲学社会科学版），2017（5），1~5页。

推动分工演进，才能根本治理贫困。① 王永华指出土地规模不经济现象在农业生产中普遍存在，主要表现为掠夺性经营与农地碎片化，农业分工受土地制度制约严重，农业规模经营难以实现。并且，“制度性”贫困现象在农民贫困中较为严重，制度创新是提高农民自主能力的根本途径。我国农民的贫困问题解决主要通过提高农业自身分工水平来实现，只有提高农民的自我发展能力，农民才能摆脱绝对贫困。② 左停指出为消除农村最低生活保障制度不利于救助对象提高发展能力的消极影响，需要创新农村发展型社会救助的战略路径，具体包括坚持低保的最低需求保障性质、给低保家庭中的儿童和老人更多权重、强化低保对象的行为条件要求、积极实践“工作换救助”的理念、加强社会救助与扶贫开发等制度的关联和衔接、实施预防性社会保护等措施。③ 随着市场经济的发展，常规性开发项目扶贫需具备较高条件，对原深度贫困地区人口有着较高要求，此时，基本公共服务减贫路径是适应性更强的减贫路径。现有的脱贫、减贫政策和实践已经进行了许多探索，但仍待形成明晰的公共服务减贫路径。应对深度贫困，未来应进一步完善基本公共服务供给机制，构建新的基本公共服务减贫路径，使公共服务在深度贫困治理中发挥更大的作用。④

（三）地理资本视角下消除绝对贫困的路径与对策

赵莹认为区域性贫困是当时我国贫困的主要特征，连片特困地区的划定标志着我国扶贫工作进入了新的历史性阶段。空间贫困理论是继传统贫困（收入贫困）、多维贫困（综合贫困）后，关于贫困研究的又一次进步与发展。多维贫困注重从经济和社会角度开展贫困研究，而空间贫困理论扩展了贫困的内涵。空间贫困的主要研究内容是将区域地理环境要素融合成地理资本体系，研究地理资本的区域分布，通过分析地理资本的缺陷确定空间贫困的机制，并制定相应的对策。⑤ 张丽君等以“地理资本”为研究逻辑起点，以空间为

---

① 刘明宇、黄少安：《解析农民面临的“制度性贫困陷阱”——对农村经济制度的历时关联和共时关联分析》，载《西安电子科技大学学报》（社会科学版），2004（3），36~41页。

② 王永华：《中国土地承包经营权稳定性与土地可持续利用能力研究——以晋西北地区××县为例》，载《福建论坛》（人文社会科学版），2015（7），58~62页。

③ 左停：《反贫困的政策重点与发展型社会救助》，载《改革》，2016（8），80~83页。

④ 左停、赵梦媛、金菁：《突破能力瓶颈和环境约束：深度贫困地区减贫路径探析——以中国“四省藏区”集中连片深度贫困地区为例》，载《贵州社会科学》2018（9），145~155页。

⑤ 赵莹：《基于地理资本的集中连片特困地区空间贫困陷阱研究——以宁夏隆德县为例》，宁夏大学2015年硕士学位论文，第Ⅰ页。

研究维度，勾勒出民族地区贫困的“图谱”—地理资本结构及空间作用机制，指出以“地理资本”结构为基础、空间隔阂与空间差异化布局为主导、空间分布不均为外在表现的空间贫困成因是西部民族地区贫困的主要原因。空间视域反贫困需要人与自然的和谐发展，尊崇生态环境的可持续性；需要全社会更广泛动员、更全面参与；需要着力瞄准特定地域，进行制度空间的特殊安排。①

（四）教育健康视角下消除绝对贫困的路径与对策

谷宏伟指出教育领域存在着严重的“因学致贫”问题，城乡居民家庭的教育支出逐年增加。学费上涨导致的“因学致贫”只是“教育致贫”的一种，只是一种暂时贫困。“教育致贫”的另一种形式是，部分学生毕业后存在工资短缺现象，而这种短缺会导致工资无法弥补前期人力资本投资所耗费的成本，使得低收入家庭的暂时贫困长期化。改变“因学致贫”需要政府增加教育的公共支出，改变支出结构，向初、中等教育和贫困地区倾斜；完善高等教育的学生贷款、奖助学金等资金资助体系，充分考虑贫困家庭的实际情况；在降低低收入家庭教育成本的同时，还要为教育经济功能的发挥创造条件，提高教育的收益。② 廖桂蓉认为要打破贫困代际传递，应从子女教育入手。如强化父母与家庭有使学龄儿童就学的义务意识；实施有条件现金转移计划，激励牧区家长们更多投资于孩子教育；加大对偏远地区学校教育的资金投入；强化教师的角色意识或认同程度，让教师们给予孩子生活学习必要的关注；将实际需要与国家标准相结合，正确展现文化的多样性，开发特色教育方式，激发孩子们的学习兴趣等。③

陈前恒、方航认为打破文化贫困的关键在于实现城乡基本公共文化的服务均等化，改善贫困地区农村公共文化服务建设，这有利于贫困文化的消除与自强自立文化的建立，可以实现“内源扶贫”的致富脱贫的目标。④ 左停、徐小

---

① 张丽君：《西部民族地区空间贫困陷阱分析》，载《民族研究》，2015（1），25~35页。

② 谷宏伟：《“教育致贫”及其后果：转轨时期中国低收入家庭的教育困境》，东北财经大学2007年博士学位论文，第Ⅰ~Ⅳ页。

③ 廖桂蓉：《教育期望与贫困陷阱：对藏区牧民持续贫困的一种解释》，载《西南民族大学学报（人文社会科学版）》，2014（6），198~201页。

④ 陈前恒、方航：《打破“文化贫困陷阱”的路径——基于贫困地区农村公共文化建设的调研》，载《图书馆论坛》，2017（6），45~54页。

言认为“贫困—疾病”恶性循环形式多变，既会导致农村居民健康损失，又会持续改变其生活水平，降低生活质量，从而影响并限制农村居民的健康改善能力，使农村居民的健康状况向更恶劣方向发展。农村居民应对疾病冲击的方法，首先是基于政策、机构和过程的正规应对机制，而现实中构成正规机制的公共政策与市场无法给农村居民提供完善保障，且农村居民自身存在生计资本不充足情况，无法对各种疾病进行有效防范，导致“贫困—疾病”恶性循环的发展。可见，缺失相关方面的应对保障导致了“贫困—疾病”恶性循环的不断恶化和发展。通过构建具有动态保障效果的“健康保障链”，包含预防层、基础层、补充层和托底层，力求对风险链的每个阶段有效切断，阻止疾病与贫困恶性交互的“循环放大”。① 张琦和史志乐指出考虑贫困家庭的异质性、特殊性以及贫困的动态变化性，以家庭为单位的微观个体教育发展问题尤为重要。在教育经费投入不足、贫困家庭教育费用压力过大、不均衡的劳动力市场等方面的共同作用下，贫困家庭背负过重的教育负担；受限于低下的贫困家庭收入水平、不合理的家庭结构等因素，贫困家庭对教育的缺乏重视，教育投入不足，进而深陷贫困之中。因此，需要有针对性地制定和实施教育扶贫专项规划并给予贫困家庭倾斜性政策，优化贫困家庭专项教育扶贫资金的使用，转变扶贫脱贫理念，激发贫困人口的主观能动性，提高教育脱贫的可持续性。②

（五）资源优化配置视角下消除绝对贫困的路径与对策

吴传俭通过经济资源错配视角下的农村贫困与中国反贫困路径研究发现，当经济资源具备充足潜力时，致贫的根本原因是经济资源配置不当所造成的生产效率损失，继而引发社会产品总量缺乏，生产资料所有制形式和社会产品分配方式，是决定社会产品缺口和不公平分配的后果由谁承担的主要因素。由于城乡二元结构的客观存在，劳动要素与经济资源的合理匹配受到阻碍，社会总产品在城乡间的公平分配也无法进行，农村聚集着大量贫困人口。农村贫困的消除既要全面深化改革，又要将发展成果进行公平地分配。③ 黄承伟研究指出

① 左停、徐小言：《农村“贫困—疾病”恶性循环与精准扶贫中链式健康保障体系建设》，载《西南民族大学学报（人文社会科学版）》，2017（1），1~8页。

② 张琦、史志乐：《我国教育扶贫政策创新及实践研究》，载《贵州社会科学》，2017（4），154~160页。

③ 吴传俭：《经济资源错配视角下的农村贫困与中国反贫困路径研究》，载《宏观经济研究》，2016（6），3~19页。

贵州省石漠化片区草场畜牧业产业化扶贫是创新型的绿色减贫模式，该模式兼顾减贫与生态保护目标，以促进本土资源、市场资源、扶贫资源的有效衔接，土地资本、劳动力资本、生态资本等核心要素的带动运转，促进了贫困地区的可持续发展。① 魏后凯指出我国包含民族地区在内的广大农村地区，在进入经济发展增速换挡期，若要跨越贫困，实现经济稳步增长，必须培育发展新的空间与动力，增强区域间内生活力、实现协调发展。这有利于补齐经济短板、增强发展均衡、优化资源配置，提高供给的效率和潜在增长率。②

（六）资本引入视角下消除绝对贫困的路径与对策

刘洪军批评了发展经济学中的“唯资本论”，指出发展中国家要跳出贫困恶性循环，关键在于通过制度创新摆脱低效机制，还指出利他企业家是推动制度创新的重要力量。③ 罗连发指出社会资本与贫困人口发展的关系是重要、复杂而微妙的。他认为社会资本的不同方面在贫困地区的作用也不同，其作用会随着地区以及个体的特征的变化而变化。要重视构建贫困人口的社会资本，通过提高贫困主体的社会参与能力来提高贫困主体的发展能力，特别是提高其参与村务管理、专业合作组织等的情况。要对贫困主体的参与项目能力进行充分考虑，根据不同的资产状况实施不同的扶贫项目，对于绝对贫困的贫困主体以直接的转移支付为主；要加强对农村社会资本的构建，通过扩大农村基层组织和社会网络，推动扶贫项目的推广实施。④ 黄立春、易建军认为摆脱贫困重点应从金融服务主体布局、信贷支持力度、金融服务方式以及存在的问题进行深入分析，在加快金融法治建设、完善农村金融基础设施、创新金融产品设计、强化涉农信贷与涉农保险合作等金融方面进行加强，从经济上助力摆脱贫困。⑤ 汪三贵认为资产收益型扶贫已在贫困地区展开多种形式的尝试，并获得了一定成效。今后应进一步落实财政资金参与市场运作的相关规定，借力金融扶贫政

---

① 黄承伟、周晶：《减贫与生态耦合目标下的产业扶贫模式探索——贵州石漠化片区草场畜牧业案例研究》，载《贵州社会科学》，2016（2），21~25页。

② 魏后凯：《论中国农村全面转型——挑战及应对》，载《政治经济学评论》，2017，8（5），84~116页。

③ 刘洪军、陈柳钦：《制度创新与经济增长：对发展中国家跨越贫困陷阱的道路的思考》，载《经济科学》，2001（4），114~119页。

④ 罗连发：《社会资本与农村减贫研究》，武汉大学2012年博士学位论文，Ⅰ~Ⅱ页。

⑤ 黄立春、易建军：《摆脱“贫困陷阱”——普惠金融在茶陵炎陵特困地区的探索与实践》，载《金融经济》，2017（4），192~194页。

策，进一步扩大项目投入。①

（七）人力资本提升视角下消除绝对贫困的路径与对策

崔俊富认为必须增加人力资本投资来提高人力资本积累，以促进经济持续稳定增长，摆脱绝对贫困。② 周茂春认为构建适宜西部农村的“人本”治理、劳动力转移治理、农村发展方式转变治理、农村信息化治理范式是缓解西部农村贫困的有效路径。③ 邢成举认为应从阻断贫困的代际传递入手摆脱绝对贫困，如对贫困者的个人社会资本进行提升，对其制度型和组织型社会资本进行扩充；建立以贫困户为中心的扶贫工作机制，提升贫困户政治资本；通过对扶贫项目参与门槛的降低，输血帮扶的精准实施可以多方面促进农户增收；加强贫困户人力资本培育，做好教育医疗卫生等其他公共服务。④ 魏后凯指出乡村发展的直接制约是人才的相对短缺，这将直接影响乡村振兴战略的实施。⑤ 首先，在社会生活中，人是最关键、最活跃并且起决定性作用的因素，人才振兴是实现乡村振兴的必由之路，乡村振兴的各方面工作都需要有人来实施，更需要充足的人才创新发展。其次，乡村人才的缺乏是乡村振兴中最严重的问题，急需一批有文化、懂技术、会管理、善经营、爱农村的实用型人才奔赴乡村，实现振兴。黄承伟指出要提高扶贫质量、摆脱贫困的代际传递，关键要提高贫困群众的整体素质，激发和培育贫困群众的内生发展动力。而对于贫困群众内生动力的激发、稳定脱贫能力的培养而言，教育精准扶贫是根本之策。⑥

---

① 汪三贵、梁晓敏：《我国资产收益扶贫的实践与机制创新》，载《农业经济问题》，2017，38（9），28~37+110页。

② 崔俊富、刘端、苗建军：《人力资本经济增长——兼论经济增长与贫困陷阱》，载《江西财经大学学报》，2009（5），11~16页。

③ 周茂春、邓鹏：《西部农村贫困陷阱反思及终结治理》，载《云南财经大学学报（社会科学版）》，2009，24（2），97~100页。

④ 邢成举：《结构性贫困与贫困的代际传递——基于豫西元村的研究》，载《中州学刊》，2017（2）。

⑤ 魏后凯：《人才是乡村振兴中最关键最活跃的因素》，载《农村工作通讯》，2008（9），45页。

⑥ 黄承伟：《关于教育精准扶贫的若干思考》，载《民生与科学》，2018（2），55~57页。

第四节　国外相关研究的学术史梳理

一、贫困发生机理与影响因素的分析

（一）贫困发生空间差异性导致深度贫困发生机理的研究

空间贫困理论将贫困情况与空间地理因素相结合，主要对贫困形成的自然地理条件影响以及贫困的空间分布情况进行研究分析。其理论渊源可追溯到 20 世纪 50 年代，哈里斯（Harris）和缪尔达尔（Myrdal）提出欠发达地区的经济发展与地理位置有关的早期空间经济学①②。

20 世纪 90 年代中期，世界银行专家雅兰（Jalan）和瑞福林（Ravallion）通过选取 1985—1990 年中国南方四省为研究样本进行回归分析发现，“空间贫困”的主要成因是自然地理因素，地理资本显著影响农村家庭的消费增长情况。③ 区域内多变、恶劣的气候条件抑制了生产发展，复杂的地理环境造成了人流、物流、信息流的不畅，并且这种空间贫困很难自然改变和缓和。基于这一理论，世界银行、联合国粮农署、环境规划署、国际粮食政策研究所、发展研究所以及其他一些组织的贫困研究者已详细绘制了 30 多个国家的贫困地图，提供了包含人口统计、经济和市场、能源贫困指数等多指标的 134 幅贫困地图产品④。

（二）经济活动转轨导致深度贫困发生机理的研究

国外学者探讨经济转轨的观点从人口陷阱论出发，基于收益递增和投资不可分性论断提出的大推进理论借助于各工业部门之间的互补性进行迅速大规模

---

① Harris C. D. The Market as a Factor in the Localization of Production. *Annals of the Association of American Geographers*, 1954, 44 (4): 315~348.

② Myrdal G. Economic Theory and Underdeveloped Regions. *Annals of Regions Science*, 1957, 2: 163~183.

③ Jalan J, Ravallion M. *Spatial Poverty Traps*. The World Bank Poling Research Working Paper, 1997: 1862.

④ 中国国际减贫中心：http://www.iprcc.org.cn.

工业化可以有效推进区域经济发展[①]，消除贫困发生。这一理论进一步发展，并形成了平衡增长理论。收入分配在扩张的经济系统与停滞的经济系统中不存在显著差别，二者的区别在于生产性投资中财富的使用比例。从经济增长角度把社会分为五种类型，分别是传统社会、起飞前社会、起飞社会、走向成熟社会和大众高消费社会，其中社会进行变迁的分界线是起飞社会，它表明稳定增长的障碍得以最终克服。部分学者认为低下的人均收入导致资本缺乏，出现了低水平均衡陷阱或贫困的恶性循环情况[②]。还有部分学者将经济增长路径可能存在多重均衡以及最后均衡的确定纳入经济转轨与贫困发生分析框架，认为收益递增和正的外部效应如果被考虑在内，经济增长就可能出现不同于传统模型的格局。外部经济可能使得国际贸易的形式具有某种随意性，中间品市场的垄断竞争可能在事实上导致了最终产品市场上出现外部性，利用这种外部经济的不平衡发展模型，指出了国家间发生贫困差距的作用机理。

（三）社会不公平发展导致深度贫困发生机理的研究

国外社会学学者认为大多数国家和地区对经济政策的重视远胜于社会政策，贫困在某种程度上是由国家经济政策创造和再创造的，朝向贫困者政策的历史就是贫困本身的历史。我国农村在 1978 以后的很长时间被国外学者称之为“生计无保障”阶段，社会政策在经济发展的面前体现为附属或者弥补性的地位。要想改变这种附属地位，就需要加强对贫困的社会投资，我国经历了快速的经济增长和相应程度的工业化发展后，扭曲的发展已将贫困人口排除在充分参与发展之外，为扭转这种局面，社会政策也应相应转变，应从部门化对穷人生计与政策制定进行解决的方式转移到整体认识穷人谋生的策略复杂性；从在经济中处于边缘地位的剩余型或补偿性社会政策方法转移到将社会计划纳入更广泛的发展战略的制度方法；从自上而下国家主导供方驱动的社会政策供给模式转到基于参与式需求确定和干预设计的需求方驱动的方法。

---

① Rosenstein-Rodan，P N. Problems of Industrialization of Eastern and South-Eastern Europe. *Econonmic Journal*，1943，53：202~211.

② Galor O，Joseph Z. Income Distribution and Macroeconomics. *The Review of Economic Studies*，1993，60（1）：35~52.

二、生态承载脆弱性导致深度贫困发生的机理研究

（一）生态经济学概念的提出与发展

从古典经济学到新制度经济学关于经济增长的源泉演变过程可以看出，生态因素一直未进入西方经济学研究领域，资源都不是经济增长的决定因素。从马尔萨斯（Malthus）开始，人口与资源，特别是人口与土地、粮食的关系就成为经济学家的重点关注对象，李嘉图（Ricardo）认为自然资源存在不均质性，也不存在绝对稀缺性，只是生产率较高的自然资源存在“相对稀缺”现象。密尔从“静态经济”的概念出发，认为自然环境、人口和财富均应保持在一个静止稳定的水平，而且该水平要远离自然资源的极限水平。生态经济学提出以来，各国各类型生态经济运动已使得这个观念深入人心，大量学者对生态环境的作用做出客观的评估①，并对生态破坏所带来的经济发展的可持续性进行研究。在寻求解决民族问题的办法时，寄希望于通过生态建设和经济发展达到民族地区的可持续发展，走人与自然的协调发展之路。

（二）生态资源禀赋对经济发展影响论断的研究

从宏观层面来看，生态资源禀赋理论可以分为三类：资源优势论、资源诅咒论、资源中性论。“资源优势论”由约翰·哈巴谷（John Habakkuk）提出，他指出美国19世纪经济大发展离不开其丰富的矿产资源。怀特（Wright）认为美国1879—1940年间产业经济的成功发展主要源于丰富的自然资源、同期相对先进的资源开发技术、密集的资源开发②。奥蒂首次提出“资源诅咒论”的概念，即自然资源禀赋不仅不能有效驱动区域经济发展，反而会产生一定的限制作用，整体表现为资源禀赋越高的地区，其经济发展相对越缓。在此基础之上，萨克斯（Sachs）和华纳（Warner）使用实证手段对资源诅咒论进行了一系列的分析与检验。帕皮拉克斯（Papyrakis）和格拉夫（Gerlagh）提出资源禀赋引导企业投入初级产品简单的加工生产之中，挤出了企业的创新行为，资源与经济

---

① Barbier E B，Rowsher M. Trade，Toopical Deforestation and Dolicy Interventions. *Environmental and Resource Economics*，1994. 4：75~90.

② Gavin W. The Origins of American Industrial Success，1879—1940，*American Economic Review*，1990. 80（4）：651~668.

增长的负向作用大于正向作用[①]。“资源中性论”的观点介于“资源优势论”及“资源诅咒论”之间。戴维斯（Davis）认为从长期经济绩效发展角度，矿产资源禀赋与矿产经济发展没有明显的相关性证据，丹尼尔·莱德曼（Daniel Lederman）提出自然资源与区域经济发展没有十分确定的诅咒或促进关系，二者关系仍需进一步的计量经济学分析。

三、跨越贫困陷阱国际经验的梳理与研究

（一）贫困陷阱相关理论的提出

拉格纳·纳克斯（Ragnar Nurkse）提出“贫困恶性循环理论”，指出低下的人均收入、短缺的储蓄与消费制约了资本的形成，是发展中国家长期陷入贫困的根由。纳尔逊（Nelson）利用数学模型对发展中国家的人均资本与人均收入、人口增长与人均收入增长、产出增长与人均收入增长的关系进行了综合研究，发现在人均收入和人口不同速率增长时，人均资本的增长与资本形成存在问题。他认为，低下的人均收入导致了低水平的均衡陷阱，较快的人口增长速度是阻碍人均收入迅速提高的“陷阱”。以此研究结论为基础，缪尔达尔提出循环累积因果关系理论，认为各种社会经济因素的相互关联、相互影响、互为因果造成了经济系统的动态变化。在经济循环积累过程中，有落后地区的资金、劳动力向发达地区流动，导致落后地区发展缓慢的回流效应和发达地区的资金和劳动力向落后地区流动，促进落后地区发展的扩散效应。

（二）发展中国家跨越贫困陷阱的综合性研究

最早研究产业互补性和协调失灵的经济学家是罗森斯理-罗丹（Rosenstein Rodan），他认为经济欠发达的国家只有在获得一定发展助力之后才能持续发展，否则将会陷入贫困陷阱。墨菲（Murphy）、施莱弗（Shleifer）和维什尼（Vishny）对该理论进行了深入研究，发现多部门协调的盈利可能性大于单部门，但协调失灵会导致贫困陷阱的发生，这是发展经济学微观化的重大进步。阿基莫格鲁（Acemoglu）对人力资本贫困陷阱进行了研究，发现发展中国家不完善的劳动力市场会导致人力资本匮乏现象，强化技术停滞陷阱。松山公纪

---

① Papyrakis, E., Gerlagh R. The resource cause hypothesis and its transmission channels. *Journal of Comparative Economics*, 2004, 32 (1): 181～193.

(Kiminori Matsuyama）认为发展中国家贫困陷阱复杂，各陷阱之间存在复杂交织关系，这导致了发展中国家在贫困陷阱中恶性循环的怪圈。他认为世界上所有国家都在市场中竞争资本，一方面，他假定严格凹的生产函数，要素边际收益存在递减现象，贫穷国家的投资具有更高的资本回报率，高回报吸引高投资从而促进高增长，各国经济将趋于收敛；另一方面，不完善的信贷市场以及富国有更多的抵押品，致使富国在竞争资本的过程中，有相对于穷国更显著的优势，最终使得世界经济发生发散，产生多重均衡现象①。

（三）制度建设视角下跨越贫困陷阱的研究

从20世纪40年代起，大批殖民地、半殖民地国家独立，各个国家都在与贫困进行艰苦斗争，发展经济学家一直致力研究发展中国家的脱贫之路，但是减贫效果却不尽如人意。制度有效与否会使得发展情况不同。诺斯（North）认为制度是人为设定的约束，包括政治约束、经济约束以及社会活动约束。坏的制度是致使市场失灵乃至市场无效的“催化剂”，并且会产生路径依赖效果。而对恶性制度的路径依赖会进一步导致贫困陷阱的发生。阿扎里亚迪斯（Azariadis）从个体偏好出发，对缺乏耐心导致的贫困陷阱进行了深入考察②。当落后国家因耐心的缺乏而选择短期内增加消费时，均衡路径会使得社会资本存量为零，导致贫困的发生。该思路重点分析了是否缺乏耐心与经济绩效间的关系，它可以给出明确的政策导向，即一个发展中国家要取得经济发展，在一定时期就应该增加储蓄，减少即期消费。查克拉巴迪（Chakrabarty）在阿扎里亚迪斯的基础上更进一步，把缺乏耐心的行为内生化。认为预期寿命与生活质量间存在良好的正相关，预期寿命较长的国家更愿意在健康、教育等方面进行投资③。贫困国家由此进入恶性循环：他们承担不起在健康上的较大规模投资，这导致预期寿命降低，这样个体工作时间较短，从而所带来预期经济收益较少，反过来又降低私人投资愿望，从而继续陷入贫困。

---

① Matsuyama K. Financial Market Globalizalion, Symmetry - breaking, and Endogenous Inequality of Nations. *Econometrica*. 2004, 72 (3). 853~884.

② Azariadis C. The Economics of Poveity Traps, Part One, Complete Markets. *Journal of Economic Growth*, 1996, 1: 449~486.

③ Chakrabarty D. Poverty Traps and Growth in a Model of Endogenous time Preference. *B E Journal of Macroeconomics*, 2012, 12 (1): 1~31.

（四）教育视角下跨越贫困陷阱的研究

巴勒姆（Barham）利用代际交叠模型分析了教育对贫困陷阱的影响，认为个人的财富与教育相关，而穷人家庭的小孩因受到流动性约束，在稳态均衡水平下，穷人家庭的小孩因不能有效投资教育而陷入贫困陷阱。伊斯特利（Easterly）从知识外溢与知识互补的角度讨论了不同层次的贫困陷阱，认为由于知识外溢和知识互补会产生边际收益递增，一国工人的平均工资与该国技术水平正相关。而且由于跨国收入差异巨大，贫困国家的高技术工人会倾向于流向发达国家，因此穷国很容易陷入各种贫困陷阱。阿扎里亚迪斯认为自1960年以来，除了东亚和东南亚地区，大部分落后国家或地区均未达到门槛值而未实现经济追赶和增长，两极分化愈演愈烈。门槛效应产生的最主要原因是资本市场的不完善。就长期而言，投资获利和增长的机会是存在的，但穷国或个人因不能在资本市场获得融资而陷入贫困陷阱。杜尔劳夫（Durlauf）认为父母的收入直接决定子女的教育投资，从而决定下一代人的收入，这是长期的不平等和贫困的主要传导机制。[①] 西村和雄（Nishimura Kazuo）研究了陷入贫困的家庭对孩子教育投资的代际动态决策行为，认为贫困家庭孩子的父母很难在孩子教育上投入足够的资金。因此这些家庭的孩子难以获得市场所需的技能，更容易陷入跨代贫困的周期性循环。[②] 堀井亮（Horii Ryo）和佐佐木正治（Sasaki Masaru）认为教育水平与个人财富的多少相关，贫困家庭的孩子因受到流动性约束，只能接受一个次优水平的教育，所以贫困家庭常因缺乏教育投资而更易陷入贫困。[③]

（五）生态环境治理视角下跨越贫困陷阱的研究

卡特（Cater）通过分析洪都拉斯1998年飓风数据后指出自然灾害对具有不同财富禀赋的家庭的中期影响有很大差异，相对富裕的家庭在灾害发生的三年之后一般能重建他们的家庭和财富，而贫困家庭在没有外来帮助的情况下会

① 习明明、郭熙保：《贫困陷阱理论研究的最新进展》，载《经济学动态》，2012（3），109~114页。

② Nishimura K，Raut L K. School Choice and the Intergenerational Poverty Trap. *Review of Development Economics*，2007，11（2）：412~420.

③ Horii R，Sasaki M. Dual Porerty Trap：Intra-and Intergenerational Linkages in Frictional Labor Markets. Journal of Public Economic Theory，2012，14（1）：131~160.

陷入长期持久的贫困①。埃塞俄比亚20世纪90年代后期的三年干旱的数据也表明：自然灾害对贫困人口的直接影响显而易见，更重要的是其长期效应，自然灾害造成的冲击会导致贫困人口陷入持续的贫困状态之中，在没有外部帮助的情况下，仅靠自身努力并不能摆脱这种状态。

第五节　研究意义及价值

一、研究简评

从以上综述来看，近年来，民族地区深度贫困概念被提出以后，相关研究日益受到学界关注，并取得了可喜的丰硕成果。一是深度贫困发生机理与影响因素逐步清晰。民族学、社会学、经济学、管理学等多学科的学者从各自学科的研究范式来研究深度贫困发生机理与影响因素等内容，其中不乏许多创新性的观点；二是对绝对贫困的研究内容日益丰富。绝对贫困的形成因素由早期的物质资本匮乏被扩展到人力资本、自然资源、教育文化、政治制度、技术创新、地理环境、疾病灾害等，形成机制也更加复杂和多样。而且，成果更加注重定量研究，学者们针对不同国家和地区的贫困恶性循环做了大量的实证检验分析，得出的结论更具有指导性和说服力；三是民族地区消除绝对贫困的研究视角逐渐丰富。随着绝对贫困类型和形成机制研究不断深化，学者们从不同角度论述绝对贫困治理，既有理论阐释又有案例分析，涉及空间贫困、制度缺失、因病因学贫困、资源错配、资本缺失等不同方面，为民族地区消除绝对贫困提供了新的视角与思路。

但是目前研究仍有进一步深挖的空间和余地，主要体现在以下几方面。

一是研究视角需要进一步拓展。民族地区深度贫困发生机理与影响因素的研究还不成体系。民族地区深度贫困发生具有系统性和复杂性等特征，从单一角度进行论证无法全面科学发掘其中的机理与因素，而现有研究却大多基于一个研究视角，碎片化研究较多，所得结论不够充分，实践指导意义相对有限，并且民族地区深度贫困发生机理与影响因素的分析框架尚未搭建。所以，这给

① Carter M R，Little PD，Mogues T. et al. Poverty Traps and Natural Disasters in Ethiopia and Honduras. World Development，2007，35（5）：835~856.

本课题开展跨学科研究深度贫困问题留下了充裕的研究空间。

二是研究方法可以更加多元。研究结论与实践结合不够紧密。现阶段对绝对贫困的研究大多集中在识别、发生以及处理的方式中，而且大多数停留在理论层面上，对消除绝对贫困的研究少，尤其是这方面的实践案例较为缺乏。

三是研究对象应该更加“精准”。现有研究对原深度贫困地区“深度”的特点挖掘不够，国际上成功经验的借鉴略显不足。现有研究成果大多以贫困地区为研究对象，没有结合民族地区特殊的历史、文化、观念等，这无形中掩盖了民族地区深度贫困发生的特殊性。同时，对国际上消除绝对贫困成功经验的梳理与研究还不够深入，应该结合“三区三州”等民族地区深度贫困的实际，开展针对性更强、更具代表性的研究。

二、研究意义

（一）有利于为2030年可持续发展议程贡献中国智慧，输出中国方案

2000年9月，联合国召开会议，189个国家共同签署了《联合国千年宣言》，庄严承诺：“我们将不遗余力地帮助我们十亿多同胞摆脱目前凄苦可怜和毫无尊严的极端贫困状况。”联合国2015年后发展议程提出了可持续发展目标，排在第一位的目标是消除贫困和饥饿，促进经济增长，其中第一个衡量指标是“到2030年，在世界所有人口中消除极端贫困”。作为人类命运共同体的主要推动者和建设者，解决原深度贫困地区脱贫问题，是我国为实现联合国提出的“到2030年，在世界所有人口中消除极端贫穷”这一目标提供基础性支撑的大国担当。探索原深度贫困地区脱贫路径和制度创新，是为世界解决极端贫困和区域性整体贫困提供我国方案、贡献我国经验，彰显新时代大国责任的客观要求。在习近平精准扶贫精准脱贫战略思想的指引下，中国精准扶贫实践对世界减贫实践和理论做出重大贡献。将中国精准扶贫所开创出的新的扶贫范式与目前国际上主流的减贫理论框架或减贫战略进行比较，可以看出中国精准扶贫不仅仅是我国扶贫开发理论和实践的一次提升，同时也创新了国际减贫理论。与世界银行所提出的减贫战略及其支撑理论相比，中国精准扶贫的实践进一步充实和丰富了减贫理论，也发展了原来以实行亲贫增长战略和提升穷人利用经济增长所产生机会能力为主要内容的扩大穷人机会的理论。精准扶贫的数据创造了中国奇迹，也创造了世界反贫困史上的减贫奇迹。“中国式扶贫”是中国道路

的亮丽篇章，同时也为世界减贫事业提供了可借鉴的中国方案。通过系统归纳总结民族地区深度贫困治理的理论与实践，将丰富习近平精准扶贫精准脱贫战略思想的内容，为广大发展中国家扶贫事业输出中国智慧、中国特色的减贫方案。

（二）有利于促进我国民族地区繁荣发展、团结稳定和长治久安

经济发展是解决贫困问题的基础和关键，同样，民族地区贫困问题的解决对民族繁荣发展、团结稳定和长治久安有着深远影响。我国的深度贫困人口主要分布在民族地区。党的十八大提出了“确保到2020年实现全面建成小康社会宏伟目标”。从民族地区的发展实际来看，民族地区与全国相比存在较大的差距。与东部发达地区相比差距则更加明显，而且民族地区脱贫攻坚任务仍然艰巨。这些问题在很大程度上影响民族地区实现全面建成小康社会的目标，制约着民族地区与全国同步实现小康。由于历史和现实原因，民族地区的发展明显落后，如果不加快民族地区的发展，就很难实现真正意义上的民族团结和平等。

（三）有利于进一步提高脱贫质量，确保原深度贫困地区打赢打好精准脱贫攻坚战的基础上衔接“乡村振兴”战略

摸清原深度贫困地区的贫困根源及面临的挑战是下一步制定原深度贫困地区衔接乡村振兴的基础。当前阶段，我国对原深度贫困地区的特殊性认识不够，导致扶贫脱贫措施针对性不强，一些地方脱贫效果不明显；对民族传统文化重视不够，忽视了少数民族文化的传承保护和发展；精准扶贫精准脱贫资金缺口还相对较大；深度贫困人口适应现代社会生存发展的能力较弱。因此，深入研究原深度贫困地区的空间分布特征、脱贫攻坚的困难和挑战、历史进程以及目标进程，总结我国原深度贫困地区的脱贫经验，提升我国原深度贫困地区的脱贫质量，进一步构建稳定脱贫长效机制，对我国按时打赢打好精准脱贫攻坚战、同步建成小康社会，衔接乡村振兴战略具有重要的现实意义。

三、研究价值

（一）学术价值

1. 有助于构建全面、系统的民族地区深度贫困发生机理与影响因素分析框架

民族地区深度贫困致贫因素众多，相互交织，作用机理十分复杂，从单一视角进行相关研究都无法一览民族地区深度贫困发生之“全貌”。本课题在开

展大量民族地区原深度贫困地区田野大调查的基础上，着重从地理区位视角、经济活动转轨视角、社会发展视角、生态承载力视角构建一套全面系统的民族地区深度贫困发生机理与影响因素分析框架，为制定民族地区跨越绝对贫困政策的制定提供支撑。

2. 有助于拓展贫困治理的研究思路

以致贫类型细分为基石，从时间演变、地理特征、空间分布等视角明晰民族地区的贫困类型，明确环境要素制约型贫困、物质资本因素制约型贫困、基础设施因素制约型贫困和人口因素制约型贫困类型并提出针对性建议，为绝对贫困跨越提供突破口。

3. 为原深度贫困地区巩固脱贫攻坚成果和衔接乡村振兴提供理论遵循

巩固脱贫攻坚成果和乡村振兴都是原深度贫困地区人民反贫困走向富裕的概括性表达。因此，巩固脱贫攻坚成果和乡村振兴本质上是一种共生共存共促的关系，具有目标一致、价值共通、内涵相容的特征。在当下衔接措施上，就要找到可衔接和可嵌入的关键点，主要把握教育、易地扶贫搬迁后续扶持、新型城镇化、产业扶贫、乡村基层组织和队伍建设等重点措施，以及乡贤能人、边缘人等重点人群，将扶贫、扶志与扶智相结合，将用好致富人、做好扶贫事与育好脱贫人相统一，循序渐进培育发展根基，才能探索出一条和原深度贫困地区实际相符合的、两大战略耦合协同发展的新路子。①

（二）应用价值

1. 为政府决策及相关研究提供准确的资料与动态数据支撑

民族地区深度贫困专题数据库依托课题研究成果及所依托研究机构存量研究资源，整合原深度贫困地区贫困治理领域学术资源、全方位归纳整理相关基础资料，主要内容涵盖贫困研究模型、贫困成因、减贫路径、国外智库跨越深度贫困研究、国际贫困治理研究等学术资源，“三区三州”及113个深度贫困少数民族地区县、中外深度贫困治理案例及分析、减贫数据图表、新闻资讯、音视频资源等深度贫困治理研究档案，国家及地方减贫政策文件、专家观点与言论等政策资讯。通过减贫地图全景展现原深度贫困地区分布情况、具体县域位置及深度贫困县基本情况。通过开放的扶贫百科详解扶贫相关概念、事件及

① 李俊杰、姬浩浩：《原深度贫困地区巩固脱贫攻坚成果研究的理路与展望——基于文献计量的分析与思考》，载《黑龙江民族丛刊》，2023（3），68~75页。

图片。

2. 共享深度贫困脱贫经验，优化原深度贫困地区消除绝对贫困路径与方法

本数据库以向社会公众传播民族地区深度贫困治理经验、进展与经验实践为己任，以总结提炼深度贫困治理经验，向政府部门出台有力政策措施提供智力支援，汇集国内外有关跨越深度贫困的前沿学术成果，面向全国所有省市区县乡政府机构、各级政府职能部门和所有学术研究机构，提供涉及“三区三州”及113个深度贫困县的减贫数据等基础资料和国内外最新治理深度贫困理论等学术文献。专题数据库的建成将为民族地区深度贫困治理提供学术支持和理论支撑，为政府相关部门提供决策参考，为民族地区减贫事业提供智力支持。

3. 对民族地区开展深度贫困的大调查是加强学科建设、队伍建设及切实发挥新型智库作用的重要保障

基础研究与应用对策研究是现代社会科学不可分割的有机统一的整体。通过全面深入系统的调查研究，搜集丰富翔实的第一手资料，准确把握深度贫困民族地区未来发展面临的困难与挑战，为党和国家全面了解各民族发展现状、把握发展趋势、制定未来发展规划提供可靠依据和重要决策参考，为促进民族地区全面建成小康社会，实现中华民族的伟大复兴做出应有贡献。

第六节 研究内容与思路方法

贫困问题作为一种社会现象，其变化发展当然也有一定的规律可循。但是对规律性的探索，就需要有问题思维和观察意识。对于以贫困问题为代表的一些需要持续关注的复杂社会问题来说，描述事实（是什么）—解释现象（为什么）—加以控制（怎么办）的研究思路具有普适性。什么是深度贫困？我们如何认识深度贫困？我们如何解决深度贫困？这一系列问题，都有赖于对原深度贫困地区的现状展开全面的调查。

一、研究的问题

研究问题对于整个研究来说是一件十分重要的事情。爱因斯坦曾十分深刻地指出：“提出一个问题往往比解决一个问题更重要，因为解决问题也许仅仅是一个数学上或实验上的技能而已，而提出新的问题、新的可能性，从新的角度

去看待旧的问题，都需要有创造性和想象力，而且标志着科学的真正进步。”①

贫困问题是自人类诞生以来就没有很好解决的全球性问题之一，其历时之长、涉及国家、地区之广，充分说明了贫困问题的复杂性，贫困问题的解决不是一蹴而就和一劳永逸的。新中国成立以来，我国在每个时期和阶段无不和贫困问题作斗争，至今已 70 余年，绝对贫困问题才得到基本解决。但是对我国原深度贫困地区来说，依然存在众多潜在的、没有得到很好解决的致贫因素，这些因素导致原深度贫困地区可能会陷入“治贫—脱贫—返贫—再治贫”的不断循环之中。

基于此，本课题内含的总体问题主要包括以下两个方面：

一是对民族地区深度贫困现状开展全面调查。即通过大样本、多维度、广视角全面调查民族地区深度贫困的多维特征以及反贫困的潜力，归纳民族地区深度贫困的贫困特征与致贫原因，分析民族地区深度贫困的演变过程及发展趋势，在纷繁复杂的贫困样态中找出治贫的一般性规律，总结各地区的治贫成效。

二是分析民族地区巩固拓展脱贫攻坚成果的障碍因素，提出巩固脱贫攻坚成果与乡村振兴有效衔接的对策建议。从自然、经济、社会、历史、生态等视角全面分析了民族地区巩固脱贫攻坚成果的障碍因素。贫困问题的复杂性和反复性，我们不能仅消除致贫原因表面的“标”，更要挖掘深层次致贫的“本”。理论和事实都表明，仅仅关注深度贫困区表面的“标”，看似解决了问题，但是最终将随着时间的发展，原深度贫困地区会再次陷入贫困之中。在与乡村振兴有效衔接方面，从内在逻辑和作用机制两方面出发，最后提出对策建议。

二、研究的内容

本课题将在调查原深度贫困地区贫困现状的基础上，分析原深度贫困地区贫困的一般性特征，阐述民族地区深度贫困的形成机理与影响因素，指出民族地区巩固拓展脱贫攻坚成果的障碍因素，以及与乡村振兴有效衔接等内容。

（一）民族地区深度贫困大调查与脱贫成效分析

一是全面精准掌握民族地区深度贫困的“家底”。精准获取民族地区深度贫困大数据，全面描绘民族地区深度贫困空间分布和时空面貌。

二是挖掘民族地区深度贫困实现跨越式发展的资源条件。挖掘民族地区深

① A. 爱因斯坦、L. 英费尔德：《物理学的进化》，66 页，上海，上海科学技术出版社，1962。

度贫困在资源、生态、人力、文化、政策等方面实现跨越式发展的比较优势和潜力。

三是分析民族地区深度贫困的演变过程及发展趋势。结合文化、制度、经济、生态等因素分析贫困历史演变和动态演化过程，揭示民族地区深度贫困演变趋势。

（二）原深度贫困地区脱贫的路径与探索研究

一是构建原深度贫困地区脱贫的路径框架。从宏观和微观两个层面明确脱贫的目标，将制度建设、区位地理资本、资源配置能力、教育与健康、人力资本纳入分析框架。

二是原深度贫困地区脱贫路径的具体分析。重点分析制度需求与供给对脱贫的影响，区位资源异质性差异所衍生的地理资本特征对脱贫的作用机制，土地、劳动力等贫困地区关键性市场要素高效配置对脱贫的作用效果，提升劳动力教育和健康水平对脱贫的路径，人力资本多样性发展与积累对脱贫的作用。

三是提出原深度贫困地区脱贫的对策与建议。

（三）原深度贫困地区巩固脱贫攻坚成果与乡村振兴的有效衔接

一是从自然、经济、社会、历史、生态等方面分析原深度贫困地区巩固脱贫攻坚成果仍存在的短板和掣肘性问题，探讨返贫致贫风险的内部风险因素和外部风险因素，规避脱贫户生计风险，提高其可持续生计能力。

二是探讨原深度贫困地区巩固脱贫攻坚成果与乡村振兴的有效衔接。从理论上分析了巩固脱贫攻坚成果与乡村振兴内在的联系、目标升级与超越以及衔接的可能性。

三是“两大战略目标”有效衔接的对策建议。提出从问题导向、完善衔接机制、提升要素效率等方面着手，将政府主导作用和市场资源配置作用进行有效融合，合力共促“两大战略目标”衔接。

三、研究的方法

本课题主要采用文献分析法、规范分析法、实证分析法、实地调查法等研究方法，对深度贫困的一般特征以及民族地区的深度贫困特征进行研究分析。主要的研究思路遵循：深度贫困阶段性特征与脱贫演进，深度贫困大调查与脱贫成效的分析，脱贫路径与实践探索，巩固拓展脱贫攻坚成果的障碍因素，巩固脱贫攻坚成果与乡村振兴有效衔接等五个步骤。

（一）文献分析法

本课题通过对收集到的关于贫困问题的文献资料进行梳理分析，探明研究对象的性质和状况，从中引出自己观点，形成关于研究对象的一般印象，对民族地区贫困问题作历史的动态把握。文献的主要搜索来源：国内政策文件、统计年鉴、统计公报、各级政府工作报告等的搜集整理；国内外相关文献的搜集整理；已有研究成果、研究报告、资政报告的搜集整理；各类期刊、报纸、网络等文献资料的搜集整理等。

文献分析的主要视角：由空间地理位置禀赋、空间因素与贫困发生空间耦合、地理禀赋致贫路径组成的民族地区贫困形成机理与影响因素；民族地区经济活动轨迹导致深度贫困发生的机理；民族地区社会不公平发展导致深度贫困发生机理；多维视角下民族地区跨越绝对贫困路径与对策研究等。

（二）规范分析法

规范分析法是根据公认的价值标准，对经济运行中应该具有的规性和结果进行阐述和说明，以一般社会的视角分析如何研究和处理这类问题。本课题通过规范分析深度贫困现象以及民族地区的贫困状态，对其现行状况作出是非曲直的主观价值判断，力求探究民族地区深度贫困的本质以及如何解决该类问题。深度贫困问题是涉及经济学、社会学、政治学、民族学、地理学等多学科的问题，因此运用多学科理论、方法和成果对此问题进行研究。例如经济学领域运用福利经济学家庇古的收入再分配理论、赫希曼的不平衡增长理论和涓滴效应理论等等来研究贫困和反贫困问题。社会学领域运用马克思等的贫困结构论、甘斯的贫困功能论、刘易斯的贫困文化论、瓦伦丁的贫困处境论、约瑟夫的剥夺循环论、费里德曼个体主义贫困观来研究深度贫困成因。此外，有些理论本来就有跨学科性，如阿玛蒂亚·森的能力贫困论、缪尔达尔的循环积累因果关系理论。交叉研究法将使民族地区跨越绝对贫困政策制定更为全面和细致。

（三）实证分析法

实证分析法主要通过实证研究，运用个量分析与总量分析、均衡分析与非均衡分析、静态分析与动态分析、定性分析与定量分析等手段客观回答是什么的问题，不做任何主观评价。本课题通过实证分析的方法，对原深度贫困地区的政策运行情况以及民族地区的贫困状况进行了客观评价。主要使用的实证分析手段如下：

一是针对民族地区深度贫困的扶贫政策效应研究的多重差分模型。将原深度贫困地区扶贫政策部署看作一项自然实验，使用双重差分法估计该项政策对当地经济发展绩效的影响。在控制其他因素不变的基础上，双重差分法可以检验深度贫困区政策推行前后，处理组和对照组经济发展状况是否存在显著差异。

二是针对西藏、青海地区多维贫困测度的 A-F（AlKire-Foster）多维贫困测度模型。本书利用该方法先在多个维度对调查个体或家庭进行评价，再在各个不同的维度上设立不同的合格标准，根据此标准来判断西藏和青海涉藏地区四县的某个农户在该维度上是否贫困。

三是针对甘肃东乡县返贫人口影响因素的 logit 模型。采用 SPSS 软件进行线性回归分析，将返贫人口的人均纯收入的对数值作为因变量，将民族、文化程度、健康状况、劳动技能、务工状况、参加大病医疗、贫困户属性、致贫原因、危房户作为自变量。利用脱贫人口返贫的离散数据，采用 Logit 模型来深入分析影响返贫的主要因素。

（四）实地调查法

实地调研法可以更深刻的了解当地的状况，获得一手数据，通过应用客观的态度和科学方法，对某种社会现象，在确定的范围内进行实地考察，搜集资料进行统计分析探讨。主要步骤如下：

制定详细的调查大纲和调查问卷，以召开座谈会、进村入户开展结构式和半结构式访谈、问卷调查、录影录像等形式的田野调查。

在深度贫困民族地区确定典型调查点，分 5 组，每组 4 人分赴深度贫困民族地区开展专题调研。第 1 组赴西藏深度贫困调研；第 2 组赴青海涉藏地区、甘肃涉藏地区调研；第 3 组赴四川涉藏地区、云南涉藏地区、云南怒江州调研；第 4 组赴南疆四地州（和田地区、阿克苏地区、喀什地区、克孜勒苏柯尔克孜自治州）调研；第 5 组赴甘肃临夏回族自治州调研。

调研中，重点以深度贫困县、深度贫困乡镇为尺度，调查民族地区原深度贫困地区总体贫困状态、县域经济发展情况、基础设施建设及公共事业服务情况、贫困发生率与分布情况、致贫原因与特征、现有扶贫工作绩效等。在微观层面以深度贫困村、贫困户抽样为单位，调查民族地区深度贫困户的家庭生计、生产生活、健康状况、受教育情况、贫困认知与意愿、稳定脱贫能力、政策参与、政策满意度等情况。

第二章　民族地区深度贫困阶段特征与脱贫演进

第一节　民族地区深度贫困的阶段特征

一、民族地区深度贫困总特征

2017年6月23日，习近平总书记在太原主持召开的原深度贫困地区脱贫攻坚座谈会首次提出了“深度贫困”的概念，并把其归类为脱贫攻坚的重点战略任务。所谓“深度贫困”，指在一定的社会生产和生活方式下，个人和家庭依靠劳动和其他收入所得不能维持基本的生存需要，不能妥善地解决温饱问题。“深度贫困”由来已久，严重制约着我国的经济发展。虽然我国通过实施“教育脱贫保障一批”“扶持生产和就业发展一批”“移民搬迁安置一批”“低保政策兜底一批”“医疗救助扶持一批”的精准扶贫工作，已于2020年彻底解决了深度贫困问题，但当前部分地区依旧存在返贫风险，脱贫人口有再度回到贫困状态的可能。返贫受制度、生态、文化、能力和权利等多重因素影响，可划分为因病返贫、传递性返贫、因灾返贫等不同类型。若想将返贫风险消灭在萌芽状态，就必须准确把握造成返贫风险的内外部主要因素，将脱贫地区经济发展动力与脱贫人员自我发展能力看作必须解决的头号问题，尤其是在民族地区。

由于历史、自然和地理等原因，原深度贫困地区发展面临着突出问题与特殊困难。经济社会发展总体滞后，供给侧结构性改革任务艰巨，产业发展层次水平偏低，新旧动能转换难度较大。城乡区域发展不平衡，基本公共服务供给不足，基础设施建设欠账多，资源环境约束大，创新发展能力弱，对内对外开放水平不高。并且人口整体素质有待提高，传统文化传承发展亟待加强，贫困问题特征明显，维护社会和谐稳定任务繁重，缩小与全国发展差距任重道远。

据统计，民族地区 2020 年之前贫困发生率一直处于较高水平（如图 2-1 所示），远大于全国平均水平。其中，西藏自治区 2010 年贫困发生率高达 49.2%，全省近一半人口难以解决温饱问题，处于饥寒交迫的状态。

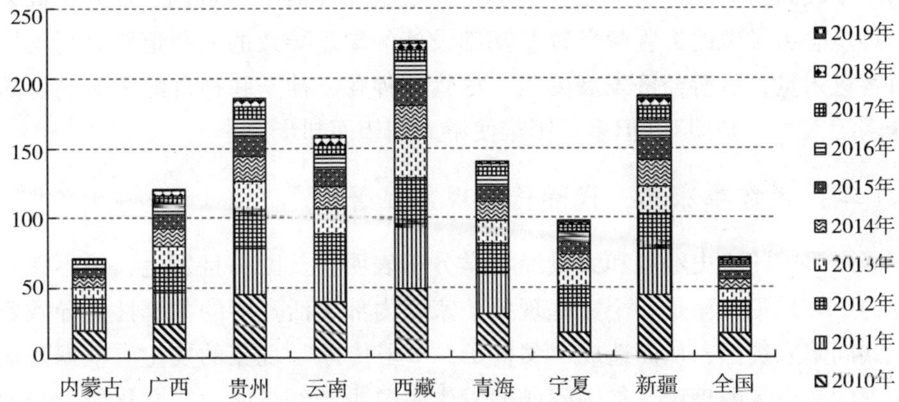

图 2-1　2010—2019 年民族地区及全国贫困发生率（%）

数据来源：2010—2019 年《中国农村贫困监测报告》。

随着国家对贫困问题的关注不断加强，民族地区贫困状况得到了显著改善，目前已实现了全面摆脱深度贫困的目标。但在巩固脱贫成果阶段仍需要注重之前的贫困特征，为消除“返贫”风险做足准备。具体而言，所研究的民族地区深度贫困状况具有如下显著特征：

（一）地理位置偏僻，环境灾害频发

大多数原深度贫困地区都位于海拔较高的高寒地区，地质条件复杂，昼夜温差大，气候变化无常，不适宜小麦、水稻等传统农作物的生长，从而不利于通过发展传统农业拉动经济增长。并且，恶劣的自然环境使得游客望而止步，旅游经济发展条件欠佳。

以西藏山南地区为例，该地区位于雅鲁藏布江中下游，喜马拉雅山以北，地貌类型复杂多样，从西北向东南依次有高山深切宽谷、高原湖盆、高山深切峡谷、中山中切峡谷和低山丘陵等类型。该地区的农业发展主要集中在河谷地带（海拔 3500—4200 米之间），牧业发展主要集中在高山寒冷牧区（海拔 4000 米以上）。沿泽错公路途经错那至泽当，山南地区的气候由半干旱亚寒带高原气候过渡到半干旱温带高原气候，农业气候跨度较大且种植环境恶劣。该地区农

业产业结构调整所面临最主要自然限制是海拔梯度大、风沙尘土多、干旱、年均温低等。大多数内地常见的蔬菜作物、花卉和果树受当地残酷自然条件的限制，不能大规模推广；大棚、灌溉等设施建成维护的成本也远高于内地，因而价格水平较高，竞争优势缺乏，无法依靠农牧业发展摆脱贫困。而且，高寒缺氧、环境恶劣导致的灾害频发以及基础设施的缺乏导致的入藏道路难行均限制着游客进入量，旅游经济发展受阻。尽管到神秘、神圣和神奇的雪域高原旅游是众多游人的"梦想"，但多重困难使游人们望而却步。

（二）脱贫难涨志，代际传递现象显著

国际国内的历史经验和大量经济学分析表明，贫困一旦发生，便不是一个独立的个体现象，而是一个家庭现象，家庭内部生活资料的共享性会导致家庭成员共同陷入贫困，从而造成"父传子""子传孙"现象的发生。根据阿玛蒂亚·森的能力贫困理论，贫困问题的发生主要由于经济能力、文化能力与政治能力的缺乏，从而导致贫困人民有着较低的抵御经济风险能力、资本占有和使用能力、信息接受能力以及政策参与能力，进而导致贫困的代际传递现象。其中，文化能力缺乏是民族地区深度贫困的显著特征。

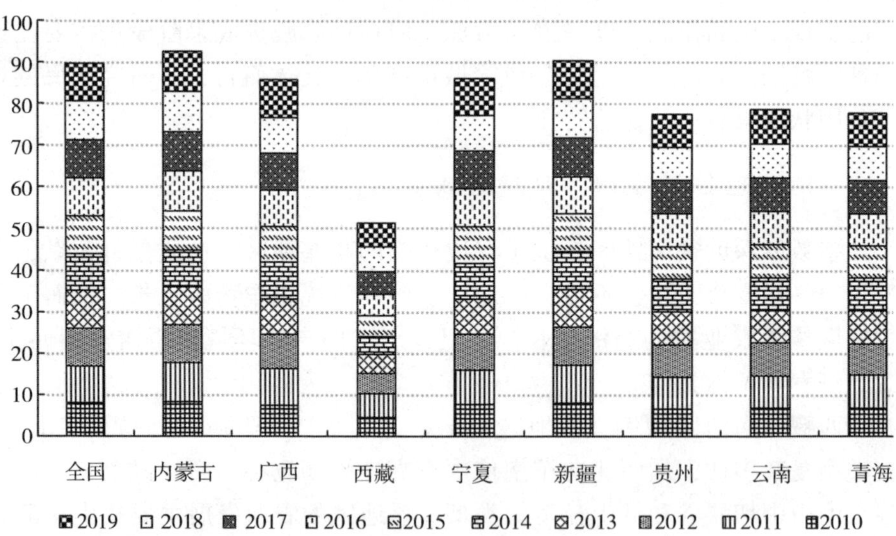

图 2-2　2010—2019 年民族地区及全国平均受教育年限（年）

数据来源：根据 CSMAR 数据库整理所得。

从图 2-2 可见，民族地区平均受教育年限较短，2010—2019 年间大部分地区低于全国平均水平。教育水平低下会导致脱贫不涨志现象的发生，从而使得贫困问题由一及多，由浅入深。以民族地区的技能扶贫为例，虽然我国一直强调“开发式扶贫”的重要作用，但在许多地区难以体现其真正效能。例如云南作为多民族聚居的劳务大省，2014 年全省有农村劳动力 2335 万人，但累计参加过技能培训的仅有 169.80 万人，占总劳动力的 7.21%，脱贫的比例更低。究其原因，是因为教育资源长久缺乏，部分贫困群众思想上安于现状，内生动力不足，贫困意识固化，即贫困人口陷入时间与空间的双重裹挟，在继承历史文化传统的同时，又困囿于生存艰难、能力缺乏、家庭贫困、无力脱贫、甘于贫穷的恶性循环，形成了一种无奈接受贫困事实、代际传递贫困思想、严重依赖贫困的文化。

（三）基础设施匮乏，贫困地区集中

在现代社会中，经济越发展，对基础设施的要求越高，基础设施发挥的作用也越大。民族地区由于固定资产投资长期处于较低水平（如图 2-3 所示），难以形成系统完备的公共工程和基础设施体系，产生了一系列贫困问题。以云

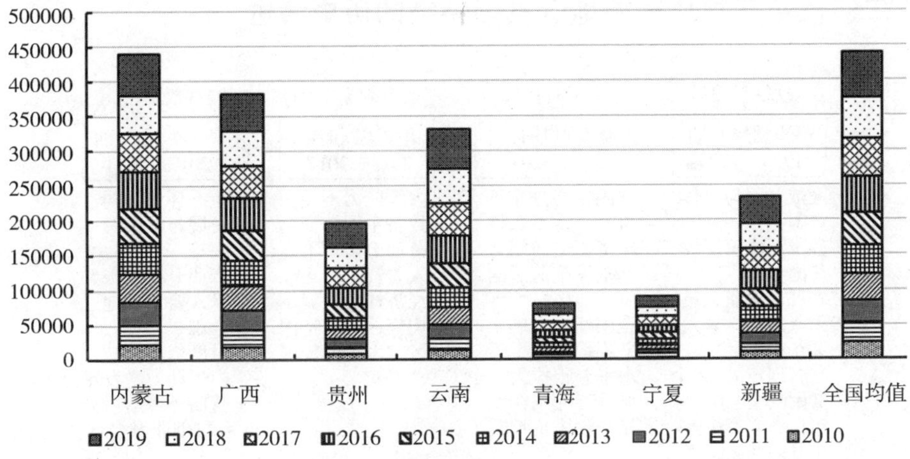

图 2-3　2010—2019 年民族地区及全国资本存量（亿元）①

数据来源：根据各省区统计年鉴整理所得。

① 资本存量以永续盘存法计算，选定 2000 年为基期。由于数据可得性原因，此处未考虑西藏自治区。

南省南华县为例，该地区由于道路交通、饮水安全、住房保障以及医疗服务四个方面的基础设施建设条件滞后，导致该地区基本民生问题长期存在，如省道103线纪家村段的“十年断头路”难以修补、水源缺乏且水质不达标的问题难以解决、不满足“安全稳固、遮风避雨”的危房数量占比居高不下、看病治疗缺钱又缺医护的现象普遍存在。凡此种种，均制约了经济社会可持续发展，导致贫困问题的发生。

不仅如此，基础设施的匮乏还会使得民众生活条件难以改善，扶贫资源难以及时发挥效用，从而导致贫困地区的集中连片。以云南省为例，2020年摆脱绝对贫困之前，云南共有91个县区划定为集中连片贫困地区，大部分县区是民族自治地方或少数民族集聚地。南华县及其周边的姚安县、牟定县、楚雄市均位于云南省民族地区、集中连片贫困县区，皆属于原深度贫困地区。其中，南华县作为云南省73个国家扶贫开发工作重点县之一，是云南省解放战争时期59个革命老区县之一。与民族地区相比，非民族地区2800万左右的贫困人口仅占其总人口的2.7%，集中分布在《国家八七扶贫攻坚计划》所确定的592个国家级贫困县中的334个县。

二、改革开放后民族地区贫困特征的历史演进

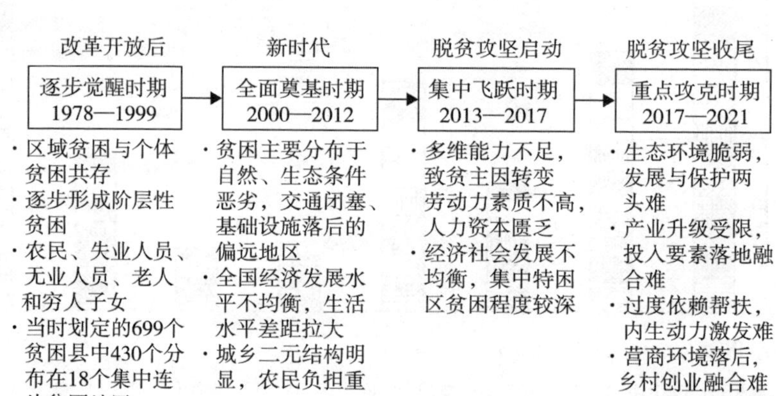

图2-4　贫困特征历史演化

（一）逐步觉醒时期（1978—1999 年）

改革开放之后，国家开始支持贫困地区发展产业、生产商品、建设基础设施，将减贫重心由建国初期的恢复生产力转换为推动贫困地区和贫困农户脱贫致富。按国家统计局 1978 年的贫困标准来看（按 1978 年不变价，100 元/年），该时期贫困状况呈现逐步减少的趋势（如图 2-5 所示），特别是 80 年代初期，由于家庭联产承包责任制的施行，生产资料的所有制关系被基本理顺，生产力大量解放，农村贫困人口减少将近一半。但由于发展时间较短，此时仍存在着较为明显的贫困状况，具体表现为区域贫困与个体贫困共存，并且开始逐步形成阶层性贫困现象。1986 年，“贫困县”这一概念开始出现，在国家发布的“七五”和“八五”计划中，多次强调对贫困县进行对口帮扶和定点扶贫。按当年统计数据和集中连片特困地区覆盖县域名单来看，国家贫困人口主要分布在 22 个省（自治区）的 699 个贫困县，其中有 430 个贫困县分布在 18 个集中连片贫困地区，民族地区贫困县共有 143 个，且主要由农民、失业人员、无业人员、老人和穷人子女等组成。此时，针对民族地区的贫困治理政策较为笼统，主要体现在全国贫困农村的相关发展上，民族贫困地区贫困特征的系统性梳理和致贫机理把握上存在欠缺。

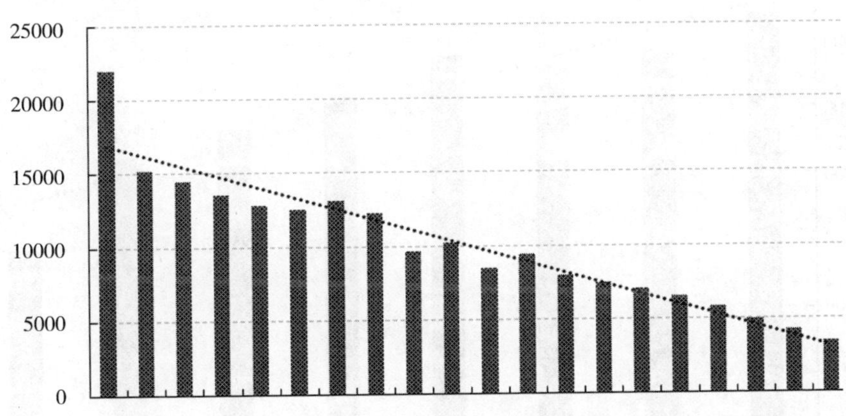

图 2-5　1980—1999 年农村贫困人口（万人）（1978 年标准）

数据来源：2017 年《中国社会统计年鉴》。

（二）全面奠基时期（2000—2012 年）

继 1994 年开始的“八七扶贫攻坚计划”完成后，贫困状况再次体现出新的特征，贫困人口主要分布于自然、生态条件恶劣，交通闭塞、基础设施落后的偏远地区包含民族地区的大部分山区、荒漠地区，帮扶难度较大且以村为单位集中。根据这一状况，党和政府积极转换扶贫思路，在 2001 年 5 月颁布《中国扶贫开发纲要（2001—2010 年）》，以贫困村为基础推行贫困帮扶计划，对贫困户进行识别，让扶贫工作更为具体细化。经过不断努力，贫困人口数量呈现递减的趋势（如图 2-6 所示），截至 2007 年，按 1978 年贫困线标准仅有 1500 万人左右仍处于贫困状态。

随着经济社会的不断发展，维持人们的基本生存所必需消费的物品和服务的最低费用也发生了变化，国家统计局于 2008 年将贫困线标准改为每人每年 1067 元（按 2008 年不变价），2010 年改为每人每年 2300 元（按 2010 年不变价）。这一时期，全国经济发展水平不均衡，人民的生活水平差距拉大，贫困状况日益复杂化。农民负担沉重、贫富差距悬殊、城乡二元化结构明显是该时期贫困的主要特征。

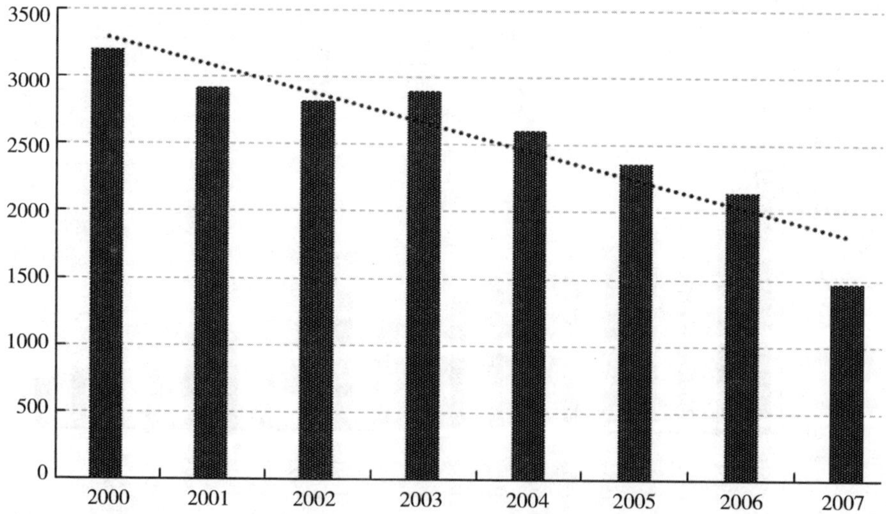

图 2-6　2000—2007 年农村贫困人口（万人）（1978 年标准）

数据来源：2017 年《中国社会统计年鉴》。

（三）集中飞跃时期（2013—2017 年）

党的十八大以来，中国特色社会主义进入新时代，脱贫任务也到了攻坚拔寨的重要环节。习近平总书记在 2013 年湘西调研时首次提出“精准扶贫”的概念并于 2017 年太原座谈会上将绝对贫困概括为深度贫困，力主用“一对一”式的科学方法因地制宜开展贫困帮扶工作，着重缓解深度贫困区的贫困状况。此时期深度贫困状况主要有如下特征：

1. 多维能力不足，致贫主因转变

如表 2-1 所示，农村多维贫困主要体现在教育、健康、生活质量与就业收入能力的缺乏，且在十八大之前集中体现为存在就业困难，缺乏就业保障，难以形成有效储蓄与解决温饱等生存性问题。十八大以后，随着国家扶贫力度的加大，贫困家庭的生存能力有了较为显著的改善，贫困状况也开始向多维方向能力缺乏转变，且低教育水平的占比开始逐年增大，返贫风险增加。

表 2-1　2010—2018 年中国农村多维贫困特征

指标	维度	2010 年 发生数（户）	2012 年 发生数（户）	2014 年 发生数（户）	2016 年 发生数（户）	2018 年 发生数（户）
教育	教育程度	515	374	248	250	233
	儿童辍学	108	97	50	27	20
	教育负担	149	154	114	128	137
健康	身体质量指数	503	344	230	205	173
	医疗保险	177	53	34	41	93
	医疗负担	315	289	242	248	263
生活质量	食品安全	541	460	132	135	99
	食物自给	817	588	285	266	242
	日常结余	638	647	395	422	398
	基础收支	552	143	115	126	43
就业收入	就业保障	1269	445	123	157	180
	就业状态	817	277	200	228	164

数据来源：2010、2012、2014、2016、2018 年中国家庭追踪调查数据（CFPS）。

以西藏自治区为例，西藏是面积最大的连片特困片区、民族地区占比最大的贫困片区和唯一以全省整体划入贫困片区的省区，不仅是贫困地区、民族地区，还是治边稳藏的主阵地。按照 2013 年国家确定的 2736 元农民人均纯收入这一指标（2010 年不变价），西藏自治区建档立卡户共计 148642 户，贫困人口约 59 万人，该部分人口贫困特点由之前的生存温饱性问题难以解决为主转变为多维能力的共同缺乏。

2. 劳动力素质不高，人力资本匮乏

劳动力素质是劳动者思想素质、智力素质和体力素质的总称，是一个国家、地区或某个历史时期社会经济、科学技术和文化水平的集中体现，对经济发展起着至关重要的作用。精准扶贫时期，劳动力素质不足是深度贫困的主要特征之一。

仍以西藏自治区为例，贫困治理始终面临人力资本匮乏这一关键问题，缺技术、缺劳力导致贫困的户数分别占 12.65%、16.99%。就西藏自治区人民身体素质而言，由于地方病频发，持续影响着当地居民的身体健康。就当地文化素质而言，2016 年未脱贫时，西藏自治区 40.32%的贫困人口为文盲或半文盲，64.93%的贫困人口受教育程度为小学以下，该问题似乎是民族地区中共同存在的突出问题（如图 2-7 所示）。

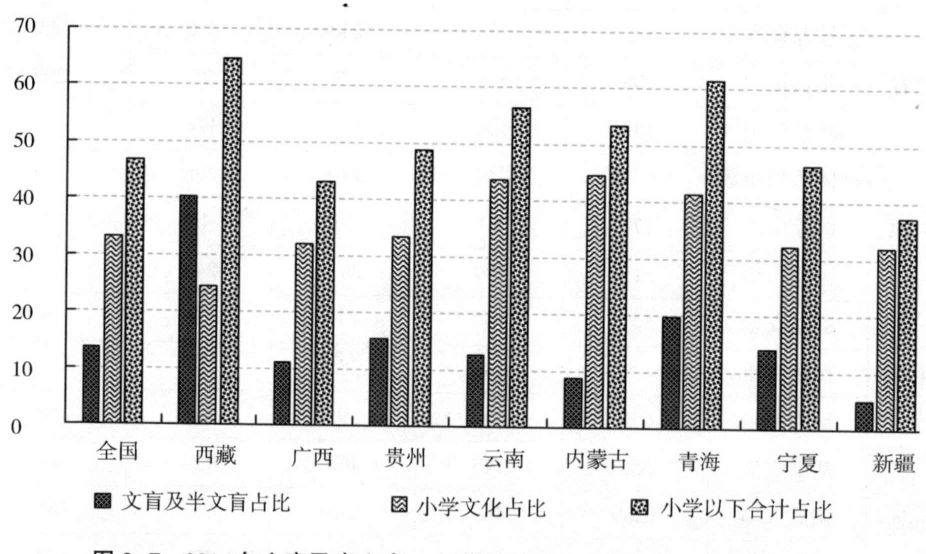

图 2-7　2016 年文盲及半文盲、小学及小学以下的贫困人口占比（%）

数据来源：《2016 年国民经济统计年鉴》。

3. 经济社会发展不均衡，贫困程度较深

深度贫困的民族地区由于各种自然社会条件的缺乏，经济发展呈现显著的滞后状态，有着较严重的贫困状况。经过“五个一批、六个精准”的精准扶贫战略治理，十四个集中连片特困地区中部分贫困县域实现了脱贫发展，但仍存在一部分原深度贫困地区等待被“攻克”。

表 2-2　2013—2017 年临夏回族自治州经济发展进程

年份	中国		临夏回族自治州	
	GDP（亿元）	人均 GDP（元）	GDP（亿元）	人均 GDP（元）
2013	592963. 2	43684	0. 02	8440
2014	643563. 1	47173	186. 05	10166
2015	688858. 2	50237	211. 41	10527
2016	746395. 1	54139	230. 11	11395
2017	832035. 9	60014	238. 84	11411

数据来源：2013—2017 年《甘肃省统计年鉴》、2013—2017 年《中国统计年鉴》。

以甘肃临夏州为例，临夏州全称临夏回族自治州，位于黄河上游、兰州市南部地区，和青海省接壤。该地区自然环境较差，经济欠发达，2013 年精准扶贫政策初次提出之时，该地区人均 GDP 仅为全国平均水平的 19%，差异悬殊。同时，贫困家庭具有明显的收入结构性贫困特征，大部分家庭收入来源于种植与畜牧等经营性生产，财产和工资性收入明显不足。过低的收入水平不仅造成贫困人口家庭生活消费水平不高，更造成购买生产生活资料的能力极为有限的恶性循环。

（四）重点攻克时期（2017—2021 年）

2017 年 6 月，习近平总书记在深度贫困地区脱贫攻坚座谈会上系统阐述了深度贫困的特征和成因，提出促进区域发展和东西部扶贫协作、加大对口支援和内生动力培育力度等政策措施。同年 10 月，党的十九大明确部署重点攻克原深度贫困地区的脱贫任务；11 月，中共中央办公厅、国务院办公厅印发《关于支持原深度贫困地区脱贫攻坚的实施意见》要求：“新增脱贫攻坚资金、项目和举措优先向深度贫困地区倾斜”，构建适应原深度贫困地区脱贫攻坚需要的支撑保障体系。2018 年 6 月，《中共中央国务院关于打赢脱贫攻坚战三年行动的指导意见》强调，要集中力量支持“三区三州”等原深度贫困地区脱贫攻坚；同年，旅游扶贫、教育脱贫、网络扶贫、健康扶贫等补齐短板的政策和项目大量出台并实施，有效推进了原深度贫困地区的脱贫攻坚，其中“三区三州”贫困人口由2017年的305万人减少至2019年的43万人，贫困发生率由14.6%下降到2%，脱贫攻坚进程加快，成效显著。

2020年3月，习近平总书记在决战决胜脱贫攻坚座谈会上强调，要确保如期完成脱贫攻坚目标任务，确保全面建成小康社会。2020年11月21日，甘肃省临夏州东乡族自治县等8个深度贫困县退出贫困县序列，标志着“三区三州”全部脱贫；11月23日，贵州省最后9个深度贫困县退出贫困县序列，标志着原深度贫困地区绝对贫困问题得到历史性解决，我国脱贫攻坚取得全面胜利。

自“三区三州”为主的原深度贫困地区划定以来，集中的政策扶持和资金投入为民族县区的社会经济发展带来了史无前例的发展机遇，处于深度贫困民族地区的面貌焕然一新。但是，作为全国最难突破的深度贫困堡垒，“三区三州”地区的相对落后地位没有改变，该地的贫困特征发生了新的变化，仍存在诸多发展瓶颈亟待攻坚。

1. 生态环境脆弱，发展与保护两头难

原深度贫困地区的地形地貌多以山地和高原为主，属于难开发、难保护的重点区域。生态环境本身的区域性、公共性，决定了原深度贫困地区的生态治理是一项涉及范围广、参与主体多样、利益波及多元化的综合工程。严重的区域生态环境问题不仅会影响人民群众的脱贫进程，更重要的是对区域内的生态安全构成持久性威胁。尤其是存在经济落后、贫困程度深、生态环境极其脆弱多维并生的原深度贫困地区。因此，原深度贫困地区应成为国家区域生态治理的重点对象。生态区域治理应该是一个比较完整的生态整体性发展过程，但在现实中，一个完整的生态区域往往因为不同行政区域被分割成零散的治理板块。在现行体制的制约下，不同行政区域对乡村生态治理的手段和理念不尽相同，分割现象在水资源保护、流域治理、环境保护等区域性乡村生态治理中皆有显现。

原深度贫困地区与全国总体发展状况相比，在自然环境、经济及社会发展方面面临更严峻的形势。由于生态环境脆弱、发展理念滞后、经济基础薄弱、知识文化水平较低等因素的综合作用，生态环境治理极具困难性和挑战性。与此同时，原深度贫困地区大部分区域属于国家限制开发或禁止开发地区，存在经济发展与资源开发的矛盾。由于生态环境脆弱、自然灾害高发、自然资源短缺等内在因素和交通、通信落后，基础设施陈旧等外在条件的长期综合作用，原深度贫困地区经济社会发展水平总体较低，可持续发展能力弱。此外，原深度贫困地区经济发展结构单一、产业结构不合理，市场化和组织化水平不高，经济全面发展受到显著制约。

以经济建设为中心不仅是经济发达地区的经济发展理念，也是肩负脱贫攻坚和乡村振兴双重重任的原深度贫困地区的发展理念，在上级脱贫攻坚和乡村振兴的双重任务压力下，部分原深度贫困地区走上“先污染、后治理”的老路，片面追求经济的快速增长，忽视生态环境保护。绝大部分原深度贫困地区的县、乡都面临着经济发展与环境保护冲突的问题，部分县、乡为达到上级要求的脱贫攻坚指标，片面贯彻执行“只要金山银山、不要绿水青山”的经济发展理念。但是由于原深度贫困地区的经济基础薄弱、资源相对匮乏，经济增长始终步履维艰，这样的发展理念最终往往使原深度贫困地区陷入经济发展滞后与生态环境恶化并存的尴尬境地。

2. 产业升级受限，投入要素落地融合难

虽然民族地区的脱贫县市大都形成了产业带贫机制，但产业升级仍存在诸多短板和制约瓶颈。第一，产业基础薄弱。原深度贫困地区历史上长期处于偏僻、封闭的状态，自给自足的农牧业经济比例较高，产业发展根基薄弱。第二，产业规模化水平较低。各类产业扶贫项目及工程初具规模，但总体产量不足，集体经济弱小，农牧产品及加工业、民族手工业、民族医药等传统产业呈现“小、散、粗”的特征；缺少龙头企业和拳头产品，品牌知名度不高，产业链延伸及经济贡献能力明显不足。第三，产业资产权属不清。扶贫产业项目的资本产权属性模糊，国有资产管理不健全，管理归属不清晰，国有资产面临流失风险，且产业利益联结方式和管理机制不完善，产业收益率偏低，不利于产业可持续发展。

脱贫攻坚时期政府投入的政策、资金与参与扶贫的企业、贫困户共同形成扶贫要素，并与地方的资源禀赋进行融合，试图催生出地方经济发展的内生动力。在面对风险市场的现实检验下，刚起步的幼稚产业并不一定适应当前的市场需求，扶贫产业存续风险较高可能面临转型的需求。脱贫攻坚阶段产生的经济增长内生动力不完全能够为脱贫地区带来持续经济发展动力，“输血式”的外部资源投入过程中，能够落地形成产业成果需要融合地方要素有机“生长”。稳固的经济增长内生动力即使在脱离了扶贫政策保护后，依然能为地方就业、生产、消费等方面发展提供动力。短期产业开发中，即使部分地区采用“复制性”较强的旅游业、“互联网+”农业、农村电商等项目，依然可以有机地结合当地特色资源，并转化成可持续的生产模式。那些仅依托政府兜底完成消除绝对贫困目标的地区，未能挖掘出适应当地发展的产业模式，如果在失去扶贫政策的“哺育”后，就落入新一阶段的相对贫困之中。

3. 过度依赖帮扶，内生动力激发难

民族地区初步脱贫人口具有文化水平低、生计能力弱、身体素质差、返贫风险高等特征，主动反贫的内生动力不足，脱贫稳定性差。第一，生存环境恶劣，包虫病、大骨节病、地氟病、地甲病等地方病频发，严重影响当地贫困人口身体健康，成为反贫的突出障碍。第二，教育资源不足，受教育水平偏低，直接制约脱贫人口掌握新知识、新技术的能力，限制了从业方式和岗位渠道，就业素质较弱。第三，贫困亚文化代际传递使脱贫人口在生产生活方式中表现出对地缘关系的依赖和对固有生产生活方式的传承，呈现出保守求稳的经世观念及持续摆脱贫困的惰性。第四，脱贫人口应对返贫风险的能力和主动性较差，容易因病、因灾、因婚、因疫、因市场行情变化等因素致贫返贫，返贫风险普遍较高，脱贫稳定性不足。

贫困意识固化，即贫困人口陷入时间与空间的双重裹挟，在继承历史文化传统的同时，又困囿于生存艰难、能力缺乏、家庭贫困、无力脱贫、甘于贫穷的恶性循环，形成了一种无奈接受贫困事实、代际传递贫困思想、严重依赖贫困的文化。精准脱贫更多的是侧重从收入角度解决绝对贫困问题，贫困的精神根源未能彻底根除。原深度贫困地区集“边疆、民族、直过、贫困”于一体，地理位置偏远，社会发育程度较低，脱贫群众面临信息时代快速变化和贫困意识固化的双重压力。同时，我国西藏、新疆南疆四地州及云南怒江的36个边境县与缅甸、印度、阿富汗等九国接壤，承担着维稳戍边、安边固邦的神圣使命，是我国向西开放的前沿。边境问题往往与民族问题等相互交织，并且容易引发社会矛盾，加剧了巩固拓展脱贫攻坚成果的艰巨性和长期性。

4. 营商环境落后，乡村创业维持难

原深度贫困地区的社会经济发展对于农业的依赖度较高，从事农牧业生产经营的家庭占据地区劳动力就业的多数。然而，当地农业的发展与其他地区机械化进程出现一定的分隔，在产业链的分工中也多以生产初级产品为主。随着当地休闲农业和特色农产品产业的发展，部分农村劳动力具有更多的就业、创业机会。但由于原深度贫困地区的农村劳动力语言水平低和经营手段缺乏，本应带动当地就业的利好政策往往被非本地居民享有。政府部门应深入基层，利用惠及于民的技能培训政策扶助存在劳动力剩余的农户家庭，同时精准帮助居民选择合适自身发展的实用技能。

劳动力返乡创业为民族地区带来了业务、客户、技术、财务、行业等资源，这些资源要素也是返乡创业企业生存和发展的关键借力。业务资源主要解决创业企业的发展模式和发展方向；客户资源主要解决创业企业为谁服务的问题；技术资源是创业企业的核心竞争力，主要解决企业凭借什么来生存的问题；财务资源包括资金来源、资金管理、资金运营等，是返乡创业企业发展的命脉，主要解决创业企业的资金问题；行业资源包括品牌认可度、行业的上下游资源、行业准入资格等，主要解决创业企业所生产的产品如何销售的问题。自脱贫攻坚开展以来，返乡创业的资源要素为原深度贫困地区发展现代化农业、实现产业聚集以及建设生态宜居的美丽乡村提供了强大动力。

近年来，为了持续推进脱贫攻坚工作展开，乡村营商环境发生了翻天覆地的变化。原深度贫困地区特色产业扶贫政策和项目的实施，也映射出营商环境不足的深层次问题。首先，原深度贫困地区人才缺乏，技术资源严重不足。落后的生产能力和经营能力不足以维持现代信息化社会的日新月异的需求。其次，由于原深度贫困地区多存在地势陡峭、地广人稀的特点，基础设施完善存在诸多困难。尤其是公共交通设施的普及率低下，无法满足物流运输、冷链传送的应急需求。

第二节　民族地区深度贫困的治理与脱贫演进的实证研究

一、基于县域视角的全国脱贫总体进程与特征

（一）全国贫困县的脱贫进程

党的十八大以来，脱贫攻坚从粗放式的扶贫举措转为“精准扶贫”战略，集中投放的扶贫政策被科学有效地落实在不同贫困区域环境的贫困人口上。2013 年习近平总书记提出“精准扶贫”重要方略和战略部署后，贫困地区的经济增长呈现突飞猛进的态势。自 2016 年起，832 个国家贫困县相继“脱贫摘帽”，其中 2017 和 2018 年的“摘帽”数最多，至 2020 年仅剩 52 个贫困县集中在“三区三州”等原深度贫困地区。一系列的脱贫政策和专项资金为区域的经济发展创建了产业、金融、教育、社会保障的发展基础，其中扶贫项目落地融

合并不会因为“脱贫摘帽”突然叫停，但原先快速增长的经济发展趋势和项目增长动力是在“输血式”帮扶的政策下形成的，若想在摘下贫困的帽子后依然保持原有的经济发展态势，甚至在脱离扶贫政策后保持经济增长的稳定趋势，必须在脱贫前形成自身的经济发展“造血库”。

为了初步判断脱贫县经济发展是否受到“脱贫摘帽”的影响，先以全国县域样本为基础，观察分析不同年份脱贫的县域经济发展趋势。将脱贫县域年社会生产总值进行统计，依照2013—2019年不同年份计算其平均GDP和人均GDP，同时将2016年、2017年、2018年脱贫县与非贫困县之间的经济发展趋势进行对比。计算公式如式（1）、（2）所示：

$$mean\_gdp_{jt}=\frac{\sum_{i=1}^{n} gdp}{n} \quad (1)$$

$$mean\_pgdp_{jt}=\frac{\sum_{i=1}^{n} pgdp}{n} \quad (2)$$

对比结果如图2-8所示，两类经济指标中都能看出贫困县与非贫困县之间的经济水平具有较大的差距，总体上来说，不同类型县域经济水平都在逐年上升，但2016—2018年之间贫困县GDP增长幅度较非贫困县之间差距进一步拉开。观察贫困县之间的经济发展水平差距可以看出，2016年率先“脱贫摘帽”的贫困县相较后脱贫的县域具有较高的经济水平，但观察2016年脱贫县在脱贫时间节点前后的人均GDP增速较之前有所下降，且低于其他贫困县的增长幅度。而2017年的脱贫县在脱贫节点前后的人均GDP由增长变为下降，这种现象同时出现在2018年脱贫县的人均GDP发展趋势上。观察历年脱贫县的人均GDP增长趋势可以看出，在脱贫节点前人均GDP的增长幅度皆大于非贫困县，这也源于脱贫攻坚工作的集中展开对贫困地区经济发展的重要推动。

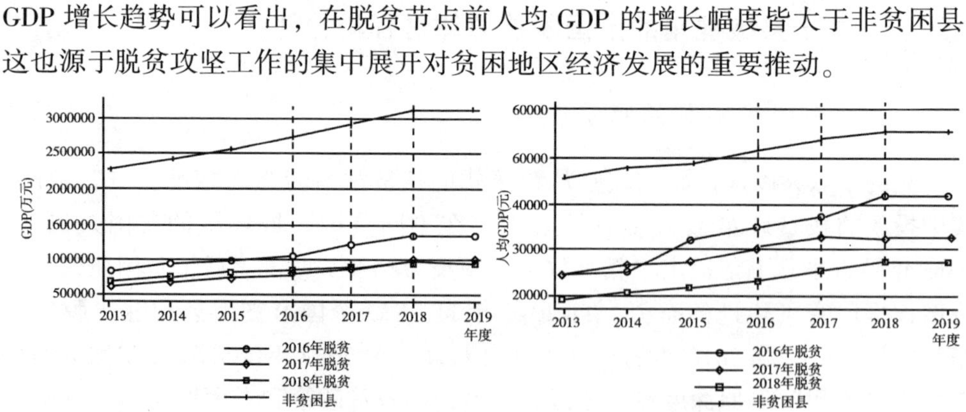

图2-8　各年“脱贫摘帽”县经济发展趋势比较

仅通过脱贫县经济发展趋势波动的特征，似乎可以看出，贫困县在“脱贫摘帽”的时间节点前后存在经济发展趋势的不平稳波动。事实上，脱贫攻坚时期地区经济水平的快速增长趋势也存在一定的“粗放式”和“非可持续性”特点。由于扶贫改革进程的加速，消除绝对贫困的目标迫在眉睫，扶贫政策和资金的投入力量在原深度贫困地区连年上涨，产业项目、普惠金融和基础设施建设的短期成效要求较高，师资教育、医疗保障、人居环境等社会福利水平提升更需要长期投入大量工作。由于脱贫攻坚时期针对扶贫产业的开发给予了大量的政策扶持，短期内吸收了大量的外来投资进入，不少地区快速建立了农产品展销平台、新电商、旅游产业区、物流园区等开发项目。贫困地区根据自身的资源禀赋条件寻找可以进入的市场领域，但同样出现了对成功地方案例的复制粘贴，或急于招商引资造成的资源滥用。产业摸索阶段的项目开发对贫困县域来说同时是一把“双刃剑”，若对扶贫资金进行有效利用能够形成可持续的产业拉动力，但培养区域新产业所形成的沉没成本会影响下一阶段中对产业项目的评估和进一步改革发展举措。

表 2-3　历年“脱贫摘帽”数

年份	2016	2017		2018		2019		2020
脱贫摘帽数（个）	28	125		283		344		52
所在省份及数量（个）	河北 3 江西 2 河南 2 重庆 5 四川 2 贵州 1 西藏 5 青海 3 新疆 5	安徽 1 江西 6 河南 3 湖北 2 湖南 5 广西 1 重庆 3 陕西 4 青海 7 宁夏 1	内蒙古 1 黑龙江 5 河北 11 山西 3 四川 10 甘肃 6 新疆 2 西藏 25 贵州 14 云南 15	吉林 3 安徽 10 江西 10 河南 19 湖北 10 湖南 15 广西 9 海南 2 重庆 2 四川 17 贵州 18	黑龙江 10 河北 18 山西 17 内蒙古 10 陕西 23 甘肃 14 青海 12 宁夏 3 新疆 3 西藏 25 云南 33	河北 13 山西 16 内蒙古 20 吉林 5 黑龙江 5 安徽 9 江西 6 河南 14 湖北 16 湖南 20 广西 15	海南 3 重庆 4 四川 30 贵州 24 云南 31 西藏 19 陕西 29 甘肃 30 青海 20 宁夏 3 新疆 12	广西 8 四川 7 贵州 9 云南 9 甘肃 8 宁夏 1 新疆 10

数据来源：国家统计局官网，http：//www. stats. gov. cn/。

依照 2014 年国务院扶贫开发领导小组办公室公布的 832 个国家级贫困县名单，自 2016 年起，每年陆续由当地政府递交脱贫申请并由国务院扶贫办评估审批，成功摘掉贫困县“帽子”。如表 2-3 所示，2016 年至 2019 年全国“脱贫摘帽”数量逐年上升，到2020年仅剩52个贫困县集中在“三区三州”等原深度贫困地区等待被“攻克”。“摘帽”意味着该地区人民的平均收入水平已经达到了现行贫困标准之上，针对贫困县的扶贫政策也逐渐转向“以人为本”的定点扶贫措施。

（二）原深度贫困地区的治理进程

原深度贫困地区的脱贫攻坚工作一直以来都是国家关注的重点发展问题。在扶贫工作的进展中，国家相继设立了14个集中连片特困地区，592个国家扶贫工作重点县，并在2014年将国家级贫困县进一步扩展到832个。“三区三州”地区中纳入重点帮扶的县域越来越多，且对新疆和西藏脱贫工作的重视程度前所未有（见表2-4）。

表2-4　以“三区三州”为主的原深度贫困地区脱贫摘帽情况

地区	国家级扶贫工作重点县（区）数	2014年公布贫困县（区）数	“三区三州”贫困县历年摘帽数				
			2016年	2017年	2018年	2019年	2020年
西藏	74	74	5	25	25	19	0
四省涉藏地区	26	74	3	6	26	19	0
新疆南疆四地州	21	26	1	0	3	12	10
甘肃临夏州	7	8	0	1	0	5	2
四川凉山州	11	11	0	0	0	4	7
云南怒江州	4	4	0	0	0	1	3

数据来源：国务院扶贫开发领导小组办公室官网，http：//nrra. gov. cn/。

2014年，第二次中央新疆工作座谈会全面总结了第一次会议以来4年间的工作，对当前和今后的新疆工作做出全面的部署。2015年，中央第六次西藏工作座谈会上，习近平总书记提出“依法治藏、富民兴藏、长期建藏，加快西藏全面建成小康社会步伐”。同年11月，中共中央国务院发布《中共中央、国务院关于打赢脱贫攻坚战的决定》。2016年，国务院印发《“十三五”脱贫攻坚规划》，各个地区根据自身情况制定出“十三五”时期的脱贫攻坚战略方向和切实举措。同年 12 月，中央发布《关于进一步加强东西部扶贫协作工作的指导意见》，强调区域间的扶贫帮扶，这在原先连片贫困区政策的基础上进一步扩大了扶贫协作的空间。

2017 年 11 月，中共中央办公厅、国务院办公厅印发了《关于支持原深度贫困地区脱贫攻坚的实施意见》（以下简称《意见》），提出将重点支持“三区三州”发展，新增脱贫攻坚资金、脱贫攻坚项目、脱贫攻坚举措，加大财政力度、金融扶贫力度、项目布局倾斜力度、易地扶贫搬迁支持力度、生态扶贫支持力度、干部人才支持力度、社会帮扶力度，集中力量攻关，构建起适应原深度贫困地区脱贫攻坚需要的支撑保障体系。由此看来，2017 年不仅第一次提出“原深度贫困地区”，更是扶贫政策重点部署原深度贫困地区发展的关键节点。

“三区三州”扶贫政策对民族地区的帮扶成果显著。如表 2-4 所示，国务院扶贫开发领导小组办公室公布的全国贫困县摘帽情况中，西藏地区在四年内实现全部贫困县摘帽，在省级党委和政府扶贫开发工作成效考核中被评为“好”。

表 2-5　2019 年“三区三州”财政专项扶贫资金计划

<table>
<tr><th colspan="2">地区</th><th>资金</th></tr>
<tr><td colspan="2">西藏</td><td>220527 万元</td></tr>
<tr><td colspan="2">新疆南疆四地州</td><td>329497 万元</td></tr>
<tr><td colspan="2">青海涉藏地区</td><td>69757 万元</td></tr>
<tr><td rowspan="2">云南</td><td>云南涉藏地区</td><td>52748 万元</td></tr>
<tr><td>云南怒江州</td><td>90303 万元</td></tr>
<tr><td rowspan="2">甘肃</td><td>甘肃涉藏地区</td><td>51812 万元</td></tr>
<tr><td>甘肃临夏州</td><td>91350 万元</td></tr>
<tr><td rowspan="2">四川</td><td>四川涉藏地区</td><td>72563 万元</td></tr>
<tr><td>四川凉山州</td><td>161443 万元</td></tr>
</table>

数据来源：国务院扶贫开发领导小组办公室官网，http：//nrra. gov. cn/。

在全面小康建设道路上，突出的短板和必须要完成的硬任务主要集中在帮助“三类人”实现“两不愁三保障”，攻克“三区三州”等原深度贫困，补齐生态环境、公共服务、基础设施建设等方面的短板问题。如表 2-5 所示，国家对于“三区三州”专门设立了脱贫攻坚财政专项资金，并在最后时期采取了更有力的举措和更加细致的工作。如农业农村部召开了“三区三州”产业扶贫对接会，专题研究部署产业扶贫工作，《意见》也特别强调了加大“三区三州”金融扶贫的支持力度，教育部以就业脱贫为导向，对原深度贫困地区建档立卡贫困户实行职业教育和技能培训。地方上要求加强贫困人口精准识别和退出动态管理，实施贫困村提升工程，推进基础设施和公共服务体系建设，改善生产生活条件，发展地方特色的优势产业，壮大村集体经济。联合以上种种帮扶措施，都旨在确保原深度贫困地区贫困县向脱贫摘帽的道路前进，确保当地贫困户实现从被帮扶到脱贫，再到生计稳定的理想状态。

随着“十三五”期间扶贫工作的持续进展，“2020 后”建立稳定脱贫长效机制的思考将收官之年的工作引入新的阶段，防止规模性返贫成为中央到地方时刻关注的重点。

二、原深度贫困地区脱贫政策的实证分析

原深度贫困地区扶贫政策究竟为脱贫攻坚做出了多少贡献，为原深度贫困地区的经济发展产生了何种影响呢？本节将以实证分析手段，探究原深度贫困地区扶贫政策对地区的经济影响效应，讨论地理特征对扶贫进程存在的异质性影响。

（一）模型设定

将原深度贫困地区扶贫政策部署看作是一项自然实验，使用双重差分法估计该项政策对当地经济发展绩效的影响。在控制其他因素不变的基础上，双重差分法可以检验深度贫困区政策推行前后，处理组和对照组经济发展状况是否存在显著差异。设定模型形式如下：

$$lnPGDP_{ct} = \beta_0 + \beta_1 DID_{ct} + \beta_2 control_{ct} + \mu_c + \gamma_t + \varepsilon_{ct} \quad (1)$$

其中，$lnPGDP_{ct}$ 是因变量，为县域实际人均 GDP 的对数值，用于衡量地区经济发展绩效；DID_{ct} 为核心解释变量，$DID_{ct} = treatment_c \times time_t$，在样本期内，如果 c 县（区）属于“三区三州”原深度贫困地区，则 $treatment_c = 1$，否则为 0；当 $t \geq 2017$ 时，$time_t = 1$，否则为 0。本节处理组为“三区三州”涉及的国家扶贫工作重点区县，控制组为新疆、甘肃、云南、四川、青海五省非“三区三州”原深度贫困地区的其他扶贫工作重点县。下标 c 和 t 分别表示县和年；$control_{ct}$ 表示影响经济发展且随时间和地区变动的控制变量；μ_c 表示个体固定效应，控制了影响地区 GDP 但不随时间变动的个体因素；γ_t 表示时期效应，控制了随时间变化影响所有县的时间因素；ε_{ct} 表示误差项。其中，估计系数 β_1 为评

价扶贫政策效应的重点依据，若 β_1 显著为正，则政策有效。

原深度贫困地区的贫困表现具有特殊性，为了考量部署扶贫政策时是否存在异质性差异，在（1）式的基础模型上进一步拓展。其中，参考张国建在分析扶贫改革试验区的经济增长时引入的变量，设立虚拟变量 min_c，用以区分处理组和对照组是否为少数民族自治区县。改虚拟变量的设立主要是为了探讨原深度贫困地区扶贫工作的成果在行政单位划分上是否存在异质性，若 c 县为少数民族自治县，则 $min_c = 1$，否则为 0，模型如下：

$$lnPGDP_{ct} = \beta_0 + \beta_1 DID_{ct} \times min_c + \beta_2 DID_{ct} + \beta_3 min_c + \beta_4 control_{ct} + \varepsilon_{ct} \quad (2)$$

原深度贫困地区的地理特征表现在高寒、高海拔、高山地势陡峭，其中西藏和四省涉藏地区的平均海拔都超过国际通行的高海拔标准——1500 米，部分贫困县（区）的平均海拔超过超高海拔的划分标准——3500 米。居住条件的恶劣使得原深度贫困地区的扶贫工作开展异常艰难，不同海拔高度的县（区）也使得扶贫政策产生了差异性。设立 $hight_c$ 虚拟变量，用以分析政策效果是否受到了地理要素的影响，构建如下模型：

$$lnPGDP_{ct} = \beta_0 + \beta_1 DID_{ct} \times hight1_c + \beta_2 DID_{ct} + \beta_3 hight1_c + \beta_4 control_{ct} + \varepsilon_{ct} \quad (3)$$

$$lnPGDP_{ct} = \beta_0 + \beta_1 DID_{ct} \times hight2_c + \beta_2 DID_{ct} + \beta_3 hight2_c + \beta_4 control_{ct} + \varepsilon_{ct} \quad (4)$$

式（3）中为海拔是否超过 1500 米的虚拟变量，若达到 1500 米，则 = 1，否则为 0，式（4）进一步将海拔高度提升到 3500 米，考察超高海拔的极端地形对扶贫政策效应带来的影响效应，海拔超过 3500 米 = 1，否则为 0。

（二）变量选取

本节在评价原深度贫困地区扶贫政策效果时，主要以经济增长作为判断依据，选取各县区人均实际生产总值的对数值（*lnPGDP*）来衡量县域经济发展水平，并以各县（区）实际生产总值的对数值（*lnGDP*）来测度结果的稳健性。各县（区）实际生产总值是由名义生产总值和 2013 年为基期的各省生产指数计算得来。

核心解释变量为政策效应的交互项 DID_{ct}，原深度贫困地区从 2017 年提出并重点部署扶贫工作，交互项由时间虚拟变量与政策影响组虚拟变量相乘。除了原深度贫困地区扶贫政策会影响县域经济的发展外，还有很多因素会对其产生影响，由此设定控制变量来排除其对评价结果的干扰。利用县域人口密度的对数值（*lnpop*）来控制人口集聚对经济发展水平的影响；选取一、二产业从业人员占户籍人比重的对数值（*lnemploy*）来控制地区就业水平对经济发展的影响；选取居民储蓄存款余额与地区生产总值比值的对数值（*lnsav*）来控制储蓄率的影响；以社会福利收养性单位床位数的对数值（*lnwel*）来度量当地的福利水平。

在探究扶贫政策的影响机制时，利用第一产业增加值的对数值（*lnins_* 1）和第二产业增加值的对数值（*lnins_* 2）来反映产业扶贫的实施绩效；利用金融机构人民币各项贷款与 GDP 比值的对数值（*lnloan*）来衡量金融扶贫政策的实施绩效；以中等学校在校学生数的对数值（*lnedu*）来反映教育扶贫的减贫绩效。

（三）数据来源与描述性统计

选取 2013—2018 年以“三区三州”为主的原深度贫困地区 137 个国家扶贫工作重点县和“三区三州”地区跨越的 6 个省份其余 122 个国家扶贫工作重点县，共 259 个县（区）的面板数据，来评估原深度贫困地区扶贫工作重点部署带来的政策效果。数据来自历年的《中国县（市）社会经济统计年鉴》、各省份统计年鉴、各区县统计公报。其中部分数据存在缺失，本节通过移动平均法予以补齐，为了消除变量之间可能存在的异方差和共线性的影响，对所有变量进行对数化处理，描述性统计结果见表 2-6。

表 2-6　各变量描述性统计

变量	含义	计算方式	均值	标准差	最小值	最大值
lnPGDP	实际人均地区生产总值	ln（县域实际生产总值/户籍人口）	9. 694	0. 593	0. 595	12. 197
lnGDP	实际地区生产总值	名义 GDP/100＊2013 年各省 GDP 平减指数，取对数	12. 359	1. 135	9. 731	15. 049
lnpop	人口密度	ln（户籍人口/县（区）行政面积）	3. 380	1. 193	-2. 079	13. 958
lnemploy	就业情况	ln（（一产+二产业就业人数）/户籍人口）	7. 174	0. 698	-1. 727	9. 871

续表

变量	含义	计算方式	均值	标准差	最小值	最大值
lnsav	储蓄率	ln（年末居民储蓄存款余额/地区生产总值）	-0.518	0.677	-4.356	1.494
lnwel	福利水平	ln（社会福利收养性单位床位数）	6.119	1.295	0.693	8.756
lnins_1	产业发展	ln（第一产业增加值）	10.831	1.259	7.552	13.350
lnins_2	产业发展	ln（第二产业增加值）	11.212	1.306	4.419	14.354
lnloan	金融业发展	ln（金融机构人民币各项贷款/GDP）	-0.492	0.790	-5.333	2.002
lnedu	教育发展	ln（中等学校在校学生数）	8.740	1.347	4.875	11.725

（四）原深度贫困地区扶贫政策评价结果

首先对基础模型式（1）进行回归，根据表2-7中的结果可以观测到，第（1）列中是没有控制时期和个体效应的结果，其中交互项在1%水平下显著为正，这表明"三区三州"原深度贫困地区重点部署和当地经济发展间存在显著的正向因果，政策促进了县域经济发展。第（2）列和第（3）列都控制了个体效应，交互项的回归结果同样显著为正，但在同时控制时期效应后，交互项的回归系数变小了，笔者认为地区经济增长存在较强的时期影响，在控制其他因素不变的情况下，经济政策会在较长时间内发挥作用。第（4）列仅控制了省份效应，在与第（2）列控制个体效应的结果对比中可以发现，前者的政策影响效果相对小一些，控制在省份层面造成的偏误可能较大。在总体的基准回归结果中，可以清晰地看到，"三区三州"地区扶贫政策无论是纵向对比时间还是横向对比其他贫困县，都在经济效应上表现出显著的促进作用，证明假说一成立。同样，设置的控制变量回归系数在每列模型结果中表现稳健，正负向保持高度的一致，都对县域经济的发展存在显著的影响效应。引人注意的是，人口密度变量在每次的回归结果中都表现为显著的负效应，这可能和原深度贫困地区的贫困人口结构与教育水平有关。

表 2-7　基准回归结果

指标	(1) *lnPGDP*	(2) *lnPGDP*	(3) *lnPGDP*	(4) *lnPGDP*	(5) *lnPGDP*	(6) *lnPGDP*	(7) *lnPGDP*
DID	0.1632*** (0.012)	0.2006*** (0.009)	0.0208*** (0.002)	0.1813*** (0.031)	0.0019 (0.003)	0.0254*** (0.004)	0.0425*** (0.006)
lnpop	-0.5114*** (0.015)	-0.8869*** (0.015)	-0.9995*** (0.003)	-0.6258*** (0.131)	-0.9975*** (0.003)	-0.9957*** (0.004)	-0.9986*** (0.003)
lnemploy	0.2352*** (0.012)	0.0869*** (0.009)	-0.0028 (0.002)	0.1973*** (0.029)	-0.0014 (0.002)	0.0002 (0.003)	-0.0016 (0.003)
lnsav	0.0967*** (0.011)	0.1171*** (0.012)	-0.0024 (0.003)	0.0797** (0.038)	-0.0079*** (0.003)	-0.0106*** (0.004)	0.0029 (0.003)
lnwel	0.1205*** (0.131)	0.0846*** (0.009)	0.0001 (0.002)	0.0969* (0.057)	0.0011 (0.003)	0.0064** (0.003)	0.0028 (0.004)
个体效应	否	是	是	否	是	是	是
时期效应	否	否	是	否	是	是	是
省份效应	否	否	否	是	否	否	否
样本数	1431	1431	1431	1431	993	963	925

注：*、**和***分别表示10%、5%和1%的显著性水平，括号内为标准误，如无特别说明以下各表同。

考虑到可能影响政策实施效果的三类异质性因素：县域自身的经济发展基础，是否为少数民族自治县，政策效果是否受到海拔高度不同的地理差异影响，基于新增虚拟变量的回归结果如表 2-8。模型设计原理是通过将虚拟变量分别和政策实施 DID_{ct} 的交叉项加入回归，同时也控制着虚拟变量和 DID_{ct}。

在上文分析了“三区三州”地区所有贫困县的扶贫经济绩效后，进一步探讨县域自身经济基础对扶贫政策效应的影响。将处理组 137 个国家贫困县进行经济基础的划分，本节根据研究样本初始年份 2013 年的各个县（区）地方生产总值大小划为三等分，将位于不同分位区的处理组分别和控制组还原上述的双重差分过程，所得到的结果如上表 2-7 的 5-7 列所示。第 5 列是 2013 年地区生产总值最高的处理组与控制组所得的政策效应评估结果，在控制了时间效应和个体效应后，扶贫政策效应并没有呈现出在总体样本中所表现那样显著为正，而基期 GDP 位于中间区位（第 6 列所示）和较差区位（第 7 列所示）的处理组与控制组进行双重差分后的结果与总样本表现一致，扶贫政策显著促进了地区的经济发展。这意味着原深度贫困地区拥有不同经济基础的贫困县，面对扶贫政策并不都具有对经济突出的促进成果。在经济基础较好的县（区），政策未体现出显著的经济促进作用，而在经济基础越差的县（区）却表现出对经济增长越强的促进作用。在控制了个体和时间效应的模型中，位于中间和较差经济基础的县（区）所受到的政策冲击效应为 2.54%和 4.25%，皆高于总样本回归后的政策平均效果 2.08%。

表 2-8 的第 8 列中考察的是少数民族自治县对原深度贫困地区扶贫政策效应的附加影响。交互项的结果表明，相对于原深度贫困地区的非少数民族自治县，自治县的政策实施效果提升了 9.58%。这表明，国家重点部署原深度贫困地区扶贫政策中，充分考虑了民族地区的特点并给予了更多的倾斜政策，自治县也在扶贫政策部署下发挥了更大的主观能动性。同样的结果可以由 *min* 的系数中得出，在从六个省份全部的国家级贫困县层面考察中，属于少数民族自治的贫困县具有更高的经济增长绩效，充分体现出针对民族特色的政策自由空间。

在充分考虑到原深度贫困地区地理区位和资源禀赋的独特性后，本节引入了海拔标准的虚拟变量。在表 2-8 第 9 列汇报的是海拔超过 1500 米的虚拟变量与政策效应 DID_{ct} 的交互项回归结果，高海拔地区政策实施后表现出对经济效应更好的促进作用。由于国家对原深度贫困地区扶贫工作的深入展开，设立专项基金支持当地政府工作，从省份到县（区）再到最小的村、组行政单位都秉着精准帮扶的原则全力部署政策落实。由于六省内海拔高于 1500 米的县（区）占比较高，在政策规划上也充分考虑到了地区特点和实施路径。第 10 列将虚拟变量标准进一步提高到超高海拔 3500 米以上划分，从交互项的结果中同样可以看出，政策部署在超高海拔地区依然具有较好的绩效，但超高海拔地区政策对经济的促进作用明显低于高海拔地区，这也体现出扶贫难度在地理因素上的影响。同样明显的是，两类地理因素虚拟变量的回归结果显著为负，且超高海拔的区县产生对经济发展的负效应要高于高海拔的区县，这充分说明了地理区位和要素禀赋对于地区经济发展的作用，以及原深度贫困地区扶贫难度之高。

表 2-8 异质性分析

指标	(8) *lnPGDP*	(9) *lnPGDP*	(10) *lnPGDP*
$DID_{ct} \times min_c$	0.0958 * (0.055)		
$DID_{ct} \times hight1_c$		0.0774 ** (0.033)	
$DID_{ct} \times hight2_c$			0.0690 *** (0.024)
DID	0.1591 *** (0.012)	0.0982 *** (0.0031)	0.1272 *** (0.019)
min	0.4616 *** (0.119)		
*hight*1		-0.5166 *** (0.094)	
*hight*2			-0.9564 *** (0.082)
$control_{ct}$	是	是	是
样本数	1，431	1，431	1，431

根据以上分析，不同经济基础、资源禀赋和行政规划特点的县（区）在原深度贫困地区扶贫政策下产生了不同程度的经济绩效。且在异质性的分析中，无论以什么角度进行模型的回归，政策效应交互项都显著为正，也再次说明了原深度贫困地区扶贫政策显著促进了地区经济增长。

研究结果表明：(1) 扶贫政策的实施显著促进了县（区）经济的发展，经过多项识别假定检验和稳健性检验都证实成立。(2) 进一步对贫困县（区）间异质性分析发现，扶贫政策在经济基础、行政管理、地理特征不同的地区对经济促进效益不同。具体而言，以 2013 年 GDP 总量为标准划分，经济水平位于高区位的“三区三州”贫困县经济发展并不受政策的影响，而经济水平位于中等区位和低区位的贫困县受政策冲击较大，且经济基础越差的贫困县经济受到的政策促进效果越强。而“三区三州”内少数民族自治县的政策效应强于非少数民族自治县，高海拔地区的政策效应要强于非高海拔地区和超高海拔地区。

根据上文的分析可以看出："三区三州"深度贫困县区具有更强的政策帮扶倾向，且在扶贫政策实施中达到了更好的经济增长效益。"三区三州"资源匮乏、山石密集、海拔较高的地区也在扶贫政策的带动下实现了经济向好发展，但要考虑超高海拔的极端地区发展，在保护生态的原则下制定符合地区特色的发展战略。原深度贫困地区的经济在扶贫政策作用下得到了显著的提高，但其发展仍然落后于所辖六省内的其他地区。全面脱贫后，帮助"三区三州"等深度贫困落后地区发展的相关政策应该灵活机动地做出调整，探索出与扶贫政策相衔接的有效机制。

（五）原深度贫困地区扶贫政策作用机制

在上文中，通过双重差分模型证实了"三区三州"原深度贫困地区扶贫政策有效地促进了当地经济发展，通过异质性的分析明确了拥有不同经济基础、行政管理、地理环境的贫困县区对扶贫政策的影响效应。值得思考的是，重点部署的扶贫政策是通过什么样的作用机制来促进"三区三州"地区经济发展的呢？扶贫政策是否真正促进了当地的产业、金融业、教育水平的发展呢？针对性的产业扶贫政策、金融扶贫政策、教育扶贫政策对"三区三州"原深度贫困地区经济发展有怎样的促进效应呢？通过中介效应模型，探索出原深度贫困地区扶贫政策的作用机制，在双重差分识别政策效应的基础上，构建以下的中介效应模型：

$$lnPGDP_{ct} = \beta_0 + \beta_1 DID_{ct} + \beta_2 control_{ct} + \mu_c + \gamma_t + \varepsilon_{ct} \quad (5)$$

$$M_{ct} = \propto_0 + \propto_1 DID_{ct} + \propto_2 control_{ct} + \mu_c + \gamma_t + \varepsilon_{ct} \quad (6)$$

$$lnPGDP_{ct} = \gamma_0 + \gamma_1 DID_{ct} + \gamma_2 M_{ct} + \gamma_3 control_{ct} + \mu_c + \gamma_t + \varepsilon_{ct} \quad (7)$$

其中，M 为中介变量，分别用来表示产业扶贫（第一产业 $lnins\_1$、第二产业 $lnins\_2$）、金融扶贫（$lnloan$）和教育扶贫（$lnedu$）效应，扶贫政策的总效应依然为交互项的系数 β_1，γ_1 则用来表示加入中介变量后扶贫政策的直接效应，而中介变量的间接效应则通过 $\propto_1 \gamma_1$ 表现。根据中介效应模型的检验步骤，将上述三个式子进行回归后，若 γ_1 不显著且 $\propto_1$ 和 γ_2 都显著的话，中介变量达到完全中介，扶贫政策主要由该途径形成效果。若 γ_1 和 γ_2 都显著为正，且 γ_1 的系数有所减小，则说明 M 为部分中介变量，同理若 γ_1 显著为正且 γ_2 显著为负，γ_1 的系数较 β_1 有所增大，M 仍为部分中介。

实证结果如表 2-9 所示，列（1）是政策识别的基础回归结果，用于和引入中介变量的回归结果进行对比，列（2）、（4）、（6）、（8）分别为政策效应交互项对中介变量的回归结果，列（3）、（5）、（7）、（9）则表现是政策直接效应和中介变量的影响系数。在以第一产业增加值和第二产业增加值作为产业扶贫路径代理变量后得到的回归结果中，第2列和第4列政策效应结果都显著为正，表明扶贫产业有效地促进了当地的发展。同时，第3和5列的政策效应和中介效应都显著为正，且扶贫政策的直接效应有所下降，表明产业扶贫路径起到了部分中介作用，且第一产业的发展对地区经济的促进作用明显高于第二产业。根据统计学意义得到的结论与过往一般经验认为的工业发展对经济有更好的促进作用向悖，但考虑到“三区三州”原深度贫困地区自然资源匮乏、人力资源稀缺、交通发展困难的特点以及国家扶贫政策中明确强调的生态保护原则，研究认为农牧业等第一产业的发展更适合当地特点。“三区三州”地区近年来着重培养的扶贫产业项目也充分聚焦到当地的特色农产品开发与展销，相继引申出具有自然风光和独特民族风情的旅游产业发展。

列（6）和列（7）得到的回归结果显示：金融扶贫路径在样本期内没有得到有效实现，“三区三州”扶贫政策在样本期内没有显著促进金融水平发展，尽管在列（7）中可看出金融发展对地区经济具有显著促进作用，但其并未发挥好扶贫政策的中介效应。“三区三州”的金融业发展较为落后，但配合产业结构优化和规模化发展的金融政策对经济的可持续增长有着至关重要的作用。由此，“三区三州”的项目负责单位也要积极链接金融机构和实施落地的产业扶贫项目，促进资金链的更快流转，帮助吸纳更多创业就业机会，形成扶贫项目可持续的自生长模式。

通过表2-9的最后两列反映的结果得出，截止到本研究的样本期，“三区三州”的扶贫政策促进了当地的教育水平上升，且教育扶贫实现了政策对经济促进的中介效用，所得到的结果充分说明了：“三区三州”的扶贫政策对教育水平提升效应达到9.73%；原深度贫困地区的教育投入在短期对经济促进作用较微弱，仅仅达到0.0203%的促进效用，远低于第一产业扶贫效用的0.0953%和第二产业的扶贫效用0.2236%。“三区三州”地区的教育水平基础偏弱，仅普及九年义务教育，不足以培养出造福贫困地区的人才资源，要致力于提高受高等教育人员占比，针对性地加强职业技术技能的培训机制，以“提高成人职业教育—完善地区教育体制—提高高等教育人数”的路径促进教育水平上升。

表 2-9　政策机制分析

变量	(1)	产业扶贫				金融扶贫		教育扶贫	
	lnPGDP	(2) *lnins_ 1*	(3) *lnPGDP*	(4) *lnins_ 2*	(5) *lnPGDP*	(6) *lnloan*	(7) *lnPGDP*	(8) *lnedu*	(9) *lnPGDP*
DID	0. 0208*** (0. 002)	0. 0953*** (0. 011)	0. 0128*** (0. 002)	0. 2236*** (0. 027)	0. 0136*** (0. 002)	0. 0470 (0. 033)	0. 0206*** (0. 003)	0. 0973*** (0. 021)	0. 0203*** (0. 003)
lnins_ 1			0. 0836*** (0. 007)						
lnins_ 2					0. 0304*** (0. 003)				
lnloan							0. 0021*** (0. 003)		
lnedu									0. 0024 (0. 003)
$control_{ct}$	是	是	是	是	是	是	是	是	是
个体效应	是	是	是	是	是	是	是	是	是
时间效应	是	是	是	是	是	是	是	是	是
样本量	1，431	1，431	1，431	1，431	1，431	1，429	1，429	1，428	1，428

政策通过产业扶贫、教育扶贫等精准扶贫措施促进地区经济发展，达到脱贫攻坚的目标。第一产业发展对“三区三州”的经济促进作用要高于第二产业，短期内教育扶贫的促进作用低于产业扶贫的效用，金融扶贫路径在“三区三州”原深度贫困地区内并没有很好地实现。产业发展对地区的经济发展有着显著的成效，在推进“三区三州”的产业发展中，要深谙市场导向的发展方向，同时处理好相关主体的利益分配问题。教育发展在扶贫政策的影响下得到了显著的提高，但仅关注九年义务教育的实现不足以达到建设地方的需求。未来，要切实提高原深度贫困地区教师工资福利待遇，完善基础教育和职业教育发展机制，政府部门要为接受职业培训的成人提供后续的就业保障。“三区三州”地区的金融发展较为落后，政策的短期促进效应还没有显现，要精准实施金融帮扶措施与产业发展的协调互进，实现“三区三州”的可持续发展。

第三章　西藏自治区深度贫困大调查与脱贫现状

第一节　西藏自治区总体概况

一、地理区位

西藏自治区位于中国西南方位，青藏高原的西南部。西藏自治区北与新疆相连，东北接邻青海，东与四川相接，东南紧靠云南，西南方与印度、缅甸、不丹、尼泊尔等国家接壤。其国境线长达 3842 千米，是中国西南地区最为重要的边陲门户。自治区下辖拉萨、日喀则、山南、林芝、昌都、那曲、阿里地区等行政区，总面积达到 122.84 平方千米，约占中国总面积的八分之一，仅次于新疆维吾尔自治区。西藏自治区 85.1%的地区坐落在海拔高达 4000 米以上的青藏高原上，是世界上海拔最高的地区，素有“世界屋脊”的美称。全区地形可分为藏北高原、雅鲁藏布江流域、藏东峡谷地带三大区域。

西藏自治区贫困面较大，区域特征明显；交通基础明显滞后，自身建设能力极弱；产业结构不合理，特色产业增收带动不足；生产生活条件较差，发展内生动力极其缺乏；社会事业发展落后，民生改善难度较大；致贫原因特殊且错综交织，标准化扶贫政策难以奏效。

二、人口特征

由于地势险要，平均海拔超过 4000 米，稀缺的氧气以及广阔的山脉草场造成西藏自治区总人口较少。根据西藏自治区政府数据，2020 年末总人口为 365 万人，人口密度 13.3 人/平方千米，不足全国平均人口密度的十分之一。西藏自治区西部环境条件恶劣，因此大部分人口集中于西藏的东部和南部。西藏的人口分布不均衡，其中雅鲁藏布江以及其支流地区、拉萨平原、年楚河中下游地区人口较为稠密，人口密度达到 10 人/平方千米以上，甚至 50 人/平方千米左右，而在拉萨城市地区的人口密度达到 100 人/平方千米以上。根据表 3-1，在西藏自治区近三年人口变化情况中，拉萨市人口占比在 2020 年增长 8.3%，人口总数相比于 2019 年增长 30.91 万人，是西藏全区下辖市级中人口唯一实现正增长的地区。昌都市和日喀则市近三年年末人口稳定在 75 万人以上，是西藏自治区人口密集集中区域。山南市以及阿里地区人口占比保持稳定，人口增长降幅在 1%以内，2020 年年末人口占比分别为 9.7%、3.38%。林芝市在 2019 年年末人口占比达到 6.59%的最大值，2020 年人口占比降低 0.04%。那曲市 2020 年年末人口相比于 2019 年人口占比降低了 1.19%，人口转移问题严重。总体来看，西藏全区近三年除拉萨以外，其余各市的人口均有所降低，人口流失严重，劳动力不足等问题日益凸显。

表 3-1　2018—2020 年西藏各市（区）年末人口情况　　单位：万人

地区	2018 年	占比（%）	2019 年	占比（%）	2020 年	占比（%）
拉萨市	55.44	15.66	55.88	15.48	86.79	23.78
昌都市	–	–	79.81	22.11	76.1	20.85
山南市	37.53	10.60	38.26	10.6	35.4	9.7
日喀则市	–	–	85	23.55	79.82	21.87
林芝市	23.3	6.58	23.8	6.59	23.89	6.55
那曲市	53.4	15.08	54.21	15.02	50.48	13.83
阿里地区	12.19	3.44	12.4	3.43	12.33	3. 38
西藏	354	100	361	100	365	100

数据来源：西藏自治区人民政府网站，http：//www.xizang.gov.cn/rsxz/qqjj/rk/。

结合表 3-1 观察西藏各市区的人口变化情况可知，拉萨市在 2020 年人口同比增长 30.91 万人，增长率达到 55.31%；昌都市 2018 年总人口缺失，2020 年相比于 2019 年减少了 3.71 万人，增长率为-4.65%；山南市近三年人口变化呈倒“V”形，2019 年为近三年总人口数峰值，2020 年相比于 2019 年减少了 2.86 万人，年均增长率为-2.7%；日喀则市作为西藏自治区的三大地级市之一，人口总数稳定在 80 万人左右，2019—2020 年日喀则市总人口减少了 5.18 万人；林芝市人口增长情况稳定，2020 年人口增长率为 0.38%；那曲市人口变化情况与山南市相似，2018—2019 年与 2019—2020 年人口增长率分别为 1. 32%、6. 88%；2020 年阿里地区的人口总数仅占西藏自治区总人口的 3. 38%，总人口数不足 15 万人。

根据图 3-1，西藏自治区人口数量占全国总人口的比重从 2013 年 0. 23%增长至 2020 年（总人口 365 万人）的 0. 259%，增长了 0. 029 个百分比。西藏自治区 2013—2020 年增长了 48 万人，增长率为 13. 15%，年均增长率为 2. 19%，超过了全国年平均增长率 1. 68 个百分点。

表 3-2　各地区人口年龄构成　　单位：%

地区	比重			
	0—14 岁	15—59 岁	60 岁及以上	65 岁以上
全国	17. 95	63. 35	18. 70	13. 50
北京	11. 84	68. 53	19. 63	13. 30
天津	13. 47	64. 87	21. 66	14. 75
河北	20. 22	59. 92	19. 85	13. 92
山西	16. 35	64. 72	18. 92	12. 90
内蒙古	14. 04	66. 17	19. 78	13. 05
辽宁	11. 12	63. 16	25. 72	17. 42
吉林	11. 71	65. 23	23. 06	15. 61
黑龙江	10. 32	66. 46	23. 22	15. 61
上海	9. 80	66. 82	23. 38	16. 28
江苏	15. 21	62. 95	21. 84	16. 20
浙江	13. 45	67. 86	18. 70	13. 27
安徽	19. 24	61. 96	18. 79	15. 01
福建	19. 32	64. 70	15. 98	11. 10
江西	21. 96	61. 17	16. 87	11. 89
山东	18. 78	60. 32	20. 90	15. 13
河南	23. 14	58. 79	18. 08	13. 49
湖北	16. 31	63. 26	20. 42	14. 59
湖南	19. 52	60. 60	19. 88	14. 81
广东	18. 85	68. 80	12. 35	8. 58

续表

地区	比重			
	0—14 岁	15—59 岁	60 岁及以上	65 岁以上
广西	23.63	59.69	16.69	12.20
海南	19.97	65.38	14.65	10.43
重庆	15.91	62.22	21.87	17.08
四川	16.10	62.19	21.71	16.93
贵州	23.97	60.65	15.38	11.56
云南	19.57	65.52	14.91	10.75
西藏	24.53	66.95	8.52	5.67
陕西	17.33	63.46	19.20	13.32
甘肃	19.40	63.57	17.03	12.58
青海	20.81	67.04	12.14	8.68
宁夏	20.38	66.09	13.52	9.62
新疆	22.46	66.26	11.28	7.76

数据来源：西藏自治区人民政府，http：//www.xizang.gov.cn/rsxz/qqjj/rk/202105/t20210520_202847.html。

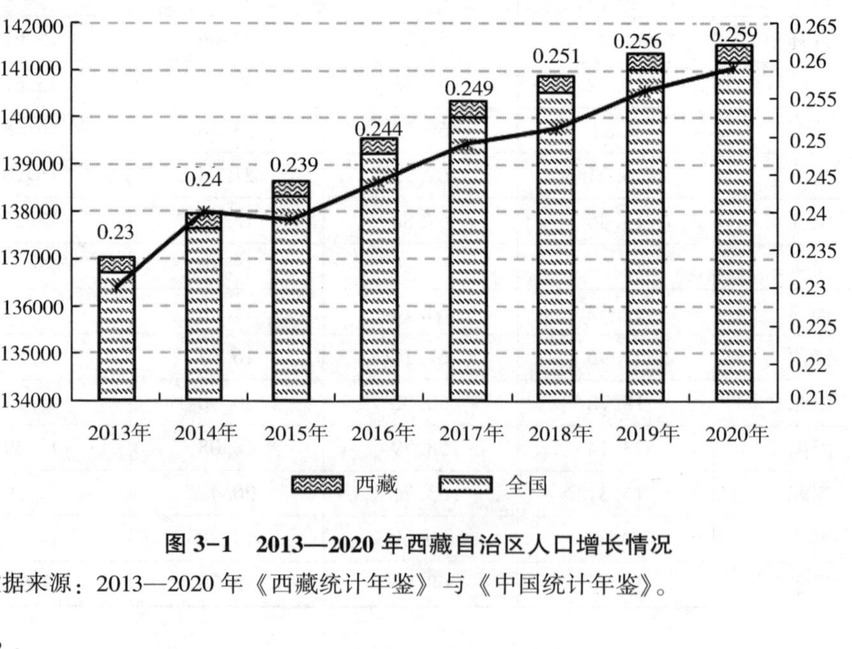

图 3-1 2013—2020 年西藏自治区人口增长情况

数据来源：2013—2020 年《西藏统计年鉴》与《中国统计年鉴》。

根据表 3-2 中西藏自治区人口数据，2020 年全区常住人口中，0—14 岁人口为 89.45 万人，占总体人口数量的 24.53%；第二年龄段中，15—59 岁人口数量为 244.22 人，占总人口比重 66.95%；60 岁及以上人口数量为 31.10 万人，占总人口比重 8.52%，其中 65 岁及以上高龄老年人口数量为 20.71 万人，所占比重高于 5%。西藏自治区人口数量以及不同年龄阶段人群数量与第六次全国人口普查相比，0—14 周岁人口数量上升速度较慢，仅为 0.16%；青中年劳动人口数量所占比重下降了 1%；老年人的人口数量上升了 0.85%，其中 65 岁以上人口数量比重上升了 0.58%。从性别来看，男性人口占西藏全区 52.45%，人口达到 191.36 万人；女性人口比重为 47.55%，人口数量为 173.45 万人。在表 3-2 中，0—14 岁人口数量比重最高的为西藏，达到 24.53%，其次为广西、贵州、河南等地；在 15—59 岁人口比重中，西藏的比重为 66.95%，处于全国高于 65%比重的 13 个省份中前列，但是在此劳动人群中，西藏自治区的人口质量不高，不能补足自治区内人才缺失严重、社会发展缓慢的缺陷；在 60 岁以上人口比重中，西藏自治区的老龄化问题较轻，低于 10%的水平。根据全国第七次人口普查数据，从全国人口水平来看，西藏 2020 年人口不足全国人口的 1%，人口占比仅为 0.26%。整体劳动力不足以及老年人口占比超过 5%的比重让西藏的整体人口数量、质量远远低于全国平均水平，较低的人口基数导致西藏技术水平、创新能力较低。

三、经济发展

（一）生产总值与产业结构

根据图 3-2，2013 年的生产总值为 816.57 亿元，2020 年生产总值为 1902.74 亿元，增长 1086.17 亿元，年平均增长 7.14%，2020 年生产总值相比于 2019 年增长 7.8%。按三次产业来看，2013—2020 年第一产业稳定在 9.21%，第二产业增长稳定在 37.81%，第三产业增长率稳定在 50.14%。结合图 3-3，西藏人均生产总值增长速度从 2013 年开始逐渐下降，2019 年人均生产总值 48902 元，同比增速为 6%。

结合全国、西藏自治区普查数据，自治区内产业就业岗位共 5.4 万个；从事第二、三产业单位岗位 4.7 万个，相比于第三次人口普查数据增长了 1.2 倍。全区总就业人员超过 80 万人，增长幅度约 55%。根据图 3-4，2013—2020 年西藏自治区第一产业产值稳定，保持在 9%的产值水平，2020 年第二、三产业产值占比分别为 42%、50. 14%。与上年相比，一、二、三产业产值占比分别增加了-0. 3%、4. 56%、-4. 26%。但是与前三季度相比，涨幅有所收窄。第一产业增加 150. 65 亿元，增长速度为 7. 7%；第二产业增加值超过 790 亿元，增长率为 18. 3%；第三产业增加值最高，为 953. 84 亿元，增长速率相比于一、二产业较慢，仅为 1. 4%。

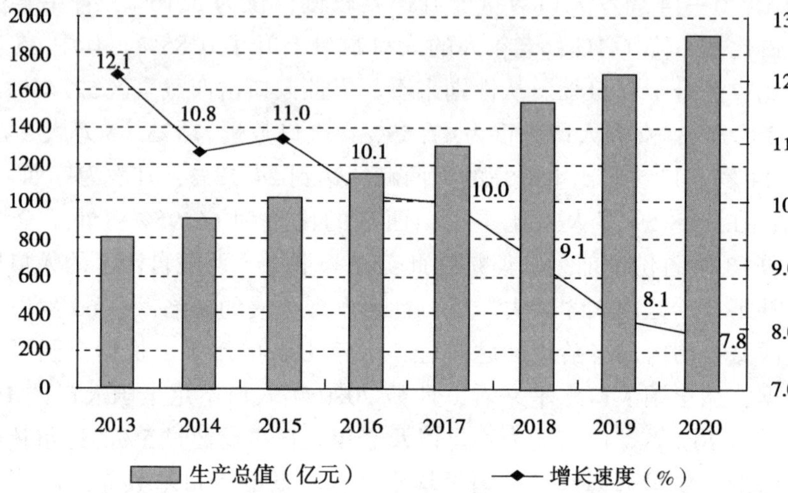

图 3-2　2013—2020 年西藏自治区生产总值以及增长与速度

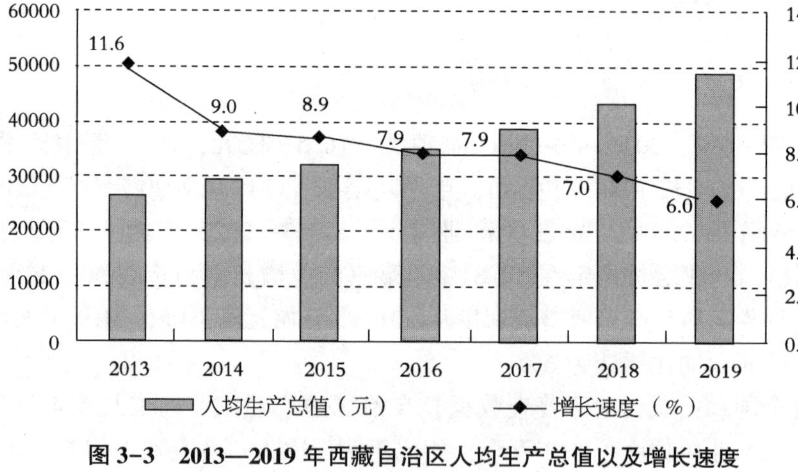

图 3-3　2013—2019 年西藏自治区人均生产总值以及增长速度

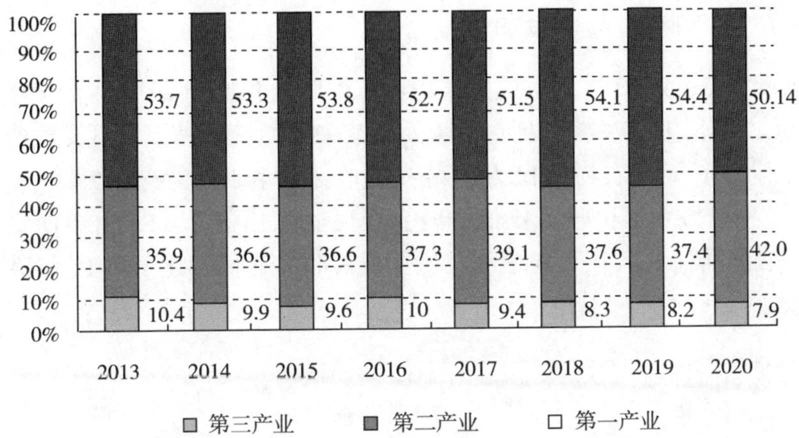

图 3-4　2013—2020 年西藏三次产业占比

2020 年农业生产总值为 233.5 亿元，同比增长 7.9%。其中粮食产量持续增长五年，稳定产量在 100 万吨以上。西藏青稞产量达到 79.50 万吨，畜牧牛羊 624.02 万头，比 2019 年增长 0.3%。具体比较，西藏出栏 14.21 万头生猪，出栏 139.05 万头牛，分别增长 12.6%、1.1%。农产品中奶类产量 49.17 万吨，同比增长 5.4%；蔬菜产量同比增长 8.9%，达到 84.36%万吨。

第二产业相比 2019 年，疫情过后，工业产值比重从 3.0%增加至 9.6%，生产加快，工业产品持续增加。分三大产业来看，制造业增长 6.1%，其中电力、天然气、热力、自来水生产的供应链增长 1.7%，全区发电量 87.09 亿千瓦时，增长 4.1%；实现调出电量 18.14 亿千瓦时，增长 4.9%。采矿各类金属中，铅含量增长最高，达到 97.7%，锌、铜金属含量依次为 44.4%、24.8%。工业加工产品中，中药产值增长 25.9%，水泥产值较少，仅为 0.4%。分经济类型来看，西藏招商引资，大量外资企业进入投资，使得外商以及港澳台企业产值增加 21.0%；国有企业稳定保持在 4.5%左右；股份制企业相比于国企增长稳定在 6%；非公有企业增长超过 10%。

服务业产值降低 19.1%，服务业产值为 143.42 亿元，但盈亏幅度降低，1—10 月降幅降低 1.6%。社会性营利性产业获得 40.20 亿元，产值相比于上年下降 34.1%，1—10 月的降幅收窄 2.0%。规模以上企业服务业利润仅为 118.60 万元。整体来看，服务业大类种有 1/60 的行业实现盈利，整体盈利超过 50.0%，达到 57.9%。

（二）城乡收入支出与消费

根据图 3-5，2020 年西藏居民人均可支配收入相比于 2019 年的 19501 元增长 2243 元，增长 11.5%，达到 21744 元。其中，城镇居民人均可支配收入增长 10.0%达到 4156 元；农村居民人均可支配收入增长比率为 12.7%，收入达到 14598 元。比较城乡居民收入比值，城乡居民收入比值 2.82，由于西藏脱贫成果显著，农村居民收入在稳定增加，城乡居民收入比值相比于 2019 年降低 0.07 个百分点。

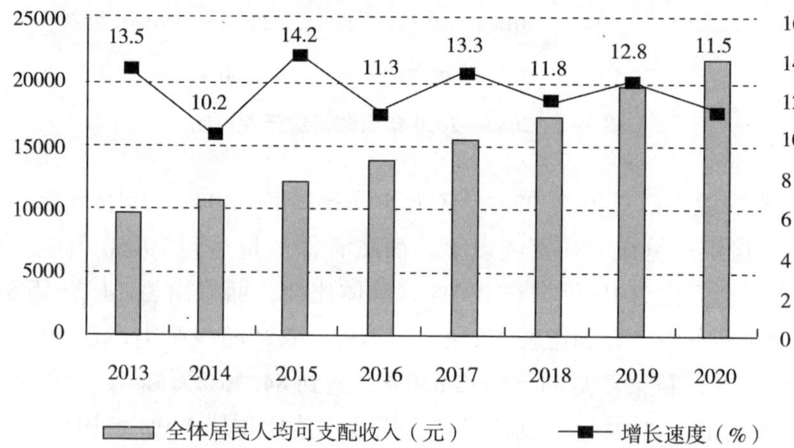

图 3-5　2013—2020 年西藏自治区居民收入增长趋势

结合图 3-6 可知 2019 年西藏全体居民消费情况。其中，食品烟酒平均消费 4793 元，占总体的 36.8%；衣着平均消费 1446 元，占总体的 11.1%；居住平均消费 2321 元，占总体的 17.8%；生活用品平均消费 846 元，占总体的 6.5%；交通通信平均消费 2015 元，占总体的 15.5%；教育娱乐平均消费 690 元，占总体的 5.3%；医疗保险平均消费 519 元，占总体的 4.0%；其他用品平均消费 397 元，占总体的 3.0%。

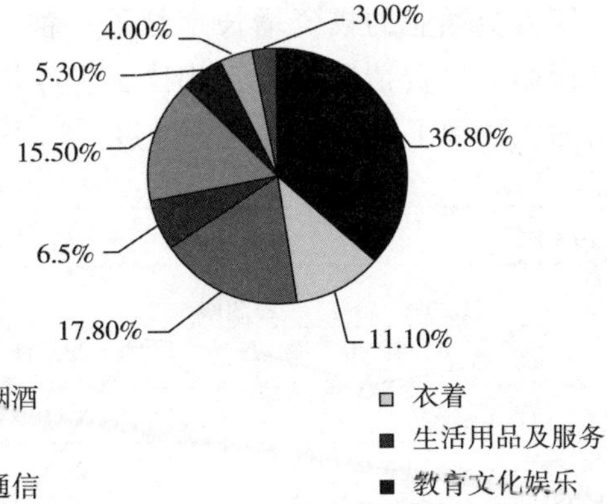

图 3-6　2019 年西藏自治区居民消费情况

(三) 投资消费与旅游发展

根据图 3-7，2013—2020 年西藏全社会固定投资总额呈波浪形，在“十二五”期间西藏的全社会固定生产投资增长率有所降低，从 2013 年的 29.4%降低 10.5 个百分点，“十三五”期间呈现倒“V”形，2017 年达到“十三五”的最高峰，之后急剧下降为 2019 年的-2.1%，下降了 26 个百分点。在“十三五”的收官之年投资情况有所回升，上升 5.4%，但整体经济受影响较大。根据 2020 年西藏自治区政府工作报告，2020 年西藏的产业投资分布不均衡。其中，第一产业投资有所增长，相比于 2019 年的-27.5%，第一产业的增加值达到了 15%，回到正常投资水平。在第二产业中，2019 年全区社会投资总额增长率下降了 10 个百分点，2020 年第二产业投资情况良好，全区第二产业固定资产投资增长速度高于 25%，加快了脱贫攻坚建设任务的顺利完成。最后，西藏第三产业发展不完善，企业较少投资，2019 年投资虽增长了 1.5 个百分点，但是在 2020 年受到疫情影响，西藏的第三产业投资增长速度仅为-0.2%。从具体产业类型来看，西藏的基础设施建设影响了社会投资状况，道路不通导致一些偏远地区的乡镇建设成本大，导致企业投资较少，其中信息传输、电子信息开发等产业投资下降速度为 40.8%。电力、天然气以及自来水产业受到国家政府补贴支持，2019 年整体上投资增长 1.3%。西藏资源丰富，富含大量矿产资源，使得制造业以及采矿业投资一直稳定增长，分别为 13.5%和 94.9%。农林牧渔业、零售业、住宿餐饮业均下降，其中批发和零售业的下降速度约为 50%，其次是农林牧渔业，最后为餐饮行业，下降了 17.6%。由于脱贫攻坚建设，西藏的金融扶持力度较大，使得金融业的投资增长率翻了一番，教育扶贫也是西藏的热点投资项目，教育行业的投资情况良好，相比于上年增长了 47. 6%，文化娱乐业的投资也渐渐增加，达到了 16. 3%的增长速度。

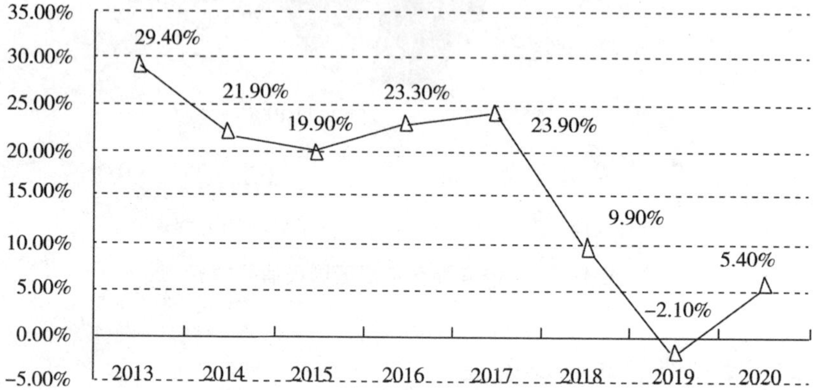

图 3-7　2013—2020 年西藏全社会固定投资总额增长速度

图 3-8　2013—2020 年西藏接待旅游人数和旅游总收入

根据图 3-8 数据可知，2013—2020 年西藏全区的旅游业发展情况良好，接待旅游人数从 2013 年的 1291. 06 万人增长至 2019 年的接待旅游人数高峰：4012. 15 万人，年增长人数为 288. 73 万人。2020 年受疫情影响，接待旅游人数降低了 12. 6 个百分点，仅为 3505. 01 万人。旅游总收入从 2013 年的 165. 18 亿元增长至2020年的366.42亿元，相比于2019年，2020年旅游收入下降了34.5个百分点，不及2017年的旅游收入水平，但是总体降幅比前三季度收窄了约2.4百分点。根据西藏自治区政府的年度工作报告，2020年西藏货物运输量和货物周转量的平均增长率达到1.4个百分点，运输量分别为4093.13万吨和156.96万吨，相比于2019年平均提高了1.5个百分点。

（四）公共财政收入与支出

2020年全区政府一般公共预算收入为222亿元，相比于2013年95.02亿元，增长了126.98亿元，年平均增长速度为11.41%。2019年税收收入为157.52亿元，相比于2013年的71.54亿元，年均增长12.28亿元，年均增长率为8.80%。一般公共预算支出稳定增加，从2013年的1041.31亿元，增长了1166.46亿元，年均增长率为7.55%。2020年政府财政预算收入相比于2019年下降了0.5个百分点，但是降幅在前三个季度得到控制，收窄了近一个百分点；一般公共预算支出相比于2019年，增加了1.2个百分点，实现政府收支稳定。结合政府工作报告，2019年与民生建设相关的政府支出较大，尤其是在卫生健康、交通通信、科学教育、社会保障福利等方面西藏自治区政府财政支出达到1409.33亿元，同2018年增长了17.3个百分点。

表3-3　西藏2013—2020年一般公共预算支出情况

年份	一般公共预算收入（亿元）	税收收入（亿元）	一般公共预算支出（亿元）
2013	95.02	71.54	1041.31
2014	124.27	85.86	1185.51
2015	137.13	92.00	1381.46
2016	155.99	99.05	1587.97
2017	185.83	122.70	1681.94
2018	230.35	155.93	1970.68
2019	222.00	157.52	2180.88
2020	220.98	–	2207.77

数据来源：西藏自治区人民政府网站，http：//www.xizang.gov.cn/rsxz/qqjj/jj/。

四、社会发展

（一）科教文卫发展

为促进西藏教育产业发展，2019年西藏扩大教育覆盖区域，推出建设现代教育体系计划，补充和完善西藏教育体系，实现“五个百分百”目标，促进教育扶贫事业的发展。根据西藏自治区教育厅调查数据显示，西藏2019年学前教育覆盖面达到66.8%，乡县级学前教育建设得到提升。高校人才储备计划中，高校理工类、农业类、医学类专业覆盖率达到60%以上。政府联合高校人才、科研机构共同建设的“省部攻坚协同创新中心”得到社会的认可与支持，为西藏人才培养与脱贫攻坚做出重大贡献。提高教师品质和道德感，鼓励教师走进乡村教学，启动新一轮西藏教育支援计划，协同外地援助教育教师一起建设乡村人才培养计划。政府还加强了信息网络互联，增加基础电脑设备，争取实现全面信息化，其中有38.9%的学校覆盖网络，互联沟通，减少知识的交流成本，增加学校教育建设效率。

根据表3-4，2014年西藏的卫生床位数仅为12024张，近几年国家的大力建设以及政府的卫生改造计划使得2019年卫生床位数增加为17073张，分类别看，2019年医院数有156个，占总体1642个卫生机构的9.5%；乡镇医院达到678个，占总体的41.29%，乡村卫生得到重视，西藏乡村人民的生活得到保障。社区类的服务救援中心和疾病防控中心分别为14个、82个，分别占总体的0.85%、4.99%。技术人员增加了7716人。2019年西藏加快医疗卫生条件升级建设，启动全面覆盖县域医疗的计划，推进脱贫攻坚建设总进程。减少公立医院中的“隐性开支”，降低居民的损失，组件医疗团队开设培训讲座和实操演练，增加县域基础医疗和医务人员的水平，增加“援藏医疗”团队的福利以吸引外地高质量人才的加入，构建“援藏网络+”的互联网覆盖率，在2019年达到了20%以上的全自动网络化医疗体系，减少医务人员的浪费，集中人才提高医疗服务质量。此外，西藏还建成了3个国家级涉藏地区医疗诊断中心，加大了重大疑难疾病的治理力度和治理水平，完成了全区9万多妇女的妇科病检查。

表3-4　2013—2019年的卫生机构床位数和技术人员数

年份	卫生床位数（张）	技术人员数（人）	每千人拥有床位数	每千人技术人员数
2014	12024	12946	3.79	4.08

续表

年份	卫生床位数（张）	技术人员数（人）	每千人拥有床位数	每千人技术人员数
2015	14013	14364	4. 33	4. 43
2016	14882	15310	4. 50	4. 63
2017	16138	16503	4. 79	4. 89
2018	16787	19035	4. 88	5. 54
2019	17073	20662	4. 87	5. 89

数据来源：西藏自治区人民政府网站，http：//www. xizang. gov. cn/rsxz/qqjj/jj/202004/t20200410_ 136751. html。

（二）社会保障发展

2019 年，西藏全区参加城乡居民基本医疗保险人数 298. 7 万人，基本实现了全区居民参保的目标，有利于西藏全面小康建设。由于西藏大量家庭的主要青壮年劳动力外出务工导致居民家庭剩下老年人和幼儿，使得家庭劳动生产效率极低，因此为了承担老年人的养家压力，政府每年向老年人以及符合补贴发放条件的家庭成员发放社会福利补贴。2019 年城乡居民养老保险金提高补助标准，医疗财政补贴人均提高 555 元，其中城镇居民人均大病医疗补贴提高为 72 元、农村人均提高至 33 元。医疗网络体系的建立使得西南片区的居民可享受跨省诊断费用的减免，此外针对残疾儿童、贫困老人、残疾人等特殊需要照顾群体给予医疗保障福利，相应减少这部分人群的医疗费用开支。2019 年西藏自治区内失业发生率控制在了 3%以下，城乡新增就业人数高于五万人；企业职工参保人数高达 20 万人。城乡居民的各类社会保险，包含养老保险、工伤保险、失业保险、生育保险等参与人数分别达到 165. 99 万人、36. 78 万人、25. 3 万人、33. 9 万人。

第二节 西藏深度贫困大调查

一、总体贫困特征

根据西藏自治区政府数据，2014 年贫困人口 61 万人，贫困发生率

23.7%，明显高于全部片区 17.1%的总体水平，也高于其他连片特困地区。西藏贫困人口较 2013 年减少 11 万人，减贫率为 15.28%，略高于全部片区的总体水平。西藏贫困发生率较 2013 年下降 5.1 个百分点，下降幅度明显高于全部片区 2.9 个百分点的总体水平。① 结合 2017 年贫困人口统计数据，2016—2017 年由 99.6 万贫困人口减少至 33.1 万人，减贫人口占总体贫困人口的 46.69%。原深度贫困地区主要聚焦在那曲、昌都、日喀则三大区域，重点帮扶 44 个贫困县。2018 年，44 个贫困县中还有 19 个深度贫困县未摘帽，脱贫率仅达到 56.82%。

西藏自治区的经济发展呈现出区域集中度高、差异较为明显的特征。高海拔山脉地区的经济水平相对较低，西北部以双湖县为代表的低海拔地区具有较高的人均 GDP 水平。

二、微观农户调查

（一）农户基本信息分析

为了更加充分地了解西藏实施脱贫攻坚举措以来所取得的伟大成就和存在的潜在问题，调研组于 2020 年从西藏 74 个贫困县中选取 46 个县 600 个建档立卡户进行入户走访调研（每个县 10 户），如表 3-5 所示。通过问卷调查的形式，较全面地掌握贫困户的基本信息、生产生活情况、贫困认知与意愿以及政策参与评价等几个方面的内容，总共获得了问卷 516 份，其中有效问卷 509 份。

调研范围涵盖了拉萨市、阿里地区、林芝市、昌都市、那曲市、日喀则市、山南市七个地区 46 个县。其中阿里地区包含日土、措勤、革吉县市区；调查数量为 31 户。林芝市巴宜区布久乡 11 户农户参与问卷调查，给予了非常宝贵的信息。昌都市察雅县、边坝县、芒康县、类乌齐等九县中 112 户被调研者分布在巴目、纳西乡、旺达、同普、桑多镇、然谷、莫洛、乡皮、沙东等 17 个乡镇中。

拉萨市调研地区主要集中在林周县、曲水、衣禾、墨竹工卡、达孜、当雄、城关区、堆龙德庆等地区，具体调研乡镇地点包括甘曲镇、才纳、塔荣、唐加、塔杰、德庆、桑珠林、帮堆、当曲、宁中等，有 96 户农户参与调研问卷的填

① 西藏自治区人民政府：（扶贫攻坚专栏）《民生有保障+发展添动力：西藏脱贫致富奔小康》，http：//www. xizang. gov. cn/xwzx_ 406/ztzl_ 416/cxzt/fpgj/。

写。那曲市 63 户被调查农户分布在巴青、聂荣县、申扎、比如、色尼、索县等地区。日喀则市的被调查农户数量最多，达到了 152 户，被调查地点涵盖了康马、昂仁县、亚东县、南木林县、聂拉木县、拉孜县、桑珠孜、谢通门、吉隆、仁布、定日县、岗巴、萨迦县。最后山南市的措美、扎囊县、曲松、贡嘎、浪卡子等县市区调查农户 51 户。

表 3-5 西藏调查地点具体情况

被访问者所在地级市	被访问者所在县市区	被访问者所在乡镇	调查数量（户）
阿里地区	日土县	热帮	31
	措勤县	江让乡	
	革吉县	革吉	
林芝市	巴宜县	布久乡	11
昌都市	察雅县	烟多乡、玉卡、烟多	112
	边坝县	巴目	
	芒康县	纳西乡、旺达、同普	
	类乌齐县	桑多镇	
	八宿县	然谷	
	贡觉县	莫洛、乡皮、沙东	
	卡若区	噶迈乡、嘎玛乡	
	丁青县	嘎塔、甘岩、当堆	
	洛隆县	硕督镇	
拉萨市	林周县	甘曲镇	6
	曲水县	才纳	
	尼木县	塔荣	
	墨竹工卡县	唐加	
	达孜区	塔杰、德庆、桑珠林、帮堆	
	当雄县	当曲、宁中	
	城关区	——	
	堆龙德庆区	古荣、噶古榕、柳梧	

续表

被访问者所在地级市	被访问者所在县市区	被访问者所在乡镇	调查数量（户）
那曲市	巴青县	拉西	63
	聂荣县	下曲	
	申扎县	塔尔玛、雄美	
	比如县	——	
	色尼县	——	
	索县	亚拉	
日喀则市	康马县	涅如麦	152
	昂仁县	多日	
	亚东县	堆纳、吉汝、帕里镇、堆纳乡	
	南木林县	热当乡	
	聂拉木县	琐作乡	
	拉孜县	扎西、曲下、拉孜、曲玛	
	桑珠孜区	东嘎	
	谢通门县	达木夏乡	
	吉隆县	宗嘎	
	仁布县	切娃	
	定日县	协格尔镇、扎果乡、萨尔镇	
	岗巴县	岗巴	
	江孜县	纳如乡、卡堆	
	萨迦县	拉洛乡、麻布加乡、吉定镇	
山南市	措美县	措美	51
	扎囊县	扎其乡	
	曲松县	曲松	
	贡嘎县	甲竹林	
	浪卡子县	阿扎、卡龙、白地	

结合图 3-9 可知，在 516 户被调研农户中，有 46.03%农户属于一般农户；25.31%农户属性为贫困户；11.92%的农户是扶贫低保户；8.79%的农户属于低保户；最后仅有 7.95%的农户属于相对富裕户。

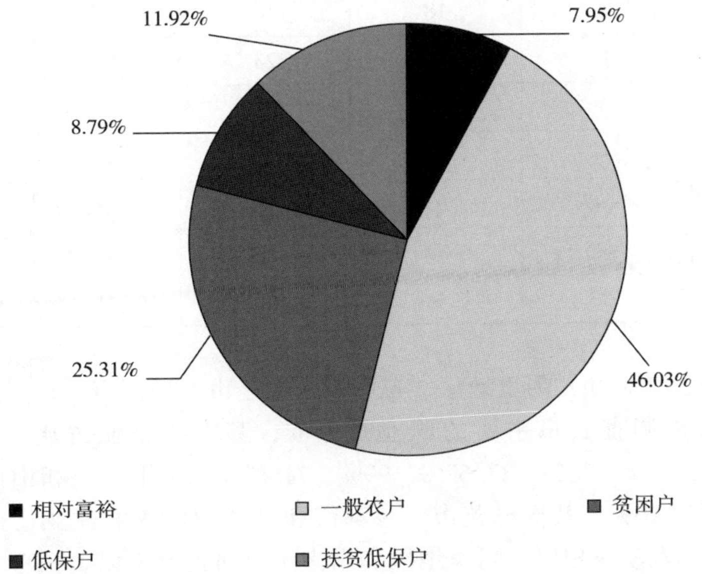

图 3-9　西藏被调查农户属性

如表 3-6 所示，在调查的七个地区中，阿里地区户主年龄主要在 19—55 岁以及 56 岁以上两个区间，其中 19—55 岁区间人口占总调查人口的 64.29%，此外，男性被调查农户 17 人，女性 11 人，分别占阿里地区总调查人口的 60.71%和 39.29%。拉萨市 0—18 岁被调查农户有 2 人，19—55 岁年龄段的被调查农户为 67 人，23 人超过 56 岁，占比分别为 2.17%、72.82%、25.01%，被调查农户男女人口数比例接近 2∶1。在林芝市，超过 90%的人口年龄属于 19—55 岁年龄段，且男女比例失衡，被调查农户中男性人数占总调查人口的 90%。这种情况可能由样本量过小导致。昌都市有 93 个被调查农户属于 19—55 岁年龄段，占总调查人口的 66.36%，且在此年龄段中人口分布较为均衡，而在 56—65 岁年龄段中，昌都市被调查人员共 20 人，65—90 岁有 16 人，样本量较大。日喀则市的劳动力年龄段人口数量占总调查人数的 62.84%，被调查农户中男性人数统计量为 116 人，是女性被调查人员的 3.6 倍。那曲市的人口主要集中在 19—55 岁年龄段，男女比例为 3.7∶1。

表 3-6 西藏被调查农户户主基本信息

地区	年龄结构			性别构成	
	0—18 岁（人）	19—55（人）	56 岁—（人）	男（人）	女（人）
阿里地区	0	18	10	17	11
拉萨市	2	67	23	55	38
林芝市	—	8	1	9	1
昌都市	—	71	36	69	42
日喀则市	—	93	55	116	32
山南市	—	33	16	32	18
那曲市	—	44	8	41	11

根据表 3-7 可知，阿里地区、拉萨市、林芝市、昌都市、日喀则市、山南市、那曲市被调查农户主要的职业是务农，其农业就业占比分别为 99%、68.75%、80%、83.78%、87.67%、99%、71.87%。阿里地区和山南市务农人员占比均超过 90%，其次林芝市、昌都市和日喀则市农业就业比例在 80%—89%之间，非农就业相比于阿里地区和山南市有所提升，以上三个地区贫困农户存在个体、外出务工、政府机关单位等职业。农业就业比例最低的是拉萨市，其中有 6 个被调查农户是个体，6 人为学生，在七个市中最高。

表 3-7 被调查农户的职业类型以及占比情况

地区	职业类型							占比（%）	
	务农	乡镇企事业单位	政府机关	个体	外出务工	学生	其他	农业就业	非农就业
阿里地区	28	—	—	—	—	—	—	99%	1%
拉萨市	66	—	1	6	2	6	15	68.75%	31.25%
林芝市	8	—	—	1	1	—	—	80%	20%
昌都市	93	—	1	1	3	—	13	83.78%	16.22%
日喀则市	128	3	3	1	8	—	3	87.67%	12.33%
山南市	50	—	—	—	—	—	—	99%	1%
那曲市	46	—	—	7	5	2	2	71.87%	28.13%

在被调查农户中，大多数农户文化程度在小学及以下，文化水平较低。根据表 3-8 具体分析，阿里地区、拉萨市、林芝市、昌都市、日喀则市、山南市、那曲市被调查农户文化程度在小学及以下阶段的占各地区总量分别为 92.86%、80%、90%、91.96%、89.26%、94%、91.94%。在农户是否拥有技能的调查结果中可知阿里地区、林芝市、那曲市、山南市、日喀则市的被调查农户未拥有技能的比率均超过 95%，仅有拉萨市和昌都市的比率分别为 90.63%和 94.59%。七个市区中仅有拉萨市和昌都市低于 95%。从抽样调查的农户数据可知西藏自治区急需加强教育的普及以及对贫困农户的技能培训，增加地区知识资本的积累。

表 3-8　被调查农户的文化程度以及专业技能拥有情况

地区	文化程度					专业技能		
	小学及以下	初中	高中或中专	大专	大学本及以上	拥有	不拥有	未拥有技能的农户占比（%）
阿里地区	26	2	—	—	—	0	27	100%
拉萨市	76	14	4	—	1	8	87	90.63%
林芝市	9	1	—	—	—	0	10	100%
昌都市	103	4	3	1	1	6	105	94.59%
日喀则市	133	12	1	3	—	7	147	95.45%
山南市	47	3	—	—	—	2	48	96%
那曲市	57	1	2	1	1	1	71	98.61%

在表 3-9 关于被调查农户的医疗保险和养老保险的数据情况结果中，阿里地区和林芝市的农户参保医疗保险和养老保险的比率均高于 90%；拉萨市被调查农户参保养老保险比率低于参保医疗保险 18.95%；昌都市被调查农户的医疗保险和养老保险的参保比率在 50%左右；日喀则市被调查农户则是参保养老保险的人数多于参保医疗保险的人数；山南市的农户两个保险的参保比率之差在 12%，差幅较大；那曲市的农户参保养老保险的比率略高于医疗保险 7.69%。

表 3-9　被调查农户的拥有医疗保险以及养老保险情况

拥有保险＼地区	阿里地区	拉萨市	林芝市	昌都市	日喀则市	山南市	那曲市
医疗保险	27	78	10	54	99	32	33
占比	98%	82.11%	99%	50.94%	66.45%	64.0%	63.46%
养老保险	27	54	9	40	110	26	37
占比	99%	63.16%	90%	41.67%	73.33%	52.0%	71.15%

（二）农户生产生活条件分析

1. 农户家庭经济情况分析

在所调研的 509 户家庭样本中，2016 年家庭人均收入低于当年贫困标准线 3300 元的家庭占比 39.2%，2017 年家庭人均收入低于当年贫困线 3700 元的家庭占比 37.5%，2019 年家庭人均收入低于当年贫困线 3740 元的家庭占比 35.3%。由此可见，调查样本中的家庭年人均纯收入历年呈现上升的趋势，且位于相对贫困线以下的农户数量呈下降趋势。其中，有 11 户 2017 年属于非贫困户的家庭在 2018 年出现了返贫的现象，有 20 户 2017 年属于贫困户的家庭在 2018 年突破了贫困户收入标准线。同理，2018 年非贫困户家庭中有 7 户在 2019 年出现了返贫现象，贫困家庭中有 18 户家庭突破了贫困户收入标准线。在 2017—2019 年的调查样本中，有 83.5%的农户三年内的家庭年人均纯收入平均增长率大于或等于 0，收入水平呈现上升或平稳态势。

如表 3-10 和图 3-10 中反映的调研期限内样本家庭年人均纯收入情况所示，2017—2019 年总样本的家庭人均纯收入呈现稳定的上升趋势，2019 年家庭人均纯收入达到了 14305.37 元，实现了万元的突破。同时，对历年贫困户标准以下的家庭年人均纯收入进行分析，由表 3-10 可以观察到，2017 年被认定为贫困户的家庭年人均纯收入呈现历年递增态势，而 2018 年和 2019 年的贫困户家庭年人均纯收入在观察期内都存在逆向的波动现象。由于 2017 年的贫困户中有部分家庭在次年实现了脱贫，家庭纯收入具有上升拉动的空间，而三年间返贫和持续贫困的家庭存在年人均纯收入逆增长的现象，且 2019 年未达到贫困户标准以上的家庭往往居于较难脱贫的原深度贫困地区，缺乏提高收入的生存能力，由此呈现家庭年人均纯收入稳定在贫困标准线以下的现象。

表 3-10　被认定为贫困户的家庭年人均纯收入　（单位：元）

年份	2017	2018	2019	总样本
2017	1709. 49	1939. 21	1845. 47	8506. 08
2018	2368. 19	1791. 35	1768. 63	11034. 36
2019	2789. 44	2179. 23	1863. 81	14305. 37

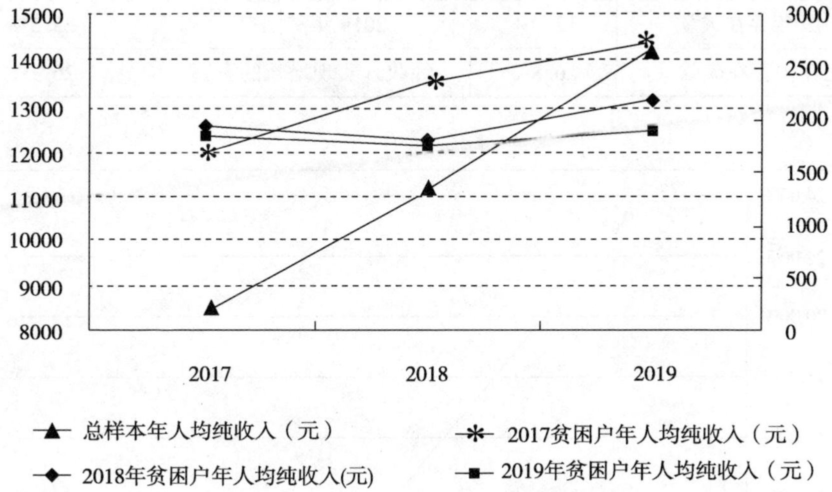

图 3-10　年人均纯收入情况

针对西藏自治区家庭欠款情况的分析中，有几个问题需要讨论：其一，样本中的 509 户家庭在 2017—2019 年三年内的债务是否有所下降；其二，具有不同属性的（贫困、非贫困）的家庭在欠款方面存在何种异质性；其三，存在欠款对西藏自治区家庭收入增长的利弊关系。

如表 3-11 所示，依照不同年份样本家庭的欠款情况来看，三年间存在欠款的家庭数有所下降，在三年内存在欠款的家庭占总样本的 26. 8%。观察拥有不同属性的家庭三年内存在欠款的情况得知，2019 年仍未脱贫的贫困户家庭拥有欠款的比例最高，达到 25. 5%，而 2017 年贫困户的欠款家庭比重为 24. 5%，2018 年贫困户的欠款家庭比重在 25. 1%。由此可以看出，贫困家庭存在欠款的比重并未超过总样本平均水平的 26. 8%，但随着贫困程度加深，存在存款的可能性也在升高。是否拥有欠款与家庭人均纯收入的关系并不能只凭借比例的大小判断，但观察人均纯收入实现增长的样本家庭中，存在欠款的比重达到

26. 1%，小于总样本存在欠款家庭的比重 26. 8%，但较为接近，初步判断出家庭欠款可能对家庭收入存在一定的影响关系，在后文的实证部分将进行深入的分析。

表 3-11　各类家庭的欠款比例

类	比例	类	比例
2017 年存在欠款	23. 2%	2017 年贫困户	24. 5%
2018 年存在欠款	13. 4%	2018 年贫困户	25. 1%
2019 年存在欠款	12. 0%	2019 年贫困户	25. 5%
三年内存在欠款	26. 8%	纯收入实现增长的家庭	26. 1%

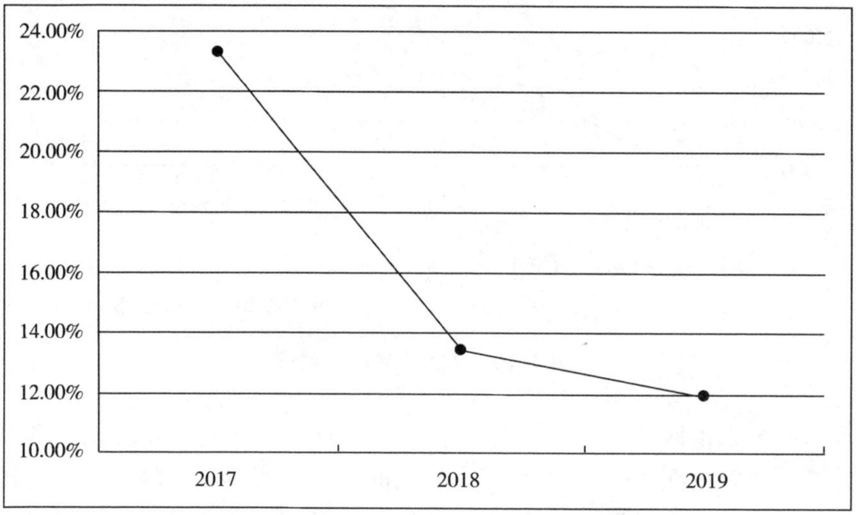

图 3-11　历年家庭存在欠款比例

参与调研的 509 户家庭中拥有外出务工劳动力的家庭占比为 37. 9%，根据调研得知，近年间外出务工的劳动力逐年上升，但在精准扶贫进程下西藏自治区的旅游业蓬勃发展，越来越多的年轻劳动力开始考虑回乡创业或在家乡从事服务业。西藏自治区 74 个县级行政单位在 2014 年皆被划分为国家扶贫工作重点县，针对贫困户的各项政府补贴为地区居民的家庭生计条件提供了保障。政府对贫困家庭的补贴金主要分为低保金、基本养老金、农业补贴收入等，表 3-12 显示了样本家庭在三年内累计获得的补贴金及其所占比例。在获得补贴的家庭中，范围在 1000 元到 5000 元之间占据的比例最多，获得农业补贴的家庭在所有类别中占据最大。除了务工、务农收入和政府补贴以外，农户还可以通过土地流转和其他金融产业获得家庭收入。其中 9. 3%的农户在 2019 年通过土地流转得到收入；10. 9%的家庭通过租金获得一定收入，6. 4%的家庭通过金融利息获得一定的收入。

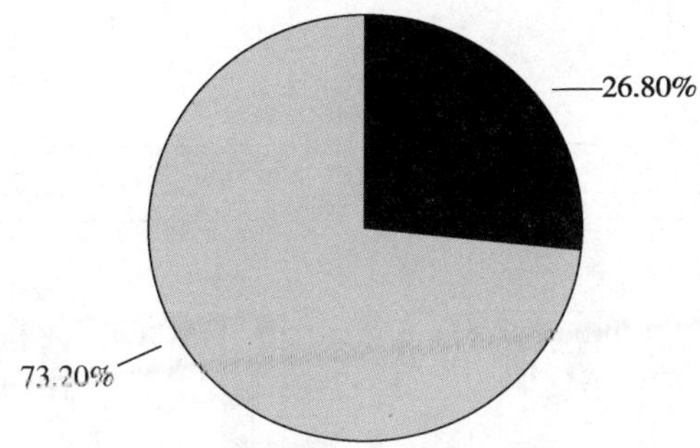

图 3-12　2017—2019 年内存在欠款的比例

表 3-12　家庭所获补贴金额

2017—2019 年累计获得补贴金额（元）	比例
0	58. 1%
大于 0，小于 1000	2. 5%
大于等于 1000，小于 5000	15. 9%
大于等于 5000，小于 10000	5. 7%
大于等于 10000，小于 20000	6. 9%
大于等于 20000	3. 9%

借助 stata 软件，绘制了 509 个农户家庭的样本数据经济指标之间的分布密度情况，具体表现出农户家庭各项开支之间的相互关联关系。观察图 3-13 总的分布密度图，从食物支出比重分布密度可以看出，调查样本中食物支出比重集中在 0. 2—0. 6 范围之间，食物支出比重小于 0. 2 或大于 0. 6 的分布较少。同时，生产性支出占比的分布具有一定的规律性，分别集中在 0—0. 1、0. 35—0. 45 和 0. 5—0. 6 之间，这体现出不同家庭生产经营状态对生产资料投入的方式存在差异。衣着支出的分布集中度不高，考虑样本内农户属性主要分布在相对贫困的范围内，耐用品的支出在家庭中具有一定的周期性，则呈现在单个样本

集合中规律性不强。

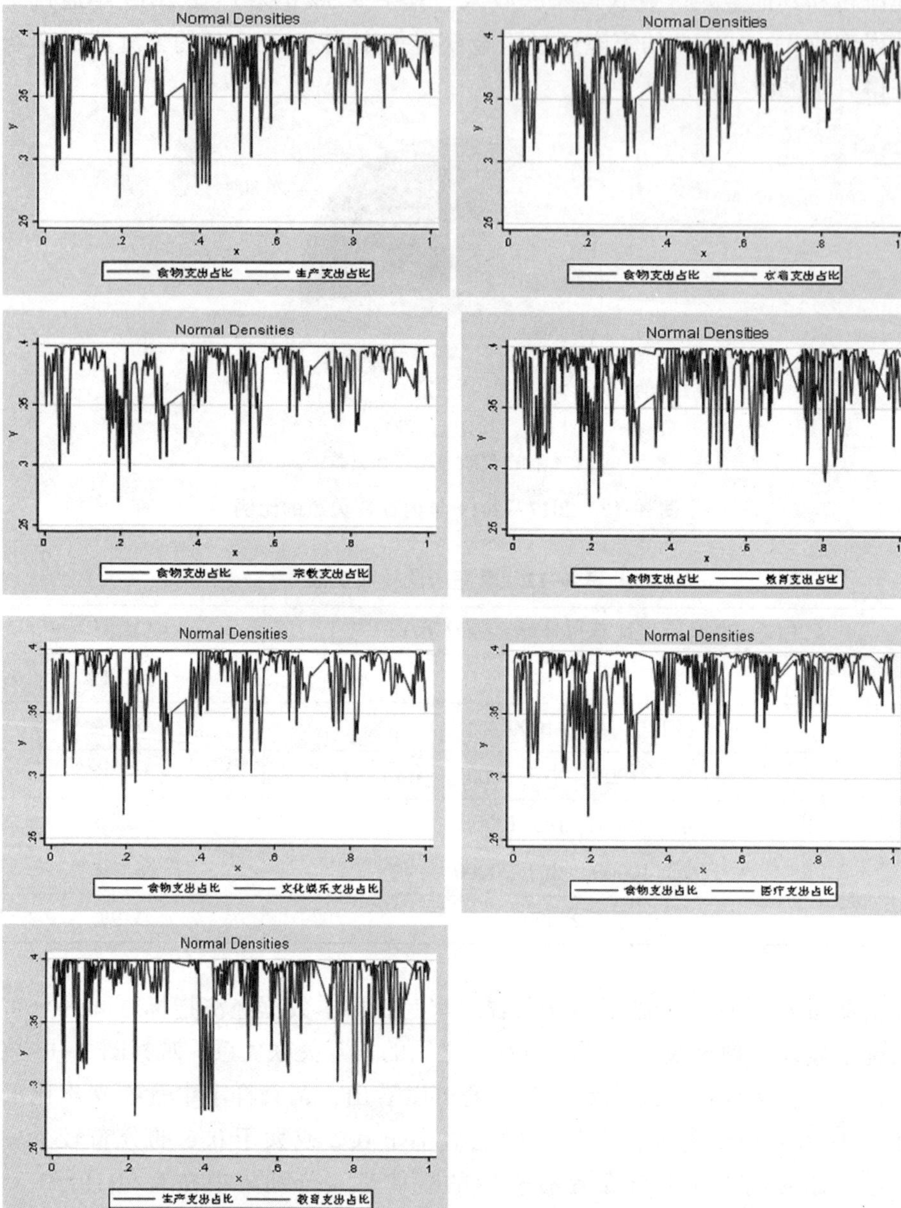

图 3-13　各类支出分布密度图

教育支出占比的波动具有一定规律且跨越的范围较广，主要集中在 0. 1—0. 3、0. 4—0. 65 和 0. 75—0. 85 之间，部分家庭的教育支出占比较高的原因在于家中年龄结构呈现“三角形”，教育支出多半来自于政府补贴金和借贷。医疗支出占比与食物支出占比之间的密度分布具有一定的拟合特点，这源于恩格尔系数较高的家庭很可能同时存在健康贫困的特点。生产支出占比与教育支出占比密度分布曲线之间不具有典型的拟合特点，这同样源于相对贫困家庭中年龄结构特点产生的家庭生产经营方式差异。

2. 农户生产经营情况分析

该部分对调查样本中的家庭生产经营情况进行分析，观察图 3-14，根据户主的职业情况大致可判断出一个家庭的务农和务工的状态及在家庭中的重要地位。其中，户主从事农业生产的比重为 83. 4%，在家务农和县内务农的比例分别为 76. 6%和 6. 8%，而务工的比例为 3. 6%，其他职业情况占比为 12. 7%。总样本中，仅有 43. 4%的家庭拥有有效灌溉的耕地，在农业生产中具有相对优势条件。509 户家庭中，22. 3%的家庭参加了扶贫互助资金组织，23. 9%的家庭参加了农业合作组织。

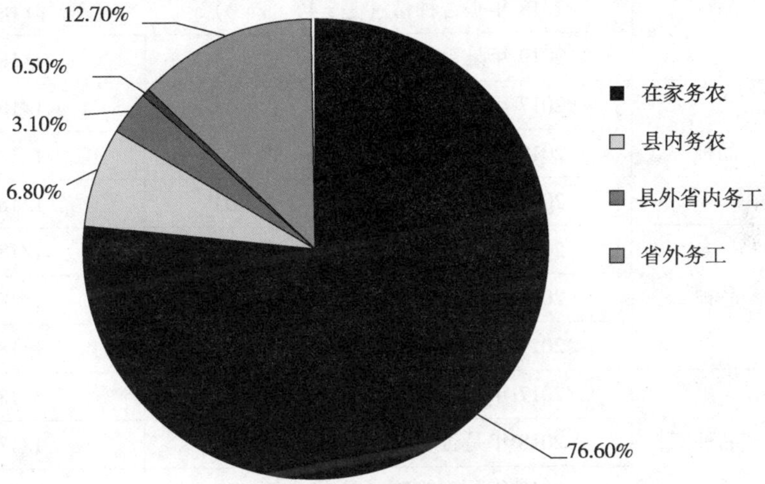

图 3-14　户主职业情况

对从事农业生产的家庭经营模式展开分析，根据调研走访得知，西藏自治区的农户一般从事种植草场、青稞、小麦、土豆等为主的种植业以及山羊、马、牦牛等为主的养殖业。如表 3-13 中的指数权重计算方式，将样本家庭中的种植、养殖情况进行量化处理，其中种植指数的权重总和为1/2，养殖指数的权重为1/2，每类指数分为三个品种，单个品种的权重总和为1/6，判断的标准为 i 年是否参与 j 品种的种植（养殖），是=1，否=0，i = 2017、2018、2019，j = 1、2、3。通过以上计算方式得出每个家庭的三类农业生产经营指数。

表 3-13　种植、养殖指标权重

类别	品种	标准	权重
种植指数	品种一	2017 年是否种植（是=1，否=0）	1/18
		2018 年是否种植（是=1，否=0）	1/18
		2019 年是否种植（是=1，否=0）	1/18
	品种二	2017 年是否种植（是=1，否=0）	1/18
		2018 年是否种植（是=1，否=0）	1/18
		2019 年是否种植（是=1，否=0）	1/18
	品种三	2017 年是否种植（是=1，否=0）	1/18
		2018 年是否种植（是=1，否=0）	1/18
		2019 年是否种植（是=1，否=0）	1/18
养殖指数	品种一	2017 年是否养殖（是=1，否=0）	1/18
		2018 年是否养殖（是=1，否=0）	1/18
		2019 年是否养殖（是=1，否=0）	1/18
	品种二	2017 年是否养殖（是=1，否=0）	1/18
		2018 年是否养殖（是=1，否=0）	1/18
		2019 年是否养殖（是=1，否=0）	1/18
	品种三	2017 年是否养殖（是=1，否=0）	1/18
		2018 年是否养殖（是=1，否=0）	1/18
		2019 年是否养殖（是=1，否=0）	1/18

农户的种植指数、养殖指数和种养殖指数皆在［0，1］之间，且根据上文所示的计算方式，分别得出了每个家庭的三类指数量化值。由量化值的大小可以判断出农户在2017—2019 年间种植农业和养殖农业的经营状态，种植指数和

养殖指数越大则表明农户在这两类经营方式上参与程度越高且经营品种越多，而种养殖指数越大不仅表明农户参与两类农业生产方式程度高，而且体现出农户对复合经营方式的投入。在三年期间内对农业生产不同种类、不同生产方式的混合经营，更能抵抗外界的不可抗风险，为家庭农业经营增收创造更多机会。如图 3-15 所示，调查样本家庭中的种植指数占比最高的三个值为 0、0. 33、0. 67，养殖指数占比最高的三个值为 0、0. 22、0. 67，种养殖指数占比最高的五个值为 0、0. 17、0. 33、0. 5、0. 67，指数越高则体现出家庭农业经营结构的合理化、复合化。

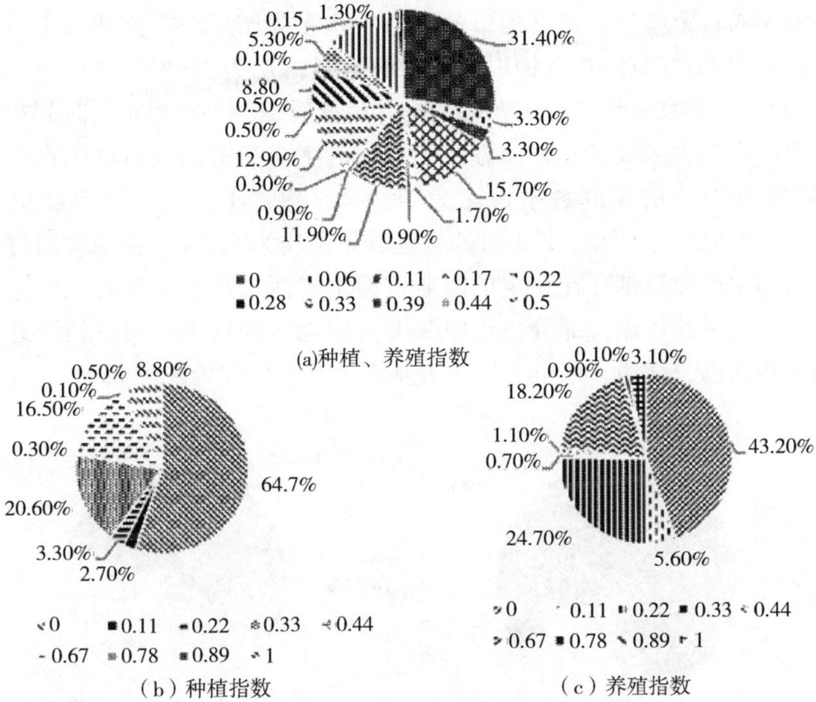

图 3-15　种植、养殖指数比例

3. 农户生活条件情况分析

在调查走访中，针对农户家庭生活条件分析中得知，95. 6%的家庭具有完备的生活用电，仍有 4. 3%的农户没有实现生活用电方便。在饮水便利化和安全化调研中发现，仍有 22. 1%的家庭饮水存在困难现象，2. 1%的农户家庭反映饮水存在安全性问题。在生活燃料主要类型调查中得知，70.5%的农户以柴草、农作物秸秆、干畜粪为主要生活燃料，3.5%的农户以煤炭为主要生活燃料，9.6%的农户以清洁能源为主要生活燃料，5.8%的农户家庭使用其他生活燃料，同时有10.6%的家庭在日常生活中使用多种类型的混合燃料。

所调查的509户家庭中，仍有18.6%的家庭没有方便使用的卫生厕所。如图3-16所示，关于农户家庭交通出行和道路的情况主要有两个指标，一是家庭入户路的类型，二是到最近集市所需要花费的时间。其中，有35%的家庭入户路类型为普通人行道路，21%的家庭入户路类型为普通泥土公路，有25%的家庭为水泥路面公路，13%的家庭为沥青路面公路，6%的家庭为沙石公路。关于交通方面，农户家庭到达最近集市的交通工具多为摩托车、公共汽车、私家车等，去往集市的时间在10分钟以内的家庭数量占比为20.8%，时间在10分钟到30分钟之间的家庭数量占比在42.2%，由此看来，去往集市的时间在半小时以内的家庭占据大多数，这更加方便了居民的生活消费以及市场销售行为。交通时间在一小时内的家庭数量占比为78.1%，超过1小时的家庭数量占比为21.9%，其中交通时间大于2小时的家庭数量占比为5.5%，交通时间过长对居民的生活和生产经营都存在一定的限制，但由于西藏自治区具有地形地貌较为复杂且地广人稀的特点，部分位于原深度贫困地区的贫困户居民长期处于较为落后的生活状态，交通、用电、饮水等基本生活条件较为缺乏。

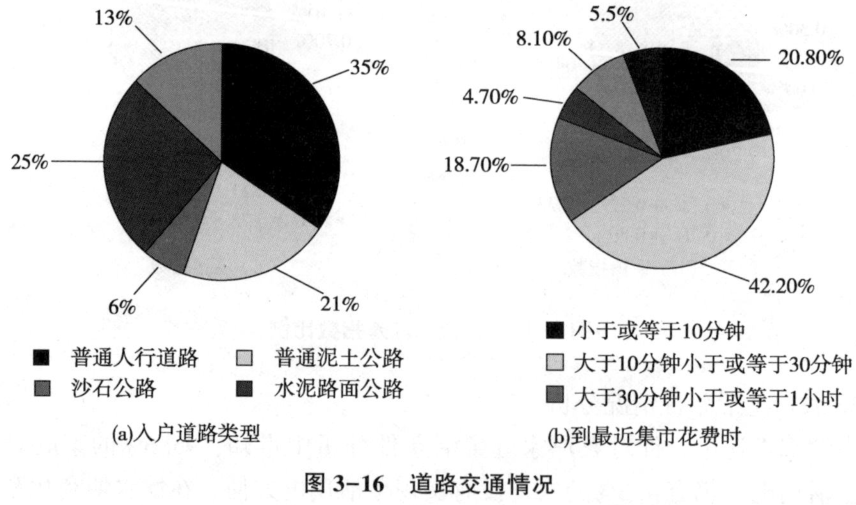

图3-16　道路交通情况

（三）农户脱贫认知与意愿分析

在调查走访中针对农户的脱贫认知与意愿进行了专门的信息收集，如图3-17所示，分别对农户看待政府扶贫的重视程度、对扶贫的满意度、认为扶贫政策遗漏或错配的原因以及最担心的返贫原因进行了科学统计。其中，农户对政府扶贫的评价中，64.2%的农户家庭认为政府对待扶贫非常重视，32%的农户家庭认为重视，而1.9%的农户家庭评价为一般，1.3%的农户家庭认为政府扶贫的态度一般。关于农户对扶贫的满意度调查得知，觉得非常满意和满意的农户家庭占比分别为47.4%和43.4%，认为一般的农户家庭占据7.2%。调研走

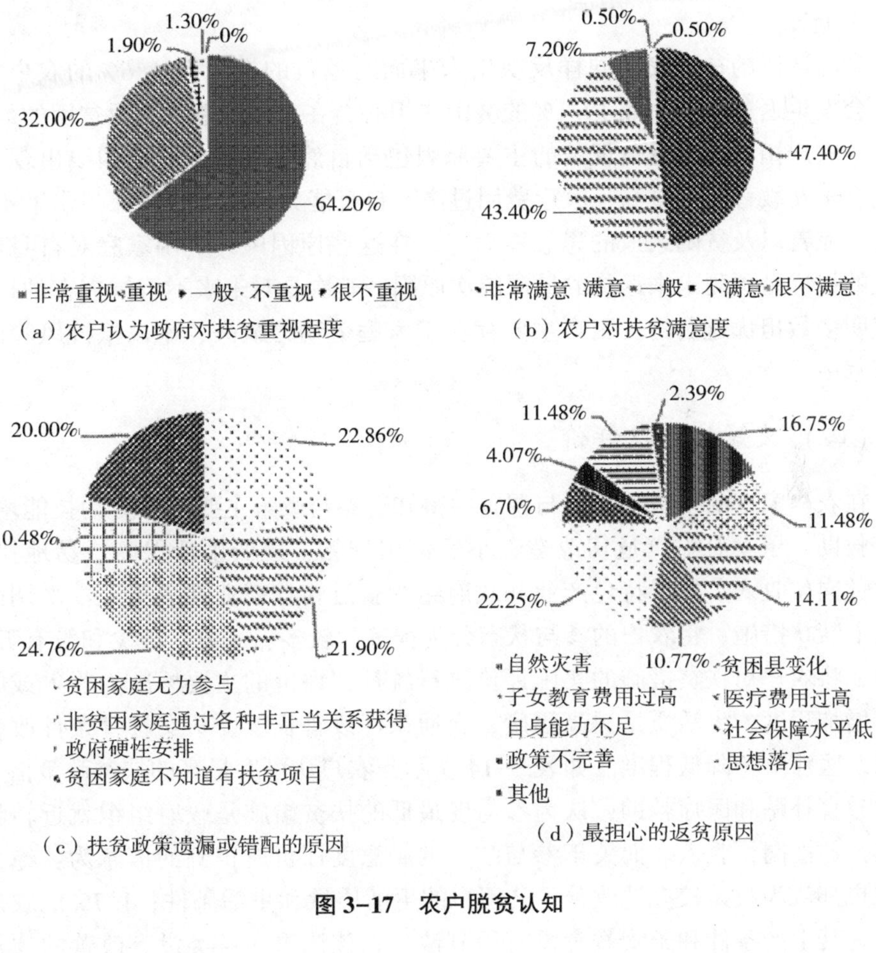

（a）农户认为政府对扶贫重视程度　（b）农户对扶贫满意度

（c）扶贫政策遗漏或错配的原因　（d）最担心的返贫原因

图3-17　农户脱贫认知

访中得知，90.3%的贫困农户认为从现行的扶贫政策中享受到了实惠，而22.9%的农户认为政府扶贫政策仍然存在漏掉某些贫困家庭或是错置给非贫困家庭的现象。

其中，贫困户认为扶贫政策存在遗漏和错配的原因主要有贫困家庭不愿参加扶贫项目、贫困家庭无力参加扶贫项目、非贫困家庭通过各种非正常手段获得扶贫政策支持、政府硬性安排导致的错置以及贫困家庭不知道扶贫政策的存在，且所调查家庭对以上五种原因的认同较为平均。农户普遍认为摆脱家庭贫困最好的前三种方法为地区产业带动、外出打工和地区实现城镇化建设。由于多数贫困地区处于基础设施较差的贫困山区，且缺乏家庭劳动力，通过加快基础设施建设并引进扶贫产业项目将有力地推动当地的经济发展，带动就业和收入水平上升。

参与调研的贫困农户同样反映出未来面对返贫的担忧，21.6%的农户家庭担心会发生返贫现象，而19.1%的贫困户担心会在3年内造成重返贫困的局面。其中，农户担心出现返贫现象的主要原因包括自然灾害发生、贫困线出现新的变化、子女教育费用过高、医疗费用过高、自身能力不足、社会保障水平不足、政策不完善以及贫困人口的思想落后等。在这些原因中，贫困家庭对自身能力不足的担忧是预测未来返贫的最深层次原因，其次是对未来不可抗灾害的担忧，这表明多数担忧返贫的贫困户主要存在于家庭劳动力缺失、难以抵抗风险的特征家庭中。

（四）政策参与及评价

在农户家庭的扶贫政策参与调查中得知，参与政策主要分为劳动技能培训、医疗救助、子女补贴、危房改造、小额信用贷款、最低生活保障、易地扶贫、公益性岗位收入、发展特色产业和政府组织就近转移就业几大类。本次调研针对以上帮扶措施，将农户的参与状态分为很多、较多、一般、很少和没有五类。同理，将农户对扶贫措施的实施评价进行统计，评价的主要标准为收入或收入渠道增加程度、生活质量提高程度、交通条件改善程度、子女教育条件改善程度以及医疗负担降低程度。如表3-14所示，农户认可度最高的扶贫政策措施为子女教育补贴和医疗救助，认为参与度最低的扶贫措施是政府组织就近转移就业和公益性岗位收入。而关于参与政策的满意度评价所得到的信息为：绝大多数农户都认为政策较多地改善了贫困户的生活质量和生活条件；1.7%的农户家庭认为其生产条件和子女教育没有得到改善，该比重在各类没有改善的评价中位居第一。

表 3-14　政策参与及评价

政策	指标	很多	较多	一般	很少	没有
政策参与	劳动培训	22.5%	37.5%	30.6%	4.9%	4.3%
	医疗救助	27.7%	45.1%	22.9%	3.1%	0.9%
	子女教育补贴	27.8%	38.3%	23.7%	3.9%	5.5%
	危房改造	17.4%	36.7%	26.7%	8.0%	10.6%
	小额信用贷款	17.0%	41.4%	23.7%	7.0%	10.6%
	最低生活保障	19.0%	38.7%	27.8%	4.9%	9.4%
	易地扶贫	15.9%	33.2%	24.3%	10.2%	16.3%
	公益性岗位收入	13.1%	27.8%	22.2%	11.5%	25.1%
	发展特色产业	16.8%	33.7%	20.2%	8.8%	20.2%
	政府组织就近转移就业	15.1%	27.1%	22.5%	9.6%	25.5%
政策评价	收入增加，获得收入渠道增加	28.0%	53.0%	15.1%	2.7%	0.9%
	生活质量提升	23.2%	49.9%	14.3%	2.3%	1.1%
	交通条件改善	35.7%	44.2%	15.3%	3.1%	1.5%
	生产条件改善	27.1%	46.5%	20.2%	4.3%	1.7%
	子女教育条件改善	36.5%	42.4%	15.9%	3.3%	1.7%
	医疗负担降低	32.6%	44.5%	19.0%	2.7%	0.9%

三、多维相对贫困测度及分析

针对微观农户调研数据可以进一步分析当地居民生活水平现状，依据相对贫困户标准线人均收入 3747 元人民币为划分依据，进一步测度当地农户的相对贫困现状。自“能力贫困”观点提出后，贫困的研究视角逐渐由单一收入维度转向多维度，而相对贫困指标体系构建具有复杂性和相对性。国际上多维相对贫困指数大都包括教育、健康、生活水平三个维度，也有研究根据具体情况增添如收入、家庭资产等维度。在测度方法上，有学者立足中国国情开创性地提出了多维相对贫困理论，在原有主流测度 A-F 方法的基础上提出在任意 1/5 和 2/5维度的贫困都可定义为“多维相对贫困”。由此，利用 509 份农户调研数据总样本，经过数据的处理和筛选、随机抽样的方法提取出 402 份家庭微观庭数据，最终获得用于测算的有效指标数据为 6431 个。

（一）模型设定

采用 A-F（AlKire-Foster 模型）多维贫困测度方法测算多维相对贫困情况，具体通过三个步骤完成：第一步是识别，第二步是测算，第三步是分解。

1. 多维相对贫困的识别

第一，构建 $N \times D$ 的矩阵 Y，表示 N 个农户的 D 个剥夺指标，其中元素 y_{ij} 表示第 i 个农户在剥夺指标 j 的取值。构建 $1 \times D$ 的剥夺矩阵 Z，其中元素 z_j 表示剥夺临界值。设定 $N \times D$ 的矩阵 g^0，其元素 $g^0{}_{ij}$ 的取值情况如下：

$$g_{ij}^{0}\begin{cases} = 0,\ y_{ij} > Z_j \\ = 1,\ y_{ij} \le Z_j \end{cases} \tag{1}$$

其中，取值为 0 时，表示农户 i 在 j 剥夺指标维度未遭受剥夺，取值为 1 时表示遭受剥夺。

第二，构建 $1 \times D$ 的权重矩阵 W，W_j 为维度 j 的权重，满足 $0 < W_j < 1$。

第三，计算剥夺得分和判断农户是否存在多维相对贫困。农户 i 的剥夺得分表达式如下：

$$C_i = \sum_{j=1}^{D} W_j\, g_{ij}^{0} \tag{2}$$

其中，C_i 得分越高表明农户的多维相对贫困程度就越高，得分越低表明程度越低。在此基础上，进一步设定多维相对贫困剥夺临界值 K，通过比较 C_i 与 K 的大小构建多维相对贫困识别函数，判定农户是否处于多维相对贫困状态，公式如下：

$$\rho_k(Y_i,\ Z)\begin{cases} = 0,\ K \ge C_i \\ = 1,\ y_{ij} < C_i \end{cases} \tag{3}$$

其中 $\rho_k(Y_i,\ Z)$ 取值为 0 时，表示农户 i 未处于多维相对贫困状态，反之则表示农户 i 陷于多维相对贫困状态。

2. 多维相对贫困的测算

在上述识别的基础上，进一步计算出 N 个农户中陷入多维相对贫困的农户数 q，公式为：

$$q = \sum_{i=1}^{N} \rho_k(Y_i,\ Z) \tag{4}$$

多维相对贫困发生率 $H = q/N$，由于它对剥夺指标增减的敏感性较差，进一步设计一个刻画贫困的指标 A，即多维相对贫困平均缺失份额，公式如下：

$$g_{ij}^0(k) = g_{ij}^0 \rho_k(Y_i, Z) \tag{5}$$

$$|g_{ij}^0(k)| = \sum_{j=1}^{D} \sum_{i=1}^{N} g_{ij}^0(k) \tag{6}$$

$$A = |g_{ij}^0(k)| / qd \tag{7}$$

计算出多维相对贫困平均缺失份额 A 和多维相对贫困发生率 H 两个指标后，则可计算出多维相对贫困指数 MPI，公式如下：

$$MPI = HA = |g_{ij}^0(k)| / Nd \tag{8}$$

3. 多维相对贫困的分解

多维相对贫困指数可以按照维度进行分解，公式如下：

$$M_j = \left[\left(\frac{q_j}{N}\right) \times W_j \right] / MPI \tag{9}$$

其中，Mj 为维度 j 对多维相对贫困指数的贡献率，qj 为在维度 j 处于剥夺的多维相对贫困个体总数。

（二）变量选取与数据说明

关于多维相对贫困指标的选取，参考了联合国发布的人类发展报告的测算维度即教育、健康、生活条件维度，并借鉴其他学者的研究，基于数据可得性原则，增添了生产能力、社会保障、交通、债务维度，共 7 个维度，14 个测算指标，在赋予权重方面，采取了国际通用的设定各维度权重相等，维度内各指标权重相等做法。

表 3-15　多维相对贫困指标体系设定

维度	指标	剥夺临界值	权重
生产能力	种养殖情况	种养殖指数小于 0.5 视为被剥夺	1/21
	生产技能情况	不具有某项技能视为被剥夺	1/21
	参与农业合作组织情况	未参与农业合作组织视为被剥夺	1/21
教育	受教育程度	少于 9 年被视为剥夺	1/7
健康	身体健康情况	非健康视为被剥夺	1/7

续表

维度	指标	剥夺临界值	权重
社会保障	合作医疗参与情况	未参与合作医疗视为被剥夺	1/21
	养老保险参与情况	未参与养老保险视为被剥夺	1/21
	扶贫互助资金组织参与情况	未参与扶贫互助资金组织视为被剥夺	1/21
交通	入户路类型	入户路非水泥、沥青路面视为被剥夺	1/14
	到最近集市的时间	到最近集市的时间>30分钟视为被剥夺	1/14
债务	欠债情况	三年内存在家庭负债的视为被剥夺	1/7
生活条件贫困	卫生厕所情况	无家庭卫生厕所视为被剥夺	1/21
	生活用电情况	未通生活用电视为被剥夺	1/21
	生活饮水情况	饮水存在困难视为被剥夺	1/21

基于西藏自治区原深度贫困地区农户贫困大调查的微观数据，基于建档立卡户的个人、家庭属性的各个方面指标，聚焦相对贫困农户家庭的生产、生活、收入、教育、社会保障等水平的现实情况。根据表3-15中设定的观测维度，对相对贫困农户的贫困现状进行剖析。

（三）相对贫困测度

1. 单维相对贫困测度

由表3-16可知，七个不同维度的指标测定中，加权结果反映了教育贫困的存在程度最深，其次是生产能力贫困和生活条件贫困。由此反映出教育水平落后在深度贫困的西藏自治区中所占到的比重较高，同时由生产能力不足所带来的家庭经济收入匮乏是贫困农户有待解决的困境。生活条件差进一步危害到家庭劳动力健康水平、人力资本发展和家庭生产水平等，从而导致相对贫困的代际传递。相较于以上三个维度，健康贫困、社会保障、交通贫困、债务贫困的程度较低，但观察到农户中参与扶贫互助资金组织的情况较差，且家庭入户路多为泥沙等路面。从未加权的指标结果中可以看出，农户家庭中的用电及卫生厕所使用情况较差，且家庭缺乏生产技能的程度较深，受教育水平落后程度高。

表 3-16　单位相对贫困发生率测度结果

维度	指标	结果	加权结果
生产能力	种养殖情况	67.91%	11.31%
	生产技能情况	95.27%	
	参与农业合作组织情况	74.38%	
教育	受教育程度	97.26%	13.89%
健康	身体健康情况	20.90%	2.99%
社会保障	合作医疗参与情况	32.59%	7.04%
	养老保险参与情况	36.32%	
	扶贫互助资金组织参与情况	78.86%	
交通	入户路类型	61.44%	6.65%
	到最近集市的时间	31.59%	
债务	欠债情况	21.89%	3.13%
交通	卫生厕所情况	80.10%	9.44%
	生活用电情况	97.01%	
	生活饮水情况	21.14%	

2. 多维性对贫困测度

利用样本数据采用 AlKire-Foster 模型测算 H、A、MPI 数值来测度多维相对贫困状况，同时设定剥夺临界值 K 分别为 1/7、2/7、3/7、4/7、5/7、6/7、1，得出的结果如表 3-17 所示：

表 3-17　多维相对贫困测度

剥夺值 K	相对贫困发生率 H	平均剥夺份额 A	多维相对贫困指数 MPI
1/7	1	0.583	0.583
2/7	0.925	0.576	0.533
3/7	0.077	0.498	0.398
4/7	0.368	0.257	0.095
5/7	0.072	0.057	0.004
6/7	0.012	0.011	0.001
1	0.000	0.000	0.000

根据测算样本的402组数据得知，31.84%的家庭2019年的人均可支配收入低于3747元，属于贫困户类别。据此，当剥夺值K为4/7时对应的相对贫困发生率H值0.368最为吻合。当剥夺临界值为1/7时，相对贫困的发生率H达到了100%，多维相对贫困指数MPI达到了0.583，西藏自治区农户的相对贫困状态在此观测视角下不容乐观。

（四）相对贫困分解

为了对劳动力流动人口的多维相对贫困状况进一步分析，了解不同维度对劳动力流动人口多维相对贫困的贡献，对多维相对贫困指数进行分解，由于当K大于6/7时，相对贫困发生率较低，因此这里的K只取到6/7，结果如下表所示：

表3-18　多维相对贫困指数的维度分解

维度 \ 剥夺值K	1/7	2/7	3/7	4/7	5/7	6/7
生产能力	0.032	0.032	0.028	0.015	0.003	0.001
	0.045	0.045	0.037	0.018	0.003	0.001
	0.035	0.035	0.032	0.015	0.003	0.001
教育	0.138	0.137	0.113	0.053	0.010	0.002
健康	0.029	0.030	0.030	0.023	0.006	0.002
社会保障	0.016	0.015	0.014	0.008	0.002	0.000
	0.018	0.017	0.016	0.009	0.003	0.001
	0.038	0.037	0.033	0.016	0.003	0.001
交通	0.044	0.044	0.041	0.022	0.005	0.001
	0.023	0.023	0.021	0.012	0.001	0.000
债务	0.031	0.031	0.029	0.023	0.009	0.002
交通	0.038	0.037	0.030	0.014	0.003	0.001
	0.046	0.045	0.037	0.017	0.003	0.001
	0.010	0.010	0.007	0.003	0.001	0.000

如表3-18所示，不管在何种剥夺K值下，教育维度的多维相对贫困贡献率均在最高程度，反映出西藏自治区教育发展水平较为落后的现状。同时，生

产能力维度和生活条件维度的贫困率贡献较高，前者反映出相对贫困的农户家庭中对于生产水平的不足，后者反映出生活质量的落后。其中，生产水平越低，对贫困户脱贫发展的阻碍越强，在一定程度上可能造成代际贫困的局面。

第三节 西藏自治区脱贫现状

一、扶贫政策体系

在“十一五”期间，西藏自治区根据中央文件以及国务院对西藏脱贫的意见，结合《中共西藏自治区委员会关于制定“十一五”时期国民经济和社会发展规划的建议》[①]，制定出2006—2010年的经济、产业、文化教育、基础设施建设等各方面的发展方针。十八大后，全国脱贫进入全面建设小康社会攻坚时期，针对西藏自治区基础条件薄弱、市场开发不足、社会生产力落后等问题，西藏自治区政府依据十七届五中全会以及中央第五次西藏工作座谈会提出了系列规划，其中“改善农牧民生产条件，深入推进新农村建设”的相关政策极大地推动了西藏脱贫攻坚进程，调整了西藏产业结构，通过特色农牧生产区域建设旅游景点，融合农牧业产品、旅游产业以及企业形成特色创新产业，优化全区产业布局。鼓励贫困农户自主创业，促进劳动力转移，提升西藏整体劳动素质。此外，扶贫资金的发放以及对脱贫工作的监管更加规范，减少扶贫资金的浪费，促进西藏扶贫项目良性竞争。[②] 在“十三五”期间，西藏自治区政府注重发展实体经济，优化产业结构，开发绿色新型能源。扩大参保范围，做到“应扶尽扶、应保尽保”。同时统筹整合扶贫专项资金，搭建全区扶贫资金管理网络平台，统筹编制资金来源，保证扶贫资金的使用，确保不偏离“两不愁三保障”的目标。

在近年西藏推进扶贫攻坚进程中，扶贫政策具体情况如下。

（一）坚持改善农民生活条件和生活质量

自脱贫攻坚拉开帷幕，西藏自治区政府加大偏远地区以及贫困地区农民群

① 资料来源：西藏自治区人民政府《西藏自治区“十一五”时期国民经济和社会发展规划纲要》。

② 资料来源：西藏自治区人民政府《西藏自治区“十二五”时期国民经济和社会发展规划纲要》。

众的资金补贴和生活设施建设。通过网络信息普及科学、文化、教育、娱乐等方面，加大对贫困地区的道路建设以及光明工程，有效利用西藏独特的高原优势大力推广风能、太阳能、沼气等能源解决农民用电、用气困难；提高乡村道路的使用率，加快县域之间的道路不通问题，减少运输成本费用；着力改善乡村容貌，鼓励贫困农户搬迁至农户安居村，增加农户的用房体验和住房舒适性。深入展开精准扶贫期间，西藏自治区政府鼓励农牧民创业，大力培养特色农牧产业，延长和完善农业产业链，增加农牧民的创业空间以及就业岗位。各级政府提出提高农牧民工资收入的政策建议，利用大数据网络信息平台观测劳动力流动以及人口转移情况，有利于有针对性地引导、鼓励和组织农牧民就业工作。

“十三五”时期，西藏自治区政府在国务院颁布的《国务院办公厅转发民政部等部门〈关于做好农村最低生活保障制度与扶贫开发政策有效衔接的指导意见〉的通知》[①] 基础上，结合西藏脱贫现状以及资源情况，出台了相关《实施方案》，发挥农村低保在脱贫攻坚中的基础保障作用。由于西藏整体处于深度贫困，《实施方案》要求需要做到“应扶尽扶、应保尽保”，对符合条件的贫困家庭以及贫困户给予定向补贴和帮扶。完善贫困认定标准，做到精准扶贫，减少扶贫专项基金的损失。《实施方案》明确要求在 2016 年末统一扶贫标准，在 2017 年正式开始执行。对于相关扶贫部门的领导，西藏自治区政府要求帮扶人员需要定期开展自查、自检、交流沟通、研究问题并解决问题活动，为贫困户提供便利服务，提高扶贫效率。2017 年 3 月份印发的《西藏自治区加快推进易地扶贫搬迁工作的指导意见》中，西藏自治区对贫困户实施易地搬迁政策，对于贫困户原有的房屋地基统一收购并组织复原，贫困户的耕地、草场、山地集中由农民生产合作社进行经营，其收益按农民耕地比重进行分配。[②] 针对易地搬迁的牧民，西藏自治区政府会给予一定的生活、生产补贴，同时农户与合作社的承包关系在过渡期内保持不变，保障贫困农户的生产权益。贫困户可根据家庭收入状况对牲畜买卖交易、赠予、委托放牧等方式进行处置，实现贫困牧民的放牧自由、交易自由，保障贫困农户的生产权益不受损失。2018 年颁布的《西藏自治区“十三五”时期脱贫攻坚规划》明确了脱贫攻坚中完善基础设施的重要性[③]，加大贫困地区的基础设施建设投入以提高贫困地区的基本公共服

---

① 《民生有保障+发展添动力：西藏脱贫致富奔小康》，载《经济参考报》，2021-1-14。

② 西藏自治区人民政府：《我区易地扶贫搬迁工作成效显著》，载《西藏日报》，2017-04-27。

③ 《西藏研究“十三五”时期脱贫攻坚规划》，见央广网，http：//news. cnr. cn/native/city/20170207/t20170207_ 523567423. shtml。

务均等化水平，以西藏自治区全区平均建设水平为目标，针对贫困农牧民生活水平低下和生活质量差等问题制定出一系列相关脱贫政策。从自来水、电力、天然气、通信等基础设施方面着手，脱贫攻坚时期重点突破农牧区饮水安全和扩大自来水普及区域难题、全面解决贫困人口用电问题、完成贫困地区农村危房改造任务。在教育、医疗保健方面，西藏自治区继续巩固教育成果，并实现医疗保健贫困人口全覆盖。提高卫生标准和卫生安全教育普及率，对偏远贫困牧区的牧户给予一定的医疗保险补贴和医疗费用减免优惠，让贫困地区的牧民实现看病自由。此外，实现城乡居民基本养老保险制度、最低生活保障制度和五保供养等社会保障制度全覆盖，进一步完善城乡医疗救助、临时救助制度。

（二）坚持创新扶贫产业模式和扶贫技术

“十一五”时期，西藏自治区政府推出大力发展特色优势产业带动贫困户脱贫计划。第一，针对农牧业，西藏自治区政府坚持高质量产业发展原则，选取具有高原特色的农牧产业，如牦牛、青稞、人参果、高原食用菌等农产品进行加工处理，提升产品价值，扩大产业上下游产业链，增加贫困户就业岗位。政府规划建设牦牛产业带、西藏白山羊产业带、生猪饲养产业带等，分布于东北、西北、中部地区，形成西藏农产品产业发展带。第二，有效利用地区矿石丰富特征，开发新型能源。加大对地质的勘测和矿产资源的开发和矿区道路以及基础设施建设，合理分配不同矿区的开采工作。坚定可持续发展理念，积极引进高质量、高标准的采矿工艺以提高采矿的准确度，有效促进采矿行业的标准化，形成以拉萨、那曲、日喀则、山南为基点的采矿群，开发铜、锂盐、银矿等金属的矿产资源。第三，注重生态环境的保护，大力推进西藏旅游事业的发展。将旅游产业与农产品加工产业相结合增加贫困户的就业机会和盈利空间，打造西藏“旅游胜地”的品牌标签。重要景区的基础设施建设以及服务人员的服务效率是决定景区长远发展的重要因素，因此西藏自治区政府加大对自然保护区、风景名胜区、文化资源地区的开发与保护，建立服务培训班和清洁公司，完善景区的软性条件。

“十二五”期间，西藏自治区政府在前期的成果基础上，提高贫困农户农牧业生产力水平。西藏草场资源丰富，畜牧业发展利润空间大，为了增加农户的年收入水平，西藏自治区政府坚持农牧业的基础地位，倾斜资金、环境资源，解决贫困户资金、放牧条件不足的问题。西藏自治区政府统筹兼顾，整合国家补贴基金、援藏基金以及各种预算资金，提高资金的使用效率。针对因草场滥用、放牧不规范导致生态遭到破坏的问题，西藏自治区政府强化农田管理和规划，通过以工代赈和水资源开发保护加大对农牧业的开发力度，同时加快退耕还林和草场开发等工作，在不破坏生态的前提下满足西藏全区贫困户的放牧需求，提高农牧业的综合生产能力。在粮食生产方面，政府加大对农田的保护力度，通过改进农业技术水平实现粮食增收。西藏自治区政府以农牧业为中心，大力引进先进农牧业技术和人才，建立“政府—社会组织—企业—贫困户”等多元化农牧业体系，整合渠道资源来推进农牧业技术水平的提升。政府推广实行科技特派员制度来推进技术的普及。

“十三五”时期，西藏自治区政府放大产业扶贫的优势，创新产业扶贫方式，提升扶贫技术。首先，西藏自治区政府创新扶贫机制，创造可持续发展环境，通过贫困人口识别卡和扶贫项目帮扶机制，探索产业扶贫新模式。对于县域特色产业做到创新新颖，结合特有优势和资源逐步升级产业利益链接机制，实现“一县一品”的发展格局。2018 年，西藏自治区发改委颁布《西藏自治区“十三五”时期产业发展总体规划》[①] 以及《西藏自治区“十三五”时期文化产业发展规划》[②]，两份《规划》中明确西藏未来五年的产业发展趋势以及产业园区建设，打造西藏“一主一副”双产业园区，促进资本循环，推进经济一体化发展，助力脱贫攻坚进程。巩固拉萨在西藏自治区的经济引擎、中心城市的优势，扩大日喀则产业链，带动周边贫困地区的旅游、文化产业发展，塑造“珠峰”高端文化品牌，形成独特文化产业集群，吸纳更多贫困户参与，扩大贫困户的增收途径。根据表 3-19，依托丰富自然资源，七个地市在旅游产业上重点突破，将旅游与文化、农业、生态等相融合，创新出独特的扶贫产业模式。其次，根据“绿水青山”理念，重点发展净土健康、节能环保、生态环保产业，在旅游文化产业扶贫的同时注重生态、自然环境保护工作，保障绿色资源可持续发展以及利用，避免生态环境破坏使农户依赖的放牧资源、生产资源枯竭，导致全面脱贫后农户“返贫”。紧紧围绕拉萨市—日喀则市绿色生态旅游产业中心点发展经济、贸易、金融，带动贫困地区农户的生产积极性，使经济效益向周边地区以及南亚国家辐射。同时西藏自治区政府将增加旅游路线、扩大生态保护圈，给贫困地区的牧民更多创收机会，

---

① 西藏自治区发展和改革委员会：《西藏自治区“十三五”时期产业发展总体规划》，http://drc.xizang.gov.cn/zwgk_1941/fz/zx/201806/t20180629_174176.html。

② 西藏自治区发展和改革委员会：《西藏自治区“十三五”时期产业发展总体规划》，http://drc.xizang.gov.cn/zwgk_1941/fz/zx/201806/t20180629_174176.html。

并避免游客不文明行为造成生态环境被破坏。西藏自治区政府利用地理优势和独特文化、旅游景点来规划建设西藏文化旅游创意园区、文化旅游创新产业园区、贸易交流区，打造藏中南经济增长极，促进藏东、藏北、藏西协调发展的新格局，形成有效区域联动。因地制宜发展创新扶贫产业集园区，整合各地自然资源优势、扶贫产业基础，推动西藏自治区扶贫产业向特色化、集群化、差异化方向发展。重点推进特色文化旅游产业、绿色清洁能源产业、高新产业、边贸物流产业等特色扶贫产业发展，建立产业园区，促进扶贫产业上下游资源流动，提高资源利用效率，增加贫困农户的生存生产空间，增加贫困农户的就业机会以及增收渠道。

表 3–19　西藏自治区各地级市产业规划情况

地区	地级市	发展方向	扶贫产业	重点扶贫产业园区
藏中南地区	拉萨	国际旅游城市、全区经济交流中心、净土健康产业基地面向周边开放的中心城市	文化旅游、净土健康、节能环保、生物医药、金融、商贸物流、高新数字	拉萨国家级经开区、拉萨高新区、西藏文化旅游创意园区、西藏空港新区、西藏现代农业示范园区、达孜工业园等
	日喀则	环喜马拉雅旅游核心区、生态—农牧业发展引领区	有机种养加业、文化旅游、民族手工业、生态环保业、南亚物流业	珠峰开发开放试验区、珠峰文化旅游创意产业园、日喀则国家农业科技园等
	山南	藏文化旅游城市、绿色能源基地	文化旅游、清洁能源、绿色矿产、高原种养业、建材、民族手工业	山南江北新区、雅砻工业园
	林芝	国际旅游景区、清洁能源基地、高原生物加工产业基地	生态旅游、清洁能源、生物产业	林芝经济开发区
藏东地区	昌都	“西电东送”接续能源基地、藏羌彝文化产业核心区	清洁能源、特色农牧业、旅游业、绿色矿产	昌都经济开发区

续表

地区	地级市	发展方向	扶贫产业	重点扶贫产业园区
藏北地区	那曲	高原生态畜牧业基地、羌塘草原文化生态旅游区	农牧业、绿色矿产、旅游业	那曲国家农业科技园
藏西地区	阿里	冈底斯国际旅游合作区、藏西边贸物流基地	旅游业、农牧业、绿色矿产、边境贸易	普兰口岸

（三）坚持加强财政扶贫力度和扶贫资金管理

西藏自治区政府在“十一五”期间重点提高农牧民生活条件以及生活质量，对于扶贫资金的管理相对欠缺，“十二五”时期西藏全区高度重视财政扶贫资金发放以及管理问题。西藏自治区政府引导社会资源、公益性组织以及企业投入扶贫事业中，制定扶贫专项资金使用计划，对于重点扶贫地区、人口较少民族地区以及自然条件恶劣的贫困地区倾斜资源和扶贫资金，做到公平公正、公开透明的扶贫资金发放。同时在扶贫项目审核过程中，西藏自治区政府通过云网络平台进行评估，结合扶贫帮扶人员的监督减少扶贫项目的不规范和不合理，提升扶贫资金的利用效率。

“十三五”时期，西藏自治区政府高度重视财政扶贫力度和扶贫基金管理。① 根据2016年国务院颁布的《西藏自治区人民政府办公厅关于开展统筹整合使用财政涉农资金工作的实施意见》以及《西藏自治区人民政府办公厅关于印发〈西藏自治区“十三五”时期脱贫攻坚若干政策〉等4个脱贫攻坚配套文件的通知》，要求整合资金流向、项目管理、资金使用规范等制度，需要符合相关规定才能发放扶贫资金，提高了西藏财政扶贫的制度完整性，便于西藏扶贫补贴的统计与扶贫事业的稳定发展。在该《通知》中，扶贫专项资金需要进行统筹整合，搭建全区扶贫资金管理网络平台，统筹编制资金来源，保证扶贫资金的使用，确保不偏离“两不愁，三保障”的目标。深化扶贫资金的统计项目进度记录，使每一个贫困户和扶贫产业都拿到专属的资金，对于有困难无法完

① 资料来源：《西藏自治区财政“三管齐下”强化扶贫领域资金管理和风险防控》，见西藏自治区人民政府官网。

成申请的扶贫项目，可以由各市提出资金调用申请，避免因时间、资金不到位而造成贫困户以及扶贫产业项目的损失。在县域阶段，村支书起到第一带头作用，监管扶贫资金的使用情况，需要加强基层人员的纪律性，确保扶贫资金发放的公平性和效率性。在《西藏自治区人民政府关于贯彻落实国务院关于进一步做好新形势下就业创业工作意见的实施意见》《关于切实加强就业扶贫工作的意见》等文件[①]中，各市政府对创业贫困户给予扶持政策：首先，对于符合创业条件的贫困家庭及个体会优先发放创业资金，最高贷款金额达十万元；对于扶贫产业吸纳贫困户会给予贷款支持，根据吸纳的贫困户数量以及工作种类累加，单次申请扶贫资金可达 200 万元。其次，对于吸纳贫困农户占企业人员 30%以上并与贫困户签订正式员工合同的企业可报销贫困农户的社会保险；主动创业的贫困农户成立公司后可享受社会保险补贴，三年内的贫困农户的社会保障费用将由政府进行承担，第一年给予 100%的补贴，第二年给予 50%的补贴，第三年给予 30%的补贴。对于未加入创业的贫困农牧民按从事个体经营分类，给予 50%的社会保险补贴，补贴期为三年。再次，贫困户在利用扶贫资金创立公司后需要招纳新的贫困农户，扩大公司规模，《就业意见》中规定：企业中西藏户籍的员工数量分别达到公司总员工人数比例的 30%、40%、50%时，将会对其发放新的扶贫鼓励资金，鼓励农户积极主动创业，刺激贫困农户的生产积极性。最后，针对外出务工贫困群体，西藏自治区政府会在务工人员的所在地区给予其水电、房屋补贴。对租赁非政府投资建设场所的，自主创业并稳定经营 6 个月以上的贫困人口，每年给予最高不超过 1. 2 万元的经营场地租金和水电费补贴，补贴期限不超过 3 年。2018 年《西藏自治区“十三五”时期财政发展规划》[②] 中提出向农牧业的财政资源倾斜，提高农牧业研发投资占比。提高农牧业的财政资金供给，充分发挥财政贴息资金作用，提高资金利用效率，扩宽农牧业资金投入来源，撬动更多社会资本投入农牧业，形成“企业—高校研究所—社会组织”的多元维度的投资主体。积极推动贫困地区的农户贷款制度，完善金融机构对贫困农户的定向费用、农业保险补贴等政策，平衡财政政策对农村发展、产业发展的影响，提升贫困地区的财政支持效率。

① 西藏自治区发展和改革委员会：《西藏自治区“十三五”时期工业发展总体规划》，http：//www. xizang. gov. cn/zwgk/xxfb/ghjh_ 431/201902/t20190223_ 61950. html。

② 西藏自治区发展和改革委员会：《西藏自治区“十三五”时期工业发展总体规划》，http：//www. xizang. gov. cn/zwgk/xxfb/ghjh_ 431/201902/t20190223_ 61944. html。

二、脱贫成效

自脱贫攻坚以来，西藏74个贫困县在2020年全部摘帽，实现4813个贫困村、47.8万贫困人口全部脱贫。其中群众对于西藏脱贫成果满意度高达99.6%，整体贫困发生率从最初的25.2%下降至6.5%以下。结合2017年贫困人口统计数据，2016—2017年由99.6万贫困人口减少46.5万人至33.1万人，减贫人口占总体贫困人口的46.69%，西藏脱贫迈出一大步。原深度贫困地区主要聚焦在那曲、昌都、日喀则三大区域，重点帮扶44个贫困县，脱贫主战场范围大、扶贫对象多成为西藏脱贫的难点。截至2018年，44个贫困县中有25个深度贫困县摘帽，脱贫率达到56.82%，1808个贫困村达到脱贫标准，实现18.1万人小康的目标，西藏整体贫困发生率下降至6%以下。总结2018年脱贫成果，主要以产业扶贫为中心，西藏共实施产业扶贫项目超过2000个，帮助21万贫困人口脱贫。其中牦牛产业、青稞种植以及加工产业得到大力支持，年销售处理牦牛达到2000吨，销售青稞9.5万吨。

结合图3-18，可以看出西藏这五年脱贫攻坚成果显著。自治区内贫困人口从2013年的72万人降至2018年的15万人，总减贫人口达到85万人；贫困发生率逐年降低，2013—2018年降低了23.7%。在习近平总书记提出“精准脱贫”概念后，西藏自治区政府紧靠党中央发布的减贫文件和相关精神，历史性地消除了西藏的绝对贫困。根据《2020年西藏自治区政府工作报告》数据，2019年12月9日西藏19个贫困县（区）摘帽、15万建档立卡贫困人口脱贫。①2019年12月23日，西藏自治区人民政府官网发布《西藏自治区脱贫攻坚指挥部关于2019年19个县（区）退出贫困县（区）的公告》，正式宣告西藏全部贫困县摘帽，绝对贫困基本得到消除，整体攻坚即将取得全胜。

自脱贫攻坚以来，2013—2019年西藏农民人均可支配收入增加了近6300元。分不同县市来看，拉萨、林芝、山南农民收入增加超过7000元，其中林芝市农民收入增长超过8000元。阿里、那曲、昌都、日喀则分别增长5837元、5752元、5645元、5553元。根据西藏统计年鉴数据，山南、拉萨、昌都、林芝、日喀则、阿里地区、那曲市的年均增长速度分别为16.6%、16.03%、15.95%、15.67%、15.36%、15.22%、14.98%，超过全国平均增长水平13.35%。

① 西藏自治区人民政府办公厅：《2020年西藏自治区政府工作报告》，http：//www.xizang.gov.cn/zwgk/xxfb/zfgzbg/202003/t20200302_133323.html。

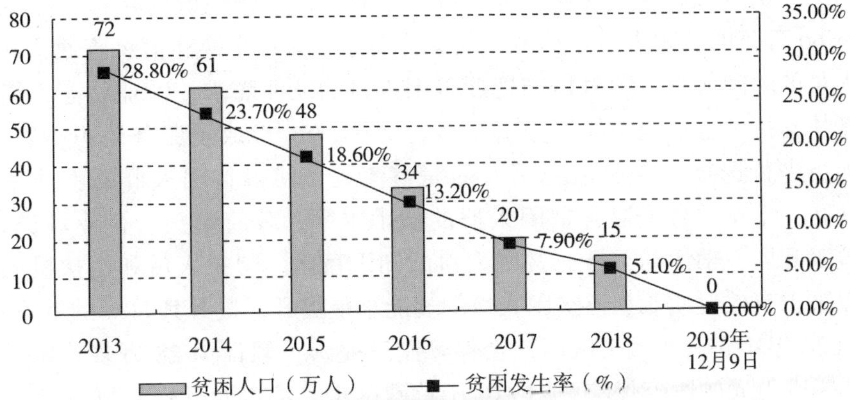

图 3-18　西藏 2013—2019 年贫困人口以及贫困发生率情况

表 3-20　西藏各市（区）农村居民人均可支配收入　　（单位：元、%）

地区	2013 年	2019 年	顺序	年均增速
拉萨市	8265	16216	2	16. 03
山南市	7072	14116	3	16. 60
昌都市	5900	11545	7	15. 95
林芝市	8612	16710	1	15. 67
日喀则	6027	11580	6	15. 36
阿里地区	6391	12228	4	15. 22
那曲市	6398	12150	5	14. 98
西藏自治区	6553	12951	—	16. 27
全国	8896	16021	—	13. 35

西藏产业扶贫模式取得重大成果，2016—2020 年，贫困人口转变致富思路，从第一产业逐渐转向第二、三产业，打破传统陈旧的工作方式，根据西藏人社局数据，近四年贫困人口转移就业达到 35. 34 万人①，形成了多元化的产业

① 《西藏自治区脱贫攻坚案例总结报告》，http：//www. banyuetan. org/fpdxal/detail/20210522/1000200033138961622169312841918623_ 1. html。

发展格局，贫困人口通过就业增收，有利于脱贫。西藏全区内转移就业系统中累计有60万条的贫困人口转移就业信息，促进了信息交换和信息流通，降低了工作人员的时间成本，同时精准把握贫困人口的就业需求、就业状态，能有效给予帮扶支持。各地级市的劳务组织多达7000个，形成了劳务组织负责介绍、务工人员进行选择、企业招聘用人的完整流程，使得贫困人群的就业率达到50%以上。此外，为了提升贫困人群的技术水平，政府牵头、企业输送人才、高级技工开展教学活动，补充贫困人口的知识盲区。帮扶人员和帮扶机构开展培训以来，有效促使2.9万贫困人口的技能水平提升，提升其80%的就业几率。截至2020年年底，西藏全区内社会保障制度完善，累计为28万多贫困人口减免2858.66万元的医疗保险费用，对于特殊困难人群以及低保人群减免596.46万元的养老保险费用。

三、脱贫模式

（一）主要脱贫模式

1. 产业脱贫模式

产业扶贫作为脱贫攻坚战略中最为重要的一个环节，有着稳定性、持续性、普遍性等特征。注重产业扶贫是原深度贫困地区最有效也是最快速的脱贫方法，产业扶贫不仅能增加贫困人口的就业机会，还能让地方产业结构优化，促进经济发展和社会稳定。

立足市场。产业扶贫立足于市场，开设的扶贫项目有利于产业体系革新，促进技术进步。西藏自治区政府结合区域特点、基础设施建设和贫困人口需求，合理选择扶贫产业项目，充分挖掘地方扶贫产业的特色，做到宜农则农、宜牧则牧、宜林则林。根据贫困户需求建立“产业—生产合作社—贫困户”模式，发挥市场对资源配置的决定性作用，充分调动贫困户的脱贫主体积极性。

突出有机。西藏贫困农民主要种植青稞、小麦、豌豆、油菜等作物；畜牧业主要集中在牦牛、绵羊、山羊养殖。随着养殖业发展，贫困地区的农牧民生活得到改善，城乡居民的收入差距逐渐缩小，农牧民的收入逐渐达到全国平均水平。但是养殖业带来的资源浪费以及施用化肥、过度放牧导致的生态环境问题日益突出，因此，西藏自治区农牧科学院农业资源与环境研究所与自治区科技厅合作“规模养殖场畜禽废弃物资源化利用研究与应用”项目，共同研究如何将养殖业废弃物转化成绿色可再生资源，实现绿色有机农业。

依靠科技。西藏自治区政府有效推进农业科技的普及，“建设智能温室、新型大棚、喷滴灌设备等高新科技配套设施，采用集约型多层栽培、新型潮汐栽培、高效植物工厂等先进技术，实现园区四季不断生产”①。西藏自治区政府与国家工程技术研究中心开设枸杞研究专项，与宁夏回族自治区农科院建立战略合作关系，研发出枸杞的多种用途以及加工产品。西藏自治区政府利用智能系统，将传感器技术运用到蔬菜采摘当中，提高了农业生产效率。各地市依托于大数据平台建立农牧产品溯源程序，消费者通过扫描产品包装上的二维码来了解产品在生产、加工、流通、销售过程中的时间以及检验结果，有效地预防和减少了农产品质量安全问题。

延长链条。各地市政府重点扶持龙头企业，抓住其强抵抗的风险能力、适应市场的优势，鼓励龙头企业接受贫困户，携手贫困户奔小康。为了扩大企业在市场中的影响力，刺激经济增长，政府鼓励企业扩大生产链，增强市场竞争力。通过与农牧民合作，既解决农牧民销售难的问题，又扩大生产要素种类和来源范围。在产品生产阶段，扶贫产业吸纳的贫困户作为员工进行生产，部分贫困户通过入股合作参与产业组织发展。在产业链下游环节，扶贫产业根据区域特色进行宣传，积累珠峰品牌知名度，收购或合并下游相关企业降低宣传、营销成本，实现贫困农牧民和产业的双赢。

日喀则市通过产业扶贫方式开设 309 个项目，帮扶十多万贫困人口脱贫，②创造了西藏的珠峰有机品牌，提升其品牌价值，提高了农牧业的科技技术水平，具备了现代化农业雏形，扩大了产业生产链，焕发了西藏产业的新生机。通过构建农村合作社—企业产业利益链共同体，让贫困农民富裕。青稞、牦牛、绵羊将拉萨、那曲、日喀则等农牧产业集群区域融合，促进产业升级，打破地域限制和资金流转等问题，成功开辟出一条属于西藏自治区原深度贫困地区的产业致富之路。

2. 精神扶贫模式

内生扶贫。贫困人口脱贫后要保证其脱贫有效化，防止返贫现象的发生。因此，需要加强对贫困户的扶智工作，打消贫困户“等靠要”的思想，帮助其精神上脱贫。③ 各级政府通过树立先进典型、榜样，宣传“脱贫光荣”的理念

① 张斌：《日喀则市科技应用助推农业升级转型》，载《西藏日报》，2019-08-25。

② 日喀则市委党校：《西藏日喀则市脱贫攻坚的主要做法和基本经验》，载《西藏日报》，2020-05-26。

③ 日喀则市委党校：《要坚持扶贫与扶智相结合》，载《西藏日报》，2018-10-25。

来激励贫困户，提升贫困户的内生动力。同时，各县政府鼓励脱贫先进代表积极分享脱贫经验，在“扶志扶智”环节中现身说法，提高贫困户的脱贫信心。村委会定期举办道德讲堂，提高居民的道德素养和思想，开展唱歌、电影短片、故事分享等活动，“润物细无声”地将扶智工作渗透到家家户户，广泛宣传脱贫思想和美德。政府采取开展脱贫讲座、研读“精准扶贫”方式和政策丰富贫困户的思想。当地政府定期举办技术交流会，邀请专业人才讲解养殖方法和技巧，提升贫困户的技术水平。

扶智赋能。提高贫困人口的就业和知识水平是实现“一人就业，带动全家”的有效方法之一，西藏自治区政府通过构建“六位一体”的就业保障体系，协调各地级市政府、工作单位、劳务合作社、相关劳务组织、村居委劳务办公室、劳动力六个方面，组建1600多家劳务合作社，培养出1547名合格劳务经纪人，[①]协助贫困户解决就业难的问题。政府通过开展培训班，邀请名师讲演，与高校科研机构合作输送人才来加强贫困户的技能培训，提升其基本技能，让贫困户掌握一技之长，防止因技术水平不够无法就业而导致返贫。政府还提出系列优秀人才引进计划，通过对高校毕业生提供创业资金支持，提高基层帮扶人员的福利水平，将高质量人才转向基层岗位，服务于原深度贫困地区。

山南市审计局通过精神扶贫的方式，针对对口帮扶村（秋巴村、聂村）村民精神状况开展精准“播种”、立体式“漫灌”工作，从源头上对当地居民的贫困问题进行了根治，一定程度上遏制了两村的劣风陋习，社会风气明显好转，呈现出欣欣向荣的状态。截至2016年，村里农牧民群众收入大幅提升，两村（秋巴村、聂村）人均纯收入分别达18764元，17997元，较之2015年增加2448元，2999元，成功走出了一条西藏自治区深度贫困区的精神扶贫道路。[②]

3. “党支部+贫困户”模式

扶志追梦。十八大后，为了实现全面建成小康社会的目标，西藏自治区政府紧紧围绕“精准脱贫”战略以及“实现中华民族伟大复兴”的总方针，通过学习习近平总书记系列讲话及其重要精神，从而部署出促进西藏经济发展、民生稳定的脱贫决策。动员地级市领导召开学习大会，提升帮扶人员的扶贫思想和扶贫方式；邀请专家教授进行讲演，增加对脱贫知识的考核，有效利用各类

① 日喀则市委党校：《西藏日喀则市脱贫攻坚的主要做法和基本经验》，https：//www.tibet3.com/news/zangqu/xz/2020-05-26/171699.html。

② 资料来源：中华人民共和国审计署，https：//www.audit.gov.cn/n6/n570/n571/c93565/content.html。

学习平台提高扶贫思想的传播度。

党建引领。为了带领贫困群众走向致富道路，村党委领导班子和驻村扶贫办的工作人员围绕党建抓产业、抓好产业促党建，不断在基层阵地建设、基础设施建设、产业发展等方面狠下功夫。[①] 村委干部加深与贫困农户的沟通和联系，建设扶贫办公工作地点，加深基层组织的扶贫参与工作，发挥党员的带头作用。村委会建设村级组织阵地为组织党员干部提供了学习与扶贫经验交流场地，也为当地贫困居民提供文化、娱乐、教育等活动。党员在扶贫工作中充分发挥其积极先锋作用，促进惠民政策实施，带领群众提升思想，凝聚群众和党员的向心力。

2018 年，工布江达县开创“党建 4+”模式，通过推进村级合作组织建设，在发展壮大村级经济合作社的过程中，发挥党组织的龙头引擎作用，贯彻“党支部跟着扶贫走，贫困户跟着支部走”的脱贫致富新路子，充分发挥基层党组织坚强战斗堡垒作用，为村民提供创业就业机会。在基层党组织的领导下，江达乡太昭古城农牧民氆氇加工合作社成功打造增收新平台，将各类特色资源进行整合，在工布江达县城设立直销店，按“3∶3∶4”的比例进行收益分配，将合作社收益的 30%用于村集体建设、30%用于合作社发展、40%用于帮扶贫困户，已成功实现 22 户 73 人脱贫。[②]

4. 社会保障扶贫模式

实现农牧民“两不愁三保障”是西藏自治区政府在实现脱贫致富、全面小康之路上重点突破的问题。社会保障不仅具有助推经济发展、维护社会稳定、调节收入分配和促进公平正义等功能，而且在扶贫工作中起到兜底保障、助力扶贫和遏制返贫的作用。

稳住“菜篮子”。1981 年西藏统计资料显示，全区蔬菜年产量只有 2.6 万吨，人均年占有量不足 14 公斤，“吃菜难”问题一直难以解决。为保障居民吃到菜、吃好菜，西藏自治区政府把“菜篮子”工程作为改善民生的重要工作，列入各级政府绩效考核内容，大力推广蔬菜产业化种植。西藏自治区农业农村厅根据气候和土壤特征，在大力推广设施农业的同时，研究高寒地区蔬菜种植技术，引进了韭菜、芹菜、茼蒿等新品种，明显提高了全区蔬菜供应水平。[③]

① 万慧：《党建引领促发展》，载《西藏日报》，2023-04-07。

② 潘璐：《西藏自治区工布江达县“党建 4+”模式助力精准扶贫工作》，载《西藏日报》，2018-05-31。

③ 王泽昊等：《民生有保障+发展添动力：西藏脱贫致富奔小康》，载《经济参考报》，2021-01-12。

截至 2019 年，西藏蔬菜种植面积已达 38.75 万亩，年产量达 77.19 万吨，夏秋主要城镇蔬菜自给率已达 85%，冬春自给率也有 65%，“吃菜难”问题逐渐成为历史，西藏人民生活水平也在不断提高。

强化医疗。为解决医疗设施少、医疗条件差的“就医难”问题，西藏自治区政府建立了以拉萨市为中心，遍布全区城乡的藏医、西医、中医相结合的公共医疗卫生服务体系，并提高了养老保险、医疗保险、低保等 18 项民生补助标准，农牧区五保供养标准提高到 2600 元，各项社会保险参保率达到 93%以上，5576 名孤儿得到有效救助，覆盖城乡居民的社会保障体系和社会救助体系全面建立，实现了“一村一卫生室”的目标以及农村新型养老保险制度的全面覆盖，人民群众健康水平不断提高。

优化教育。教育是提高人民综合素质、促进人的全面发展的重要途径，是民族振兴、社会进步的重要基石，是对中华民族伟大复兴具有决定性意义的事业。[①] 西藏自治区政府多年来秉承着“治贫先治愚，扶贫先扶智”的政策理念，不断落实 15 年义务教育（幼儿园、小学、初中、高中含中职）免费“三包”政策，提高在校学生年均补助标准，贯彻落实“两基”目标，截至 2020 年底，西藏小学学龄儿童入学率、小学毕业生升学率、初中毕业生升学率已分别达到 99.9%、99.9%、95.1%，扫盲人口覆盖率达到 100%。[②]

保障住房。在贫困人口实现“两不愁三保障”目标中，“住房安全有保障”是打赢脱贫攻坚战、全面建成小康社会的重要任务之一。为解决西藏居民住房安全问题，自治区党委、政府高度重视农村危房改造工作，把建档立卡贫困户、低保户、农村分散供养特困人员、贫困残疾人家庭作为重点危房改造对象，因户施策、扎实推进。2016 至 2019 年，中央与自治区政府共投入财政资金 7.88 亿元，累计改造危房 4.36 万户，截至 2019 年 9 月底，已全部完成西藏危房存量改造任务。[③] 农村危房改造工作的实施，缓解了百姓建房资金压力，帮助农牧民实现了住上安全放心房屋的愿望，激发了他们学技术、求发展的内生动力。

① 刘延东：《深入学习贯彻党的十九大精神，全面开创教育改革发展新局面》，载《求是》，2018（6）。

② 西藏自治区统计局：《2020 年西藏自治区国民经济和社会发展统计公报》，http：//www.xizang.gov.cn/zwgk/zfsj/ndtjgb/202104/t20210408_198946.html。

③ 《西藏全面完成 4.36 万户危房改造》，见央广网，http：//news.cnr.cn/native/gd/20200315/t20200315_525017216.shtml。

（二）典型脱贫案例

1. 蔬菜产业助力脱贫

针对产业结构单一、市场经济不活跃、“等靠要”思想严重的地区，借助“发展生产脱贫一批”政策，增强贫困户脱贫的稳定性和长效性。西藏日喀则市白朗县探索走出了一条“政府引导、企业主体、科技支撑、金融撬动、群众参与”的蔬菜产业扶贫路子。2002 年，白朗县引进了山东蔬菜种植技术。十几年来，白朗县农牧民对蔬菜种植从抵触到接纳，观念的转变让蔬菜产业成了当地一大特色优势产业，也成了带动农牧民增收的“摇钱树”。白朗县彭仓村村民拉巴次仁表示，蔬菜产业园让自己家变成了“万元户”。“蔬菜产业不仅带动了我们农牧民致富，更反映了这些年我们接受新事物的意识在逐渐加强，随着经济条件的好转，我们面向市场确定营销模式的意识也逐渐提高了。”2016 年，珠峰农业投资建设蔬菜产业园，租用贫困户的土地费用近 2000 万元，依据当地的贫困户档案为参与蔬菜产业园建设的贫困户分红 500 多万元，增加了 200 多就业岗位，对当地的贫困户以及白朗县的经济发展提供了大力支持。23 岁的藏族姑娘潘多，是日喀则珠峰现代农业科技创新博览园负责人，初中毕业后，她曾四处打工，收入不稳定。2017 年，潘多主动到博览园学习技术，在技术人员的帮助下，她很快熟练掌握了多种果蔬种植技术，工资从 3000 多元涨到了 5200 元。[①] 政府的扶持蔬菜产业园的脱贫攻坚工作，龙头企业的入驻增加了当地市场的资金流动并提升了技术进步，政府对于中小企业的政策保护极大地完善了蔬菜产业链，提供了更多就业岗位和增收途径。2016—2020 年，白朗县共实施蔬菜产业扶贫项目 7 个，多渠道投入资金 7.35 亿元，果蔬年生产量达 6000 万公斤以上，产值 2 亿元以上，受益贫困群众 4439 人，产业对脱贫的贡献率达到 60%以上。2017 年白朗县顺利脱贫摘帽，2019 年贫困人口全部脱贫。[②]

2. 旅游扶贫走向小康路

墨脱县荷扎村在人社局工作人员与村委干部协商讨论下，确立了墨脱县荷扎村的脱贫发展方向，制定出精品乡村旅游扶贫路线。[③] 确立了“建设美丽荷扎，打造莲花秘境中的桃花源”的旅游扶贫新思路。荷扎村独特的区位优势和

---

① 何星辉：《珠峰脚下瓜果飘香》，载《科技日报》，2020-10-09（03）。

② 王珍：《西藏白朗是如何靠蔬菜产业脱贫的》，载《中国民族报》，2020-9-18（04）。

③ 西藏自治区人民政府网：《墨脱县荷扎村：乡村旅游铺就乡村振兴之路》，载《西藏日报》，2021-08-18。

丰富的自然资源加快了旅游景点的开发速度，同时，水稻梯田、生态茶园、特色村落民居等美丽景观兼具藏族特色，又拥有完善的安全饮用水、道路通畅、电信网络等硬件设施，人文自然与现代乡村完美结合，是该村脱贫致富的关键法宝。截至2021年8月，荷扎村修建888亩茶田、45亩蜜柚林、110亩香蕉林、36亩中华寿桃，林果资源丰富，政府与村委干部通过整合村资源，突出“桃花源”品牌，以建设美丽乡村生态景区的思路来吸引企业投资、旅客入住，获得更多商家销售渠道，将荷扎村打造成集休闲—采摘—乡村旅游景区。带动该村旅游业、种植业、农产品加工产业、餐饮住宿业等繁荣发展，为贫困人群创造利益空间和就业机会，促进脱贫攻坚进程以及美丽乡村建设。

西藏自治区2019年森林覆盖率已超12%，当雄县利用原生态自然环境建设美丽乡村，形成生态和谐、环境优美的美丽新农村，成功创建国家生态文明建设示范县，隆子县成功创建为“绿水青山就是金山银山”实践创新基地。[①] 据统计，2019年西藏自治区累计接待国内外游客4012.15万人次，增长19.1%，实现旅游总收入559.28亿元，增长14.1%。[②]

2019年甘肃、四川、云南、西藏、青海、新疆等六省区和新疆生产建设兵团文化和旅游部门成立了“三区三州”旅游大环线宣传推广联盟，并于当年9月正式开通“三区三州·旅游大环线客源援藏专列”，有效带动了更多的群众参与旅游发展实现增收脱贫。[③] 旅游专线的建成是扶贫工作的大推进，有效利用铁路资源和旅游资源，“三区三州”路线将带动更多贫困户增收，实现脱贫致富。

3. 优秀干部带领人民奔小康

日土县甲岗村位于阿里地区日土县城70千米处，该村位置偏远、基础条件差，道路泥泞，多数居民住在危房里，卫生条件恶劣。就是这样一个偏远落后的深度贫困村，在短短几年内成为一个居民楼林立整齐、道路通畅宽广、卫生教育普及，并获得“全国脱贫攻坚先进集体”称号的小康村。

村“两委”干部带动全村建设积极性，鼓励贫困居民参与配合脱贫攻坚建设。首先，村委干部召开脱贫动员大会，鼓励全村村民，团结一致，杜绝村民

---

① 西藏自治区生态环境厅：《2019年西藏自治区生态环境状况公报》，载《西藏日报》，2020-06-05。

② 西藏自治区统计局：《2019年西藏自治区国民经济和社会发展统计公报》，http://tjj.xizang.gov.cn/xxgk/tjxx/tjgb/202004/t20200413_137062.html。

③ 格桑边觉：《“三区三州”旅游大环线专列助力西藏脱贫》，载《中国民族报》，2020-09-11(02)。

"懒、靠、要"等思想，维护了全村稳定，带领村民紧跟党中央精神，传播最新脱贫理论，帮助困难群体走上小康路。依托于自然资源以及政府资金补贴和驻藏人员的加入，村集体经济得到快速发展，总收入从2016年的88万元增加至2020年的320万元；增加全村就业岗位和贫困农户就业机会，输送劳动力400多人，让贫困户留在家乡也能找到致富道路，实现有效创收500多万元，村人均收入水平提高至2020年的2万元，增长率为12.52%。[①] 村干部与多个机构协商，多次深入贫困户群体中，构建出"农村合作社—农业生产基地—贫困户"的脱贫新路径，整合资金流向与项目资金流转，确保让扶贫资金不差一分一毫的进入贫困扶持项目和贫困人群的包中。大力开展基础设施建设，铺设道路与电网，开展教育活动，修建卫生院以及公共娱乐设施，让村居民拥有完备的居住条件。在教育扶贫上，村干部开展脱贫讲座，联合村"两委"以及扶贫工作队对贫困村民宣传脱贫攻坚的重要性，梳理脱贫榜样鼓励村民自力更生，提高工作技术水平和工作热情，举办扶贫技术培训班以及脱贫经验交流会，促进贫困村民之间的集体荣誉感以及创业积极性。加强道路、交通、通信等基础设施建设，据统计，农村公路修建、更新已达465.37千米，吸收1500余名贫困人口，实现了就业增收2000万元的奇迹。对于农田水利工程以及饮用水渠道挖掘工作，村干部建设实施三处灌溉田，七口饮水达标水井，让443位村民实现了饮水自由以及饮水安全。为了重新规划乡村民居，村委鼓励贫困户易地搬迁，让贫困村民住进设施完备、风景优美的小康示范村。

---

① 西藏自治区人民政府：《"全国脱贫攻坚先进集体"日土县甲岗村：支部带得好农户奔小康》，载《西藏商报》，2021-03-25。

第四章　南疆四地州深度贫困大调查与脱贫现状

第一节　南疆四地州总体概况

南疆四地州地处祖国西北边陲，位于新疆维吾尔自治区西南部、塔克拉玛干沙漠西南边缘，是一个集边境地区、民族地区、贫困地区于一体的地区。南疆四地州下辖 33 个县（市）、382 个乡（镇）、5061 个行政村，行政区划总面积 58.63 万平方千米，占全疆面积的 35.2%。第七次全国人口普查数据显示，截至 2020 年 11 月 1 日零时，南疆四地州户籍总人口 1033.7 万人。“十二五”末期，南疆四地州农村建档立卡贫困人口 44.38 万户 159 万人，占乡村总人口的 22.7%。随着精准扶贫精准脱贫方略的不断推进，党中央和国务院加大了对南疆四地州贫困地区扶贫攻坚支持力度，脱贫攻坚工作取得了积极的成效。如表 4-1 所示，2020 年南疆四地州地区生产总值突破 3000 亿元大关，占全区 GDP 的比重提升至 21.89%。

表 4-1　2020 年南疆四地州地区生产总值统计

地区	地区生产总值（万元）	占全区 GDP 比例（%）	占南疆四地州 GDP 比例（%）
喀什地区	11302170	8.19	37.41
和田地区	4063223	2.94	13.45
阿克苏地区	13150464	9.53	43.53
克孜勒苏柯尔克孜自治州	1692389	1.23	5.60
南疆四地州小计	30208246	21.89	100.00

续表

地区	地区生产总值（万元）	占全区 GDP 比例（%）	占南疆四地州 GDP 比例（%）
全区	137975800	100.00	—

数据来源：《新疆统计年鉴（2021）》。

2020 年 11 月 14 日，新疆自治区人民政府发布公告，批准莎车县、叶城县、伽师县、英吉沙县、墨玉县、皮山县、洛浦县、策勒县、于田县、阿克陶县退出贫困县序列。至此，全区 308.9 万现行标准下贫困人口全部脱贫，3666 个贫困村全部退出，32 个贫困县全部摘帽，新疆绝对贫困问题得到历史性解决。2021 年，南疆四地州区域性整体贫困已基本消除。

一、地理区位

喀什地区。喀什地区古称疏勒，地处欧亚大陆中部、中华人民共和国西北部、新疆维吾尔自治区西南部，东临塔克拉玛干大沙漠，东北与阿克苏地区的柯坪县、阿瓦提县相连，西北与克孜勒苏柯尔克孜自治州的阿图什市、乌恰县和阿克陶县相连，东南与和田地区的皮山县相连。喀什地区西部与塔吉克斯坦相连，西南与阿富汗、巴基斯坦接壤，边境线总长 888 千米。全区共辖 1 个县级市、10 个县、1 个自治县。全地区总面积 16.2 万平方千米，东西宽约 750 千米，南北长 535 千米。根据第七次人口普查数据，截至 2020 年 11 月 1 日零时，喀什地区常住人口为 4496377 人。

和田地区。和田地区位于新疆维吾尔自治区南隅，南抵昆仑山与西藏自治区交界，北临塔克拉玛干大沙漠与阿克苏相连，东部与巴音郭楞蒙古自治州相接，西部与喀什地区毗邻，西南以喀喇昆仑山为界，同克什米尔①接壤，东西长约 670 千米，南北宽约 570 千米，总面积 24.81 万平方千米。和田地区下辖 1 个县级市、7 个县。根据第七次人口普查数据，截至 2020 年 11 月 1 日零时，和田地区常住人口为 2504718 人。

克孜勒苏柯尔克孜自治州。克孜勒苏柯尔克孜自治州（以下简称“克州”），

① 克什米尔全称查谟和克什米尔，位于南亚次大陆的最北端，处于印度、巴基斯坦、阿富汗和中国之间，总面积为 19 万平方千米。克什米尔包括 6 个部分：克什米尔谷地、查谟、蓬奇、吉尔吉特、俾路支斯坦和拉达克。

位于新疆维吾尔自治区西南部，地跨天山山脉西南部、帕米尔高原东部、昆仑山北坡和塔里木盆地西北缘，自治州北部和西部分别与吉尔吉斯斯坦和塔吉克斯坦两国接壤，边境线长达1195千米。东部与阿克苏地区相连，南部与喀什地区毗邻，全州东西长约500千米，南北宽约140千米，面积7.25万平方千米。山地占全州总面积的90%以上，谷地、盆地遍布山间，属典型的温带大陆性气候，光照充足，干旱少雨。下辖阿图什市和阿克陶县、乌恰县、阿合奇县3县。根据第七次人口普查数据，截至2020年11月1日零时，克孜勒苏柯尔克孜自治州常住人口为622222人。

阿克苏地区。阿克苏地区位于新疆天山南麓和塔里木盆地北缘，地处南疆中部，东接巴音郭楞蒙古自治州，西与吉尔吉斯斯坦、哈萨克斯坦交界，南与和田地区、喀什地区、克孜勒苏柯尔克孜自治州相邻，北以天山为分水岭，同伊犁哈萨克自治州接壤。全区共辖2个县级市、7个县，总面积13.25万平方千米，边境线长235千米。阿克苏地区位于亚欧大陆深处，远离海洋，为暖温带干旱型气候，气候干燥，蒸发量大，降水稀少。根据第七次人口普查数据，截至2020年11月1日零时，阿克苏地区常住人口为2714422人。南疆四地州行政区域基本情况见表4-2。

表4-2　南疆四地州行政区划基本概况

四地州名称	驻地	中心位置	县级行政区	国土面积（平方千米）
喀什地区	喀什市	东经75.99° 北纬39.46°	喀什市	791
			疏附县	2986
			疏勒县	2207
			英吉沙县	3421
			泽普县	1000
			莎车县	9037
			叶城县	28929
			麦盖提县	11023
			岳普湖县	3166
			伽师县	6601
			巴楚县	18491
			塔什库尔干塔吉克自治县	24089

续表

四地州名称	驻地	中心位置	县级行政区	国土面积（平方千米）
和田地区	和田市	东经 79.92° 北纬 37.12°	和田市	685
			和田县	41403
			墨玉县	25788
			皮山县	39741
			洛浦县	14314
			策勒县	31688
			于田县	39094
			民丰县	56759
克孜勒苏柯尔克孜自治州	阿图什市	东经 76.16° 北纬 39.71°	阿图什市	15698
			阿克陶县	24535
			阿合奇县	11545
			乌恰县	19118
阿克苏地区	阿克苏市	东经 80.26° 北纬 41.16°	阿克苏市	13647
			库车市	14529
			温宿县	14376
			沙雅县	31887
			新和县	5831
			拜城县	15917
			乌什县	9065
			阿瓦提县	12593
			柯坪县	8915

数据来源：新疆维吾尔自治区人民政府网，http：//www. xinjiang. gov. cn/xinjiang/xzqh/201912/e1fb164b4930437eb4a75852aceecc9d. shtml。

二、资源状况

喀什地区。喀什地区地处叶尔羌河流域和喀什噶尔河流域，大小河流 10 条，其中较大河流有叶尔羌、提孜那甫、克孜勒、盖孜、库山 5 条。全地区河水年径流量120亿立方米，还有地下回归水10亿立方米，水能蕴藏量760万千瓦，易开发120万千瓦。喀什地区已建地方水库58座，总库容17.26亿立方米，其中兴利库容13.98亿立方米，防洪库容1.56亿立方米，死库容1.72亿立方米。喀什地区已发现矿产67种，矿产地224处。其中大型矿床12处。石膏储量居全国前列，蛇纹岩储量居全国第三位，石油、天然气、水泥石灰岩、熔剂灰岩、饰面大理石、花岗岩、磁铁矿、硫铁矿、玉石储量丰富。

和田地区。和田地区年均地表水径流量为73.352亿立方米。地下水年溢出径流量为11.92亿立方米（为可重复利用的泉水），不可重复利用的河床潜流为1.661亿立方米。冰川面积11447平方千米，占全疆冰川面积的43.9%。冰川水资源储量11400亿立方米，年补给地表水约14亿立方米，占年径流量的20%。据测算，全地区水能理论蕴藏量360万千瓦，占新疆的10.7%，其中大于5万千瓦的河流有5条，合计为340.6万千瓦，占全地区总量的94.6%，全地区可开发的水能资源为40万千瓦，其中可开发量大于1万千瓦的河流有5条，玉龙喀什河、喀拉喀什河有36.8万千瓦。和田地区优势矿产及特色矿产主要为和田玉、稀有金属、锑矿、金矿及汞矿。

克孜勒苏柯尔克孜自治州。克州地处塔里木河流域上游，有托什干河、博古孜河、恰克玛克河、克孜勒苏河、盖孜河，流量252.406立方米/秒，地下水总储量8.06亿立方米。克州天然植被稀疏，野生植物种类有54科184种。野生动物资源较丰，仅鸟类就有17目42科244种，占新疆鸟类总种数的60%。珍贵野生动物较多，属国家一级保护的12种，二级33种，另外还有珍贵稀有野生动物40多种，境内有新疆帕米尔高原湿地自然保护区。能源矿产以煤为主，有少量油页岩。铁矿分布较广，储量多，品位高，全州共发现铁矿55处，其中矿床8处，矿点47处。

阿克苏地区。阿克苏境内的石油、天然气蕴藏量分别占环塔里木盆地已探明储量的84%和93%以上，探明油气田74个，天然气储量近7341.2亿立方米，溶解油气1254.1亿立方米，石油地质储量8.71亿吨，凝析油储量6095万吨。其中拜城克拉2#气田探明储量2840.86亿立方米，甲烷含量高于97%，“气质”保持中国一级标准，是目前我国产能最大、特高丰度、特高产的特大型整装优质气田。“西气东输”工程气源的96.32%在阿克苏地区境内。阿克苏地区已发现矿产79种，产地294处。储量和资源量居新疆第一位的矿产有铝土矿、萤石、刚玉、锑矿、磷矿、麦饭石、霞石正长岩、明矾石、重晶石等，储量多、易于开采。

三、人口特征

根据第七次人口普查数据，截至 2020 年末，南疆四地州共有常住人口 1033.77 万人，约占全区常住人口总数的 40%（见表 4-3）。

表 4-3　2020 年南疆四地州人口统计

序号	地区	常住人口数（万人）	占南疆四地州人口比例（%）	占全区人口比例（%）
1	喀什地区	449.64	43.50	17.39
2	和田地区	250.47	24.23	9.69
3	阿克苏地区	271.44	26.26	10.50
4	克孜勒苏柯尔克孜自治州	62.22	6.02	2.41
5	南疆四地州小计	1033.77	100.00	39.99
6	全区	2585.23	—	100.00

数据来源：第七次全国人口普查公报，https：//www.gov.cn/guoqing/2021-05/13/content_5606149.htm。

喀什地区。截至 2020 年 11 月 1 日零时，喀什地区常住人口为 4496377 人，年龄结构中 0—14 岁占比 31.11%，15—59 岁占比 60.4%，60 岁以上占比 8.5%，65 岁以上占比 5.72%。2018 年底数据显示，汉族人口 27.85 万人，占总人口比重为 6.01%；维吾尔族人口 428.92 万人，占总人口比重为 92.56%；塔吉克族人口 4.36 万人，占总人口比重为 0.94%；其他民族人口 2.24 万人，占总人口比重为 0.48%。喀什地区主体民族为维吾尔族，次为汉、塔吉克、回、柯尔克孜、乌孜别克、哈萨克、满、锡伯、蒙古、藏、俄罗斯等民族。

和田地区。第七次人口普查数据显示，2020 年和田地区常住人口为 2504718 人，年龄结构中 0—14 岁占比 34.34%，15—59 岁占比 58.35%，60 岁以上占比 7.31%，65 岁以上占比 4.79%。2018 年统计数据显示：男性人口 128.40 万人，女性人口 124.65 万人；维吾尔族 245.36 万人，汉族 7.20 万人。全年人口出生率 8.58‰，死亡率 5.62‰，自然增长率 2.96‰。城镇人口 54.86 万人，占 21.7%；乡村人口 198.19 万人，占 78.3%。

克孜勒苏柯尔克孜自治州。根据第七次人口普查数据，截至2020年11月1日零时，克孜勒苏柯尔克孜自治州常住人口为622222人，年龄结构中0—14岁占比29.63%，15—59岁占比61.61%，60岁以上占比8.76%，65岁以上占比5.89%。2020年初全州总人口为620230人，比上年末减少4266人。其中，乡村人口465688人，占75.1%。总人口中，柯尔克孜族164278人，占26.5%；维吾尔族410097人，占66.1%；汉族38183人，占6.2%。男性人口313607人，女性人口306623人，性别比为102∶100。全年出生率为8.18‰，死亡率为4.61‰，人口自然增长率为3.57‰。

阿克苏地区。截至2020年11月1日零时，阿克苏地区常住人口为2714422人，年龄结构中0—14岁占比24.8%，15—59岁占比65.73%，60岁以上占比9.48%，65岁以上占比6.35%。2020初总户数710157户，人口2564371人，男性1297328人，女性1267043人，乡村人口1705021人，城镇人口859350人。人口出生率7.55‰，死亡率6.07‰，自然增长率1.48‰。

第二节　南疆四地州贫困大调查

一、南疆四地州整体贫困状况

（一）农村贫困人口及贫困发生率稳步缩小

南疆四地州作为全国连片特困地区之一、扶贫攻坚的主战场，从区域分布上看，截至2016年末，新疆全区22个深度贫困县全部集中在南疆四地州。南疆四地州深度贫困县有22个，所辖的深度贫困乡192个、深度贫困村1962个、未脱贫户39.61万户、未脱贫人口162.75万，占全区未脱贫人口189.78万的85.76%。其中，喀什地区11个县、和田地区7个县、克州2个县、阿克苏地区2个县。2016年，22个深度贫困县贫困发生率28.23%，高于全国平均水平23.73个百分点。

党中央、国务院对南疆工作高度重视，特别是第二次中央新疆工作座谈会把南疆四地州发展稳定问题提升到国家总体战略布局，给予特殊政策扶持，实施南疆片区区域发展与扶贫攻坚规划。随着原深度贫困地区脱贫攻坚行动的推进，南疆四地州近几年贫困人口在迅速减少，贫困发生率快速下降，至

2018 年，全疆农村贫困人口为 43 万人，较 2017 年减少 23 万人，下降幅度为 34.3%，农村贫困发生率为 5.8%，比 2017 年下降 3.1%。其中南疆四地州贫困人口为 42 万人，较 2017 年减少 22 万人，下降幅度为 34.4%，农村贫困发生率为 5.9%，比 2017 年下降 3.1%。通过表 4-4 数据分析可以发现，作为我国脱贫攻坚的主战场的特困片区，从 2011 年到 2019 年，贫困人口降幅达 94%，是历史上少有的，说明这个时期的南疆四地州脱贫减贫工作效果较为突出。

表 4-4　2011—2019 年南疆四地州及全国分地区农村贫困人口规模

地区		2011	2012	2013	2014	2015	2016	2017	2018	2019
贫困人口（万人）	全国	12238	9899	8249	7017	5575	4335	3046	1660	551
	新疆	353	273	222	212	180	147	113	64	20
	特困片区合计	6035	5067	4141	3518	2875	2182	1540	935	—
	南疆四地州	159	122	104	99	90	73	64	42	17
贫困发生率（%）	全国	12.7	10.2	8.5	7.2	5.7	4.5	3.1	1.7	0.6
	新疆	32.9	25.4	19.8	18.6	15.8	12.8	9.9	5.7	1.24
	特困片区合计	29.0	24.4	20.0	17.1	13.9	10.5	7.4	4.5	1.5
	南疆四地州	38.7	33.6	20.0	18.8	15.7	12.7	9.	5.9	2.21

数据来源：2012—2020 年各地区统计年鉴。

（二）居民收入稳步增长，生活水平明显提高

据统计，2020 年末，南疆四地州城镇居民人均可支配收入为 30266 元（见表 4-5），农村居民人均可支配收入为 10873.5 元，城乡收入比为 2.78∶1（高于全区平均水平 2.48∶1）。

表 4-5　2020 年南疆四地州城乡居民人均收入情况　（单位：元）

地区	城镇居民人均可支配收入	农村居民人均可支配收入
喀什地区	27321	10276
和田地区	30586	9723

续表

地区	城镇居民 人均可支配收入	农村居民 人均可支配收入
阿克苏地区	33239	14588
克孜勒苏柯尔克孜自治州	29918	8907
南疆四地州	30266	10873.5
全区	34838	14056

数据来源：2021 年《新疆统计年鉴》。

分区域从历史阶段看，2013—2018 年全国贫困地区农村居民人均可支配收入由 6079 元增长到 10307 元，净增长 4228 元，增长 69.55%。同期的新疆贫困地区农村居民人均可支配收入 10907 元，同比 2013 年增加 4921 元，增长 82.21%，增幅比同期的全国贫困地区农村居民平均水平高 12.66 个百分点。同期全国特困片区农村居民可支配收入为 10260 元，同比 2013 年净增加 4304 元，增长了 72.26%；南疆四地州同时期农村居民可支配收入为 10762 元，同比 2013 年净增加 5070 元，增长了 89.07%（见表 4-6）。通过对比可以看出，2013—2018 年间，南疆四地州在全国、新疆、特困片区中，农村居民可支配收入净增加是最高的，增幅也是最高的，这些成效得益于习近平总书记的“精准扶贫、精准脱贫”基本方略在南疆地区的实施，得益于党中央对南疆四地州的高度关爱和重视。

表 4-6　2013—2018 年南疆四地州及全国贫困地区农村常住居民人均可支配收入

（单位：元）

地区	2013	2014	2015	2016	2017	2018
全国合计	6079	6852	7653	8452	9377	10307
新疆	5986	6635	7341	8055	9985	10907
特困片区合计	5956	6724	7525	8348	9264	10260
南疆四地州	5692	6403	7053	7868	9845	10762

数据来源：2013—2018 年新疆、南疆四地州历年统计公报。

南疆四地州农村居民的收入结构在 2016—2018 年间逐步得到优化。新疆地区的贫困农村常住居民人均工资性收入占比有明显增加，由 2016 年 2207 元，增加到2017年的2638元和2018年的2987元，增加率由24.59%提高到2017年的26.80%和2018年的27.39%，说明新疆贫困地区农村居民通过外出务工增加工资收入；经营性收入占比减少，虽然从2016年的4855元增加到2017年的5144元和2018年的5369元，但收入构成由54.49%下降到52.25%和49.23%，说明农业增产增收不够明显，收入增长在下降；在财产性收入方面，由2016年的63元，到2017年的53元和2018年的91元，增幅变化不够明显，说明新疆农村居民的财产净收入增长缓慢；在转移性收入方面，2016—2018年间比重略增，由2016年的1851元增加到2017年的2010元和2018年的2461元，由2016年的20.62%提高到2018年的22.56%，说明新疆农村居民的转移性收入有一定增加（见表4-7）。

表4-7 2016—2018年新疆贫困地区农村居民收入结构变动情

指标名称	2016		2017		2018	
	绝对值（元）	构成（%）	绝对值（元）	构成（%）	绝对值（元）	构成（%）
人均可支配收入	8976	100.0	9845	100.0	10907	100.0
工资性收入	2207	24.59	26.38	26.80	2987	27.39
经营性收入	4855	54.09	51.44	52.25	5369	49.23
财产性收入	63	0.7	53	0.54	91	0.82
转移性收入	1851	20.62	2010	20.41	2461	22.56

数据来源：2016—2018年新疆、南疆四地州历年统计公报。

从构成变动情况看，经营性收入、工资性收入及转移性收入仍然是新疆贫困地区农民收入的主要来源。但通过横向比较可以看出，南疆四地州与全国贫困地区农村、新疆贫困地区农村以及特困片区居民可支配收入的差距在逐渐缩小，甚至到了2018年底时，南疆四地州的居民可支配收入略超过全国贫困地区农村、特困片区居民可支配收入（见表4-8），并且是从2013—2018年以来，一直保持较快的增长，这说明“精准扶贫、精准脱贫”方略在南疆四地州的实施取得较好的成效，同时也说明在全国各行各业以及各援疆省市大力倾情援助下，南疆四地州的脱贫成效和贫困农户的增收效果显著。

表 4-8　2018 年贫困地区分地区收入结构　（单位：元）

地区	人均可支配收入	一、工资性收入	二、经营性收入	三、财产性收入	四、转移性收入全国
合计	10371	3627	3888	137	2719
新疆	10907	2987	5369	91	2461
特困片区合计	10260	3550	3915	128	2666
南疆四地州	10762	2901	5271	77	2512

数据来源：2018 年新疆、南疆四地州统计公报。

（三）产业结构不断优化、特色产业长足发展

从新疆的三次产业发展情况来看，在 2010—2012 年间，其产值大小依次为第二产业、第三产业、第一产业，从 2012 年开始，第三产业产值逐渐赶超第二产业，产业发展呈现“三二一”的发展格局，相关数据见表 4-9。可以看出，根据配第—克拉克定理，新疆的三次产业结构在不断优化，尽管其转变速度仍稍落后于全国地区，进入工业化后期的时间要晚于全国平均水平。

表 4-9　全国平均产业产值与新疆产业产值对比　（单位：百亿元）

年份	生产总值		第一产业		第二产业		第三产业	
	全国平均	新疆	全国平均	新疆	全国平均	新疆	全国平均	新疆
2010	132.94	53.60	12.40	10.00	61.81	24.80	58.73	18.80
2011	157.40	65.32	14.45	10.47	73.24	30.93	69.72	23.91
2012	173.74	74.11	15.83	12.04	78.91	33.26	78.99	28.81
2013	191.28	83.92	17.11	13.26	84.50	34.80	89.67	35.86
2014	207.60	92.64	17.94	14.06	89.45	38.29	100.53	40.28
2015	222.21	93.06	18.64	14.09	90.75	34.46	112.82	44.51
2016	240.77	96.30	19.40	14.73	95.30	34.46	126.07	47.11
2017	268.40	115.92	20.03	15.51	106.96	40.96	138.18	55.11
2018	296.54	128.09	20.89	16.92	117.69	46.57	157.97	64.60
2019	319.63	135.97	22.73	17.81	123.12	47.96	172.33	70.19

数据来源：2011—2019 年《新疆统计年鉴》《中国统计年鉴》。

就南疆四地州而言，其第一产业比重在 2010—2019 年不断波动，但总体呈现下降趋势。第二产业在 2010—2014 年上升、2015—2016 年下降，然后上升。第三产业总体呈现不断增长的趋势，占比由 2010 年的 36.97%增加到 2019 年的 47.73%，增长了 10.76 个百分点（见表 4-10）。从产业结构来看，南疆四地州在 2017 年后变化趋于稳定，呈现“三二一”的产业发展格局。

表 4-10　新疆与南疆四地州三大产业占比变动趋势对比（单位：百分比）

年份	第一产业		第二产业		第三产业	
	全疆	南疆四地州	全疆	南疆四地州	全疆	南疆四地州
2010	19.80	36.67	47.70	26.36	32.50	36.97
2011	17.20	34.35	48.80	27.83	34.00	37.82
2012	17.60	33.32	46.39	28.12	36.01	38.56
2013	17.60	30.88	45.00	28.44	37.40	40.68
2014	16.60	28.90	42.60	29.62	40.80	41.48
2015	16.72	28.05	38.57	29.19	44.71	42.76
2016	17.09	30.33	37.79	27.28	45.12	42.39
2017	14.26	28.12	39.80	29.56	45.94	42.32
2018	13.89	26.57	40.30	30.32	45.81	43.11
2019	13.10	22.56	35.30	29.71	51.60	47.73

数据来源：2011—2019 年《新疆统计年鉴》。

南疆地区凭借得天独厚的区位条件和资源禀赋，孕育出了一系列特色产业的发展。当地政府大力推广核桃、棉花、葡萄等品种在南疆四地州贫困地区加强种植，做强特色产业，助力乡村振兴。近年来，南疆四地州立足棉花主产区优势地位，结合纺织企业用棉需求，引导广大群众优化棉花品种，大力推行棉花订单生产，不断提升棉花种植规模化、集约化水平。南疆四地州探索采取“以奖代补”的模式，累计投入奖补资金 1 亿余元，为当地贫困户特色林果业发展提供资金支持，着力推动当地特色林果产业提质增效。南疆四地州结合当地资源要素禀赋，大力发展特色作物种植业，鼓励贫困群众种植加工番茄、辣椒以及鹰嘴豆等特色农作物，与此同时，当地政府采用订单生产模式，实现特色农产品产销对接，助力当地贫困群众增收。

以棉花和番茄为例（见表 4-11），新疆的长绒棉因充足的日照和水土条件适宜，品质很高，享誉世界、行销全球。2019 年阿克苏地区棉花产量为 100 万吨，占全疆产量的 20%，而全疆棉花产量占全国的 84.9%。喀什地区 2019 年棉花产量也突破 72 万吨。2019 年阿克苏地区番茄产量为 38 万吨，喀什地区产量 30 万吨，分别占当年全疆番茄产量的 25%、19.4%。截至 2019 年，南疆四地州特色林业与果业的种植面积已超过 400 万亩，帮助近 76 万农户实现增收，提高了当地人民的生活满意度。这些特色产业的发展不仅带动了当地的就业，更是直接帮助相当部分贫困群众脱贫致富。

表 4-11　南疆四地州棉花、番茄 2010—2019 年产量　　（单位：吨）

年份	棉花产量				番茄产量			
	阿克苏	克州	喀什	和田	阿克苏	克州	喀什	和田
2010	434306	9547	364106	54212	303950	4835	366620	133823
2011	464492	8098	306848	45646	347506	5101	339007	79912
2012	455186	9100	314240	46465	481465	6270	301568	67686
2013	534839	8956	346846	45413	258226	6868	307359	59882
2014	576730	10230	369810	38541	319450	6492	282859	40431
2015	557336	10008	354027	35543	289019	7698	346045	32237
2016	851597	19971	938343	62972	260212	6415	352053	36410
2017	841753	18485	799841	55828	227192	9057	419767	37702
2018	856504	16515	637628	37154	383388	8785	351487	53811
2019	1004421	17455	725128	40489	387258	9210	307817	56329

数据来源：根据 EPS 数据库整理所得。

二、南疆四地州分地区减贫概况

（一）喀什地区

喀什地区总面积 16.2 万平方千米，下辖 1 个市和 11 个县。截至 2018 年底，喀什地区户籍人口总户数 120.14 万户，总人口 463.38 万人，城镇人口 106.53 万人，占总人口比重（户籍人口城镇化率）为 22.99%。近年来喀什地区以供给侧结构性改革为主线，着力深化改革扩大开放，坚决打好三大攻坚战，人民生活得到持续改善。从 2010—2018 年，喀什地区经济发展平缓，地区生产总值增长速度有所下降（表 4-12）。2018 年，喀什地区地方生产总值达到 890 亿元，增速 4.2%。三次产业占比为 31.6∶24.8∶43.6，并且近年来呈现出第二产业占比下降，第三产业占比呈上升趋势，产业结构还需进一步优化升级。

作为贫困地区，喀什地区不断发挥第一产业的基础作用，提升农业发展质量，2018 年末农业机械总动力 467.63 万千瓦，比上年增长 3.6%。农作物耕种收综合机械化水平 75.14%，机耕率 99.83%，机播率 92.84%，机收率 28.51%。此外，充分发挥土地资源丰富优势，充分挖掘农业产业优势，发展林果业，2018 年喀什地区的农作物播种面积和粮食产量较上年均有所下降，但林果业总产量 192.59 万吨，比上年增产 1.8%，其中增产的林果业为苹果、葡萄、石榴、红枣以及核桃。工业方面，喀什地区构建符合实际的产业体系，2018 年工业增加总值为 84.48 亿元，比上年增长 2.2%。其中规模以上工业增加值 34 亿元，与上年持平。

随着产业发展带动脱贫攻坚战的稳步进行，喀什地区 2018 年全地区 23.77 万人实现脱贫，232 个贫困村退出，泽普县摘帽，贫困发生率降至 9.8%。2010—2018 年，全区城镇居民可支配收入和农村居民可支配收入均明显提高，到 2018 年城镇居民人均可支配收入 25631 元，比上年增长 6.3%。其中，工资性收入 17682 元，经营净收入 1798 元，财产净收入 320 元，转移净收入 5831 元。农村居民人均可支配收入 8565 元，比上年增长 6.9%。其中，工资性收入 3114 元，经营净收入 2688 元，财产净收入 64 元，转移净收入 2699 元。

同时，通过四省市 2018 年的 342 个对口援建项目和 60.25 亿援助资金，喀什地区居民的社会保障、科学技术和教育、卫生健康等方面均有明显的改善，人民生活条件日趋完善。贫困人民能通过培训教育就业获得收入，同时其他方面也有所保障，这使得喀什地区的突出贫困问题得以解决。

表 4-12　2010—2018 年喀什地区经济发展情况统计

指标	2010	2011	2012	2013	2014	2015	2016	2017	2018
地区生产总值（亿元）	360	420	517	617	688	780	760	837	890
人均 GDP（元）	8748	10558	12817	16076	16024	17431	16860	18268	19222
总人口（万人）	387	410	415	423	449	450	451	465	463

续表

指标	2010	2011	2012	2013	2014	2015	2016	2017	2018
城镇人口（万人）	140	145	143	160	169	109	102	107	107
农村人口（万人）	247	265	272	263	280	341	349	358	357
城镇就业人数（万人）	19	20	22	24	25	25	26	25	34
城镇居民可支配收入（元）	11605	12768	14047	15454	17889	20662	22732	24103	25631
乡村居民可支配收入（元）	3197	4026	4708	5393	6419	7201	14461	8013	8565

数据来源：喀什地区 2010—2018 年国民经济和社会发展统计公报。

（二）和田地区

和田地区经济近年来获得较快的发展，各项主要经济指标自 2010 年至 2018 年的演变情况具体如表 4-13 所示。2018 年，和田地区生产总值达到 306 亿元，增长率为 7.5%。三次产业占比为 22.5∶17.9∶59.6，第三产占比高达 59.6%，可见和田地区已经发展成为以第三产业为主导的产业结构，但第二产业占比较低，第一产业占比较高，产业结构需要进一步升级。全年粮食播种面积 249.76 万亩，比去年下降 6.2%；棉花播种面积 12.18 万亩，比去年下降了 70.1%。工业方面，和田地区大力发展工业园区，切实解决产业带动脱贫机制弱的问题。共计入驻园区单位 663 家，其中工业企业 509 家，带动和促进 5.28 万人就业。

随着脱贫攻坚步伐的加快，2018 年和田地区 20.08 万人实现脱贫，174 个深度贫困村退出，贫困发生率降至 17.7%。2010—2018 年，全区城镇居民可支配收入和农村居民可支配收入均显著提高，2018 年，城镇居民人均可支配收入达到 28610 元，比上年增长 8.0%；农村居民人均可支配收入达到 8088 元，比上年增长 8.7%；全区农牧民人均纯收入 8756 元，与 2017 年相比增长了 12.0%。其中，第一产业人均纯收入 4410.34 元，比上年增长 7.7%（林果园艺业收入 2166.09 元，增长 8.4%，占农牧民人均纯收入的 24.7%）；第二产业人均纯收入 648.99 元，比上年增长 6.8%；第三产业人均纯收入 976.18 元，比上年增长 10.7%；外出劳务人均纯收入 2387.9 元，比上年增长

24.2%；农民从集体再分配人均收入332.60元，比上年增长7.6%。2018年全区从业人员125.23万人，城镇新增就业3.06万人。其中，稳定就业占62.2%，灵活就业占37.8%。城镇登记失业率为2.8%，城镇新增创业1834人带动就业5072人；转移农村富余劳动力60.46万人次，全年累计实现劳务创收47.70亿元。

同时通过北京市、天津市、安徽省一共实施新建续建的244个项目和34.26亿元的援疆资金，以及政府的其他帮扶政策，和田地区在基础设施建设、产业发展、医疗、教育等方面都得到改善，居民生活水平和脱贫攻坚工作都有很大的提升。

表4-13　2010—2018年和田地区经济发展情况统计

指标	2010	2011	2012	2013	2014	2015	2016	2017	2018
地区生产总值（亿元）	103	127	147	172	198	234	236	266	306
人均GDP（元）	5181	6172	7015	8025	8993	10215	9901	10707	12094
总人口（万人）	196	208	212	215	226	232	245	252	253
城镇人口（万人）	64	68	70	76	79	62	55	56	55
农村人口（万人）	132	139	142	140	147	171	190	196	198
城镇就业人数（万人）	9	10	10	11	12	13	14	17	20
城镇居民可支配收入（元）	14466	15696	17030	18478	20878	22549	24466	26496	28610
乡村居民可支配收入（元）	2663	3555	4260	4951	5692	6346	10162	7441	8088

数据来源：喀什地区2010—2018年国民经济和社会发展统计公报。

(三) 克孜勒苏柯尔克孜自治州

克州各项主要经济指标自2010年至2018年的变化情况具体如表4-14所示。综合看来，2018年，克州地方生产总值达到129亿元，增长率为5.7%，三次产业占比为12.1∶38.3∶49.6。2018年农林牧渔业增加值为18.34亿元，比上年增长3.8%。其中，农业增加值为9.77亿元，比上年增长5.4%；林业增加值为0.38亿元，比上年下降26.7%；牧业增加值为6.92亿元，比上年增长2.9%；渔业增加值为0.02亿元，比上年增长2.3%；农林牧渔服务业增加值为1.25亿元，比上年增长9.9%；2018年工业增加值28.32亿元，比上年增长7.0%。规模以上工业增加值增长7.3%，其中轻工业下降32.8%，重工业增长7.4%。最后在交通和邮电、财政、金融和保险、教育和科学技术、文化旅游、卫生健康和体育等方面所产生的效益均比2017年有所提升。

2018年有9891户21230名城市贫困人口享受了最低生活保障，全州有45593户108227名农村贫困人口享受了最低生活保障，2018年实现脱贫的农户10743户45996人。通过江西省的对口帮扶和政府财政资金的投入，全州城镇居民可支配收入和农村居民可支配收入都有所提高。城镇就业人数也有所增加，其中，2018年在岗职工56363人，比上年增长5.5%。在岗职工中，企业单位职工8161人，比上年下降18.3%；机关事业单位职工45261人，比上年增长4.2%。2018年实现城镇新增就业9363人，就业困难人员实现就业人数为1515人。

表4-14　2010—2018年克州经济发展情况统计

指标	2010	2011	2012	2013	2014	2015	2016	2017	2018
地区生产总值（亿元）	39	48	61	78	89	100	100	119	129
人均GDP（元）	7202	8664	10887	13694	15222	16777	16736	19396	20705
总人口（万人）	53	55	56	58	60	60	60	62	62
城镇人口（万人）	31	32	33	34	35	13	13	14	14

续表

指标	2010	2011	2012	2013	2014	2015	2016	2017	2018
农村人口（万人）	22	23	23	24	25	47	47	48	48
城镇就业人数（万人）	4	4	5	5	5	6	6	6	7
城镇居民可支配收入（元）	13199	14388	15682	17094	19480	22465	24487	26467	28452
乡村居民可支配收入（元）	—	2698	3081	3857	4852	5434	11433	6524	8162

（四）阿克苏地区

近年来阿克苏地区作为南疆四地州生产总值最大的地州，一直起到引领带头作用。综合看来，2018 年，阿克苏地区生产总值为 1027 亿元，增长率为 12.2%（见表 4-15）。三次产业占比较接近，为 25.2：37.8：37.0。2018 年全年粮食播种面积 332.69 万亩，比去年下降 1.57%；棉花播种面积 791.96 万亩，比去年增长 0.14%；林果业总面积 450.9 万亩，与上年持平。其次在工业方面，全年工业增加值 211.7 亿元，比上年增长 9.2%，其中，纺织业增加值比上年增长 54.5%。2018 年阿克苏地区脱贫攻坚成效显著，使 59 个贫困村退出，9172 户 37195 名贫困人口脱贫，贫困发生率降为 3.49%，比上年下降 1.93 个百分点。全区总人口总体呈上升趋势，其中城镇人口在逐渐减少，农村人口在逐渐增多，2018 年年末，城镇人口为 88 万人，农村人口为 168 万人。全区居民人均 GDP 增长迅速，2018 年达到 40107 元，城镇人均可支配收入和乡村人均可支配收入也增长明显，2018 年分别达到 30637 元和 11915 元。城镇就业人数从 2010 年的 18 万增长到 2018 年的 36 万。2018 年居民消费指数同比上涨 0.5%，其中，食品类同比上涨 2.1%；教育、文化和娱乐，同比上涨 0.2%。

同时，2018 年通过浙江省的 229 个对口援建项目和 17.38 亿元援助资金，阿克苏地区在基础设施建设、教育水平、医疗设施完善程度等方面有了很大的改善。

表 4-15　2010—2018 年阿克苏地区经济发展情况统计

指标	2010	2011	2012	2013	2014	2015	2016	2017	2018
地区生产总值（亿元）	396	506	612	693	750	810	793	915	1027
人均 GDP（元）	15872	20145	24248	28535	29293	28477	28289	32736	40107
总人口（万人）	231	239	240	246	253	253	251	255	256
城镇人口（万人）	146	151	155	158	161	83	82	85	88
农村人口（万人）	85	88	85	88	92	170	169	170	168
城镇就业人数（万人）	18	19	21	22	22	21	21	23	36
城镇居民可支配收入（元）	15567	16937	18427	20049	22780	23987	26098	28211	30637
乡村居民可支配收入（元）	5371	5895	6891	7875	9095	9831	6883	10982	11915

数据来源：阿克苏地区 2010—2018 年国民经济和社会发展统计公报。

三、农户调查情况

课题组于 2019 年 7—8 月深入南疆四地州喀什地区、克州、和田地区、阿克苏地区，采用问卷调查、入户访谈及召开座谈会等方式，实地调研南疆四地州农户基本状况。调查样本来自喀什地区喀什市、疏勒县、疏附县 3 县（市）的 7 个村，克孜勒苏柯尔克孜自治州阿克陶县、阿图什市 2 个县（市）的 4 个村，和田地区和田县的 2 个村，共发放调查问卷 670 份，回收有效问卷为 657 份，问卷有效率 98.05%。

（一）受访者的基本情况

性别结构上，男性占比 81.39%；从年龄结构上看，大部分受访者在 35—60 岁及 60 岁以上，占比分别为 90.02%、8.35%（见图 4-1）；

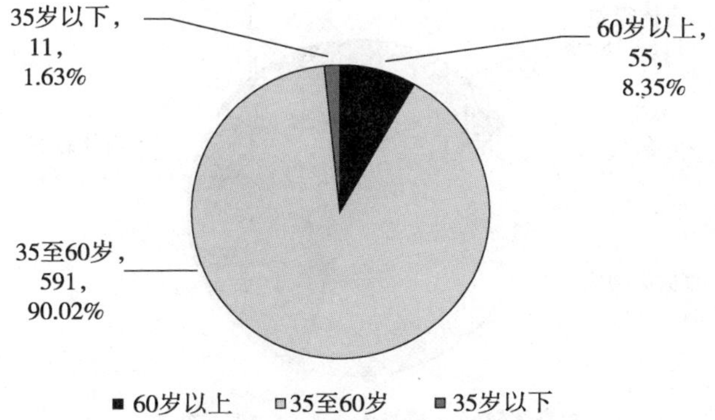

图 4-1　南疆四地州农户调查受访者年龄结构

数据来源：课题组调研数据。

在学历结构上，高中及以上的有 49 人，只占总人数的 7.4%，初中有 192 人，占总人数的 29.2%，小学及以下的有 353 人，为 53.8%，此外还有 63 人未受过教育，占 9.6%（见图 4-2）；

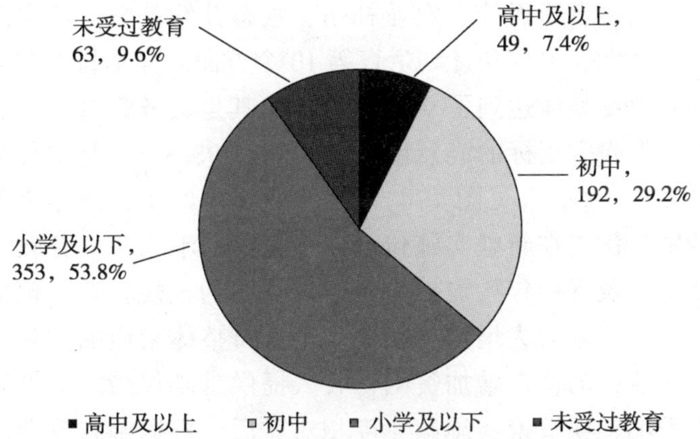

图 4-2　南疆四地州农户调查受访者学历结构

数据来源：课题组调研数据。

在健康结构上，身体较好的有 294 人，占总人数的 44.7%，不到总人数的一半；身体一般的有 242 人，占总人数的 36.8%；身体很差的有 121 人，占总人数的 18.5%（见图 4-3）；

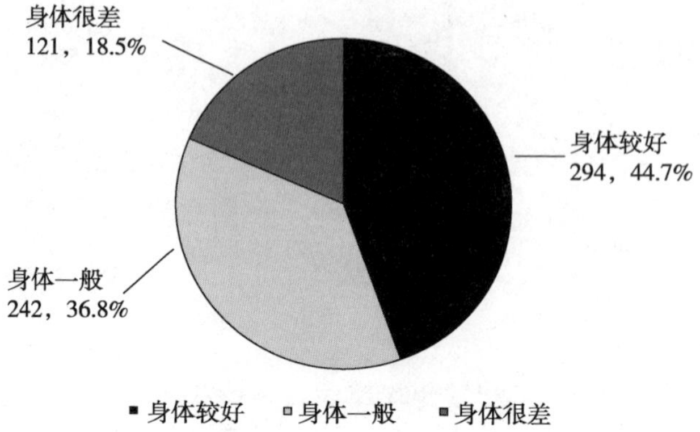

图 4-3 南疆四地州农户调查受访者健康结构

数据来源：课题组调研数据。

（二）农户对脱贫攻坚政策实施满意度评价

南疆四地州实施的脱贫攻坚政策主要包括义务教育减免、新型养老保险、最低生活保障、新型合作医疗、农业补贴、生态补偿补贴、危房改造、劳动力转移、政府灾害救助、卫生和计划生育等10个方面。样本村农户对各项脱贫攻坚政策实施的满意度整体达到了96%以上，尤其是义务教育减免、卫生和计划生育、新型养老保险等指标的满意度占比均超过98.8%，其中义务教育减免政策实施满意度高达100%（见图4-4）。教育是民生之本，近年来国家持续加大教育投入，特别是优先在新疆实施包括高中在内的十二年义务教育等政策，南疆四地州适龄儿童及青少年均能接受到学校优质的正规教育，包括贫困户家庭在内的成员受教育年限大大增加，在提高了人口整体素质的同时，学习了知识和技能，帮助就业，为稳定增加贫困户收入提供基础保障。最低生活保障、危房改造、灾害救助三项政策实施满意度相对靠后，根据调查反馈的信息，其原因可能在于该三项政策实施过程中存在补贴发放不及时、发放额度与居民期待不对等问题。这与南疆四地州部分居民生活在干旱少雨、沙漠化侵袭等生态脆弱区域，生产生活对自然资源的严重依赖导致土壤退化、水土流失等生态问题日趋严峻不无关系。

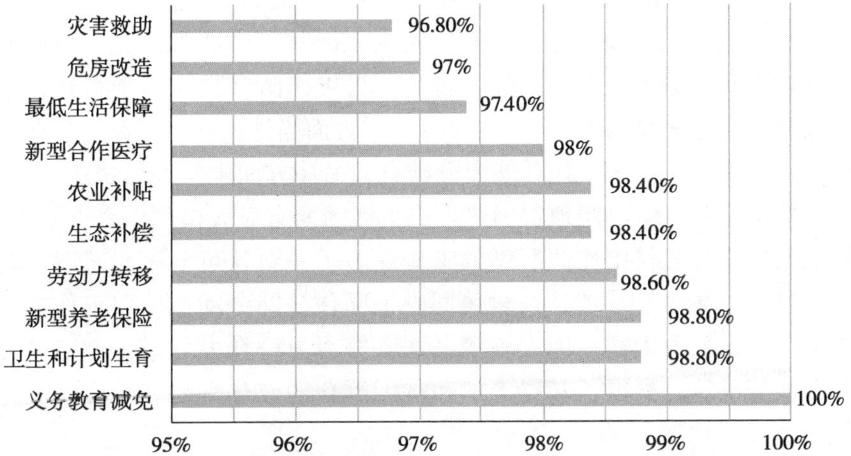

图 4-4　南疆四地州农户对脱贫政策实施满意度评价

数据来源：课题组调研数据。

（三）农户对驻村工作队满意度评价

驻村工作队已成为全疆农村脱贫攻坚的中流砥柱，是农村经济社会发展不可替代的力量。为进一步了解南疆四地州贫困户和当地村镇干部对驻村工作队扶贫成效的评价情况，本书选取扶贫项目建设、加强基层组织情况评价、推动经济发展情况评价、维护社会稳定情况评价、工作记录执行情况评价以及综合评价等 6 个方面开展南疆四地州驻村工作队满意度评价。

表 4-16　南疆四地州农户对驻村工作队工作满意情况

开展工作	满意人数（人）	占比（%）	一般满意人数（人）	占比（%）	不满意人数（人）	占比（%）
实施扶贫项目	649	98. 8	8	1. 2	0	0
维护社会稳定	643	98. 0	13	2	0	0
加强基层组织建设	642	97. 8	12	1. 8	1	0. 2
推动经济发展	646	98. 4	8	1. 2	2	0. 4
执行工作纪律	641	97. 6	12	1. 8	3	0. 6
综合评价	635	96. 6	20	3. 0	2	0. 4

表4-16显示，南疆四地州农户对驻村工作队工作满意度（包括满意和一般满意）综合评价高达99.6%，充分说明国家派驻工作队参与脱贫攻坚取得良好成效，相关政策深入人心。具体而言，驻村工作队开展扶贫项目建设、维护社会稳定两项指标满意度均达到了100%，一方面当地群众对驻村工作队扶贫项目建设、维护社会稳定等工作开展十分满意，另一方面也反映出扶贫项目建设、维护社会稳定等对于解决当地贫困户生产生活问题有显著作用。根据实地调研，南疆四地州群众对驻村工作队所做的工作均表示一致认可与衷心感谢。驻村工作队队员深入脱贫攻坚一线，与村民同吃、同住、同劳动，按照工作要求，全面走访贫困户，采取因户、因人施策办法，努力为群众办好事、办实事，帮扶工作取得显著成效，赢得了基层干部和贫困群众的充分肯定和赞许，成为广大农民的贴心人。

（四）受访农户基本生产生活条件分析

1. 受访农户占有自然资本条件方面

自然资本是农户维持生计最基础的资源。农户依赖的自然资源和生态环境主要包括水资源、大气、野生动植物、生物多样性、土地及其产出。自然资源的数量对农户生计影响很大，南疆四地州自然资本匮乏，导致农户的生计脆弱性突出。依据南疆四地州农户调查的实际情况，根据调查农户实际拥有的耕地面积、种植的农作物种类来进行分析。

根据调查数据计算结果，样本家庭户均拥有耕地地面积7.47亩（见表4-17）；其中农户拥有耕地面积在0—3亩的有139户，所占比例为21.1%；3—5亩之间的农户有172户，所占比例为26.2%；5—7亩之间的农户有80户，所占比例为12.2%；7—9亩之间的农户有94户，所占比例为14.3%；9—12亩之间的农户有94户，所占比例为14.3%；12亩以上的农户有103户，所占比例为15.7%，总体看南疆四地州农户人均耕地面积较少，限制从事农业生产农户的生计发展。调查区种植的农作物主要有小麦、棉花、玉米、大豆等，还有一些经济作物种类，主要有红枣、核桃、香梨、苹果、甜瓜等。根据调查数据显示，样本户均种植农作物种类为两类。其中种植一类农作物的有150户，所占比例为22.8%；种植两类农作物的有274户，所占比例为41.8%；种植三类农作物的有139户，所占比例为21.1%；种植四类农作物的有54户，所占比例为8.16%，总体看南疆四地州农户的农作物种植种类较为单一，易受自然环境的影响，生计脆弱性突出。

表 4-17　南疆四地州受访农户占有耕地面积、种植农作物情况

占有自然资本指标	细化指标	户数（户）	占比（%）
耕地面积	0—3 亩	139	21. 1
	3—5 亩	172	26. 2
	5—7 亩	80	12. 2
	7—9 亩	94	14. 3
	9—12 亩	94	14. 3
	12 亩以上	103	15. 7
种植农作物种类	一类	150	22. 8
	两类	273	41. 5
	三类	139	21. 1
	四类	54	8. 16

数据来源：课题组调研数据。

2. 受访农户占有物质资本条件方面

物质资本指农户生计发展所利用的物质设备，主要包括交通、住所、饮水、卫生、能源、生产工具和设备、通信等基础设施。农户所拥有的物质资本对农户生计的顺利开展和生产效率的提高有较大影响，如通信等基础设施是否覆盖、饮用水是否供给方便、住房状况是否安全良好、农业生产工具是否齐全。依据样本区实际情况，主要调查了互联网宽带、住房状况、家庭固定资产、做饭燃料几方面情况。

调查显示（见表 4-18），有 96. 60%的样本农户没有安装互联网宽带，仅有 3. 40%的样本农户安装了互联网宽带，说明南疆四地州网络通信覆盖面积微小，农户的网络信息获得机会很小。农户的住房状况主要有三类，包括楼房、平房、土坯房，其中住房为楼房的有 40 户，占样本农户数的比例为 6. 1%；住房为平房的有 581 户，占样本农户数的比例为 88. 4%；住房为土坯房的有 36 户，占样本农户数的比例为 5. 5%，说明南疆四地州农户依靠政府的安居富民工程，接近 90%的农户住房安全问题已解决。以农户家庭耐用消费品、农业设施（彩色电视机、空调、洗衣机、电冰箱或冰柜、播种机、收割机等）拥有数量来衡量农户家庭固定资产状况，0—3 个的有 284 户，占样本农户的比例为 43. 20%，3—6 个的有 364 户，占样本农户的比例为 55. 44%，6 个以上的农户有 9 户，占样本农户的比例为1.36%；以农户做饭燃料来衡量物质资本状况，根据调查数据显示农户做饭燃料主要分为三类（柴草、煤炭、灌装液化气），样本农户做饭燃料为柴草的有547户，所占比例为83.33%，样本农户做饭燃料为煤炭的有74户，所占比例为11.22%，样本农户做饭燃料为灌装液化气的有36户，所占比例为5.44%，说明南疆四地州80%以上农户都使用柴草作为生活燃料，较为方便和清洁的生活能源还未广泛使用。

表4-18　南疆四地州受访农户占有物质资本情况

占有物质资本指标	细化指标	户数（户）	占比（%）
互联网宽带拥有情况	安装	22	3.4
	未安装	635	96.6
住房状况	土坯房	40	6.1
	平房	581	88.4
	楼房	36	5.5
家庭固定资产	0-3个	284	43.2
	3-6个	364	55.44
	6个以上	9	1.36
炊事燃料	柴草	547	83.33
	煤炭	74	11.22
	液化气	36	5.44

数据来源：课题组调研数据。

3. 受访农户占有人力资本条件方面

根据调研区实际情况，主要通过考察家庭整体劳动力及成年人受教育程度来考察农户占有人力资本情况。家庭整体劳动力主要分为三类，非劳动力指农户家庭没有人员能够劳动，半劳动力指农户家庭有一半以上人员能够劳动，全劳动力指农户家庭所有成员都可以进行生产劳动。受教育程度主要分为五个层次，文盲、小学、初中、高中或中专和大专及以上。样本分析显示（见表4-19），家庭整体劳动力为非劳动力的有89户，占样本农户的13.61%；家庭整体劳动力为半劳动力的有530户，占样本农户的80.61%；家庭整体劳动力为全劳动力的有38户，占样本农户的5.78%，说明南疆四地州家庭整体劳动力为半劳动力的为80%以上，农户家庭规模较大，未成年人较多。成年人受教育程度方面主要从五个学历层次进行划分，第一层次为文盲的样本农户有 63 户，所占比例为 9. 52%；第二层次为小学的样本农户有 264 户，所占比例为 40. 14%；第三层次为初中的样本农户有 304 户，所占比例为 46. 26%；第四层次为高中或中专（职业技校）的样本农户有 22 户，所占比例为 3. 40%；第五层次为大专及以上的农户有 4 户，所占比例为 0. 68%，说明南疆四地州农户整体受教育程度低，主要是小学和初中水平，受过高等教育的人才极少。

表 4-19　南疆四地州受访农户占有人力资本情况

占有人力资本指标	细化指标	户数（户）	占比（%）
家庭整体劳动力	非劳动力	89	13. 61
	半劳动力	530	80. 61
	全劳动力	38	5. 78
家庭成员受教育程度	文盲	63	9. 52
	小学	264	40. 14
	初中	304	46. 26
	高中或中专	22	3. 40
	大专及以上	4	0. 68

数据来源：课题组调研数据。

第三节　南疆四地州贫困治理的主要实践和现状分析

一、南疆四地州脱贫主要模式

（一）对口支援帮扶

据新疆统计局公开数据显示，自 2018 年起，新疆维吾尔自治区党委政府和国务院扶贫办连续 3 年召开南疆四地州脱贫攻坚现场推进会，对口援疆省市、中央定点帮扶单位、中央有关部委和民营企业、社会组织多方聚首，凝聚了脱贫攻坚的强大合力。南疆四地州现场推进会每年都签订帮扶协议，不仅项目多、资金量大，而且落实情况好。2018 年签约项目 602 个、资金 97. 6 亿元；2019

年签约项目479个、资金93.1亿元；2020年帮扶协议，签约项目739个，资金101.8亿元。这些签约项目全部落地、资金全部到位。

脱贫攻坚以来，通过对口省市支援和多渠道多形式的招商引资，有效促进了南疆地区现代工业实现从无到有、从少到多、从小到大的跨越式发展。10个援疆省市共援建工业园产业园42个，引进农副产品加工、电子装配、纺织服装等领域5500多家企业入驻，吸纳贫困人口就业8万多人。要促进产业经济发展，还需要引进企业，建立现代企业制度来推动产业发展。近年来，一批疆外企业的投资入驻，不仅促进了南疆的经济发展，而且不断完善减贫带贫机制，使更多贫困群众参与并享受发展红利，通过劳动实现增收脱贫。当地扶贫车间和卫星工厂也实现了较快发展，越来越多的贫困群众到工厂打工，实现了农民向产业工人的华丽蜕变，实现了一人就业全家脱贫的良好局面。

对口援疆助力精准扶贫途径主要有：

第一，产业援疆，带动特色产业发展。援疆省市结合南疆四地州实际，以市场为导向，借助自身发展优势，重点发展农业、畜牧业、旅游业和手工业等产业，拓宽产品流通渠道，创立县域特色产业区域性公共品牌，建立相关监督与激励机制，通过产业援疆培养贫困户自我发展的能力，发展特色产业链，以期形成长期效益。2018年山东省援疆指挥部与英吉沙县政府合作发展当地色买提杏产业，聘请专业团队和研究机构对当地色买提杏种植管理、采摘预冷、包装运输到快递投递每个环节进行分拆研究和优化调整，以色买提杏产业的增收带动其他渠道发展，各类加工企业通过制作杏干、杏酱等产品对色买提杏不断进行开发创新，目前英吉沙县通过有几千年培育历史的色买提杏，使农户实实在在实现增收。

第二，电商援疆，打通特色产品销路。援疆省市将电子商务与产业发展相结合，以电商援疆新模式间接带动贫困户脱贫。一是引进电商优势资源，扶持当地电商企业发展，投资建设乡村级电商服务站点，为贫困户进行站点运营培训并给予站长岗位，依托服务站实现“代买”或“代卖”生活用品、蔬菜水果、火车飞机票等，为当地农户提供便利。二是开通出疆物流通道，为特色产品销售及配送提速，特别是对于生鲜类产品，由所在城市给予相关补贴。三是所在城市提供分仓或者形象店，如“我从新疆来”品牌形象店截至2019年初已在北京、天津、杭州、福州、成都等5大城市落地。四是展会对接，将受援地特色产品放至援疆省市形象展会参展，比如福州518，福建98等。五是结合自身资源优势创建电商中心，为贫困户进行培训，打好电商人才基础。

第三，消费援疆，促进贫困群众稳定增收。援疆省市结合受援地实际，利用自身优势，动员社会各界力量扩大对南疆四地州如哈密瓜、红枣、核桃、杏等名优特产品的消费，通过“以购代捐”“以买代帮”，企业、政府、学校与医院等以年货指定产品等方式采购受援地优势特色产品，为受援地特色产品销售搭建平台，推动贫困地区特色产业链发展，促进当地特色产业稳定增收。消费扶贫助推特色产品销售是北京援疆的一大亮点，2018 年底，北京援疆和田指挥部启动“百店专柜”行动，在北京 100 家超市设立专柜，直接挂钩和田贫困户，打通生产环节到销售环节的通道；打造“消费扶贫产业双创中心”。

（二）抓党建，统筹维稳脱贫

南疆四地州是国家确定的“三区三州”原深度贫困地区之一，贫困人口规模接近“三区三州”的一半，也是中国重要战略屏障和向西开放重要门户，是中国反恐怖、反渗透、反分裂的前沿阵地。新疆一盘棋，南疆是“棋眼”。

南疆四地州紧紧围绕社会稳定和长治久安总目标，找准社会稳定和脱贫攻坚的结合点，始终将两者有机结合起来，把维护稳定和脱贫攻坚作为必须完成的重大政治任务。一方面，抓稳定促脱贫。坚决打好“三仗一战”，做到“三个联动”，强化社会面安全防范，实施精准打击、源头打击、毁灭打击，各地各级政府党员干部发扬“事不过夜”“5+2”“白+黑”的工作作风，夙夜在公，坚持长期作战，坚定必胜信心，保持大事不出、中事不出、小事也不出，实现“一年稳住、两年巩固、三年常态”的阶段性目标，各族干部群众的安全感明显增加，为打赢脱贫攻坚战营造了安定的社会环境。另一方面，抓脱贫促稳定。正确处理稳定与脱贫“五种关系”，着力打赢反恐歼灭战“治乱”，打赢脱贫攻坚战“治穷”，实现了“治乱”和“治穷”相互促进、标本兼治，做到“脱贫攻坚的阵地向前推进到哪里，维护稳定、民族团结的阵地就巩固到哪里，社会稳定和长治久安的根基就夯实到哪里”，实现脱贫与稳定双促进、双丰收。

在维护社会稳定的最前沿，在脱贫攻坚的主战场，在高质量发展的第一线，新疆广大党员干部冲锋在前、敢打头阵，展现新作为、激扬新气象，凝聚起攻坚克难、团结奋进的强大合力。一是选派好第一书记。依托“访惠聚”驻村工作，区地县三级选派优秀领导干部担任第一书记，统筹推进村级脱贫攻坚工作。二是选派好驻村工作队。派驻优秀青年干部和后备干部组建“访惠聚”工作队一对一帮扶贫困村，充分发挥派出单位和驻村干部自身优势，帮助贫困村解决脱贫攻坚面临的突出困难和问题。三是选派好定点帮扶单位。全面贯彻“五个一”全覆盖包联工作体系，确保每个贫困村都有 1 个上级部门单位帮扶，区地县三级部门单位定点扶贫贫困村，实现帮扶贫困村全覆盖。四是建强骨干队伍。为各乡镇均配备一名副书记专职抓扶贫，各乡镇按照小乡镇不低于 5 人、大乡镇不低于 10 人标准选优配强扶贫专职力量政策 3 年不变，不脱贫不脱钩。选优配强维稳重点村、软弱涣散村、贫困村党支部书记，大力实施内招生、留疆战士到村任职。五是持续抓好村干部素质提升培训。采取“四个一批”措施，县、乡、村三级联动强化村干部“国家通用语言文字”学习。组织村干部开展多层次、多样式集中素质提升培训，组织村“两委”班子成员开展村“两委”班子成员分层分类大轮训，对村级储备干部集中开展村级事务管理基础培训。六是强化基层基础。对村（社区）软弱涣散党组织采取包联、挂图、建账、跟访、评估的“五步法”，围绕“九大问题、十项任务”持续用力，推进软弱涣散党组织整顿提高和晋位升级。持续开展“星级化”创建工作，通过细化指标、分星定责、兑现奖励，进一步规范贫困户退出程序，全程留痕管理，做到干部清清白白、群众认可满意，切实增强基层党组织在打赢脱贫攻坚中的创造力、凝聚力和战斗力。

总结党的十八大以来南疆四地州推进抓党建促脱贫攻坚、保社会稳定的具体实践，主要有以下经验启示：一是必须高举习近平新时代中国特色社会主义思想伟大旗帜，增强“四个意识”、坚定“四个自信”、做到“两个维护”。二是必须始终贯彻新时代党的治疆方略，聚焦社会稳定和长治久安总目标。三是必须坚持和加强党对农村工作的全面领导。充分发挥各级党委领导作用、干部带头示范作用、基层党组织战斗堡垒作用、党员先锋模范作用、人才的保障作用，是保证如期打赢脱贫攻坚战的关键所在。四是必须把抓基层、打基础作为稳疆安疆的长远之计和固本之举。五是必须最大限度地争取和凝聚人心、团结和依靠群众。

（三）推动就业扶贫

南疆四地州把就业扶贫作为重大政治任务和头号民生工作。近年来，先后出台了《南疆四地州原深度贫困地区就业扶贫三年规划（2018—2020）》以及《南疆四地州原深度贫困地区就业扶贫培训促进计划（2018—2020）》，鼓励南疆四地州农村地区贫困群众就地就近就业、有序进城就业以及自主创业，就业已经成为南疆四地州扎实推进贫困户脱贫致富的重要途径。《新疆的劳动就业保障》白皮书数据显示，2014 年至 2019 年，新疆全区每年平均新增城镇就业人口47万人以上，其中南疆四地州年均新增城镇就业人口约15万人，约占全区年新增城镇就业人口的三分之一。2014年至2019年，全区年均约实现农村富余劳动力转移就业280万人次，其中，南疆四地州年均转移就业168万人次，约占全区的三分之二。

通过多种渠道就业，让贫困群众增收。劳动力人数多、技能弱、外出难，这是南疆四地州的特点。为此，新疆实施“产业扶贫+就业扶贫”模式，建立“县有龙头企业、乡有规模企业、村有卫星工厂、户有小作坊”就业布局，组织贫困劳动力出家门进厂门增收入。

推动贫困户进入产业链增收。一人就业，全家脱贫。在皮山县巴什兰干乡“杏”福产业园企业生产车间，来自山区乡镇丰富的杏子、核桃等特色资源，被工人们制成各种美味食品。园区内的四家企业，实现稳定用工120余人，其中贫困户74人，人均月工资达到1200元以上。同时，园区还新建扶贫车间6座、冷库10座，租金受益均为村委会和贫困户。“杏”福产业园已成为当地老百姓脱贫致富的“聚宝盆”。

开展职业培训，拓宽贫困户致富门路。一技在手，就业不愁。2018年至2020年6月底，南疆四地州22个深度贫困县开展建档立卡贫困家庭劳动力就业培训48.45万人次。通过培训，贫困家庭劳动力增强了就业本领，为长期就业和稳定就业打下了坚实基础。为帮助更多贫困农牧民走上致富路，2018年底，策勒县以实训技能为主的农牧民技工学校投入使用，设有美容美发、汽修、面点、焊接、特色种植养殖、设施农业等技能培训和产业培训两大类19个专业。通过培训，当地农牧民尤其是贫困户掌握了一技之长，实现了稳定就业。洛浦县一是按照“双培训、双保险、双覆盖”的工作要求，整合人社、扶贫、科技、农业农村局、林业和草原局、团委、农牧民技能培训基地等部门培训资源、培训项目、培训资金，形成“政府统筹、人社部门牵头、行业部门配合、社会参与”的职业技能培训运行机制，整体提升培训效果和质量。二是坚持“培训一人、就业一人、脱贫一户”的原则，开展“缺什么、培训什么”的订单式培训，组织“80、90、00”后开展林果业、设施农业、农机管理、劳务输出等实用就业技能培训。三是发展职业教育，扩大招生规模，确保当年未升学的初、高中毕业生100%进入县中职学校接受良好正规的职业教育。培养了一大批服务于生产劳动一线的技术技能型人才，积极服务地区经济发展和社会稳定，形成了独有的职业教育特色。四是着重抓好贫困家庭“80、90、00”后人员法制培训、国家通用语言培训和技能培训，增强年轻人的法律意识，使其把主要精力转移到增强就业技能、提升双语水平和增收致富上来。

鼓励贫困户在本土自主创业脱贫。创业一人，带动一片。新疆人社部门鼓励在人口密度高、具备条件的乡镇新建或改（扩）建一批集贸市场或农牧民创业一条街，纳入创业孵化基地，给予政策支持，重点安排有创业意愿的贫困劳动力，通过摆摊设点、开办小商店、小饭馆、小作坊、小修理店等形式自主创业，带动贫困劳动力增收脱贫。

（四）借助“大数据”脱贫

脱贫攻坚数据平台是新疆完善防止返贫致贫监测预警机制的一项举措。在2019年之前，新疆基层单位的扶贫模式收集和处理数据的工具是表格、邮件、计算器；执行手段是打电话、下发文件、手工计算等；考核标准为督查考核，基本靠派遣工作队、人工考核、人工检查成果。这导致基层工作中存在入户走访核查难、日常管理缺手段、数据掌握不全面、资料核实不精准、数据更新不及时等问题。

新疆脱贫攻坚大数据平台根据收入和“两不愁三保障”指标，设有“红橙黄绿”四色信号灯分级预警；收录着新疆未脱贫人口、已脱贫人口和边缘易致贫人口逾300万人的动态信息。精准扶贫大数据平台是新疆电信公司基于大数据和人工智能技术为助力新疆扶贫开发而自主开发建设的业务系统，新疆精准扶贫大数据平台已接入国家扶贫平台建档立卡数据，完成与教育等七大行业单位对接。实现对全疆建档立卡贫困村313万人动态管理，管理项目合计4410个，覆盖35个县，通过平台跟踪管理的项目资金达到618亿元。精准扶贫大数据平台在全疆的推广应用，为自治区、地州市、县、乡、镇、村等各级领导干部、第一书记、帮扶责任人以及各专责小组、各职能单位提供了完善的基础数据管理、脱贫指标完成情况跟踪、扶贫日常工作开展、干部问责考核、数据自动统计分析和跨部门数据共享等信息化管理工具。

新疆电信公司定点帮扶的克州阿克陶县比纳木村，依托新疆精准扶贫大数据平台等信息化手段，2019年全村脱贫33户113人，贫困发生率从2018年的8.39%降至2019年的0.96%，村集体收入从8.9万元增长至21.88万元，高质量实现了贫困村退出。

认识到“大数据”、信息化平台对脱贫攻坚工作的巨大推动作用，南疆四地州高度重视充分利用各类“大数据”平台，积极促成各种先进信息技术在区域性贫困治理中应用并发挥独特功效。信息化平台的应用，打破部门间的“藩篱”，解决功能“碎片化”，成为共享信息、联通多元主体实现协调整合的载体，可以按照“需求—响应”机制，在扶贫产品营销、扶贫需求对接中发挥桥梁作用。一方面，南疆四地州依托自治区脱贫攻坚大数据平台，健全政府各部门之间的定期和不定期信息数据交换机制，通过理性数据分析、便捷信息沟通，全时掌握对象识别、力量调配、项目进度、监测预警、动态帮扶等，增强部门信息的透明度和互通性，使得扶贫工作决策、执行、管理、监督等全过程走向精准化、科学化，为提高扶贫资源配置效率和区域性贫困治理绩效提供了重要数据支撑。另一方面，通过开发使用社会扶贫网等开放网络平台，发展“网络+”扶贫模式，在建立起贫困人口脱贫需求意愿与多元参与主体扶贫供给快捷关联通道的同时，也把贫困户的小生产与社会化的大市场精准对接起来，既为生产者提供展示产品、拓宽销售渠道等服务，也为扶贫购买者提供商品介绍、购买渠道等服务，并为第三方销售者提供产品推荐、数据统计等服务，畅通扶贫产品产供销各环节，为扩大扶贫产品宣传、推介、营销等开辟新通道，有效提升了贫困地区农产品的市场影响力和竞争力。值得一提的是，随着互联网技术的发展，“线上经济”呈现迅猛发展势头，网络直播带货等自媒体应运而生，很多贫困人口也参与其中，直接把扶贫产品推向市场，也让自己站在了市场竞争的最前端，这对培育其市场意识、商品意识、脱贫能力大有裨益。

二、南疆四地州脱贫攻坚取得的显著成效

（一）农户稳定增收、区域综合实施增强良性互动

以精准扶贫提升贫困人口发展能力，以区域发展提升整体经济实力，“双轮驱动”式整体治理成为破解区域性贫困的有效路径和方法选择。在稳定红利持续释放的背景下，南疆四地州区域经济表现出强劲势头，呈现健康发展态势。从表4-20中可以看出，南疆四地州产业结构从2014年的28.90：29.62：41.48调整为2018年的26.57：30.32：43.11，三次产业结构占比趋于优化。国内生产总值连年增加，从1725.94亿元增加到2352.01亿元，增加626.07亿元，年均增长10.87%，其中喀什、阿克苏两地经济总量均占南疆四地州的40%以上，贫困地区经济发展活力和后劲显著增强。与此同时，南疆四地州坚持一二三产融合发展，形成“园区+企业+合作社+基地+农户”发展模式，让更多贫困群众深度嵌入产业链条，实现产业增收、稳岗增收。从表4-21中可以看出，南疆四地州贫困家庭人均纯收入从2014年2212元增加到2019年8824元，年均增长

31.9%，增幅高于全区35个贫困县平均水平19.8个百分点。收入构成中工资性收入比重从38%增加到54%。经营性收入比重从17%增加到22%，其中二三产业收入比重从24%增加到48%，收入结构发生实质变化，收入渠道从单一到多元，持续稳定增收的来源更加可靠，对实现“两不愁”脱贫目标形成了重要支撑。这说明，整体性治理理论提倡政策叠加输出以解决公众问题的目标导向显示出与集中连片特困地区较强的匹配性。区域性贫困的本质是区域发展不平衡，“头疼医头、脚疼医脚”的思维方式不利于区域性贫困的解决，而通过区域经济开发统筹解决南疆四地州经济和社会问题，为贫困人口稳定脱贫奠定产业、市场等所必需的基础条件，切实增强了边疆少数民族地区脱贫治理效果。

表4-20 南疆四地州国内生产总值及产业结构变化情况

指标	全疆	南疆四地州	喀什地区	和田地区	克州	阿克苏地区
2014年国内生产总值（亿元）	9304.00	1725.94	688.39	198.42	89.24	749.89
一二三产业结构比（%）	16.54	28.90	29.99	29.54	14.69	29.41
	42.68	29.62	30.53	17.64	32.12	31.66
	40.78	41.48	39.47	52.82	53.20	38.93
2015年国内生产总值（亿元）	9354.44	1924.39	780.12	234.05	100.03	810.18
一二三产业结构比（%）	16.67	28.05	29.07	26.78	14.16	29.16
	38.67	29.19	30.87	14.84	30.04	31.62
	44.67	42.76	40.07	58.39	55.79	39.23
2016年国内生产总值（亿元）	9649.70	1889.33	759.86	236.33	100.33	792.80
一二三产业结构比（%）	17.09	30.33	34.22	27.37	14.97	29.44
	37.79	27.28	25.18	15.45	33.62	32.01
	45.12	42.39	40.60	57.18	51.41	38.55
2017年国内生产总值（亿元）	10920.09	2149.69	848.20	268.26	112.12	921.11

续表

指标	全疆	南疆四地州	喀什地区	和田地区	克州	阿克苏地区
一二三产业结构比（%）	15.49	28.12	33.30	23.16	14.05	26.50
	39.30	29.57	25.40	16.93	35.34	36.38
	45.21	42.32	41.30	59.91	50.61	37.12
2018 年国内生产总值（亿元）	12199.00	2352.01	890.12	305.57	128.89	1027.43
一二三产业结构比（%）	13.87	26.57	31.61	22.47	12.05	25.24
	40.36	30.32	24.81	17.92	38.34	37.78
	45.77	43.11	43.58	59.61	49.60	36.97

数据来源：2014—2018 年新疆、南疆四地州统计公报。

表 4-21　2014—2019 年南疆四地州贫困家庭收入结构变化情况

年份	2014	2015	2016	2017	2018	2019
贫困家庭人均纯收入（元）	2212	2701	3795	4558	6460	8824
工资性收入比重（%）	38	41	42	45	48	54
家庭经营性收入比重（%）	17	19	20	20	22	22
家庭经营性收入中：第一产业收入比重（%）	76	65	62	60	54	52
第二产业收入比重（%）	1	2	2	2	2	3
第三产业收入比重（%）	23	33	36	38	44	45

数据来源：2014—2018 年新疆、南疆四地州统计公报。

（二）人民生活水平明显改善，农村居民消费结构有较大优化

新疆贫困地区及南疆四地州农村居民收入与消费均有所改善。到 2018 年底，新疆贫困地区农村居民人均生活消费支出 7056 元，较 2017 年增加 834 元，同比增幅达 13.4%，贫困地区农村居民生活消费支出明显提高。虽然南疆四地州贫困地区农村居民人均可支配收入比全区农村平均水平低 145 元，但因各项惠农政策向贫困地区倾斜，南疆四地州的贫困地区农民得到的转移性收入要比全区平均水平高 51 元。由于贫困地区农民收入增速快于全区农村平均水平，收

入差距逐年缩小，从2014年到2018年，新疆贫困地区农村居民收入与新疆农村居民的收入比已从0.76∶1逐步提高到0.90∶1。

到2018年末，新疆贫困地区及南疆四地州集中连片特困地区的消费结构进一步优化。生存类消费占比降低。2018年，新疆贫困地区农村人均居民吃穿用等生存型消费支出共3449元，占生活消费支出比重的48.9%，比2017年占比降低2.4个百分点，说明贫困地区农村居民生活质量得到进一步提高。居住、教育文化娱乐方面消费增加明显，随着全疆的易地搬迁及危房改造等工作进一步推进和取得实效，到2018年末，新疆贫困地区农村居民人均居住消费支出1506元，较2017年增加372元，同比增长32.8%；教育文化娱乐消费支出759元，较2017年增加354元，同比增长114.6%。如上分析，随着新疆及南疆四地州农村居民收入水平的提升，居民用在食品、交通通信消费的支出比例相对有所下降，而居民出行旅游、改善居住条件、关注子女教育等改善型消费支出的比例有一定提升，表明随着经济的发展，贫困地区农村消费水平也开始升级，消费结构有所改善。

（三）基础设施建设成效明显

截至2018年，新疆贫困地区（包括南疆四地州）的农村通公路、通电话、所在自然村接收有线电视信号及所在自然村进村主干道路硬化的农户比重均已达到全面覆盖。自治区所在自然村能便利乘坐公共汽车的农户比重占78.4%，较2017年提高3.7个百分点，南疆四地州所在自然村能便利乘坐公共汽车的农户比重占78.5%；自治区所在自然村垃圾能集中处理的农户比重占74.7%，较2017年提高8.4个百分点，南疆四地州所在自然村垃圾能集中处理的农户比重占73.0%；另外，自治区所在自然村通宽带、有卫生站、上幼儿园及小学便利的农户比重均达到96%以上，分别为98.6%、96.1%、97.4%、97.2%，南疆四地州所在自然村通宽带、有卫生站、上幼儿园及小学便利的农户比重分别为98.5%、96.4%、97.1%、97.0%（见表4-22），与自治区的贫困地区农村基础设施和公共服务状况水平基本相当，而与全国和特困片区的农村基础设施和公共服务状况相比较，自治区和南疆四地州农村基础设施和公共服务状况水平远远高于后两者，这说明在中央加大对新疆和南疆四地州的扶贫投资倾斜力度之后，成效显著。

截至2019年，新疆全面完成“十三五”40146户16.94万人易地扶贫搬迁任务，贫困家庭学生义务教育巩固率达95%以上，贫困人口基本医疗、大病保险全覆盖，最低生活社会保障应保尽保。贫困家庭关心的饮水安全和住房安全问题也得到彻底解决，2019 年底剩余 9355 户贫困户安全住房全部竣工入住，2020 年 5 月底剩余 1.53 万贫困人口用上安全饮水。

表 4-22　2018 年分地区农村基础设施和公共服务状况　　（单位:%）

地区	所在自然村通公路的农户比重	所在自然村通电话的农户比重	所在自然村能接收有线电视信号的农户比重	所在自然村进村主干道路硬化的农户比重	所在自然村能便利乘坐公共汽车的农户比重	所在自然村通宽带的农户比重	所在自然村垃圾能集中处理的农户比重	所在自然村有卫生站的农户比重	所在自然村上幼儿园便利的农户比重	所在自然村上小学便利的农户比重
全国合计	100.0	99.9	98.3	98.3	71.6	94.4	78.9	93.2	87.1	89.8
新疆	100.0	100.0	100.0	100.0	78.4	98.6	74.7	96.1	97.4	97.2
特困片区合计	100.0	99.9	97.9	98.0	70.9	93.8	76.9	92.7	86.9	90.1
南疆四地州	100.0	100.0	100.0	100.0	78.5	98.5	73.0	96.4	97.1	97.0

数据来源：2019 年国家统计局农村贫困监测调查。

（四）居住环境持续改善，饮水、炊事能源条件不断提升

截至 2018 年末，新疆贫困地区农村居民住房建筑面积户均 115.2 平方米，较 2017 年增加 11.5 平方米，同比增加 11.5%。全疆（包括南疆四地州）的住房以砖瓦砖木以及钢筋混凝土为主，比重为 99.6%；独用厕所的农户比重占 98.7%（南疆四地州为 98.9%），高于全国和特困片区 3 个百分点，说明近几年新疆和南疆四地州的“厕所革命”已初见成效，居民生活环境得以改善。

到 2018 年末，全疆、南疆四地州贫困地区农村居民中，饮水无困难的比重占 97.3%和 97.4%，较 2017 年有较大的提高，高于全国贫困地区及特困片区农户的 93.6%；全疆贫困地区农户使用管道供水的比重 89.8%（南疆四地州为 90.2%），高于全国贫困地区及特困片区农户的 79.8%、80.4%；全疆贫困地区

农户使用经过净化处理自来水比重为88.3%（南疆四地州为89.3%），较全国和特困片区56.4%、53.5%高30多个百分点；此外，全疆贫困地区农户炊用柴草的比重为49.5%（南疆四地州为53.5%），较全国和特困片区的39.2%、40.7%高10多个百分点（见表4-23），说明新疆及南疆四地州“厨房革命”急待提升解决。

表4-23　2018年分地区贫困农户及家庭设施状况　（单位：%）

地区	居住竹草土坯房的农户比重	使用照明电的农户比重	使用管道供水的农户比重	使用经过净化处理自来水农户比重	饮水无困难的农户比重	独用厕所的农户比重	炊用柴草的农户比重
全国合计	1.9	100.0	79.8	56.4	93.6	95.9	39.2
新疆	0.0	100.0	89.8	88.3	97.3	98.7	49.5
特困片区合计	2.0	100.0	80.4	53.5	93.6	95.5	40.7
南疆四地州	0.0	100.0	90.2	89.3	97.4	98.9	53.5

数据来源：2019年国家统计局农村贫困监测调查。

（五）耐用消费品拥有量不断增加

截至2018年底，全疆及南疆四地州贫困地区农村居民家庭主要耐用消费品拥有量比上年有所增加，新型耐用消费品需求较旺，中低端耐用消费品基本普及。一是交通类耐用消费品快速增加。全疆每百户平均拥有汽车10.5辆（南疆四地州为10.0辆），虽然与全国和特困片区地区农村每百户相比低近9—10个百分点，但改善效果比较明显；二是作为农民的“新农具”移动电话、计算机等信息通信工具普及率提升，全疆（南疆四地州）每百户平均拥有移动电话181.2部（176.2部）；三是洗衣机和电冰箱的普及率明显提高。全疆（南疆四地州）每百户平均拥有洗衣机89.6台（89.5台）、电冰箱90.4台（90.0台），较全国和特困片区农村每百户相比，多3—4台（见表4-24）。

表 4-24 2018 年分地区农村每百户耐用消费品拥有量

地区	汽车（辆）	洗衣机（台）	电冰箱（台）	移动电话（部）	计算机（台）
全国合计	19.9	86.9	87.1	257.8	17.1
新疆	10.5	89.6	90.4	181.2	3.1
特困片区合计	18.9	87.0	86.2	261.6	15.9
南疆四地州	10.0	89.5	90.0	176.2	2.5

数据来源：2019 年国家统计局农村贫困监测调查。

（六）基层治理能力得到进一步加强，贫困人力资源开发能力不断提升

在脱贫攻坚中贫困群体内生动力的充分激发取得良好效果。各级扶贫主体坚持“扶志”为主、“扶志”与“扶智”相结合，提升贫困人口自我脱贫能力，针对边疆少数地区贫困人口物质和精神的“双重贫困”进行综合施策。在教育劝导、示范引领基础上，基层扶贫干部和贫困群体普遍建立相互信任及承诺机制，运用基层党组织的组织力，着力开发贫困群众人力资源，调动他们的主动性和积极性，既强化宣传引导、增强自我脱贫意识，又强化技能培训、提升主动脱贫能力，同时又以已脱贫群众为重点，加强创业致富带头人培育培养，形成“一户一策”“一帮一”或“一帮多”的小型自治单元，成为边疆少数民族地区村级治理方式的有效延伸，实现了贫困人口从“要我脱贫”向“我要脱贫”的转变。比如，作为治理体系最末端的村“两委”或者“访惠聚”驻村工作队，根据全村贫困人口致贫情况和发展需求，利用农牧民夜校开展国家通用语言文字教育，进行餐饮服务、牲畜养殖、大棚种植等实用技能培训，帮助发展庭院经济、乡村休闲旅游等，引导贫困群众走上了致富之路。基层治理能力的加强、农户自治能力的提升，把政府责任和个人责任有机地匹配起来，切实增强了边疆少数民族地区贫困人口在脱贫攻坚中的主体认同，依靠自身努力改变自己的命运的意识不断强化。

三、进一步巩固脱贫成果衔接乡村振兴存在的短板和问题

南疆四地州受环境、地理等方面的影响，产业化发展体量小，基础弱；农业产业化发展抗市场风险能力与整体竞争力较弱。南疆四地州贫困乡村存在劳动力素质不高、缺乏技能、组织化程度不高、融合程度不高或品牌不响、产业

链不长、覆盖范围不广等问题；还存在产业发展集约化水平不高，就业能力欠缺，精准脱贫依靠产业发展稳定就业、增加收入难度很大等问题。再加上受自然环境、区位局限、基础设施建设薄弱、历史欠账等各种因素的制约，南疆四地州深度贫困县的乡村发展相对比较滞后。

（一）经济下行压力下龙头企业效益增速减缓

一方面受农资价格居高不下，农产品价格波动幅度较宽的影响，另一方面由于外来务工人员的减少致使企业人工工资节节高升等多种因素影响，南疆农产品加工企业效益增速有所减缓。如大部分油脂加工企业在原料成本上涨、产品同质化程度高、产能整体过剩的情况下，因自身调节能力不足，不能提高新产品研发投入、不能提高产品附加值、不能延长产业链，使得产品更新换代慢，在盈利方面没有新的增长点，企业效益不断下降。部分龙头企业依然没有彻底摆脱传统农业的束缚，没有高精尖的新技术、新产品的研发团队和科技人员，造成企业研发人才和研发设施缺乏，这是制约龙头企业面临经济下行压力无法脱颖而出的主要瓶颈。

（二）农户与企业利益联结机制有待规范和完善

农户与市场主体之间利益联结松散，大多数仍是订单带动模式，难以形成利益共同体。农户与龙头企业之间还是比较松散的利益联结关系，再加上有些企业社会责任感不强，农户自我保护意识不够，使得企农关系还仅停留在初级的买卖关系上，没有形成紧密的利益共同体。很多合同订单内容不够详细，权责利不够清晰，合同履约率始终难以提高。农民合作社登记门槛低，部分合作社经营规模小、服务层次低，产品质量标准低，不能有效发挥带动作用。

（三）企业的融资渠道不畅

企业发展壮大的过程中，资金的缺乏和资本运作经验的匮乏是许多企业家面对的困难。具体表现为：一是贷款准入门槛高。金融部门对企业贷款时，常常特别强调质押、抵押、保证担保的作用，然而较多企业不具备这些条件。二是金融部门在贷款过程中对抵押资产有明确的要求和规定，以集体性质的资产或租赁土地作为贷款抵押物都不认可，使得很多企业难以以有效抵押物的形式获得贷款。此外，抵押担保评估手续繁杂，有效时间短，评估费用高。三是放贷时间与企业需求存在时间差，难以及时满足企业需求，造成商机的延误，制约企业发展。四是贷款利率短期内上浮过快，增加了企业的还款压力，制约了企业的发展能力。

（四）农产品精深加工业发展滞后

大多农产品加工企业仍处在对农产品进行初加工阶段，缺少精深加工。从事农产品初加工企业不少，而精深加工企业不多，多次加工增值能力较差。南疆农产品加工业产值与农业总产值之比与全疆差距较大。农超对接销售、电子商务销售等尚处在起步阶段，作用还没有充分发挥。例如和田地区在地毯、玫瑰花、大芸、特色林果等农产品方面都没有形成规模，扶持重点不突出，布局分散，部分企业以次充好、良莠不齐、品牌杂芜、名目众多（如和田大枣），致使同类企业整体信誉度降低，使当地特色农产品品牌不强，市场核心竞争力削弱，严重影响了林果业的持续发展。其根本原因体现在种植面积和种植水平的迅速发展与农产品加工企业在加工、保鲜、运输能力的严重滞后之间的不协调。

农产品加工业发展缓慢的原因主要有：一是经济下行压力制约了农产品加工业发展。当前新疆全区经济运行呈现稳中向好的发展态势，但经济下行压力依然较大，经济回升的基础不稳固。二是人才和科技劣势制约了农产品加工业发展。当前劳动力素质低、缺乏具有创新能力的开拓性应用人才、人才流失和科技成果普及应用率低等一系列不利因素，一直以来严重制约南疆农业产业化发展和创新。目前南疆培养、引进人才机制还需进一步建立健全，“孔雀东南飞”的现象依然存在。人才的匮乏将会严重影响南疆农业产业化经营水平和市场竞争力的提升。特别是电子商务人才的引进和培养滞后，使南疆龙头企业的市场营销跟不上时代的步伐。企业的领军人物，特别是既懂经营管理又懂专业技术的复合型人才严重不足，缺乏一支高素质的企业家队伍。南疆的农产品加工企业必须紧紧抓住国家农业供给侧改革和一二三产业融合发展的历史机遇，贯彻落实创新驱动发展战略，部署企业科技管理改革和创新方向，提高农业科技转化和创新效率。三是经营风险加大制约了农产品加工业发展，产业化龙头企业硬性成本增加。现阶段，生产加工原料价格接连上涨，企业用工成本也不断增加，致使龙头企业经营性成本节节攀升。四是南疆大部分深度贫困县与国内外市场较远，位于国内市场运营体系最尾端，使得南疆农产品想要进入其他市场的运输成本远远高出其他省份，资源优势被空间劣势所湮没，农产品物流渠道不通畅，同时缺少多变的市场信息资源，难以掌握市场动态的变化，信息不对称成为南疆产业化发展制约因素之一。农产品品牌在全国市场影响力提升难度大，也是南疆产业化发展的短板。

（五）文旅相关的基础设施、交通的通达性欠完备

据新疆统计年鉴数据显示，2019 年新疆共有星级酒店 368 家，其中南疆有 105 家，占新疆星级酒店数量的 29%。南疆四地州共 4 家，其中阿克苏地区 1 家，喀什地区 3 家。除星级酒店之外，南疆旅游住宿更吸引人的是乡村民宿，有 200 多家星级农家乐，与乌鲁木齐和伊犁州对比差距巨大。总的来说，南疆四地州中星级酒店相当稀缺，由此可见，南疆四地州文旅相关的基础设施、交通的通达性欠完备。其中，旅游资源优势度强区喀什、优势区阿克苏应更加注重旅游相关的基础设施、交通的建设，充分发挥出旅游资源优势强区的优势。新疆南疆四地州均属于文旅产业发展滞后型地区，这与整个南疆地区较高的非物质文化遗产资源价值呈现出错位关系。因此，新疆南疆地区的交通通达性和相配套的文化旅游基础设施不完善，使得南疆部分优秀的非物质文化遗产资源不能得到更好的开发利用。与之相配套的住宿、餐饮、购物、交通和服务管理的不对等，也导致游客体验一般，旅游的时间较短、重游率不高。但是，这也意味着有大量的空间可以用来施展，通过把非物质文化表演艺术类遗产加工展示给游客，在南疆地区形成非物质文化旅游的常态场所，可以实现南疆地区文化和旅游产业的深度融合。同时，改善与之相配套的基础设施和服务管理水平，将旅游资源优势和非物质文化遗产资源优势充分发挥出来，进而增强文化旅游产业效率。

第五章　云南省深度贫困大调查与脱贫现状

第一节　云南省原深度贫困地区总体概况

根据《中共云南省委办公厅云南省人民政府办公厅印发〈关于深入推进原深度贫困地区脱贫攻坚的实施意见〉的通知》（云厅字〔2018〕4号），云南原深度贫困地区包括27个深度贫困县，3539个深度贫困村，分布在全省16个市州（见表5-1），其中迪庆藏族自治州、怒江傈僳族自治州也是国家“三区三州”原深度贫困地区。

表5-1　云南省深度贫困村名单

州（市）	深度贫困村（个）	州（市）	深度贫困村（个）
合计	3539	楚雄州	227
昆明市	176	红河州	355
曲靖市	423	文山州	413
玉溪市	9	西双版纳州	2
保山市	181	大理州	153
昭通市	691	德宏州	53
丽江市	110	怒江州	218
普洱市	295	迪庆州	63
临沧市	170	—	—

数据来源：云南省乡村振兴局官网统计数据整理所得。

一、地理区位

云南原深度贫困地区多属山地高原地形，山地面积占比大；而地处高山之间的峡谷地区，因山高、谷深、坡陡造成的坝区少、田地少、土地贫瘠的现象更为突出。怒江傈僳族自治州与迪庆藏族自治州是原深度贫困地区的典型代表。

怒江傈僳族自治州（以下简称“怒江州”）位于云南省西北部。其北接西藏自治区，东北临迪庆藏族自治州，东靠丽江市，西南连大理白族自治州，南接保山市。怒江州地处中缅滇藏的结合部，其国境线长达 450 千米，是国家实施“一带一路”倡议、孟中印缅经济走廊建设和区域协调发展的重要地区。怒江州地域辽阔，民族众多，气候温和，水利、矿产、旅游资源丰富，民族文化风情多样，是我国最具发展潜力的区域之一。辖泸水市、福贡县、贡山独龙族怒族自治县、兰坪白族普米族自治县等行政区，总面积为 14703 平方千米。怒江州位于“世界屋脊”青藏高原南延部分横断山脉纵谷地带，三江并流、群山环绕，98%以上的面积是高山陡坡。仅有耕地 100 万亩，可耕地面积少，垦殖系数不足 4%，70%以上的耕地坡度在 25 度以上，有的甚至达 60 度以上。怒江州是地球板块运动最剧烈的地区之一，被称为“地球褶皱”。

迪庆藏族自治州（以下简称“迪庆州”）成立于 1957 年 9 月 13 日，是云南省唯一的藏族自治州。迪庆州位于青藏高原伸延部分南北纵向排列的横断山脉，地处滇、藏、川三省区结合部，北与西藏自治区昌都市相连，东接四川省甘孜藏族自治州和凉山彝族自治州，地处金沙江、澜沧江、怒江三江并流国家级风景名胜区腹地，澜沧江和金沙江自北向南贯穿全境。全州面积达 2.387 万平方千米，州府为香格里拉市。

二、人口特征

（一）怒江州人口特征

怒江州共有 29 个乡（镇）、255 个村委会、17 个社区。根据第七次人口普查数据，怒江州总人口为 55.27 万人，相比六普增加了 1.84 万人，增长幅度为 3.44%。全州共有家庭户 165184 户，平均每个家庭户的人口为 3.11 人。全州常住人口中，男性人口为 28.95 万人，占总人口的 52.38%；女性人口为 26.32 万人，占总人口的 47.62%。

怒江州主要居住着 22 个民族，少数民族占总人口的 93.96%，少数民族比例居全国30个自治州之首。我国的傈僳族、怒族、独龙族、普米族主要生活在怒江地区，是全国唯一以傈僳族为主体的民族自治州。

从表5-2可知，2015—2020年，怒江州城镇常住人口不断增多，乡村人口不断减少；城镇化率由40.65%上升至52.35%，城镇化进程呈现加快趋势。

表5-2　2015—2020年怒江州人口数量　（单位：万人）

年份	常住人口	城镇人口	乡村人口
2015	54.2	22.03	32.47
2016	54.4	24.18	30.52
2017	54.7	26.13	28.77
2018	55.3	26.58	28.42
2019	54.7	27.42	27.78
2020	55.3	28.95	26.35

数据来源：怒江州政府官网统计数据整理。

如表5-3所示，2020年怒江州常住人口中，0—14岁人口为12.48万人，占总人口的22.58%；15—59岁人口为36.08万人，占总人口的65.29%，高于全国平均水平（63.35%）；60岁及以上人口为6.71万人，占总人口的12.13%，均低于全国、云南省；其中65岁及以上人口为4.64万人，占总人口的8.39%。与六普数据相比，0—14周岁数量上升速度缓慢，占比由21.62%上升到22.58%；65岁以上人口占比从6.09%增长到8.39%，老龄化亦呈加速趋势。在劳动人群中，怒江州人口质量不高，人才缺失严重，整体劳动力不足以及老年人口占比超过7%的比重使得怒江州的整体人口质量远远低于全国平均水平，较低的人口基数导致怒江州技术水平、创新能力较低。

表5-3　2020年各地区人口年龄构成　（单位：%）

地区	比重			
	0—14岁	15—59岁	60岁及以上	65岁以上
全国	17.95	53.35	18.70	13.5
云南省	19.57	65.52	14.91	10.75
怒江州	22.58	65.29	12.13	8.39
迪庆州	17.49	69.82	12.69	9.17

数据来源：2021年云南省统计年鉴。

（二）迪庆州人口特征

如表 5-4 所示，2020 年，迪庆州总人口为 38.75 万人，与怒江州人口稳定增长不同的是，迪庆州人口较“六普”时减少了 1.27 万人。2015—2020 年，迪庆州常住人口先增后减，城镇化率由 31.13%降至 31.07%，总体来看城镇化程度处于较低水平。

表 5-4　2015—2020 年迪庆州人口数量　　（单位：万人）

年份	常住人口	城镇人口	乡村人口
2015	40.80	12.70	28.10
2016	41.00	13.50	27.50
2017	41.20	14.25	26.95
2018	40.40	14.80	26.60
2019	40.03	14.81	25.22
2020	38.75	12.04	26.71

数据来源：迪庆州政府官网统计数据整理。

从年龄结构来看，2020 年与 2010 年相比，迪庆州三个年龄组人口比重呈现“两降一升”特点，整体进入老龄化社会。如表 5-5 所示，0—14 岁少儿人口由 18.19%下降至 17.49%，降低 0.71 个百分点，人口规模也缩小至 6.78 万人；15—59 岁人口规模有所增加，但占比下降 2.36 个百分点；60 岁及以上人口的比重上升 3.07 个百分点；65 岁及以上人口的比重由 2010 年的 6.57%上升至 9.17%，超过 7%的老龄化标准，表明迪庆州进入老龄化社会。

表 5-5　迪庆州六普与七普年龄结构对比

年龄组	规模（万人）		比重（%）	
	2010	2020	2010	2020
0—14 岁	7.28	6.78	18.19	17.49
15—59 岁	28.89	27.05	72.18	69.82
60 岁及以上	3.85	4.92	9.63	12.69
65 岁以上	2.63	3.55	6.57	9.17

数据来源：第六次人口普查报告与第七次人口普查报告。

三、经济发展

（一）生产总值与产业结构

“十三五”时期，怒江州坚持发展第一要务，全面贯彻新发展理念，落实转方式、调结构、增投资、稳增长等一系列举措，不断培育发展动能，保持了全州经济持续快速健康发展的良好势头。“十三五”时期，全州生产总值由2015 年的 113.45 亿元增加到 2020 年的 210.7 亿元，突破 200 亿元大关，年均增长 10.3%。

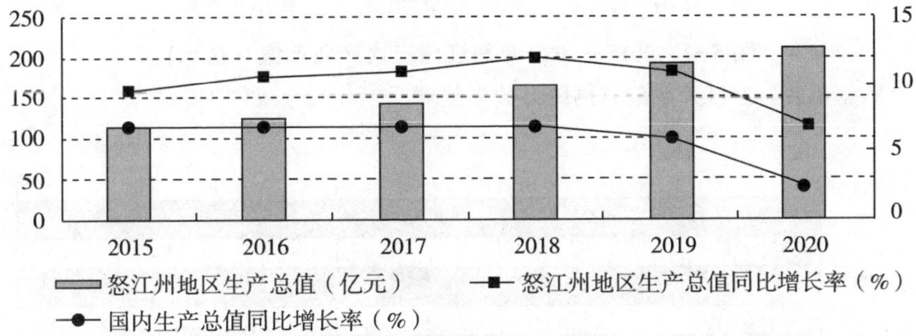

图 5-1　2015—2020 年怒江州地区生产总值

数据来源：怒江州政府官网统计数据整理。

从图 5-1 可知，2020 年怒江州地区生产总值累计完成 210.73 亿元，按可比价计算（下同），同比增长 7.1%，高于全国（2.3%）4.8 个百分点，高于全省（4.0%）3.1 个百分点，全州经济总量实现历史性的突破。其中，第一产业完成增加值 30.63 亿元，同比增长 5.2%，贡献率为 9.7%，拉动生产总值增长 0.7 个百分点；第二产业完成增加值 74.01 亿元，同比增长 8%，贡献率为 42.5%，拉动生产总值增长 3 个百分点；第三产业完成增加值 106.09 亿元，同比增长 7%，贡献率为 47.8%，拉动生产总值增长 3.4 个百分点。三次产业结构更趋合理，由 2015 年的 16.56 : 30.6 : 52.84 调整为 14.54 : 35.12 : 50.34。其中第一产业比重下降 2.06 个百分点，第二产业比重上升 4.5 个百分点，第三产业比重下降 2.44 个百分点（如图 5-2、5-3 所示）。

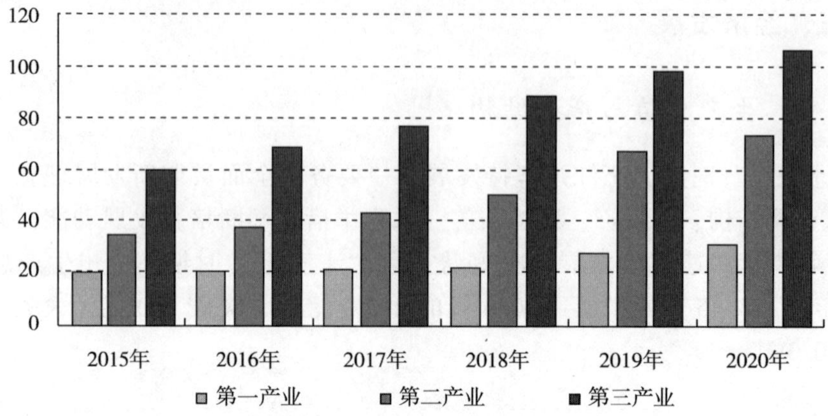

图 5-2　2015—2020 年怒江州三次产业产值（亿元）

数据来源：怒江州政府官网统计数据整理。

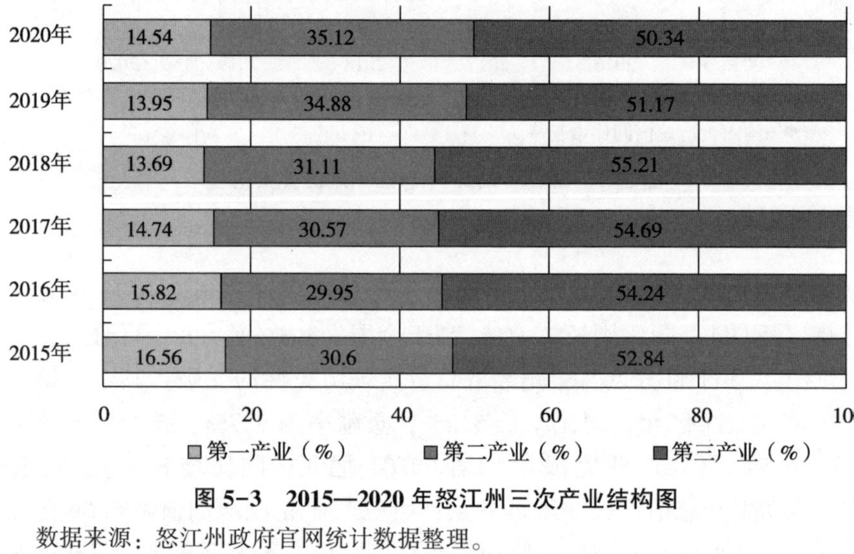

图 5-3　2015—2020 年怒江州三次产业结构图

数据来源：怒江州政府官网统计数据整理。

“十三五”以来，迪庆州主动适应经济发展新常态，有效应对各种风险和困难挑战，经济保持了平稳健康发展。地区生产总值由 2015 年的 161.14 亿元增加到 2020 年的 267 亿元（如图 5-4 所示），增速居全省第二位。

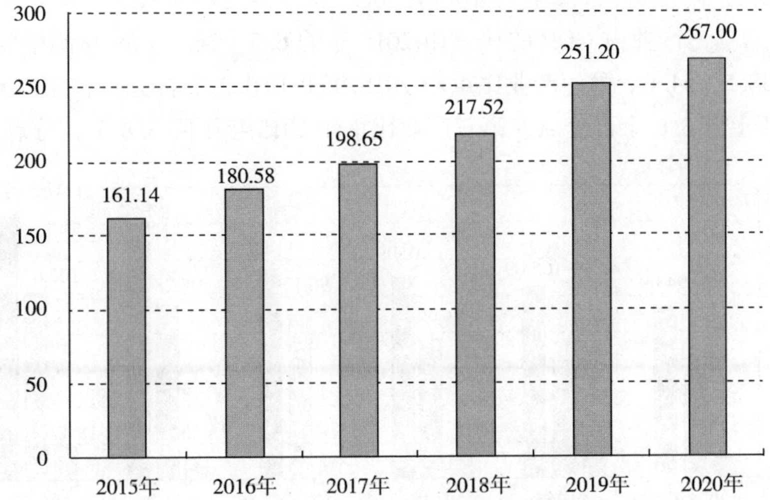

图 5-4　2015—2020 年迪庆州地区生产总值（亿元）

数据来源：迪庆州政府官网统计数据整理。

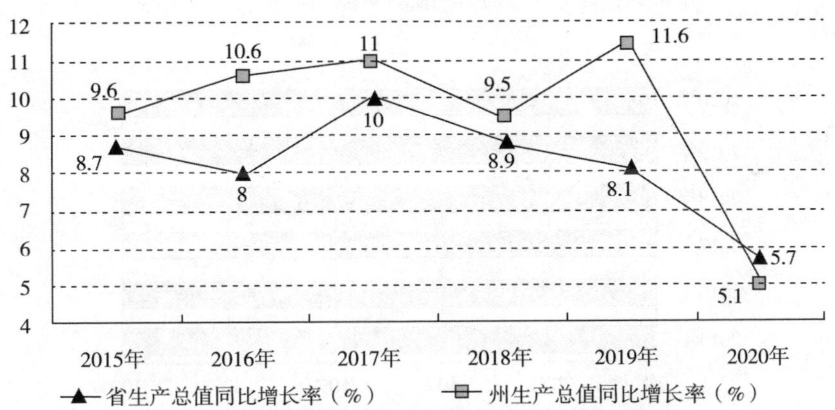

图 5-5　2015—2020 年迪庆州地区生产总值增长率

数据来源：迪庆州政府官网统计数据整理。

如图 5-5 所示，2020 年迪庆州累计完成地区生产总值（GDP）267 亿元，按可比价计算，同比增长 5.1%，高于全国（2.3%）4.8 个百分点，高于全省（4.0%）3.1 个百分点。其中：第一产业完成增加值 184.65 亿元，同比增长 5.7%；第二产业完成增加值 102.67 亿元，同比增长 8.2%；第三产业完成增加值

145.81 亿元，同比增长 2.6%。迪庆州三次产业结构更趋合理。如图 5-6、5-7所示，一、二、三产业占 GDP 的比重由 2015 年的 6.7：34.9：58.9 调整为 2020 年的 6.9：38.5：54.6。第一产业比重较 2015 年上升 0.2 个百分点，第二产业比重较 2015 年上升 3.6 个百分点，第三产业比重较 2015 年下降 3.8 个百分点。

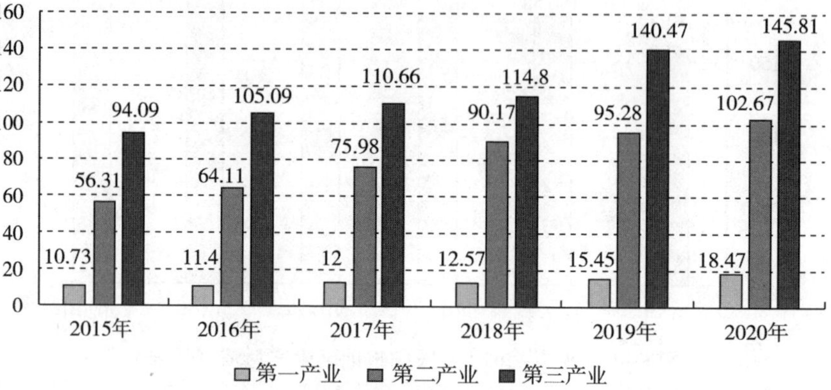

图 5-6　2015—2020 年迪庆州三次产业产值（亿元）

数据来源：迪庆州政府官网统计数据整理。

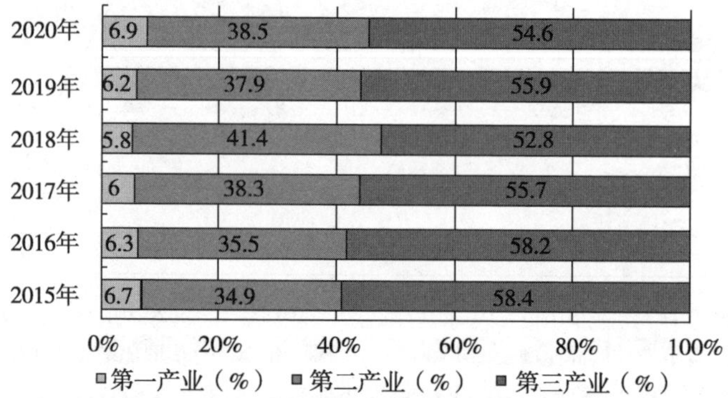

图 5-7　2015—2020 年迪庆州产业结构图

数据来源：迪庆州政府官网统计数据整理。

（二）城乡收入支出与消费

"十三五"时期，怒江州城镇常住人口与农村常住人口人均可支配收入不断提高，其中城镇居民人均可支配收入从 2016 年的 20721 元提高到 2020 年的 27505

元，增加 6784 元，年增长率为 7.3%；农村常住人口人均可支配收入从 5299 元增长到 2020 年的 7810 元，增加 2511 元，年增长率为 10.1%（见图 5-8）。

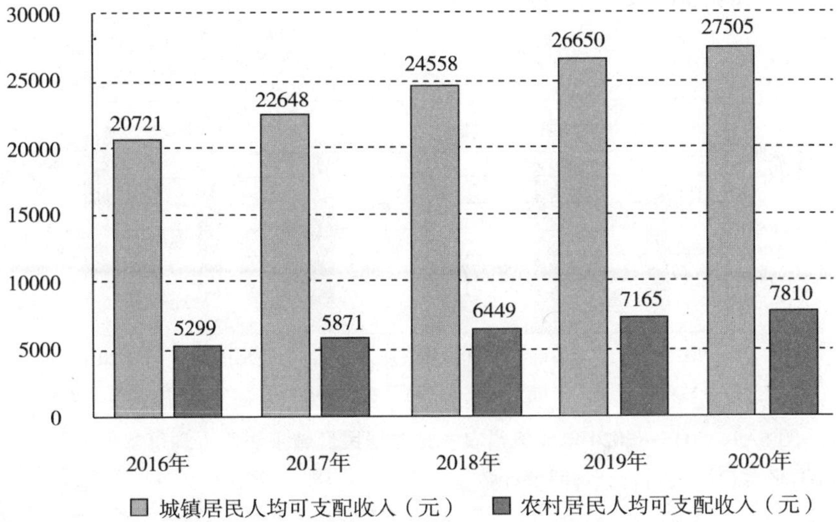

图 5-8　2016—2020 年怒江州城镇与农村居民可支配收入

数据来源：怒江州政府官网统计数据整理。

“十三五”时期，怒江州居民消费价格总水平累计上涨 14.7%，年均上涨 2.94%。其中，食品烟酒类价格累计上涨 32.4%、衣着类价格累计上涨 4.6%、居住类价格累计上涨 7.3%、生活用品及服务类价格累计上涨 11.4%、交通和通信类价格累计上涨 2.2%、教育文化和娱乐类价格累计上涨 2.8%、医疗保健类价格累计上涨 10.6%、其他用品和服务类价格累计上涨 16.4%。在居民消费八大类中，以食品为先导的价格持续上涨，对消费市场价格回升起到了至关重要的作用，其中最高涨幅出现在 2020 年，全年同比累计上涨 13.8%。

“十三五”时期，怒江州城镇居民生活条件明显改善，生活水平逐步提高，生活用品更新提质，服务性消费成为热点，生活用品及服务价格累计上涨 11.4%，其中，家用器具累计上涨 3.4%、家用纺织品累计上涨 10.9%、家庭日用品累计上涨 24.2%、个人护理用品累计上涨 6.2%、家庭服务累计上涨 42.8%、其他用品和服务价格累计上涨 16.4%。

“十三五”时期，是迪庆州改善民生的共建期、生态文明的建设期、深化改革的关键期、法治建设的重要期、跨越发展的加速期、和谐稳定的巩固期。城乡面貌焕然一新，人民收入日益提升，人民群众的获得感、幸福感显著增强。

全州农村常住居民人均可支配收入从 2015 年的 6487 元增加到 2020 年的 10088 元，共增加 3601 元，年增长率为 9.23%；城镇居民人均可支配收入从 2015 年的 27097 元增加到 2020 年的 38547 元，增加了 11450 元，年平均增长率为 7.3%。

图 5-9　2015—2020 年迪庆州农村常住居民、城镇居民人均可支配收入

数据来源：迪庆州政府官网统计数据整理。

2020 年，迪庆州累计完成社会消费品零售总额 662242.6 万元，同比下降 7.4%。其中，城镇完成消费品零售总额 477204.5 万元，同比下降 6.3%；乡村完成消费品零售总额 185038.1 万元，同比下降 10.2%。按销售形态划分：餐饮收入完成 60484.8 万元，同比下降 8.3%；商品零售完成 601757.8 万元，同比下降 7.3%。

（三）投资消费与旅游发展

怒江州 2020 年固定资产投资同比增长 11%，跨地州项目完成投资占总量的 18.6%；5000 万元以上非房地产项目占总量的 61.9%；5000 万元以下非房地产项目占总量的 7.6%；房地产开发项目占总量的 11.9%。其中国有投资占 84.9%；民间投资占总量的 15.1%。其中行业完成情况按占比依次为：交通投资占 40.1%；水利、环境和公共设施管理业投资占 16.3%；房地产开发投资占 11.9%；工业投资占 9.7%；非房地产企业开发的房地产业投资占 7.2%；教育投资占 4%；农林牧渔业占 3.3%；卫生和社会工作投资占 2.9%；公共管理和社会组织投资占 2.9%；其他投资占 1.7%。

据图 5-10 可知，2015—2019 年怒江州旅游业发展情况良好，接待游客人数从 2015 年的 263.2 万人次增长到 2019 年接待旅游人数高峰（477 万人次），增长了 242. 8 万人。2020 年受疫情影响，接待旅游人数仅为 247. 74 万人，降低了 44. 9 个百分点。旅游总收入从 2015 年 26. 1 亿元增至 2019 年 68. 75 亿元；相比 2019 年，2020 年旅游收入下降了 60. 11 个百分点。2020 年，怒江州全年邮政业务总量完成 5045. 66 万元，比上年同期增长 11. 3%。邮政业务总收入完成 6051. 94 万元，比上年同期增长 19. 1%。

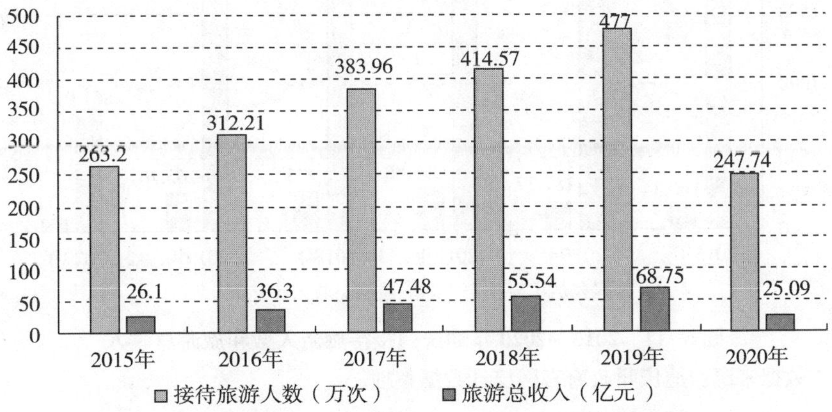

图 5-10　2015—2020 年怒江州接待旅游人数和旅游总收入

数据来源：怒江州政府官网统计数据整理。

2020 年，迪庆州累计完成固定资产投资总额（不含农户）2437373 万元，同比增长 6. 4%。分产业投资看，第一产业完成投资总额 79734 万元，同比增长 41. 9%；第二产业完成投资总额 490367 万元，同比下降 1. 3%，其中工业投资完成 490367 万元，同比下降 1. 3%，非电工业投资完成 67575 万元，同比下降 34. 6%；第三产业完成投资总额 1867272 万元，同比增长 7. 4%，投资总额中房地产开发投资完成 41022 万元，同比下降 54. 1%。全年新开工项目 204 个。

据图 5-11，“十三五”期间，迪庆州共接待国内外游客约 1. 01 亿人次，其中接待国内游客共计 9750 万人次，接待国外游客共计 363. 7 万人次，与“十二五”期间接待 6294. 28 万人次相比增长 60. 46%；旅游总收入达 1107. 72 亿元，与“十二五”期间总收入 581. 07 亿元相比增长 90. 63%。2020 年，迪庆州累计完成邮电业务总量 435966. 37 万元，比 2019 年增长 57. 3%，其中邮政业务总量 6072. 89 万元，比 2019 年增长 7. 9%。

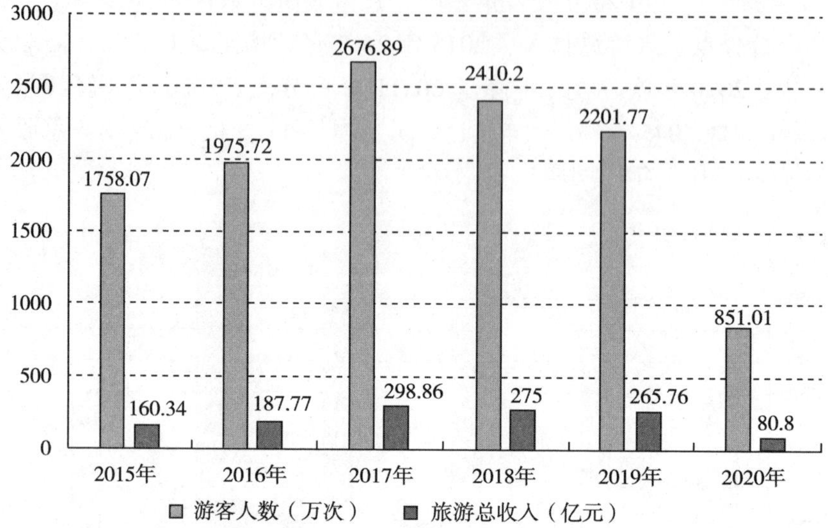

图 5-11　2015—2020 年迪庆州接待旅游人数和旅游总收入

数据来源：迪庆州政府官网统计数据整理。

（四）公共财政收入与支出

据表 5-6，2020 年怒江州政府一般公共预算收入为 15.08 亿元，相比于 2015 年 9.0 亿元，增长 6.08 亿元，年平均增长速度为 10.8%。2020 年税收收入为 10.19 亿元，比 2015 年的 6.32 亿元增长了 3.87 亿元，年均增长率为 4.1%。怒江州一般公共预算支出稳定增加，由 2015 年的 71.81 亿元增长至 2020 年的 163.18 亿元，年均增长率为 3.5%。

表 5-6　2015—2020 年怒江州一般公共预算支出情况　（单位：亿元）

年份	一般公共预算收入	税收收入	一般公共预算支出
2020	15.08	10.19	163.18
2019	10.86	7.84	138.92
2018	13.08	9.48	175.66
2017	9.93	6.95	89.67
2016	9.46	6.62	83.35
2015	9.0	6.32	71.81

数据来源：怒江州政府官网统计数据整理。

据表 5-7，2020 年迪庆州累计完成财政总收入 264817 万元，比 2015 年的 206807 元增加了 58010 万元，年平均增长率为 6.37%。累计完成地方公共财政预算收入 150063 万元，比 2015 年 155275 万元减少 5212 万元，年平均增长率为负 0.7%。一般公共预算支出稳定增加，比 2015 年的 1104649 万元增长了 490042 万元，年平均增长率为 9.6%。2020 年保险保费收入 42764.25 万元，比 2019 年增长 5.1%；保险赔付支出 15788.56 万元，比 2019 年下降 15.9%。

表 5-7　2015-2020 年迪庆州公共预算支出情况　（万元）

年份	累计财政总收入	公共财政预算收入	公共财政预算支出
2015	206807	155275	1104649
2016	234318	164654	1186752
2017	187792	101738	1399361
2018	221507	114524	1600761
2019	235755	140992	1713143
2020	264817	150063	1594691

数据来源：迪庆州政府官网统计数据整理。

四、科教发展

“十三五”期间，怒江州教育事业发展取得显著成绩。一是教育综合实力全面增强。“十三五”末，怒江州共办有各级各类学校 587 所，比“十二五”末增加 226 所，在校学生 113330 人，比“十二五”末增加 26986 人；教职工 7927 人，比“十二五”末增加 1040 人。学前教育三年毛入园率、九年义务教育巩固率、高中阶段毛入学率分别达 89.96%、92.76%、84.06%，比“十二五”末分别提高 53.68、27.56、37.86 个百分点。二是教育保障条件全面改善。“十三五”时期，怒江州累计投入教育经费 105.86 亿元。各级各类学校校舍建筑面积 176.67 万平方米，比“十二五”增加 78.52 万平方米。三是教育公平全面覆盖。“十三五”期间，怒江四县（市）全部通过国家义务教育基本均衡发展评估认定，实现了“一村一幼、一乡镇一小学、乡镇基本都有初中、一县一高中”的布局。四是教育教学质量全面提升。怒江州小学、初中学业水平统测平均分、优秀人数、及格率、高考上线率稳步提升。五是教育扶贫成果全面巩固。“十三五”时期，建立了从学前到大学的学生资助体系；全州累计下达学生资助资金 18.63 亿元，受益学生 48.79 万人次，全州适龄少年儿童未发生因贫失学辍学。六是教育扶贫政策全面落实。出台《怒江州义务教育“控辍保学”实施意见》《怒江州“控辍保学”追责问责办法（试行）》《关于建立长效机制持续抓好“控辍保学”工作的通知》等一系列政策措施，压实“双线四级六长”责任，采取“拉网式排查、立体式宣传、官告民跟进、一对一包保、全方位提升”五项措施。怒江州控辍保学台账持续保持“动态清零”，实现了户籍适龄人口“人人都清楚、个个有交待”。

表 5-8　2015—2020 年怒江州学校数量和在校学生数量

年份	小学（所）	在校人数（人）	中学（所）	在校人数（人）	特殊机构（所）	在校人数（人）
2015	124	45994	29	27418	1	139
2016	102	46330	29	29190	1	116
2017	220	47595	29	31622	1	129
2018	173	48382	29	32002	1	150
2019	167	50435	30	33002	1	164
2020	163	53239	31	33708	1	993

数据来源：怒江州政府官网统计数据整理。

“十三五”期间，迪庆州全面实施 14 年免费教育和涉藏州县高原农牧民子女生活补助政策，积极推进职业教育全免费试点；全面推进城乡义务教育一体化发展，义务教育资源配置实现基本均衡，完善残疾儿童入学保障机制，保障残疾儿童少年公平地接受教育，残疾儿童少年的入学率达 90%，留守儿童得到更多的关爱与帮助，女童能够平等地享受教育权利，学生资助政策得到完善，构建了从学前至大学的资助体系，家庭经济困难学生得到更多资助，实现“应助尽助”。

迪庆州积极稳妥地推进以集中办学为重点的教育综合改革，不断优化学校布局结构；构建具有特色的人才培养机制，人才培养效果明显；创新招生考试机制，实施“跨区域就近入学”招生办学，积极争取高考专项招生政策；教育评价改革取得新进展，初步构建了督政、督学、监测“三位一体”的现代教育督导体系；积极创新办学体制机制，完善教育管理体制，加强学校现代管理。持续加大教育投入，建立多元化教育经费筹措机制，确保教育资金及时、足额用于教育事业发展。2015 年以来，迪庆州启动了学前教育三年行动计划、教师周转宿舍、义务教育“全面改薄”、教育信息化工程、“三区三州”教育脱贫攻坚项目等教育专项工程，累计投入教育专项建设资金 22.26 亿元。

如表 5-9 所示，2015 年迪庆州仅有 19 所幼儿园，在校人数为 7383 人，2020 年州内幼儿园增至 139 所，在校人数增至 13110 人。小学在校人数从 2015 年的 27350 人增加到 2020 年的 27933 人。此外，2020 年小学适龄儿童入学率 99.9%，初中毛入学率 111.43%。

表 5-9　2015—2020 年迪庆州学校数量及在校人数

年份	幼儿园（所）	在校人数（人）	小学（所）	在校人数（人）	中学（所）	在校人数（人）	中等专业学校（所）	在校人数（人）
2015	19	7383	74	27350	10	20502	1	2013
2016	51	10015	35	273261	10	205001	1	2381
2017	69	10487	36	277031	10	201171	1	2763
2018	88	10862	35	27946	10	20095	1	2866
2019	104	11204	36	28052	10	19961	1	2725
2020	139	13110	35	27933	10	20210	1	2479

数据来源：迪庆州政府官网统计数据整理。

五、社会事业发展

如表 5-10 所示，“十三五”时期，怒江州持续改善和保障民生，各项社会事业水平得到显著提高，其中卫生事业情况进步显著。2015 年，卫生床位数仅为 1874 张、技术人员数仅有 2012 人，每千人拥有床位数仅为 4.1 张，每千人技术人员数仅为 3.7 人，到 2020 年每千人拥有床位数增至 5.32 张，每千人技术人员数达到 6.3 人，为居民健康生活提供了保障。

表 5-10　2015—2020 年怒江州卫生健康基本情况

年份	卫生床位数（张）	技术人员数量（名）	每千人拥有床位数	每千人拥有技术人员数
2015	1874	2012	4.1	3.7
2016	2354	2360	4.3	4.3
2017	2586	2634	4.32	4.8
2018	2903	2749	—	4.9

续表

年份	卫生床位数（张）	技术人员数量（名）	每千人拥有床位数	每千人拥有技术人员数
2019	—	2860	—	4.8
2020	—	3502	5.32	6.3

数据来源：怒江州政府官网统计数据整理。

“十三五”期间，怒江州坚持以人民健康为中心，全力推进覆盖全民、城乡统筹、权责清晰、保障适度、可持续的多层次医疗保障体系建设，城乡医疗保障、养老服务水平不断提升，城乡居民医疗保险参保人数达 52.17 万人，基本养老保险参保人数 36.85 万人。通过医疗保险的普及使因病返贫不再上演。

“十三五”时期，迪庆州以人人享有基本社会保障为目标，坚持全覆盖、保基本、多层次、可持续的工作方针，以增强公平性、适应流动性、保证可持续性为重点，基本实现法定人群基本社会保障全覆盖，全面建成覆盖城乡居民的社会保障体系，织密扎牢社会保障安全网。2020 年底，迪庆州各项社会保险参保总人数达 33.29 万人，其中参加城镇职工养老、城乡居民养老保险、失业保险、工伤保险人数分别达到 5.06 万人、21.26 万人、2.91 万人、4.07 万人；全州共有 52734 人领取养老待遇，养老、失业、工伤保险基金累计结余 2.46 亿元。

“十三五”时期，迪庆州认真落实中央和云南省有关人才引进培养激励保障等倾斜政策，实施“人才强州”战略，通过限定户籍、降低学历、校园招聘等方式，有效缓解公职人员招录难问题；争取专业技术人才职称、职务晋升倾斜政策，稳定了专业技术人才队伍，各类人才总量不断扩大；依托“滇沪合作”“迪昆合作访问学者”等平台培养人才，在各行各系统组织人员参加培训的基础上，做好引进“博士服务团”，选送“西部之光”访问学者，选派“基层人才对口培养计划”，大力培养乡土人才和特色民族文化人才等工作。2020 年底，迪庆州共有专业技术人员 8424 人，高、中、初级专业技术人才比例为 17.4∶30.18∶52.42。共有高技能人才 13647 人，占劳动者总数（参考企业失业保险参保数）的 12%。

2020 年底，迪庆州共有文化、文物事业机构 249 个，其中：艺术表演团体 2 个，艺术表演场馆 1 个，公共图书馆 4 个，文化馆 4 个，乡镇文化站 29 个，文化科研机构 1 个，博物馆 2 个，文物保护管理机构 4 个，其他文化文物机构 4

个。全州广播人口覆盖率 99.85%，电视人口覆盖率 99.88%，出版发行《迪庆日报》299 期，共计 452.2 万份，其中藏文版 51 期，共计 30.6 万份。

第二节　云南省深度贫困大调查

一、总体贫困特征

云南是全国脱贫攻坚的主战场，全省 129 个县中有 88 个贫困县，其中 27 个为深度贫困县，14 个国家集中连片特困地区云南涉及 4 个①，“三区三州”在云南也都有分布。云南深度贫困整体呈现如下特征。

（一）贫困发生率高，贫困村占比大

按照国家统计标准，2012 年底，云南省贫困人口为 804 万人，贫困人口众多。其中，少数民族贫困人口占 46.4%，原深度贫困地区贫困人口接近一半。

怒江州作为国家原深度贫困地区的典型代表，全国 96%以上的独龙族、90%以上的怒族、98%以上的普米族、67%以上的傈僳族群众曾处于贫困状态。从贫困村占比来看，怒江州总共 29 个乡镇、255 个行政村，2014 年深度贫困乡镇为 24 个、贫困村为 218 个。从贫困人数和贫困发生率来看，2015 年怒江州贫困人口 14.8 万人，贫困发生率为 33.1%，是全国贫困发生率（5.7%）的 5.8 倍，截至 2019 年，怒江州仍有贫困人口 4.4 万人，贫困发生率为 10.0%，是全国贫困发生率（0.6%）的 16.7 倍（如表 5-11 所示）。福贡县在 4 县（市）中贫困发生率最高（52.9%），福贡县架科底乡在所有乡镇中贫困发生率最高（76.42%），泸水市洛本卓乡俄嘎村贫困发生率在所有行政村中最高（99.93%）。2020 年，怒江州 4 个深度贫困县全部摘帽，建档立卡贫困人口全部实现“两不愁三保障”脱贫标准，傈僳族、独龙族、怒族和普米族等少数民族实现整族脱贫，告别了千年贫困。

① 《人间奇迹》编写组：《人间奇迹——中国脱贫攻坚统计监测报告》，90 页，北京，中国统计出版社。

表 5-11　2015—2019 年怒江州贫困人口及贫困发生率

年份	贫困人口（万人）	贫困发生率（%）
2015	14. 8	33. 1
2016	17. 9	38. 6
2017	16. 4	38. 2
2018	14. 08	33. 1
2019	4. 4	10. 0

数据来源：怒江州政府官网统计数据。

迪庆州是全国 10 个藏族自治州之一，受历史、自然等诸多因素影响，贫困发生率高。2015 年，迪庆藏族自治州贫困发生率高达 24. 95%，贫困人口为 74139 人，少数民族贫困人口占全州贫困人口的 93%，“直过民族”贫困人口占全州贫困人口的 54%[①]。2019 年，迪庆州贫困人口减少至 1579 人，贫困发生率下降到 0. 53%，全州 147 个贫困村全部出列，2019 年整州脱贫。

表 5-12　2015—2019 年迪庆州贫困人口和贫困发生率

年份	贫困人口（人）	贫困发生率（%）
2015	74139	24. 95
2016	60334	20. 34
2017	56099	18. 91
2018	10588	3. 57
2019	1579	0. 53

数据来源：迪庆州乡村振兴局。

（二）贫困人口受教育水平低，内生动力不足

因地理区位等原因，怒江州长期封闭，同其他地区交流不多，受教育程度低，主要体现在以下几个方面。一是人口出生率高，平均素质低。作为少数民族聚集区，全州有 18 个乡镇从原始社会末期、奴隶社会初期直接过渡到社会主

① 央广网：《决战决胜脱贫攻坚云南迪庆藏区告别绝对贫困》，http：//news. cnr. cn/native/gd/20200628/t20200628_ 525145920. shtml.

义社会，“直过”区人口占全州总人口的62%，这导致全州社会发育程度低，人均受教育年限仅为7.65年，劳动者素质普遍偏低，大多缺乏专项技能。在建档立卡贫困户中文盲或半文盲人口占32%，小学文化人口占47.6%，因病、因残致贫的比例比较高。很多人从小不学国家通用语言文字，学龄儿童辍学，对教育的重视程度不够。二是专业技术人才不足，生产生活难以与现代文明接轨，导致职业培训力度不够，人力资本水平整体较低。三是文明法制意识淡薄，生产生活习俗较为落后。不少贫困群众沿袭陈规陋习，有病不就医，婚丧嫁娶讲排场、搞攀比，“一婚十年穷”。部分地区群众思想和行为习惯严重落后，群众普遍安于现状。四是“精神贫困”难治愈。部分贫困人口在脱贫过程中，受到国家大量的资金投入和扶贫干部的帮扶，养成了“等靠要”的习惯，一些贫困户在长期的贫困状态中养成了对贫困生活的惯性，自我发展的内生动力不足。

（三）生态脆弱，基础设施差，公共服务水平低

一是生产生活空间狭小。怒江州境内耕地数量少，几乎全为高山峡谷，可供耕种的地方不多，基本看不到成片的平坦地，有人生动形象地将当地人居环境描述为“往上看天是一条线、往下看地是一道沟、出门种地就是在攀登”。贫瘠的土地，受制约的发展地盘，形成了狭小的生产生活空间。恶劣的自然环境使农民群众容易陷入“自然环境差—收入低—改善自然环境难—收入低”的恶性循环中。

二是基础设施落后。怒江州山高、石多、坡陡、土少的恶劣地理状况，导致当地群众交通出行不便，此外滑坡、泥石流等地质灾害发生风险大。脱贫攻坚之前，怒江州未通高速公路，也没有航运和铁路运输。有的县乡农村公路配套设施不完善，建设档次低，下雨泥泞、晴天能勉强通行。600多个自然村未通公路，群众基本靠滑索出门。过去，群众的主要东西和货物进出基本靠人来背、马来驮，群众生产生活成本极高。交通落后，生产生活资料运输难，地里产出的优质山货运不出去，物流不便导致销售难，就地烂掉或喂猪了之。此外，缺水问题也很突出，可灌溉程度仅为32%。

受地势影响，怒江州基础设施建设较为滞后，制约了域内一体化和本地市场扩大。有的地方通村公路技术标准低、路面窄、错不开车，已不能适应汽车下乡、村通班车、大型农用机械广泛使用等要求。县乡际断头路多，网络化程度有待进一步提高。水利设施薄弱且严重老化，防洪标准过低，灌溉设施年久失修，沟渠堵塞严重，河道排涝不足，抵御自然灾害能力较弱。电力和通信设

施落后，对区域信息科技水平提升起不到促进作用。

二、微观数据分析

泸水市是怒江州州府所在地，西与缅甸毗邻，东接大理州云龙县，南与保山市隆阳区相连。全市国土面积3203.04平方千米，国境线长136.24千米，辖6个镇3个乡71个村民委员会15个社区。总人口20.4万人，有傈僳族、白族、景颇族等21个少数民族，少数民族人口占总人口的96%，是边境一线的边疆区、民族跨境而居的特殊区和“三江并流”世界自然遗产地。

脱贫攻坚战打响之时，泸水的贫情十分特殊，主要表现在四个方面：一是贫中之贫。泸水市是全国“三区三州”原深度贫困地区和滇西连片特困地区县（市）之一，是脱贫攻坚的主战场，2016年底泸水市贫困发生率高达35.68%。二是困中之困。2016年，泸水市农村常住居民人均可支配收入仅为5623元，约为云南省的二分之一、全国的三分之一，大部分农村群众吃饭靠国家救济粮，生活支出靠国家低保，住在通风漏雨、人畜混居的茅草房和“千脚落地房”。全市7个乡（镇）为深度贫困乡（镇）。三是坚中之坚。怒江州境内碧罗雪山、高黎贡山两山耸立，怒江镶嵌其间，呈“V”字形峡谷地貌，96%国土面积为25°以上的坡地、山地，生态红线面积占全市国土面积的50.56%，地无三尺平，几乎没有连片平地存在。四是难中之难。基础设施和公共服务滞后，20世纪50年代末，才通第一条公路，直至2016年，泸水市仍是无机场、无铁路、无航运、无高速公路的“四无”县，人均受教育年限仅为6.8年，教育、卫生等专业技术人才缺乏，群众文化素质偏低。

（一）贫困数据分析

2019年，泸水市建档立卡人口共19027户71320人，贫困原因千差万别，包括因病致贫、因灾致贫、缺土地致贫、缺技术致贫等。其中“缺技术”是泸水市贫困人口的主要致贫原因，有9553户，36758人，占比高达51.54%。其次分别为“交通条件落后”占比达14.17%，“缺土地”占比为8.19%、“因病”占比为7.05%，“缺劳动力”占比为6.58%，“因残”占比为5.69%，“因学”占比为2.58%，“缺资金”占比为1.59%，“自身发展动力不足”占比为1.32%，“因灾”占比为1.2%，“其他原因”占比为0.04%，“因婚”“因丧”各为0.02%。

表 5-13　2019 年泸水市贫困人口的致贫原因

致贫原因	户数（户）	人数（人）	占比（%）
缺技术	9553	36758	51.54
交通条件落后	2671	10109	14.17
缺土地	1410	5844	8.19
因病	1350	5031	7.05
缺劳动力	1638	4691	6.58
因残	1131	4059	5.69
因学	432	1838	2.58
缺资金	309	1136	1.59
自身发展动力不足	270	938	1.32
因灾	238	856	1.2
其他原因	9	26	0.04
因婚	7	17	0.02
因丧	9	17	0.02
合计	19027	71320	

数据来源：泸水市政府官网统计数据整理。

（二）脱贫数据分析

如表 5-14，2014—2018 年，泸水市建档立卡脱贫 7330 户、27558 人。27558 名脱贫人口中，各年度脱贫户数、脱贫人数及占比呈逐年增加趋势，说明越往后脱贫成效越显著。需要说明的是，在 27558 名脱贫人口中，有 552 人属于在 2 个年份中脱贫，即属于“脱贫—返贫—脱贫”的脱贫不稳定户和易致贫户。

表 5-14　2014—2018 年泸水市脱贫数据

年份	脱贫户数（户）	脱贫人数（人）	脱贫人数占比（%）
2014	939	3541	12.85
2015	1152	4210	15.28

续表

年份	脱贫户数（户）	脱贫人数（人）	脱贫人数占比（%）
2016	1286	4883	17.72
2017	2244	8548	31.02
2018	1709	6376	23.14
累计	7330	27558	100

数据来源：泸水市政府官网统计数据整理。

从脱贫人口的描述性统计来看，如表 5-15，在 27558 名脱贫人口中，从民族成分来看，傈僳族占比最高（65.2%），其次为白族（23.5%）、汉族（7.9%）、彝族（2.5%）、怒族（0.4%），其他 16 个少数民族虽然民族数量多，但合计占比低（仅为 0.5%）。从家庭人数来看，占比最高的为 4 人（30.9%），其次为 5 人（19.7%）、3 人（18.8%）、6 人（13.1%）、2 人（7.9%）、7 人（5.6%）。从文化程度来看，除在读学生和学龄前儿童外，实际统计人数为 20300 人，占比最高的分别为小学（39.8%）、初中（17.9%）、文盲或半文盲（12.5%）、高中（2.3%）、大专（1%）、本科及以上（0.2%）。从与户主的关系来看，占比较高的为户主（26.6%），其他依次为户主之子（22.6%）、户主配偶（17%）、户主子女（15.1%），而隔代的占比较低（户主孙子为 4.7%、户主孙女为 4.4%）。

从劳动技能来看，普通劳动力占比最高（59%），其他依次为无劳动力（占 34.9%）、丧失劳动力（4.2%）、弱劳动力或半劳动力（1.7%），技能劳动力占比最低（0.3%）。从 7201 名务工人员来看，占比最高的是在本乡（镇）内务工（58.67%），说明脱贫户就近就地就业有了较大的提升；其次为乡（镇）外县内务工（20.51%）、省外务工（14.05%）、县外省内务工（6.75%）、国外务工（0.01%），总体来看，外出务工的距离较往年有了很大的减少。从年务工时间来看，占比最高的是小于或等于 2 个月（73%），2—9 个月的占比为 16%，9—12 个月的占比为 11%。从健康状况来看，“健康”占比高达 90%，其次为“长期慢性病”占 5%，“残疾”占 4.2%，“患有大病”占 0.7%。从贫困户属性来看，低保户、特困供养户、一般农户占比分别为 64.7%、0.3%、35%。从参加大病医疗和是否解决安全饮用水来看，均为 100%，说明健康保障和饮水因素解决较好。

从致贫原因来看，缺技术（占比 59.2%）是脱贫人口的主要致贫原因；其他占比由高到低依次为：缺劳力（占比 7.7%）、交通条件落后（7.6%）、缺土地（6.8%）、因病（6.3%）、因残（5.5%）、因学（2.2%）、自身发展动力不足（2.1%）、缺资金（1.8%）、因灾（0.7%）、因婚（0.1%）、其他（0.1%），这也说明脱贫更应关注技术、劳动力等内在要素。从是否属于危房户来看，在 27558 名脱贫人口中仅有 3 人居住危房，“住有所居”让贫困户生活更温暖。

表 5-15　泸水市脱贫人口基本特征与变量赋值

数据指标	赋值情况	数量	占比
民族	傈僳族=0	17980	65.2
	白族=1	6475	23.5
	汉族=2	2185	7.9
	其他少数民族=3	918	3.3
劳动技能	技能劳动力、普通劳动力=0	16337	59.3
	弱劳动力、半劳动力、无劳动力或丧失劳动力=1	11221	40.7
文化程度	本科及以上=0	55	0.2
	大专=1	275	1
	高中=2	634	2.3
	初中=3	4933	17.9
	小学=4	10968	39.8
	文盲或半文盲=5	3445	12.5
	在读生或学龄前=6	7248	26.3
务工状况	务工=0	7201	24.1
	未务工=1	16387	75.9
脱贫年度	2014 年底=0	3467	12.6
	2015 年底=1	4031	14.6
	2016 年底=2	4860	17.6
	2017 年底=3	8529	30.9
	2018 年底=4	6119	22.2
	2 次脱贫=5	552	2.1

续表

数据指标	赋值情况	数量	占比
贫困户属性	一般农户=0	9659	35
	低保户、特困供养户=1	17899	65
致贫原因	缺技术=0	16317	59.2
	缺劳力=1	2113	7.7
	交通条件落后=2	2086	7.6
	缺土地=3	1870	6.8
	因病=4	1725	6.3
	因残=5	1517	5.5
	因学=6	607	2.2
	自身发展动力不足=7	579	2.1
	缺资金=8	503	1.8
	因灾=9	198	0.7
	其他=9	26	0.1
	因婚=9	14	0.1
	因丧=9	3	0
危房户	否=0	27555	100
	是=1	3	0

数据来源：课题组调研。

从人均可支配收入来看，由2014年的6579元增至2018年的7063元，增长了7.36个百分点（表5-16所示）。

表5-16　泸水市脱贫人口人均可支配收入

年份	2014年	2015年	2016年	2017年	2018年
均值（元）	6579	6872	7117	7447	7063

数据来源：泸水市政府官网统计数据整理。

三、多维贫困测度与分析

关于相对贫困多维度的设定，通过分析云南深度贫困建档立卡数据，共设定五个维度的贫困特征，分别为生产能力、教育、健康、房屋和生活条件，如表 5-17 所示。其中认定子样本不具有一定生产技能则存在生产能力贫困，而受教育程度少于六年则视为被剥夺及教育贫困，同理非健康、危房以及饮水困难皆视为存在该维度的贫困现象。

表 5-17　多维相对贫困指标体系设定

维度	指标	剥夺临界值	权重
生产能力	生产技能情况	不具有某项技能视为被剥夺	1/5
教育	受教育程度	少于 6 年被视为剥夺	1/5
健康	身体健康情况	非健康视为被剥夺	1/5
房屋	危房户	是危房户视为被剥夺	1/5
生活条件	生活饮水情况	饮水存在困难视为被剥夺	1/5

由表 5-18 可知，五个维度的指标测试中，结果反映了教育贫困存在的程度最深，其次是生产技能贫困和健康贫困、房屋贫困。而单位测度结果显示，原贫困户已不存在生活饮水贫困现象。教育贫困是原深度贫困地区最严重的落后现象，教育水平的落后使当地居民面临未来更深层次的相对贫困局面。生产能力贫困也进一步反映了教育缺乏导致的生产技能落后，家庭劳动力的生产能力落后，是直接导致家庭收入不足的原因之一。

表 5-18　单位相对贫困发生率测度结果

维度	指标	结果
生产能力	生产技能情况	0. 2532
教育	受教育程度	0. 7940
健康	身体健康情况	0. 1638
房屋	危房户	0. 0001
生活条件	生活饮水情况	0

利用样本数据采用 AlKire-Foster 模型测算 H、A、MPI 数值来测度多维相对贫困状况，同时设定剥夺临界值 K 分别为 1/5、2/5、3/5、4/5、1，得出的结果如表 5-19 所示。当剥夺值大于或等于 4/5 时，云南建档立卡贫困户已经不存在多维贫困现象。当剥夺值设定为 1/5 时，贫困发生率最高，达到 82. 26%，平

均剥夺份额达到67.92%，多维贫困指数达到55.87%。

表 5-19　多维相对贫困测度

剥夺值 K	相对贫困发生率 H	平均剥夺份额 A	多维相对贫困指数 MPI
1/5	0.8226	0.6792	0.5587
2/5	0.2673	0.2207	0.0590
3/5	0.1213	0.1001	0.0121
4/5	0	0	0
5/5	0	0	0

经过维度分解后，了解到不同维度对原建档立卡人群多维贫困的贡献，由于当K大于或等于4/5时，相对贫困发生率较低，此处只统计前三个剥夺值下的多维贫困发生情况。如表5-20所示，不管在何种剥夺值下，教育维度的多维贫困贡献率均在最高程度，反映出云南原深度贫困地区教育水平的落后，以及教育落后对当地贫困人口的较高影响。

表 5-20　多维相对贫困指数的维度分解

维度＼剥夺值 K	1/5	2/5	3/5	4/5	5/5
生产能力	0.0181	0.1717	0.8340	-	-
教育	0.0568	0.5386	0.2615	-	-
健康	0.0117	0.1111	0.5397	-	-
房屋	0.000098	0.0001	0.0004	-	-
生活条件	0	0	0	-	-

第三节　云南省原深度贫困地区脱贫现状

脱贫攻坚战打响以来，云南省立足边疆、民族、贫困、山区“四位一体”的基本省情和发展不充分、不平衡、不协调的状况，坚持把解决深度贫困问题作为重中之重，集中力量打硬仗、攻堡垒、补齐区域发展的短板，有效解决区域性整体贫困。截至2020年底，全省88个贫困县全部摘帽，8502个贫困村全部出列，11 个“直过民族”和人口较少民族实现整族脱贫，创造了“百万人口大搬迁”“一步跨千年”的历史奇迹，云南绝对贫困问题得到历史性解决。[①] 本节以怒江州为重点分析云南原深度贫困地区扶贫政策、脱贫成效、脱贫模式和脱贫典型案例。

一、扶贫政策

长期以来，党中央、国务院高度重视和关心云南省原深度贫困地区脱贫攻坚和经济社会发展，特别是党的十八大以来，党和国家领导多次深入怒江州视察调研，给予怒江州发展巨大支持。2016 年，国家发展改革委、国家民委出台《关于支持四川省凉山彝族自治州云南省怒江傈僳族自治州甘肃省临夏回族自治州加快建设小康社会进程的若干意见》；云南省委、省政府先后出台了《怒江州扶贫攻坚总体方案（2013—2017 年）》《怒江州脱贫攻坚全面小康行动计划（2016—2020 年）》等，形成了高位、强势推动怒江州脱贫攻坚的大氛围、大环境，为加快怒江州脱贫攻坚步伐提供了有力的组织和机制保障。

（一）抓易地扶贫搬迁，实现“挪穷窝、断穷根”目标

怒江州 98%以上的面积是高山峡谷，境内山高谷深、崎岖不平，最高海拔 5128 米，最低海拔 738 米，山多、山大、山陡。怒江州无高速路、无机场、无铁路、无航运、无管道运输，道路等级低。易地搬迁是改变当地贫困群众生活的重要途径，将这部分群众搬离“靠天吃饭”的生存环境，才能彻底改善贫困群众的生存发展环境，才能确保这部分搬迁群众真正实现“挪穷窝，改穷业，拔穷根，换穷貌”，确保如期实现脱贫与发展。

怒江州委、州政府按照“应搬尽搬、应报尽报”的原则，按照整村整组搬迁和“下山进城入镇”的思路，规划建设 67 个集中安置点，将全州近 1/5 的人口搬出大山，迁入城镇。易地扶贫搬迁对象以建档立卡贫困人口为主，他们居住在深山石山、边远高寒等不具备基本发展条件，交通通信等基础设施和基本公共服务设施十分薄弱等六类区域。原则上集中居住 30 户以下、贫困发生率 50%以上、基础设施和公共服务尚未达到脱贫出列条件的自然村实施整村搬迁。

搬迁地点紧密结合州情和城镇化发展战略，原规划内任务城镇化安置比例

① 《人间奇迹》编写组：《人间奇迹——中国脱贫攻坚统计监测报告》，193 页，北京，中国统计出版社。

达83%，新增任务城镇化安置比例达100%。泸水市怒江新城和三县县城15个安置点安置6.8万人，18个中心集镇安置点安置2.1万人，41个中心村集中安置点及少量分散安置搬迁0.63万人；在泸水市片马镇抵边安置478人。怒江新城、福贡新城、兰坪新城等一个个现代化新集镇拔地而起，大峡谷两岸一个个犹如珍珠般的特色小镇串成一道道别具特色的靓丽风景，10万贫困群众告别了昔日的吊脚房、木草屋，拎包住进了窗明几亮、家具家电齐全的新楼房，生动地诠释着“怒江每天都在进步、每时都在变化”的脱贫攻坚成果。

（二）抓产业就业扶贫，确保“有产业、能增收”稳定脱贫

怒江州充分结合生态资源优势，大力发展草果、花椒、漆树等绿色香料产业，怒江州草果、花椒和漆树种植面积分别达107万亩、11万亩和33万亩。召开云南怒江绿色香料产业发展战略研讨会，加快规划建设绿色香料产业园；大力推进“峡谷蜂蜜、特色生态畜禽产品”等生态食品和品牌生产基地建设。推进30个旅游扶贫示范村、750户旅游示范户建设，独龙江5A级旅游景区和丙中洛国家级旅游度假区、特色小镇创建工作加快推进。2019年以来，怒江州开展农村劳动力转移就业培训8.31万人次，其中建档立卡贫困劳动力4.86万人次；新增转移农村劳动力8.8万人次，其中建档立卡贫困劳动力3.85万人次。

（三）抓教育健康扶贫，落实“有学上、能看病”基本保障

加大依法控辍保学力度，积极探索控辍保学“流动法庭”，形成定期监测机制。2019年底，怒江州义务教育阶段、小学阶段、初中阶段失学辍学率分别为0.2%、0.034%和0.54%，云南师范大学附属怒江州民族中学挂牌。制定落实“两后生”送学10条措施，与云南省27家职业院校建立合作关系，先后输送3000余名“两后生”到州内外职业院校（技师院校）学习，其中，定向输送到珠海市599人（其中建档立卡贫困学生473人）。推动义务教育均衡发展，贡山县、福贡县、泸水市顺利通过义务教育均衡发展国家考核验收。全面实施“雨露计划”，共资助543名中职学生。做好国家通用语言普及工作，怒江州完成了12224名群众的普通话培训。认真落实国家卫生健康委《健康扶贫三年攻坚行动实施方案》，印发《云南省卫生计生委怒江州人民政府关于建立共同推进机制坚决打赢怒江州健康扶贫攻坚战的意见》，抓实县、乡、村三级医疗机构建设，在建卫生重大项目有序推进，2018年提升改造或重建村卫生室47个，昆明医科大学第二附属医院怒江州第一医院挂牌。落实城乡居民基本医疗保险，

建档立卡贫困人口100%参加城乡居民基本医疗保险和大病保险，符合转诊转院规范的住院治疗费用经“四重保障”兜底后，实际报销比例达90.29%。乡村两级医疗服务能力不断提升，实现了“先诊疗，后付费”和“一站式一单式结算”。兰坪县制定出台了全县结核病筛查实施方案和新型“三位一体”肺结核病防治服务模式，设立每月“健康宣传日”，全年开展各类健康宣传活动480余场，群众参与人数累计达27.3万余人次。

（四）抓基础设施建设，解决“出行难、信息难”瓶颈

“十三五”期间，怒江州基础设施建设持续提速，实现了多个突破。综合交通网络逐步形成，第一座机场（兰坪丰华通用机场）建成投入使用，第一条高速公路——保泸高速公路建成通车，怒江美丽公路、六片红色旅游公路、丙吉公路相继建成通车，四县市全部通高等级公路。剑兰、云兰高速公路、怒江美丽公路绿道工程等项目开工建设，怒江六库机场公路、兰福二级公路金顶至营盘段、德贡公路孔雀山隧道加快建设，“四好”农村公路建设持续推进。2021年4月，国务院、中央军委批复同意新建怒江民用机场，贡山县通用机场选址完成。怒江州路面等级和通行能力大幅提升。截至2020年底，怒江州境内公路总里程达到6658千米，较“十二五”末的5576千米增加1082千米，提升19.4%。公路网密度达到41.26千米/百平方千米，乡镇通油路、行政村通硬化路率均达100%。初步形成了适应怒江独特地形地貌的城乡路网格局，居民出行条件及出行环境得到明显改善。黄木水库、瓦姑水库等一批重点水源工程相继竣工，板瓦水库、弥勒坝水库等一批项目开工建设。黄登、大华桥水电站建成投产，一批骨干电网建成投运。信息通讯基础设施建设步伐加快，所有行政村实现光纤和4G网络全覆盖，5G通信设施建设稳步推进。

（五）抓社会扶贫，构筑“全方位、多主体”扶贫格局

不断深化东西部扶贫协作，建立了珠海市·怒江州扶贫协作工作联席会议制度，开展“携手奔小康”行动。截至2020年，珠海市累计支持怒江州资金14.343亿元，其中财政援助资金10.088亿元，社会帮扶资金4.255亿元。在产业扶贫、劳动力转移、健康扶贫、教育扶贫、人才培养等方面大力帮扶怒江州。中交集团等21家中央、省级机关、企事业单位挂钩4个县（市）及25个贫困村，下派102名驻村扶贫工作队员。三峡集团对怒族、普米族进行精准帮扶，帮扶资金达6.6亿元。大唐集团对傈僳族进行精准帮扶，到位资金0.98亿元。

2018—2020 年，通过启动“中国光彩事业怒江行”活动，近 200 位民营企业家共投资 295.4 亿元，落地 50 个项目持续帮扶怒江州脱贫攻坚。

二、脱贫成效

（一）历史性解决深度贫困问题

截至 2020 年底，怒江州 26.78 万贫困人口全部达到“两不愁三保障”标准，249 个贫困村全部退出，4 个贫困县（市）全部脱贫摘帽。其中，独龙族、怒族、普米族、傈僳族等“直过民族”和人口较少民族顺利实现整族脱贫，困扰千年的贫困难题得到了历史性解决。仅 2020 年，便有泸水市 1.67 万、福贡县 1.89 万、贡山县 0.01 万、兰坪县 0.86 万贫困人口实现脱贫。

据图 5-12 所示，2013—2020 年间，怒江州人均 GDP 逐年递增，从 2013 年的 15936 元增长至 2020 年的 38127 元，七年增长幅度高达 139%，高于同时期全国的人均 GDP 增长幅度（65.53%），与全国水平相比而言，怒江州人均 GDP 增长迅速，且增势不减，经济发展实现大提升。

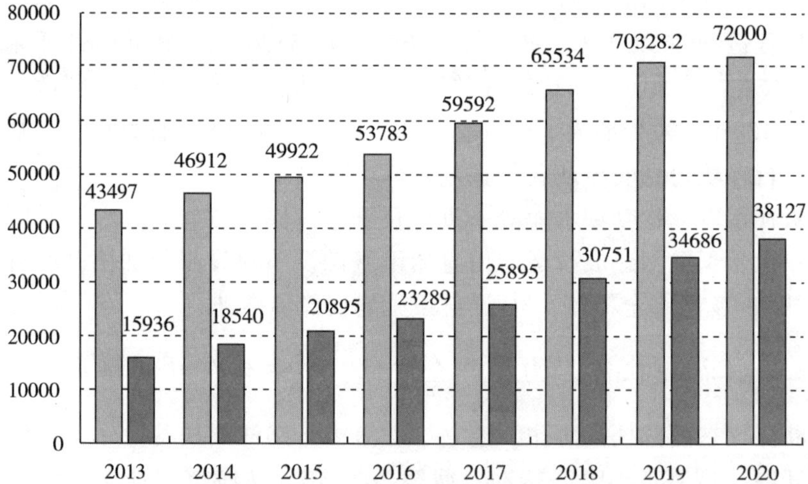

图 5-12　2013—2020 年怒江州人均 GDP

数据来源：怒江州政府官网统计数据。

（二）产业组织化水平得到稳步提升

怒江州引进省农业投资担保公司，设立了产业扶贫担保基金，共为48户新型经营主体实施担保贷款4702万元。印发《怒江州人民政府办公室关于促进农民专业合作社发展的实施意见》《怒江州农民专业合作社带贫标杆社认定扶持办法（试行）的通知》，争取云南省财政资金1000万元，珠海市扶持资金500万元，对30个带贫成效较好的农民专业合作社，按每社给予50万元的奖励扶持。目前，怒江州拥有省级龙头企业9个，州级龙头企业59个，有农产品加工企业（包含个体户）910户；有运行良好的专业合作社1412家，其中，获得国家级示范社称号的有4家，获得省级示范社称号的有27家，获得州级示范社称号的有47家；有家庭农场44个。参与产业扶贫的各类新型农业经营主体987个，新型经营主体带动全州建档立卡户6.56万户25.69万人，覆盖率100%。2020年底，怒江州建档立卡户年人均纯收入提升到10878元。

（三）贫困群众从穷窝穷业到实现了安居乐业

开展易地扶贫搬迁是原深度贫困地区打赢脱贫攻坚战的重要抓手，怒江州按照整村整组搬迁和“下山进城入镇”的思路，规划建设67个集中安置点，完成了怒江州历史上最大规模的搬迁行动，让10万贫困群众搬出大山，迁入崭新社区，旧房换新房，村民变市民。将后续扶持和“稳得住”工作的谋划贯穿到整个易地扶贫搬迁全过程，制定了《怒江州易地扶贫搬迁后续扶持工作实施意见》等文件，不断完善学校、卫生室、村史馆、文化活动场所等配套设施，建立基层党组织、社区管理机构和综治中心，开展“管委会+社区+暖心团”的暖心服务，让群众在新家住得安心。新建41个扶贫车间，让“楼上居住、楼下就业”成为搬迁群众新的生活方式。设立52个就业创业服务站（点），转移就业47977人，易地扶贫搬迁家庭劳动力实现了户均1.85人就业。抓好10个易地扶贫搬迁“稳得住”示范安置点建设，进一步发挥示范引领作用，把“稳得住”工作落到实处。

（四）民生保障水平全面提高

随着农村学生营养改善计划、“两免一补”和14年免费教育等政策全面落实，控辍保学成效显著，义务教育阶段在校生达到7.27万人，创历史最高水平。怒江州民族中学挂牌成为云南师范大学第28所附属中学，滇西技术应用大学怒江学院于2020年开始招生。怒江州四县（市）义务教育均衡发展通过国家督导评估认定，学前教育、职业教育和特殊教育办学水平进一步提高。2020年，怒江州九年义务教育巩固率达95.12%，高中阶段毛入学率达90%。公共卫生服务和食品药品安全监管体系不断健全，医药卫生服务基础设施条件进一步改善，州人民医院二号楼儿童专科医院建设项目于2022年投入使用，州中医院、州保健院、州疾控中心、州中心血站等一批重大医疗卫生项目建成，全州实现255个行政村标准化卫生室全覆盖和乡村医生配备，医疗技术水平得到提升，结核病、艾滋病等重大传染病防治得到全面加强。怒江州民族语译制播控中心、文化馆建成投入使用，怒江民族博物馆启动建设。文化惠民工程全面推进，群众精神文化生活更加丰富多彩。就业服务不断完善，累计实现农村劳动力转移就业34.44万人次，城镇新增就业人数2.51万人。社会保障体系不断完善，城乡居民医疗和基本养老保险参保率分别达到95.59%、93.24%。

（五）城乡面貌呈现新变化

“十三五”期间，怒江州城乡规划布局持续优化，城乡一体化发展有效推进，全州城镇化率从31.84%提高到53.35%，城乡经济发展潜能进一步激发。市政基础设施项目加快实施，建成城市污水管网145.4千米、供水管网1144千米、城市道路159千米，城市建成区面积达21.86平方千米。泸水成功撤县设市，怒江新城完成5个大型易地搬迁点建设，安置2.34万人，怒江大道全线建成通车，配套产业、文化、生态修复等项目加快实施，“扶贫之城、生态之城、产业之城、文化之城”的定位加快实现，开启怒江新型城镇化建设新征程。丙中洛等小镇列入省级特色小镇创建名录，成功申报1个国家级美好人居环境与幸福生活示范村庄、8个国家级传统村落、1个历史文化名村，一批美丽宜居乡村典型示范村有序建设。“美丽县城”“和美乡村”建设全面启动，城乡“两违”建筑和人居环境整治行动持续开展，城乡人居环境得到全面提升。2019年，县城及以上城市污水集中处理率达75.26%，生活垃圾无害化处理率达到92.53%，95%以上的村庄生活垃圾得到有效治理，规模养殖场畜禽粪便有效处置及综合利用率超过88.7%，城市建成区绿地率达21.38%，绿化覆盖率达22.29%，人均公园绿地面积达9.79平方米。

三、脱贫模式

（一）农业特色产业扶贫模式

产业扶贫是脱贫攻坚的主要抓手，是精准扶贫的关键举措，是实现贫困户直接参与与获利的一种长效扶贫措施。怒江州依托独特的自然地理气候优势，因地制宜，结合国家新一轮退耕还林还草政策及产业结构调整，发展“林下草果经济”，闯出了一条集生态、环保、绿色、健康于一体的草果致富路。怒江草果已成为群众增收致富的重要产业，已成为我国草果的核心产区和云南省最大的草果种植区。草果产业带动了怒江沿边 3 个县（市）21 个乡镇 116 个村 4. 31 万户农户，覆盖人口 16. 5 万。

怒江州通过成立加快草果产业发展工作领导小组，先后制定了《关于加快草果产业发展的意见》《草果产业发展总体规划（2014—2020）》《怒江州绿色香料产业建设方案（2018—2022）》等政策措施。按照“科学规划、点片结合、分类施策、分步实施”的原则，实施百万亩草果提质增效，推进绿色香料产业园区建设。围绕将怒江州发展建设成为脱贫致富示范区、生物多样性保护核心区、世界级高山峡谷旅游胜地的目标任务，确立泸水市重点发展“高黎贡山猪+草果+柑橘”特色产业、福贡县重点发展“草果+茶叶”为主导的生态农业、贡山县以“草果+独龙牛”为优势产业、兰坪县重点发展“车厘子+中药材+芸豆”高原特色农业的“一县一业”发展目标。积极探索三次产业融合的全产业链发展模式，建设集加工、研发、商贸、展示、文化、旅游为一体的绿色香料产业园区，开展草果产业集群建设，现有 6 家企业入驻园区。在福贡县建成怒江大峡谷农副产品加工交易中心，选用热泵微波智能自动化生产线，实现年生产鲜果 6000 吨，冷藏 1 万吨鲜果的规模。草果蔬菜、叶鞘工艺品编织、手工皂制作、精油、香水、面膜、果酱、糕点、混合香料等产品研发有力推进。成功开发出 50 道“怒江草果宴”菜品和草果正气茶、草果啤酒等草果产品。截至 2020 年底，全州草果种植面积由原来的零星种植发展到规模种植 111. 5 万亩，挂果面积 40 万亩，鲜果产量 4. 74 万吨，草果综合产值 13. 2 亿元（其中，一二三产业产值分别为 4. 1 亿元、7. 95 亿元、1. 15 亿元），草果产业已经成为群众收入的主要来源之一①。

（二）易地搬迁模式

地理因素是制约云南原深度贫困地区发展的首要因素。面对恶劣的自然地理环境，怒江州坚持把易地扶贫搬迁作为深度贫困脱贫攻坚战头号战役。怒江州提出让10万贫困人口“挪穷窝、拔穷根、摘穷帽”的安排，按照整村整组搬迁和“下山进城入镇”的思路，“进城抵边”战略，县城、集镇、抵边“三靠近”原则，充分考虑地理位置优势、自然资源承载力、后续发展潜力等综合因素，以向州府怒江新城和3个县城搬迁安置为主、向中心集镇和片马抵边安置为辅的方式，实行城镇化集中安置，易地扶贫搬迁点在沿江、紧邻美丽公路一带布置，将大部分搬迁群众集中安置在县城、集镇、边境一线，全力阻断贫困代际传递。

2018年至2020年6月，怒江州投入易地扶贫搬迁工程项目建设资金65.12亿元，支持全州易地扶贫搬迁及搬迁点后续公共服务设施建设。为配合开展好安置点配套供电工程建设，云南电网公司与怒江州政府签订行业扶贫目标责任书，形成“政府主导、政企联动、责任共担、合作共赢”的电网建设模式，密切跟踪建设进度，确保电网配套设施与安置点同步规划、同步实施、同步建成，做到“安置点建在哪里，电就通到哪里”。同时，怒江州对易地扶贫搬迁点、搬迁安置户建立“一点一册”“一户一卡”的专项档案，实现全过程跟踪精准管控。截至2020年，已对84个易地扶贫搬迁安置点下达配套电网建设项目投资1.8亿元，新建10千伏线路116千米，新增10千伏配变302台，建成后网架完全满足今后搬迁户的用电需求。

自实施易地扶贫搬迁以来，怒江州发生翻天覆地的历史巨变。“十三五”期间，怒江州规划建设75个集中安置点，搬迁安置建档立卡贫困人口25185户95859人，加上整村整组同步搬迁对象，共搬迁安置10万人，在住房、交通、饮水安全、就医、就学困难等方面取得实质性改变。截至2020年8月，怒江州在67个集中安置点中设立52个就业创业服务站点，先后组织开展能力素质提升培训2.54万人次，已累计实现转移就业4.8万人，转移就业率达86.8%，真正实现群众从“挪穷窝”向“奔小康”的转变。

---

①《草果产业撑起群众增收致富“一片天”》，见怒江州人民政府门户网站，https：//www.nujiang.gov.cn/xxgk/K3957471X/info/2021-182121.html。

（三）教育帮扶模式

怒江州素质性贫困十分突出。2018 年，全州贫困人口人均受教育程度仅 7.6 年，建档立卡贫困户中有 3.8 万贫困学生，占全州学生的 34%，因教致贫成为制约怒江脱贫攻坚的短板之一。自攻坚战打响以来，怒江州把教育扶贫作为消除素质性贫困的治本之策，努力切断贫困代际传递。

2016 年秋季学期开始，怒江州全面实施 14 年免费教育，实施范围是学前 2 年、义务教育 9 年（小学 6 年、初中 3 年）、高中 3 年。义务教育阶段实施了“两免一补”为主的保障政策，并实现生活补助全覆盖、雨露计划等教育惠民政策。怒江州建立了从学前教育到大学教育的全覆盖资助体系，因学失学辍学的历史一去不复返。仅 2019 年，落实学生资助政策资金 28821.43 万元，共有 95084 人次建档立卡户学生受到资助。其中，泸水市以学前教育为抓手，实现了全市“一村一幼”全覆盖。截至 2020 年 9 月，泸水全市办园规模由 6 所增加到 96 所，增长了 15 倍，在园幼儿达 5.6 千人，学前三年毛入园率升至 72.16%，在全省率先实现了“一村一幼”“一乡一中心”“一县一示范”的办园目标，真正实现了幼有所教。

“十三五”期间，怒江州坚持以“办好人民满意的教育，让每个山村孩子享有公平有质量的教育”为目标，合理配置教育资源，因地制宜加快调整中小学区域布局，办好寄宿制学校，公共教育资源重点向边远农村学校倾斜，积极推进区域内义务教育均衡发展；强化教育信息化建设，进一步改善教育信息化环境，着力提升城乡现代化教育水平；统一城乡资源配置和投入标准，在财政拨款、学校建设、教师配置等方面向农村倾斜；均衡配置教师资源，推进和完善校长、教师交流制度，城镇骨干教师定期到农村学校任教；逐步配备音乐、体育、美术、综合实践活动等学科教师，开足开好规定课程。2019 年，全州四县（市）义务教育发展基本均衡通过国家评估认定。2020 年，九年义务教育巩固率达 92.76%，比 2015 年提高 26.94 个百分点。

（四）央企帮扶模式

为助力怒江州尽快脱贫，中交集团、三峡集团、中国大唐等多家央企在怒江州投入大量人力物力财力，聚力攻坚。三峡集团、中国大唐分别与云南省人民政府签署合作协议，负责帮扶怒族、普米族、傈僳族等人口较少民族、“直过民族”精准脱贫。

自1995年起，中交集团作为中央定点扶贫单位，定点帮扶怒江州泸水、福贡、贡山、兰坪4县（市）。20多年来，中交集团坚持“怒江所需，中交所能”和“长短结合，优势互补”原则，用心用情助力怒江州脱贫攻坚工作。党的十八大以来，中交集团累计投资了6.25亿元，组建了中交怒江产业扶贫开发有限公司，致力于构建中交与怒江的命运共同体。2016年以来，三峡集团在怒江州累计投入帮扶资金8.9亿元，惠及怒族、普米族近万户2.85万贫困人口；大唐集团在怒江州累计投入6.7亿元，惠及傈僳族贫困人口4.3万户17万人。

改善交通基础设施、做好教育等社会性公共服务也是央企帮扶的重要领域。千百年来，交通一直是制约怒江州发展的最大障碍。因此，中交集团践行交通强国战略，先后投资1.5亿元在福贡县建设木尼玛大桥、腊吐底产业路、石月亮咱利产业路，投资1.04亿元援建了中交怒江连心桥，对优化和完善区域交通网络、缓解交通压力，改善泸水市、福贡县群众生产生活条件起到举足轻重的作用，解决了易地搬迁安置人员的出行难题。在教育提升方面，中交集团在兰坪县投资1.5亿元，援建了中交兰坪新时代希望学校，破解了兰坪县城区人口不断增长、教育资源紧缺等难题。三峡集团投资3664万元，建设中小学校4所，建设学前教育校舍28所；中国大唐扩建中小学校27所，扩建学前教育25所，有效解决了民族地区教育设施发展滞后、教学资源配置不足以及国家通用语言文字推进不均衡等关键问题。

四、脱贫案例

（一）整乡推进、整族脱贫

整乡推进整族脱贫始于2010年云南省委、省政府提出的“独龙江乡整乡推进、整族帮扶行动计划”，是云南省在脱贫攻坚中面对独龙江乡独特情况探索出来的创新举措。“整乡推进、整族脱贫”跨越式发展的脱贫思路，强调了全面性、系统性、整体性帮扶特点，突出“区域发展带动脱贫攻坚、扶贫攻坚促进区域发展”的工作思路。一是修路致富打通发展瓶颈。独龙江乡地处绝地山区，恶劣的自然条件、幽深的峡谷与雪山的阻碍使得独龙江乡千百年来与世隔绝，修路成本远远高于国家标准。以前，独龙族人过江靠溜索，出门攀天梯，且只能在大雪封山前的半年才能外出。交通闭塞是横亘在独龙族群众致富路上的一块巨石，造成了他们自身无法摆脱的区域性贫困，修路成为打开希望大门的金钥匙。从1964年的人马驿道到1999年的独龙江公路通车，再到2014年高黎贡山隧道的开通，独龙族群众逐步破除交通壁垒。① 二是整合资源、集中投入、形成帮扶合力。在帮扶过程中，强化整合项目资金和社会资源，形成多部门帮扶主体协作、合力推进的整族帮扶格局；同时强调发展产业（务工、畜牧林果业、民族文化旅游）是实现整乡推进、整族脱贫的长远之计，是促进从“输血式”向“造血式”转变的根本之策。整乡推进整族帮扶有效地激发了独龙族的内生发展动力，昔日封闭原始、贫困落后的独龙江乡实现千年历史性巨变，于 2018 年底实现了整族脱贫，实现了一越千年的人间巨变。

（二）谋长远出实招见实效，开创就业扶贫实践

就业是最大的民生工程、民心工程、根基工程，是社会稳定的重要保障，稳住就业这个基本，居民就有了收入和消费，经济社会大盘就有了稳定基石。泸水是一个美丽与贫困交织的地方，由于长期封闭、生存空间受限等诸多因素的制约，一直是脱贫攻坚最难啃的硬骨头。泸水市以就业为重要抓手，千方百计促进就业，主要做法体现在：

一是狠抓农业产业稳就业。泸水市借易地扶贫搬迁的契机，将搬迁户的土地承包经营权入股合作社，由合作社、大户、龙头企业统一经营管理，发展农业生产，并依托得天独厚的地理气候把劣势变为优势，将现有“小、散、弱”的农业产业变为“小、特、优”的精品产业，着力打造特色产业、优质精品产业，增强特优精产业持续发展的生命力，让贫困群众不仅获得收益分红，而且引导群众到基地务工，解决就业难题。

二是狠抓扶贫工厂促就业。把招商引资和建扶贫车间有机结合，采取“企业+车间+贫困户”“政府+车间+贫困户”等方式，积极引导优质企业到乡村、易地扶贫搬迁点建工厂、建扶贫车间，带动一批建档立卡户就近就地就业，实现建档立卡户在家门口既能就业挣钱，又能照顾家人的美好愿景。

三是狠抓外出务工扩就业。2016 年 9 月起，珠海市和怒江州这两座原本相距千里的城市，以开展“深化江海情、携手奔小康”行动为契机，建立对接劳务协作工作机制。在珠海市委、市政府和社会各界的大力帮扶下，泸水市立足长远发展，千方百计让劳动力走出大山，到珠海打工，实现贫困群众的致富梦。通过不懈努力与拼搏，泸水市务工人员在广东等发达地区，真正开始了以双手

① 耿新、陈诺、胡鹏：《铸牢中华民族共同体意识视域下人口较少民族实现共同富裕的模式与经验研究，载《广西民族研究》，2022（5）。

改变命运、以勤劳获取幸福的脱贫务工生活。泸水务工人员所在的企业，展现的社会责任以及现代化企业人性化的管理水平，成为务工人员幸福生活的保障。如今的珠海，正以宜居宜业宜游的独特魅力、扶贫举措的得力、企业的蓬勃发展和生机吸引了一批又一批泸水籍员工走出大山、不断创造自己的价值。

四是狠抓自主创业活就业。泸水市按照“政府搭建平台、平台聚集资源、资源服务创业、创业带动就业”的思路，从产业发展、项目实施、金融支持、公共服务等方面加强了对自主创业的支持力度，不断建立健全激活创业就业的政策激励机制，印发《泸水市创业带动就业奖励政策实施办法（试行）》为大众创业、万众创新营造良好的氛围，积极引导群众发挥自身创业优势，鼓励自主创业并带动就业，实现增收致富。

五是狠抓技能培训帮就业。泸水市坚持“以学员为根本、以就业为导向、以技能为核心、以效益求发展”的目标，按照“缺什么、培训什么”的原则，全面深入开展技能培训，有效解决贫困群众生产没有技能，务工缺技术的问题，从“输血式”扶贫向“造血式”扶贫转变，实现技能就业、技能增收，提高劳动力务工技能的含金量，帮助农户找到“金饭碗”。

六是狠抓工程建设增就业。泸水市始终聚焦可持续发展的长远性和战略性需求，紧紧围绕大滇西旅游环线建设，狠抓交通、旅游、农业产业等基础设施建设，着力改善并提升公共项目建设的服务能力和扩大工程项目建设，增加就业容量，持续带动大量的中低收入群众实现就地就近就业，通过狠抓工程建设增加就业措施，仅2019年的项目建设就容纳了2万多名劳动者就地就近务工。

七是狠抓公益性岗位开发保就业。为更好地帮助有劳动能力但因家庭或其他原因不能外出务工的劳动力实现就业愿望，泸水市大力拓展市内就业空间，加大护林员、乡村公共服务岗位、环境卫生保洁员等公共服务岗位的开发与使用力度。

八是狠抓招商引资，发展工业企业带就业。泸水市充分利用当地独特的特色种养殖资源、自然资源，加大招商引资建农业产业园、农业规模种养殖基地、乡村特色旅游景区等项目建设，实施“筑巢引凤”工程，大力发展一批工业企业带动就业，让贫困群众看到泸水发展的希望与潜力，积极投身到工业企业建设中带动就业，激发群众靠辛勤劳动脱贫致富的信心和动力。

九是狠抓内生动力培训添就业。泸水市在脱贫攻坚中深知思想扶贫的重要性和紧迫性，在技术技能培训中始终坚持智志双扶，让贫困群众掌握致富技能的同时，不断增强自我“造血功能”和致富能力，让贫困群众真正实现靠技能就业、靠技能增收。同时，为了更好地激发贫困群众内生动力，在全州首创并推行“拉网式”“地毯式”“农民军校”“综合能力素质提升班”，通过扎实有效地狠抓内生动力培训，让贫困群众在内心深处扎牢了“劳动最光荣，幸福靠奋斗”的思想认知，引导贫困劳动力形成了正确的“求职观、就业观”，激发了“不等不靠”，“苦干、实干、亲自干”的内生动力，为泸水就业扶贫夯实了思想引领工作。

（三）脱贫攻坚与生态文明建设双赢

生态扶贫是习近平生态文明思想、“两山”理论和精准扶贫思想相结合的最生动实践，为解决深度贫困区、重要生态功能区、少数民族聚居区贫困问题提供了独特的“中国方案”。

云南省大部分原深度贫困地区的优势在于独特的生态区位，大自然赋予的丰富生物多样性、美丽景观和能源矿藏资源，各族人民与自然长期相处孕育的文化多样性。同时，其劣势也在于大自然赋予的复杂而又脆弱的生态系统，地理偏僻、交通不便并远离消费市场，在怒江州尤为突出。怒江州是全国各类保护区占国土面积比例最大的市州，全州 60.86%的国土面积纳入各类保护区，61.81%的国土面积划入生态保护红线区域，生态保护任务非常重，可供开发的区域少之又少，制约了全州经济社会发展步伐，生态保护与生计改善和发展需求冲突，并且扶贫开发所带来的基础设施建设规模大、时间紧，防范生态破坏压力巨大。

一方面，怒江州将生态文明建设提高到“立州之本”高度，深刻把握“生态立州”的原则，不断提升政治站位。怒江州结合怒江州贫情、林情，对生态文明建设开展了翔实的规划工作，以全面推进生态保护、国土绿化、林业产业 3 大体系为重点的建设任务，吸纳建档立卡贫困户参与生态文明建设实现增收脱贫，探索了一条符合怒江实际的生态保护与脱贫致富协同发展的跨越之路，深入推进生态保护脱贫攻坚行动。先后编制完成了《怒江州扶贫攻坚综合规划之怒江生态修复专项规划（2010—2015 年）》《怒江州“两江”流域生态修复和绿色经济发展行动计划（2014—2020 年）》《云南省怒江傈僳族自治州林业生态脱贫攻坚区行动方案（2018—2020 年）》等政策规划。另一方面，加强生态脱贫攻坚的组织领导。成立了怒江傈僳族自治州自然保护区管理局，加强自然资源调查检测评价、国土空间用途管制、自然合理开发利用等工作，完善了生态保护的管理机构。通过生态修复工程全民大行动、杨善洲纪念林营造活动、

“森林云南”怒江建设等各类活动及宣传教育，使人与自然和谐相处的生态价值观更加深入人心。2010年以来，以城镇面山绿化和周边增绿工程为载体，组织机关干部职工、驻地部队官兵、农村群众，相继开展争当生态文明建设排头兵、加快国土绿化步伐等全民义务植树活动，宣传和弘扬生态理念，普及森林文化知识，营造了尊重自然、热爱自然、善待自然的生态氛围，增强了国民的生态意识和责任意识，树立了国民的生态伦理和生态道德，实现怒江绿起来、美起来、富起来的目标。

怒江州积极探索生态文明理念转化为现实的有效实践，严守生态环境底线，在全国率先招聘生态护林员，实施生态补偿政策，探索了边疆原深度贫困地区生态保护和经济发展良性互动的绿色发展方式，积极发展生态友好型、资源节约型产业，实现生态保护与脱贫致富的“双赢”，坚定不移做好“绿水青山就是金山银山”的证明题。

（四）实现示范创建与脱贫攻坚双融合

怒江州境内居住着汉、傈僳、怒、普米、独龙等22个民族，少数民族人口占全州总人口的93.96%、“民族直过区”人口占全州总人口的62%，是全国人口较少民族最多的自治州，是全国“三区三州”最困难的地区，这些特点形成了怒江州多民族、直过、沿边、深度贫困的特殊州情。

怒江州加强领导，高位推动，研究制定了《中共怒江州委关于在脱贫攻坚中推动全国民族团结进步示范州创建工作的决定》《怒江州建设全国民族团结进步示范州规划（2016—2020年）》《怒江州创建民族团结进步示范州实施方案（2018—2020年）》等政策措施，明确提出“在原深度贫困地区脱贫攻坚上作示范”“在落实党的民族政策上作示范”“在创新民族工作上作示范”等8个目标任务，为打赢深度贫困脱贫攻坚战与创建全国民族团结进步示范州实现双融合、双推进、双达标奠定了坚实的基础。2017—2020年，累计安排民族团结进步创建工作经费超过1千万元，为创建工作提供了坚强保障。面向全体，宣教并重，以构建中华民族共同精神家园凝聚人心，不断丰富各民族贫困人口的精神世界及精神生活。聚焦青少年、知识分子、信教群众等群体，把民族团结教育贯穿于教书育人全过程，播撒中华民族一家亲，各民族和睦相处、和衷共济的“金种子”；贯穿于宗教活动全过程，宣讲好党的民族宗教政策，让信教群众筑牢“三个离不开”思想，自觉抵制利用宗教进行分裂渗透和破坏活动；贯穿于夯实信仰之基、铸牢思想之魂的全过程，以社会主义核心价值观为引领，大力弘扬以爱国主义为核心的民族精神，在历史与现实的交互共生中不断增强红色基因的感召力。怒江州注重把中华优秀传统文化融入课堂教育、道德建设、文化创造和生产生活，不断完善民族文化特色课程建设，建立健全民族文化校外辅导员互动机制，大力开展“开学拜师礼”、射弩竞技、民族乐器制作、民族八套舞课间操等文化传承传播活动，在孩子们的心灵中从小播下爱国主义和民族团结的种子。围绕主线，聚力“三交”，以打造共建共享共居共乐的社会环境增进感情，使得铸牢中华民族共同体意识深入人心。通过举办“同唱民族歌、共跳民族舞”群众性主题活动、民族团结文艺晚会、“传承民族文化”主题少先队活动等系列活动，真正让各族群众交得了知心朋友、做得了和睦邻居、结得了美满姻缘。注重与东西部扶贫协作单位和在怒江开展社会帮扶的企业、团体、高校等联创联建，建立健全外出务工少数民族流动人口服务管理协调机制，“珠海班”“怒江班”积极帮助外出务工群众搭建创业就业平台、个人提升平台、才能展示平台，让他们适应城市生活，更好融入当地社会，在共建共享中有更多的归属感，在精神上找到慰藉，让心灵得以相通。

第六章　四川三州深度贫困大调查与脱贫现状

四川是一个多民族聚居的地区，56 个民族成分齐全，并且有彝族、藏族、羌族等 14 个世居少数民族，有全国最大的彝族聚居区、第二大藏族聚居区和唯一的羌族聚居区，主要分布在凉山彝族自治州、阿坝藏族羌族自治州和甘孜藏族自治州，以及马边彝族自治县、峨边彝族自治县和北川羌族自治县等民族自治地方。课题组对四川三州的深度贫困问题展开大调查，通过入户访谈、问卷调研的方式，了解其总体贫困特征和微观贫困成因，以及在脱贫中取得的成效和典型的脱贫模式。

第一节　四川三州总体概况

一、四川三州区位特征

凉山彝族自治州是全国最大的彝族聚居区和四川省民族类别最多、少数民族人口最多的地区。全州面积 6.84 万平方千米，辖 16 县 1 市，木里县是全国仅有的两个藏族自治县之一，境内有彝、汉、藏、回、蒙等 14 个世居民族。从地形地貌来看，凉山地处川西南横断山系东北缘，界于四川盆地和云南省中部高原之间，地势西北高，东南低，境内地貌复杂多样，地貌类型齐全。从气候条件来看，凉山州的气候属于亚热带季风气候区，干湿分明，冬半年日照充足，少雨干暖；夏半年云雨较多，气候凉爽。凉山州境内河流众多，水利资源丰富，干流成系的有金沙江、雅砻江和大渡河三大水系，其中大于 500 平方千米的河流有 22 条。凉山州自然资源丰富，矿产资源富集，具有品位高，埋藏浅，采取条件好，综合利用价值高的特点，其中轻稀土氧化物保有储量 278 万吨，居于全国第二；森林植被跨越省内“川东盆地及川西南山地常绿阔叶林地带”和

“川西高山峡谷山原针叶林地带”，植被分布多样，类型丰富；境内脊椎动物计有 5 纲、40 目、100 科、661 种（含亚种），占四川省的 52.1%。[①]

阿坝藏族羌族自治州是四川省第二大藏族聚居区和我国羌族的主要聚居区。全州面积 8.42 万平方千米，辖 12 县 1 市，境内有藏、羌、回等民族。从地形地貌来看，阿坝州地处青藏高原东南缘，横断山脉北端与川西北高山峡谷的结合部，地貌以高原和山地峡谷为主，东南部为高山峡谷区，中部为山原区，西北部为高原区，平均海拔在 3500—4000 米。从气候条件来看，阿坝州属于高原季风气候，分高山、山原、高山河谷三种气候类型，境内垂直气候显著，冬季寒冷而漫长，夏季北部温凉、南部温热且短暂。长江上游四川境内的主要支流岷江、嘉陵江、涪江均发源于阿坝州。其中，岷江干流及最大支流大渡河纵贯全境，其流域内水量充沛、天然落差大，蕴藏着丰富的水能资源。阿坝州拥有丰富的矿产资源，其境内探明黄金储量 116 吨和大理石储量 1239 万立方米，分别约占四川省的 49%和 33%。阿坝州动植物资源众多，拥有 1500 余种珍稀野生植物资源和 553 种脊椎动物资源。[②]

甘孜藏族自治州是新中国成立以来第一个专区级少数民族自治州，是连接西北和西南的“咽喉”、民族大融合的“走廊”、藏汉贸易的主要集散地和茶马互市的中心，是康巴文化的核心区，全州面积 15.3 万平方千米，平均海拔 3500 米，辖 18 个县，有藏、汉、回、彝、羌、纳西等 43 个民族，是全国第二大涉藏地区。从地形地貌来看，甘孜州地处四川盆地和云贵高原之间的过渡地带，北部为川西北丘状高原，南部系横断山脉的高山峡（深）谷区，东部邻近四川盆地西部山地。从气候条件来看，甘孜州气候主要属青藏高原气候，随高差呈明显的垂直分布姿态，其特点是气温低、冬季长、降水少、日照足。甘孜州水资源主要来源于降水、高山冰雪、湖泊积水、过境水和地下水，主要河流则有金沙江、雅砻江和大渡河 3 大河流。甘孜州植物动物种类繁多，州内有药用植物 1581 种（藏药植物 500 余种），占四川已知种类的 40%，有国家重点保护的野生药材 43 种，常用的名贵和大宗中藏药材 44 种，是四川的重要药材产区之一。全州有野生动物 491 种，其中国家一级保护动物 19 种、国家二级保护动物

① 凉山彝族自治州地方志编纂委员会：《凉山彝族自治州志：1991—2006》，北京，方志出版社，2011。

② 《阿坝概况》，见阿坝藏族羌族自治川人民政府门户网站，http：//www.abazhou.gov.cn/abazhou/jjfzak/202407/e62fc43ee96046d38dae269881266f8d.shtml。

69种。[①]

二、人口特征

凉山彝族自治州有彝、汉、藏、回、蒙古等14个世居民族，木里藏族自治县是全国仅有的两个藏族自治县之一，是四川省唯一的藏族自治县。2020年，凉山州共有常住人口485.84万人，其中男性人口为248.43万人，占51.14%；女性人口为237.41万人，占48.86%。从年龄结构来看，全州常住人口中，0—14岁人口为134.29万人，占27.64%；15—59岁人口为291.11万人，占59.92%；60岁及以上人口为60.44万人，占12.44%，其中65岁及以上人口为46.09万人，占9.49%。从受教育程度来看，全州常住人口中，拥有大学（指大专及以上）文化程度的人口为32.92万人，每10万人中拥有大学文化程度为6776人，15岁及以上人口平均受教育年限为7.41年，文盲率为10.80%。从城乡人口来看，全州常住人口中，城镇人口为179.56万人，占36.96%；乡村人口为306.28万人，占63.04%。[②] 据统计，全州2021年年末户籍人口有538.25万人，其中少数民族人口为311.85万人，占总人口的57.94%；彝族人口为293.65万人，占总人口的54.56%。[③]

阿坝藏族羌族自治州是四川省第二大涉藏地区和我国羌族的主要聚居区。2020年，阿坝州共有常住人口82.26万人，其中男性人口为42.63万人，占51.83%；女性人口为39.63万人，占48.17%。从年龄结构来看，全州常住人口中，0—14岁人口为15.52人，占18.87%；15—59岁人口为54.95万人，占66.80%；60岁及以上人口为11.79万人，占14.33%，其中65岁及以上人口为8.9万人，占10.81%。从受教育程度来看，全州常住人口中，拥有大学（指大专及以上）文化程度的人口为10.85万人，每10万人中拥有大学文化程度为13191人，15岁及以上人口平均受教育年限为7.97年。从城乡人口来看，全州常住人口中，城镇人口为34.13万人，占41.49%；乡村人口为48.13万人，占

① 《甘孜概述》，见甘孜藏族自治州人民政府门户网站，http//www.gzz.gov.cn/gzgk/article/70885。

② 凉山州统计局：《凉山州第七次全国人口普查主要数据情况》，http：//tjj.lsz.gov.cn/sjfb/lstjgb/202106/t20210602_ 1924473.html。

③ 凉山州统计局：《凉山州2021年国民经济和社会发展统计公报》，http：//tjj.lsz.gov.cn/sjfb/lstjgb/202205/t20220512_ 2218837.html。

58.51%。[①] 据统计，2021年年末全州户籍人口89.66万人，其中藏族53.71万人、羌族16.65万人、汉族16.36万人、回族2.77万人，其他民族0.17万人，占总人口的比例分别为59.9%、18.6%、18.2%、3.1%、0.2%。[②]

甘孜藏族自治州有藏、汉、回、彝、羌、纳西等43个民族，是全国第二大涉藏地区。2020年，阿坝州共有常住人口110.74万人，其中男性人口为56.98万人，占51.45%；女性人口为53.77万人，占48.55%。从年龄结构来看，全州常住人口中，0—14岁人口为25.46人，占22.99%；15—59岁人口为72.7万人，占65.65%；60岁及以上人口为12.59万人，占11.36%，其中65岁及以上人口为9.25万人，占8.36%。从受教育程度来看，全州常住人口中，拥有大学（指大专及以上）文化程度的人口为11.61万人，每10万人中拥有大学文化程度为10486人，15岁及以上人口平均受教育年限为6.89年。从城乡人口来看，全州常住人口中，城镇人口为34.34万人，占31.01%；乡村人口为76.4万人，占68.99%。[③]据统计，2021年年末全州户籍人口109.17万人，其中，男性54.96万人，女性54.21万人；户籍城镇人口21.59万人，户籍乡村人口87.58万人。[④]

三、经济社会发展

（一）生产总值与产业结构

表6-1显示了2012—2021年四川民族地区生产总值以及产业结构的关系。首先，从地区生产总值来看，10年间，四川民族地区的生产总值呈现逐步增加的趋势，从2012年的1587.48亿元增长至2021年的3006.76亿元，增加1419.48亿元，年均增长率约为7.35%。但相比于全国和四川同期水平来看，仍处于落后，低于全国同期年均增长水平（8.78%）1.43个百分点，低于四川同期年均增长水平（9.48%）2.13个百分点。其次，从人均生产总值来看，四川民族地区人均生产总值从2012年的22412元增长至2021年的41332元，增加

① 阿坝州统计局：《阿坝州第七次全国人口普查公报》（第一号至第六号），http：//tjj.abazhou.gov.cn/abztjj/c103831/common_ list.shtml。

② 阿坝州统计局：《阿坝州2021年国民经济和社会发展统计公报》，http：//tjj.abazhou.gov.cn/abztjj/c103833/202204/3f4974a47fd94aaca68bcc5ccfba98cb.shtml。

③ 甘孜州统计局：《甘孜州第七次全国人口普查公报（第一号至第六号）》，http：//tjj.gzz.gov.cn/gzztjj/tjgb/202108/e8f365ae67004113be496d9b0eee6976.shtml。

④ 甘孜州统计局：《甘孜藏族自治州2021年国民经济和社会发展统计公报》，http：//tjj.gzz.gov.cn/gzztjj/tjgb/202204/482f2bf15e084884b619fa433f980916.shtml。

18920 元，年均增长率约为 7.04%。再次，从三次产业产值来看，2021 年的第一、第二、第三产业产值相较于 2012 年分别增加了 324.69 亿元、149.6 亿元和 944.99 亿元，年均增长率分别为 8.24%、1.92%和 12.94%。从产业结构来看，四川民族地区的三产占比从 2012 年的 19.64：50.43：29.93 变化为 2021 年的 21.17：31.6：47.23，第一产业占比呈现出稳定态势，占生产总值的比重维持在 20%左右；第二产业出现急剧下降的趋势，从 50.43%降至 31.6%，下降 18.83 个百分点；第三产业稳步上涨，从 29.93%升至 47.23%，上升 17.3 个百分点。可以发现，四川民族地区整体产业结构呈现出由“二三一”向“三二一”变化的趋势，第三产业的主导地位在逐渐稳固，第二产业的主体地位转移，但第一产业占比较重并维持不变表明这一产业结构仍相对落后，现代化进程有待推动。

表 6-1　2012—2021 四川民族地区生产总值与产业结构情况

年份	生产总值（亿元）	第一产业		第二产业		第三产业		人均生产总值（元）
		产值（亿元）	比重（%）	产值（亿元）	比重（%）	产值亿元）	比重（%）	
2012	1587.48	311.75	19.64	800.56	50.43	475.17	29.93	22412
2013	1742.58	335.95	19.28	889.29	51.03	517.34	29.69	24432
2014	1869.25	357.84	19.14	943.72	50.49	567.68	30.37	26011
2015	1900.55	379.87	19.99	905.59	47.65	615.09	32.36	26171
2016	2031.66	406.60	20.01	949.54	46.74	675.51	33.25	27476
2017	2167.73	427.96	19.74	918.23	42.36	821.54	37.90	28927
2018	2272.04	447.44	19.69	929.17	40.90	895.43	39.41	30081
2019	2627.86	529.52	20.15	808.48	30.77	1289.86	49.08	34516
2020	2746.2	606.2	22.1	828	30.2	1312	7.7	37727
2021	3006.76	636.44	21.17	950.16	31.6	1420.16	47.23	41332

资料来源：2013—2022 年四川省统计年鉴。

表 6-2 显示了 2012—2021 年凉山彝族自治州地区生产总值以及产业结构的关系。首先，从地区生产总值来看，在 10 年间，凉山州的生产总值呈现逐步增加的趋势，从 2012 年的 1122.67 亿元增长至 2021 年的 1901.18 亿元，增加

778.51 亿元，年均增长率约为 6.03%。其次，从人均生产总值来看，凉山州人均生产总值从 2012 年的 24669 元增长至 2021 年的 39063 元，增加 14394 元，年均增长率约为 5.24%。再次，从三次产业产值来看，2021 年的第一、第二、第三产业产值相较于 2012 年分别增加了 212.83 亿元、63.03 亿元和 502.65 亿元，年均增长率分别为 7.84%、1.13%和 11.16%。从产业结构来看，凉山州的三产占比从 2012 年的 19.49 : 50.36 : 28.15 变化为 2021 年的 22.70 : 34.24 : 43.06，第一产业占比呈现出稳定态势，占生产总值的比重维持在 20%左右；第二产业出现急剧下降的趋势，从 50.36%降至 34.24%，下降 18.12 个百分点；第三产业稳步上涨，从 28.15%升至 43.06%，上升 14.91 个百分点。可以发现，凉山州的产业结构也呈由“二三一”向“三二一”变化的趋势，第二产业的比重不仅有所下降，产业产值在经历上升后也呈现下降态势，第一产业相对稳定，但比重也有增长趋势，第三产业则保持相对稳定的上升趋势。

表 6-2　2012—2021 年凉山彝族自治州地区生产总值与产业结构情况

年份	生产总值（亿元）	第一产业		第二产业		第三产业		人均生产总值（元）
		产值（亿元）	比重（%）	产值（亿元）	比重（%）	产值（亿元）	比重（%）	
2012	1122.67	218.80	19.49	587.87	52.36	316.00	28.15	24669
2013	1214.40	233.89	19.26	642.21	52.88	338.31	27.86	26556
2014	1314.30	249.39	18.98	693.34	52.75	371.57	28.27	28556
2015	1314.84	263.58	20.05	648.65	49.33	402.61	30.62	28276
2016	1403.92	280.71	19.99	684.15	48.73	439.06	31.27	29549
2017	1480.91	296.52	20.02	621.88	41.99	562.51	37.98	30669
2018	1533.19	307.61	20.06	613.13	39.99	612.45	39.95	31472
2019	1676.30	367.66	21.93	559.79	33.39	748.85	44.67	34085
2020	1733.15	406.74	23.47	559.55	32.29	766.86	44.25	35720
2021	1901.18	431.63	22.70	650.90	34.24	818.65	43.06	39063

资料来源：2013—2022 年四川省统计年鉴。

表 6-3 显示了 2012—2021 年阿坝藏族羌族自治州地区生产总值以及产业结构的关系。首先，从地区生产总值来看，在 10 年间，阿坝州的生产总值呈

现逐步增加的趋势，从2012年的23.74亿元增长至2021年的449.63亿元，增加245.89亿元，年均增长率约为9.19%。其次，从人均生产总值来看，阿坝州人均生产总值从2012年的22525元增长至2020年的54900元，增加32375元，年均增长率约为10.4%。最后，从三次产业产值来看，2021年的第一、第二、第三产业产值相较于2012年分别增加了56.73亿元、6.01亿元和183.16亿元，年均增长率分别为12.11%、0.63%和15.35%。从产业结构来看，阿坝州的三产占比从2012年的15.5：50.12：34.38变化为2020年的19.64：24.05：56.31，第一产业占比呈现出稳定态势，但近4年来有逐渐上升的趋势；第二产业占比急剧下降，从50.12%降至24.05%，下降26.07个百分点；第三产业稳步上涨，从34.38%升至56.31%，上升21.94个百分点。可以发现，阿坝州的产业结构由“二三一”调整为“三二一”，整体产业结构持续优化，尤其是第三产业发展十分迅速，已经成为阿坝州经济发展的支柱。另外，阿坝州第二产业占比明显下降，这与阿坝州坚持保障自身生态屏障地位、整改生态环保问题有着重要的关系。阿坝州第一产业比重的不断提高，也是因为其不断推进生态农业发展，获得了更高生态农业产值。

表6-3　2012-2021年阿坝藏族羌族自治州地区生产总值与产业结构情况

年份	生产总值（亿元）	第一产业		第二产业		第三产业		人均生产总值（元）
		产值（亿元）	比重（%）	产值（亿元）	比重（%）	产值（亿元）	比重（%）	
2012	203.74	31.57	15.50	102.12	50.12	70.04	34.38	22525
2013	233.99	35.04	14.97	120.84	51.64	78.12	33.39	25728
2014	247.79	37.25	15.03	125.31	50.57	85.23	34.40	27043
2015	265.04	40.84	15.41	130.02	49.06	94.18	35.53	28647
2016	281.32	44.05	15.66	132.9	47.24	104.37	37.10	30171
2017	295.16	46.44	15.73	141.34	47.89	107.38	36.38	31487
2018	306.67	49.55	16.16	139.53	45.50	117.59	38.34	32552
2019	390.08	67.09	17.20	96.24	24.67	226.75	58.13	41278
2020	411.75	82.07	19.93	96.45	23.42	233.23	56.64	50055
2021	449.63	88.3	19.64	108.13	24.05	253.2	56.31	54900

资料来源：2013—2022年四川省统计年鉴。

表 6-4 显示了 2012—2021 年甘孜藏族自治州地区生产总值以及产业结构的关系。首先，从地区生产总值来看，在 10 年间，甘孜州的生产总值呈现逐步增加的趋势，从 2012 年的 175.02 亿元增长至 2021 年的 447.04 亿元，增加 272.02 亿元，年均增长率约为 10.98%。其次，从人均生产总值来看，甘孜州人均生产总值从 2012 年的 15753 元增长至 2021 年的 40347 元，增加 24594 元，年均增长率约为 11.01%。最后，从三次产业产值来看，2021 年的第一、第二和第三产业产值相较于 2012 年分别增加了 37.27 亿元、48.81 亿元和 186.94 亿元，年均增长率分别为 7.02%、6.19%和 16.42%。从产业结构来看，甘孜州的三产占比从 2012 年的 24.62：38.92：36.46 变化为 2021 年的 17.75：26.16：56.09，第一产业占比呈现出下降趋势，下降 6.87 个百分点；第二产业呈现稳中有降的趋势，下降 12.76 个百分点；第三产业则表现为稳中上升的趋势，尤其是在 2018 年之后，上升 19.63 个百分点。可以发现，甘孜州的产业结构由相对弱化的“二三一”结构调整为以第三产业为主体，第一、第二产业相对平衡的“三二一”结构，整体产业结构有所优化，尤其是第三产业发展十分迅速，已经成为阿坝州经济发展的支柱。

表 6-4　2012—2021 年甘孜藏族自治州地区生产总值与产业结构情况

年份	生产总值（亿元）	第一产业		第二产业		第三产业		人均生产总值（元）
		产值（亿元）	比重（%）	产值（亿元）	比重（%）	产值（亿元）	比重（%）	
2012	175.02	43.09	24.62	68.12	38.92	63.81	36.46	15753
2013	201.22	47.32	23.52	80.78	40.15	73.12	36.34	17809
2014	206.81	51.02	24.67	77.2	37.33	78.59	38.00	18096
2015	213.04	54.41	25.54	75.79	35.58	82.84	38.88	18423
2016	229.8	59.27	25.79	82.71	35.99	87.82	38.22	19596
2017	261.5	61.29	23.44	103.82	39.70	96.39	36.86	22097
2018	291.2	65.47	22.48	121.78	41.82	103.95	35.70	24446
2019	388.46	66.52	17.12	89.02	22.92	232.92	59.96	32440
2020	410.61	80.67	19.65	105.34	25.65	224.6	54.70	37079
2021	447.04	79.36	17.75	116.93	26.16	250.75	56.09	40347

资料来源：2013—2022 年四川省统计年鉴。

（二）基础建设与城乡收入

图 6-1 显示了 2012—2021 年四川民族地区及凉山州、阿坝州和甘孜州①境内公路总里程的建设情况。可以发现，四川民族地区和三州的公路建设在不断完善，公路总里程在不断增加。其中，阿坝州的公路总里程相对增长缓慢。而从图 6-2 四川民族地区和三州等级公路里程的变化情况又可以发现，就整体而言，等级公路里程都在不断增加，这表明境内公路基础设施建设在不断优化，尤其是凉山州的等级公路里程增速明显高于公路总里程增速。

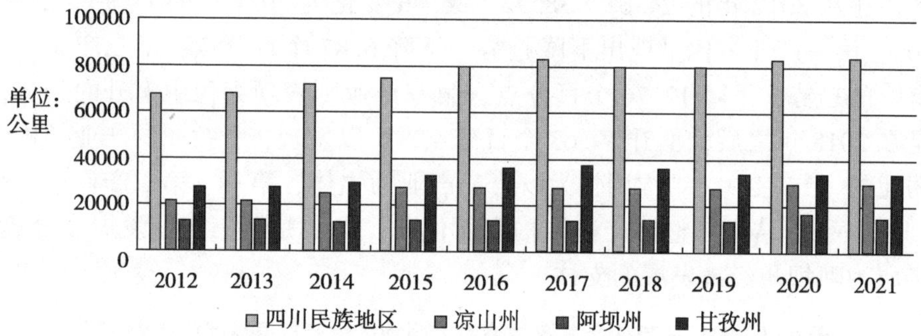

图 6-1　2012—2021 年四川民族地区、“三州” 公路总里程

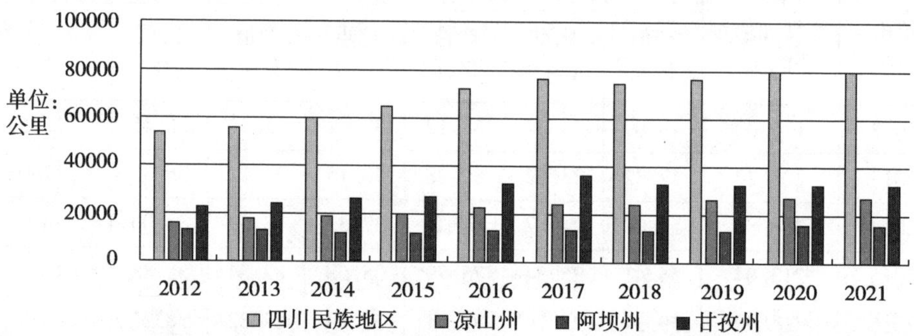

图 6-2　2012—2021 年四川民族地区、“三州” 等级公路里程

① 四川民族地区与凉山州、阿坝州、甘孜州之间是包含与被包含的关系。在四川省，少数民族主要聚居在凉山州、阿坝州、甘孜州 47 个县和木里藏族自治县、峨边彝族自治县、北川羌族自治县、马边彝族自治县 4 个自治县，另有米易、仁和、盐边等 9 个民族地区待遇县（区），98 个民族乡。四川民族地区包含以上所有地区及省内其他民族地区。

表 6-5 显示了 2012—2021 年四川民族地区及凉山州、阿坝州和甘孜州公路客运量和货运量的变化情况。由表可知，在公路旅游周转量方面，在 2020 年以前，呈现为稳中有降趋势，2020 年以后则下降显著；在公路货物周转量方面，在 2019 年以前，所有地区都表现为稳步增长的趋势，但是在 2019 年却出现了不同程度的下降。

表 6-5　2012—2021 年四川民族地区、“三州” 客运量和货运量情况

年份	公路旅客周转量（万人千米）				公路货物周转量（万吨千米）			
	四川民族地区	凉山州	阿坝州	甘孜州	四川民族地区	凉山州	阿坝州	甘孜州
2012	951492	335119	291471	264407	1390435	618716	593255	107943
2013	1045365	370180	321302	295564	1551039	694191	665155	120267
2014	684391	249333	254599	142998	2007608	1124087	605028	201913
2015	773999	286145	301054	152247	1925775	1075775	599459	187184
2016	752322	307138	265384	149217	2034748	1136896	637846	193076
2017	681070	320698	204597	144765	2061960	1215681	600954	206948
2018	678545	348936	166264	154386	2189125	1301143	617663	223945
2019	706842	346792	160640	154455	1637786	966361	386099	184870
2020	516153	271272	91159	115986	1721939	1021678	400832	198483
2021	329198	229943	41384	42908	1904811	1122181	443320	225117

资料来源：2013—2022 年四川省统计年鉴。

表 6-6 显示了 2012—2021 年四川民族地区及凉山州、阿坝州和甘孜州城乡居民人均可支配收入的相关情况。就城镇居民人均可支配收入来看，2012 年，阿坝州以 21168 元高于同期的凉山州和甘孜州，表现为阿坝州>凉山州>甘孜州的情况；在 2021 年，阿坝州依旧以 40132 元优于凉山州和甘孜州，此时排序为阿坝州>甘孜州>凉山州。另一方面，从增加值来看，10 年间，甘孜州以增加 19937 元优于阿坝州 18964 元，优于凉山州 17617 元，呈现为甘孜州>阿坝州>凉山州的情况。从农村居民人均可支配收入来看，2012 年，凉山州以 6419 元高于同期的阿坝州和甘孜州，表现为凉山州>阿坝州>甘孜州的情况；

而在 2021 年，阿坝州则以 17161 元优于凉山州和甘孜州，此时排序为阿坝州>凉山州>甘孜州。另一方面，从增加值来看，10 年间，阿坝州以增加 11391 元优于甘孜州 10769 元，优于凉山州 10389 元，呈现为阿坝州>甘孜州>凉山州的情况。

表 6-6　2012—2021 年四川民族地区、“三州”城乡居民人均可支配收入情况

年份	城镇居民人均可支配收入（元）				农村居民人均可支配收入（元）			
	四川民族地区	凉山州	阿坝州	甘孜州	四川民族地区	凉山州	阿坝州	甘孜州
2012	—	19835	21168	19560	5934	6419	5770	4610
2013	21803	21699	23115	21418	6844	7359	6793	5435
2014	23722	23609	25150	23303	7742	8264	7866	6307
2015	24430	24084	25939	24978	9250	9422	9711	8408
2016	26383	25963	28048	27101	10201	10368	10702	9367
2017	28615	28170	30264	29486	11253	11415	11751	10444
2018	30926	30421	32686	31972	12381	12548	12893	11555
2019	33613	33044	35470	34831	13722	13908	14252	12808
2020	35203	34636	37011	36521	14956	15232	15539	13967
2021	38090	37452	40132	39497	16541	16808	17161	15379

资料来源：2013—2022 年四川省统计年鉴。

图 6-3 显示了 2013—2021 年四川民族地区及凉山州、阿坝州和甘孜州城镇化率的变化情况。由图可知，整体而言，所有地区的城镇化率都在不断提高，尤其是以凉山州的增速最高，在 8 年时间里增长了 8.09 个百分点，甘孜州的增速最低，增长了 5.71 个百分点。从城镇化结果来看，2021 年城镇化率的排序情况为阿坝州>凉山州>四川民族地区>甘孜州。

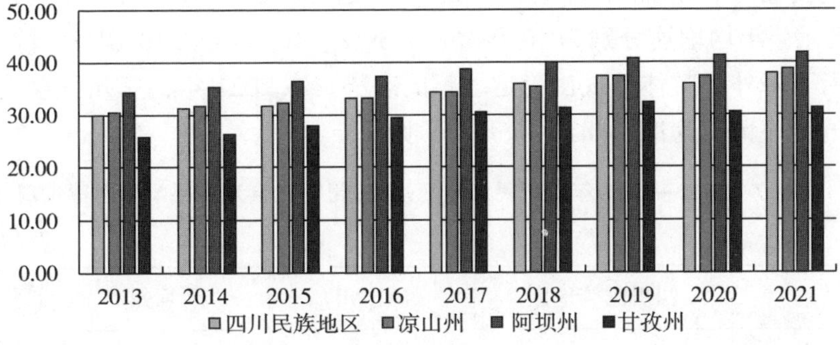

图 6-3　2013—2021 年四川民族地区、“三州”城镇化率变化情况

（三）投资消费与财政收支

图 6-4 显示了 2012—2021 年四川民族地区及凉山州、阿坝州和甘孜州全社会固定资产投资增长情况。如图所示，四川民族地区和三州的全社会固定资产投资增速在 9 年间都发生了较大的变化，波动轨迹相对复杂。其中，波动情况最复杂的是甘孜州，呈现出陡降陡升再降的态势。四川民族地区和凉山州固定资产投资增速变化情况比较相似，均为下降后再上升。2012 年，甘孜州固定资产投资增速最大，达到 22.7%，阿坝州最小，仅为 4.1%；2021 年，凉山州增速最大，达到 12.9%，阿坝州最小，仅为 10.4%。

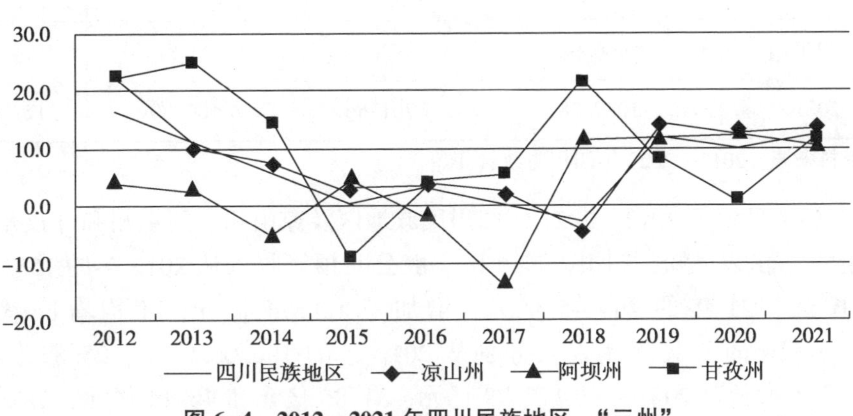

图 6-4　2012—2021 年四川民族地区、“三州”全社会固定资产投资增长情况

表 6-7 显示 2012—2021 年四川民族地区及凉山州、阿坝州和甘孜州社会消费品零售总额变化情况。在 10 年间，四川民族地区、凉山州、阿坝州和甘孜州

的社会消费品零售总额分别增长了 630.16 亿元、427.66 亿元、62.32 亿元和 76.97 亿元，年均增速分别为 10.08%、9.59%、10.05%和 10.81%，除 2021 年相对有所下降外，整体呈现出稳定增长的态势。在 2021 年，三州社会消费品零售总额的排序情况为凉山州>甘孜州>阿坝州。

表 6-7　2012—2021 年四川民族地区、"三州"社会消费品零售总额情况

（单位：亿元）

年份	四川民族地区	凉山州	阿坝州	甘孜州
2012	459.12	334	45.57	50.69
2013	521.83	379.72	52.23	57.35
2014	624.82	447.82	68.07	69.43
2015	691.78	497.25	76.01	74.20
2016	766.81	551.38	83.88	81.59
2017	849.26	616.28	85.81	90.86
2018	889	649.58	79.27	100.36
2019	1004.57	704.87	101.03	119.43
2020	966.9	678.2	96.81	114.31
2021	1089.28	761.66	107.89	127.66

资料来源：2013—2022 年四川省统计年鉴。

表 6-8 显示了 2012—2021 年四川民族地区及凉山州、阿坝州和甘孜州财政收支情况。由表可知，四川民族地区一般公共预算收入从 2012 年的 155.71 亿元增长至 2021 年的 264.45 亿元，增加了 108.74 亿元，年均增长率约为 6.06%。三州的公共预算收入分别从 2012 年的 100.06 亿元、25.82 亿元和 21.57 亿元增长至 2021 年的 172.79 亿元、31.85 亿元和 46.14 亿元，分别增加了 72.73 亿元、6.03 亿元和 24.57 亿元，年均增长率分别约为 6.26%、2.36% 和 8.81%。四川民族地区一般公共预算支出从 2012 年的 711.95 亿元增长至 2021 年的 1404.86 亿元，增加了 692.91 亿元，年均增长率约为 7.84%。三州的公共预算收入分别从 2012 年的 300.48 亿元、152.2 亿元和 220.28 亿元增长至

2021 年的 624. 11 亿元、309. 98 亿元和 409. 64 亿元，分别增加了 323. 63 亿元、157. 78 亿元和 189. 36 亿元，年均增长率分别约为 8. 46%、8. 22%和 7. 14%。整体而言，四川民族地区和三州的公共预算收入是呈现稳定增长趋势的，但是相比较于公共预算支出的增长速度，公共预算收入的增速较为缓慢，尤其是阿坝州。

表 6-8 2012—2021 年四川民族地区、“三州” 财政收支情况

年份	地方一般公共预算收入（亿元）				一般公共预算支出（亿元）			
	四川民族地区	凉山州	阿坝州	甘孜州	四川民族地区	凉山州	阿坝州	甘孜州
2012	155. 71	100. 06	25. 82	21. 57	711. 95	300. 48	152. 20	220. 28
2013	164. 70	110. 02	24. 46	22. 12	825. 13	333. 02	175. 79	275. 33
2014	176. 62	112. 30	28. 58	27. 55	895. 50	365. 90	192. 30	288. 86
2015	179. 07	107. 07	31. 67	31. 43	994. 96	417. 62	215. 25	316. 20
2016	196. 02	121. 03	32. 60	32. 26	1040. 58	459. 15	221. 06	300. 48
2017	199. 95	134. 55	26. 81	27. 37	1127. 64	479. 87	241. 66	343. 33
2018	213. 63	146. 20	24. 66	30. 03	1470. 14	681. 71	295. 08	420. 57
2019	225. 43	153. 59	26. 40	34. 12	1532. 94	736. 78	305. 88	402. 17
2020	241. 15	160. 28	28. 73	40. 11	1606. 65	708. 09	368. 38	453. 88
2021	264. 45	172. 79	31. 85	46. 14	1404. 86	624. 11	309. 98	409. 64

资料来源：2013—2022 年四川省统计年鉴。

（四）科教文卫与社会保障

表 6-9 显示了 2012—2021 年四川民族地区及凉山州、阿坝州和甘孜州卫生机构床位数和每万人床位数情况。由表可知，就卫生机构床位数而言，四川民族地区从 2012 年的 23625 张增长至 2021 年的 43720 张，增加了 20095 张。三州的卫生机构床位数则分别从 2012 年的 14792 张、3529 张和 3424 张增长至 2021 年的 29871 张、5288 张和 5506 张，增加了 15079 张、1759 张和 2082 张。就每

万人床位数来看，四川民族地区从 2012 年的 32.46 张增长至 2021 年的 67.03 张，增加了 34.57 张。三州的卫生机构床位数则分别从 2012 年的 29.75 张、38.59 张和 31.03 张增长至 2021 年的 61.29 张、64.88 张和 49.96 张，增加了 31.54 张、26.29 张和 18.93 张。整体看来，四川民族地区和三州的卫生医疗条件有较大改善。

表 6-9　2012—2021 年四川民族地区、“三州”卫生机构床位数情况

年份	卫生机构床位数（张）				每万人床位数（张）			
	四川民族地区	凉山州	阿坝州	甘孜州	四川民族地区	凉山州	阿坝州	甘孜州
2012	23625	14792	3529	3424	32.46	29.75	38.59	31.03
2013	25908	17283	3883	2768	31.94	37.69	42.56	24.33
2014	31360	19769	4272	5063	41.94	42.79	46.42	44.11
2015	33443	21610	4435	4918	45.85	46.18	47.68	42.22
2016	35376	23444	4447	5054	48.04	48.62	47.58	42.81
2017	38725	26462	4551	4955	51.17	54.73	48.41	41.77
2018	40314	27347	4899	5207	53.58	55.72	51.90	43.54
2019	41504	28132	5121	5381	57.31	57.09	54.13	44.88
2020	43378	29348	5381	5606	63.75	60.41	65.41	50.62
2021	43720	29871	5288	5506	67.03	61.29	64.88	49.96

资料来源：2013—2022 年四川省统计年鉴。

表 6-10 显示了 2012—2021 年四川民族地区及凉山州、阿坝州和甘孜州参加城镇职工基本养老保险人数情况。由表可知，相比于 2012 年，在 2021 年底，四川民族地区和三州参加城镇职工基本养老保险的人数发生了巨大的变化，整体的社会保障水平有了显著的提高，尤其是阿坝州和甘孜州。

表 6-10　2012—2021 年四川民族地区、“三州”参加城镇职工基本养老保险人数情况

年份	四川民族地区	凉山州	阿坝州	甘孜州
2012	33.84	20.08	4.51	4.37
2013	45.01	25.23	4.76	7.06
2014	48.52	25.66	9.76	7.31
2015	58.21	28.50	12.00	7.88
2016	81.79	43.60	18.06	13.72
2017	93.81	46.42	21.31	14.44
2018	101.08	48.59	21.82	15.61
2019	109.95	57.32	22.50	16.60
2020	111.45	58.78	22.90	18.08
2021	116.60	62.94	22.27	19.10

资料来源：2013—2022 年四川省统计年鉴。

第二节　四川三州深度贫困大调查

一、总体贫困情况

1986 年我国首次确定国家重点扶持贫困县名单后，四川贫困县数量在不断增加。据四川省统计局公开数据显示，2012 年，国家级贫困县名单调整后，根据相关标准，四川省共认定了 66 个国家级贫困县。2013 年，四川省共认定贫困人口 625 万人，占当年年底全国贫困总人口的 7.58%；贫困发生率达到 9.6%，与全国同期水平大致相同；建档立卡贫困村数量则达到 11501 个，占全国总数的 9.4%，占四川省行政村数量的 24.47%。在经过 5 年的精准扶贫行动后，根据习近平总书记关于原深度贫困地区脱贫攻坚的重要指示，2017 年在全国范围内认定了 334 个深度贫困县，四川省则有 45 个深度贫困县，主要是凉山州的 11 个县、阿坝州的 13 个县和甘孜州的 18 个县以及乐山市的3个区县。

凉山州拥有10个彝族聚居县和1个藏族自治县，均为深度贫困县，是全国最大的彝族聚居区，同时也是我国从奴隶社会直接进入到社会主义社会的“直过民族地区”，是区域性整体深度贫困的典型样本。由于生产生活方式的转变，以及自然环境的影响，凉山州经济社会发展步伐一直较为缓慢，2013年，在精准扶贫思想的指导下，全州共认定建档立卡贫困人口88.1万，贫困发生率达到19.8%，在认定的2072个贫困村中，贫困发生率在20%以上的有1350个，50%—80%的有383个，80%以上的71个。

阿坝州是全国唯一的藏族羌族自治州，面积8.42万平方千米，分布着藏、羌、回、汉等多个民族。它是红军长征“翻雪山过草地”的革命老区，是“5·12”汶川特大地震、“8·8”九寨沟地震的震中，也是长江、黄河上游重要的生态屏障。由于集民族地区、革命老区、地震灾区、大骨节病区等于一体的特殊州情，阿坝州的贫困问题呈现出贫困量大、面宽、程度深等特点。全州13个县（市）全部是国家级贫困县，更是深度贫困县。2013年，全州共认定建档立卡贫困人口10.36万人，贫困发生率达到14.5%，认定了606个贫困村。

甘孜州作为全国建立的第一个专区级少数民族自治州，地处川、滇、藏、青交界处，面积达15.37万平方千米，是14个集中连片特困地区之一的重要组成部分，直面高海拔、低氧度、劣环境的深度贫困堡垒，全州18个县均属深度贫困县。2013年，共认定建档立卡贫困人口22.03万人，贫困发生率达23.17%，识别贫困村1360个，占全州的50%。其中，有8.52万贫困人口集中在高寒牧区，尤其是雅砻江上游色达、石渠、德格、甘孜4县交界地区的24个深度贫困乡镇，其基础设施之差、产业发展之难、公共服务水平之低，处于贫困“深水区”。

二、微观农户调查

根据调研工作安排，2019年7月课题组对四川三州深度贫困情况进行了抽样调查，获得有效问卷418份。调查问卷包含农户基本信息、生产生活条件、脱贫的认知与意愿、政策参与及评价、农户对反贫困的建议等五个方面。

（一）农户基本信息分析

根据表6-11中的数据，在调查的418户农户中，男性户主367人，占比87.8%；女性户主51人，占比12.2%。调查对象中，户主在20岁以下的有11

人，占比 2. 63%；20—29 岁的有 33 人，占比 7. 89%；30—39 岁的有 105 人，占比 25. 12%；40—49 岁的有 110 人，占比 26. 32%；50—59 岁的有 91 人，占比 21. 77%；60 岁以上的有 68 人，占比 16. 27%。

从被调查者的职业类型来看，有 281 人的主要职业是务农，占比为 67. 22%；仅有 1 人的职业类型为个体经营，占比为 0. 24%；外出务工 123 人，占比 29. 43%；另外还有 8 个学生，占比 1. 91%；其他职业类型的有 5 人，占比为 1. 2%。调查对象中，并没有在乡镇企事业单位和政府部门工作的人群。由此可以看出，在四川三州，贫困农户仍然是以经营第一产业作为主要的生计方式，其次则是通过外出务工维持家庭生活。而从调查对象打工情况来看，在家务工的有 310 人，占比达到 74. 16%；在省内务工的共有 366 人，占比达到 87. 56%；在省外务工的调查对象仅有 34 人，占比为 8. 13%。再从受访户主是否具备某项专业技能（如泥瓦、兽医、突出种养殖技术等能够获得村民认可的技能）来看，仅有 59 人（占比 14. 11%）具备上述技能，并能以此为生，还有 359 人（85. 89%）并不具备这样的技能，只能从事最基本的农业活动或者简单的体力劳动。从上述三项数据来看，总的来说，在受访的 418 户农户中，其户主主要是通过在家务农或在县内务工的方式获取收入，依然从事着较为基础的工作，获取相对较低的报酬。这表明贫困户农户既缺乏相关的技能培训，也缺乏扩大收入的渠道。

从调查对象的文化程度来看，小学及以下学历的调查对象有 350 人，占比为 83. 73%；具有初中学历的户主有 60 人，占比为 14. 35%；具有高中或中专学历的有 8 人，占比为 1. 91%，没有大专及以上学历的人。整体看来，调查对象普遍存在文化程度较低的情况，基本处于刚刚摆脱文盲的状态，作为家庭中主要劳动力的户主，文化程度过低导致的后果是其无法获得更高的收入。从调查对象的身体状况来看，有 351 人为健康状况，占比为 83. 97%；14 人为体弱多病，占比为 3. 35%；25 人具有长期慢性病，占比为 5. 98%；7 人患有大病，占比为 1. 67%；有 21 人身患残疾，占比为 5. 02%。

表 6-11 被调查者户主基本信息

户主特征	类别	数量（人）	占比（%）	户主特征	类别	数量（人）	占比（%）
性别	男	367	87.80	是否担任干部	是	0	0
	女	51	12.20		否	418	100
年龄	20 岁以下	11	2.63	是否具备某项专业技能	是	59	14.11
	20—29 岁	33	7.89		否	359	85.89
	30—39 岁	105	25.12	身体健康状况	健康	351	83.97
	40—49 岁	110	26.32		体弱多病	14	3.35
	50—59 岁	91	21.77		长期慢性病	25	5.98
	60 岁以上	68	16.27		患有大病	7	1.67
职业类型	务农	281	67.22		残疾人	21	5.02
	乡镇企事业单位	0	0	打工状况	在家务工	310	74.16
	政府机关	0	0		县内务工	28	6.70
	个体	1	0.24		县外省内务工	28	6.70
	外出务工	123	29.43		省外务工	34	8.13
	学生	8	1.91		其他	8	1.88
	其他	5	1.20	是否参加新农合	是	326	77.99
文化程度	小学及以下	350	83.73		否	92	22.01
	初中	60	14.35	是否参加城乡基本养老保险	是	257	61.48
	高中或中专	8	1.91		否	161	38.52
	大专	0	0	——			
	大学本科及以上	0	0				

数据来源：本课题组调研数据。

从调查对象的社会保障情况来看，有 326 人（77.99%）参加了新型合作医疗，仅有 92 人（22.01%）没有参加新型合作医疗，虽然新型合作医疗项目没有在四川三州实现全面覆盖，但相比于 2013 年的数据，仍有较大的提高。在城乡基本养老保险方面，有 257 人（61.48%）参加了城乡基本养老保险，有 161 人（38.52%）并没有参加城乡基本养老保险。因此，就调查对象在调查期的结果来说，在四川三州，贫困户的社会保障依旧还具有可提高的空间。

从表 6-12 农户家庭结构特征来看，在调查对象中，家庭成员人数仅有 1 人的有 18 户，占比 4.31%；家庭成员人数为 2 人的有 33 户，占比为 7.89%；家庭成员人数为 3 人的有 45 户，占比为 10.77%；家庭成员人数为 4 人的有 66 户，占比为 15.79%；家庭成员人数在 5 人及以上的有 256 户，占比达 61.24%，其中，家庭成员人数多达 9 人的有 17 户，占比为 4.07%。在这 17 户中，主要是因为三代同堂乃至四代同堂的情况存在，或者是女儿以及外孙没有分户出去，依旧保留在同一户口上，这与当地的风俗习惯有关。

表 6-12 农户家庭结构特征

家庭成员人数（人）	受访家庭（户）	占比（%）
1	18	4.31
2	33	7.89
3	45	10.77
4	66	15.79
5	90	21.53
6	82	19.62
7	45	10.77
8	22	5.26
9	17	4.07

（二）农户生活生产条件分析

如图 6-6 所示，就调查对象的生活条件，主要是住房条件也存在着较大的差异。从农户的住房面积来看，住房面积小于 75 平方米的农户占比达到了 26%；住房面积在 75—120 平方米的农户占比达到了 60%；住房面积大于 120 平方米的农户占比则为 14%，更有农户的住房面积达到了 180 平方米。整体来说，生活使用面积相对而言是较为充裕的。但是从住房主要结构来看，使用钢筋混凝土结构的农户占比仅为3%；使用砖混材料结构的农户占比为94%；使用砖瓦砖木结构的农户占比也仅有3%，砖混材料的住房结构是四川三州农户住房主要使用的结构。而从农户是否需要易地搬迁的情况来看，已搬迁农户的占比达到了70%；需要搬迁农户的占比仅为2%；其他情况则为28%。因此，农户的生活条件相对较好，但是距离“两不愁三保障”中的保障住房安全的要求还有一定差距，这也是四川三州在脱贫攻坚行动中主要解决的问题之一。

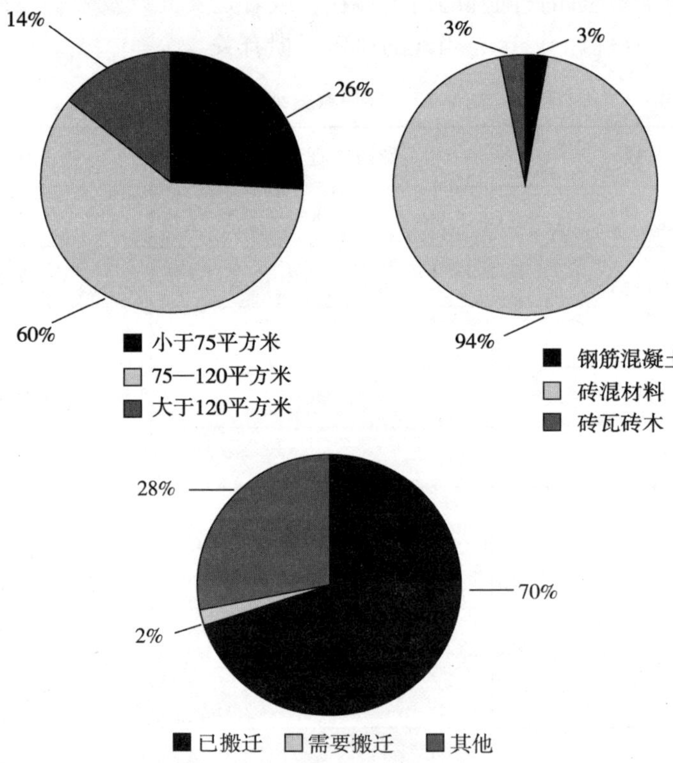

图 6-5　农户住房条件情况

表 6-13 显示了调查对象的生产生活条件。从农户使用的主要燃料类型来看，使用柴草的农户有 339 户，占比为 81. 10%；使用煤炭的农户有 9 户，占比为 2. 15%；使用清洁能源的农户有 34 户，占比为 8. 13%；没有炊用行为的农户只有 3 户，占比为 0. 72%；其他类型的农户则有 33 户，占比为 7. 89%。在调查对象中，所有农户的饮水都不存在困难，但是仍有 5. 28%的农户存在饮水安全

问题，主要是不能获得健康的饮用水。另一方面，所有农户均已接通生活用电，用电得到了保障，但是还有 3.36%的农户没有通广播电视。从农户交通出行来说，距离村主干路在 100 米以下的农户有 55 户，占比为 13.16%；在 100—500 米之间的农户有 157 户，占比为 37.56%；500—1000 米之间的农户有 88 户，占比为 21.05%；距离在 1000 米以上的农户则有 118 户，占比达到了 28.23%，其中最远的入户距离达到 3000 米。而从入户路的类型来看，通过普通人行道路出行的农户仅有 15 户，占比为 3.59%；通过普通泥土公路出行的农户有 151 户，占比为 36.12%；通过沙石公路出行的农户有 142 户，占比为 33.97%；通过水泥路面公路和沥青路面公路出行的农户共计有 110 户，占比达到了 26.31%。而就有无卫生厕所来看，有 226 户的农户家中具备卫生厕所，占比达到了 54.07%；但还有 192 户农户卫生厕所、卫生生活还需要改善。

表 6-13　农户生产生活条件

生产生活条件	类型	农户数量（户）	占比（%）
主要燃料类型	柴草	339	81.10
	煤炭	9	2.15
	清洁能	34	8.13
	无炊用行为	3	0.72
	其他	33	7.89
距离村主干路	100 米以下	55	13.16
	100-500 米	157	37.56
	500-1000 米	88	21.05
	1000 米以上	118	28.23
入户路类型	普通人行道路	15	3.59
	普通泥土公路	151	36.12
	沙石公路	142	33.97
	水泥路面公路	101	24.16
	沥青路面公路	9	2.15
有无卫生厕所	有	226	54.07
	无	192	45.93

（三）农户脱贫认知与意愿分析

表6-14显示了受访农户对于扶贫政策实施的认知情况。首先，农户对政府对于农村扶贫的重视程度进行了认知判断，有24.14%的农户认为政府非常重视农村的扶贫工作；有27.59%的农户认为政府重视农村的贫困问题，并且也实施了相应的扶贫措施；而有48.28%的农户认为政府只是一般或不重视农村扶贫。整体来说，大部分农户都是认可政府对于农村扶贫工作的重视程度。其次，在受访农户所在地区，已经实施了一批扶贫措施，并被农户所熟悉。62.07%的农户都知道政府加大了在教育、医疗、社保等扶贫政策的投入力度；55.17%的农户也了解到政府积极开展劳动技能的培训，加强引导贫困家庭劳动力参加培训；在精准扶贫实施以来，四川三州的农户都了解到政府部门通过精准识别的方式在不断扩大扶贫人口的覆盖面；另外，还有34.48%、20.69%和13.79%的农户了解到了开发特色扶贫产业、提高扶贫金额标准和提高扶贫贷款额度等扶贫政策。这一方面说明了社会保障类的扶贫政策最被农户所了解，金融贷款类政策则不被农户所熟知；另一方面，政府的扶贫政策其实包含的类型非常多，但是能完全被农户所熟悉的政策相对较少，这说明政策的宣传力度并不够。再次，对于农户而言，他们认为自身家庭摆脱贫困的最好方法并不相同。有34.38%的农户认为应该促进农业、工业发展，加快经济增长步伐，加快地区城镇化建设，从而增大经济规模，最后能够带动自身家庭条件优化；但是有65.52%的农户还是认为外出务工才能为家庭带来最直观的收入，从而摆脱贫困；也还有3.45%的农户认为摆脱贫困的最好方法是依靠政府救济。这表明在这些受访农户中，虽然存在自身主观能动性较强的农户，愿意通过工作的方式获取收入摆脱贫困，但是仍然还是有一部分农户没有形成内生发展动力，“等、靠、要”的思想依然存在。最后，在农户对于当地农民脱贫致富的信心认知情况中，有65.52%的受访农户认为是有信心的；但是也有24.14%的农户对当地贫困农户摆脱贫困没有信心。

表 6-14 受访农户对于扶贫政策实施的认知情况

认知内容	评价选项	占比（%）	认知内容	评价选项	占比（%）
政府对农村扶贫的重视程度	非常重视	24.14	已经实施的扶贫措施有哪些	提高扶贫金额标准	20.69
	重视	27.59		提高扶贫贷款额度	13.79
	一般	41.38		扩大扶贫人口覆盖面	44.83
	不重视	6.90		开发特色扶贫产业	34.48
	很不重视	0		加大教育、医疗、社保等扶贫投入力度	62.07
您认为您的家庭尽快摆脱贫困的最好方法	发展经济，促进农业、工业发展	34.48		加强贫困家庭劳动力引导培训	55.17
	外出打工	65.52	您对当地农民脱贫致富	充满信心	20.69
	地区实现城镇化	34.48		较有信心	44.83
	政府救济	3.45		没有信心	24.14
	其他	0		无所谓	10.34

表 6-15 显示了农户对于扶贫政策实施的效果评价情况。首先，是对目前扶贫政策的实施效果的总体评价，有 55.17%的农户满意当前扶贫政策的实施情况；有 34.48%的农户认为现有扶贫政策在四川三州的实施效果一般；但仍有 10.34%的农户并不满意扶贫政策的实施效果。总体看来，扶贫政策的实施取得了一定的效果，并被农户所认可。其次，农户就政府扶贫政策给农村困难群众带来的帮助作用也进行了评价：有 48.28%的农户认为政府实施的扶贫政策对于农村苦难群众的帮助作用是较大的；有 31.03%的农户认为这一帮助作用是较为一般的，没有起到很好的帮扶促进作用；还有 20.69%的农户认为这一帮助作用是很小的。这一结果与农户对于扶贫政策实施效果的总体评价是相对一致的。再次，对于受访农户自身而言，他们就这些扶贫政策实施对于自身的帮助作用也进行了认知评价，有 62.07%的农户认为这些政策对于自身家庭的帮助相对来说是重要的；有 13.79%的农户认为这些政策的帮助作用一般；但也有 20.69%的农户认为扶贫政策对于他们的家庭没有帮助作用；还有 3.45%的农户表明对于政府的扶贫政策并不了解。而就调查对象自身的感受来看，有 82.76%的调查对象认为现行的扶贫政策使其享受到了实惠，仅有 17.24%的调查对象认为现行

政策没有使其享受到实惠。

表 6-15　受访农户对于扶贫政策实施的效果评价情况

认知内容	评价选项	占比（%）
对目前扶贫政策的实施效果的总体评价	非常满意	24.14
	满意	31.03
	一般	34.48
	不满意	10.34
	很不满意	0
政府扶贫政策给农村困难群体带来的帮助	非常大	24.14
	大	24.14
	一般	31.03
	很小	20.69
	不清楚	0
这些扶贫政策的实施对您的家庭的帮助作用如何	非常重要	17.24
	比较重要	44.83
	一般	13.79
	没感觉政府的政策发挥了作用	20.69
	对政府的政策不了解	3.45
现行的扶贫政策是否使您享受到了实惠	是	82.76
	否	17.24

表 6-16 显示了受访农户对于提高收入的政策以及担心影响收入的因素的认知情况。在对于提高自身家庭收入的政策进行考虑的时候，有 75.86%的农户都选择了义务教育学杂费减免，这表明他们认为教育费用是家庭的最大开销，如果能够得到更好的教育费用减免政策，他们的收入会有明显提高；其次，有 58.62%的农户认为政府修硬化公路、建设电网、兴建自来水厂、普及广播电视等修建基础设施能够有效提高家庭收入；再次则是有 55.17%的农户认为医疗救助政策也是降低家庭支出，间接提高收入的好政策。但是，仅有 17.24%的农户认为市场体系建设能够为家庭带来更多的收入，这是由于农户无法直观地感受到完善的市场体系能够为他们带来更高额的收入；另一方面，又因为四川三州

的地理区位原因，现代化农业建设相对落后的同时，农业机械设施也无法更好地运用在农业生产过程中，因此只有 27. 59%的农户认可减免农业税，增加良种农机具等农业补贴以及 34. 48%的农户认可修建农田水利设施能够提高家庭的收入。而在访谈农户对于担心的影响收入因素的认知情况中，有 65. 52%的农户最担心的就是孩子的教育费用太高，由于教育年限的长期性，会导致家庭持续性地为孩子教育投入费用，这将会在一段时间内影响家庭的收入；而排名第二的则是生病，有 58. 62%的农户担心家中有人生病，这也是导致农户贫困的主要原因之一。相对而言，仅有 3. 45%的农户担心买到假冒伪劣的种子化肥，导致农业生产以及农业收入受损，这与四川三州农业发展环境恶劣是有关的；还有 13. 79%的农户担心生产出来的东西卖不出去，这与市场体系的完善程度以及对于市场配置资源作用的认识有一定关系。不过，也可发现，受访农户并不担心治安状况不好、社会风气变化以及其他的一些情况。

表 6-16　受访农户对于提高收入的政策及担心的影响收入因素的认知情况

认知内容	评价选项	占比（%）	认知内容	评价选项	占比（%）
下列政策对您家收入提高有帮助	医疗救助	55. 17	您目前最担心的是什么	家里人生病	58. 62
	义务教育学杂费减免	75. 86		孩子的教育费用太高	65. 52
	老年人福利	51. 72		收入没保障	55. 17
	社会救济	41. 38		孩子不孝顺	41. 38
	政府修硬化公路、建设电网、兴建自来水厂、普及广播电视	58. 62		生产出来的东西卖不出去	13. 79
	修建农田水利设施	34. 48		买到假冒伪劣的种子化肥	3. 45
	劳动力培训	44. 83		治安状况不好	0
	减免农业税，增加良种农机具等农业补贴	27. 59		社会风气变坏	0
	市场体系建设	17. 24		其他	0

表 6-17 显示了受访农户对于自身家庭返贫的担忧以及对于返贫因素的认知情况。有 17. 24%的原贫困农户认为自家在按期脱贫后，还是会担心返贫的情况出现；而有 82. 76%的农户不会担心自家返贫。这一数据说明还是有部分农户存

在自身内生发展动力不足的情况，对于未来的发展还存在担忧。而在担忧返贫的农户中，有 17.24%的受访农户认为子女教育费用过高和医疗费用过高将会成为导致返贫的最主要的影响因素；其次，则是 13.79%的农户认为自身能力不足可能会导致返贫；仅有 3.45%的农户认为社会保障水平低和政策不完善是会导致返贫的因素，同时还有 10.34%的农户认为思想落后是导致返贫的因素之一。这表明对于贫困户家庭而言，教育费用和医疗费用还是其最担心的因素。

表 6-17　受访农户对返贫因素的认知情况

认知内容	评价选项	占比（%）
您家按期脱贫后是否担心返贫	是	17.24
	否	82.76
您最担心哪方面会导致您家里返贫	自然灾害	6.90
	贫困线的变化	0
	子女教育费用过高	17.24
	医疗费用过高	17.24
	自身能力不足	13.79
	社会保障水平低	3.45
	政策不完善	3.45
	思想落后	10.34
	其他	0

（四）政策参与及评价

表 6-18 显示了受访农户对于帮扶措施的评价情况。其中，受访农户对于医疗救助的评价情况最好，有 88.57%的农户认为医疗救助的帮扶措施是在较多及以上水平，仅有 5.71%的农户并不认可医疗救助的帮扶措施水平。其次则是子女教育补贴方面，有 62.86%的农户认为相关的帮扶措施是在较多以上。但是，也有部分帮扶措施没有得到农户的认可。比如，有 71.43%的农户认为政府组织就近转移就业这一帮扶措施存在很少乃至没有的情况。也有 62.86%的农户认为易地扶贫这一政策较少。

表 6-18　受访农户对帮扶措施的评价情况

帮扶措施评价	很多	较多	一般	很少	没有
劳动技能培训	28.57	28.57	25.71	8.57	8.57
医疗救助	42.86	45.71	5.71	5.71	0
子女教育补贴	40	22.86	28.57	0	8.57
危房改造	42.86	11.43	37.14	2.86	5.71
小额信用贷款	5.71	20	20	2.86	51.43
最低生活保障	5.71	20	25.71	17.14	31.43
易地扶贫	2.86	5.71	28.57	2.86	60
公益性岗位收入	2.86	20	20	0	57.14
发展特色产业	8.57	22.86	11.43	0	57.14
政府组织就近转移就业	11.43	2.86	14.29	0	71.43

表 6-19 显示了受访农户对于帮扶措施改善能力的评价情况。与表 6-18 显示的结果相似，有 91.43%的农户认为帮扶措施充分降低了他们的医疗负担。而有 68.57%的农户认为帮扶措施对于提升其生活质量和改善交通条件有明显作用。但是仅有 37.14%的受访农户认为帮扶措施能够增加农户的收入渠道和收入。

表 6-19　受访农户对帮扶措施改善能力的评价情况

改善情况评价	很多	较多	一般	很少	没有
收入增加，获得收入的渠道增加	11.43	25.71	34.29	25.71	2.86
生活质量提升	8.57	60	25.71	5.71	0
交通条件改善	17.14	51.43	28.57	2.86	0
生产条件改善	20	31.43	40	8.57	0
子女教育条件改善	22.86	42.86	22.86	0	11.43
医疗负担降低	45.71	45.71	5.71	2.86	0

表 6-20 显示了受访农户对于“五个一批”政策效果的评价情况。其中，受访农户最为满意的政策是“生态补偿脱贫一批”政策和“发展教育脱贫一

批”政策，分别有 65.71%和 60%的农户表示满意。满意程度最低的政策是“易地搬迁脱贫一批”政策，仅有 2.86%的农户表示很满意。

表 6-20 受访农户对“五个一批”政策效果的评价情况

政策效果评价	很满意	满意	一般	不满意	很不满意
发展生产脱贫一批	28.57	17.14	20	31.43	2.86
易地搬迁脱贫一批	2.86	8.57	42.86	28.57	17.14
生态补偿脱贫一批	14.29	51.43	22.86	8.57	2.86
发展教育脱贫一批	20	40	37.14	2.86	0
社会保障兜底一批	28.57	25.71	37.14	8.57	0

三、农户贫困分析

（一）贫困分布特征分析

区域性和整体性凸显。四川三州的贫困问题呈现出明显的区域整体性特征，民族贫困地区主要集中在川西北高寒藏羌区和攀西老凉山地区①，这是由于历史原因、自然原因和社会原因等多方面导致的。自古以来，四川虽然被称作天府之国，资源富足，物产丰沛，但这是指四川盆地区域，而四川山区并不具备良好的生产生活条件，所以经济社会发展一直较差，贫困问题长期存在。同时，四川山区由于自然条件极差，地域偏远、交通不便、基础设施落后，缺乏基本的生存条件，发展一直处于滞后状态，不论是教育、文化和社会意识，还是信息交流、经济合作等方面都与外界存在障碍，市场环境体系不完善，这就导致了诸如四川三州等山区一直都是我国贫困问题的集中地区。虽然经过八七扶贫攻坚、精准扶贫等行动的帮扶，四川三州贫困问题得到一定程度缓解，但是在 2017 年，四川省协同推进大小凉山彝区脱贫攻坚时，在国家划定“三区三州”原深度贫困县的基础上，又将小凉山彝区 3 个贫困县也列为省级深度贫困县，全省共有 45 个深度贫困县，其中 32 个位于高原涉藏地区，12 个位于大小凉山彝区，占四川省集中连片特困地区的 51.1%，下辖面积合计 27.94 万平方千米，

① 李慧：《四川省农村贫困问题及反贫困对策研究》，载《安徽农业科学》，2012，40（32），15963-15965+15981 页。

占四川省总面积的 57.5%。[①] 四川三州贫困问题的区域性和整体性特征依旧十分突出。

边缘性与统一性凸显。四川省的连片特困地区在地理上表现出边缘性特征，如川南乌蒙山区在行政区划上位于四川、陕西、甘肃等的交界区域；高寒涉藏地区则位于四川、西藏、云南的交界区域；大小凉山彝区位于四川和云南的交界区域。[②] 地理区位上远离经济中心点，在缺乏人才、技术和政策的同时，又会被经济增长极吸纳资源，导致发展不平衡。边缘性的特征又促使地区开发成本大、公共服务设施难以提供等问题出现，无法及时为贫困群体提供必要的社会保障，导致贫困问题的复杂和深化。同时，四川贫困问题又呈现出统一性的特征，即由于历史人文和资源环境的地缘联系，不同贫困地区连接形成了独具特色的经济文化区。四川三州主要是彝族、藏族等少数民族的聚居区，有着全国最大的彝族聚居地和第二大的藏族聚居地，在共同的文化渊源影响下，在本民族独特的风俗习惯影响下，这一地区的贫困问题呈现出高度的统一性，不同家庭的致贫原因存在一定程度的一致。

多维贫困特征凸显。四川三州的贫困，不仅表现在收入贫困上，更表现在受教育程度、基本公共服务的获得等方面，呈现出多维贫困的特点。[③] 四川三州的贫困问题不仅仅只是由于收入低下以及收入渠道不通，更大程度上受到教育、医疗、公共卫生、自然灾害等不同原因影响。地理区位上的边缘化，经济社会环境的统一化，既阻碍了四川三州与外界在经济社会文化等方面的交往交流交融，又制约了公共服务和社会资本进入这一地区，为该地区的贫困家庭提供应有的公共产品。另一方面，四川三州贫困问题的多维贫困特征还表现在不同人口特征的多维贫困问题不同，妇女人口多或长期慢性病患者多的贫困村遭受的贫困剥夺更为严重；劳动力、外出务工人口或大家庭户多的贫困村遭受的贫困剥夺相对较轻。[④] 这说明在四川三州，贫困问题的产生不只是简单的浮于家庭收入多少的表象，更多的与家庭人口结构、健康状况、文化程度等因素有

---

① 陈强：《四川深度贫困民族地区脱贫攻坚与乡村振兴有机衔接研究》，载《西部经济管理论坛》，2019，30（04），25~31 页。

② 郑长德：《集聚与贫困：来自四川建档立卡贫困县的证据》，载《西南民族大学学报》（人文社科版），2017，38（10），108~116 页。

③ 郑长德：《族群多样性与贫困治理——来自四川连片特困地区贫困县的证据》，载《广东社会科学》，2016（6），14~24 页。

④ 许鲜、蓝红星：《深度贫困地区贫困村多维贫困研究——基于四川大小凉山彝区的实证分析》，载《中国延安干部学院学报》，2019，12（3），107-116+136 页。

着紧密的联系。

（二）致贫成因分析

表6-21显示了受访农户的致贫因素分析情况。首先，在所有致贫因素中，缺发展资金是选择频次最多的选项，共有241户选择该因素，占比达到了57.66%。这表明受限于家庭原始条件的限制，农户缺乏可以用来发展的资金，并且也从侧面反映了其融资渠道相对缺乏。其次，有43.78%的农户选择缺技术作为致贫的主要因素，这既与家庭主要劳动力文化程度较低有关，也与劳动力技能培训措施落后有一定的联系。最后，相对于这两种因素，因灾、因病、因残及因学等并不是四川三州主要的致贫因素，这说明四川三州原深度贫困地区在经过长期的发展以及政府在政策、资源等方面的倾斜作用下，在医疗教育和安全卫生方面已经产生了很好的帮扶效果，已经帮助一批因为这些因素致贫的农户摆脱了贫困。

表6-21　受访农户的致贫因素分析

致贫因素	选择频次（次）	占比（%）
因灾	22	5.26
因病	24	5.74
因残	17	4.07
因学	25	5.98
缺技术	183	43.78
缺劳力	55	13.16
缺发展资金	241	57.66
缺土地	48	11.48
交通条件落后	88	21.05
自身发展动力不足	63	15.07

三、多维贫困测度与分析

单维贫困发生率。如表6-22所示，在所选取的五个维度中，四川三州不同维度贫困发生率的排序为：生产能力（100%）>教育（81.86%）>健康

（16.23%）>生活条件（5.49%）。而在调查样本中，不存在危房户的情况，即房屋维度的贫困发生率为0。可以看出，在四川三州中，生产能力的贫困发生率是最为突出的，调查样本存在生产技能贫困，其次则是在教育方面。而生活条件的贫困发生率相对较低，表明在四川三州的调查样本中，饮水安全已经得到了有效保障。

表6-22　单维贫困发生率

维度	指标	结果
生产能力	生产技能情况	1
教育	受教育程度	0.8186
健康	身体健康情况	0.1623
房屋	危房户	0
生活条件	生活饮水情况	0.0549

多维相对贫困发生率。如表6-23所示，反映了在不同维度下的多维贫困发生率。在1维情况下，即对生产能力、教育、健康、房屋和生活条件中的任一维度而言，相对贫困发生率达到了100%，这是因为调查样本生产能力均体现为贫困；在2维情况下，调查样本中在任意两个维度存在相对贫困的情况达到了86.63%；在3维情况下，任意三个维度存在相对贫困的情况到了15.03%；在4维情况下，相对贫困发生率为1.91%；在5维情况下，相对贫困发生率为0，这是因为调查样本在住房一项均表现为不贫困。因此，可以认为，四川三州多维相对贫困发生率处于较高位置。而多维相对贫困指数随着维度的增加在逐渐减少，表明四川三州多维相对贫困的发生情况并不是该地区贫困发生的主要情况。

表6-23　多维相对贫困发生率

剥夺值K	相对贫困发生率H	平均剥夺份额A	多维相对贫困指数MPI
1/5	1	0.4912	0.4912
2/5	0.8663	0.4256	0.3687
3/5	0.1503	0.0739	0.0111
4/5	0.0191	0.0094	0.0001
5/5	0	0	0

多维相对贫困指数的维度分解。针对不同维度对于多维相对贫困指数的贡献情况进行分解，因为当 K 值大于 3/5 时，多维相对贫困发生率非常低，因此此处 K 值仅取到 3/5，得到如表 6-24 所示的结果。在表中，可以发现，不论处于何种 K 值时，生产能力对于相对贫困发生率的贡献是最大的，这体现了在四川三州中，生产技能缺乏依旧是该地区贫困发生的主要原因。其次则是教育，随着 K 值的增加，教育维度的贡献率逐渐增加，并且有显著的增长趋势，这说明在调查样本中，教育维度的贫困对贫困发生率的贡献越来越突出。生活条件和房屋的贡献率相对较低，这说明在调查样本中，饮水安全和住房安全问题已经得到基本解决，仅存在部分样本在生活条件上还处于相对贫困状态。

表 6-24　多维相对贫困指数的维度分解

剥夺值 K / 维度	1/5	2/5	3/5
生产能力	0. 0814	0. 1085	0. 3601
教育	0. 0667	0. 0888	0. 2949
健康	0. 0132	0. 0176	0. 5845
房屋	0	0	0
生活条件	0. 0045	0. 0060	0. 1977

第三节　四川三州脱贫现状

一、脱贫成效

图 6-6 显示了 2013—2020 年四川省贫困人口数量和贫困发生率变化的情况。四川省贫困人口从 2013 年的 625 万人降至 2019 年的 20. 3 万人，更是在 2020 年实现贫困人口全部清零，年均减少贫困人口约达 80 万人。贫困发生率从 2013 年的 9. 6%降到 2020 年底的 0，年均降低 1. 2 个百分点。整体而言，无论是贫困人口数量还是贫困发生率，在这 8 年的时间里，都是处于稳定下降的趋势，并且在 2020 年成功实现了脱贫攻坚任务，使困扰四川经济社会发展的绝对贫困问题得以解决，人民生活水平有了显著的提高。

图 6-7 和表 6-25 分别显示了 2013—2020 年四川三州贫困人口数量变化和发生率变化的情况。凉山州在 2020 年达成了 97. 5 万贫困人口全部脱贫的成就，年均减少贫困人口约为 12 万人，年均降低约为 2. 5 个百分点。阿坝州在 2020 年达成了 10. 36 万贫困人口全部脱贫的成就，年均减少贫困人口约为 1. 3 万人。甘孜州在 2020 年达成了 22. 3 万贫困人口全部脱贫的成就，年均减少贫困人口约为 2. 8 万人。总体而言，四川三州在 2020 年都完成了脱贫攻坚的任务，使境内贫困人口均已摆脱贫困，一同迈入全面小康社会，无论是生产条件，还是生活水平都有了翻天覆地的变化。

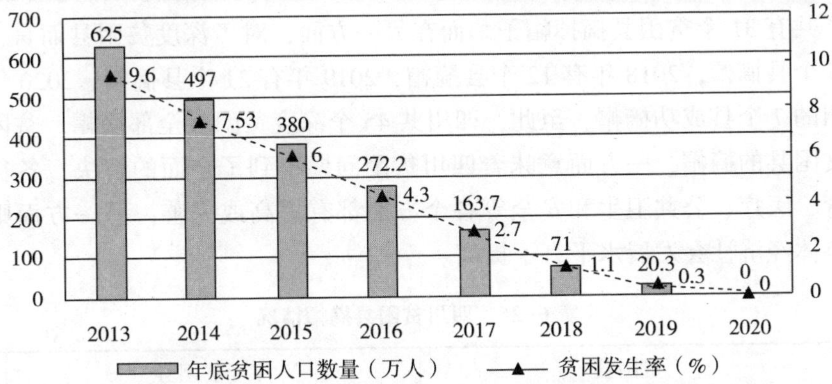

图 6-6　2013—2020 年四川省贫困人口数量和贫困发生率变化情况

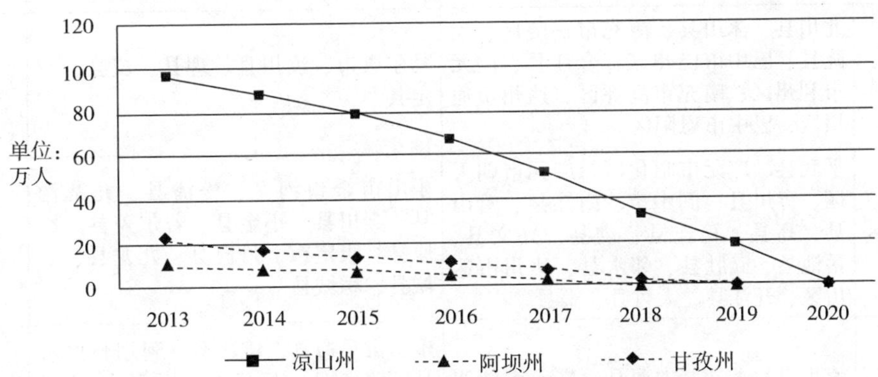

图 6-7　2013—2020 年四川三州贫困人口数量变化情况

表 6-25　2013—2020 年四川三州贫困发生率变化情况（%）

年份	2013 年	2018 年	2019 年	2020 年
凉山州	19.8	7.1	4	0
阿坝州	14.5	0.7	0.03	0
甘孜州	23.17	3.52	0.23	0

表 6-26 显示了从 2016 年以来，四川省国定贫困县摘帽情况。可以看出，自 2016 年起，根据相关标准，每年均有不同数量的贫困县摘帽，尤以 2019 年为最，共有 31 个贫困县摘掉帽子。而在另一方面，对于深度贫困县而言，2017 年有 5 个县摘帽，2018 年有 12 个县摘帽，2019 年有 21 个县摘帽，2020 年则是凉山州的 7 个县成功摘帽，至此，四川共 45 个深度贫困县全部摘帽。贫困县和深度贫困县的摘帽，一方面意味着四川贫困问题得到了全面的解决，各贫困县在教育、医疗、公共卫生和安全等各个方面都有提高或完善；另一方面则表明四川整体经济社会发展水平有了提高。

表 6-26　四川贫困县摘帽情况

年份	贫困县	深度贫困县	数量
2016	南部县、广安市广安区、蓬安县、广安市前锋区、华蓥市	无摘帽情况	5
2017	北川县、沐川县、南充市嘉陵区、仪陇县、巴中市巴州区、合江县、广元市利州区、南充市高坪区、达州市通川区、巴中市恩阳区	马尔康市、汶川县、理县、茂县、泸定县	15
2018	平武县、广元市昭化区、广元市朝天区、青川县、阆中市、南江县、营山县、高县、筠连县、珙县、兴文县、岳池县、武胜县、邻水县、达州市达川区、开江县、大竹县、渠县	乐山市金口河区、松潘县、九寨沟县、金川县、小金县、若尔盖县、红原县、康定市、丹巴县、九龙县、乡城县、稻城县	30
2019	泸州市叙永县、古蔺县、广元市剑阁县、旺苍县、苍溪县、宜宾市屏山县、达州市万源市、宣汉县、巴中市平昌县、通江县	乐山市马边县、峨边县、阿坝州黑水县、壤塘县、阿坝县、甘孜州雅江县、道孚县、炉霍县、甘孜县、新龙县、德格县、白玉县、石渠县、色达县、理塘县、巴塘县、得荣县、凉山州木里县、盐源县、甘洛县、雷波县	31

续表

年份	贫困县	深度贫困县	数量
2020		凉山州普格县、布拖县、金阳县、昭觉县、喜德县、越西县、美姑县	7

二、典型脱贫模式

（一）完善基础设施建设

在四川三州脱贫攻坚过程中，完善基础设施建设作为推动产业发展、保障生活条件、促进市场融合的重要抓手，是打赢脱贫攻坚战的重要前提条件。长久以来，四川三州的经济社会发展相对滞后，地理区位和自然环境相对恶劣，贫困群众的生产生活条件无法满足发展要求，贫困发生率居高不下，整村贫困现象屡见不鲜。因此，在四川三州的脱贫过程中，完善基础设施建设就成为了摆脱贫困面临的首要任务。凉山州昭觉县阿土列尔村，又被称为“悬崖村”，坐落在海拔1400—1600米山坳中，从山底小学到山顶村庄海拔高差近1000米，村民在近200年的岁月中均需通过攀爬落差达800米的悬崖以及17条藤梯才能与外界交流，生产生活极度不便。2016年，在上级政府的大力支持下，昭觉县为“悬崖村”修建了总共约1000级台阶的钢梯，又在2017年相继修建了通信铁塔和进山货运索道。至此，悬崖村与外界的交流才趋于正常。2021年，“悬崖村”的84户贫困户作为易地扶贫搬迁的受益群体，陆续搬进县城集中安置点的新家，走向新天地。完善基础设施成为四川三州部分贫困群体摆脱贫困的必要条件。

（二）加快发展特色产业

产业发展作为帮助农牧民增收致富的重要途径，是贫困地区摆脱贫困的重要方式。四川三州由于特殊的地形地貌和自然环境，发展特色产业成为带动贫困群体脱贫致富的重要手段。三州拥有丰富的矿产、水利、旅游和生物资源，坚持以市场为导向，突出重点产业，通过宜农则农、宜工则工、宜商则商、宜旅游则旅游的发展方式，打造特色民族医药产业、特色农牧业产业、特色旅游产业等一批特色产业，成功带动农民增收致富。2020年，丁真珍珠意外走红网络，甘孜州理塘县随即抓住这一机遇，通过将具聘任为旅游宣传大使，以他的视角宣传理塘县特有的民族文化和自然风光，成功吸引大批游客前来观光旅游，有效带动了当地特色旅游产业的发展，为理塘县带来了新的发展途径。

（三）补齐社会保障短板

四川民族地区的贫困问题不仅体现在收入和生活条件上的贫困，还体现在社会权利上的贫困，由此也引发了贫困群体内生发展动力不足。由于四川三州与外界在经济社会文化等方面的交往交流交融不畅，公共服务和社会资本无法进入到这一地区，本该由社会保障提供的相关公共产品无法得到满足。因此，在四川三州跨越贫困的过程中，补齐社会保障短板成为不可或缺的一环。近年来，甘孜州先后出台了《社会保障专项扶贫实施方案》《关于在脱贫攻坚三年行动中切实做好社会救助兜底保障工作的实施方案》等文件，强化了全州社会救助制度与脱贫攻坚政策的互通、互联、互补，锻造出了一个有机的新型社会保障体系，成功地保护了贫困群众的社会保障权利，让他们能够更好地摆脱贫困。凉山州紧紧聚焦“义务教育有保障”“乡乡有标准化学校”“村村有学前教育设施”等目标，千方百计补齐教育短板，努力从源头上打破贫困“积累循环效应”，阻断贫困的代际传递。阿坝州聚焦减轻贫困患者就医负担、改善贫困群众就医条件、提升贫困人群健康水平等目标，通过完善贫困人口医疗保障体系，配齐医疗保障设施和专业技术人才，全覆盖实施基本公共卫生服务，有效地强化公共卫生保障，为贫困群体提供了充足的医疗资源。

三、典型脱贫案例

（一）阿坝州典型脱贫案例

九寨沟县立足自身丰富的生态旅游资源，将发展旅游作为脱贫攻坚主抓手，通过发展旅游产业带动农业、文化、体育、教育等多种业态深度融合发展，形成了较为完整的大旅游产业链条，走出了一条以全域旅游带动脱贫摘帽的新路子。按照“村有支柱产业、户有致富项目、人有一技之长”要求，以小额贴息贷款、产业发展基金为保障，以九寨沟旅游市场为支撑，积极发展刀党、羌活、藏香猪、九寨中蜂、脆红李等优势中药材和特色种养殖业，实现120个行政村集体经济全覆盖，彻底消灭“空壳村”。积极发挥九寨沟涉旅企业较多的优势，加强“订单式”培训力度，吸纳贫困户就近就业，引导贫困群众参与、服务九寨旅游；深入挖掘琵琶、南坪曲子、㑇舞、白马等民族民俗文化，引导农村群众发展藏农家乐、体验农场、采摘垂钓等绿色产业，带动群众脱贫致富。[①]

阿坝县把发展农村集体经济作为脱贫攻坚助农增收的重要突破点，形成以生态农牧为基础、绿色工业为牵引、特色旅游为重点、商贸物流为支撑的农村集体经济产业发展模式。全县共建成农村集体经济项目 110 个、年净收益 1262.84 万元，其中贫困村集体经济项目 63 个、年净收益 478.49 万元。因地制宜抓发展规划，按照“宜农则农、宜游则游、宜商则商”的原则，立足资源禀赋、基础条件和群众意愿，全面盘清农村资产、资源、资本等状况，采取自主、联合、委托、折股量化等经营方式，因村发展生态农牧、特色旅游、商贸服务、资源开发等类型集体经济。多措并举兴产业，紧扣“产业生态化、生态产业化”目标，先行先试、循序推进，大胆探索可循环、轻污染、低碳化的农村集体经济发展路径。优化模式激活力，针对农牧民群众分散经营科技含量低、效益差等实际，通过“联乡联村联户联产联股”发展模式，打破乡、村等的界限，以集体经济组织委托县国投公司开发经营的方式，推动资源整合、要素重组、抱团发展。着眼增收释红利，坚持把群众参与、群众受益作为发展壮大村级集体经济的出发点和落脚点，既做大“蛋糕”，又分享“蛋糕”，让群众共享发展集体经济成果。

（二）凉山州典型脱贫案例

甘洛县探索通过聚焦扶持项目，扎实落实保障政策的方法，真正解决贫困群众需要解决的问题。建房不停修路不止，甘洛县通过聚焦易地扶贫搬迁、土地增减挂钩、彝家新寨建设、D 级危房[②]改造等项目，切实解决彝族同胞交通出行的难题，为他们提供安全舒适的新居。加快特色产业发展，甘洛县在立足资源禀赋的情况下，通过扩大规模、建设基地、创建品牌、深化加工等方式，以“果薯蔬草药养畜”项目为载体，加快推进特色产业发展，为贫困群众提供更加宽阔的收入渠道。推动完善社会保障，全面实施教育振兴行动计划，大力建设幼儿园、小学和标准中心中学，在全县实现义务教育均衡发展、学前教育全覆盖，通过提高文化程度的方式有效阻断贫困的代际传递。加强公共医疗卫生

① 阿坝藏族羌族自治州文化体育和旅游局：《阿坝州三个文化和旅游扶贫案例上榜“四川省文旅扶贫典型案例”》，http：//wtlj.abazhou.gov.cn/abzwhtylyj/c101881/202010/63c5 5039f64840a782b0fc42d75228e8.shtml。

② 甘洛县人民政府：《甘洛县“三个加速”建设宜居甘洛》，http：//ganluo.gov.cn/zfxxgk/gzdt/gzdt_ 193681/201807/t20180724_ 835391.html。

建设，推动医疗卫生扶贫工程，全县贫困人口基本医疗保险参保率达100%，基础村级卫生室实现全覆盖，有效保障了贫困群众的医疗需求，解决了看病难导致的因病致贫问题。①

越西县对照“两不愁三保障”总体要求，抓早动快建房修路，想方设法发展产业增加群众收入，动真碰硬解决各类疑难杂症，贫困面貌发生了翻天覆地的变化。通过建房修路“改穷貌”，提早安排各类工程项目建设，新建易地搬迁、彝家新寨住房1.89万户，新实施村道硬化160个村，新建饮水工程384处，实施了一批基础和公共服务设施项目，贫困群众生活品质大幅提升。通过埋头苦干兴产业“换穷业”，全县农林产业实现突破发展，培育形成10万亩苹果、20万亩花椒和30万亩核桃种植基地以及300万羽蛋鸡养殖基地等特色产业，以县乡村户“四轮驱动”模式，有效带动群众增收。通过劳务输出、公益岗位开发、鼓励群众多种养等措施，有劳动能力的贫困群众有了稳定收入，没有劳动能力的贫困群众基本实现了不愁吃不愁穿。通过改善上学就医条件“拔穷根”，实现贫困家庭孩子从幼儿园、义务教育阶段到中职和高中都有资助救助政策，有学上、上得起学。实现乡乡有卫生院、村村有卫生室，贫困人口全部参加基本医疗保险。②

（三）甘孜州典型脱贫案例

理塘县坚定生态经济发展与脱贫攻坚“双轮驱动”的县域经济发展新模式，围绕“基础设施、产业扶贫、就业扶贫、教育扶贫、健康扶贫、住房安全、科技文化扶贫、财政金融扶贫、社会保障”等九大扶贫工程，切实打赢脱贫攻坚战。立足根本，发挥优势，理塘具有生产有机天然错季节农产品的独特优势，按照“生态优先、绿色发展，涉藏地区特色、理塘特点”，大力发展“极地果蔬”，推动高原地区农业现代化进程，有效带动农民增收致富。三产融合，助推发展，在做优做大做强文化旅游、高原特色农牧业和商贸业等优势产业的基础上，促进一二三产深度融合发展助推脱贫攻坚，依托“康藏之窗·圣地理塘”旅游名片，积极推进4A级景区申报、生态农业园建设、沿线旅游配套服务设施完善，培育出农牧旅融合发展示范带。依托电商，辐射四方，理塘县积极建设

① 新华社：《逐步实现义务教育资源均等化——三部门发文为义务教育“补短板”》，http://www.scio.gov.cn/ztk/dtzt/42313/43603/43607/document/1687289/1687289.htm。

② 樊未晨、叶雨婷：《教育扶贫斩“穷根”——全国教育系统脱贫攻坚综述》，载《中国青年报》，2021-03-01：1。

康南商贸中心、康南物流园，建成南亚国家小商品交易区和电子商务示范区，打造川滇藏结合部物流集散中心，加力推进“农村电商创新创业孵化中心”建设，农村电商服务站（点）已经涉及6个乡镇50个村。另外，理塘县还注重生态保护，在重大生态保护与修复工程中，创新性地组建贫困村植树造林和湿地修复合作社，实现了贯彻大生态理念与基层群众尤其是贫困人口政策性收入提高有机融合，群众增收与生态修复良性循环，实现了高效脱贫。[①]

色达县锚定贫困问题、软乡弱村问题、人才匮乏问题、社会治理问题相互交织、错综复杂的现实情况，聚焦“内生动力、基础设施、住房建设、就业增收、产业致富、生态扶贫、教育扶贫、健康扶贫、兜底保障”等九个方面的内容精准发力，成功打赢脱贫攻坚战。以保障民生为核心，色达县在脱贫攻坚过程中，以民生作为最大的政治，大力改善基础设施、完善安全饮水工程、推进住房建设、推进健康扶贫、实施兜底保障以及强力推进生态保护修复，为贫困群众提供了美好的生活家园。以发展产业为重点，通过实施产业扶贫项目，探索“资源共享、利益联结、飞地扶贫、抱团致富”的扶贫模式，建立“园区+企业+支部+专合组织+农牧户”产业发展模式，推动全域旅游、特色农牧、中藏医药、民族文化、清洁能源、电商物流等现代产业快速发展，实现了产业发展和转型的“大跨越”，成功引导贫困群众增收致富。以转变思路为根本，色达县将教育扶贫作为阻断贫困代际传递的治本之举，全面落实十五年免费教育政策，并通过开展“感党恩、爱祖国、守法治、奔小康”的主题教育活动，引导激发农牧民的内生发展动力，通过建强基层党支部建设，培育农村致富能手，成功带动贫困群众走向小康。[②]

---

① 叶强平：《四川理塘：发展高原生态农业见成效》，http：//www.tibet.cn/cn/index/syyc/202101/t20210122_ 6942752.html。

② 陈清、陈林：《以教育扶贫阻断贫困代际传递》，载《光明日报》，2020-11-10：6。

第七章 青海涉藏地区深度贫困大调查与脱贫现状

第一节 青海涉藏地区总体概况

一、地理区位

青海涉藏地区属于原深度贫困地区之一，主要包括州县如表 7-1 所示。青海省下辖 6 个藏族自治州，是我国除西藏外第二大藏族聚居区，集西部地区、民族地区、集中连片贫困地区典型特征于一身。

海北藏族自治州全州总面积 4.5 万平方千米，位于青海省东北部，州府驻海晏县西海镇。黄南藏族自治州总面积 1.89 万平方千米，州府设立在同仁县的隆务镇，位于青海省东南部，地处九曲黄河第一弯，地势南高北低，平均海拔在 3000 米以上。海南藏族自治州全州总面积 4.6 万平方千米，州府设在共和县恰卜恰镇，地处青海省东部，青藏高原东北隅，素有"青藏高原门户"之称。果洛藏族自治州全州总面积 7.60 万平方千米，占青海省总面积的 10%，州府设在玛沁县大武镇。玉树藏族自治州是全国成立的第二个少数民族自治州，全州总面积 26.7 万平方千米，占青海省总面积的 37.2%，是青、川、藏交界处的民间贸易集散地。海西蒙古族藏族自治州总面积 32.58 万平方千米，占青海省总面积的 45.17%，全州大部分处于柴达木盆地内部，地貌以山地、荒漠、河谷、草地为主，大部分地区海拔在 3000 米以上，属于典型的高原大陆性气候。

表 7-1 青海涉藏地区行政区划

青海涉藏州域	青海涉藏县域
海北藏族自治州	海晏县、祁连县、刚察县、门源回族自治县

续表

青海涉藏州域	青海涉藏县域
黄南藏族自治州	同仁县、尖扎县、泽库县、河南蒙古族自治县
海南藏族自治州	共和县、贵德县、贵南县、同德县、兴海县
果洛藏族自治州	玛沁县、班玛县、甘德县、达日县、久治县、玛多县
玉树藏族自治州	玉树市、称多县、囊谦县、杂多县、治多县、曲麻莱县
海西蒙古族藏族自治州	德令哈市、格尔木市、天峻县、都兰县、乌兰县

二、人口特征

青海涉藏地区人口特征如表 7-2 所示。根据第七次全国人口普查数据，截至 2021 年 11 月，海北藏族自治州常住人口达 26.53 万人，其中男性占比 50.98%，女性占比 49.02%，0—14 岁人口占比 20.18%，15—59 岁人口占比 69.34%，60—65 岁人口占比 3.24%，65 岁及以上人口占比 7.24%；黄南藏族自治州常住人口达 27.62 万人，其中男性占比 50.51%，女性占比 49.49%，0—14 岁人口占比 26.54%，15—59 岁人口占比 65.12%，60—65 岁人口占比 1.8%，65 岁及以上人口占比 6.54%；海南藏族自治州常住人口达 44.7 万人，其中男性占比 50.52%，女性占比 49.48%，0—14 岁人口占比 24.25%，15—59 岁人口占比 66.2%，60—65 岁人口占比 2.65%，65 岁及以上人口占比 6.9%；果洛藏族自治州常住人口达 21.56 万人，其中男性占比 52.18%，女性占比 47.82%，0—14 岁人口占比 29.69%，15—59 岁人口占比 63.88%，60—65 岁人口占比 1.53%，65 岁及以上人口占比 4.9%；玉树藏族自治州常住人口达 42.52 万人，其中男性占比 50.79%，女性占比 49.21%，0—14 岁人口占比 31.35%，15—59 岁人口占比 61.2%，60—65 岁人口占比 1.41%，65 岁及以上人口占比 6.04%；海西蒙古族藏族自治州常住人口达 46.82 万人，其中男性占比 54.74%，女性占比 45.26%，0—14 岁人口占比 18.65%，15—59 岁人口占比 74.21%，60—65 岁人口占比 2.4%，65 岁及以上人口占比 4.74%。

表 7-2 青海涉藏地区人口特征

指标	海北藏族自治州		黄南藏族自治州		海南藏族自治州	
	人口数（万人）	比重（%）	人口数（万人）	比重（%）	人口数（万人）	比重（%）
常住人口	26.53	100	27.62	100	44.7	100
男性	13.52	50.98	13.95	50.51	22.58	50.52
女性	13.01	49.02	13.67	49.49	22.12	49.48
0-14 岁	5.35	20.18	7.33	26.54	10.84	24.25
15-59 岁	19.40	69.34	17.99	65.12	29.59	66.2
60-65 岁	0.86	3.24	0.50	1.8	1.18	2.65
65 岁及以上	1.92	7.24	1.81	6.54	3.08	6.9
指标	果洛藏族自治州		玉树藏族自治州		海西蒙古族藏族自治州	
	人口数（万人）	比重（%）	人口数（万人）	比重（%）	人口数（万人）	比重（%）
常住人口	21.56	100	42.52	100	46.82	100
男性	11.25	52.18	27.60	50.79	25.63	54.74
女性	10.31	47.82	20.92	49.21	21.19	45.26
0-14 岁	6.4	29.69	13.33	31.35	8.73	18.65
15-59 岁	13.77	63.88	26.02	61.2	34.75	74.21
60-65 岁	0.33	1.53	0.60	1.41	1.12	2.4
65 岁及以上	1.06	4.9	2.57	6.04	2.22	4.74

数据来源：《2020 年青海统计年鉴》及 2019 各州国民经济和社会发展统计公报。

三、经济发展

（一）生产总值与产业结构

表 7-3 显示了 2014—2020 年青海涉藏地区产业规模和结构关系。首先，从整体看，7 年间青海涉藏地区产业规模呈现稳定扩大趋势，2020 年产业总值达到 1118.31 亿元，比 2014 年增加 350.86 亿元，青海涉藏地区经济发展趋势良

好，也充分表明国家对青海涉藏地区等集中连片特殊困难地区实施的特殊扶贫政策和措施促进了地区经济的稳定增长。其次，从三次产业看，2020 年第一、二、三产业的产值分别较 2014 年增长了 77. 44 亿元、102. 44 亿元、170. 99 亿元，三次产业比为 17. 86∶47. 36∶34. 78，其中，第二、第三产业比值分别较第一产业高出 29. 5、16. 92 个百分点，第三产业比值较第二产业低 12. 58 个百分点，青海涉藏地区尚处于“二三一”的产业结构。

表 7-3　青海涉藏地区三次产业产值情况

年份	第一产业		第二产业		第三产业		生产总产值（亿元）
	产值（亿元）	比重（%）	产值（亿元）	比重（%）	产值（亿元）	比重（%）	
2014	122. 30	15. 94	427. 17	55. 66	217. 97	28. 40	767. 45
2015	125. 94	16. 30	405. 66	52. 49	241. 26	31. 22	772. 85
2016	130. 12	15. 46	440. 56	52. 35	270. 94	32. 19	841. 61
2017	139. 94	16. 19	430. 59	49. 80	294. 08	34. 01	864. 62
2018	154. 87	16. 37	468. 58	49. 53	322. 53	34. 09	945. 98
2019	174. 79	17. 31	472. 88	46. 84	361. 90	35. 85	1009. 57
2020	199. 74	17. 86	529. 61	47. 36	388. 96	34. 78	1118. 31

数据来源：2015—2020 年《青海统计年鉴》。

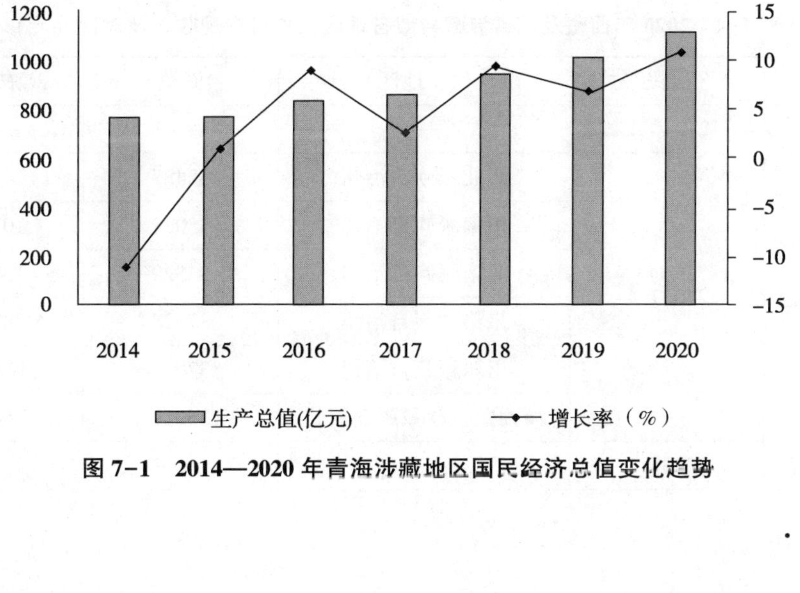

图 7-1　2014—2020 年青海涉藏地区国民经济总值变化趋势

图 7-1 显示了 2014—2020 年 7 年间青海涉藏地区经济总产值及增长率变化趋势，从产值变化情况看，呈现出逐年递增的趋势，表明青海涉藏地区经济稳定增长。增长率则总体呈现波动上升的变化趋势，其中有 4 年增长率超 5%，分别是 2016 年较 2015 年增长 8.9%，2018 年较 2017 年增长 9.41%，2019 较 2018 年增长 6.72%，2020 年较 2019 年增长 10.77%。

（二）城乡收入支出与消费

人均可支配收入是居民生活质量的直接保障和间接体现，更是衡量一个地区经济和社会发展水平的重要指标。根据表 7-4，从 2020 年西藏及四省涉藏县域，居民人均可支配收入比较来看，分别为四省涉藏地区>青海>云南>西藏>甘肃；从青海各州城镇人均可支配收入来看，果洛藏族自治州城镇人均可支配收入>玉树藏族自治州城镇人均可支配收入>海北藏族自治州城镇人均可支配收入>海西蒙古族藏族自治州城镇人均可支配收入>黄南藏族自治州城镇人均可支配收入>海南藏族自治州城镇人均可支配收入；从青海各州农村人均可支配收入来看，海西蒙古族藏族自治州农村人均可支配收入>海北藏族自治州农村人均可支配收入>海南藏族自治州农村人均可支配收入>黄南藏族自治州农村人均可支配收入>果洛藏族自治州农村人均可支配收入>玉树藏族自治州农村人均可支配收入。从青海（州、地区）、县与所在省域平均水平比较来看，青海涉藏 6 个州的城镇人均可支配收入均高于青海省平均水平，但其农村人均可支配收入均低于所在青海平均水平。

表 7-4　2020 年西藏及四省涉藏县域各地区人均可支配收入及对比（元）

<table>
<tr><th>省区</th><th>省区居民平均</th><th>市（州、地区）县</th><th>城镇</th><th>农村</th></tr>
<tr><td>西藏</td><td>21744.1</td><td>——</td><td>——</td><td>——</td></tr>
<tr><td rowspan="6">青海省</td><td rowspan="6">24037.4</td><td>海北藏族自治州</td><td>35487</td><td>14842</td></tr>
<tr><td>黄南藏族自治州</td><td>35021</td><td>10708</td></tr>
<tr><td>海南藏族自治州</td><td>34529</td><td>13380</td></tr>
<tr><td>果洛藏族自治州</td><td>37328</td><td>9848</td></tr>
<tr><td>玉树藏族自治州</td><td>37011</td><td>9800</td></tr>
<tr><td>海西蒙古族藏族自治州</td><td>35219</td><td>15052</td></tr>
<tr><td>甘肃省</td><td>20335.1</td><td>——</td><td>——</td><td>——</td></tr>
</table>

续表

省区	省区居民平均	市（州、地区）县	城镇	农村
四川省	26522.1	——	——	——
云南省	23294.9	——	——	——

数据来源：2021年《青海统计年鉴》及2020年各州国民经济和社会发展统计公报。

（三）投资消费与旅游发展

第一，从投资及消费情况看，根据表7-5，从各州的全社会固定资产投资增速来看，海南>果洛>黄南>海北>玉树>海西，其中海南州的投资总额增速超过30%。从社会消费品零售总额来看，海西>海南>海北>玉树>黄南>果洛。其中，海西蒙古族藏族自治州的零售总额是果洛州的7.8倍。

表7-5　2020年青海涉藏地区社会投资及消费品零售总额对比分析

市（州、地区）县	全社会固定资产投资增速（%）	社会消费品零售总额（亿元）
海北藏族自治州	12.4	27.07
黄南藏族自治州	14.1	14.50
海南藏族自治州	36.1	31.58
果洛藏族自治州	14.2	10.21
玉树藏族自治州	5.2	19.47
海西蒙古族藏族自治州	-24.9	79.67

数据来源：2021年《青海统计年鉴》及2020年各州国民经济和社会发展统计公报。

第二，从各州年金融机构各项存款余额看，海西蒙古族藏族自治州存款余额遥遥领先，高达496.82亿元，见表7-6。而后依次为，海南>黄南>海北>玉树>果洛。从各地区年金融机构各项贷款余额看，海西蒙古族自治州贷款余额为375.89亿元，而后依次为海南>海北>黄南>玉树>果洛。

第三，旅游扶贫是我国产业扶贫重点工程和措施之一，发展旅游业已成为青海涉藏地区的优先脱贫道路，根据表7-6，2020年青海涉藏地区接待国内外游客3461.93万人次，旅游总收入155.86亿元，推进了地区经济结构不断优化。从6个州旅游情况看，海西>海南>黄南>海北>玉树>果洛，其中海西州、黄南州、海南州的游客人次及收入排名前 3 位，游客人次分别是 1349.67、737.96、734.9 万人次，旅游收入分别是 70.31、25.88、26.95 亿元。

表 7-6　2020 年青海涉藏地区金融、旅游发展对比分析

市（州、地区）县	年金融机构各项存款余额（亿元）	年金融机构各项贷款余额（亿元）	旅游人数（万人次）	旅游收入（亿元）
海北藏族自治州	151.51	89.53	479.43	21.44
黄南藏族自治州	158.10	74.25	737.96	25.88
海南藏族自治州	200.67	137.58	734.90	26.95
果洛藏族自治州	128.47	38.75	39.21	3.43
玉树藏族自治州	139.95	64.47	120.76	7.85
海西蒙古族藏族自治州	496.82	375.89	1349.67	70.31

数据来源：2021 年《青海统计年鉴》及 2020 年各州国民经济和社会发展统计公报。

综上所述，在国家各类扶贫政策推动下，青海涉藏地区经济发展较快，投资、金融、旅游、边境贸易发展迅速，贫困地区面貌大为改观，贫困人口生活水平显著提升，但各州的经济发展快慢不一，区域之间差异较大。

（四）公共财政收入与支出

财政是支持地区经济社会发展的重要保障，尤其是青海涉藏地区作为高度政策依赖性发展的连片特困区，其财政保障能力直接决定扶持政策的力度与实际效果。从地方财政收入和支出情况看，公共财政预算收入较高的是海西州和海南州，海北州、黄南州分别位于第 3、第 4 位；公共财政预算支出较高的是海西州、玉树州，海南州、黄南州分别位于第 3、4 位。

表 7-7　2020 年青海涉藏地区财政情况

市（州、地区）县	公共财政预算收入（亿元）	公共财政预算支出（亿元）
海北藏族自治州	5.41	93.76
黄南藏族自治州	4.74	119.62
海南藏族自治州	13.70	128.70

续表

市（州、地区）县	公共财政预算收入（亿元）	公共财政预算支出（亿元）
果洛藏族自治州	2.69	95.76
玉树藏族自治州	2.52	128.84
海西蒙古族藏族自治州	75.85	165.79

数据来源：2021 年《青海统计年鉴》。

四、社会发展

（一）科教文卫发展

随着国家对青海涉藏地区投入不断加大，青海公共服务水平持续提高，科技、教育、卫生等民生问题成为发展的重中之重，社会事业发展快速推进，民生改善显著。第一，从各类学校总数看，黄南州、玉树州各类学校 103 所，而后依次为海西州 93 所、海南州 80 所、果洛州 72 所、海北州 43 所。第二，从在校学生人数看，玉树州 112931 人，占总人口的 26.72%，而后依次为海南 105029 人、海西 82363 人、黄南州 64010 人、海北 55800 人、果洛 52928 人。第三，从学龄儿童入学率看，黄南、海南、海西均为 100%，其次为海北、玉树、果洛，其中前三名高出果洛州 1.6 个百分点。第四，从各类科技项目看，海北州 30 多项，黄南州 12 项、海西州 59 项。第五，从电视及广播覆盖率看，果洛州的电视及广播覆盖率最高，达 99.89%，玉树州的电视覆盖率最低，为 97.38%。第六，从卫生机构拥有数看，依次为海西州（525 个）、海北州（381 个）、黄南州（351 个）、玉树州（86 个）、果洛州（79 个）、海南州（73 个）。第七，从床位拥有数看，依次为海西（3307 张）、海南（3189 张）、玉树（2375 张）、海北（1720 张）、黄南（1507 张）、果洛（1149 张），卫生医疗条件较为落后，卫生医疗资源供给不足，且区域之间差异明显。如果再考虑这些区域面积广阔，居住分散，青海涉藏地区居民卫生医疗资源极为稀缺，卫生医疗的满足度极低。

表 7-8 2019 年青海涉藏地区科教文卫事业发展情况

市（州、地区）县	各类学校总数（所）	在校学生（人）	学龄儿童入学率（%）	各类科技项目（项）	电视综合人口覆盖率（%）	卫生机构（个）	床位数（张）
海北藏族自治州	43	55800	99.9	30	98.9	381	1720
黄南藏族自治州	103	64010	100.0	12	98.15	351	1507
海南藏族自治州	80	105029	100.0	——	——	73	3189
果洛藏族自治州	72	52928	98.4	——	99.89	79	1149
玉树藏族自治州	103	112931	99.3	——	97.38	86	2375
海西蒙古族藏族自治州	93	82363	100.0	59	99	525	3307

数据来源：2020 年《青海统计年鉴》。

（二）社会保障发展

从参加基本养老保险人数看，在有统计数据的地区中，海西州参保人数最高，有 30.65 万人，而后依次为海南州 27.72 万人、玉树州 25.32 万人、黄南州 19.38 万人、海北州 19.36 万人。城乡居民基本医疗保险参保率在政策强力推进和保障下普遍较高，其中海南藏族自治州基本医疗保险参保人数最高达 43.38 万人。从城乡最低生活保障情况来看，玉树州最低生活保障人数最多，高达 84045 人，海西州最少，为 6210 人。总体上看，青海涉藏地区的社会保障情况较好，基本养老保险差距不大，基本医疗参与率较高，居民的生活质量大有改善。上述情况参见表 7-9。

表 7-9 2020 年青海涉藏地区社会保障情况

市（州、地区）县	养老保险参保人数（万人）	基本医疗保险参保人数（万人）	最低生活保障人数（人）
海北藏族自治州	19.36	27.69	21803
黄南藏族自治州	19.38	25.01	57457
海南藏族自治州	27.72	43.38	35578
果洛藏族自治州	16.6	19.66	39327

续表

市（州、地区）县	养老保险参保人数（万人）	基本医疗保险参保人数（万人）	最低生活保障人数（人）
玉树藏族自治州	25.32	39.85	84045
海西蒙古族藏族自治州	30.65	41.87	6210

数据来源：2021 年《青海统计年鉴》。

第二节　青海涉藏地区深度贫困大调查

一、青海省四县农户情况基本调查

（一）调查样本区域分布

数据来源于 2019 年 7 月课题组在青海省尖扎县、泽库县、共和县、兴海县所采集的建档立卡农户数据，在处理中只保留了完整数据的家庭样本。在有效样本中，尖扎县共有 3048 户、泽库县共有 5216 户、共和县共有 3430 户、兴海县共有 2692 户。

（二）户主特征分析

如表 7-10，从调查农户的收入情况来看，共和县共有 1605 个农户收入在贫困线以下，且占比 46.79%，是四个贫困县中收入低于贫困线家庭占比最多的县。从文化程度来看，四个贫困县的农户总体文化水平在小学（及以下）的户主为 13590 人，占比高达 94.46%，这充分说明了青海贫困地区的教育条件处于比较落后水平，不利于当地人口素质的提高，应该通过提高农民受教育的水平来提升减贫效果。

表 7-10　四县受访农户的样本特征

地区	样本量（占比）	收入是否低于贫困线		户主文化程度是否在小学及以下		户主是否健康		是否危房户		是否安全饮水	
		是	否	是	否	是	否	是	否	是	否
尖扎县	3048	223	2825	2876	172	2164	884	6	3042	3048	0
	21.19%	7.32%	92.68%	94.36%	5.64%	71.00%	29.00%	0.20%	99.80%	100%	0%
泽库县	5216	178	5038	5013	203	4213	1003	45	5171	4998	218
	36.26%	3.41%	96.59%	96.11%	3.89%	80.77%	19.23%	0.90%	99.10%	95.82%	4.18%
共和县	3048	223	2825	2876	172	2164	884	6	3042	3048	0
	21.19%	7.32%	92.68%	94.36%	5.64%	71.00%	29.00%	0.20%	99.80%	100%	0%
泽库县	5216	178	5038	5013	203	4213	1003	45	5171	4998	218
	36.26%	3.41%	96.59%	96.11%	3.89%	80.77%	19.23%	0.90%	99.10%	95.82%	4.18%
共和县	3430	1605	1825	3108	322	2515	915	883	2547	2908	522
	23.84%	46.79%	53.21%	90.61%	9.39%	73.32%	26.68%	25.74%	74.26%	84.78%	15.22%
兴海县	2692	0	2692	2593	99	1596	1096	0	2692	2692	0
	18.71%	0%	100%	96.32%	3.68%	59.29%	40.71%	0%	100%	100%	0%
总体	14386	2006	12380	13590	796	10488	3898	934	13452	13646	740
	100%	13.94%	86.06%	94.47%	5.53%	72.90%	27.10%	6.49%	93.51%	94.86%	5.14%

数据来源：本课题组调研数据。

（三）调查样本总体分析

根据调查样本性别年龄交叉统计分析来看，被调查者群体主要集中在29岁及以下年龄层人群，占到样本总数的50.47%，中老年人口占比较少；男性及女性受访者人数分别为25533、27608人，占比分别是48.05%、51.95%，相对而言，女性比重较大，但差距不明显。从年龄结构来看，被调查者中，29岁以下26820人，占样本总数比为50.47%，其中男性为13650人，占比为50.89%，女性为13170人，占比为49.11%；30—39岁为8265人，占样本总数的15.55%，其中男性3904人，占比为47.24%，女性13170人，占比为52.76%；40—49岁为7359人，占样本总数的13.85%，其中男性3420人，占比为46.47%，女性为3939人，占比为52.53%；50—59岁为5006人，占样本总数的9.42%，其中男性2206人，占比为44.07%，女性为2800人，占比为55.93%；60岁及以上为5691人，其中男性为2353人，占比为41.35%，女性为 3338 人，占比为 58.65%（见表 7-11）。被调查的文化程度总体较低，其中小学及以下文化程度占比高达 88%，初、高中文化程度占比为 10%，大专及以上文化程度占比为 2%。从致贫原因来看，缺少资金的群体占大多数，其次是缺技术、因病、缺劳动力、因残（见图 7-2）。

表 7-11　被调查者的年龄和性别的交叉分析

年龄	性别					
	合计		男		女	
	样本数	占比	样本数	占比	样本数	占比
29 岁及以下	26820	50.47%	13650	50.89%	13170	49.11%
30—39 岁	8265	15.55%	3904	47.24%	4361	52.76%
40—49 岁	7359	13.85%	3420	46.47%	3939	52.53%
50—59 岁	5006	9.42%	2206	44.07%	2800	55.93%
60 岁以上	5691	10.71%	2353	41.35%	3338	58.65%
合计	53141	100%	25533	48.05%	27608	51.95%

数据来源：本课题组调研数据。

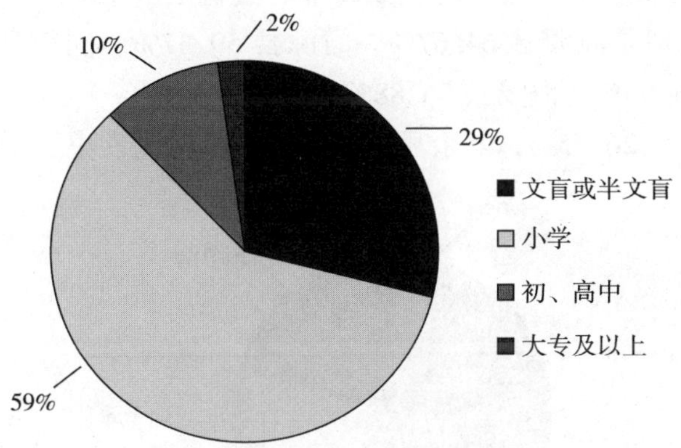

图 7-2　调查样本文化程度

表 7-12　青海四县致贫原因

地区	缺技术	缺劳力	缺资金	因病	因残
共和县	1862	1379	3791	2374	1306
尖扎县	1316	978	2988	774	717

续表

地区	缺技术	缺劳力	缺资金	因病	因残
泽库县	2657	2538	2118	887	1271
兴海县	878	607	2184	1642	520
总计	6712	5502	11081	5677	3814

数据来源：本课题组调研数据。

（四）致贫原因分析

在课题组调研过程中发现，青海省深度贫困县的致贫原因主要归结于以下5点：缺技术、缺劳力、缺资金、因病和因残。如图7-3所示，其中占比最高的致贫原因在于缺资金，占比最低的致贫原因在于因残。因缺技术而致贫的前五个县及占比分别是玛多县40.83%、玉树县40.34%、同仁县32.22%、祁连县31.11%、泽库县28.05%。因缺劳力而致贫的前五个县及占比分别是班玛县62.77%、治多县34.72%、囊谦县28.39%、曲麻莱县27.39%、泽库县26.80%。因缺资金而致贫的前五个县及占比分别是称多县55.11%、甘德县51.85%、平安县50.94%、达日县48.25%、囊谦县47.56%。因病而致贫的前五个县及占比分别是湟源县64.67%、门源县59.37%、同德县46.03、大通回族土族自治县44.93%、海晏县36.88%。因残致贫在各个县域的占比较低，最高的地区是海晏县26.75%，其余显示的因残致贫情况皆小于20%。

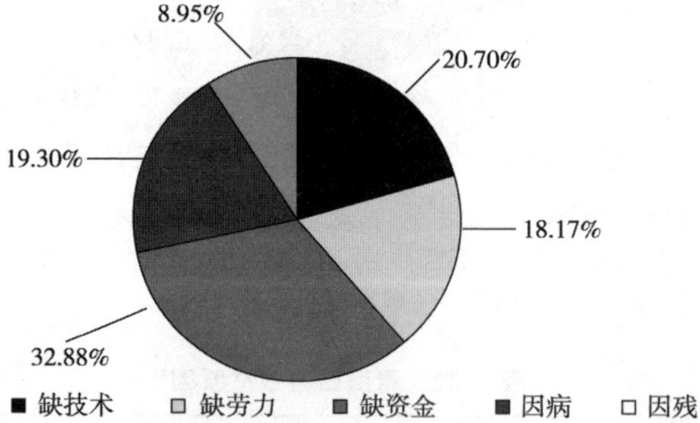

图7-3　致贫的原因及占比

2018年是青海原深度贫困地区各市（州）、县、村脱贫摘帽数较多的时期，如图 7-4 所示，2018 年底各市（州）脱贫摘帽村数量都大于 20 个，且海东市在一年内 180 个贫困村实现脱贫摘帽。观察图 7-4 可知，西宁市在该年度实现较高的脱贫数量和较低的现存贫困人口，而玉树州则表现为脱贫数量较低且现存贫困人口较多，如此使后续的脱贫攻坚任务极为艰巨。在扶贫政策和工作人员的努力下，青海省终于在 2020 年年底实现了全面脱贫，攻克了原深度贫困地区贫困堡垒。

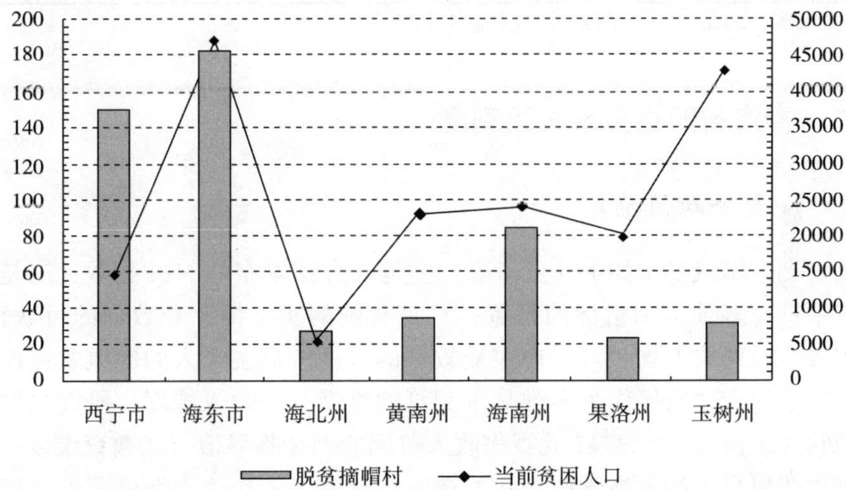

图 7-4　2018 年青海各市（州）脱贫村及当前贫困人口（个）

表 7-13　2018 年脱贫退出与实有贫困情况

县市区名	2018 年脱贫退出情况		2018 年底实有贫困状况		
	退出村数	贫困人口	贫困村数	贫困人数	贫困发生率
			国家贫困发生率		1.7%
西宁市	150	14435	0	582	0.1%
海东市	182	46908	76	21170	1.8%
海北州	26	5209	0	10	0.0%
黄南州	34	22835	26	8415	4.2%
海南州	82	24081	27	9103	2.5%
果洛州	21	19697	25	11762	7.5%
玉树州	31	42679	16	25767	7.7%

续表

县市区名	2018 年脱贫退出情况		2018 年底实有贫困状况		
	退出村数	贫困人口	贫困村数	贫困人数	贫困发生率
			国家贫困发生率		1.7%
海西州	0	0	0	0	0.0%
全省合计	526	175844	170	76809	2.5%

数据来源：2020 年《中国农村贫困监测报告》。

二、青海省四县多维贫困测度

（一）剥夺阈值确定

确定剥夺阈值基于如下几点考虑：一是联合国发布的 MPI 指数；二是国内外文献中针对多维贫困指标的设置；三是我国的实际情况和数据的可获得性。本节主要通过选取人均收入、户主受教育的程度、户主个人的健康、住房状况和饮水安全等 5 项指标作为多维贫困测算的维度。①收入维度。研究主要以人均年纯收入来衡量，将 3747 元视作收入贫困的剥夺临界值。②教育维度。受教育程度主要以户主的最高学历表示，选取小学及以下作为剥夺临界值，即户主受教育程度不到中学水平，该家庭在教育上视作贫困。③健康维度。虽然我国新型农村合作医疗已经实现了在农村的全面覆盖，但由于收入水平的限制，重大疾病和长期慢性疾病的医疗费用对农村家庭而言仍然难以负担，故将体弱多病、残疾人，以及患有长期慢性病、大病的人视为健康贫困。④住房情况维度。以所住房屋是否为危房为依据，若所住房屋为危房，则视为住房贫困。⑤饮水情况维度。以居民是否可以安全饮水为依据，若不能安全饮水，则认定为饮水贫困。

（二）测算结果及分析

1. 单维贫困发生率

为分析青海省部分贫困县在各个维度下的贫困状况，首先分别从收入、教育、健康、住房、饮水情况 5 个维度计算不同维度下的贫困发生率，总体贫困发生率排序为：教育（94.47%）>健康（27.1%）>收入（13.94%）>住房（6.49%）>饮水情况（5.14%）。从总体来看，教育贫困发生率占比最高，是贫困户脱贫的主要制约因素。样本中户主健康贫困发生率达到 27.1%，当中不乏患有大病或残疾的人，虽然农民基本上都参加了农村合作医疗保险，但大型的医疗机构往往都在距离较远的县城，时间成本以及交通成本较大，出现较多有病就拖的现象。收入贫困发生率达到 13.94%，脱贫形势依旧严峻。住房贫困发生率为 6.49%，饮水贫困发生率为 5.14%，因为住房和饮水被划为贫困的家庭较少，表明政府对住房和饮水扶贫事业起到了积极的推动作用。

比较尖扎县、泽库县、共和县、兴海县四县贫困发生率，可以发现四县贫困特征具有与总体类似的特点，教育贫困非常突出，户主教育贫困发生率均超过 90%。此外，共和县收入贫困发生率为 46.79%，严重超出其他三个县。

2. 多维贫困测算

由上文的分析可见，青海涉藏地区四县的部分贫困人口贫困程度较深，不易脱贫。多维贫困指数核算的结果表明（如表 7-14 所示），总体在收入、教育、健康、住房、饮水情况任意一个维度中存在贫困的农户达到 96.37%，27.23%的农户在两个维度同时存在贫困，7.05%的农户在三个维度存在贫困，2.86%的农户在四个维度存在贫困，在五个维度上均存在贫困的占 0.22%。从整体来看，在某一维度上的贫困覆盖面积较大，但从多个维度来看，贫困人口并不多，处于三维及三维贫困以上的农户占比为 10.13%。比较尖扎县、泽库县、共和县、兴海县四个贫困县，可以发现泽库县的单维贫困发生率明显高于其他三个县，为 73.52%，尖扎县、共和县、兴海县分别为 62.76%、34.43%、52.70%。

3. 贫困贡献度方面

通过对四县的多维贫困指数进行分解，可以得到各维度对多维贫困指数的贡献（如表 7-14 所示）。为便于比较，本研究将不同维度下的贡献度进行均值处理后发现，随着维度的增加，多维贫困发生的贡献率在各维度之间差距越来越小。

总体贫困贡献率排序为：教育>收入>住房>健康>饮水，教育、收入的平均贡献率更大，而住房、健康、饮水的平均贡献率相对较小。比较四县平均贡献率，教育的平均贡献率同样最大。受教育程度低是青海省四县单维贫困的主要制约因素。从青海四县总体各指标来看，受教育程度低是贫困发生率最高的指标，受教育程度低严重制约了四县人力资本的提升，更制约了自我发展能力的提高。针对这种情况，政府应积极采取相应措施，深化贫困地区教育改革，全面改善贫困个体的受教育条件，不仅要打好“硬件”这一基础，更要通过对“软件”的升华来彻底消除教育贫困。

表 7-14　多维贫困指数（M）及对不同贫困维度的贡献率①

类型	*K*	*M*	收入	教育	健康	住房	饮水
总体	1	0.2910	0.0959	0.6379	0.1862	0.0446	0.0354
	2	0.1749	0.1553	0.4137	0.2988	0.0741	0.0581
	3	0.0667	0.2818	0.2943	0.1162	0.1816	0.1262
	4	0.0248	0.2400	0.2451	0.1436	0.2013	0.1699
	5	0.0022	0.2000	0.2000	0.2000	0.2000	0.2000
	均值	0.1119	0.1946	0.3582	0.1890	0.1403	0.1179
尖扎县	1	0.2602	0.0562	0.7194	0.2229	0.0015	—
	2	0.1360	0.1032	0.4831	0.4107	0.0029	—
	3	0.1247	0.3263	0.3316	0.3211	0.0211	—
	4	0.0003	0.2500	0.2500	0.2500	0.2500	—
	均值	0.1303	0.1839	0.4460	0.3011	0.0689	—
泽库县	1	0.2429	0.0281	0.7721	0.1583	0.0071	0.0344
	2	0.0991	0.0646	0.4588	0.3780	0.0174	0.0812
	3	0.0211	0.1821	0.3115	0.1913	0.0710	0.2441
	4	0.0049	0.1783	0.2481	0.1938	0.1318	0.2481
	5	0.0001	0.2000	0.2000	0.2000	0.2000	0.2000
	均值	0.0726	0.1306	0.3981	0.2242	0.0855	0.1616
共和县	1	0.0674	0.2301	0.4376	0.1311	0.1264	0.0748
	2	0.0560	0.2709	0.3373	0.1501	0.1518	0.0898
	3	0.0392	0.2931	0.2902	0.0964	0.2041	0.1161
	4	0.0159	0.2448	0.2448	0.1394	0.2067	0.1642
	5	0.0014	0.2000	0.2000	0.2000	0.2000	0.2000
	均值	0.0360	0.2478	0.3020	0.1434	0.1778	0.1290

① 注：K 为贫困维度；兴海县不存在三维及以上贫困。

续表

类型	K	M	收入	教育	健康	住房	饮水
兴海县	1	0.2710	0.0000	0.6995	0.3001	—	—
	2	0.1574	0.0000	0.5000	0.5000	—	—
	均值	0.2112	0.0000	0.5998	0.4001	—	—

三、青海省四县多维贫困影响因素分析

基于以上分析，青海省四个贫困县多维贫困特征较为明显，故进一步构建不同贫困维度下的 OLS 和 Logit 模型，对多维贫困影响因素进行分析，以期从更深层剖析贫困地区现状。由于收入、健康、教育、住房、饮水状况已经体现在多维贫困测度中，本书采用与多维贫困测度无关的指标构建影响因素，以免模型产生内生性问题。因变量的构建以贫困维度为基准，属于该贫困维度为 1，否则为 0；自变量主要从个体、家庭、社会三个方面入手，个体方面包括性别、年龄、是否具备劳动能力；家庭方面包括家庭人数、家庭属性；社会方面包括是否参加大病医疗、基础设施状况。

分析表明（如表 7-15 所示），个体因素中性别、年龄、是否具备劳动能力的估计系数均显著。其中女性为户主的家庭更易陷入贫困状态；在 14386 户家庭中，户主平均年龄为 47.03 岁，估计结果显示，随着年龄增长，陷入贫困的可能性越大，年龄较大的农户大多思想观念老化，对事物接受能力弱化，积极性不高，同时身体条件也越来越差，故在改善贫困方面潜力较为薄弱；户主具备劳动能力的农户较不具备劳动能力的农户贫困发生的概率降低了约 2.4 个百分点。

表 7-15　模型运算结果①

变量	模型 1	模型 2	模型 3	模型 4
性别 （男性为 1，女性为 0）	-0.03*** (-3.62)	-0.16*** (-3.18)	-0.05*** (-6.16)	-0.30*** (-6.01)

① 注：括号中为 t 统计量，*** $p<0.01$，** $p<0.05$，* $p<0.1$；模型 1 为"是否为一维贫困"作为被解释变量的 OLS 估计结果，模型 2 为"是否为一维贫困"作为被解释变量的 Logit 模型估计结果，模型 3 为"是否为二维贫困"作为被解释变量的 OLS 估计结果，模型 4 为"是否为二维贫困"作为被解释变量的 Logit 模型估计结果；因兴海县不存在三维及以上贫困家庭，且三维及以上贫困样本仅占总样本的 10.13%，因此本书未报告"是否为三维及以上贫困"作为被解释变量的估计结果。

续表

变量	模型 1	模型 2	模型 3	模型 4
年龄	0.00** (2.29)	0.00*** (2.61)	0.00*** (4.47)	0.01*** (4.27)
是否具有劳动能力（是为 1，否为 0）	-0.49*** (-53.9)	-2.40*** (-42.45)	-0.48*** (-55.01)	-2.32*** (-43.11)
家庭人数	0.01*** (4.67)	0.07*** (4.78)	0.00* (1.87)	0.03* (1.84)
家庭属性（低保为 1，其他为 0）	0.02** (2.57)	0.21*** (3.66)	0.01 (1.57)	0.10* (1.77)
是否参加大病医疗（是为 1，否为 0）	-0.12** (-2.26)	-0.92*** (-2.71)	-0.13** (-2.43)	-0.78** (-2.45)
基础设施状况（较好为 1，较差为 0）	-0.67*** (-60.25)	-7.69*** (-10.86)	-0.15*** (-13.68)	-1.24*** (-13.32)
常数项	-0.65*** (-5.89)	-10.71*** (-10.84)	0.75*** (7.03)	0.93 (1.44)
观测值	14386	14386	14386	14386

家庭人数和家庭属性会加剧多维贫困的发生。家庭人数越多，农户处于多维贫困的可能性越大；低保户家庭单维贫困发生的可能性要高于多维贫困发生的可能性，潜在原因在于低保户家庭在享受国家政策方面具有优势，一定程度上弥补了多维贫困发生的可能性。

在社会因素方面，参加大病医疗与基础设施状况改善是缓解贫困地区农户多维贫困的重要保障。估计结果显示，参加大病医疗的农户陷入单维贫困的风险较不参加大病医疗的农户低 0.92%，较陷入二维贫困的风险低 0.78%；拥有较差基础设施的地区陷入单维贫困的风险比拥有较完善基础设施的地区高 7.69%，陷入二维贫困的风险高 1.24%。因此，较为完善的医疗保障制度和基础设施建设有助于提高农民生产生活条件和缓解农户多维贫困状况。

第三节 青海涉藏地区脱贫现状

一、扶贫政策体系

为了彻底解决我国长期存在的绝对贫困问题，党中央在顶层设计上进行了一系列的战略部署。2015 年的 11 月 29 日，正式发布《中共中央国务院关于打赢脱贫攻坚战的决定》，标志着为期 5 年的脱贫攻坚战开始在全国范围内展开。作为“三区三州”原深度贫困地区的典型代表——全国贫困发生率最高、贫困程度最深、扶贫成本最高、脱贫难度最大的原深度贫困地区，“十三五”期间，青海涉藏地区围绕“扶持谁、谁来扶、怎么扶、如何退”四个问题建立起全方位、多层次、立体式的扶贫政策体系。

第一，“扶持谁”“谁来扶”明确了扶贫政策体系中“人”的环节。在扶持对象方面，完善贫困人口精准识别。首先，按照低保和扶贫标准开展贫困户建档立卡工作，基本摸清青海涉藏地区六州贫困人口生产生活、致贫因素、脱贫意愿和地域分布等基本情况；其次，研发“青海省精准扶贫信息化服务平台”，分板块对贫困农户数据进行实名公示、精准识别和客观评价；最后，通过政府监管行为动态调整贫困人口名单，促进扶贫资源的合理配置与有效调度。在帮扶主体方面，动员社会各界多方参与。首先，针对党政机关领导干部主体，实行“中央统筹、省负总责、市县落实”的层层递进、权责分明形式帮扶制度，要求中央单位调动行业资源进行定点帮扶，省级党委签署责任书统筹东西部协作帮扶，市县部门细化考核机制落实对口帮扶；其次，针对企业、军队、高校等主体，强化国企责任、引导民企参与、发挥部队优势、推进高校挂职，从微观层面激发主体参与帮扶的内生动力；最后，针对社会组织、社会工作者和志愿者主体，鼓励、支持公益力量积极参与，以形成多方合力，构建一体化的扶贫开发格局。

第二，“怎么扶”界定了扶贫政策体系中“术”的范围与定义。十三五期间，青海涉藏地区紧盯打赢脱贫攻坚战这一目标，依据《中共青海省委青海省人民政府关于打赢脱贫攻坚战提前实现整体脱贫的实施意见》文件，制定了“八个一批”脱贫攻坚计划和“十个行业”扶贫专项方案，简称“1+8+10”扶贫举措。首先，“8”指从产业、资产收益、易地搬迁、转移就业、医疗保障和救助、低保兜底、教育和生态保护与服务共计八个角度来部署脱贫攻坚战略布局与工作细则，“10”指从交通、水利、电力、医疗、通信、文化、金融、科技、电商和住房共十个细分行业切入，颁布相关政策以解决长期存在的致贫顽疾。其中，相较于东部沿海地区的地理区位、资源禀赋因素的差异决定了产业脱贫、资产收益脱贫和生态保护脱贫是青海省尤其是青海涉藏地区的重点脱贫计划。同时，青海涉藏六州属于干旱半干旱地区，水资源匮乏问题已严重制约当地经济社会的健康、良性发展。具体的计划内容和行业方案内容如表 7-16 到 7-19 所示：

表 7-16　青海省产业脱贫攻坚行动计划主要内容

文件名称	目标任务	产业发展		投资资金
		产业选择	产业布局	
《青海省产业脱贫攻坚行动计划》	到 2019 年确保每个有劳动能力的贫困户有 1 项稳定增收的特色产业	特色种养业	东部地区	精准到户产业发展资金 23. 25 亿元
	到 2020 年，实现 13 万户、39. 9 万贫困人口通过发展产业全部脱贫，人均可支配收入高于国家扶贫标准，贫困村全部退出	农畜产品加工业	环湖地区	贫困村互助资金 8. 11 亿元
		乡村旅游业	青南地区	扶贫产业园建设资金 5. 85 亿元
		商贸服务业		乡村旅游扶贫资金 5. 7 亿元
		特色文化业		金融扶贫贷款贴息 4. 35 亿元

表 7-17　青海省资产收益脱贫攻坚行动计划主要内容

文件名称	目标任务	实现途径
《青海省资产收益脱贫攻坚行动计划》	到 2020 年，每个自身没有经营能力和发展产业选择难的建档立卡贫困人口人均可支配收入达到国家的扶贫标准	将财政专项扶贫资金及其他涉农资金投入的固定资产折股量化给建档立卡贫困户
		通过 PPP 模式开展光伏农业扶贫和光伏电站扶贫
		将土地、草场和财政专项扶贫资金及其他涉农资金以股权化方式融资到龙头企业、专业合作社等各类经营主体，建立特色产业经济实体
		开发具有水电、矿产等资源条件的地区，村集体享有股权

表 7-18　青海省生态保护与服务脱贫攻坚行动计划

文件名称	项目的对象范围	目标任务	岗位设置
《青海省生态保护与服务脱贫攻坚行动计划》	全省 42 个贫困县（市、区、行委）、1622 个建档立卡贫困村的 52 万贫困人口	到 2017 年，设置生态公益管护岗位 4.31 万个，安排建档立卡贫困人口 4.31 万人从事生态公益管护工作	原有岗位 0.43 万个、新增岗位 3.88 万个。新增岗位管护员全部从当地精准识别建档立卡贫困人口中聘用，一岗一人

表 7-19　“水利行业”扶贫专项方案主要内容

对象范围	目标任务	投资资金	进度安排	
全省 52 万贫困人口中，涉及饮水安全问题的 668 个贫困村（含易地搬迁村 592 个）、14.48 万人（其中贫困人口 9.01 万）	到 2018 年解决和巩固 14.48 万人的饮水安全问题。到 2020 年，建立从“源头”到“龙头”的农村饮水安全工程体系	精准扶贫饮水安全巩固提升工程投资总需求约 3.14 亿元	2016 年	全面解决和巩固提升 19 个贫困县（同德县、河南县、都兰县、平安区、循化县、刚察县、同仁县、玛多县、玉树市、称多县、德令哈市、格尔木市、乌兰县、天峻县、大通县、湟中县、湟源县、互助县、贵南县）饮水安全
			2017 年	全面解决和巩固提升 10 个贫困县（祁连县、海晏县、尖扎县、玛沁县、久治县、杂多县、治多县、民和县、乐都区、化隆县）饮水安全
			2018 年	全面解决和巩固提升 10 个贫困县（共和县、贵德县、兴海县、门源县、泽库县、甘德县、达日县、班玛县、囊谦县、曲麻莱县）饮水安全

“如何退”解决了扶贫政策体系中贫困户、贫困村和贫困县退出路径问题。

根据国家“一高于、两不愁、三保障”的标准，青海省精心设计了脱贫的量化指标，并明确了贫困退出的程序。在脱贫的退出标准方面，按照《青海省建档立卡贫困人口和贫困村退出及贫困县脱贫摘帽实施方案》要求，贫困人口、贫困村达到相关指标考核要求后，即可脱贫，具体指标如下表所示：

表 7-20　青海涉藏地区贫困户、贫困村脱贫指标

脱贫退出标准	指标
贫困人口脱贫标准	贫困户年人均可支配收入达到或超过国家确定的贫困标准：2016 年 3316 元，2017 年 3532 元，2018 年 3762 元，2019 年 4000 元。 每户有一套安全住房 无因贫辍学的义务教育阶段学生 参加城乡居民基本医疗保险 参加城乡居民基本养老保险 有意愿的劳动力（含两后生）参加职业教育或技能培训
贫困村退出标准	贫困发生率低于 3% 有村级集体经济或贫困村村级互助发展资金 有通行政村的沥青（水泥）路 有安全饮用水 有生产生活用电 有标准化村卫生室和村级综合办公服务中心

在脱贫退出程序方面，在县扶贫开发工作小组统一的领导下，贫困户脱贫工作严格按“拟选对象、精准帮扶、民主评议、审核公告、开展评估”程序办理，实行动态的管理模式。贫困村退出由县扶贫开发工作领导小组办公室负责，按照“初选对象、精准施策、审核公示、开展评估、审批公告”程序来办理。为充分调动各方脱贫积极性和主动性，青海出台了脱贫攻坚绩效考核方案，从考核分组、考核方式、综合评价三个方面落实减负措施、优化综合评价环节，充分调动县（市、区）工作积极性。

二、脱贫成效

“十三五”期间，青海涉藏地区各地将脱贫攻坚摆在历史高位，拉开了全面打响脱贫攻坚战的序幕，取得了举世瞩目的突出成绩。

(一) 区域性整体贫困得到解决

2015 年的 10 月 26 日到 29 日，十八届五中全会提出了全面建成小康社会的新目标要求，即在中国现行的标准下，农村贫困人口需全部脱贫、贫困县要全部摘帽、区域性的整体贫困要得到有效解决。从贫困县角度，2014 年国务院扶贫办公布 832 个贫困县名单，其中隶属于青海涉藏六州的共计 30 个，占全省贫困县总数 71.43%，由此可见，青海省的贫困地区相对集中在涉藏地区。根据农牧民年人均可支配收入、九年义务教育巩固率和群众认可度等考核指标的综合评估，自 2017 年起，青海涉藏地区每年贫困县脱贫摘帽数依次为 3 个、5 个、8 个和 14 个，2020 年实现全部脱贫。从贫困人口角度，以青海省为计算单位，省内贫困人口从 2012 年的 82 万人下降到 2018 年的 10 万人，总减贫人口达到 72 万人；贫困发生率逐年降低，2012—2018 年降低了 19 个百分点，自 2015 年国务院作出打赢脱贫攻坚战的决定起，以 2016 年为基期，2017 年、2018 年青海省贫困发生率的下降幅度由 25.93%增加到 67.90%，2018 年更是下降到 3%以下的水平，在政策加持下，青海各地脱贫攻坚成效显著（见图 7-5）。

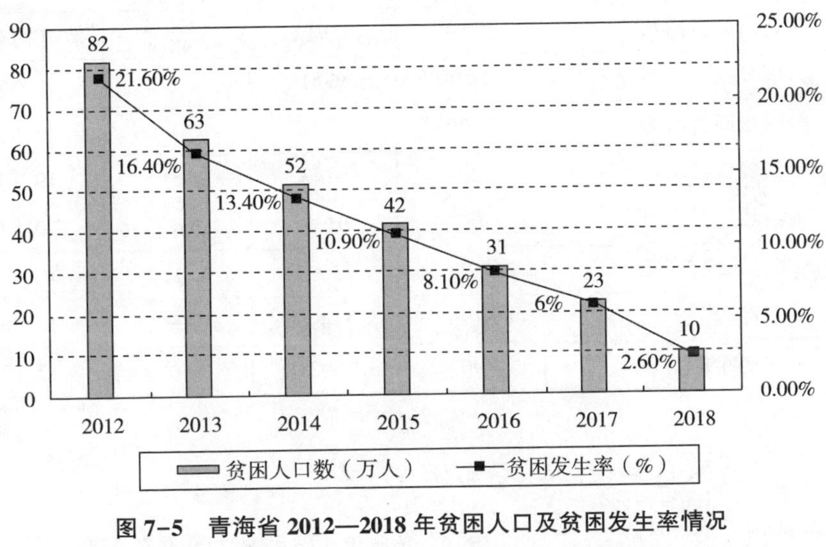

图 7-5　青海省 2012—2018 年贫困人口及贫困发生率情况

(二) 农民收入水平不断提升

自脱贫攻坚以来，2013—2019 年青海省农民人均可支配收入增加了近 5303

元。分不同县市来看，有 4 个自治州的农民收入增加值介于 5000—6000 元区间，其中最大值是海西蒙古族藏族自治州的 5869 元，剩下的海北藏族自治州、海南藏族自治州和玉树藏族自治州农民收入增加值<5500 元；此外，还有 2 个自治州即黄南藏族自治州、果洛藏族自治州分别增长 4960 元、4882 元。不论是 2013 年还是 2019 年，农村居民可支配收入比较结果都是海西蒙古族藏族自治州>海北藏族自治州>海南藏族自治州>黄南藏族自治州>果洛藏族自治州>玉树藏族自治州。根据青海省统计局公开数据显示，海北藏族自治州、黄南藏族自治州、海南藏族自治州、果洛藏族自治州、玉树藏族自治州和海西蒙古族藏族自治州的年均增长速度分别为 10. 14%、16. 56%、12. 60%、19. 10%、20. 57%、10. 65%，可以看出农牧民增收幅度最强劲的地区是玉树藏族自治州，超过全国 3. 47 个百分点、青海全省 6. 31 个百分点，其次是果洛藏族自治州，超过全国 2 个百分点、青海全省 4. 84 个百分点，其他的 4 个州年均增速均未能跑赢全国（见表 7-21）。

表 7-21　青海涉藏各州农村居民人均可支配收入　　（单位：元、%）

地区	2013 年	2019 年	顺序	年均增速
海北藏族自治州	8650	13914	2	10. 14%
黄南藏族自治州	4991	9951	4	16. 56%
海南藏族自治州	7120	12502	3	12. 60%
果洛藏族自治州	4261	9143	5	19. 10%
玉树藏族自治州	4090	9138	6	20. 57%
海西蒙古族藏族自治州	9183	15052	1	10. 65%
青海省	6196	11499	—	14. 26%
全国	7907	16021	—	17. 10%

（三）“两不愁三保障”全面实现

中央提出，在“十三五”期间的脱贫攻坚目标是“两不愁三保障”，也就是到 2020 年要稳定实现农村贫困人口不愁吃、不愁穿，农村贫困人口的义务教育、基本医疗、住房安全有保障。[①] 是否解决“两不愁三保障”突出问题，是贫困地区群众是否脱贫的基本指标，直接关系到攻坚战质量。在各级领导干部的努力下，青海涉藏地区的建档立卡贫困户群体“不愁吃、不愁穿”的比例达到了100%。此外，青海涉藏地区的教育、医疗和住房安全问题也基本上解决。在教育方面，涉藏六州全面落实全部学生15年免费教育政策，每年约80万名学生从中获益。以2019年为例，该年青海涉藏各州的学龄儿童入学率基本上分布在98.4%—100%区间，其中，黄南藏族自治州、海南藏族自治州和海西蒙古族藏族自治州达到了100%，农村贫困人口的教育质量得到了保障。在医疗领域，实行“六减十覆盖”的政策举措，将大病集中的救治扩大到14个病种，医疗保险中大病的起付线由5000元降到3000元，织密基本医疗、大病保险、民政救助、商业补充四道医疗保险保障线，2019年青海涉藏各州的城乡居民基本医疗保险参保人数均值为22.34万人，总参保人数达到133.44万人，占同期涉藏地区常住人口的63.62%，可以得出城乡医疗保险的覆盖面较广的结论。最后，在住房安全方面，自2016年脱贫攻坚实施以来，青海省将建档立卡贫困户作为主要攻坚点，同步将一般贫困户纳入省级的财政补助范围并实施危房改造，累计安排了农牧民危旧房改造20万户，4.5万建档立卡贫困户在危房改造中实现了现行标准下“住房安全有保障”的目标，2019年底全面完成了全省农牧民的危旧房改造任务，顺利实现了“清零”目标，2020年通过“补针点睛”专项行动进一步巩固了脱贫攻坚成效。

三、脱贫模式

（一）主要脱贫模式

1. 易地搬迁脱贫

按照“政府主导、群众自愿，量力而行、保障基本，因地制宜、科学规划，精确瞄准、创新机制，中央统筹、省负总责”的工作原则，将当地建档立卡贫困人口集体搬迁到生产生活条件良好、产业结构规划合理、公共配套设施完善的安置区，从而一站式解决搬迁户衣食住行与就业问题，有力带动贫困人口脱贫致富，使人民群众过上安居乐业的好日子。青海涉藏地区海拔高、大山多、

① 《中华人民共和国国民经济和社会发展第十三个五年规划纲要》，见中华人民共和国中央人民政府网站，http：//www.gov.cn/xinwen/2016-03/17/content_ 5054992.htm。

贫困深等特性决定了扶贫政策体系下易地扶贫搬迁脱贫模式的重要性。据不完全统计，十三五期间，易地搬迁扶贫承担了近20%的扶贫攻坚任务，是我国全面消除农村绝对贫困的关键一招。2015年12月8日，发展改革委、扶贫办、财政部、国土资源部、人民银行5部门联合印发《“十三五”时期易地扶贫搬迁工作方案》，相应地，青海省政府也积极响应，出台了《青海省易地搬迁脱贫攻坚行动计划》等一系列文件，2019年7月，青海省“十三五”易地扶贫搬迁建设任务全面完成，让5.2万户20万农牧民（其中纳入国家“十三五”易地扶贫搬迁计划的建档立卡贫困人口3.17万户、11.89万人）搬出了“一方水土养不起一方人”地区或地质灾害区，为全力打赢脱贫攻坚战提供了有力支撑。

2. 产业脱贫

根据主体层次不同，主要发展策略细分为三点：第一，在县域范围内，要培育主导型产业，极力发展县域经济，增加资本的积累能力；第二，在村镇范围内，要增加公共投资，改善基础设施设备，培育产业发展环境；第三，在贫困户的层面，提供就业岗位和待遇，提升人力资本能力，积极参与产业价值链各个环节。在十三五期间内，青海省政府曾立足于青海各地资源优势和要素禀赋，积极实施了“三区一带”的农牧业发展新战略，即打造了东部特色种养殖高效示范区、环湖农牧交错的循环发展先行区域、青南生态有机畜牧业的保护发展区域和沿黄河带冷水养殖的适度开发带，以此来壮大高原特色生态农牧业发展。① 在此背景下，青海省启动了实施产业脱贫的攻坚行动计划，围绕十大特色农牧业，因地制宜的分类施策，发展特色种养殖业、农畜产品加工业、乡村旅游业、商贸服务业、特色文化业等系列产业，同时配套完善牦牛、青稞、光伏扶贫、乡村旅游等产业扶贫专项实施方案和规划，为贫困地区的支柱产业、主导产业提供支持。经过多年的探索，青海省各级政府在实践中总结出产业脱贫的“青海方案”，即根据各地区的综合条件适当选择股份合作型、集体经营型、企业带动型、联户经营型、土地流转型、三个集中型、培训转移型、飞地发展型、委托管理型、承包经营型等十余种产业扶贫方案。②。截至2020年，近90%的贫困人口从产业扶贫项目中获益，产业收入年均增长23%。

---

① 中华人民共和国中央人民政府网：《青海省将构建“三区一带”农牧业发展新格局》，http：//www. gov. cn/xinwen/2016-03/03/content_ 5048489. htm。

② 中工网：《青海产业扶贫：贫困户的“摇钱树”》，https：//baijiahao. baidu. com/s？ id=1683578575696073717&wfr=spider&for=pc。

3. 精神脱贫

2018年以来，在青海省委、省政府统一领导下，将精神脱贫作为提升青海地方治理的创新手段。在试点实施基础上，制定方案，出台了多项制度和治理措施。在全省铺开了精神脱贫的工作，在着力减轻群众“精神负担”上出招，在青海省的脱贫攻坚、民族团结、经济社会健康发展方面发挥了极其重要的作用。2020年的8月，青海精神脱贫工作现场推进会议在海东市召开，在青海省委、省政府的坚强领导下，会议按青海省委十三届八次全会的新要求，聚焦精神脱贫的突出问题，绵绵用力，围绕“五个示范省”的建设目标，以推进基层制度创新和治理能力现代化为主，加强领导、健全机制，深化引导，突出了“法治、德治、自治”的三位一体治理方法，增强了群众思想和行为自觉，持续提升精神脱贫的工作成效，为青海各民族的美好发展做出了贡献。

4. 党建脱贫

党建脱贫，又称为党建扶贫，也就是将党建与扶贫、加强党的建设和推进中国特色社会主义的伟大事业有机地结合起来。抓党建促进脱贫攻坚，是贫困区域脱贫的重要经验。党的基层组织坚守在脱贫攻坚最前沿的地方，是贫困地区引领脱贫攻坚的旗帜，又是党与贫困地区人民群众的联系沟通桥梁。与此同时，党建扶贫也是习近平扶贫开发战略思想重要内容之一。习近平总书记指出，“抓好党建促脱贫攻坚是贫困地区脱贫致富的重要经验”，“要把夯实农村基层党组织同脱贫攻坚有机结合起来”[①]，“农民要致富，关键靠支部”[②]。此外，党建扶贫也是新时代党的建设的重要内容。

“十三五”期间，青海坚持将习近平新时代中国特色社会主义思想作为指导，贯彻新时代党的建设总要求和党的组织路线，把党的建设贯穿于扶贫工作的全过程、全方面，所做的工作围绕以下几部分，一是精心组织，健全精准脱贫工作机制；二是严格管理，确保第一书记履职尽责；三是关爱激励，激发扶贫干部队伍活力；四是精准施策，培育壮大特色优势产业；五是强化培训，提升党员干部脱贫能力；六是多方联动，形成精准扶贫强大合力。

① 中共中央组织部：《扎实推进抓党建促决战决胜脱贫攻坚　为夺取脱贫攻坚战全面胜利提供坚强组织保证》，载《求是》，2020（22）。

② 习近平：《在河北省阜平县考察扶贫开发工作时的讲话》，载《求是》，2021（4）。

（二）典型脱贫案例

1. 易地搬迁，捆绑产业发展

尖扎县隶属于黄南藏族自治州北部，地势西高东低，海拔位于1960—4614米区间，东北边界黄河段由北向南长达96千米。县辖3镇6乡，其中尖扎滩乡、当顺乡、熊科乡、措周乡和贾加乡均处于高海拔地区，境内山峰林立、地质环境恶劣，据扶贫开发局数据显示，户籍人口数6.2万左右的尖扎县贫困发生率高达22.4%。县政府因地制宜采取易地搬迁脱贫方式，将929户3593贫困人口从山区搬迁至7个集中安置点，形成“一点一业”的产业布局，以带动贫困户脱贫增收。以昂拉乡德吉村为例，该安置点凭借“黄河”为宣推亮点，以乡村旅游业为中心，结合特色农业和光伏产业多业并举，共解决251户946人的就业与增收问题。

首先，在乡村旅游方面，当地政府投入资金规划建设藏式住宅、民俗风情园和阳光沙滩等基础设施类产业项目，支持村民发展以农家乐为主的第三产业。2018年，青海省尖扎县德吉村被农业农村部授予“2018年中国美丽休闲乡村”的荣誉称号。[①] 2019年，该村旅游总收入超过700万元，户均增收3187元。其次，在特色农业方面，多举措、多渠道鼓励、支持和引导村民以土地入股或参与就业的方式，加入集苗木、藏茶种植和农事体验为一体的综合性观光农业园，据官方数据显示，近1/10的贫困户加入专业的合作社，年均收入达到84万元。最后，在光伏产业方面，该村充分利用太阳能资源，积极发展光伏扶贫产业，所有的搬迁户皆安装相关设备，通过“自发自用、余电上网”模式使得每户实现5000余元的年增收。

2020年10月，为全面梳理社会领域公共服务助力脱贫攻坚的经验做法，国家发展改革委办公厅印发了相关文件，开始在全国范围内征集了160余个社会领域公共服务助力脱贫攻坚案例[②]，青海黄南藏族自治州尖扎县德吉村成功入选，被当作典型案例向全国推广。

2. 党建引领，实现贫困治理

同德县位于海南、黄南和果洛三个藏族自治州的交接处，地处于青海高原

① 《2018年中国美丽休闲乡村名单公示》，见中华人民共和国农业农村部网站，http：//www.moa.gov.cn/xw/zxfb/201810/t20181008_ 6159808.htm。

② 《关于报送社会领域公共服务助力脱贫攻坚典型案例的通知》，见中华人民共和国国家发展和改革委员会网站，https：//www.ndrc.gov.cn/xwdt/tzgg/202103/t20210310_ 1269307.html？code=&state=123。

东北部，黄河九曲十八弯的第二个弯曲部，隶属于海南藏族自治州。境内地势东南高，西北低，中部平坦，为滩地草原，海拔位于4671—2648米区间，平均值为3660米。同德年均气温0.4℃—0.6℃，年均降水量440mm，无绝对无霜期。下辖2镇3乡73个行政村，2009年，所在地居住人口大多为汉、藏、回、蒙古、土、撒拉等民族，其中，藏族人口占总人口的90.3%。2004年，该县被国家列入三江源自然保护区，涉及3乡镇25个村2886户1.59万人，规划总面积为317.44万亩，占草场面积的56%，在黄河上游生态环境治理和保护工作中具有举足轻重的地位。

“顶层设计好，决胜在基层。”而以村、乡为主要阵地的基层单位，想要早日打赢脱贫攻坚战，离不开以“扶贫驻村第一书记、工作队员”为首的扶贫党员干部发挥排头兵和主力军作用。近年来，海南藏族自治州的同德县始终坚持着党建引领总思路，紧抓领导干部群体，紧盯基层组织单位，不断加大脱贫攻坚巩固工作。

在工作中，同德县坚持将各级党组织领导作为脱贫攻坚主力军，通过发展村集体经济、规划扶贫产业、制定脱贫攻坚计划等方式，着力补齐短板，加强后劲。采取“党支部+党员+合作社+致富能手+贫困户”“帮扶单位+村党支部”“帮扶领导+党支部+贫困户”和“帮扶干部+贫困户”等举措手段，全力推进巩固脱贫攻坚成果的各项工作进程。

与此同时，各村（社区）的党支部立足于区域自身的优势特点，找准发展机遇，积极发挥带领群众脱贫的“火车头”作用。各村（社区）的党组织充分挖掘唐卡、藏服等民俗文化，创新发展“合作社+家庭+牧场”等系列新型经营主体形式，增加农牧民收益。借助多样展销平台大力宣传地方的土特产和人文风情，提高当地知名度，开拓其周边市场。

另外，针对当地农牧民因传染病和地方性疾病、生态环境脆弱所导致的因病因灾返贫中存在的重大隐患问题，同德县联合对口支援单位和省州县的爱心企业，共同筹集了551余万元资金成立“党政军企”救助基金，并制定了相应的《基金工作章程》和《基金管理办法》，分批次对脱贫摘帽后因病因灾返贫农牧民进行对口营救。截至目前，先后两次救助了返贫个人24名，发放了75万元救助资金，形成了“党政军企”的巩固脱贫攻坚防线。

3. 精神脱贫，激发内生动力

囊谦县隶属于青海省玉树藏族自治州，地处青藏高原东部，南接横断山脉，北临高原主体，境内大小山脉纵横交错，峰峦重叠，平均海拔4000米以上。此外，在土地类型上，县域耕地面积达到 0.72 万顷，可利用草场面积超过 1665 万亩，森林覆盖率高达 7.8%。作为国务院 1984 年确定的全国首批贫困县之一，贫困发生率接近 30%、藏族人口占总人口高达 99.4%的囊谦县因地制宜发展畜牧产业，成功地利用地域优势撬动发展杠杆，走出以发展特色农业带动经济增长的“囊谦”新模式。但在早期产业发展过程中，牧民“禁宰惜售”思想根深蒂固，因此，尽管囊谦县年均存栏牲畜超过 40 万头，远超青海省内其他地区，但牲畜出栏率始终不高，甚至一度出现牧区草场过度超载，进而引致草原退化、沙化和盐碱化等生态问题。鉴于此，当地政府坚持扶贫与扶志、扶智、扶能、扶德相结合，最大限度激发贫困群众脱贫致富的内生动力，积极探索具有囊谦特色的“精神脱贫”工作经验①：首先，在思想认知上，发挥党员干部、扶贫工作队的动员、组织作用，引导贫困户转变观念、摆脱穷根；其次，在制度设计上，推行出栏奖补制度，在权责义务清晰、利益分配明确的基础上，用实实在在的真金白银激发农牧民的主动性与积极性。政府工作报告显示，2020 年，囊谦县出栏肉牛、肉羊共计 13.21 万头，相对该县近四年累计出栏牛羊数，占比超过 30%。在产业扶贫带动下，囊谦县建档立卡贫困户人均可支配收入增幅超 220%，从 3000 元提高到 9852 元。2020 年囊谦县顺利实现脱贫摘帽，自此，“高原牛”的牛鼻子化身为牵动经济增长的“新引擎”，农牧民一概旧貌换新颜，摆脱穷根、脱贫致富的信心空前高涨。

① 《（玉树市）囊谦：以“精神脱贫”引领贫困户如期“摘帽”》，见青海省人民政府网站，http：//www.qh.gov.cn/zwgk/system/2019/11/28/010346491.shtml。

第八章　甘肃深度贫困大调查与脱贫现状

第一节　甘肃省原深度贫困地区概况

甘肃省原深度贫困地区是按照国家对深度贫困的地区划分标准和支持范围，结合省域特点，综合考虑贫困人口规模、贫困发生率、脱贫难度等因素，统筹评估自然禀赋、产业水平和“三保障”等情况来确定的（见表8-1）①，具体包括“两州一县”，23个深度贫困县区，40个深度贫困乡镇，3720个深度贫困村。

表8-1　甘肃省原深度贫困地区范围

类型	名称
“两州一县”	甘南藏族自治州、武威市天祝藏族自治县和临夏回族自治州
深度贫困县区	东乡县、宕昌县、西和县、积石山县、礼县、文县、庄浪县、通渭县、岷县、张家川县、静宁县、古浪县、武都区、会宁县、渭源县、环县、秦安县、镇原县、麦积区、靖远县、永靖县、临潭县、舟曲县等23个县区（含“一州一县”深度贫困县）
深度贫困乡镇	东乡县龙泉乡、春台乡，宕昌县两河口镇、车拉乡，西和县洛峪镇、蒿林乡，积石山县关家川乡、小关乡，礼县草坪乡、桥头乡，文县范坝镇、口头坝乡，庄浪县郑河乡、盘安镇，通渭县榜罗镇、第三铺乡，岷县维新乡、闾井镇，张家川县刘保镇、胡川镇，静宁县原安乡、四河镇，古浪县黑松驿镇、西靖镇，武都区洛塘镇、五库乡，会宁县大沟镇、汉家岔镇，渭源县大安乡、秦祁乡，环县毛井镇、车道乡，秦安县中山乡、王铺镇，镇原县殷家城乡，麦积区五龙镇，靖远县永新乡，永靖县新寺乡，临潭县王旗镇，舟曲县果耶乡等40个贫困乡镇
深度贫困村	共3720个，贫困发生率均超过20%

① 《中共甘肃省委办公厅、省人民政府办公厅关于印发〈甘肃省深度贫困地区脱贫攻坚实施方案〉的通知》（甘办发〔2017〕68号）。

一、地理区位

（一）临夏回族自治州

临夏州地处黄河上游、甘肃省中部，是全国两个回族自治州和甘肃两个自治州之一。临夏州总面积达 8169 平方千米，平均海拔 2000 米，最高处 4636 米，最低处 1563 米。临夏州是黄土高原与青藏高原、农区与牧区的结合部，州内山谷多、平地少，地势西南高、东北低，由西南向东北递降，呈倾斜盆地状态，属高原浅山丘陵区。特殊的地理环境形成了地貌、物种和风俗的多样性，高山湖泊、炳灵丹霞、雪山草原等风景成为游客向往的旅游胜地。临夏州大多属温带半干旱气候，西南山区高寒阴湿，东北部干旱，河谷地区温和，高寒阴湿区、干旱山区和川塬区三分天下。

临夏州是丝绸之路南道要冲、唐蕃古道重镇、茶马互市中心，是文成公主进藏的途经之地，素有“西部旱码头”“东有温州、西有河州”美誉。临夏州毗邻甘南州，自古在经济、政治、文化上同涉藏州县有着千丝万缕的联系，在经贸往来上发挥着不可替代的作用，是维护涉藏州县稳定发展的“桥头堡”。近年来，随着交通基础设施条件的改善，临夏州已全方位进入兰州 1 小时经济圈，3 小时经济圈可以覆盖甘肃省大部分以及青海、宁夏、四川部分地区，区域覆盖人口达 3000 多万。

（二）甘南藏族自治州

甘南州总面积达 45000 平方千米，州内平均海拔 2960 米，最高处 4920 米，最低处 1172 米。甘南州是黄河、长江的水源涵养区和补给区，是国家确定的生态主体功能区，州内地势西北高，东南低，由西北向东南呈倾斜状，全州地势呈现三个地貌类区，即山原区、峡谷区与山地丘陵区。甘南州具有大陆性季节气候的特点，光照充裕，利用率低；热量不足，垂直差异大；降水较多，地理分布差异显著。

甘南州被誉为“中国的小西藏，甘肃的后花园”，有尕海、则岔两个国家级自然保护区，莲花山、冶力关两个国家森林公园，被联合国人居环境发展促进会等评为“中国最具民族特色旅游目的地”。

二、人口特征

（一）临夏回族自治州

临夏州是回族、汉族、东乡族、保安族等多民族聚居区，也是东乡族和保安族的主要聚居区。2015—2020 年临夏州人口状况如表 8-2 所示。

表 8-2　2015—2020 年临夏州人口数量　（单位：万人）

年份	常住人口	城镇人口	乡村人口
2015	219.23	44.56	174.67
2016	202.64	66.32	136.32
2017	204.41	70.46	133.95
2018	205.88	74.16	131.72
2019	207.14	76.73	130.41
2020	210.98	77.54	133.44

数据来源：临夏州政府官网统计数据整理。

在第七次人口普查中，临夏州户籍人口 244.86 万人，常住人口 210.98 万人，其中共有家庭户 544803 户，2041775 人，集体户 14149 户，67975 人，户均人口为 3.75 人；常住人口中男性人口占 50.06%，如表 8-3 所示。

表 8-3　临夏州各县市常住人口数及占比

县市	常住人口数（人）	占全州常住人口的比重（%）
全州	2109750	100
临夏市	355968	16.87
临夏县	322628	15.29
康乐县	255955	12.13
永靖县	180650	8.56
广河县	260596	12.35
和政县	204529	9.70
东乡县	290034	13.75

续表

县市	常住人口数（人）	占全州常住人口的比重（%）
积石山县	239390	11.35

数据来源：临夏州统计局网第七次人口普查数据。

从年龄结构上看，临夏州常住人口中0—14岁人口为595321人，占28.22%；15—59岁人口为1228010人，占58.21%；60岁及以上人口为286419人，占13.58%，其中65岁及以上人口为213638人，占10.13%，如表8-4所示。

表8-4 临夏州各县市人口年龄构成

县市	占常住人口比重（%）			
	0-14岁	15-59岁	60岁及以上	65岁及以上
全州	28.22	58.21	13.58	10.13
临夏市	22.01	64.30	13.69	9.92
临夏县	26.45	57.07	16.48	12.48
康乐县	29.78	56.92	13.30	9.68
永靖县	19.33	62.76	17.92	13.12
广河县	34.03	55.39	10.58	8.19
和政县	29.26	57.53	13.21	10.03
东乡县	35.47	53.78	10.75	8.21
积石山县	28.87	57.63	13.50	10.00

数据来源：临夏州统计局网第七次人口普查数据。

从文化程度来看，全州常住人口中，拥有大学（指大专及以上）文化程度的人口为139771人；拥有高中（含中专）文化程度的人口为153338人；拥有初中文化程度的人口为401278人；拥有小学文化程度的人口为881483人。每10万人中拥有大学文化程度为6625人；拥有高中文化程度为7268人；拥有初中文化程度为19020人；拥有小学文化程度为41781人。全州常住人口中，15岁及以上人口的平均受教育年限为7.17年。全州常住人口中，居住在城镇的人口为775371人，占36.75%；居住在乡村的人口为1334379人，占63.25%，如表8-5所示。

表 8-5　临夏州常住人口文化程度

县市	占常住人口比重（%）				
	小学以下	小学	初中	高中（含中专）	大学（大专及以上）
全州	25.29	41.78	19.02	7.28	6.63

数据来源：临夏州统计局网第七次人口普查数据。

（二）甘南藏族自治州

甘南州人口由藏族、汉族、回族、土族、蒙古族等 24 个民族组成，其中藏族是甘南州人口最多的少数民族，占全州人口的 50%以上。2015—2020 年，甘南州人口数量如表 8-6 所示。

表 8-6　2015—2020 年甘南州人口数量　（万人）

年份	常住人口	城镇人口	乡村人口
2015	70.50	21.50	49.00
2016	71.02	22.73	48.29
2017	71.62	24.36	47.26
2018	72.02	25.93	46.09
2019	72.32	26.76	45.56
2020	69.18	29.24	39.94

数据来源：中国统计信息网。

在第七次人口普查中，甘南州户籍人口 75.22 万人，常住人口 69.18 万人，其中共有家庭户 194349 户共 633610 人，集体户 9879 户共 58198 人，户均人口为 3.26 人。全州常住人口中，男性人口为 351370 人，占 50.79%；女性人口为 340438 人，占 49.21%，见表 8-7。

表 8-7　甘南州各县市常住人口数及占比

县市	常住人口数（人）	占全州常住人口的比重（%）
全州	691808	100
合作市	112173	16.22
临潭县	127387	18.41

续表

县市	常住人口数（人）	占全州常住人口的比重（%）
卓尼县	95387	13.79
舟曲县	125367	18.12
迭部县	52192	7.54
玛曲县	57076	8.25
碌曲县	35871	5.19
夏河县	86355	12.48

数据来源：甘南州统计局网第七次人口普查数据。

从年龄结构上看，甘南州常住人口中0—14岁人口为154681人，占22.36%；15—59岁人口为450363人，占65.10%；60岁及以上人口为86764人，占12.54%，其中65岁及以上人口为66650人，占9.63%，见表8-8。

表8-8　甘南州各县市人口年龄结构

县市	占常住人口比重（%）			
	0-14岁	15-59岁	60岁及以上	65岁及以上
全州	22.36	65.10	12.54	9.63
合作市	19.06	71.96	8.98	6.62
临潭县	23.10	61.41	15.49	11.21
卓尼县	22.66	63.52	13.82	10.62
舟曲县	21.73	63.39	14.88	11.83
迭部县	20.65	66.05	13.30	10.56
玛曲县	28.08	64.99	6.93	5.48
碌曲县	23.65	66.56	9.79	7.88
夏河县	22.86	64.73	12.41	9.84

数据来源：甘南州统计局网第七次人口普查数据。

从文化程度来看，全州常住人口中，拥有大学（指大专及以上）文化程度以上的人口较六普时，由每10万人6944人增加到14517人。15岁及以上人口的平均受教育年限由6.76年增加到7.97年，增加了1.21年。文盲率由

13.97%下降为13.31%，下降0.66个百分点。这充分反映了甘南州教育事业发展向好，人口素质呈现提高趋势。甘南州城市化率不断提高，常住人口中居住在城镇的人数为292435人，占42.27%；居住在乡村的人口为399373人，占57.73%。①

三、经济发展

（一）生产总值与产业结构

1. 临夏回族自治州

“十三五”期间，临夏州生产总值由2015年的221.8亿元增长到2020年的331.3亿元，年均增长5.8%，增速位居全省第三。2015—2020年，临夏州不断强化农业基础地位，狠抓项目带动战略，大力发展特色优势产业，全力培育新的经济增长点，经济社会发展水平迈上新台阶。其中，第一产业增加值由2015年的28.7亿元增长到2020年的53.7亿元，年均增长4.9%，同比增长5.4%，与全省增速持平；第二产业增加值由2015年的50.2亿元增长到2020年的61.3亿元，年均增长3.6%，同比增长4.1%，低于全省增速1.8个百分点，居全省第7位；第三产业增加值由2015年的142.9亿元增长到2020年的216.3亿元，年均增长6.7%，同比增长5.5%，高于全省增速3.3个百分点，见表8-9。

表8-9　2020年临夏州各县市经济指标完成情况

县市	地区生产总值（万元）				同比增速（%）	增速排名
	完成情况	第一产业	第二产业	第三产业		
临夏市	959230	21186	138709	799336	5.9	3
临夏县	448146	97519	66110	284517	5.6	2
康乐县	223768	68567	52262	102939	3.3	8
永靖县	605053	139030	203718	262305	3.9	7
广河县	179910	40994	33677	105238	4.1	6
和政县	271080	39870	43657	187553	5.4	4

① 数据来源：甘南州统计局网第七次人口普查数据。

续表

县市	地区生产总值（万元）				同比增速（%）	增速排名
	完成情况	第一产业	第二产业	第三产业		
东乡县	361935	86776	62316	212842	6.2	1
积石山县	263642	43014	12437	208192	5.0	5

数据来源：临夏州政府官网统计数据整理。

临夏州人均生产总值由2015年的11001元增长到2020年的15747元，年均增长4.9%。产业结构调整优势凸显，一、二、三次产业结构由2015年的17.1∶21.2∶61.7调整为2020年的16.2∶18.5∶65.3。2020年临夏州规模以上工业生产总值达到24.8亿元，固定资产投资达到182亿元，社会消费品零售总额为106.7亿元，见表8-10。

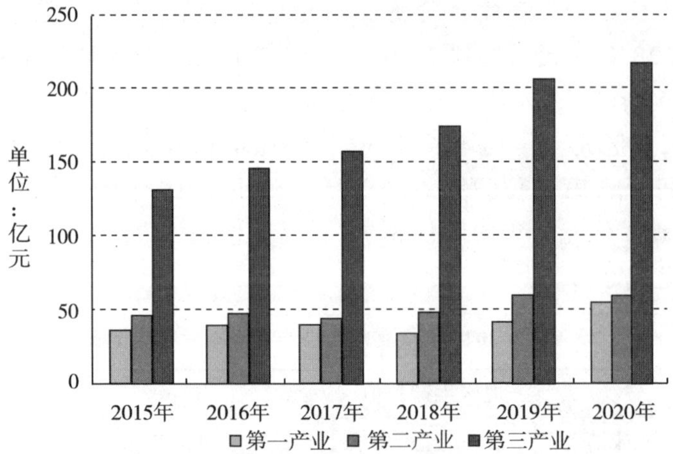

图8-1　2015—2020年临夏州第一、二、三产业发展情况

数据来源：临夏州政府官网统计数据整理。

表8-10　2015—2020年临夏州三产产值（亿元）及增速（%）

年份	第一产业	第二产业	第三产业	三产产值	增速（%）	产业结构比
2015	36.14	44.83	130.44	211.41	9	17.1∶21.2∶61.7
2016	38.37	46.33	145.41	230.11	8.3	16.7∶20.1∶63.2
2017	38.89	43.18	156.77	238.84	3.7	16.3∶18.1∶65.6

续表

年份	第一产业	第二产业	第三产业	三产产值	增速（%）	产业结构比
2018	32.76	49.24	173.35	255.35	6.7	12.8：19.3：67.9
2019	40.6	58.6	204.3	303.5	6	13.4：19.3：67.3
2020	53.7	61.3	216.3	331.3	5.2	16.2：18.5：65.3

数据来源：临夏州政府官网统计数据整理。

2. 甘南藏族自治州

“十三五”期间，甘南州地区生产总值由2015年的126.54亿元增长至2020年的219.06亿元，增长92.52亿元。2015—2020年，甘南州主动融入新发展格局，坚持以改革为动力，着力推动高质量发展。其中，甘南州第一产业增加值由2015年的27.01亿元增长到2020年的44.05亿元，共增长17.04亿元，同比增长5.58%，较省均增速高0.18个百分点；第二产业增加值由2015年的20.70亿元增长到2020年的29.15亿元，共增长8.45亿元，同比回落12.25%，低于省均增速；第三产业增加值由2015年的78.84亿元增长到2020年的145.86亿元，共增长67.02亿元，同比增长1.72%，低于全省增速0.48个百分点，见表8-11、图8-2。

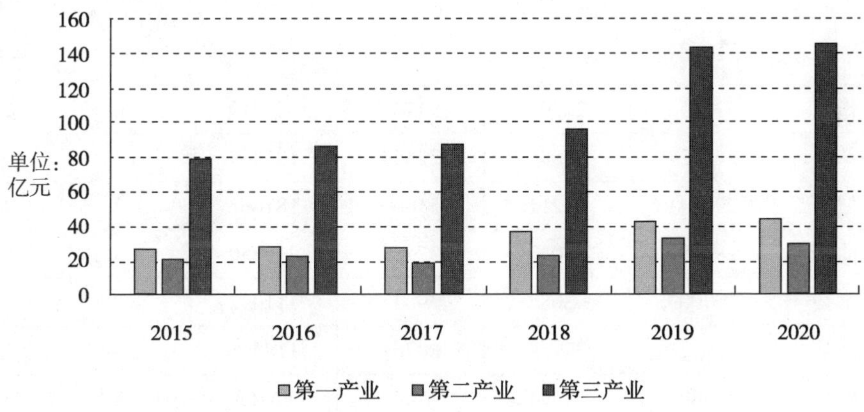

图8-2　2015—2020年甘南州第一、二、三产业发展情况

表 8-11 2015—2020 年甘南州三产产值（亿元）及增速（%）

年份	第一产业	第二产业	第三产业	三产产值	增速（%）	产业结构比
2015	27.01	20.70	78.84	126.54	7.5	21.34：16.36：62.30
2016	29.12	21.85	84.98	135.95	5.6	21.42：16.07：62.51
2017	30.35	19.47	86.77	136.59	0.3	22.22：14.25：63.53
2018	36.88	22.54	96.30	155.73	5.0	23.68：14.48：61.84
2019	41.72	33.22	143.39	218.33	3.5	19.11：15.21：65.68
2020	44.05	29.15	145.86	219.06	1.6	20.11：13.31：66.58

数据来源：甘南州政府官网统计数据整理。

甘南州人均地区生产总值由 2015 年的 26210 元增长到 2020 年的 30400 元，年均增长 16%。产业结构有了显著调整，一、二、三次产业结构由 2015 年的 21.34：16.36：62.30 调整为 2020 年的 20.11：13.31：66.58。2020 年甘南州各县市地区生产总值同比增速中，碌曲县同比增长 3.8%，位居 8 县市第一位；迭部县同比增长-4.9%、位居最后（见表 8-12）。

表 8-12 2020 年甘南州各县市经济指标完成情况

县市	地区生产总值（万元）				同比增速（%）	增速排名
	完成情况	第一产业	第二产业	第三产业		
合作市	571456	36007	94731	440719	3.6	2
临潭县	261329	52084	22844	186402	3.3	3
卓尼县	290541	57214	51660	181667	3.2	4
舟曲县	286080	48040	27789	210250	1.3	6
迭部县	194009	43082	39835	111092	-4.9	8
玛曲县	216378	77168	20762	118448	-2.4	7
碌曲县	143809	48594	8452	86763	3.8	1
夏河县	227013	78323	25441	123249	1.4	5

数据来源：甘南州政府官网统计数据整理。

（二）城乡收支水平与消费

1. 临夏回族自治州

2015—2020 年，临夏州城乡居民收入、人均可支配收入逐年提高，城乡收入差距不断缩小。城镇居民人均可支配收入由 2015 年的 16508 元增长到 2020 年的 23338 元，年均增长 7. 2%；农村居民人均可支配收入由 2015 年的 5245 元增长到 2020 年的 8113 元，年均增长 9. 1%。城乡收入差距由 2015 年的 3. 14 倍减少至 2020 年的 2. 88 倍。

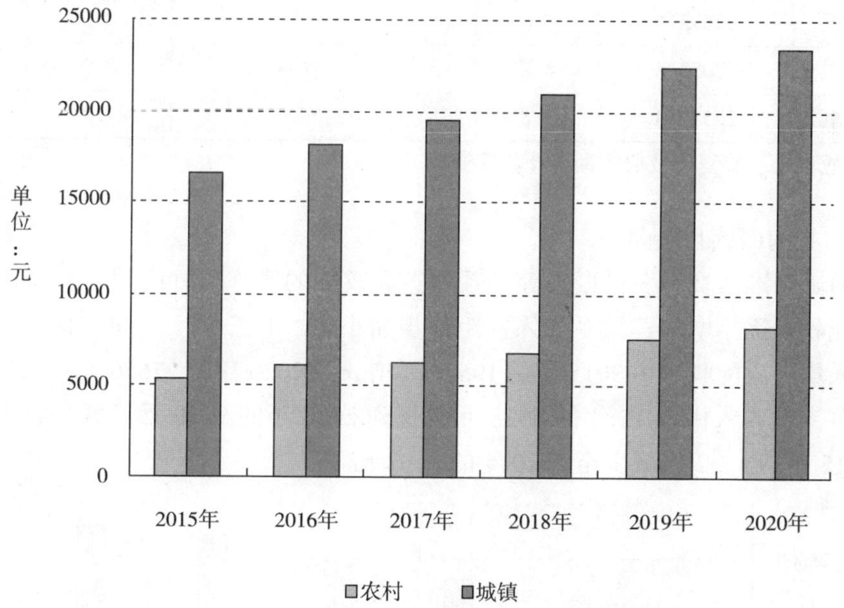

图 8-3　2015—2020 年临夏州城乡人均可支配收入情况

数据来源：临夏州“十三五”期间主要经济指标完成情况数据。

从各县市城乡居民人均可支配收入及其经济指标（表 8-13）来看，临夏市城乡居民可支配收入最高，居首位；临夏县城镇居民人均收入位列第二；广河县农村居民人均可支配收入位列第二；东乡县城乡居民人均可支配收入均排在末位。

表 8-13　2020 年临夏州各县市经济指标完成情况

县市	城镇居民人均可支配收入（元）	同比增速（%）	增速排名	农村居民人均可支配收入（元）	同比增速（%）	增速排名
临夏市	23961.5	4.6	1	16014.0	7.6	8
临夏县	23106.3	4.1	6	8545.7	8.3	1
康乐县	23034.8	4.4	3	8266.1	7.8	6
永靖县	23087.3	4.5	2	8032.6	7.9	5
广河县	22257.0	4.3	4	8913.8	8.1	3
和政县	22593.9	4.0	7	7691.3	8.0	4
东乡县	22053.8	4.2	5	6390.6	8.2	2
积石山县	22512.4	3.8	8	6858.7	7.7	7

数据来源：临夏州政府官网统计数据整理。

2. 甘南藏族自治州

随着精准扶贫和乡村振兴等一系列惠农政策的实施，甘南州农村居民人均可支配收入逐年增加，城乡收入差距逐步缩小。“十三五”期间，甘南州城镇居民人均可支配收入由 2015 年的 19656 元增长到 2020 年的 27656 元；农村居民人均可支配收入由 2015 年的 5928 元增长到 2020 年的 9129 元。城乡收入差距由 2015 年的 3.32 倍减少至 2020 年的 3.02 倍。

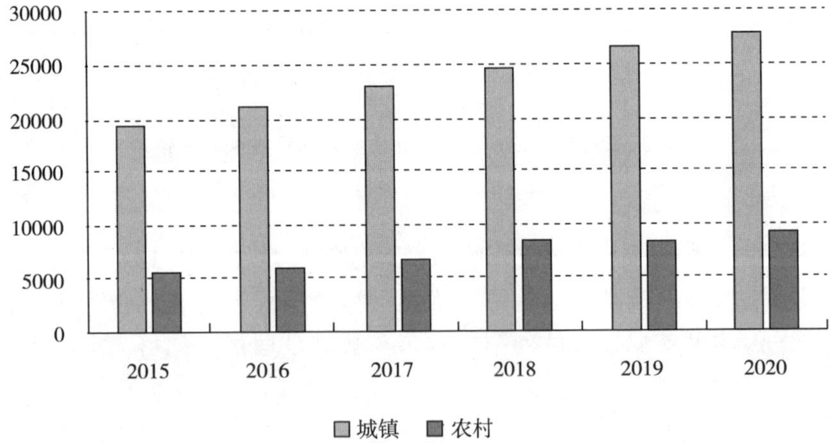

图 8-4　2015—2020 年甘南州城乡人均可支配收入情况（单位：元）

数据来源：甘南州“十三五”期间主要经济指标完成情况数据。

表 8-14　2020 年甘南州各县市经济指标完成情况

县市	城镇居民人均可支配收入（元）	同比增速（%）	增速排名	农村居民人均可支配收入（元）	同比增速（%）	增速排名
合作市	27644.78	3.75	8	9298.01	8.00	8
临潭县	27300.01	3.30	7	8716.62	8.41	3
卓尼县	27654.66	4.47	1	8975.01	8.50	2
舟曲县	27400.05	4.30	3	8867.61	8.60	1
迭部县	27415.87	4.22	4	8698.10	8.20	6
玛曲县	28895.61	4.11	5	10913.16	8.10	7
碌曲县	28424.75	4.36	2	10788.03	8.32	5
夏河县	27630.57	3.91	6	9162.06	8.38	4

数据来源：甘南州政府官网统计数据整理。

从各县市城乡居民人均可支配收入及其增速指标（表 8-14）来看，玛曲县城乡居民可支配收入均居首位，合作市的城镇和农村居民可支配收入同比增速均排在末位。

如表 8-15 所示，2020 年甘南州农村居民人均可支配收入为 9128.80 元，玛曲县人均可支配收入最高（10913.16 元），碌曲县次之（10788.03 元）。在各种收入来源中，工资性收入与经营性收入占较大比重，财产性收入占比重最低，可以看出农村居民收入来源主要是劳动工资与经营收入。

表 8-15　2020 年甘南州各地农村居民人均可支配收入　（单位：元）

县市	人均纯收入	工资性收入	经营净收入	财产净收入	转移净收入
甘南州	9128.80	3869.85	3889.50	89.66	1279.80
合作市	9298.80	6011.55	2673.90	6.10	606.46
临潭县	8716.62	4777.95	2414.07	14.57	1510.04
卓尼县	8975.01	2486.45	6097.29	29.71	361.56
舟曲县	8867.61	5762.41	2067.33	29.10	1008.77
迭部县	8698.10	3880.58	3662.99	93.52	1061.02
玛曲县	10913.16	83.20	7664.05	29.34	3136.57

续表

县市	人均纯收入	工资性收入	经营净收入	财产净收入	转移净收入
碌曲县	10788.03	1407.24	6415.60	711.32	2253.86
夏河县	9162.06	2412.90	4811.93	409.41	1527.82

数据来源：2021《甘肃发展年鉴》。

（三）投资消费与旅游发展

1. 临夏回族自治州

在投资消费方面，项目投资高速增长，消费市场逐步回暖。2020 年，临夏州全年固定资产投资达 182.0 亿元，同比增长 27.0%，高于全省增速 19.2 个百分点，居全省首位。分领域看，基础设施投资同比增长 116.2%，房地产开发投资同比下降 15.6%，商品房销售面积同比增长 102.8%。第一产业投资同比增长 79.2%，第二产业投资同比下降 58.8%，第三产业投资同比增长 51.1%。民间投资达 39.7 亿元，增速与上年持平。社会消费品零售总额 106.7 亿元，同比增长 0.7%，高于全省增速 2.5 个百分点，居全省第 2 位。其中，限额以上单位消费品零售额 28.0 亿元，同比增长 6.3%；限额以下单位消费品零售额为 78.7 亿元，同比下降 1.2%。城镇和乡村消费品零售额分别为 86.7 亿元和 20.0 亿元，分别同比增长 1.1%、降低 0.9%。按消费形态划分，餐饮收入 14.7 亿元，同比增长 0.4%；商品零售收入 92.0 亿元，同比增长 0.7%。

社会消费品的不断增加，保证了群众生活需要和消费水平的提高，城镇居民人均消费支出由 2015 年 12879 元提高到 2020 年 16971 元，年均增长 5.7%，农村居民人均消费支出由 2015 年 4769 元提高到 2020 年 7252 元，年均增长 8.7%。

表 8-16　2015—2020 年临夏州和甘南州旅游发展情况

年份	临夏州		甘南州	
	旅游接待人数（万人次）	旅游收入（亿元）	旅游接待人数（万人次）	旅游收入（亿元）
2015	895.41	38.55	770.02	34.03
2016	1110.2	48.10	1003.15	46.78

续表

年份	临夏州		甘南州	
	旅游接待人数（万人次）	旅游收入（亿元）	旅游接待人数（万人次）	旅游收入（亿元）
2017	1586.1	70.30	1105.60	51.5
2018	2098.6	96.39	1217.2	57.04
2019	2711.19	133.18	1447	74
2020	1198.20	59.20	1671	83

数据来源：临夏州政府官网统计数据整理。

在旅游发展方面，临夏州旅游接待人数由2015年的895.41万人次提高到2019年的2711.19万人次，旅游收入由2015年的38.55亿元提高到2019年的133.18亿元。受到疫情影响，2020年临夏州旅游接待人数为1198.2万人次，同比下降55.8%；实现旅游收入为59.2亿元，同比下降55.6%（见表8-16）。

2. 甘南藏族自治州

在投资消费方面，甘南州规模以上工业增加值的增速呈“前低后高”特点。2020年，全州固定资产投资同比下降22.8%。分领域看，基础设施投资下降20.2%，全年房地产开发投资比上年增长41.9%。商品房销售面积4.26万平方米，下降13.6%。从三次产业看，第一产业投资下降42.9%；第二产业投资下降41.9%，其中工业投资下降41.4%；第三产业投资下降20.3%；民间投资下降34.2%。全州社会消费品零售总额44.86亿元，比上年下降5.6%。按经营单位所在地统计，城镇33.61亿元，增长1.0%；乡村11.25亿元，下降21.1%；按行业统计，批发零售业33.99亿元，下降6.8%；住宿餐饮业10.87亿元，下降1.6%；在消费品中，商品零售34.04亿元，下降6.8%；餐饮收入10.82亿元，下降1.7%。限额以上单位商品零售额中，金银珠宝饰品类零售额比上年增长75.0%，中西药品类增长40.0%，日用品类增长0.5%，文化用品类下降0.6%，烟酒饮料类下降0.6%，服装鞋帽针纺织品类下降0.7%，粮油食品类下降6.1%，化妆品类下降8.8%，石油及其制品类下降17.3%，通信器材类下降33.9%，家用电器和音像制品类下降32.7%。

2020年，随着各类复商复市政策的出台，消费市场逐步回暖。社会消费品的数量既保证了人民群众的基本生活需要，又提高了群众消费水平。全州城镇居民人均可支配收入27656元，同比增长4.0%（其中工资性收入21701元，增长 3.6%；经营净收入 3966 元，增长 6.4%；财产净收入 776 元，增长 0.4%；转移净收入 1212 元，增长 5.8%）。城镇居民人均消费支出 20377 元，增长 5.4%。全州农村居民人均可支配收入 9129 元，同比增长 8.2%（其中工资性收入 3869 元，增长 8.9%；经营净收入 3890 元，增长 8.1%；财产净收入 90 元，增长 0.1%；转移净收入 1280 元，增长 6.8%。农村居民人均消费支出 7679 元，增长 11.5%）。

（四）公共财政收入与支出

1. 临夏回族自治州

2020 年，临夏州一般公共预算收入为 19.2 亿元，同比增长 17.13%，高于全省增速 14.3 个百分点，位居全省第一位；相比 2015 年的 16.59 亿元，增长了 2.61 亿元。其中，税务收入 12.4 亿元，同比增长 16.4%；非税收收入 6.8 亿元，增长 18.5%。一般公共预算支出 320.3 亿元，同比增长 16.3%。其中，各类民生支出完成 265.3 亿元，同比增长 18.2%。全年新增减税降费超过 3.89 亿元（见表 8-17）。

表 8-17　2015—2020 年临夏州一般公共预算收支情况

年份	一般公共预算收入（亿元）	财政收入（亿元）	一般公共预算支出（亿元）
2015	16.59	28.66	175.58
2016	18.21	31.64	197.84
2017	16.89	31.23	203.41
2018	15.52	32.34	252.49
2019	16.38	34.51	294.75
2020	19.20	—	320.3

数据来源：2015—2020 年临夏回族自治州统计公报。

2. 甘南藏族自治州

2020 年，甘南州公共预算收入为 10.47 亿元，同比下降 0.2%；相较于 2015 年的 9.17 亿元，增长了 1.3 亿元。全州一般公共预算支出 221.89 亿元，同比增加 12.26 亿元，增长 5.8%。甘南州金融机构人民币各项存款余额 388.19 亿元，同比下降 0.4%，其中住户存款 205.04 亿元，增长 10.0%；非金融企业存款 85.77 亿元，下降 11.0%；机关团体存款 86.52 亿元，下降 11.8%；财政性存款 10.65 亿元，增长 21.4%。各项贷款余额 258.79 亿元，增长 5.9%，其中住户贷款 126.61 亿元，增长 2.5%；企（事）业单位贷款 132.18 亿元，增长 9.3%（见表 8-18）。

表 8-18　2015—2020 年甘南州一般公共预算收支情况

年份	一般公共预算收入（亿元）	财政收入（亿元）	一般公共预算支出（亿元）
2015	9.17	15.73	143.81
2016	9.85	16.92	149.48
2017	8.55	16.23	171.07
2018	9.99	19.18	202.65
2019	10.49	19.12	209.63
2020	10.47	19.67	221.89

数据来源：2015—2020 年甘南藏族自治州统计公报。

四、社会发展

（一）科教文卫发展

1. 临夏回族自治州

期间，临夏州在科技创新、教育水平、文化事业、卫生健康等方面发展成绩显著。2015 年，各级各类学校共 1951 所，各级各类在校生共 336345 人，其中在园幼儿 47608 人，小学生 180986 人，初中生 63297 人，高中生 39641 人，中专及职校生 4752 人，特教学生 61 人。少数民族学生 186216 人（不含幼儿园和电大），占学生总数的 55.37%。教职工 24794 人，其中专任教师共 21287 人。截至 2020 年末，全州有各级各类学校 2538 所，其中幼儿园 1277 所，小学 1140 所，九年一贯制学校 20 所，初中 67 所，完全中学 7 所，高中 13 所，中专及职校 11 所，电大分校 1 所，特殊教育学校 1 所，高职院校 1 所（见表 8-19）。全州各级各类在校生 49.2 万人，其中在园幼儿 11.77 万人，小学生 24.2 万人，初中生 8.44 万人，高中生 4.32 万人，中专及职校生 5865 人，高职生 4498 人。全州专任教师 2.89 万人，适龄儿童入学率、适龄初中入学率、高中阶段学生毛入学率由 2015 年的 98.51%、97.23%、58.66% 提升到 2020 年的 99.99%、99.99%、81.24%，九年义务教育巩固率为 97.92%，15 岁及以上人口的平均受教育年限由 7.02 年提高到 7.17 年①。此外，各县市在控辍保学、职业教育方面也作出了巨大努力，极大地提高了教育质量，解决了各族群众日益增长的美好生活需要和教育发展不平衡不充分之间的矛盾，全力促进了教育稳步发展。

表 8-19　2015—2020 年临夏州科教文体基本情况

年份	科技项目（项）	教育院所（所）	文化场馆（个）	举办体育活动（次）
2015	108	1951	1352	600
2016	115	1747	1373	600
2017	121	1868	1364	620
2018	67	2019	1356	650
2019	38	2403	1323	680
2020	129	2538	—	—

数据来源：2015—2020 年临夏回族自治州统计公报。

由表 8-21 可知，2015—2020 年临夏州的卫生健康事业稳步发展。2015 年，临夏州卫生床位数仅为 7956 张、技术人员数仅 4812 人，每千人拥有床位数和每千人技术人员数分别为 3.63 张、2.20 人。2020 年，临夏州卫生床位数为 12100 张，增长了 4144 张；技术人员数为 11900 人，增长了近 2.5 倍，为各族人民健康生活提供了基本保障。

表 8-20　2015—2020 年临夏州卫生健康基本情况

年份	卫生床位数（张）	技术人员数（人）	每千人拥有床位数（张）	每千人技术人员数（人）
2015	7956	4812	3.63	2.20
2016	8219	4990	4.06	2.46
2017	8692	5634	4.25	2.76
2018	9840	6102	4.78	2.96
2019	10158	8770	4.90	4.23
2020	12100	11900	5.74	5.64

数据来源：2015—2020 年临夏回族自治州统计公报。

---

① 临夏回族自治州人民政府：《临夏回族自治州 2020 年国民经济社会发展统计公报》，http://www.lxs.gov.cn/zwgk/bmxngkpt/1x2tjj/fdzdgknr/tjsj/tjgb/art/2022/art_ oc4ecf822344415299e620e9afae6411.html。

2. 甘南藏族自治州

“十三五”期间，甘南州在科技项目、教育院校、文化场馆及体育事项发展上成绩显著（见表 8-21 所示）。各级各类学校由 2015 年的 506 所增至 2020 年的 789 所；在校（园）学生（幼儿）由 112500 名增至 141945 名。2020 年，甘南州学前三年毛入园率为 93.2%，九年义务教育巩固率为 99.2%，高中阶段毛入学率为 95.9%。全年全州中职教育招生 2107 名，“9+3”涉藏地区免费中职教育招生 176 名，“内地普通高中民族班扩招工程”招收少数民族初中应届毕业生 100 名，“千名人才培养计划”录取 714 名，天津定向医学类本科录取 22 名。甘南州积极通过引进紧缺教师、招录高校毕业生、农村特岗等形式加大教师队伍建设力度；提升教师资格认证力度，不断提高教师水平。

此外，为了有效防止学生因贫辍学，积极实施助学金等教育政策来保证学生的生活。2020 年，共落实普通高中国家助学金 1154 万元，累计资助高中生 0.61 万人，资助率超过 30%。落实中职国家助学金 226 万元，资助 0.11 万人；中职免学费补助资金 425 万元，资助 0.21 万人；0.65 万名学生成功获批生源地助学贷款。全州 1.95 万名高中生享受普通高中免费教育，0.81 万名儿童吃上了营养餐，0.70 万名儿童享受年生均 600 元的农牧村学前教育公用经费。解决了各族群众日益增长的美好生活需要与教育发展不平衡不充分之间的矛盾，极大地提高了当地的教育水平。

表 8-21　2015—2020 年甘南州科教文体基本情况

年份	科技项目（项）	教育院所（所）	文化场馆（个）	举办体育活动（次）
2015	5	506	9	-
2016	14	453	9	500
2017	17	765	9	-
2018	17	778	9	550
2019	9	806	9	180
2020	3	789	9	500

数据来源：2015—2020 年甘南藏族自治州统计公报。

综合表 8-22，2015—2020 年甘南州的卫生健康事业整体比较稳定。2015 年，甘南州卫生床位数仅 1730 张、技术人员数仅 3698 人；2020 年，卫生床位数为 3574 张，增长了 1844 张；技术人员数为 4668 人，增长了近 1.26 倍，人数实现了翻番，为居民的健康生活提供了保障。

表 8-22　2015—2020 年甘南州卫生健康基本情况

年份	卫生床位数（张）	技术人员数（人）	每千人拥有床位数（张）	每千人技术人员数（人）
2015	1730	3698	-	5. 25
2016	2811	4272	3. 98	6. 02
2017	3034	4488	4. 2	6. 3
2018	3093	4298	-	6
2019	3473	4400	-	6
2020	3574	4668	4. 8	6. 2

数据来源：2015—2020 年甘南藏族自治州统计公报。

（二）社会保障发展

1. 临夏回族自治州

“十三五”期间临夏州在城乡居民基本养老保险、基本医疗保险和农村最低生活保障水平上取得了显著提升。2020 年末，临夏州参加城乡居民基本养老保险人数 143. 20 万人，较 2015 年的 40173 人增加 1391927 人；参加基本医疗保险人数 232. 7 万人，较 2015 年的 318613 人增加 2008387 人。2020 年底，享受农村最低生活保障人数 20. 66 万人，0. 91 万人享受农村特困人员救助供养（见表 8-23）。

表 8-23　2015—2020 年临夏州社会保障情况（人）

年份	参加城乡居民基本养老保险人数	参加基本医疗保险人数	享受农村最低生活保障人数
2015	40173	318613	461068
2016	40162	320030	472719
2017	40072	1880354	332609
2018	35923	1967416	299669
2019	1549600	2143400	174800
2020	1432100	2327000	206600

数据来源：2015—2020 年临夏回族自治州统计公报。

据2020年临夏回族自治州统计公报显示，截至2020年末，全州共实施临时救助35.6万人，救助资金6.2亿元。全年资助85.39万人参加基本医疗保险，全年国家抚恤、补助退役军人和其他优抚对象6179人。全州共有各类提供住宿的社会服务机构18个，其中养老机构13个，儿童服务机构5个。社会服务床位2896张，其中养老服务床位1693张，儿童服务床位1203张。共有社区服务中心130个，其中乡镇123个，街道7个；社区服务站985个，其中城市92个，农村893个。

2. 甘南藏族自治州

"十三五"期间，甘南州在失业保险、基本养老和基本医疗保险覆盖人数上均有较大提高，社会保障水平取得了显著成效。2020年末全州参加城镇职工基本养老保险人数1.60万人，参加城乡居民基本养老保险人数39.67万人，参加城镇职工基本医疗保险人数7.86万人，参加城乡居民基本医疗保险人数62.33万人。参加失业保险人数36426人。年末全州领取失业保险金人数168人。参加工伤保险人数65531人，其中农民工参保8941人。参加生育保险人数59672人。全年为37989名农村低保对象发放低保金8861万元；为11291名城市低保对象发放低保金7312万元；为3274名城乡特困供养人员发放供养金2438万元；为344名孤儿发放生活费462万元；为465名事实无人抚养儿童发放生活补贴381万元；为7710名困难残疾人和10018名重度残疾人发放生活补贴和护理补贴2464万元。全年实施临时救助103456人次；救助各类流浪乞讨人员238人次。年末全州社会养老床位达到1680张，投入运营的养老院23家。①

第二节　甘肃省深度贫困大调查

一、总体贫困特征

（一）贫困发生率高，贫困村占比大

从贫困发生率来看，临夏州的贫困发生率高于民族地区（以五个自治区以

① 甘南州统计局综合核算服务科：《甘南藏族自治州2020年国民经济和社会发展统计公报》，http://tjj.gnzrmzf.gov.cn/info/1194/5660.htm。

及云南、贵州、青海三个多民族省份为统计口径）和全国水平。2015—2017 年临夏州的贫困发生率连续三年高于全国水平的三倍多，2018 年高于全国贫困发生率的五倍多。2019 年临夏州贫困发生率高于民族地区贫困发生率的两倍多。从贫困村占比来看，临夏州共有 123 个乡镇，1111 个行政村，其中贫困村有 649 个，贫困村占比达 58.42%（见表 8-24）。

表 8-24　临夏州 2015—2019 年的贫困人口数及贫困发生率

县市	贫困人口数（万人）					贫困发生率（%）				
	2015	2016	2017	2018	2019	2015	2016	2017	2018	2019
全国	5575	4335	3046	1660	551	5.7	4.5	3.1	1.7	0.6
民族地区	1813	1411	1032	603	119	12.1	9.4	6.9	4	0.79
临夏州	32.37	29.94	26.01	16.38	3.25	18.74	16.40	14.24	8.97	1.78
临夏市	0.20	0.29	0.14	0.11	0.06	2.23	3.35	1.64	1.22	0.68
康乐县	4.53	3.91	3.28	2.34	0.34	18.14	15.16	12.72	9.08	1.33
和政县	2.95	2.56	1.72	0.94	0.19	18.49	14.28	9.63	5.23	1.09
积石山县	5.61	4.58	3.20	1.59	0.28	23.71	18.58	12.98	6.47	1.15
永靖县	2.84	2.20	2.12	1.45	0.04	17.57	13.92	13.40	9.14	0.25
临夏县	6.38	5.50	4.91	2.92	0.8	18.29	15.53	13.86	8.25	2.26
东乡县	6.84	7.42	7.40	4.93	1.28	23.98	24.64	24.61	16.39	4.25

数据来源：2016—2020 年《中国统计年鉴》《中国民族统计年鉴》及课题组调研数据。

2013 年，甘南州 8 县市共有 669 个行政村，其中，贫困村就有 318 个，贫困村占比 47.53%。同年，甘南州有 20.61 万人贫困人口，贫困发生率为 36.75%。截至 2017 年底，甘南州剩余贫困人口为 4.74 万，贫困发生率降至 8.54%。经过不懈努力，甘南州于 2020 年 9 月底，贫困人口彻底消除了绝对贫困（见表 8-25）。

表 8-25　甘南州脱贫攻坚数据表

地区	行政村（个）	贫困村（个）	2013 年		2017 年			累计脱贫人数（万人）
			贫困人口（万人）	贫困发生率（%）	贫困户（万户）	贫困人口（万人）	贫困发生率（%）	
甘南州	669	318	20.61	36.75	1.23	4.74	8.54	15.87

续表

地区	行政村（个）	贫困村（个）	2013 年		2017 年			累计脱贫人数（万人）
			贫困人口（万人）	贫困发生率（%）	贫困户（万户）	贫困人口（万人）	贫困发生率（%）	
临潭县	141	82	5.78	43.10	0.44	1.65	12.41	4.13
舟曲县	208	87	4.5	36.14	0.33	1.06	8.91	3.44
卓尼县	97	54	3.61	40.02	0.21	0.87	9.65	2.74
夏河县	65	27	2.04	29.44	0.10	0.47	6.66	1.57
迭部县	52	23	1.67	40.83	0.05	0.24	6.08	1.43
玛曲县	43	15	0.94	23.56	0.05	0.19	4.34%	0.75
碌曲县	24	12	0.89	30.90	0.05	0.24	8.54%	0.65
合作市	39	18	1.18	33.81	0.01	0.03	0.80%	1.15

备注：根据甘肃省贫困退出验收办法要求，2017 年底贫困发生率按 2014 年底户籍农业人口计算。

数据来源：甘南州政府官网统计数据整理。

2017 年全国农村居民人均可支配收入达到 13432 元。根据表 8-27 可知，甘南州无论是州级总层面（6998 元）还是各县市级分层面（临潭县 6619 元、舟曲县 6742 元、卓尼县 6831 元、迭部县 6640 元、玛曲县 8410 元、碌曲县 8273 元、合作市 7239 元）都未达到全国平均值，且差距非常之大。即使是在经济发展相对较好的玛曲县、碌曲县和合作市，其农牧民人均可支配收入与全国水平也还有近一倍的差距（见表 8-26）。

表 8-26　2017 年甘南州农牧民人均可支配收入水平

县市	甘南州	临潭县	舟曲县	卓尼县	夏河县	迭部县	玛曲县	碌曲县	合作市
收入	6998	6619	6742	6831	7035	6640	8410	8273	7230

数据来源：甘南州政府官网统计数据整理。

（二）教育水平滞后，内生发展动力不足

一是受教育程度低。2015 年，从人均受教育年限上来看，甘南州、临夏州分别为 8 年、7.25 年，比全省（8.57 年）分别低 0.57 年和 1.32 年，比全国（9.5 年）分别低 1.5 年和 2.25 年。从九年义务教育巩固率上来看，甘南、临

夏分别为 85.0%和 74.8%，比全省（87%）分别低 2%和 12.2%，比全国（92.6%）分别低 7.6 个百分点和 17.8 个百分点。从高中阶段毛入学率上来看，甘南州、临夏州分别为 79%和 60%，比全省（90%）分别低 11 个百分点和 30 个百分点，比全国（86.5%）分别低 7.5%和 26.5%。

二是师资力量弱。因为甘南州人口数量少、地域幅员辽阔，依然存在教育资源不足的情况，全职教师较少，常聘用兼职教师来填补缺口。例如，舟曲县东山镇毛家村小学混班复式上课，村小学没有音乐、体育、美术、思想品德专职教师，上课均为兼职教学。

三是辍学现象时有发生。临夏州 2018 年劝返失辍学生达 15228 人；甘南州 2018—2020 年共劝返学生 5624 人。

（三）生态环境脆弱，基础设施薄弱

甘肃省原深度贫困地区地处全国重要的生态保护区，生态环境脆弱，资源缺乏且灾害多发，地广人稀，生存条件恶劣。有的地处地质灾害频发地带，“十年一大灾、五年一中灾、年年有小灾”。临夏州是典型的干旱地区，水土流失严重，泥石流等洪涝灾害较多，自然环境脆弱，不利于居民生存。

甘肃省原深度贫困地区基础设施建设较为滞后，制约了域内一体化和本地市场的扩大。通村公路技术标准低、路面窄、错不开车、“通返不通”等现象已不能适应汽车下乡、村通班车、大型农用机械广泛使用的新要求。县乡际断头路多，网络化程度有待提高。临夏州内无铁路、航空线路，阻碍各项事业的快速提档升级；兰合铁路（兰州—合作）于 2021 年底才开始动工兴建，交通大动脉建设滞后。水利设施薄弱且严重老化，防洪标准过低，灌溉设施年久失修，沟渠堵塞现象严重，河道排涝能力不足，抵御自然灾害的能力较弱，对区域经济的发展影响较大。电力和通信设施落后，对区域信息科技水平提升的作用有限。由于建设成本高，施工难度大，推进原深度贫困地区基础设施和基本公共服务建设提升的难度较大，加之生产成本高，多数农村贫困人口都生活在自然条件相对恶劣的区域，易陷入“自然环境差—收入低—改善自然环境难—收入低”的恶性循环中。

（四）产业化水平低，农户增收困难

甘肃省原深度贫困地区产业带动农户增收能力不足。具体表现在：

一是农业生产条件差、生产结构单一，生产效率低，传统的农业难以养活农民。甘肃深度贫困人口主要聚居在偏远的高山地区，干旱缺水、耕地坡度大、

耕种条件差。由于人多地少，农产品结构单一，多数贫困人口仍然从事传统的种植业和养殖业。且农产品和水生作物产量和销售价格低，加上农业基础设施建设薄弱，抵御自然灾害和病虫害侵袭能力较差。此外，以销售初级农产品为主，产业附加值低，产业链短。以务农为主的农民“靠山吃山、靠水吃水、靠天吃饭”，收入水平普遍较低，容易陷入再次贫困。

二是区域内工业化和城市化程度较低，就地就业机会少。如图 8-5 所示，2016 年临夏州第二产业增加值为 46. 33 亿元，甘南州为 21. 85 亿元，分别比甘肃省平均值（171. 37 亿元）低 125. 04 亿元和 149. 52 亿元；2017 年，甘肃省均 168. 57 亿元，临夏州 43. 18 亿元，甘南州 19. 47 亿元；2018 年各市州平均第二产业增加值为 199. 19 亿元，临夏州为 49. 25 亿元，甘南州为 22. 54 亿元；2019 年，甘肃省平均为 204. 46 亿元，临夏州为 58. 58 元，甘南州为 33. 22 亿元；2020 年甘肃省各市州平均第二产业增加值为 203. 72 亿元，临夏州为 61. 29 亿元，甘南州为 29. 15 亿元。很显然，临夏州与甘南州第二产业增加值远低于甘肃省平均情况，工业与制造业发展欠佳。甘肃省贫困人口的致贫原因主要表现为缺资金和缺技术，例如临夏州 44. 54%的建档立卡户致贫原因为缺资金，24. 37%的贫困户因缺技术而致贫。农户普遍缺乏就业技能，就业结构主要集中在餐饮业、建筑业、畜牧业等较低端部门，以打零工为主，从事稳定职业的较少，并且受市场波动及灾害影响较大，收入十分不稳定。

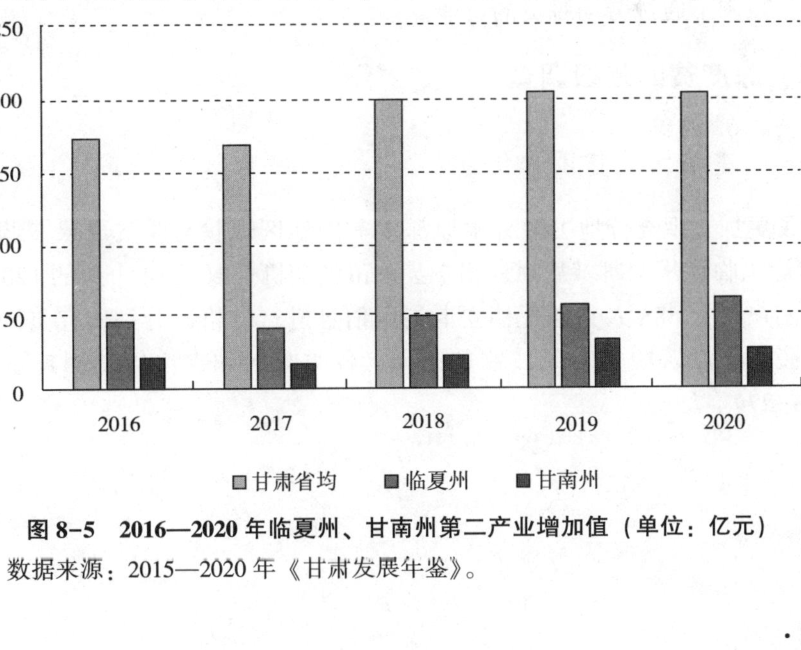

图 8-5　2016—2020 年临夏州、甘南州第二产业增加值（单位：亿元）

数据来源：2015—2020 年《甘肃发展年鉴》。

三是新型农业经营主体发展滞后，市场主体发展水平不高。调研发现，甘肃省原深度贫困地区许多新型农业经营主体培育、农业产业化龙头企业发展等扶持政策不完善，现代农业发展步伐缓慢，带动效应弱。一些农民专业合作社运行不规范，无法激发脱贫户的内生动力，带动可持续致富的能力不强；一些扶贫车间后续培育和监管不到位，缺乏长效管理机制，且不能够适应市场的发展需求。使得原来依靠扶贫车间解决就业问题的易地搬迁户再次陷入失业，成为潜在的返贫风险。

（五）巩固脱贫成果难度大

由于地理、文化、经济、历史等原因，甘肃省原深度贫困地区的医疗资源整体都比较匮乏，医疗资源紧张且专业人才紧缺。2017 年，甘南州全州各级各类卫生医疗机构每千人拥有床位数 4.2 个，较全国水平（5.72 个）低 1.52 个。再加上贫困人口在健康知识获得和健康理念培养方面都比较落后，甚至连基本的护理知识、医疗知识都不具备，加之地方病高发，导致农牧民的生活水平降低。2017 年底，临夏州 26.01 万贫困人口中因病致贫返贫人口约占 8%。因病致贫返贫户表现出贫困程度更深、贫困时间更久、脱贫难度更大的特征：有的因疾病卧床多年，不仅自身无法就业劳动，还需家人全程照料，导致全家深度贫困。许多贫困劳动力处于非健康状态，因身体原因难以从事对体力要求较高的工作，限制了通过劳动脱贫的可能。

二、深度贫困州级调查

（一）建档立卡贫困户信息

为了更加直观充分地了解甘肃原深度贫困地区现状与脱贫成果，调研组于 2021 年深入临夏州调研，从临夏州 7 县 1 市中随机抽取了 14 个村的 120 户建档立卡贫困户（共 588 人）的建档立卡贫困信息进行分析，分别研究贫困户识别年度、脱贫年度、脱贫时间、致贫原因、各类收入和支出等贫困户基本信息（见表 8-27）。

表 8-27　临夏州建档立卡贫困户信息一览表

建档立卡户所在县（市）	建档立卡户所在乡镇	建档立卡户所在村	调查户数
和政县	梁家寺乡	赵家沟村	15
永靖县	西河镇	瓦房村	15
积石山县	石塬乡	沈家坪村	10
	大河家镇	大墩村	5
康乐县	八松乡	纳沟村	10
	胭脂镇	马集村	5
临夏市	枹罕镇	拜家村	5
	折桥镇	折桥村	10
东乡县	沿岭乡	新星村	10
	高山乡	布楞沟村	5
广河县	城关镇	西关村	10
	水泉乡	新庄村	5
临夏县	土桥镇	辛付村	10
	南塬乡	张河西村	5
合计	—	—	120

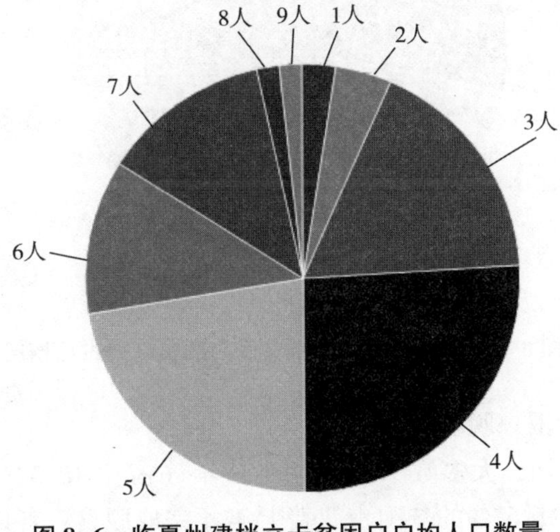

图 8-6　临夏州建档立卡贫困户户均人口数量

从图8-6可知，被调研的贫困家庭中户均人口为4.65人，相较于七普数据的全国平均每个家庭户均人口（2.62人）来说，临夏州贫困人口数量较多。其中，仅2.5%的建档立卡贫困户人口为1人，4.16%户家庭人口数为2人，17.5%户家庭人口数为3人，家庭人口数为4的户占比为25.83%，22.5%家庭人口数为5人，11.67%户家庭人口数为6人，12.5%户家庭人口为7人，家庭人口数为8和9人的占比为1.67%。

（二）建档立卡贫困户脱贫时间

关于脱贫时间，主要从建档立卡贫困户的脱贫年度和脱贫所耗时间两个方面进行分析。

1. 建档立卡贫困户脱贫年度

根据图8-7看出，被调研的建档立卡贫困户的脱贫年度主要集中在2014年、2015年及2020年，分别有21户、34户和34户，占比各为17.5%、28.33%和28.33%；2016—2019年间完成脱贫的建档立卡贫困户占比较少。建档立卡户要么相对较早地实现了脱贫，要么主要集中在2020年完成脱贫。

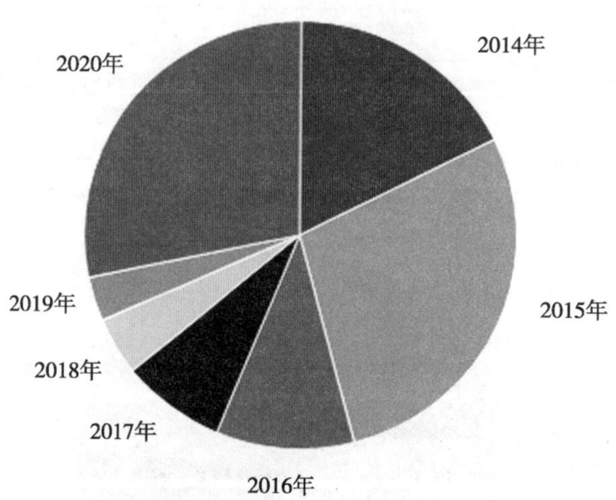

图8-7 临夏州建档立卡贫困户脱贫耗时占比情况

2. 建档立卡贫困户脱贫耗时

结合图8-8可知，大多数家庭仅耗时一年（占比18.34%）或两年（占比30%）完成脱贫。21.67%的贫困户花费七年才完成脱贫；耗时三年至六年完成脱贫的家庭所占百分比均为个位数，这说明了建档立卡户在脱贫耗时上整体呈

“沙漏型”。

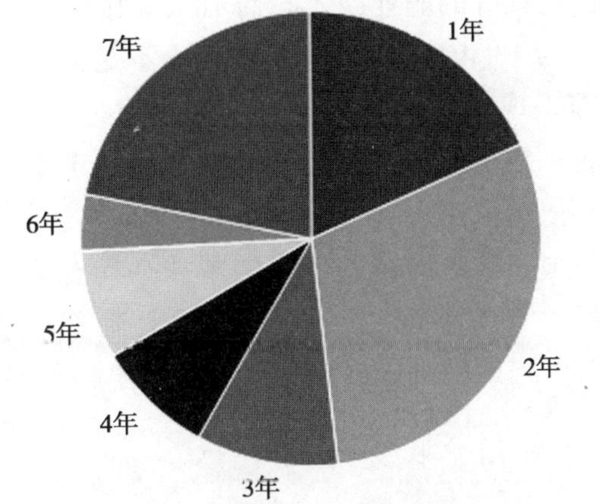

图 8-8　临夏州建档立卡贫困户脱贫年度占比情况

（三）建档立卡贫困户致贫原因

如图 8-9 所示，44.54%的建档立卡户致贫原因为缺资金，这是由于临夏州经济发展相对落后，建档立卡贫困户经济条件尤其差。24.37%的贫困户因为缺

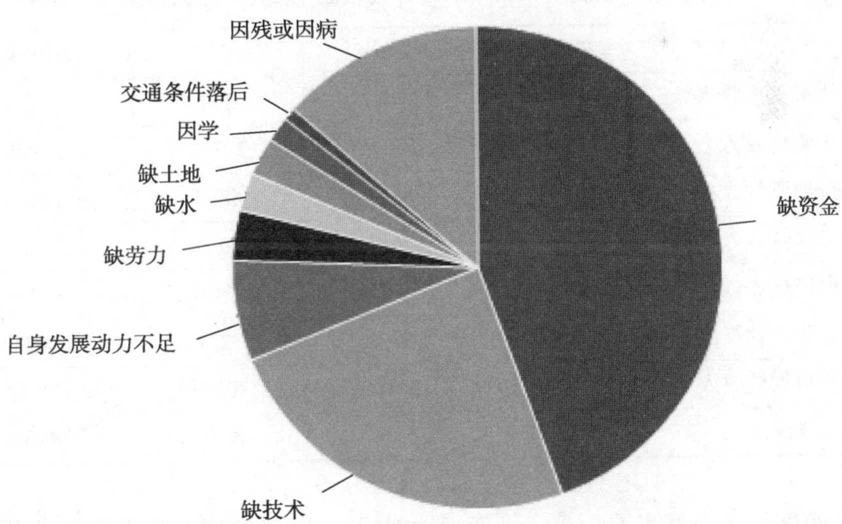

图 8-9　临夏州建档立卡贫困户致贫原因

技术而致贫，这与临夏州受历史等原因长期封闭，同外界脱节，受教育水平较低，当地百姓没有得到良好的职业技术教育有关。由身体健康原因（因残或因病）致贫的合计占比为13.4%。因自身发展动力不足而致贫的占比6.72%，这是因为部分贫困户囿于现状，有“穷惯了”的思想，不具备脱贫的内生动力，等着国家为他们托底。致贫原因为缺劳力、缺水、缺土地、因学和交通条件落后的占比相对较少，依次占比3.36%、2.52%、2.52%、1.68%和0.84%。这些致贫原因占比不高与国家和政府近些年来的帮扶举措有关，一方面是九年义务教育政策的落实，保障了孩童有学上；另一方面是随着国家对于原深度贫困地区的帮扶，逐渐完善了当地的基础设施建设，改善了当地的生产生活条件。

（四）建档立卡贫困户收支情况

1. 建档立卡贫困户可支配收入

由表8-28可知，2017—2020年，临夏州建档立卡贫困户户均可支配收入逐年上涨，从2017年的21413元/户增加到2020年的48153元/户。这说明了临夏州的扶贫工作得到了有效推进，取得了一定的成效。随着各类扶贫政策的实施和措施的落实，贫困户得到了切实的帮助和扶持，收入状况得到了明显改善。

表8-28　临夏州2017—2020年建档立卡贫困户收入情况　（单位：元）

明细	2017年	2018年	2019年	2020年
一、可支配收入	21413	27373	33792	48153
工资性收入	11987	15996	21381	26926
生产经营性收入	5813	8193	8803	17549
转移性收入	3563	2664	2966	3353
财产性收入	50	520	642	325
二、生产性支出	2081	2893	3237	9081
三、户均纯收入	19332	24480	30555	39072
人均纯收入	4682	5567	6840	8468

从四种收入类型来看：第一，工资性收入一直都是建档立卡贫困户最主要的收入来源。2017—2018年，工资性收入在可支配收入中的占比皆超过50%，2017年至2020年建档立卡贫困户的户均工资性收入逐年持续上涨，相较于上一

年分别增长 4099 元、5385 元和 5545 元，涨幅较高，每年的增长率都稳定在 25%—35%之间，分别为 34.45%、33.66%和 25.93%，表明近年来党和政府加大了对无业贫困户的职业技术教育，使原本缺乏工作能力的贫困户拥有一技之长，能够参与到社会层面的生产劳动中。此外，随着经济社会的发展，也为许多失业贫困户提供了务工的机会。

第二，生产经营性收入的水平逐年提升。2017—2020 年建档立卡贫困户的户均生产经营性收入逐年持续上涨，涨幅平稳。2020 年户均生产经营性收入相较于 2019 年实现了倍增，从 2019 年的 8803 元上涨到了 2020 年的 17549 元。这是由于随着经济社会的发展，部分建档立卡户开始做起了小生意，以及部分务农的贫困户相较于从前所获得的农业生产经营性收入也有所上升。

第三，转移性收入的占比逐年下滑。转移性收入包括计划生育金、低保金、特困供养金、生态补偿金及其他各类转移性收入等。从占比来看，2017 年转移性收入占可支配收入 16.64 个百分点，其中近一半是低保金，16.25%是养老保险金，生态补偿金占比 7.77%，特困供养金占 2.25%，计划生育金仅占 0.81%，其他占 23.29%。2020 年转移性收入在可支配收入中占比降至 6.97%，其中低保金占 29.76%，养老保险金占 23.43%，6.26%为生态补偿金，特困供养金占

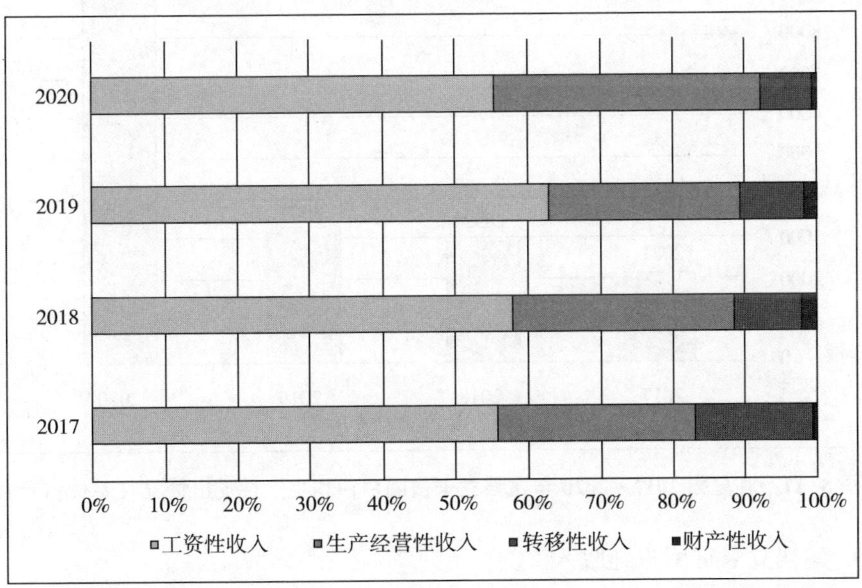

图 8-10　临夏州 2017—2020 年建档立卡贫困户户均收入占比情况

比2.00%，计划生育金仅占0.33%，其他占38.52%。从金额上看，2017年到2020年均为2000多到3000多元，变化不大。这由于国家给予建档立卡户的各类补贴金较为平稳，所以转移性收入比较稳定。

第四，财产性收入占比有所波动，但金额较少，且占比均在两个百分点以下。财产性收入包括资产收益扶贫分红收入和其他各类财产收入等，如图8-10所示，2017年，财产性收入仅占比可支配收入0.23个百分点（其中21.80%为资产收益扶贫分红，剩余77.30%为其他财产性收入）。2020年，财产性收入仅占0.67%（其中75.38%为资产收益扶贫分红，剩余24.62%则是其他财产性收入）。

2. 建档立卡贫困户生产性支出

如图8-11所示，建档立卡贫困户户均生产性支出在2017—2019年间逐年稳定上涨，而2020年的户均生产性支出是2019年的三倍。对于生产经营的投入支出越多，所获得的生产经营性收入便会越多，这与上述建档立卡贫困户的生产经营性收入的变化情况相吻合。

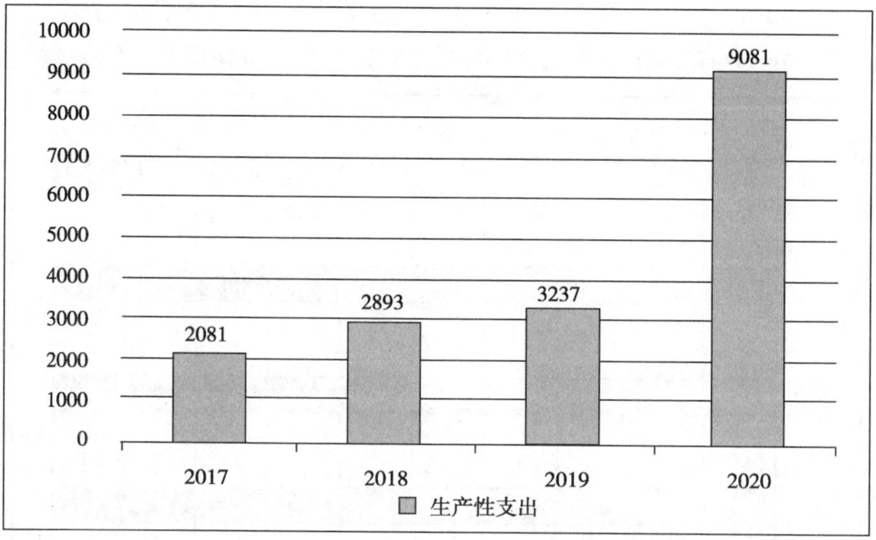

图8-11 临夏州2017—2020年建档立卡贫困户户均生产性支出情况（单位：元）

3. 建档立卡贫困户纯收入

由图8-12可知，2017—2020年间，建档立卡贫困户户均纯收入（户均纯收入=户均可支配收入-户均生产性支出）逐年上涨，涨幅可观且均匀平稳。2020

年，建档立卡户均纯收入较 2017 年翻了一番还多（纯收入为 39072 元/户）。

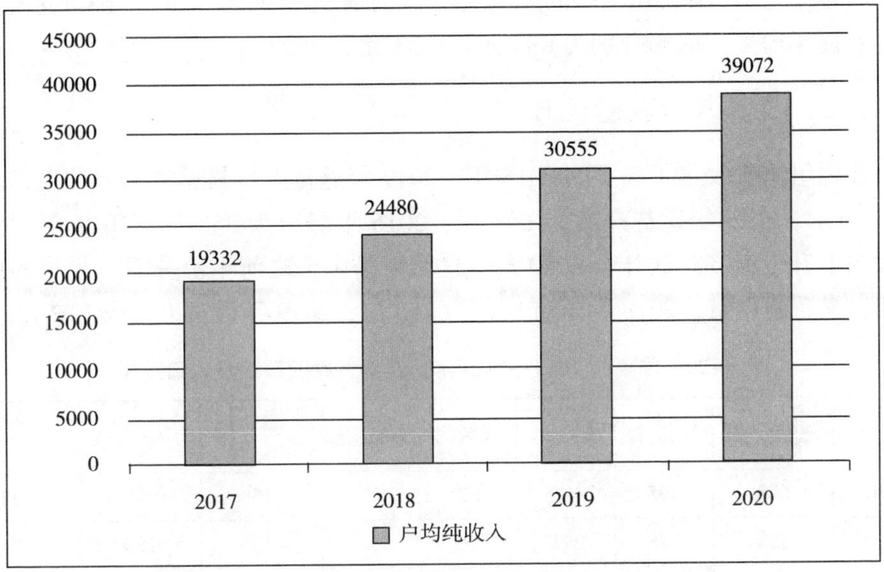

图 8-12　临夏州 2017—2020 年建档立卡贫困户户均纯收入情况（单位：元）

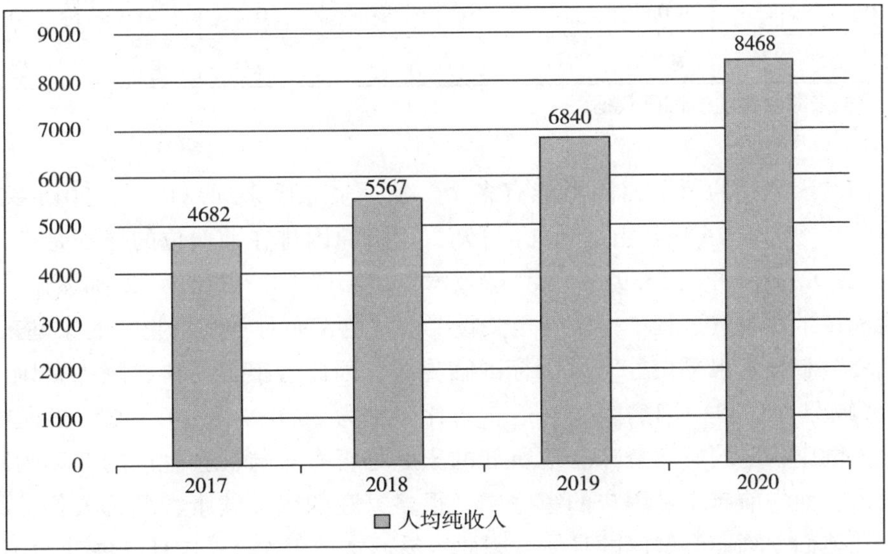

图 8-13　临夏州 2017—2020 年建档立卡贫困户人均纯收入情况（单位：元）

从人均纯收入来看，如图 8-13 所示，2017—2020 年建档立卡贫困户人均纯收入逐年上涨，从 2017 年的 4682 元/人增加到了 2020 年的 8468 元/人。增长金额逐年增多，涨幅分别为 885 元、1273 元和 1628 元。

（五）返贫人口数量统计

课题组调研收集了临夏州 2015 年—2019 年返贫人口与返贫原因信息，如表 8-29 所示。2015 年返贫户数为 608 户，2016 年降至为 358 户。2017 年则出现了大幅上升，返贫户数升至 2650 户，这可能是由于之前年份贫困户脱贫的质量不高，又重新返贫。2018 年返贫户数为 258 户，2019 年返贫人口仅有 2 户。

表 8-29　临夏州 2015—2019 年各类返贫原因致返贫人口数量

年份	返贫户数	缺资金	缺技术	缺劳力	缺土地	交通条件落后	因病因残	自身发展动力不足
2015	608	495	498	82	12	43	84	111
2016	358	228	211	56	3	12	189	24
2017	2650	1274	1184	820	38	142	1179	310
2018	258	95	123	53	123	12	124	49
2019	2	0	1	0	0	0	1	0
合计	3876	2092	2017	1011	176	209	577	494

数据来源：课题组调研数据。

因贫困家庭的返贫原因可能有多个，从返贫原因来加总可得，2015—2019 年返贫户数为 6576 户。由图 8-14 可知，返贫原因排在前两位的分别是“缺资金”（2092 户，占比 53. 97%）、“缺技术”（2017 户，占比为 52. 04%），可见资金和技术在脱贫过程中扮演着至关重要的角色，而对于刚刚脱贫的家庭来说，他们资金和技术水平仅处于贫困标准临界线，因此会很容易再次陷入贫困。其次，“缺劳力”和“因病因残”返贫占比分别为 26. 08%和 14. 89%，这是由于一个人健康状况的好坏意味着他所处的家庭是否有参与社会生产的劳动力以获取收入，而先前属于贫困户的家庭中，很多家庭的成员健康状况都欠佳，脱贫不会让他们立刻拥有健康的身体，因此容易返贫。再次，“自身发展动力不足”导致返贫的占比为 12. 75 个百分点。最后，“交通条件落后”（占比 5. 39%）和“缺土地”（占比 4. 54%）等外因而导致返贫，当地基础设施建设与经济发展水平密不可分，在临夏州这样的贫困地区，恶劣的外部资源也使得当地脱贫户会再次陷入贫困。

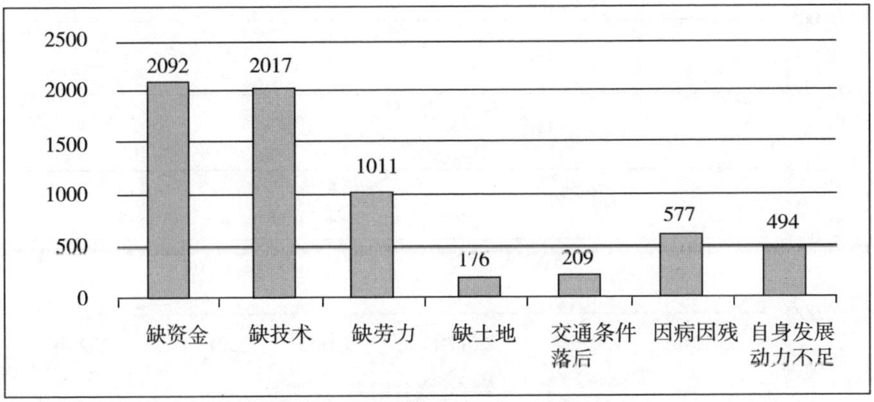

图 8-14　临夏州建档立卡返贫户致贫原因

三、深度贫困县级调查

积石山保安族东乡族撒拉族自治县是典型的民族贫困地区，全县少数民族占总人口的 53. 95%；积石山县是国家与省内扶贫开发重点县，也是全省 23 个深度贫困县之一。全县辖 17 个乡（镇）、145 个行政村、7 个社区居委会、1296 个村民小组，总人口 28 万人。有保安族、东乡族、撒拉族、回族、汉族、土族、藏族等 10 个民族，少数民族占全县总人口的 64. 9%，其中保安族人口 2. 12 万人，占全国保安族总人口数的 95%以上，是全国唯一的保安族聚居地。

调研组 2021 年深入积石山县进行调研，收集统计了全县 17 个乡镇2015—2019 年的建档立卡贫困数据，以及 17 个乡镇和沈家坪村 2019—2020 年防返贫监测数据。调研组从贫困发生率、建档立卡人口、脱贫人口、返贫人口、新识别人口、未脱贫人口以及边缘易致贫人口和脱贫不稳定人口变化等情况进行分析。

（一）贫困率变化情况

根据图 8-15 所示，2015—2020 年积石山县贫困率逐年降低，从 2015 年的 23. 02%降至 2020 年的 0%。其中，2016—2019 年间，贫困率分别降低 4. 47 个百分点、5. 9 个百分点、6. 2 个百分点和 5. 3 个百分点。这反映了积石山县在巩固脱贫攻坚成果、提高脱贫质量等方面的努力和成效。

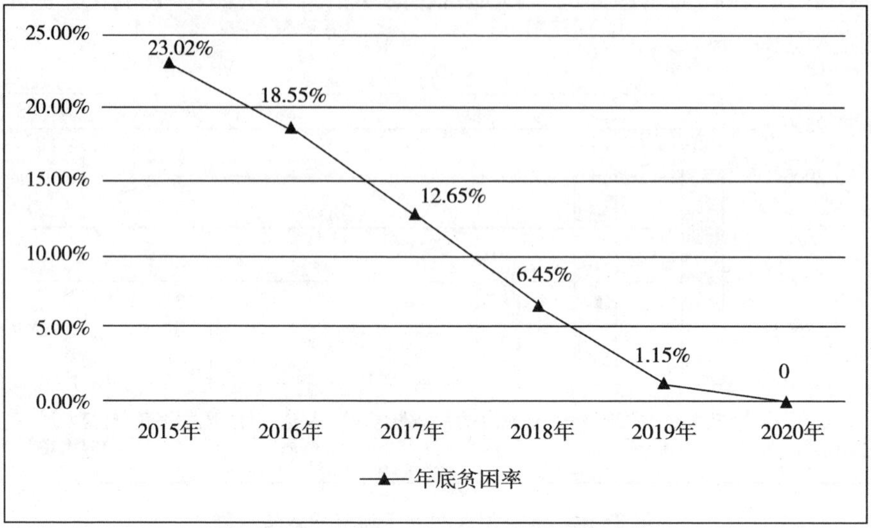

图 8-15　2015—2020 年积石山县贫困率变化情况

（二）贫困人口变化情况

根据图 8-16，2015—2020 年，积石山县建档立卡人口数量逐年增多，2020

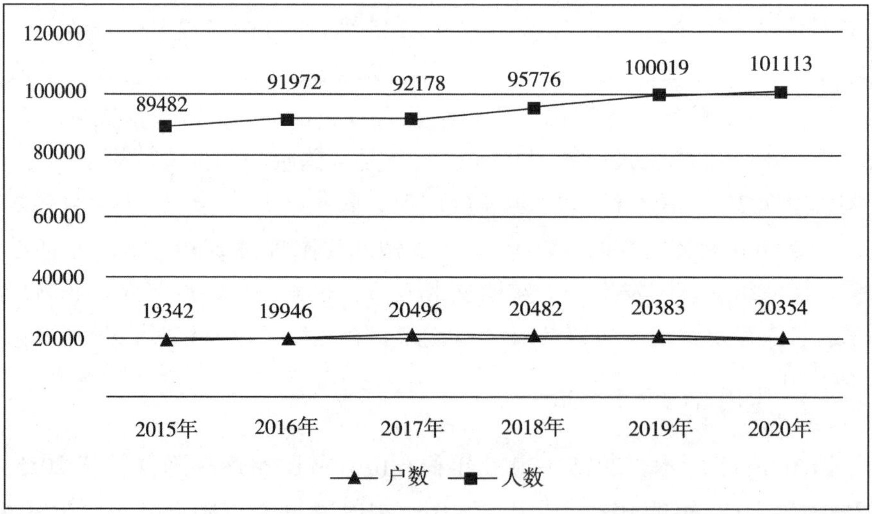

图 8-16　2015—2020 年积石山县建档立卡人口变化情况

年较 2015 年增加了 11631 人；建档立卡人口上升幅度较为平缓（最低增速为 0.2%，最高增速为 4.4%）。从建档立卡家庭户数上来看，积石山县 2015—2020 年间虽有增减波动，但总体上看仍然是增加的，从 2015 年的 19342 户增加到了 2020 年的 20354 户。

（三）脱贫人口变化情况

由图 8-17 可知，2015 年到 2019 年，积石山县的脱贫人口数量普遍较多且数据较稳定，从脱贫人数和家庭户数上看，年均分别在 13000 人以上和 2900 户以上。而在 2020 年，脱贫人口数量降至 2814 人，脱贫家庭户数也减少到 629 户。这说明，随着国家扶贫政策的强力实施，减贫效率在逐年显现。

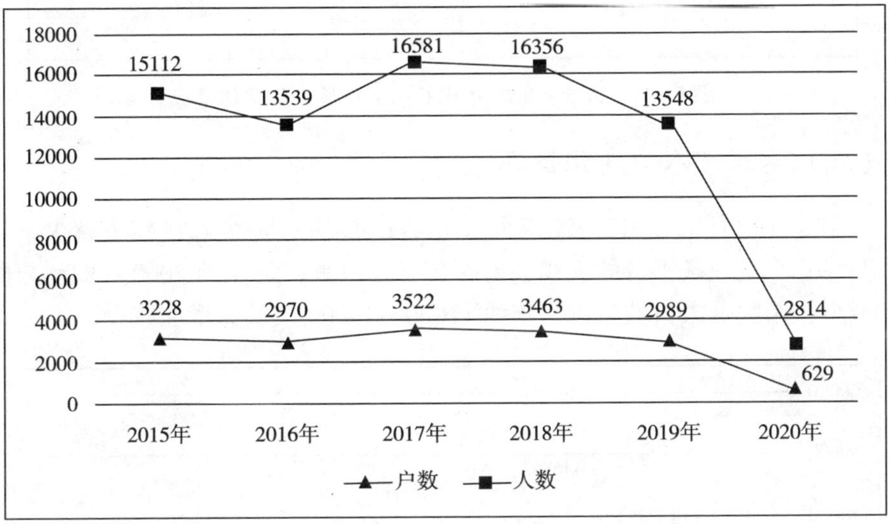

图 8-17　2015—2020 年积石山县脱贫人口变化情况

（四）返贫人口变化情况

由图 8-18 中，2015—2018 年积石山县的返贫人口数量有较大的波动，整体呈波动式下降趋势；在 2019 年和 2020 年，返贫人口均降为 0。脱贫是一个复杂的过程，涉及多种因素和各种不确定性，但一些已经脱贫的人群仍面临再次陷入贫困的风险。2016—2018 年部分已经脱贫的人群因种种原因导致发展基础不牢固而返贫。到了 2019 年和 2020 年，脱贫攻坚战役进入到后期，脱贫基础越来越扎实、脱贫质量越来越高，返贫的人口也逐年减少。

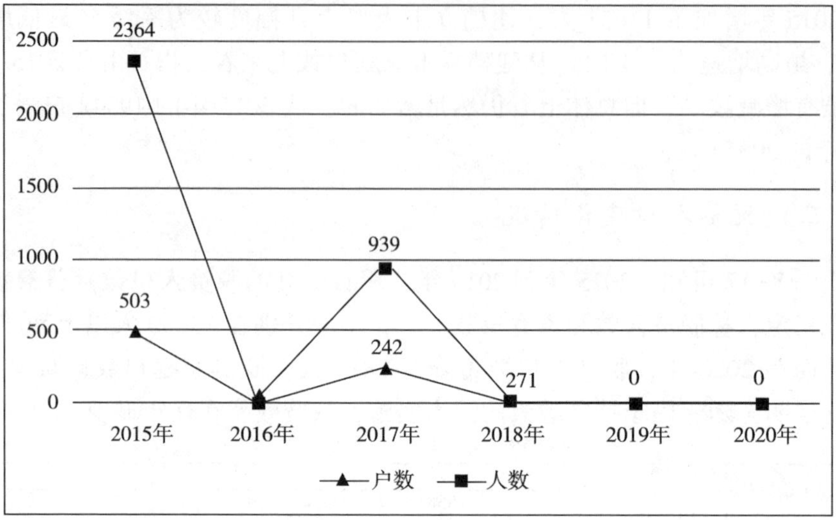

图 8-18　2015—2020 年积石山县返贫人口变化情况

（五）未脱贫人口变化情况

由图 8-19 可知，2015—2019 年，积石山县的未脱贫人口越来越少，且减少的曲线几乎呈一条平滑的直线，未脱贫家庭户数以每年约 2000—3000 户的速度在减少，未脱贫人口数量以每年约 11000—15000 人的速度在减少。

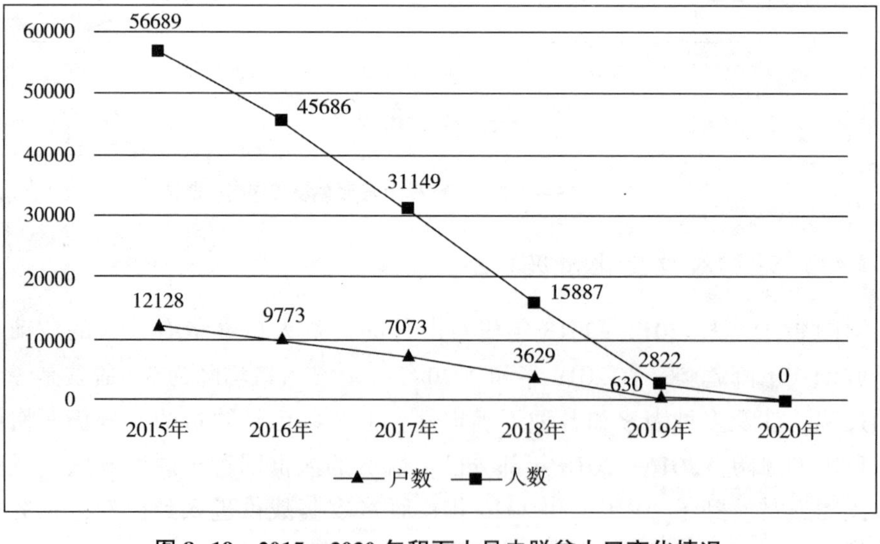

图 8-19　2015—2020 年积石山县未脱贫人口变化情况

（六）新识别贫困人口变化情况

根据图 8-20 可知，积石山县新识别贫困人口一直逐年下降，2015 年新识别贫困人口有 770 户 3465 人；2016 年有所降低，为 621 户 2675 人，2017 年则降至 593 户 2052 人，2018 年新识别贫困人口仅为 22 户 93 人，2019 年和 2020 年，新识别贫困人口均降至 0。新识别贫困人口减少说明了积石山县在脱贫攻坚方面取得了一定进展，处于贫困标准下的贫困人口逐年降低。

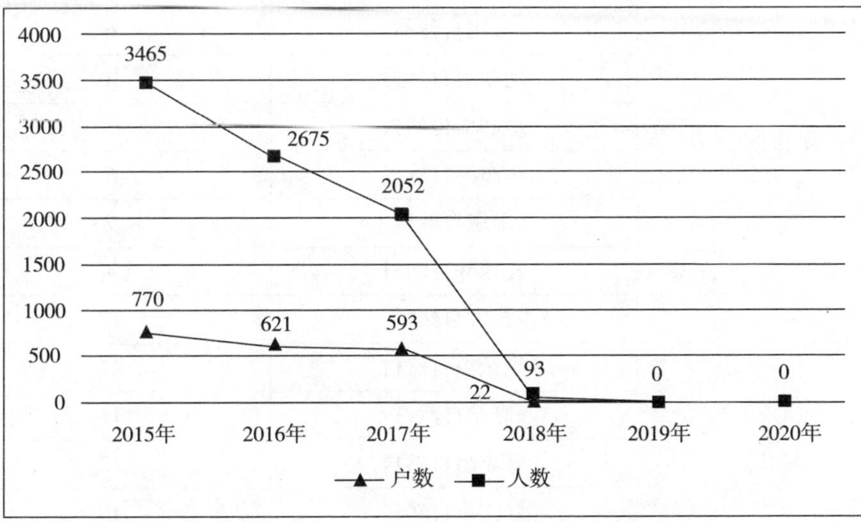

图 8-20　2015—2020 年积石山县新识别人口变化情况

四、杓哇土族乡调查

深度贫困乡杓哇土族乡位于甘肃省卓尼县北部的偏远山区，是甘南州唯一一个土族乡镇。据七普调查，杓哇土族乡常住人口为 1482 人，占全县常住人口的 1.55%。全乡平均海拔 2850 米，群众收入以种植、养殖及务工收入为主，属典型的半农半牧区。2014 年，杓哇土族乡建档立卡贫困户共 24 户 120 人，由于山地多、川地少，特殊的地理环境导致致贫原因交织叠加。

（一）贫困户基本信息

调研组抽取了杓哇土族乡下辖的大庄行政村中的 8 个自然村、光尕行政村中的 5 个自然村，共涉及 118 名建档立卡贫困人口信息，分别从致贫原因、健康状况、人均纯收入情况、是否落实义务教育、是否危房户、是否参加大病医疗、是否解决安全饮水问题、贫困户属性、脱贫属性、脱贫时间、劳动技能、务工地点、务工时间等多方面进行研究。被调研对象中，土族占46.61%、汉族占38.98%，藏族占14.41%。

表8-30　杓哇土族乡建档立卡贫困户一览表

建档立卡户所在行政村	建档立卡户自然村	调查人数
大庄村	初路自然村	18
	大庄自然村	6
	地尕河自然村	10
	地利山自然村	3
	利布湾自然村	5
	闹缠自然村	7
	扎地寺自然村	4
	扎古自然村	17
光尕村	光尕湾自然村	11
	光尕自然村	11
	郭家咀自然村	12
	红土泉自然村	10
	喇叭自然村	4
合计	—	118

1. 贫困户致贫原因

由图8-21可知，杓哇土族乡建档立卡贫困户中，占比最多的致贫原因是缺技术，有三成以上（占比32.20%），缺乏就业技能使他们缺失就业机会，难以找到高技能职位，而就业机会的缺乏会使贫困户没有稳定的收入来源。其次，“因病致贫”占比为22.88%，疾病和健康问题成为贫穷的主要原因之一，尤其是在缺乏良好医疗保障、环境恶劣的条件下，16.10%的建档立卡户致贫原因是“缺资金”；占比9.32%的贫困户致贫原因是缺劳力；因残致贫的建档立卡户占比为5.08%；还有4.24%的贫困户是由于其他原因致贫。总之，致贫原因是多样化的，需要制定相应的政策和措施，采取综合性的方法才能实现脱贫的目标。

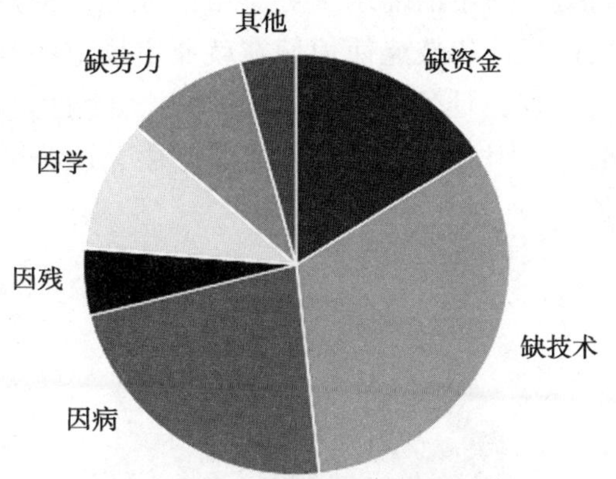

图 8-21　杓哇土族乡建档立卡贫困户致贫原因

2. 贫困户脱贫属性

本调研时间为 2019 年，脱贫属性的分析是截至 2018 年的脱贫数据。从脱贫属性上来看，从图 8-22 可以看出，2018 年底，已脱贫（享受政策）的建档立卡贫困户约占总调研贫困户的八成；剩余占比 19.39%的贫困户还未脱贫。

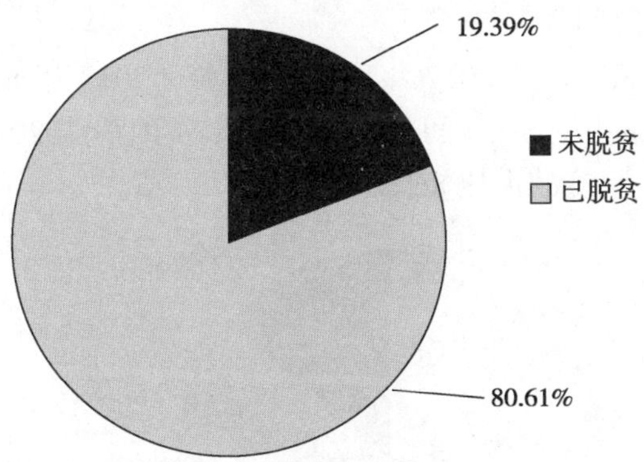

图 8-22　杓哇土族乡建档立卡贫困户脱贫属性

3. 贫困户贫困属性

根据图 8-23 可以看出，从贫困属性来看，属于低保贫困户的建档立卡贫困户有 19.49%，与上述脱贫属性数据一致。在已脱贫的贫困户中，属于“低保脱贫户”“一般脱贫户”在所有已脱贫的家庭中所占比例分别为 21.05%和 78.95%。“低保户”是指生活困难、经济收入非常低而且无法自给自足的家庭，他们通常是贫困人口中最困难的一类。这些人群往往收入来源单一，单一的收入来源难以满足他们基本的生活需求，更难帮助他们逐渐脱离贫困；教育水平低下，缺乏良好的教育背景和技能使他们在就业市场上的竞争力和薪资待遇都相对较低；健康状况欠佳，他们往往需要承担更高额的医疗费用和养老支出，增大了他们脱贫的难度。因此，在已脱贫的家庭中，属于低保脱贫户的比例比一般脱贫户要低得多。

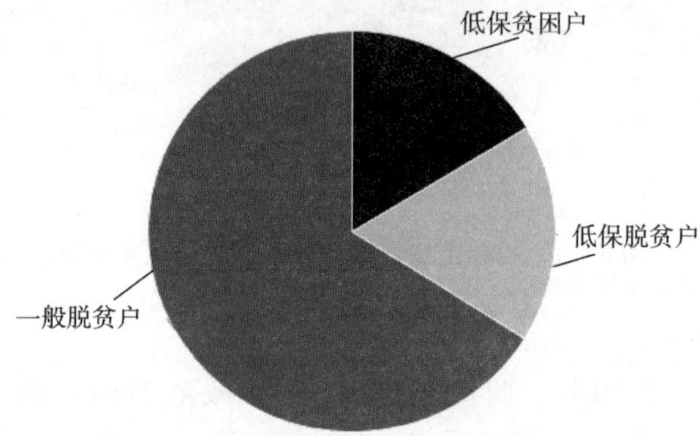

图 8-23　杓哇土族乡建档立卡贫困户属性

4. 贫困户脱贫时间

在脱贫时间上只分析“2017 年底脱贫”和“2018 年底脱贫”两个维度。从脱贫时间上来看，由图 8-24 可知，建档立卡贫困户于 2017 年底脱贫的占比 13.68%；2018 年底脱贫的占比 86.31%。

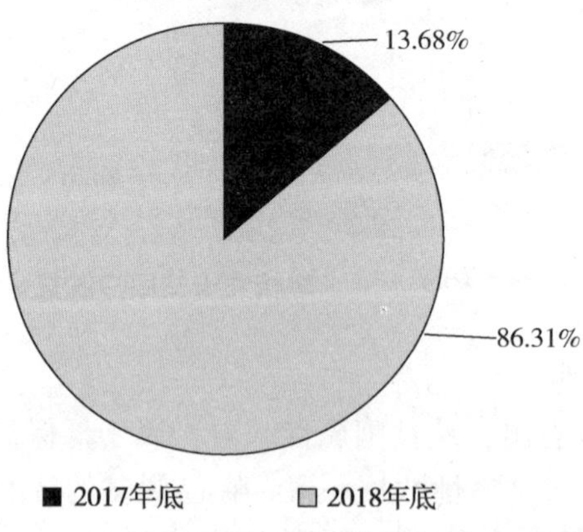

图 8-24　杓哇土族乡建档立卡贫困户脱贫时间

（二）贫困户人均纯收入情况

通过将杓哇土族乡建档立卡贫困户人均纯收入与2020年全国水平进行对比来分析。脱贫标准是一个动态的概念，并非一成不变的数值，随着物价水平和社会经济发展水平的不断变化，根据地域、居住环境、家庭状况等因素有所不同，脱贫收入标准也可能进行相应调整。我国脱贫标准是农民年人均纯收入按2010年不变价计算为2300元。综合考虑物价水平和其他因素，每年按现价计算的标准，2020年全国脱贫标准约为人均纯收入4000元。杓哇土族乡整体的经济水平较临夏州整体较高，2018年118名建档立卡贫困户的人均纯收入已全部达到贫困户人均纯收入脱贫标准。

（三）贫困户“三保障”和安全饮水落实情况

“三保障”是农村贫困人口脱贫的基本要求和核心指标，包括义务教育、基本医疗和住房安全有保障。饮水安全是指农村人口喝上放心水，即农村人口有水喝，且达到当地农村饮水安全评价标准，包含水量达标、水质达标、用水方便、供水有保证四个指标。

1. 贫困户义务教育落实情况

义务教育有保障是指除身体原因不具备学习条件外，农村家庭义务教育阶段适龄（6—16周岁）儿童、少年不失学辍学，保障有学上、上得起学。对因身体原因无法走读的学生可以安排教师上门教学。

在被调研对象中，尚未毕业的在校学生（包括学前教育儿童、义务教育阶段适龄儿童和少年、16岁以上的学生）和未达到入学年龄的儿童共有32人。由图8-25可知，包括本科二、三、四年级在内的本科在校生合计占比12.5%；高职高专在校生占比6.25%；普通高中在校生同样占比6.25%；中职在校生占所有在校学生的百分比为3.125%；包括七、八、九三个年级在内的初中在校生占比为15.635%；有34.375%的在校生是小学生；12.5%为幼儿园在校生，这里将其划分为学前教育；还有3个孩童年纪较小，尚未达到入学年龄，属于学龄前儿童。

显而易见，在基础教育上，除了年龄不达标的儿童以外，凡是达到年龄的学生，都享受到了国家九年义务教育的福利，顺利读完了初中，这说明“三保障”中的保障义务教育在当地落实得十分到位。此外，在高等教育上，本科生从0%升到了12.5%（这是由于调研中的许多在校生尚未达到读大学的年龄），大专生的占比也超过 5 个百分点，说明各家各户对教育日益重视，愿意在时间和金钱上都对教育加大投入。

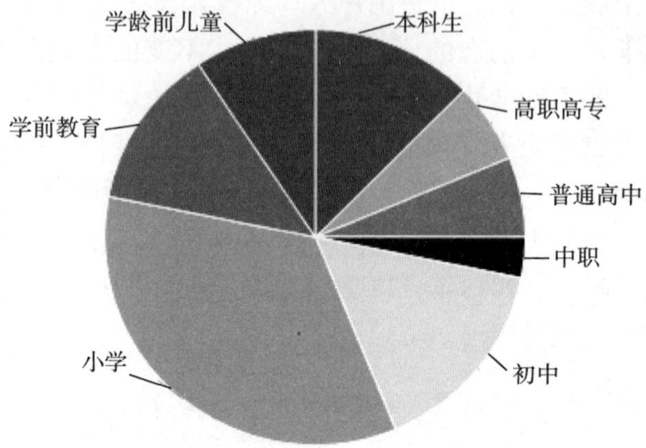

图 8-25　杓哇土族乡建档立卡贫困户在校生状况

2. 贫困户安全住房情况

住房安全有保障是指农户实际居住的房屋所处位置和主体结构安全，没有坍塌等安全隐患，能够满足日常使用和应对一般的自然灾害；对居住在 C 级和 D 级危房的农户，通过进行危房改造或其他有效措施，保障其不住危房。被调研的建档立卡贫困户全部都不是危房户，这说明了保障住房安全的政策落实得好，也反映出了政府在扶贫工作中注重民生和社会稳定，体现了政策的人性化和可持续性。

3. 贫困户基本医疗情况

基本医疗有保障主要是指贫困人口全部纳入基本医疗保险、大病保险和医疗救助等制度保障范围，常见病、慢性病能够在县乡村三级医疗机构获得及时诊治，得了大病、重病后基本生活有保障。

从图 8-26 中可知，在被调研对象中，78. 81%的建档立卡贫困户身体处于健康状态，14. 41%的建档立卡户有长期慢性病，占比 2. 54%的贫困户患有大病，剩余 4. 24%的贫困户残疾。这说明了他们中的大多数都是身体健康的，可以参加生产劳作或者社会工作。

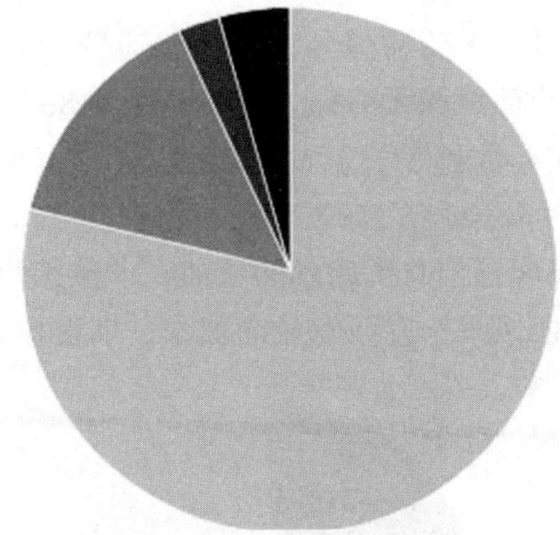

图 8-26　杓哇土族乡建档立卡贫困户健康状况

在被调研的 118 名建档立卡贫困户中，全部都参加了大病医疗保险，参加率达 100%。说明该乡实施医保政策的效果较为显著，政府在保障基本医疗保险普及率方面已经取得了一定成绩。同时也表明该地区贫困人口的医疗需求得到了满足，受到了医疗保障体系的保护。这不仅有助于缓解因患病而导致的贫困风险，保障贫困人口基本的生存和发展需要，还能促进整个社会的公平和稳定。同时，大病医疗只是医疗保障中的一个环节，如何进一步提高医保水平、改善医疗服务质量，以及解决医疗资源分配不均等问题仍面临挑战，需要相关政策和措施的不断完善和执行。

4. 贫困户安全饮水问题情况

在被调研的 118 名建档立卡贫困户中，已全部解决安全饮水问题。

综合上述全部调研结果，建档立卡贫困户已全部参与大病医疗，以及全部不是危房户，这些皆得益于国家脱贫政策中的“两不愁三保障”以及“水利惠民工程”。这些政策的实施为贫困人口提供了获得知识和技能、提高素质和竞争力的良好条件，有助于他们打破贫困代际传递的恶性循环。为贫困人口提供了免费或者廉价的基本医疗服务，让他们享有应有的健康保障；为贫困人口提供了安全、卫生、适度的住房；为贫困人口提供了清洁安全的饮用水。

（四）贫困户务工情况

主要从劳动技能状况、务工地点和务工时间等三个方面分析贫困户务工情况。

1. 贫困户劳动技能

从脱贫攻坚政策可知，劳动力具体分为普通劳动力、技能劳动力、弱劳动力或半劳动力、丧失劳动力和无劳动力五类。由图 8-27 可知，杓哇土族乡贫困户劳动技能主要分为 4 种类型，其中普通劳动力占比最高（61.02%，共 72 人）、无劳动力占比为 33.05%、丧失劳动力占比为 5.08%、技能劳动力占比最低（0.85%）。不难发现，杓哇土族乡的建档立卡贫困户们绝大多数都是具有劳动能力的，但不具备任何某一方面专业的技术，取得执业资格证书的人相当少。

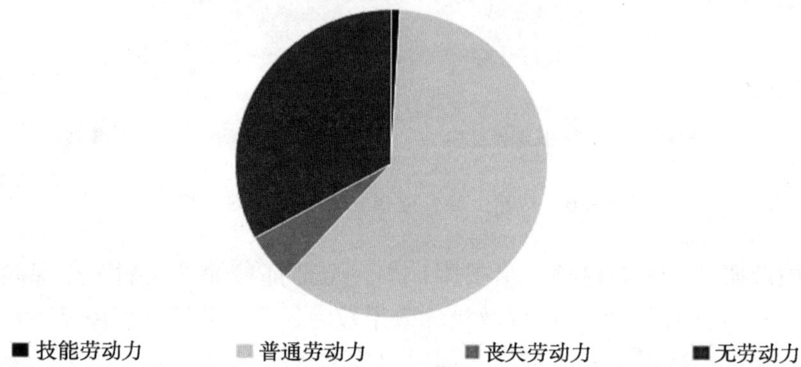

图 8-27　杓哇土族乡建档立卡贫困户劳动技能情况

从图 8-28 中看出，在“普通劳动力”的 72 名建档立卡贫困户中，健康状况良好的占比 87.5%，患有长期慢性病的占比 11.11%，患有大病且为普通劳动力的占比 1.39%。

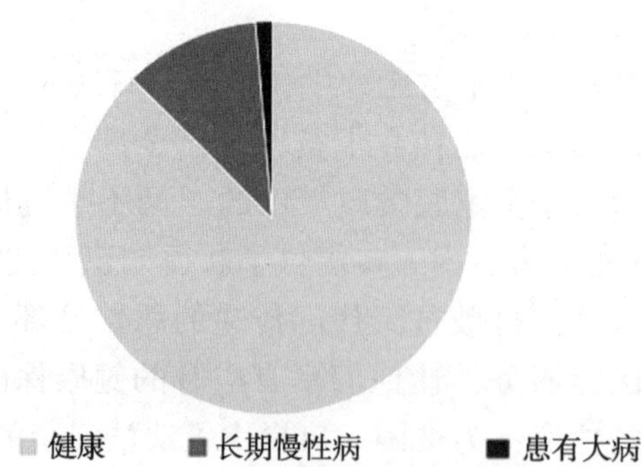

图 8-28　杓哇土族乡建档立卡贫困户普通劳动力健康状况

2. 贫困户务工地点

在务工地点上，根据图 8-29 可知，50%的人务工地点都在甘肃省内卓尼县外，46.875%的贫困户务工地点选择在了杓哇土族乡内，仅有 3.125%的贫困户在卓尼县内杓哇土族乡外务工。对于劳动力来说，他们对务工地点的选择几乎是五五开，且呈现两个极端。其中一方认为工作需要兼顾家庭，所以会选择留在自己的家乡杓哇土族乡内；另一方认为工作就是为了致富，所以会选择走出县城，去机会更多的卓尼县外工作。

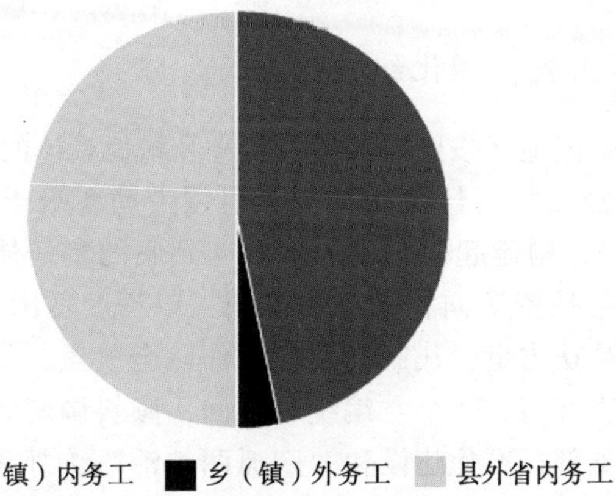

图 8-29 杓哇土族乡建档立卡贫困户务工地点

3. 建档立卡贫困户务工时间

由图 8-30 可知，务工时间为每年工作两个月的占比 6.25%；三个月的占比

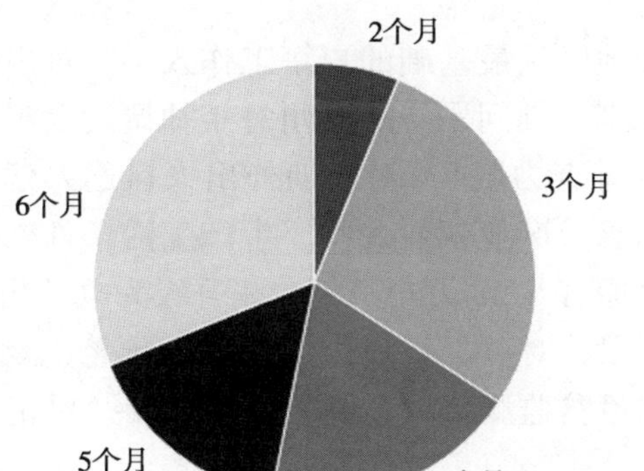

图 8-30 杓哇土族乡建档立卡贫困户务工时间

28.125%；18.75%的贫困户每年务工四个月；务工时间为每年五个月和六个月的分别占比15.625%和31.25%。

第三节　甘肃省原深度贫困地区脱贫现状

一、扶贫举措

（一）尽锐出战，强化组织领导

甘肃原深度贫困地区按照市县抓落实、乡村抓具体的要求，推动领导包村、干部包户、挂牌督战等责任落实落细，引领带动各级干部当好“第一村长”、开展“三个遍访”，构建起横向到边、纵向到底的责任体系。注重把最强的领导力量、最优的帮扶资源向特困乡村倾斜，以深度贫困村为重点，整合中央、省、州、县各级帮扶力量，建制村驻村工作队全覆盖，贫困户帮扶责任人全覆盖。临夏州将州直部门263个空编统一收回，倾斜调配到扶贫专责部门，加强工作力量。以党支部标准化建设和“四抓两整治”为抓手，建强村党组织带头人队伍，整顿提升软弱涣散基层党组织，着力打造了一支“不走的扶贫工作队”。各级党员干部全身心投入脱贫攻坚主战场，用实际行动诠释了初心使命、担当情怀。

（二）建立台账，自动识别预警

甘肃原深度贫困地区从最基础的户籍工作入手，对户籍进行大摸底，着力解决贫困人口精准识别基础问题。临夏州每年抽调近上千名民警、干部和社会力量，加强户籍信息排查力度①，对长期外出人口逐人建立了信息台账。2021年起，按家庭成员信息、产业就业现状、生产生活条件、技能培训需求、教育医疗保障等要素，将原有6.38万户户情台账升级为电子化信息系统。充分利用快速便捷的网络化手段，对“三类户”及时发现预警、及时跟进帮扶，建成了高效智能的信息化防返贫监测帮扶系统。通过增设“民情通”子系统，农户在

① 临夏州扶贫开发办公室：《2020年政府信息公开工作年度报告》，https：//linxia.gov.cn/lxz/zwgk/zfxxgknb/2020/zzfgbm/art/2022/art_ 2de23f03103f447c9909e9e79e5a3af0.htm。

线申报需求清单和帮扶项目，拓展放大了系统预警监测作用。①

（三）产业富民，促进农户持续增收

临夏州是一个典型的农业地区，人多地少的问题十分突出，人均耕地仅为1.07亩，70%的耕地属山旱地，靠天吃饭，一方水土养活不了一方人。农业产业“短、小、散、弱”的问题突出，产业化、规模化、集约化程度不高，产出率低。因此，临夏州坚持把发展产业作为稳定脱贫的根本之策，按照“扶贫抓产业、产业抓覆盖、覆盖抓达标、达标抓效益”的要求，大力发展特色产业。一是大力引进龙头企业，产业扶贫动力更加强劲。在省州的积极协调帮助下，一批扶贫车间已被引入山梁沟峁，上千名东乡族妇女在家门口易地扶贫点附近的“扶贫车间”就业，成为工厂的员工。二是大力落实到户项目，群众自主发展动力不断增强。根据甘肃省统计局公开数据显示，甘肃省落实“一户一策”，开展了“155”产业扶持增收工程，推动了特色富民产业发展。在关卜、龙泉、百和、大树、董岭等乡镇成功试点种植百合、当归、黄芪等中药材；推广种植脱毒马铃薯30万亩，年鲜薯产量可达50万吨。2018年完成劳务技能培训建档立卡贫困户4050人，输转劳务6.9万人（建档立卡贫困人口1.29万人），其中组织输转3.96万人，实现劳务创收12亿元；持续推进“2215”生态工程，积极发展以啤特果、核桃、花椒、杏子等为主的特色林果，共栽植经济林6500亩。三是大力发展村集体经济，“三变改革”经验得到充分运用。对每村补助50万元，扶持贫困村发展集体经济，实现了159个贫困村集体经济培育全覆盖。按每个合作社补助40万元，共帮扶合作社77家，补助资金用于贫困户折股量化，以入股分红、参与管理方式带动贫困户致富。

（四）激发动力，实现输血向造血转变

甘肃临夏州积石山县创造的“两户见面会”，脱贫户面对面分享“致富经”，贫困户取“脱贫经”，拜师求教。2017年3月27日，积石山县印发了《关于进一步深化拓展“两户”见面会的意见》（积县委办发〔2017〕18号），在各乡镇组织召开精准脱贫“两户”（脱贫户、贫困户）见面会。“两户”见面会旨在鼓励引导发展意愿强烈的贫困户与脱贫成效明显的脱贫户经常性对接，面对面交流、心贴心互动，以身边群众鲜活的脱贫案例，激发脱贫户带头脱贫

① 苟裕光等：《东乡：实现信息化监测帮扶体系全覆盖》，载《潇湘日报》，2021-05-22。

的荣誉感和贫困户脱贫的内生动力。[①]“两户见面会”在村文化广场等地方召开，以宽松、活跃的氛围充分调动了脱贫户和贫困户的参与积极性，切实增强互动交流的针对性和有效性。实践证明，“两户见面会”既是脱贫经验交流会，也是精准帮扶推进会，注重总结经验、及时调整帮扶措施以解决实际问题。村民之间容易形成“比较心理”，“两户见面会”充分利用了村民之间的“比较心理”，脱贫户代表与贫困户直接见面交流，脱贫户代表讲述自己的脱贫经历、政策经验、致富门路，一定程度上对贫困户脱贫起到了激励的作用，有利于促进贫困户强化不甘落后、奋发图强的意识，强调了自我激励、自我发展的意识，激发贫困户摆脱贫困的内生意愿和动力。根据贫困户发展意愿，一对一定靶向，因人因户开药方，使贫困户少走弯路，找到适合自己的脱贫路径。[②]

二、脱贫成效

甘肃原深度贫困地区充分发挥政策的作用，通过资金、技术、教育、人才等资源的投入，区域发展水平和人民生活水平得到显著提高，完成了脱贫攻坚的伟大历史任务，实现了消除绝对贫困的总体目标。主要表现为形成了一套完整的帮扶责任体系；居民的人居环境得到极大改善，生活水平和质量得到提升；特色产业得到发展，拓宽了农户持续增收的渠道；形成了运转有效的东西部协作、对口帮扶的帮扶体系，弥补了内源动力不足问题；大力发展教育，志智双扶，阻断了贫困的代际传递。

（一）历史性解决绝对贫困问题

临夏州州委、州政府团结带领全州240多万各族干部群众全力攻坚，在投入专项资金、带动发展产业、激发内生动力、保障社会民生等多个方面做出无数努力。临夏州的贫困发生率从2015年的32.5%到2020年的动态清零，56.32万建档立卡贫困人口历史性摆脱绝对贫困问题。其中，积石山县、康乐县、和政县于2020年2月退出贫困县，东乡县、临夏县于2020年11月退出贫困县序列，临夏州全州全部脱贫摘帽。

2020年，甘南州从2014年建档立卡以来的39750户17.74万贫困人口如期

① 新华网：《彪炳史册的伟大奇迹——中国脱贫攻坚全纪实》，http：//www.xinhuanet.com/politics/2021-02/23/c_ 1127130258.htm。

② 李威、邓立：《“三会”：精神扶贫的新探索，中国精准扶贫发展报告（2018）——稳定脱贫的深层挑战与有效途径》，北京，社会科学文献出版社，2018。

全部脱贫，309 个贫困村和深度贫困村全部出列，8 个贫困县（市）在相继脱贫摘帽，农牧民人均可支配收入由 2013 年的 4090 元增加到 2019 年的 8437 元，全州提前一年实现整州脱贫摘帽。

2013 年底，天祝藏族自治县识别建档立卡贫困村 86 个，建档立卡贫困人口 1.46 万户 5.63 万人，贫困发生率 33.8%。2019 年底，贫困发生率下降为 0.07%，全部贫困村脱贫；2020 年 2 月，经省政府批准贫困县摘帽。甘肃省原深度贫困地区全部告别了千年贫困。

（二）人居环境得到较大提升

在危房改造方面，临夏州地质灾害易发多发，在不到全省 2%的国土面积上有全省 13%的地质灾害隐患点 2459 处，住房安全问题突出，且群众住房为土木结构的土坯房，房屋简陋，居住环境差，“晴天屋里黑洞洞、雨天漏雨待不住”是当年的住房现状。精准扶贫以来，临夏州坚持不落一户、全面清零，改造农村危旧房 11.67 万户，58.55 万群众住上安全房、放心房。在基础设施建设方面，通村公路便捷，户户用上了电视、冰箱、洗衣机等现代家电设施，文化广场、爱心超市等公共服务设施一应俱全，漂亮的新农村与周边的青山绿水共同绘制成美丽的画卷。

在易地搬迁方面，东乡县为破解“一方水土养活不了一方人”的难题，“十三五”累计投入 43.38 亿元，1.47 万户 7.51 万贫困群众挪穷窝、换穷业、拔穷根。2019 年 4 月，临夏州创造性提出建设沿河、沿川、沿库、沿路四个经济带，引导艰苦山区特别是 25 户以下的自然村（社）群众下山入川、出山进城。7 月，沿洮河经济带东乡段建设全面启动，生态宜居工程 55 栋安置楼竣工、部分群众已经入住，配套设施有序推进，跟进建设产业园区、引进企业 21 家，增加就业岗位 9000 多个，让搬迁群众实现了稳定就业。普乐方五色谷主题乐园、方大丽明纺织等项目迅速落地东乡县，创造了“达板模式”“达板标准”“达板速度”，为高质量打赢脱贫攻坚战、实现各民族永续发展探索出了一条成功之路。

在环境革命方面，据甘南州 2021 年政府工作报告显示，截至 2020 年，甘南州扎实开展厕所革命，改建新建农村户用卫生厕所 74692 座，普及率达到 59.5%，超出省定目标任务 26.5%，每个行政村有 1 座卫生公厕的目标任务已基本实现。甘南州分类推进风貌革命，完成创建清洁村庄 522 个、完成率 100%。2020 年在全省考核验收中甘南州排名第二、评为“优秀”。甘南州全力抓好垃圾革命，配备环境保洁人员10317名、配发垃圾清运车1468辆、配置垃圾箱11315个，基本实现了各行政村有垃圾收集箱、转运车和保洁队伍。甘南州因地制宜有序开展“六大行动”，农村生活污水治理率为3.47%，农村生活污水治理管控率为6.92%；按照建好、管好、养好、运营“四好”农村路建设要求，完善村庄交通路网，打通村庄“经脉”，如期实现具备条件的乡（镇）、建制村100%通客车目标；完成生态文明小康村规划编制1603个，村庄规划覆盖率55.89%；畜禽养殖废弃物综合利用率达到75%，规模养殖场粪污处理设施装配率95%，大型规模养殖场粪污处理设施装配率100%；扶持建立废旧农膜回收加工企业3个，建立回收网点33处，年回收废旧农膜1600多吨，回收率约81%，达到了省定工作任务；全州662个行政村均设立了村级公益性设施共管共享理事会，落实公益性岗位10823个，建立“五个一”管护机制，做到有制度管护、有资金维护、有人员看护，各项管护工作正常运行。甘南州探索创新全面建设美丽乡村，全州共建设环境友好型、红色旅游型、生态体验型、休闲度假型、民俗文化型、特色产业型、党建示范型生态文明小康村1603个，从“点上开花”到“面上结果”，实现了从先行先试到全面推开，极大地提升了农村的整体生产生活水平，切实增强了广大农牧民群众的获得感和幸福感。2019年甘南州深入实施文化旅游“一十百千万”工程，2020年在全州启动打造“全域无垃圾、全域无塑料、全域无化肥、全域无公害、全域无污染”生态文明新甘南，农牧村面貌发生了翻天覆地变化。

（三）阻断了贫困的代际传递

教育扶贫在跨越深度贫困中具有重要作用，“扶贫先扶智”决定了教育扶贫的先导性地位。受自然、地理、历史等因素的影响，甘肃深度贫困既有西部贫困地区的普遍性，又有民族地区的特殊性，整体性贫困与特殊性贫困并存、条件性贫困与素质性贫困交织，上学难的问题尤为突出。

临夏州把抓教育作为“挖穷根”的治本之策，紧紧抓住改善办学条件、强化队伍建设、提高教育质量等重点环节。临夏州制定出台了《关于振兴教育事业的意见》，部署开展控辍保学攻坚战和职业技能培训攻坚战，采取异地劝返、巡回法庭公开庭审等超常规措施，让一个个失学辍学的“枸杞儿童”“虫草儿童”“棉花儿童”“拉面儿童”重返校园。到2022年，临夏州全州适龄儿童入学率99.99%、适龄少年入学率99.9%，学前三年毛入园率95.42%，九年义务教育巩固率97.92%，高中阶段毛入学率81.24%，人均受教育年限8.5年，有效地阻断了贫困的代际传递。①

2019年底，甘南州提前一年实现整体脱贫，其中教育功不可没。甘南州通过实施学前教育三年行动计划等项目，截至2020年，学前教育三年毛入园率达到92.39%；实施教育“三包”（包吃、包住、包学习）等保障政策，实现了从九年义务教育到十五年免费教育的跨越。义务教育阶段寄宿生生活补助共惠及学生33万人次，农村义务教育学生营养改善计划专项补助共惠及学生35万人次，均实现目标人群的全覆盖。甘南州各县市加大特岗教师招聘力度；实施“国培计划”“省培计划”“双语教师”等项目；加大乡村教师职称评聘力度；积极实施甘肃省“三区支教”计划。这些扎实举措为提高教育质量、打破贫困代际传递奠定了坚实基础。为了带动贫困户稳定增收，甘南州教育局给建档立卡贫困户购置优质花椒苗和藏鸡鸡苗，实施种植、养殖两条腿走路；联合村合作社聘请花椒基地骨干技师，对村民进行花椒嫁接培训；举办“教育扶智”暑期培训班，对全村312名孩子进行学业辅导、安全教育、心理健康教育。2021年，全州学前三年毛入园率达94.05%，九年义务教育巩固率达99.26%，高中阶段毛入学率达95.98%。到2022年，甘南州学前三年毛入园率94.63%，九年义务教育巩固率99.35%，高中阶段毛入学率96.28%。

（四）对口帮扶，促进民族和谐一家亲

东西部扶贫协作打造了“新样板”。2010年，福建厦门市与临夏州结合东西扶贫协作关系，十载芳华，厦临两地情牵千里、心手相连，开启了一场东西部扶贫协作的“接力长跑”。厦门市十年内投入援助资金19.87亿元，实施项目1385个。援建扶贫车间258家，帮助贫困人口就业10790人。临夏州援建的学校、车间工厂处处可见，厦门路、海沧桥、湖里公园等“厦门元素”在临夏大地比比皆是。“花儿唱响凤凰木，白鹭萦绕俏牡丹”。厦临两地不断探索创新，协作模式日趋成熟，合作领域更加广泛，东西部扶贫协作在临夏大地结出了丰硕的果实，生动讲述了厦门用真心、真情、真帮扶临夏的动人故事，描绘了厦临两地山海遥隔情相牵的壮美画卷，奏响了决战贫困奔小康的盛世华章。

定点帮扶打出了“组合拳”。省高级人民法院、省委办公厅等35家省级帮扶单位和兰州市，胸怀脱贫攻坚大局，情系民族贫困地区，充分发挥各自优势，

① 临夏州教育局，《临夏州推进义务教育均衡发展工作》（总结报告），https://www.linxia.gov.cn/lxz/zwgk/fdzdgknr/zdmsxx/jyxx/ywjyjhfz/art/2022/art_5d5fe34fcd824ac288c1bd992837a798.html。

力尽所能，倾情帮扶，为临夏州打赢打好脱贫攻坚战做出了重要贡献。

社会帮扶谱写了“奋进曲”。方大集团自2019年联系帮扶东乡县以来，累计投资5.5亿元，实施了27个产业项目，遍布全县18个乡镇、60多个村，帮助9000多人实现了就业。碧桂园集团投资3亿元援建的国强职业技术学校，从建设到投入使用用时不到一年，对贫困家庭学生免除一切费用，有590多名学生在校学习技能。

甘南州集八方之力，多方协调，统筹社会各层面全力开展脱贫攻坚。对口支援和东西部协作方面，天津市及各区县帮助甘南州实施帮扶项目100多个，举办招聘会提供就业岗位，援建扶贫车间吸纳就业，通过“津企陇上行”签约引进投资企业，实施消费扶贫，天津市高校为甘南州定向培养医学本科生。中央单位定点帮扶方面，中组部、中海油总公司、中建集团、中国作协持续加大帮扶力度，特别是中组部有力支持舟曲县创建“抓党建促脱贫示范县”，帮助建设中等专业学校，树立了中央单位定点帮扶甘南州的典范。省内对口支援方面，甘肃省内兄弟“七市”累计落实甘南州援助资金12.18亿元，通过实施产业发展、基础设施、生态文明小康村等援建项目，有力助推了全州脱贫攻坚和乡村振兴战略。驻村帮扶方面，建立领导干部联县包乡抓村制度，省州县乡共950个单位和20139名干部参与帮扶，选派1083名优秀年轻干部挂职贫困村“排名前列书记”和驻村帮扶工作队队长，贫困村驻村帮扶工作队实现全覆盖。

三、脱贫模式与案例

（一）脱贫模式

1. 易地搬迁模式

甘肃原深度贫困地区自然条件极其恶劣，山高坡陡、土地贫瘠、自然灾害频发，农村基础设施落后，道路交通不便、日常生活不便，农村人居环境难以满足人们的基本生活需要，“一方水土养活不了一方人”。长此以往，区域资源禀赋与经济社会发展的相互作用、相互制约极易产生恶性循环，陷入“空间贫困”，要切实解决这一难题，易地搬迁这一重要举措应运而生。

临夏州在政府统筹、农户自愿的前提条件下，将原本生活在自然环境极度恶劣、生态环境极度脆弱、农业生产生活极度匮乏地区的建档立卡贫困户通过集中安置和分散安置的两大方式，即按楼房安置、行政村集中安置和插花安置的方式对农户进行搬迁，如东乡县的布楞沟村、东乡县达板镇的凤凰山小区等。

其中临夏州“十三五”期间，易地搬迁户数为17369户、搬迁人数为69831人；其中深度贫困县东乡族自治县占比最高，搬迁总户数、搬迁人数占全州的30.26%和40.13%（见表8-31）。同时，为了保障搬迁户的后续发展，临夏州在搬迁地兴建产业园，鼓励搬迁户就近就地就业；还对有劳动技能的搬迁户进行劳动技能培训，鼓励贫困户外出务工；开发公益性岗位，为特殊群体提供就业岗位，解决了搬迁户的后顾之忧，真正实现了“搬得出，稳得住，能致富”。

表8-31　临夏州“十三五”期间易地搬迁情况

地区	搬迁户数（户）	搬迁人数（人）
东乡县	5255	28023
和政县	568	2716
积石山县	1148	5690
康乐县	813	3853
临夏县	2329	11321
永靖县	3685	—
广河县	2820	14828
临夏市	751①	3400②

数据来源：临夏州各县市脱贫攻坚工作综述数据整理。

2. 扶贫车间模式

扶贫车间是指政府、企业和村委会根据贫困户的实际情况以及当地的资源特征、市场需求，在所在乡镇、村寨附近兴建的一种劳动就业模式。该模式具有以下特点：一是工作地点一般离家较近。二是用工条件宽松，对工作技能要求较低，就业门槛低。三是产业类型多为劳动密集型产业。

临夏州扶贫车间以其灵活性、有针对性的特点，使当地农户实现了就业、务农两不误。为就近就业打开了一条新的道路，为当地居民特别是留守妇女创造了就近就业的条件。截至2019年，全州已建成265家扶贫车间，共吸纳7059

① 《实干筑梦！临夏市城区北山地质灾害片区易地搬迁工程将年底完成》，见中国甘肃网，http：//www.lxs.gov.cn/Article/Content？ItemID=bab4953e-bc90-41c5-9abe-06a91f276185。

② 《实干筑梦！临夏市城区北山地质灾害片区易地搬迁工程将年底完成》，见中国甘肃网，http：//www.lxs.gov.cn/Article/Content？ItemID=bab4953e-bc90-41c5-9abe-06a91f276185。

人口实现就业，其中包括3593名建档立卡贫困户。[①]临夏州探索出四种符合当地发展的扶贫车间模式，即厂房式、家庭式、合作社式以及“互联网+”式。厂房式是指采用“企业+车间+贫困劳动力”方式，引进企业、政府提供厂房以及培训、企业提供资金技术和寻找市场等形式，带动贫困人群进行农产品初加工等劳动密集型工作。家庭式是采用“企业+贫困户”的方式，企业对农户下达订单任务、农户利用农闲时间居家分散加工、企业统一包装再销售的一种扶贫车间模式。合作社式是指依托“三变改革”，采用“村集体+合作社+贫困户”方式，联合引导村集体、合作社以及贫困户以流转土地、资金等形式入股，引导农户加入种养殖专业合作社，增加固定收入。“互联网+”式是采用“电子商务+扶贫车间+贫困户”新模式，依托电商扶贫就业车间，由农户提供农副产品，并吸纳贫困劳动力进行简单的粗加工，最后通过电商销售农副产品。

3. 以工代赈模式

以工代赈是指政府在投资建设县乡村公路、农田水利、人畜饮水、基本农田、小流域治理等基础设施工程时，鼓励贫困人口参与进来，获得劳务报酬，以此直接增加收入。以工代赈是鼓励贫困人口通过劳动获得报酬，取代直接救济的一种扶持政策。国家出台“以工代赈”的政策文件见表8-32。

表8-32　国家出台“以工代赈”的政策文件

发文时间	文件名称	政策要点
2005年12月	《国家以工代赈管理办法》	规范和加强以工代赈管理，提高以工代赈资金的使用效益
2011年11月	《中国农村扶贫开发纲要（2011—2020年）》	将以工代赈作为专项扶贫政策措施，带动贫困地区改善耕地质量，增修公共服务设施，夯实经济发展基础
2014年12月	《国家以工代赈管理办法》（修订版）	创新项目、资金和组织管理方式
2019年6月	《关于进一步发挥以工代赈政策作用助力打赢脱贫攻坚战的指导意见》	推动各地加大工作力度、创新工作机制，进一步发挥好以工代赈的作用

① 《“三区三州”：向深度贫困堡垒发起总攻》，载《甘肃日报》，2020-5-27：8。

续表

发文时间	文件名称	政策要点
2020 年 11 月	《关于在农业农村基础设施建设领域积极推广以工代赈方式的意见》	要多采用以工代赈、生产奖补、劳务补助等方式，组织动员贫困群众参与帮扶项目实施，教育和引导广大群众用自己的辛勤劳动实现脱贫致富
2021 年 8 月	《全国“十四五”以工代赈工作方案》	拓展了以工代赈实施范围、受益对象、建设领域和赈济模式，明确要求在三农基建领域推广以工代赈方式，推动以工代赈由专项扶贫向集就业促进、基本建设、应急救灾、收入分配、区域发展为一体的综合性帮扶转变

临夏州紧抓以工代赈向原深度贫困地区倾斜的政策机遇，围绕农业生产发展和农村基础设施建设，建立以工代赈示范工程平台，统筹整合使用财政涉农资金，开展棚户改造项目、基础设施建设及改进项目、易地搬迁以工代赈试点项目、易地搬迁后续产业发展等多个项目建设，深入了解农户需求，切实解决农户的生产生活困难。其中 2020 年临夏州发改委下达《临夏州以工代赈示范工程 2020 年中央预算内投资计划》，投资 3970 万元①，资金支持力度进一步增加。

4. 金融服务模式

临夏州金融业主动担当，围绕决胜脱贫攻坚大局，加大信贷支持力度，为打赢脱贫攻坚战提供了强力支撑。

一是注入金融活水，浇灌实体经济促脱贫。面对脱贫攻坚重任，人民银行临夏州中心支行和各家银行机构发挥各自所长，引进资金活水，将服务触角不断延伸到原深度贫困地区，形成金融扶贫多元供给新格局。加大央行资金支持力度，人民银行临夏州中心支行以“再贷款+农民专业合作社+贫困户”“再贷款+龙头企业+贫困户”等多种信贷模式，助力新型农业经营主体吸纳贫困户就业，支持贫困户发展增收，实现再贷款与精准扶贫政策的有效对接。持续扩大扶贫信贷投放，临夏州金融机构通过创设扶贫信贷产品、调整审核标准、让利贫困群众等措施，全力加大信贷投放力度。发放担保贷款支持创业就业，围绕

① 临夏回族自治州人民政府：《临夏州以工代赈示范工程 2020 年中央预算内投资计划》，http：//www.linxia.gov.cn/Article/Content？ItemID=4a13e0fa-551e-46fc-89b1-d67759756311。

产业扶贫工作重点，临夏州金融机构积极落实创业担保贷、扶贫小额信贷等普惠金融政策，创新推出“拉面贷”“布鞋贷”等特色信贷产品，带动群众发展特色种植、畜牧养殖，解决了群众发展产业资金不足等问题。

二是抓住关键一招，激活产业扶贫新动力。人民银行临夏州中心支行引导全州金融机构围绕政府产业规划，创新特色产业贷款产品，精准对接群众信贷需求，支持电商扶贫、旅游扶贫、消费扶贫、光伏扶贫和“五小产业”发展，做助力脱贫攻坚的“定海针”。针对群众外出创业就业，临夏州金融机构推出“东乡手抓贷”“拉面贷”“旺畜宝”等产品，培育形成了金融支持少数民族群众异地创业的“东乡模式”。针对乡村旅游业，推出“农家乐贷”“餐易贷”“渔家乐贷”，支持建设“农家乐体验示范区”。加大对河州牡丹节、临夏花儿会、国际美食节等节会经济支持力度，发挥旅游扶贫效应，金融支持临夏八坊十三巷“城中村”变身文旅新地标。

三是提升服务效率，推动普惠金融新发展。扩大金融服务普惠度，重在提升金融服务广度和效率。临夏州金融机构把推动普惠金融发展作为支持脱贫攻坚的重要举措，推进基础金融服务向行政村延伸，线上线下融合，提高贫困地区金融服务便利性和可得性，打通农村金融服务“最后一千米”。上线运行甘肃省农（牧）户信用信息管理系统，持续推进信用户、信用村、信用乡镇评定工作，着力优化农村信用环境。广泛开展金融知识宣传普及，持续提高各族群众金融素养和风险防范意识。为持续延伸贫困地区服务半径，临夏州构建了“物理网点+自助银行+惠农金融服务点+互联网金融平台+流动金融服务”的“五位一体”新型渠道服务体系。金融机构配备流动金融服务车，建立惠农金融服务点，有效扩大金融服务覆盖面。

（二）典型脱贫案例

1. 东乡县易地搬迁帮扶脱贫

“十三五”以来，东乡县坚持把易地扶贫搬迁作为推进“五个一批”、实现贫困群众“挪穷窝、换穷业、拔穷根”的重要举措，抢抓政策机遇，压实主体责任，州县乡村四级联动，超常举措促进度，完善配套提服务，多元产业稳增收，保质保量完成了5255户28023人的易地扶贫搬迁工程。

一是高位谋划推动，组建四级攻坚队伍。针对攻坚力量不足、责任压实不够等问题，在甘肃省发改委的帮助指导下，组建了以州政府分管领导为总牵头的东乡县易地扶贫搬迁集中攻坚队，州发改委主任和县人民政府县长担任总队长，下设四个攻坚队分别由州发改委负责同志和县上分管负责人担任队长，抽调州县发改部门业务骨干为队员，进一步充实了攻坚力量。州上成立的10个专项督查组定期对全县易地扶贫搬迁工作开展“地毯式”督查，县项目督查组全程指导推进整改。制定了《东乡县易地扶贫搬迁集中攻坚工作方案》，实行分片包抓和蹲点驻守责任制，实现了每个集中安置点攻坚队员全覆盖，充分发挥“三长”作用，州发改委、县委县政府主要领导巡回督查、分管领导一线督战、驻村包社联户干部和攻坚队员一线蹲点，形成了州县乡村四级联动、齐抓共管的工作机制，现场盯进度、盯质量、盯入住，确保了易地扶贫搬迁工程建设、动迁入住等工作有力推进。

二是细化任务举措，狠抓项目进度质量。为进一步调整工作思路，学习借鉴先进经验做法，省发改委组织东乡县考察组赴贵州省铜仁市考察学习易地扶贫搬迁工作，通过学习借鉴，东乡县紧盯施工进度滞后等突出问题，进一步优化施工程序，科学合理倒排工期，对重点建设工程进度采取“三班倒”、昼夜连续施工的推进措施，全力加快工程建设进度。为保障工程进度平衡推进，县上专责机构统筹协调各方力量，建立了“当天通报督促、当天分析研判、当天调度落实”的调度推进机制，并组织现场统计人员和质量监督人员及时核算工程量、跟进核查工程建设质量，对出现的量多人少、人多量少等施工力量不均衡问题，施工程序不规范、质量不达标问题，及时反馈问题清单，迅速统筹调度，确保工程建设进度和工程质量双达标。同时，县委、县政府主要负责人对个别建设进度严重滞后的安置点乡镇负责人、施工方负责人、监理人员进行问责约谈，并采取公安司法介入、媒体曝光等特殊措施，层层传导压力，倒逼责任落实。

三是完善配套服务，有序组织搬迁入住。按照主体工程与配套设施同步规划、同步建设的原则，在全面加快主体工程建设进度的同时，狠抓水电路气暖等配套设施建设，不断提升搬迁入住条件。多层面、多形式开展搬迁动员工作，充分利用广播、电视、网络等媒介，广泛宣传易地扶贫搬迁政策，组织扶贫干部，走村入户，面对面谈形势、谈发展，并由县级包乡领导带领22个乡镇1100多名搬迁群众代表分批次赴广河县康家易地搬迁安置点和县内达板镇楼房安置点观摩，极大调动群众搬迁入住的积极性。坚持“公平、公正、公开”的原则，在广泛征求各方意见建议的基础上，研究制定了楼房安置点住房分配方案，明确细化了摇号分配、现场公证等各环节职责，聘请第三方专业公司全程负责，县四大家分管领导、人大代表和政协委员、纪委监委和新闻媒体全程参与监督，做到了全过程阳光透明，提升了搬迁群众的满意度。为加快搬迁入住和拆旧复垦进度，县上采取奖补措施，对已搬迁入住的安置户奖励7000元，自行拆除旧房的再补助3000元。同时，在县城、达板、那勒寺等易迁点设置社区服务中心，开展户籍、民政、法律等便民服务，引进专业物业公司开展物业管理服务，设立警务室，安装视频监控系统，不断完善基本公共服务体系建设。

四是培育多元产业，拓宽群众增收渠道。围绕搬迁群众“搬得出、稳得住、能致富”目标，东乡县规划了“四带六片区”产业发展布局①和“3+N”产业体系（以畜牧养殖、美食餐饮产业和劳务输出三大产业为主导，以扶贫车间、光伏、设施农业、五小产业、旅游、电商等新兴产业为补充），研究制定了《东乡县易地扶贫搬迁工程后续产业发展规划》，逐一摸底调查搬迁户产业发展、就业技能、培训需求等，因户制定脱贫措施，积极落实“一户一策”脱贫计划，采取开发就业岗位、增设公益性岗位、技能培训、扶贫车间、输转劳务、光伏扶贫、政策兜底等一系列行之有效帮扶措施实现稳定增收。除政策兜底的1170户外，全县搬迁群众实现就业0.88万人、户均2.12人，真正做到“稳得住、有就业、逐步能致富”。

2. 和政县“小车间”带动“大扶贫”

和政县位于甘肃省临夏回族自治州，地处甘肃省临夏回族自治州南部、青藏高原与黄土高原交汇地带，地势由南向北递降，海拔高低悬殊，气候差异较大；辖9个镇、4个乡。行政区域面积960平方千米，2019年末，和政县户籍人口为241006人。

和政县按照“产业主导、一地一品、因地制宜”的思路，坚持宁缺毋滥、效益优先的原则，大力推广厂房式、居家式、合作社式、“互联网+”式模式，走出了“产业园区+扶贫工厂+扶贫车间+贫困户”的脱贫新路子，率先在全州建成了两个东西部扶贫协作产业园（集和兴产业孵化园和集和兴东西部协作产业园），已建成扶贫车间21家，集约化带贫效益已初步显现，共吸纳1274人劳动力就业，其中建档立卡贫困劳动力660人，年人均收入达到1.8万元以上，有力促进了群众增收、脱贫增速、企业增效。

一是提供“保姆式”服务，全力承接厦门企业落地。抢抓国家鼓励东部产业向西部地区转移的政策机遇，积极主动与厦门市相关企业洽谈对接，实行

① “四带六片区”：沿河、沿库、沿川、沿路四大经济带，高效设施农业发展区、肉牛规模养殖区、肉羊规模养殖区、中药材连片种植区、经济林果连片种植区和乡镇旅游产业示范区六大片区。

“保姆式”服务，跟进建立党支部、工会等组织，积极向产业园入住的扶贫车间选派干部，协调解决水、电、暖等配套基础设施，并在产业园所在的循环经济园区开通了公交车，切实方便了产业园务工人员上下班。集和兴、吉美包袋、厦琳鞋业在循环经济园区建设生产基地时，以优惠价格出让了土地，确保了扶贫工程顺利建设、正常运营。同时，积极协调房地产企业，以优惠的租赁价格向集和兴产业孵化园的吉美包袋、厦琳鞋业、豪金服饰等扶贫车间提供了3000多平方米的生产场地，保障了扶贫车间的快速投产运营。

二是用活“特惠性”政策，全力支持企业发展壮大。着力发挥政策支持优势，助力产业园、扶贫车间建设，从财政奖补、金融支持、用地保障等方面给予优惠和扶持奖励。给予创建者20—60万元的初始创业资金用于购置生产设备，有效解决了企业初始创业资金不足的问题。整合人社部门培训经费，免费对到产业园、扶贫车间就业的贫困户开展岗前培训，并给予日均30元的补助，提高了贫困人口的就业水平。为了减少新冠疫情对企业的冲击，认真落实省委、省政府“55条”措施和州委、州政府“68条”措施，自2020年2月份起，对在扶贫车间务工的建档立卡户，连续稳定务工3个月以上的，每人每月发放400元的务工补助，对援建企业、扶贫车间吸纳本地贫困劳动力且稳定就业半年以上的，按每人3000元的标准一次性奖补；稳定就业一年以上的，按每人5000元的标准一次性奖补。通过各种奖补措施，既降低了企业用工成本，又让利于贫困群众，切实凸显了扶贫车间扶贫带贫效应。

三是注重“多元化”格局，全力固强扶弱优化结构。注重结合县域五小、电商等产业，强强联合发挥作用，走出了“产业园区+扶贫工厂+扶贫车间”的产业发展路子。通过建设厂房式扶贫车间，创办“扶贫车间”等形式，无偿提供闲置土地、给予贴息贷款、创业补助、落实电价优惠、发放岗前培训补助，企业出资金、带技术、找市场，鼓励企业建设厂房式扶贫车间。建设居家式扶贫车间，采取农户在家分散加工，企业集中收购、统一销售的方式，全力扶持发展“五小”产业，建设与农闲对接的居家式扶贫车间。建设“互联网+”式扶贫车间，健全完善县乡村三级电商物流配送体系，引导企业积极参与农特产品包装设计推广，将啤特果、菜籽油、和政辣椒、中药材、牛羊肉等特色农产品优先在网上推广销售，建立“互联网+”式扶贫车间。

四是加快“扩规模”发展，全力打造全产业链运营基地。为确保扶贫车间长效运行发展，稳定发挥作用，多措并举引导做大做强带富龙头企业。集和兴公司在县循环经济园区购地83.27亩，投资1.6亿元建设通用厂房和综合配套项目，重点引进包袋、鞋业上下游配套企业等东部劳动密集型企业入驻，2020年11月8日，产业园一期完成竣工验收。通过自身吸收和吸引企业入园招工等方式，解决了当地800多名建档立卡贫困户就业问题。夏润高原农业有限公司的入驻，带动78人就业，其中建档立卡户70名，每人月均收入2500元。同时，吉美包袋公司在县循环经济园区购地30亩，成为临夏州首家东部民企购地建厂项目，投资5000万元，建设1.5万平方米的包袋生产基地。项目一期已建成，吸纳劳动力144名，其中建档立卡贫困户95名；二期正在建设中，待项目全部建成后可解决500多名贫困人口就业，产值可达3000万元以上。在吉美公司的示范带动下，产业集群效应加速形成，多家东部企业在和政县循环园区集中购地建厂。厦临公司在和政县循环经济园区购地45.48亩，投资8500万元建设现代化鞋业全产业链园区，示范和引领和政县鞋业产业发展，力争将和政县打造成“中国西部鞋都”，整鞋通过“一带一路”中欧班列出口欧洲，目前一期工程已建成，配套建设了办公楼、员工宿舍、食堂等配套设施，吸纳劳动力331人，其中建档立卡劳动力79人，项目全部建成后可提供约500个就业岗位。

3. 积石山县以工代赈促脱贫

2016—2018年，积石山县共搬迁建档立卡贫困群众1148户5690人，其中易地扶贫搬迁县城安置小区安置671户3302人，主要涉及17个乡镇72个建档立卡贫困村和61个深度贫困村。为了解决搬迁后贫困群众的就业增收问题，经对易地搬迁群众后续产业发展意愿进行摸底调查，根据群众养殖经验丰富、发展养殖的意愿强烈的实际，积石山县依托国家以工代赈示范项目实施县城易地扶贫搬迁安置小区养殖场配套基础设施建设项目。该项目在县城安置小区东侧配套建设标准化养殖小区基础设施及公共服务设施，项目总投资920万元，中央投资主要用于产业配套基础设施建设，其中支付劳务报酬140万元；统筹整合涉农资金20万元用于开展就业技能培训。项目建设完成后，有力地促进了群众增收，扩大了养殖产业规模，开发了一批就业岗位，培训扶持了一批贫困群众，巩固了脱贫成果，推进了搬迁群众后续产业稳步发展。

一是坚持以增收为目标，积极吸纳群众参与建设。在以工代赈项目建设中，乡镇、村（社区）负责宣传、组织、协调项目区群众特别是积极吸纳易地搬迁户，优先吸纳不稳定户、易致贫户等参与工程建设，在确保工程质量和进度的前提下，最大可能提供更多就业岗位。在项目实施过程中，将劳务报酬发放情况作为资金分配的重要因素。积极吸纳当地群众特别是易地搬迁户共176人参与工程项目建设，发放劳务报酬140万元，有效增加了安置区贫困群众的工资性收入，为贫困劳动力就近就地就业提供了有力保障。

二是坚持以扶智为根本，积极开展技能培训。积石山县将技能培训作为扶智的重要举措来抓，在项目建设中，结合项目用工需求和劳动力意愿，通过以工代训的方式对32人进行了瓦工、泥水匠、焊工等就业技能培训；对30人进行了现行标准化养殖方面的专业培训，注重实地操作演练。通过培训确保搬迁群众有效掌握一门技术，激发了搬迁群众自我发展的内在动力，为后续产业发展与就业做准备，确保易地扶贫搬迁贫困户搬得出，住得稳。

三是坚持以就业为抓手，积极开发公益性岗位。通过以工代赈项目的建设运营，帮助一些靠自身能力不能找到工作的就业困难人员找到收入来源。如设置门卫、饲料调度员、卫生员、饲养员等公益性岗位，让搬迁群众参与到养殖运营中来，增强其获得感，在提高生活水平和实现自身价值的同时，有效避免形成福利依赖和“等、靠、要”思想，实现精准扶志。通过技能培训与就业，辐射带动周边养殖小区受益搬迁群众300户，并提供饲养员、管理员等用工岗位30个，同时引导示范带动全县养殖规模化、标准化发展，产生良好的社会效益。

四是坚持以分红为动力，推动投资发挥最大效益。积石山县通过“产业发展基础设施建设+劳务报酬发放+资产折股量化分红+技能培训”“龙头企业+合作社+农户”“培训+上岗”等新模式，积极实践、引领示范、项目建设及收益尽最大程度受惠给群众，实现资金效益最大化。在分红方面初步确定由社区负责成立养殖合作社，通过搬迁群众中的养殖大户整体承包、其余养殖户入股的方式进行运营。将养殖场整体承包给有养殖技术力量的搬迁群众养殖大户进行投资运营，与高校进行技术合作，优化养殖技术、降低运营风险，搬迁群众可以以牛折价入股，实现保值增值。整体承包按市场评估价计算，年承包价为30万元，可受益600户，每户年分红500元；同时每年提取年收益的2%资金进行再次分红。对折价入股的农户，按入股金额的10%进行收益分配。采用这种运营方式，既解决了搬迁群众养殖大户无养殖场所的问题，也使其他搬迁群众享受到分红收益。

积石山县以工代赈试点项目的成功实施，实现了安置区部分贫困群众的技能培训与稳定就业，除该小区600户搬迁群众获得直接收益外，可常年向安置区搬迁群众提供饲养员、管理员等用工岗位30个，月工资达1200元，人均工资收入1.44万元；项目区及安置小区农户至少176人参与工程建设，发放劳务报酬140万元，人均增收0.8万元；辐射带动了周边乡镇发展饲草产业，改善了种植业结构，促进了群众增收。同时示范带动全县养殖业向规模化、标准化发展，产生良好社会效益。通过有效的利益联结机制，群众按股分红得到充分保障，坚定发展信心。补齐搬迁安置区后续产业发展短板的同时有力地促进了脱贫攻坚与乡村振兴有效衔接。

4. 农行临夏分行金融支持助力脱贫

农行临夏分行充分发挥金融优势，为临夏脱贫攻坚注入强劲动力。

一是突出党建引领，凝聚攻坚力量。农行临夏分行成立金融扶贫工作领导小组，强化金融扶贫党委“一把手”负责制，建立班子成员扶贫村挂点联系机制，明确金融扶贫目标任务。在网点和机关部室全部建立了独立党支部，扎实开展党建知识竞赛、慰问帮扶村困难党员等系列活动，向东乡县、积石山县、永靖县三家县支行划拨各 1 万元专项党费，用于开展结对共建活动。着力抓好脱贫攻坚“回头看”整改工作，督促相关支行做好自查自纠和问题整改，提高脱贫攻坚成效。提高政治站位，注重金融扶贫精准度。该行党委班子坚持中心组学习制度，认真学习领会习近平总书记关于扶贫工作的重要论述和中央脱贫攻坚工作要求，多次赴各县支行指导调研。2020 年，精准扶贫贷款净增 4. 42 亿元，投放扶贫小额贷款 2480 户共 1. 19 亿元。全口径金融扶贫贷款净增 12. 09 亿元，其中临夏县、东乡县贷款占到全州增量的 64. 59%。近三年，共投放扶贫贷款 133. 43 亿元，支持企业 276 户。

二是强化责任担当，推动产业振兴。产业振兴是巩固提升脱贫攻坚的有效途径。农行临夏分行制定专门服务方案，成立 110 个专业团队，组建 23 个党员突击队，赴各县开展宣讲培训 24 场次、受训 278 人次，推进贷款团队化作业、高效化投放。建立“三单一表”简式办贷，实施批量化作业，采取“信贷工厂”模式，开辟绿色通道，建立临夏县、东乡县、康乐县政府增信补偿基金，通过采取自然人担保、公职人员担保等方式，围绕牛羊果薯药菜六大产业，为永靖县投放百合贷 742 户 7447 万元，为东乡县投放手抓贷 1346 户 1. 17 亿元，为临夏县投放拉面贷 685 户 8787 万元，为康乐县投放胭脂牛贷 859 户 9527 万元，为积石山县投放花椒贷 238 户 1353 万元。截至 2020 年底，共投放产业振兴贷 12110 户 11. 63 亿元。将“惠农 e 贷—特色贷”和有政府增信、财政贴息的“创业担保贷”充分融合优化，创新推出覆盖 8 个县（市）的产业振兴贷项目 24 个，授信达 17. 6 亿元。并对东乡县、临夏县制定脱贫攻坚挂牌督战方案和清单，实施差异化信贷政策，着力加大金融扶贫力度。2020 年，在临夏县、东乡县分别投放产业振兴贷 3. 96 亿元和 3. 04 亿元。

三是加强基础建设，延伸金融服务触角。农行临夏分行不断加大基层建设投入和固定资产投资倾斜力度，在贫困地区构建“物理网点+自助银行+惠农金融服务点+互联网金融平台+流动金融服务”五位一体渠道服务体系。在东乡县增设两个营业网点，为东乡县、积石山县、永靖县配备3辆金融服务车，建立惠农金融服务点845个，覆盖率达到93.25%，金融服务覆盖面持续扩大。着力推广线上产品，提供便捷金融服务。向州（市）县组织部等10个部门成功推荐“行外e党费”项目，服务党员近9万人，场景带动客户61796人。掌银新增注册个人客户60842户，扶贫商城上线企业达34户，上线产品241种。推广发放“纳税e贷”贷款产品580万元，发放“微捷贷”产品550万元。2020年，组织员工通过掌银捐款8万元，并筹集党费4.7万元用于重点支持疫情期间开门营业网点。累计划拨财政防疫资金51笔2288万元，办理疫情相关资金汇划247笔3835.26万元，切实保障了金融服务不间断。认真落实优惠政策，积极支持受困企业。围绕做好“六稳”工作、落实“六保”任务，认真落实总行“抗疫保农十二条”政策和省行12项支持小微企业平稳健康发展措施。向63户民营企业发放贷款5.33亿元，向112户企业降息让利超过800万元，为2户法人办理“延期还本付息”业务，为5户企业办理“无还本续贷”业务，为2户企业办理分期还款延期业务，有效解决了企业资金周转困难问题和复产复工需求。

四是扎实推进帮扶，带动群众脱贫。支持重点领域项目，促进民生经济发展。农行临夏分行积极支持州内国有公司和“特色产业贷”客户，切实发挥项目及企业带动作用。2020年，为永靖县25万方LNG调峰储备站项目发放固定资产贷款1.1亿元，成为全省补短板项目中第一笔实现投放的贷款。向疫情防控重点企业拓奇实业发放疫情防控贷款300万元。2019—2020年，累计发放龙头企业贷款15户2.81亿元。选优配强扶贫干部，做实做细定点帮扶。深入开展驻村帮扶工作，选派15名驻村干部、152名职工对口帮扶建档立卡户472户共2636人。争取到总行帮扶资金30万元，用于修建桥梁1座、铺沙道路2千米、修建养殖大棚1座；筹资9.4万元，更新了帮扶村村委会及党员活动室办公设施；为18户种植养殖农户发放贷款164万元。积极开展“金穗圆梦”帮扶活动，累计发放补助资金200多万元，资助深度贫困县建档立卡贫困大学生400多名。深化东西部帮扶协作，助推脱贫攻坚行动。与农行厦门分行签定《全面深化东西部扶贫协作三年行动框架协议（2019—2021年）》。双方共同开展了厦门艺术家临夏州文化扶贫活动，向临夏州247户特贫户、115名学生捐赠了价值8.95万元的生活物资和学习用具。此外，还通过厦门分行的100万元帮扶资金和爱心基金，援建了东乡县岔巴小学。

第九章　原深度贫困地区脱贫路径与实践借鉴

第一节　原深度贫困地区消除绝对贫困的制度路径

一、理论框架

习近平总书记强调，用制度体系保障贫困群众真脱贫、稳脱贫。在我国全面建成小康社会、实现建成社会主义现代化强国第一个百年奋斗目标的进程中，始终坚持党的坚强领导是最为关键的成功经验。面对原深度贫困地区复杂的致贫因素，相互交织的返贫风险，建立合理有效的制度体系、加强基层党组织建设、以制度保驾护航、引领稳定脱贫工作深入开展成为关键路径。具体而言，可以从提升制度实施效率、破除路径依赖、凝聚各方力量三个方面探究原深度贫困地区制度扶贫对消除绝对贫困的影响机理，如图9–1所示。

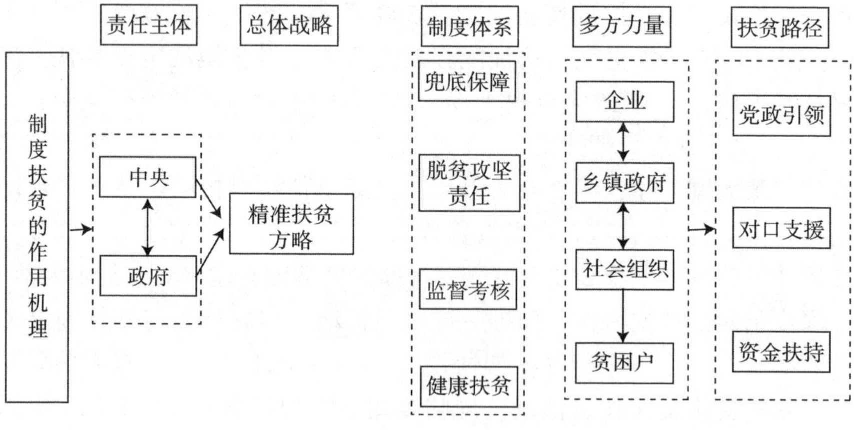

图9–1　制度扶贫作用机理示意图

深化制度创新，提升制度实施效率。依照著名经济学家诺思（D. North）所提出的定义，“制度”是社会的博弈规则，并且会提供特定的激励框架，从而形成各种经济、政治、社会组织。制度由正式规则（法律、宪法、规则）和非正式规则（习俗、道德、行为准则）及其实施效果构成。受自然环境、经济基础、生活生产方式等因素历史积累的影响，原深度贫困地区经济发展的政策体系较为滞后，甚至已经限制了经济社会的快速发展，而这些制度并不会自发地进行迭代与调整。因此，原深度贫困地区须以制度变革和创新为抓手来从整体层面构建更为高效的制度体系。当然，在这一过程中需要特别注意，新制度的创新应当“因地制宜”，以制度变迁来调节各方脱贫参与主体经济社会行为的成本—收益结构，进而引导不同主体在脱贫攻坚的目标约束下实现个人效益的最大化，切忌“一刀切”和“拿来主义”。

消除路径依赖，激发内生动力。贫困地区在非正式制度的长期影响下，粗放的生产方式、脱节的生活习惯、滞后的市场经济等已经根深蒂固，在原深度贫困地区这种问题尤为明显。充分“解放思想”，彻底消除一系列路径依赖问题是原深度贫困地区巩固拓展脱贫攻坚成果的关键法宝，而制度创新恰恰是消除路径依赖最为有效的抓手。通过兜底保障制度、脱贫攻坚责任制度、监督体系和考核制度、健康扶贫制度等一系列脱贫制度的构建，一方面能够营造有益于推动地方政府“敢为、能为、善为”的制度大环境，另一方面也能够有效地激发贫困群众“我要脱贫”的内生动力，进而构建良性互动的制度执行体系。

凝聚各方力量，释放制度红利。受市场主体逐利性的影响，资本、技术、人才等发展关键要素不会自发地汇集于原深度贫困地区，而原深度贫困地区消除绝对贫困却离不开这些要素的注入。因此只有依靠我国的制度优势，才能更为有效地凝聚各方力量参与到脱贫攻坚的工作中来。与西方资本主义国家相比较，中国特色社会主义制度具有更为有效的制度执行效率和工作动员能力。自党的十八大以来，从中央到地方，各部门广泛动员汇聚各方面扶贫力量，共同向贫困宣战，原深度贫困地区经济得到快速发展，并成功消除绝对贫困。

二、实施路径

坚持党政引领总体方向，精准把握制度扶贫路径。不断强化基层党组织在脱贫攻坚工作中的领导地位，充分发挥党对人民群众的引领作用和强有力的组织能力，带领贫困群众找到脱贫致富的正确方向。一方面，以基层党建工作为总体抓手，探索形式多样的基层党组织建设新模式，提高基层党员的工作效率和团队凝聚力，以更好地为贫困群众服务。如新疆阿克苏地区探索构建了“一总多支”模式（在条件成熟的行政村建立党总支、所辖村民小组建立党支部）、克孜勒苏柯尔克孜自治州构建了“党支部+”模式（乡镇党委+村党组织+包户干部）等。依托基层党组织，深入推进干部下沉一线开展“四同”活动，帮助贫困户解决实际困难和问题。另一方面，充分发挥党员干部在脱贫攻坚工作中的头雁效应。在脱贫攻坚工作中，始终坚持“好人好马上一线，好钢用在刀刃上”，把脱贫攻坚一线作为锤炼使用干部、促进担当作为的重要平台，把脱贫攻坚实绩作为选拔任用干部的重要依据，切实打造一支忠诚干净担当、密切联系群众的扶贫干部队伍。如新疆和田地区瞄准深度贫困治理，领导挂牌督战，推行一县一专班，确定23名地厅级领导干部整县包联，共计选派80名县处级干部和500名业务骨干下沉一线，实地参与未脱贫县贫困治理；2021年青海省海西州聚焦新时代高素质干部队伍建设新要求，以“筑、抓、提、培”四字诀，强化领导班子干部队伍建设；青海省玉树州囊谦县拥有草场面积1663万亩，年平均存栏牲畜约41.7万头，群众受“禁宰惜售”思想影响，有牛不出栏司空见惯，端着“金饭碗”却去“讨饭吃”。为了改变这一情况，村社党员干部密切联系群众，奉行“一切为了群众，一切依靠群众，从群众中来，到群众中去”的群众路线，切实引导群众主动参与扶贫工作，激发群众主动谋求发展动力，带头引导群众积极推动牛羊出栏，并与乡镇签定牲畜出栏目标责任书，建立出栏奖补制度。近四年累计出栏牛羊45.8万余头，带动建档立卡贫困户人均可支配收入从3000元提高到9852元，并于2020年4月和6月分别通过了贫困县退出省级第三方评估检查以及国家第三方抽检，顺利实现脱贫摘帽。①

充分发挥对口支援优势，推动经济长足有效发展。凭借我国制度优势所实施的对口支援计划也是原深度贫困地区脱贫减贫进程中的重要路径之一，不仅为原深度贫困地区带来了一系列资源，而且也推动了东西部地区的协同发展。对口支援这一体制充分显示了我国社会主义制度的优越性。因此，应继续实施东西部扶贫协作，拓展援助范围，整合援助资源，进一步完善全方位、多层次、宽领域的对口支援工作格局，以促进经济共同发展、文化互相交流，携手走向共同富裕。同时，优化对口支援体制机制，着力于提高原深度贫困地区的内生潜力，过去强调供给侧援助，着力于基础设施建设、政策导向等方面，使得原深度贫困地区的“好东西卖得出去”；现在应该在强调供给侧对口支援的同时，

① 张琨明：《“高原牛”变身“脱贫牛”》，载《光明日报》，2020-07-21：7。

将需求侧的援助放在更重要的地位，需求侧的对口支援应着力于市场范围扩大，如消费扶贫、商业模式推广，使原深度贫困地区的“好东西不仅能卖得出去更能卖出好价钱”。在以往对口支援中比较典型的：江苏对口支援西藏拉萨市、新疆伊犁州（含兵团四师、七师）和克州、青海海南州，是全国承担对口支援任务最重、范围最广、派出干部最多的省份之一。江苏把80%以上援助资金投向民生和基层，累计新建和改扩建中小学、幼儿园及配套设施项目397个，实施县乡村三级卫生医疗基础设施项目308个，建成25万余套农牧民保障性住房，惠及受援地各族农牧民群众80万余人，切实解决了各族群众就医难、住房难、上学难等问题。经过共同努力，拉萨市4县（区）、伊犁州2县、克州3县、海南州5县全部提前脱贫摘帽，9.7万户、36.9万名建档立卡贫困人口全部脱贫。至2022年，江苏累计安排财政性援助资金310.09亿元，实施援助项目4052个，累计帮助招引产业合作项目800余个，投资总额超3000亿元，已经投产或开工建设项目突破500个，到位资金超千亿元。[①] 阿坝州在成都建设的“成阿工业园”则是把供给侧与需求侧结合起来的对口支援的理想方式，“飞地园区”已逐步成为原深度贫困地区实现经济长足有效发展的一大保障。

强化政府资金扶持力度，建立防止返贫长效机制。原深度贫困地区不仅致贫因素复杂，同时返贫风险也相对较高，因此既要“骑上马”还要“送一程”，一段时期内扶贫政策不能变化、扶贫力度不能减弱，具体可以从两个方面展开。第一，针对特殊群体坚持分类施策精准帮扶。针对老弱病残、鳏寡孤独、丧失或部分丧失劳动力等处于生存边缘的人群，借助“社会保障兜底一批”政策，做到“应纳尽纳、应兜尽兜”。在具体实践中：2020年，为了进一步筑牢社会保障兜底防线，西藏将11万建档立卡贫困对象纳入最低生活保障兜底，实现应保尽保。同时出台《西藏自治区阶段性减免企业社会保险费实施办法》，加大企业稳岗返还力度等政策措施，全力为企业纾困解难、稳住就业。据统计，全区累计减免企业职工基本养老保险单位缴费10.39亿元，累计减免失业保险单位缴费3136万元，累计减免工伤保险费2032万元，惠及参保企业8000余家。[②] 针对区位偏远、自然地理条件相对落后的地区，加大资金投入，不断提高基础实施建设。如贵州是全国唯一没有平原支撑的省份，山地和丘陵面积占全省

---

① 徐苏宁：《现代快报讯：“江苏交出对口支援“高分答卷”，援助资金310亿元援助项目4052个”》，https：//new. qq. com/rain/a/20220927A091SX00。

② 中国西藏新闻网：《“十三五”以来西藏社会保障事业发展：民生有温度幸福有质感，http：//xz. people. com. cn/GB/n2/2020/1026/c138901-34373577. html。

92.5%，黔路难行，曾经是贵州发展最突出、群众反映最强烈的问题。十年来贵州基础设施建设取得历史性突破，构建起了高速公路、高速铁路、民航等综合立体交通网络；高速公路综合密度升至全国前列，高速公路通车里程突破8000千米；打通农村公路服务群众“最后一千米”，30户以上自然村寨全部通硬化路；构建综合铁路交通枢纽网，贵阳成为全国重要高铁枢纽；民航建设快速推进，通航机场实现市州全覆盖；内河航运事业全面提升，乌江水运全线复航。① 第二，继续加大各级财政资金的投入力度，充分发挥财政转移支付导向作用。脱贫攻坚征程中，财政的职能作用至关重要，然而政府资金不是无限量的提款机，而是应该“物尽其用、人尽其才”，进一步加强资金管理并优化扶贫资金支出结构，最大程度上提高资金使用效率。一方面，建立健全长效的投入保障机制，将减贫脱贫工作纳入财政投入的重要位置，进一步提高财政专项扶贫资金投入比例和覆盖程度，加强扶贫资金项目管理和追踪。此外，注重转移支付用途的重要性，在增加基本收入性转移支付的基础上，增加对生态功能保护区、资源开发区、民生保障等方面的转移支付数额。同时，加大政策倾斜力度，对符合条件的企业适当减免部分款项，加大对扶贫领域融资行为的监管力度，防范打着扶贫名义过度融资并将资金使用在其他项目建设。另一方面，引导规范社会资金参与扶贫开发，补齐政府扶贫资金“短板”。社会资金的引入将有助于释放经济发展的潜能，激发贫困地区人民主观能动性，提高贫困人口收入，扩大消费需求和投资需求，促进区域经济可持续发展。

第二节　原深度贫困地区消除绝对贫困的产业路径

一、理论框架

原深度贫困地区经济发展缺乏持续动能，产业扶贫是实现精准扶贫的重要举措，能够有效实现从“输血式”向“造血式”的转变，影响着贫困户的生计策略选择，尤其在易地搬迁后续生计可持续发展方面，相关产业的发展直接关

① 杨静：《贵州综合信息网，全面加强基础设施建设为高质量发展提供坚强支撑》，http：//xxzx.guizhou.gov.cn/jcjs/202209/t20220915_ 76458701.html。

系到搬迁农户的生计问题。当前，部分产业扶贫项目同质化严重，带动能力有限，且主要由政府主导，过度依赖“外源性”帮扶政策，市场机制的作用发挥不充分。因此，要将精准扶贫精准脱贫基本方略贯穿始终，以产业扶贫为重要基点，以当地特色为主要抓手，找准脱贫攻坚的产业路径，切实推进原深度贫困地区稳定脱贫。具体实践来看，产业扶贫的影响机理主要是通过政府、企业、乡镇党委及政府、社会扶贫组织以及贫困群体等作用主体向产业中分别投入各自的劳动、土地、资本、信息技术等生产要素，并利用自身的优势来促进要素发挥作用，从而为贫困群体提供创收和就业机会，确保扶贫产业高质量发展。产业扶贫的具体作用机理，如图 9-2 所示。

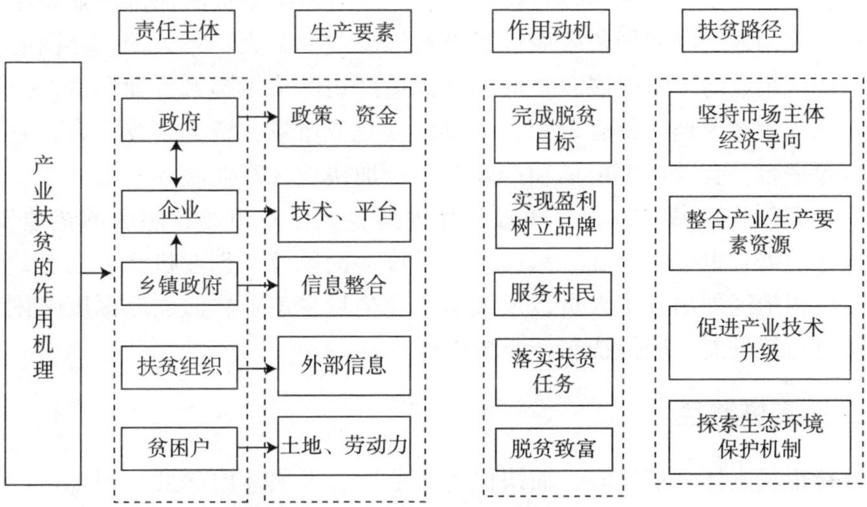

图 9-2　产业扶贫作用机理示意图

产业精准扶贫，政府发挥主导作用。推进产业精准扶贫，需要政府牵头，其通过制定产业发展目标、提供资金支持以及完善信息服务等手段，动员与鼓励所有贫困群体以不同的方式（资金投入、劳动力投入、技术投入等）积极参与到脱贫产业中，促进贫困户提升其自我发展能力，实现脱贫致富。一方面，基于区域特色资源禀赋条件，制定合理的产业发展规划与实施方案，杜绝“同质化”“低端化”的产业发展模式，以“特色”谋发展、以“规划”促落实。另一方面，地方政府需围绕产业发展的实际需求，尊重市场规律，努力做到“有效市场、有为政府”；在此基础上，为培育地方根植性较强产业由弱到强发展，需要提供产业发展所必需的资本投入，主要用于配套基础设施、信息化手段、仓储物流等，为产业的现代化发展提供有效支撑。

实现利益共享，建立良好的联结机制。产业发展主体主要有政府、企业、专业合作社、农户等，建立起沟通有效、风险共担、红利共享的产业发展联结机制队伍至关重要。借鉴全国其他贫困地区脱贫攻坚的成功经验以及原深度贫困地区的有益尝试，“农户+企业”“农户+专业合作社+企业”“农户+农户+专业合作社+企业+政府”等模式是原深度贫困地区释放产业脱贫红利的较好选择。在此基础之上，应进一步发挥“企业”的重要作用，依托企业将产业发展所必需的技术、人才、资金、信息等各类要素引入原深度贫困地区，进而有效促进农户与市场的有效衔接，实现增收、脱贫致富的发展目标。

产业驱动增长，提供创收与就业机会。随着原深度贫困地区产业精准扶贫的开展，驱动地区经济增长效应也必将持续释放和扩大。一方面，伴随着原深度贫困地区企业的不断发展，企业为降低生产边际成本提升产业利润，也逐渐开始在原深度贫困地区整合资源，通过建立商业市场、资金结算平台、物流流通园区等平台，有效促进市场和产业对接，加快地区产业整体发展水平，带动贫困户实现创收。另一方面，随着各种大型企业以及市场、园区的快速发展，其对人才的需求也逐渐增加，从而增加了许多的就业、创业机会，能有效促进原深度贫困地区外出务工人员以及大学毕业生返乡就业，激发原深度贫困地区的经济可持续发展，确保扶贫产业高质量发展。

二、实施路径

坚持市场主体经济导向，加快促进产业融合发展。原深度贫困地区产业布局相对单一，产业发展长期集中在产业链上游，主要作为原材料供应基地或进行基本的产品初加工，产品附加值较低，市场竞争力不足，因此产业红利分享能力十分薄弱，这使得贫困人口以产业发展促进脱贫减贫的策略收效甚微。同时，产业链上下游配套不足，投入产业效益相对较低，缺乏区域特色明显的主导产业和主导产品，难以带动贫困户收入增长，而且很容易陷入低水平、同质化竞争和生产过剩的困境，使得本就脆弱的贫困农户面临更多不确定性风险。因此，原深度贫困地区要以延长产品下游产业链、提高产品附加值为抓手，坚持产业发展与精准扶贫相结合，立足区域资源优势，以产业带动项目、产品提升品牌，使得贫困地区增产增值。同时，拓宽销售渠道，构建全民参与的消费扶贫模式。例如：新疆阿克苏地区依托浙江对口援疆“十城百店”工程，创建了“驿疆南”“西域小羔羊”“振兴缘”“欣禧源”等区域特色品牌，农户苹果地头收购价翻一番、核桃和香梨价格提升 20%；覆盖农民 11 万余人，带动贫困户 2.2 万余人，脱贫成效显著。[①]

深度整合产业要素资源，协同推进整体精准脱贫。对于原深度贫困地区而言，产业精准扶贫不能过分依赖政府，而要充分整合土地、劳动力等要素资源，形成专项扶贫、行业扶贫、社会扶贫互为支撑，政府、企业、社会协同推进且风险共担的大扶贫格局。第一，要盘活闲置土地，流转土地经营权，鼓励农民将土地流转给大农户、大企业生产，发展规模化、集聚化、产业化生产。并且将大量农民组织起来进入企业工作，推动实现由农民向产业工人身份的转变，进一步加快土地流转，形成良性循环。第二，要用活帮扶资金，鼓励并吸引有才华、有能力的志愿青年回乡创业，带领当地农民开创富裕新道路。通过实施“返乡创业”类产业发展项目帮扶，运用帮扶资金撬动系列特色产业形成，进而实现资金带项目、项目带产业、产业带扶贫的良性循环。第三，要抢抓外部市场，拓展产业发展新空间。和其他贫困地区相比，原深度贫困地区产业园区发展更加滞后，产业支撑带动力量更加薄弱，缺乏完整的产业链。在此情形下，产业扶贫就必须改变以往的方法，积极向外拓展渠道寻求更好的资源，在已有的产业基础之上以工促农，因地制宜，依托原深度贫困地区特色产业改变当前经济发展困境，带动贫困人口增收脱贫。如新疆喀什地区英吉沙县几乎家家户户都种植杏子，但过去杏子除了鲜食，就是晒成杏干，没有市场，价钱也上不去，2015 年英吉沙县主动转变加工模式，对 70%的杏子进行深加工，生产出杏条、杏脯、杏仁、杏酱、杏汁、杏酒等系列产品，提升了杏子的附加值，同时本地杏加工企业与全县 102 个合作社签定供销合同，预付 30%的预收购定金，让农民吃上了定心丸，经过五年发展，至 2020 年，企业长期工作的当地农民已达 316 人，贫困户占 60%，直接受益贫困户 8000 多户，人均增收 2325 元。[②]

加快促进产业技术升级，统筹实现城乡共同发展。原深度贫困地区产业结构单一，生产方式较为粗放，现代化的生产手段使用较为欠缺，直接导致产业脱贫能力受到极大限制，为此需要从两个方面着手谋求突破和发展。第一，以创新驱动核心技术能力提升。“授人以鱼不如授之以渔”，只有贫困人员自身发展能力得到有效提升，才能实现减贫脱贫的理想。创办职业技术学校是提升原深度贫困地区人口专业化技能的有效方式。用创业教育提高致富能力，以本地

① 张治立：《“十城百店”工程：铺就新疆特产全渠道销售网》，载《新疆日报》，2020-08-03：3。

② 王瑟：《产品深加工帮助更多农民奔小康》，载《光明日报》，2020-09-29：3。

区种养大户为对象，强化创业教育，孵化培育新型农业经营主体，通过实施“回家工程”发展“归雁经济”，大力扶持进城务工人员、毕业大学生返乡创业。如武陵山区秀山县积极推动互联网平台建设，不断完善电商产业园功能，建立农村电商乡镇服务中心 11 个、乡村服务站点 200 余个，自主研发电商平台“村头”，至 2020 年 8 月开展电商培训 4.7 万人，其中贫困人口 6000 余人，目前全县电商从业人员达 2.1 万人，秀山电商交易额、网络零售额累计达 535 亿元、102 亿元，通过农村电商卖出 44.6 亿元的农特产品，让 80%的贫困户直接成为了电商产品“供应商”。[①] 海北州县级电子商务公共服务中心、物流配送中心覆盖率均达 100%，重点监测企业近三年累计线上销售农产品达到 1.24 亿元，带动贫困户 919 户 2096 人，年人均增收 1200 元。[②] 第二，统筹城乡发展，加快推进农村城镇化转型。城镇化是原深度贫困地区产业现代化发展的关键路径，是解决农业、农村、农民问题的重要途径，是推动区域协调发展的有力支撑，是统筹城乡发展的有效手段，加快经济转型，关键靠推进城镇化来增强内生动力。以构建新型城镇化为目标，推进生态宜居城市建设。构建以县城为中心，中心集镇为支撑的一体化发展格局。出台一系列优惠政策，让大量农村群众逐步走出农村，进入城镇生活学习，实现“减少农民、富裕农民、以城带乡、以工哺农、城乡互动”的城镇化发展目标。

探索生态环境保护机制，实现绿色产业融合发展。生态环境是地区经济持续有效发展的重要基点，原深度贫困地区大多处于全国重要生态功能区，但也是生态环境极度脆弱的区域，生态保护同经济发展的矛盾比较突出。原深度贫困地区常常陷入“贫困—人口增长—环境退化”的恶性循环，即“PPE 怪圈锁定”，且在生存利益驱使之下贫困农户过垦过牧、乱砍滥伐现象频发，生态退化又进一步降低生产效率，使得生态环境和经济效益无法均衡。注重生态环境的保护不仅能提高贫困人民的生活环境质量，造福子孙后代，还能享受到生态保护所带来的额外红利。一方面，探索建立多元化生态保护补偿机制，切实降低原深度贫困地区生态治理与灾后恢复成本，提高地区生存与发展能力。提高对重要生态区域的关注度。统筹规划多项生态补偿资金并确保项目资金落在实处，持续推进生态保护补偿试点示范，将以青藏高原为核心的相关重要生态屏障纳

① 凤凰网：《“向业顺巧解秀山产业扶贫经：“农业+电商+消费+旅游”多管齐下”》，https：//cq.ifeng.com/c/7zbGcCXLuVs。

② 李隽：《五彩藏区网站，青海省海北州率先在全省实现电商进农村全覆盖》，http：//www.sctv.com/wczq/dt/201903/t20190304_ 4109478.shtml。

入开展生态保护补偿的重点区域。另一方面，充分发挥地方特色并以生态保护为中心开展一些旅游项目。旅游景点的开发建设会带动相关服务业的发展壮大，衍生出如安保人员、景区志愿者、讲解员等多样的服务性岗位，从而一定程度上缓解就业压力。在具体实践中：2022 年西藏落实生态保护资金 44. 6 亿元。其中，落实中央生态环境保护专项资金 7. 6 亿元，统筹实施生态保护修复工程，完成重要大江大河（雅鲁藏布江、拉萨河）源头生态功能区生态环境保护工程成效评估工作；落实重点生态功能区转移支付资金 37 亿元，落实生态岗位 44. 7 万个。① 四川凉山州共计投入 17 亿元支持生态文明建设与环境保护，国土绿化覆盖率达 80%，森林覆盖率达 49%，林木覆盖率达 70%②；兑现退耕还林补助资金 1. 8 亿元、惠及农户 7. 25 万户；兑现 1366. 7 万亩集体公益林和 8. 1 万亩公益林补助资金 2. 3 亿元，惠及农户 57. 03 万户；投入草原生态保护补助奖励资金 9900 万元，支持开展草原禁牧 500 万亩，奖补草畜平衡 2472 万亩；争取重点生态功能区转移支付 4. 52 亿元，聘请生态护林员 1. 26 万人，支付管护员工资 8100 万元，进一步增加了贫困群众收入。③

第三节　原深度贫困地区消除绝对贫困的教育路径

一、理论框架

教育扶贫可以定义为通过教育方式直接作用于深度贫困对象的一种扶贫方式，目的在于采取多元化教育方式有效解决多维贫困、阻断贫困代际传递。④原深度贫困地区贫困群体现代教育水平相对不足，贫困代际传递、脱贫人口返贫情况时有发生。因此，“扶贫必扶智，治贫先治愚”的教育扶贫理念在原深度贫困地区脱贫减贫攻坚战中发挥着重要作用，是原深度贫困地区跨越贫困的

① 琼达卓嘎：《2022 年西藏落实生态保护资金 44. 6 亿元》，https：//www. 360kuai. com/pc/94efcd784f94dfaa8？cota = 3&kuai_ so = 1&sign = 360_ e39369d1&refer_ scene = so_ 54。

② 邓童童：《四川在线，凉山森林覆盖率达 49%绿色发展助推脱贫攻坚》，https：//sichuan. scol. com. cn/ggxw/202009/57903434. html。

③ 凉山州财政局：《关于凉山彝族自治州 2019 年预算执行情况和 2020 年预算草案的报告》，http：//czj. lsz. gov. cn/xxgk/fdzdgknr/czzjgk/202006/t20200624_ 1634671. html。

④ 吴本健、罗玲、王蕾：《深度贫困民族地区的教育扶贫：机理与路径》，载《西北民族研究》，2019（3），97~108 页。

重要路径。为探究原深度贫困地区教育扶贫对跨越贫困的影响机理，可以从政策资金、内生动力、信息技术三个方面研究影响扶贫主体与扶贫对象之间的互动关系。教育扶贫的具体作用机理如图 9–3 所示。

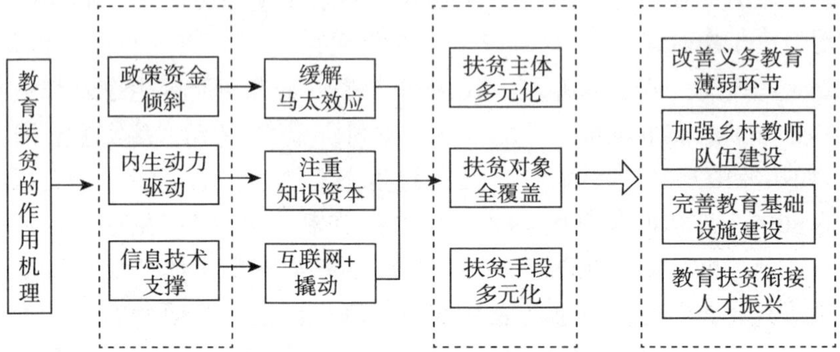

图 9–3　教育扶贫作用机理示意图

政策资金倾斜，缓解“马太效应”。在自由竞争市场背景下，追求高升学率的现代教育体制会促使经济教育发达地区产生一种积累优势，加剧教育资源配置中的两极分化现象，即“马太效应”，导致原深度贫困地区的教育发展水平呈现劣势。通过教育扶贫，推动相关政策、资金等资源向原深度贫困地区倾斜，能够在降低贫困群体教育开销的同时直接推动更多的贫困家庭接受现代正规教育，从而有效缓解原深度贫困地区所面临的教育资源配置的“马太效应”，直接影响扶贫主体与扶贫对象之间的互动关系，使义务教育得到有效保障。例如一些深度地区所实施的“学费减免”“学前教育幼儿资助”“生活费补助”以及“控辍保学”等一系列措施便能够有力助推这一目标的实现。

内生动力推动，注重“知识资本”。教育扶贫的关键是从源头出发，找到贫困发生的内生根源（知识资本）。在自给自足的小农经济、脆弱的生态环境、因循守旧的传统思想、对扶贫政策的过度依赖、落后的生产力以及低下的科技水平等历史因素和生产惯性的影响下，原深度贫困地区的贫困人口往往与外界市场经济发展严重脱节，“等、靠、要”思想一直存在，且部分父母生而不养、养而不育，使得人口质量问题日益突显，这些因素均导致跨越贫困可以使用的方法十分受限且返贫风险一直存在。由此可见，注重“知识资本”内生动力作用、增强贫困群体的文化自觉是教育扶贫的实践走向。自国务院扶贫开发领导小组实施专项扶贫措施即“雨露计划”以来，扶贫成效立竿见影，取得了良好的成绩。只有将贫困群体从被动灌输转化为自觉参与和接纳认可，才能实现

"知识资本"的积累，贫困群体的认知技能才可以从单纯培养人力资本转化为培育国家所需的"知识资本"，以在知识经济时代的竞争中处于相对优势地位。

信息技术支撑，"互联网+"撬动。当前贫困的发生不仅限于传统因素，不断变化中的信息科技行业也会产生新的贫困。利用"互联网+"技术和大数据手段，在原深度贫困地区和贫困群体内开展大规模教育，有利于撬动区域和特定人群的脱贫，对促进职业教育、发展民族地区经济、实施精准扶贫等具有重要作用。例如，2020 年 4 月，铜仁追花族科技有限公司入驻江口县凯德街道特色产业园。该公司通过打造中国蜂产业大数据平台，研发推广智能养蜂装备，搭建产品全程溯源体系，自主设计研发的智能航吊养蜂设备、一体式蜂箱、移动摇蜜车等多种智能设备，推动养蜂业生产效率提高 60%，蜂群养殖产效从原先的 100 箱/人跃升至 800 箱/人，实现养蜂产业从传统肩挑背驮的"苦劳力"模式向现代化、智能化转变。①

二、实施路径

改善义务教育薄弱环节，建立教学质量管理体系。针对义务教育，一方面大力推进县域内城乡义务教育一体化发展进程，着力解决原深度贫困地区义务教育"乡村弱、城镇挤"的问题。强化政策支持，提高对义务教育经费的支持保障力度，如对贫困学生的交通费用、伙食费用和校服给予一定的补贴，并适当扩大贫困生的资助比例及增加资助金额。如 2012—2021 年十年以来，西藏教育财政投入累计达 2154 亿元，8 次提高教育"三包"标准、年生均经费标准达到 4200 元；累计落实资助资金 301 亿元，学生资助政策达 40 项，受助学生达到 1697 万人次，实现各学段全覆盖、公办民办全覆盖、家庭经济困难学生全覆盖。至 2021 年，学前教育毛入园率、九年义务教育巩固率、高中阶段教育毛入学率、高等教育毛入学率分别达到 87.71%、96.94%、90.25%、56.31%，比十年前分别提高了 42.51、16.89、20.05、28.91 个百分点。② 另一方面完善控辍保学工作机制，因地因人施策，对留守儿童、残疾儿童等特殊困难儿童因家庭经济原因或自身条件限制而没有学上或不让上学的，学校要定时定点调查并实施全过程帮扶和管理，对于拒绝上学的儿童，加强思想教育，防止适龄儿童少

① 铜仁新闻网：《"铜仁：乘"云"而上加"数"前行"》，https://www.trxw.gov.cn/2023/0109/224314.shtml。

② 琼达卓嘎：《十年间，西藏教育财政投入累计达 2154 亿元》，见人民网-西藏频道，http://xz.people.com.cn/n2/2022/1010/c138901-40154848.html。

年失学辍学。针对教学质量管理体系方面，应要求每一位教师要有具体的教学方法和教学目标，并通过周测及中期检查及时发现教学过程中存在的问题，做到查漏补缺并提出有针对性的改进措施，在校园中形成良好的教学氛围。同时，为进一步缓解教育资源供给不足的问题，原深度贫困地区应更新教育教学理念，改变传统教学模式。依托政策财政支撑，将人工智能纳入教师基本课程培养中，提升信息化教学水平；引入 VR 设备让学生在课堂中能够更加真实地感受书本中的知识，同时普及小程序或者 APP 的运用，为教师智能遴选、精准推送同步化、定制化、精准化的高质量学习或教学资源。鼓励有条件的地区先行探索，促进信息技术、智能技术与教育教学的深度融合。①。

加强乡村教师队伍建设，完善教育发展外部保障。从各个方面改善乡村教师福利待遇，提升乡村教师社会地位，提高最低工资标准的红线，确保教师工资收入水平高于当地基本工资收入水平。与此同时，支持各地因地制宜调整绩效工资结构，合理调整奖励性绩效工资比例，着重关注教学实绩、学生评分在考核评价和绩效工资分配中的比重。全面落实原深度贫困地区乡村教师生活补助政策，将部分优秀教师纳入住房保障，如在城镇购买住房时给予一定补贴或优惠，并保障基本医疗卫生服务，定期组织乡村教师进行身体健康检查并在一定程度上减免医疗费用。如青海省高度重视教师队伍建设，从“强基础、增活力、补短板”三个维度出发，深入实施教师培训工作，创新实施“国培计划”“省培计划”，同时设立班主任津贴、超课时津贴、管理干部津贴、思政课教师岗位津贴、兼职津贴、值班津贴等，建立教师绩效工资增量机制，确保教育事业健康持续发展。截至 2020 年底，全省共招收培养省内公费师范生 1378 人，已毕业 269 人，为农村学校培养补充了一大批素质较高的年轻师资。② 加强高质量乡村教师队伍建设。加大对乡村教师的支持力度，将国培计划、特岗计划、定向公费培养、中小学教师信息技术应用能力提升工程等政策普及每一位乡村教师，为教师提升学历继续教育提供资助，加强乡村教师思想建设并提高知识能力水平。探索送教下乡长效机制，引导名师名校名人走进乡村学校讲学交流，组织开展“走出去”培训，让更多乡村教师能够前往东中部名校研修学习，获得更多资源。

---

① 中华人民共和国教育部等：《教育部等六部门关于加强新时代乡村教师队伍建设的意见》，http：//www. moe. gov. cn/srcsite/A10/s3735/202009/t20200903_ 484941. html。

② 赵静：《造就新时代青海教育筑梦人——青海省全面加强教师队伍建设综述》，载《青海日报》，2021-09-10。

完善教育基础设施建设，充分利用教育教学资源。受历史积累和薄弱经济基础等因素的影响，原深度贫困地区部分学校仍然是破陋狭小的平房，教学设备缺乏且破损程度较高，课程资源数量严重短缺，加上交通、环境等方面的原因使得学习和生活条件极其艰苦。近年来，虽然在国家相关政策的支持下原深度贫困地区教育相关基础设施建设得到了一定发展，但距离群众日益提升的文化需求仍有差距。如四川凉山州木里县图书馆仁青拉初说："113 个行政村全部建立了图书馆，但村民看书依旧很不方便，最远的村组到村上骑摩托车要二三十分钟"，每到泥石流多发的季节，一些图书室还会遭到损坏。[①] 因此，需要各级政府积极筹集专项资金，动员社会各方力量积极参与原深度贫困地区基础设施建设，着力发展建设原深度贫困地区尤其是偏远地区戏台、剧场、文化广场、图书馆、电影场等文化服务基础设施；并在此基础之上，进一步明确设施的运营与维修管理单位，筑牢文化服务体系建设的硬件基础。借助现代化的技术手段，推动文化服务数字化发展。在积极推行公共图书馆、文化馆总分馆制度的同时，着力加强公共数字文化建设，提升文化服务机构数字资源供给能力和远程服务能力，开通一批运行稳定的文化馆网站、微信公众号等，将文化服务推送到广大群众的手机端，让群众享受更为便捷的文化服务，为原深度贫困地区贫困人口送去良好的环境和学习平台。与此同时，为实现与外部经济大环境的有效对接，原深度贫困地区须持续扩大国家通用语言文字的覆盖面。在学前和义务教育阶段全面推广国家通用语言文字授课，确保少数民族学生基本掌握和使用国家通用语言文字。强化校园人员自觉规范使用国家通用语言文字的意识和能力，为学生创设良好的国家通用语言文字学校使用环境。加大对现有双语教师国家通用语言文字培训力度，大力提高使用国家通用语言文字进行教育教学的能力。

教育扶贫衔接人才振兴，稳固提升教育服务水平。第一，教育扶贫与人才振兴相衔接。对于少数民族相对集中的区域，可以在提供学前至高中 15 年免费教育基础之上，探索提供 3-4 年的免费高等教育；对于少数民族较为分散的区域，扩大教育覆盖范围，提高基础教育实施质量。如甘孜藏族自治州的"县城大集中、片区小集中、乡村打基础"模式、玉树藏族自治州的"三四五六教育园"模式等。用职业教育增强脱贫能力，分类开展专业技术、经营管理、基础技能等职业教育。第二，扶志扶智与文化振兴相衔接。铸牢中华民族共同体意

① 李静：《全国公共文化巡讲聚焦深度贫困地区发展》，载《中国文化报》，2018-11-21：6。

识，将培育和践行社会主义核心价值观贯穿始终，通过保护原深度贫困地区民族文化的多样性、乡土文化与社会习俗的特色性，逐渐推动传统文化与现代主流文化有机衔接。加强“自强不息”教育，树立身边脱贫致富典型，激发提升贫困群众的自信心和谋求发展的源动力。

第四节　原深度贫困地区消除绝对贫困的文化路径

一、理论框架

原深度贫困地区其主体位于青藏高原，蕴含着神圣的自然人文景观和源远流长的文化底蕴，是我国的文化瑰宝，更是值得我们继承发扬的精神财富。原深度贫困地区沿线有着壮丽的自然山水风景、极限探险科考体验地、民俗风情原生地、世界文化多样性和生态生物多样性保护地，并串联了丝绸之路、敦煌石窟、茶马古道等具有历史底蕴的传统线路。将“互联网+”与“文化+”相结合，打造旅游品牌视觉形象、提升旅游景区知名度，是能够有效促进地方经济发展的有效路径。为探究原深度贫困地区文化扶贫对消除绝对贫困的影响机理，从三方主体协同、聚焦市场导向、人才资源回引三个方面研究。文化扶贫的具体作用机理如图 9-4 所示。

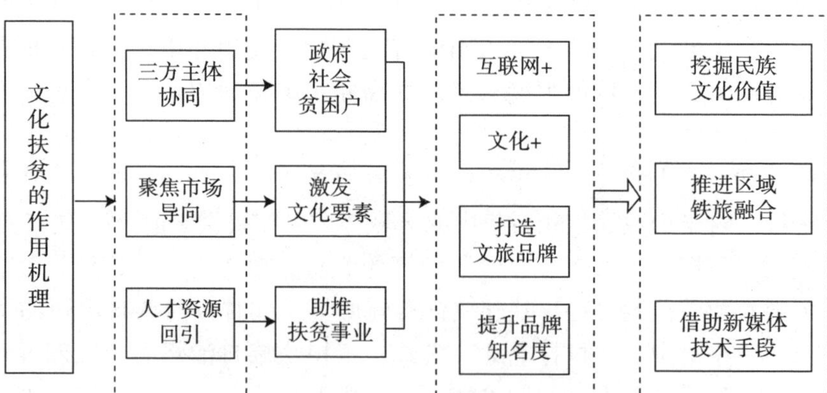

图 9-4　文化扶贫作用机理示意图

三方主体协同，整合文化扶贫资源。三方主体指政府、社会以及贫困户，在文化扶贫中政府是扶贫的核心主体。协同机制中三方主体的地位是平等的，其中政府发挥搭建平台、凝聚人心、沟通交流的作用，整合社会扶贫组织的人力、物力、财力，凝聚社会各方力量，使各志愿组织在统一的平台上交流合作。各社会组织可以充分行使自主权，以多种形式解决社会组织过于分散、效率低下等方面的问题。贫困户自发组建的文化扶贫队伍也可以纳入到协同机制中来，为贫困户提供平等合作平台以及解决各种需求，鼓励贫困户自发开展文化活动，协调文化下乡等。

聚焦市场导向，激发文化要素活力。文化扶贫需要聚焦市场导向，具体来说，首先需要制定文化信息资源开发短、中、长期的规划，坚持农业、工业与服务业三产的融合发展，将文化资源转化为文化产品和经济效益，增强文化自信和文化认同感，打造形成脱贫攻坚的精神。如研究整合当地自然风光、民间艺术、美食、民俗节日、民间工艺、民俗活动等文化资源和资料，完善修复住宿等配套服务设施，以特色鲜明的主题文化链接衣、食、住、行、购、娱。其次以文化创意为突破口，将脱贫攻坚与乡村振兴相结合，开展特色产业综合发展。对于当地的非物质文化遗产，政府应给予一定的资金支持，帮助非物质遗产继承人成为所有者和股东，增强继承人的责任感、积极性和传承感。

人才资源回引，助推扶贫事业发展。在杰出人才的帮助下，减贫大有可为。文化扶贫工作作为精准扶贫的一个具体方面，人才需求既具有普遍性，也具有特定性。人才回引应注重以下三个方面。第一，建立地方人才信息资源库，通过资源库中的人才信息联系优秀人才，鼓励人才回乡镇发展。第二，人才推荐的目的和方向要明确，充分挖掘当地文化资源，明确当地文化发展思路，寻找所需人才资源，匹配专业岗位，真正做到让人才大显身手。第三，要完善激励机制和评价体系，出台一系列人才优惠政策，从人才自身到家庭，包括住房、交通、教育等方面的一系列优惠政策，工资福利也要根据当地发展情况不断完善和提高。同时实行人才考核制度，绩效与考核结果挂钩，考核结果与薪酬挂钩，从而助推扶贫事业稳固发展。

二、实施路径

充分挖掘民族文化价值，增强文化资本转化能力。深入挖掘民族文化价值，保护和继承发扬民族文化对于推动民族团结进步、促进原深度贫困地区经济社会协调发展具有重要意义。原深度贫困地区各地各相关部门要深刻认识到繁荣发展民族文化事业的重要性和紧迫性，始终坚持马克思主义民族观，借好“民族力”、打好“文化牌”，走出一条民族特色鲜明、地域风格浓郁的发展新路子。以开发民族传统手工艺术品为抓手，如藏族的木碗、保安族的腰刀、彝族的漆器等，把众多独具特色的传统工艺转化为脱贫生产力，既带动贫困群众就近就业、居家就业，也进一步促进非物质文化遗产的活态传承。例如，2021年，四川马边花间刺绣专业合作社依托省级非遗代表性项目彝族刺绣技艺，设立马边花间刺绣非遗工坊。工坊通过开展彝族刺绣技艺培训、彝族刺绣技艺进校园等方式，构建“1社6站15班”的网格化技能培训服务体系。采取“三零”合作社模式吸纳脱贫人口和低收入农村妇女居家灵活就业，有效巩固拓展脱贫攻坚成果同乡村振兴有效衔接。截至目前，工坊年定单量超8000笔，年销售额达400余万元，累计培训超3万人次，同时带动超800名绣娘居家灵活就业，涌现出22名绣娘自主经营和网络直播，助力人均年纯收入增长超1万元。①

推进区域铁旅深度融合，实现生态文化协同发展。积极推进铁路资源与旅游资源深度融合，以铁路网络串联共享生态与文化资源红利，实现区域协同发展。例如，2018年起甘肃省文化和旅游厅及省内各地政府积极与中铁兰州局合作，推出“环西部火车游”，根据不同车厢主题，将西北旅游的地域特色、历史人文、民俗风情等多元素有机融合，最大限度地把游客的出行时间变为旅游时间，丰富了“三区三州”旅游大环线专列旅游品牌。2019年1月在文化和旅游部的支持指导下，甘肃、四川、云南、西藏、青海、新疆等六省区和新疆生产建设兵团文化和旅游部门在甘肃省临夏州成立了“三区三州”旅游大环线宣传推广联盟，举办了“三区三州”旅游大环线西藏推广活动，并于2020年9月正式开通“三区三州”旅游大环线客源援藏专列，迎来了首批360多名进藏游客。旅游大环线成为连接“三区三州”旅游大开发、扶贫大发展、合作大提升的重要载体，有效带动了更多的群众参与旅游发展实现增收脱贫。②“三区三州”旅游大环线专列的开行，创造了“铁路+文化旅游”扶贫新模式，将分布在“三区三州”铁路沿线的丰富文化旅游资源串联在一起，带给游客更加便捷舒适的旅游体验。

借助新媒体技术化手段，促进特色文化产业发展。第一，借助新媒体营销特色文化产业。在新媒体时代，信息传播不再像传统电台、报刊、电视有地域

① 《彝族刺绣：让绣娘们的日子越过越美》，https：//www.sohu.com/a/657710414_121124732，2023年3月22日。

② 格桑边觉：《“三区三州”旅游大环线专列助力西藏脱贫》，载《中国民族报》，2020-09-11：2。

性，而是更加的直接、方便、快捷。因此，需要将原深度贫困地区特色文化和新媒体传播方式有效衔接，激活脱贫新动能。字节跳动扶贫与内蒙古国贫市阿尔山市人民政府联合启动实施“山里 DOU 是好风光”项目，将贫困地区特色文旅产品和农产品进行商业融合，帮助贫困群众产出的特色农产品、民族手工艺品向全国各地推广销售。举办“阿尔山 DOU 是好风光抖音挑战赛”，让阿尔山成为抖音平台上的热门景点之一，近 1.4 万支抖音短视频，话题播放量已突破 2.3 亿次，阿尔山文旅品牌获得更高的知名度和美誉度的同时，成功实现信息创造更大的价值。“十一”期间，阿尔山共接待游客 13.9 万人次，实现旅游收入 1.7 亿元，旅游人数同比增长 24%，旅游收入同比增长 25%，推动旅游业提质增效。2021 年，由怀化市文旅广体局与百度网合作推出怀化城市名片，以百度搜索引擎平台和怀化文旅广体云平台为窗口，面向对有怀化旅游意向的人群进行集中推广，展示怀化蓬勃发展的旅游产业，在城市名片首页，为怀化“十四五”期间重点培育的五条精品旅游路线——“古城商道”“雪峰画廊”“侗苗风情”“红色记忆”“沅江水秀”设置了入口专区，通过“互联网数字+”模式，带动旅游产业的蓬勃发展。第二，借助互联网技术的不断推广，培育“文化+特色产品”的电商扶贫新动能。原深度贫困地区需坚持把农村电商作为发展产业、弱化区位劣势、搭建区域品牌、助力贫困群众脱贫致富的关键手段。抢抓国家支持农村电子商务发展机遇，在持续完善农村电商公共服务体系的基础上，基于本地文化特色，大力推广“文化+特色产品”的电商扶贫新动能，在区域范围内建立完整的农村电子商务供应链，推动“产地直销”，带动贫困户稳定增收脱贫。尤其是在新冠疫情冲击传统线下产业的背景下，线上电子商务已经成为助力原深度贫困地区贫困群众消除绝对贫困的新动能、新引擎。

第五节　原深度贫困地区稳定脱贫的实践借鉴

对于绝对贫困的治理，我国原深度贫困地区已经取得了举世瞩目的成就，但要继续巩固拓展脱贫攻坚成果，实现与乡村振兴的有效衔接，还需要进一步注重解决相对贫困问题，为进一步改善人民生活品质、实现共同富裕奠定基础。在这一方面我国东部沿海省份和中西部城市已开始了有益探索，可为原深度贫困地区提供一些参考和借鉴。

一、相对贫困治理的浙江探索

浙江，作为东部沿海的经济发达省份，率先进行试点。早在2003年，浙江就开始探索相对贫困问题的解决方式，2012年浙江省实施的“低收入群众增收行动计划”顺利完成，进而进入以相对贫困为重点的贫困治理阶段。浙江省相对贫困治理的目标是缩小收入差距。2011年，浙江省制定了4600元的贫困线标准，是同期国家贫困线标准的两倍，相当于当年浙江省农民人均收入的45%。在2015年全面消除“4600元以下的”绝对贫困情况后，浙江的扶贫方向从保障基本生活向达到共建共享迈进。2020年，低收入农户达到了高标准的全面小康，城乡居民收入比减小到1.96：1，在全国处于领先水平。

在浙江省的相对贫困治理中，贫困人口的概念被“低收入人口”的概念取代，评估扶贫工作的主要指标是人均收入在相对贫困线以上的比重，收入不平等程度是评估扶贫措施成效的基本指标。

在具体实践方面，浙江西南部的丽水市虽然以“华东生态屏障”著称，但由于山区较多，该地也成为全省经济欠发达地区。全市95.2%的土地面积属于环境生态区，不能开发或重新安置，仅有4.8%土地面积可以发展生态农业产业。丽水市根据当地情况，探索实践新的扶贫机制，促进保险、金融和城乡发展的有效融合，加大收入分配的调节倾向力度。2016年来，丽水不断提高相对贫困线标准，利用产业减贫提高就业能力，转移农民“上山下山”等渠道，积极探索降低相对贫困的途径。丽水市在帮扶对象上积极拓展创新，除低保户之外，还关注另一类人群：低保边缘户（即低边户），其收入水平线是按低保户的1.5倍确定，一年是13860元——丽水认定相对贫困的第二条扶贫达标线。这类群体人均收入比低保户稍高，无法被最低生活保障制度覆盖，得不到优惠政策扶持和教育、医疗、住房等方面的救助，有些人实际生活比低保户还要困难。同时，这类群体普遍缺少劳动力、缺少生产技能，进而导致了相对贫困。

针对此类群体，丽水市统筹整合扶贫办与民政部门资源力量，创新实现了“两线合一”，即“统一一个标准扶贫、合计一张扶贫对象名单”。成立扶贫工作专班，首先落实“两线合一”，专班成员不仅有扶贫、民政两大系统，还将教育局、医保局、残联等凡是涉及扶贫工作的单位都纳入进来，形成前所未有的合力。同时，丽水市针对2020年之后，如何建立缓减相对贫困现象的长效机制进行了思考与探索，认为首先还是要全面排查扶贫对象，进一步的标准线要根据实际情况有所提高。这些创新实践对破解区域相对贫困有着重大的理论借鉴与实践指导意义。

二、相对贫困治理的广东探索

广东省扶贫工作是率先在全国展开的，先后实施山区开发扶贫、八七攻坚、十年扶贫开发、扶贫开发“双到”、全面精准脱贫攻坚等贫困治理战略。其相对贫困治理也较早部署、优先发力。从2013年起，广东省开始构建相对贫困治理格局，以2012年全省农村居民人均可支配收入的33%作为相对贫困线，计算出的相对贫困线为3300元，之后对该标准做了逐步调整。

广东省扶贫目标为：在2020年广东省相对贫困人口的收入占全省农民人均收入的60%以上。2016年，广东省实施了4000元的新贫困标准，新标准下的相对贫困人口超过176万人。在相对贫困线的测量下，广东省农村贫困的发生率在10%至21%之间波动，2005—2014年广东省收入分配结构改善促进了减贫工作。截至2019年10月，广东省90%以上的相对贫困人口实现了新标准下的脱贫，有劳动能力的相对贫困人口年均收入接近10000元。

从具体工作措施来看，相对贫困的工作方式与当前精准扶贫大体一致，核心是强调“双到”，即“规划到户”和“责任到人”，相对贫困治理的实践中蕴含着大量的精准扶贫经验。

清远市位于广东省中部偏北，是广东省扶贫开发“规划到户、责任到人”工作的策源地，也是全国扶贫改革试验区之一。全市总人口432万，其中农业人口288.9万。2018年数据显示，建档立卡贫困户5.89万户13.3万人，其中一般贫困户1.42万户4.75万人，低保贫困户2.75万户6.8万人，五保贫困户1.71万户1.77万人。全市共有贫困村261个，其中省直中直驻粤单位帮扶31个村，广州市帮扶205个村，清远市直单位帮扶25个村。相对贫困村贫困人口2.05万户、5.16万人，分散贫困人口3.84万户、8.16万人。①

2018年10月，习近平总书记视察清远时就指出，城乡区域发展不平衡是广东高质量发展的最大短板，要下功夫解决城乡二元结构问题，力度更大一些，措施更精准一些，帮助人民群众脱贫脱困。清远在进行破解城乡二元结构的探索中，成功走出了一条乡村新闻官制度助力脱贫攻坚与相对贫困治理的路线。②

在过往，清远长期受困于两大“不畅通”，一是城乡市场体系不畅通，互

① 清远市网信办.《清远市脱贫攻坚工作总体情况》，https://gd.qq.com/a/20180627/008783.htm。

② 《高举改革开放旗帜　把改革开放不断推向深入》，载《人民日报》，2018-10-26：1。

联网时代没有实现城乡市场体系的去中间环节，导致农产品销路难；二是城乡一体的话语体系不畅通，农村缺乏懂行的专业资讯人才和有话语权的传播渠道，城乡的生产、生活和生态没有信息链接起来。

清远推动的乡村新闻官机制，起到一个非常好的信息联通作用，打破了原来城乡信息不对称的格局，建立了一个立足乡村生活实践、面向城乡社会的权威信息通道。作为城乡互通的连接器，乡村新闻官不仅成为脱贫攻坚、破解城乡二元结构、推动乡村振兴的生力军，而且嵌入到乡村治理中，成为基层治理的有效载体，同时激活了基层党组织。从产业、组织、文化等多方面为缓解相对贫困用情、用力。

三、相对贫困治理的江苏探索

“十三五”期间，江苏省扶贫工作的整体计划是缩小相对贫困人口规模并减少收入差距。2015 年，江苏省就完成了年收入 4000 元以下的贫困居民脱贫任务，但相对贫困的现象仍在部分区域较为突出，一些脱贫人口的脱贫基础不够坚实，尤其是苏北地区。

江苏省新一轮的扶贫工作以 6000 元为标准，重点聚焦苏北、苏中的低收入农户开展针对性的帮扶工作，其目标是在 2020 年全省低收入人口年均收入超过 6000 元。按照 6000 元的相对贫困标准，江苏省 2016 年的相对贫困发生率为 6%，相对贫困人口规模约为 300 万人，这个相对贫困的发生率与贫困规模符合江苏省的扶贫情况，在开展扶贫工作时既参照国际标准又不拔高标准。从帮扶手段看，最具创新性的是区域经济发展政策和产业扶贫政策的结合，针对经济薄弱村集体经济的帮扶，在因病因学致贫的救助方面实行政策救助与社会救助的结合，实现扶贫开发与社会保障的衔接。

2018 年溧阳市出台《2018 年东西部扶贫协作工作要点》，严格按照“认清形势、聚焦精准、深化帮扶、确保实效”要求，从组织领导、资金支持、产业合作、人才支援等四个方面，深入推进与汉阴、白河两县扶贫协作进程。当年，溧阳市与汉阴、白河相互开展调研对接 1114 人次，开展高层联席会议 6 次，专题部署扶贫工作 3 次，取得了显著成效。

溧阳市委、市政府围绕贫困人口脱贫和经济薄弱村收入提高两个目标，通过建立“领导挂钩、企业联村、干部帮户”等精准扶贫机制，实施“双挂双促”工程，完成了 5600 余户建档立卡农户成功脱贫、37 个贫困村集体经济经营性收入高于 50 万元的精准扶贫阶段性任务。对于西部的经济薄弱地区，如强埠、汤桥等，溧阳市加大了环境管理力度，通过提高优质公共服务供给力度，着力建设现代工农业科技园区，完善长三角有机农产品供销绿色基地，整合农产品的生产、测试、加工、贸易和分销，从产业端入手，以产业促进低收入群体的就业增收。

溧阳市高度重视区域合作协调发展，通过将企业引入帮扶体系，2018—2020 年，梳理制定了村级“造血”项目 63 个，总计投资约 9659 万元，一个个帮扶项目的落地和一系列帮扶措施的落实，成为帮助乡村、农民叩开好日子大门的源头活水。从此，果园变成了“聚宝盆”，苗木变成了“摇钱树”。截至 2020 年底，全市 37 个常州市定经济薄弱村经营性收入全部达到 50 万元以上，全市建档立卡的 4890 户、8280 名低收入农户全部脱贫。①

四、相对贫困治理的山东探索

与中西部省份不同，山东省没有国家贫困或区域贫困县域，贫困发生率相对较低，贫困人口主要由极少数绝对贫困人口和大量相对贫困人口组成。山东省 2018 年年底已基本完成脱贫攻坚任务，2019 年贫困发生率基本“归零”，脱贫攻坚取得决定性成就。从发展阶段上看，此后山东省扶贫工作进入新发展时期，扶贫开发从艰巨、分阶段、专项工作任务向规范化、坚持不懈、制度化工作任务转变，贫困管理制度需要稳定、有效且可持续。

针对不同层次的扶贫观念，山东省对精准扶贫中的扶贫实践进行了适当的研究，实施了“理论—政策—实践”的互动式转化，将扶贫政策和实践融入到扶贫理论中，将贫困理论的一般性建议与基于特殊经验的理论话语分开，可以拓宽人们对贫困概念的理解，从而促进减贫实践的创新。

虽然“相对贫困”在正式场合很少被提及，但青岛用各种概念来表达“相对贫困”的含义，包括低收入人群、经济薄弱的村庄等，并在各个层面（人口、村庄）对该部分人口进行帮扶。例如，青岛市根据自身经济发展，制定了“人均 4600 元”和“两好四保障”（营养好、衣着好、义务教育、基本医疗、住房保障和养老保障）的城市扶贫标准，这一标准远超全国贫困城市贫困水平和“两不愁三保障”水平。青岛不仅准确识别省定贫困村，而且对全市经济薄弱的村庄也有识别要求，即要按照城市标准和基本扶贫任务，消除省定贫困村

① 《溧阳：脱贫攻坚这一路，我们走得很暖》，https://baijiahao.baidu.com/s?id=1706171300060327882&wfr=spider&for=pc。

和经济薄弱村，抓好全部贫困人口脱贫任务。

此外，青岛市扶贫办成立了城镇扶贫处，将城市扶贫纳入扶贫和援助。西海岸新区率先在全省各市开展减贫工作，整合“城市贫困线和城市低保障线”两条线，对于人均收入达到全区最低保障标准200%的贫困城乡家庭、没有自理能力、收入不稳定的严重残疾成年人、患有恶性肿瘤等重病的患者，每月领取最低总安全押金的50%。城乡贫困家庭的贫困人口，如果分别申请最低保险政策，在基本报销住院医疗费用后，可享受90%的民事救助。

山东省精准把握脱贫攻坚后的工作重心转向解决相对贫困这一关键领域，淄博市沂源县围绕“帮扶谁、谁来扶、怎么扶、如何退”，探索建立解决农村相对贫困的长效机制，推动“脱贫、解困”同步推进，在确保困难群众即时发现、即时帮扶的基础上，围绕解决相对贫困，进一步落实好个性化、人性化帮扶，让困难群众过上有质量、有尊严的生活。截至2020年底，沂源县已为6148户、8572名相对贫困人口落实了低保政策，为5249名相对贫困人口购买了“福惠保”，为困难群众修建庭院爱心小路9557条，为贫困学生修建爱心小屋50个，为贫困村修建公共浴室25个，为3494名失能、半失能特殊困难群众落实了管护措施。[①]

五、相对贫困治理的四川探索

四川作为中国的人口大省、经济大省、资源大省，人口多、底子薄、不平衡、欠发达，是全国扶贫任务最重的省份之一，是全国脱贫攻坚主战场之一。2013年底全省有建档立卡贫困人口625万，占全国的7%。2017年全国两会期间，习近平总书记参加四川代表团审议时指出，脱贫攻坚越往后，难度越大，越要压实责任、精准施策、过细工作。总书记同时强调，防止返贫和继续攻坚同样重要，已经摘帽的贫困县、贫困村、贫困户，要继续巩固，增强“造血”功能。[②]

四川认真贯彻落实习近平总书记的重要讲话精神，把减贫任务作为全省重中之重。面对扶贫“硬骨头”，四川省全省上下精准发力：防止返贫，继续攻坚克难，把扶贫与乡村振兴结合起来，在精准发力中，将贫困之地飞速转为小康乐土。

---

① 李强：《淄博市沂源县：建立解决相对贫困长效机制让“脱贫、解困”同步推进》，http：//zibo.dzwww.com/qxxw/yy/202012/t20201204_ 7209486.htm。

② 《习近平　李克强　张德江　俞正声　刘云山　张高丽分别参加全国人大会议一些代表团审议》，载《人民日报》，2017-03-09：1。

作为“中国农家乐发源地”，四川30余年的乡村旅游发展经验对于乡村地区相对贫困的治理工作同样具有突出效果和借鉴意义。2017年，四川省实现乡村旅游收入2283亿元，同比增长13.3%，省级旅游发展基金重点扶持86个市实施旅游业扶贫，占全省有扶贫任务县的54%，14个摘帽县和509个重点村庄减少贫困，惠及37000个贫困家庭的126000名贫困人口，占该省108.5万贫困人口的11.6%。[①] 发展乡村旅游解决相对贫困的积极做法：不断提高乡村旅游经营组织化程度，将乡村旅游促进和发展与新型城镇化、新幸福美丽乡村、农业（林业）、工业基地（公园）、农村文化、扶贫开发、灾后恢复和富民工程紧密结合，通过集合各种资源和生产要素，加快推进旅游业与其他产业融合发展，延伸产业链，集聚产业群；培育现代农业产业基础，依靠更好的农业和农村资源，推进休闲农业与乡村旅游从一家一户分散经营模式向连片化、板块化、集群化发展。四川做法增强了乡村旅游发展动力，有力促进了农村集体经济发展壮大，为相对贫困的治理贡献出宝贵的经验。

四川省解决相对贫困的另一个宝贵经验就是试点建立解决相对贫困的长效机制。从2020年4月份开始，四川在53个县（市、区）开展了建立解决相对贫困长效机制试点。试点工作要求“四不摘”，即摘帽不摘责任、摘帽不摘政策、摘帽不摘帮扶、摘帽不摘监管。解决相对贫困是一项长期的任务，在脱贫攻坚取得阶段胜利后，长效机制仍将继续保持和延续。长效机制全面脱贫到乡村振兴阶段，具体工作方式、重点与时俱进进行调整，改善交通条件、教育医疗条件、产业发展条件被摆在更加突出位置，贫困地区自我发展能力得到增强，相对贫困问题得到不断解决。

作为《国家城乡融合发展试验区改革方案》的11个国家城乡融合发展试验区之一，四川成都西部片区在相对贫困治理工作中也贡献了积极举措。成都相对扶贫治理主要基于两个方面：一是建设幸福美丽的新村，主要关注农村相对贫困；二是城市改造规划，重点关注城市的相对贫困。在当地实践中最具创新性的方法是将社会组织引入相对贫困管理，并通过社会工作服务和心理治疗加强对家庭的社会支持；同时，根据具体项目的分类治理，达到帮扶效果的精准。

---

① 《四川乡村旅游合作社“百花齐放”》，见中国经济网，http：//www.cc.cn/culture/gd/201806/29-t20180629-29570689.shtml.

六、中国贫困治理的经验总结

早在2019年10月召开的十九届四中全会就指出，要“坚决打赢脱贫攻坚战，建立解决相对贫困的长效机制”。[①] 2020年6月，习近平总书记在宁夏考察再次强调，“全部脱贫，并不是说就没有贫困了，就可以一劳永逸了，而是指脱贫攻坚的历史阶段完成了，相对贫困问题永远存在，我们帮扶困难群众的任务永无止境”[②]。这意味着从精准扶贫到脱贫攻坚的减贫实践取得了预期成效，以家庭收入型原生性为主要特征的绝对贫困将成为历史，如期全面建成小康社会和实现第一个百年奋斗目标指日可待。同时也告诉我们，贫困治理是一项系统复杂的长远工程，灭绝绝对贫困之后，反贫困重心转移到减轻相对贫困，贫困研究和反贫困政策设计向相对贫困集中。因此要在巩固既有脱贫攻坚成果的基础上，逐渐向缓解相对贫困拓展，这是由贫困发生发展的一般规律、我国的社会主义本质及中国的基本国情决定的。当前的首要任务是厘清扶贫攻坚的相关政策和减贫经验，从而实现消除绝对贫困到缓解相对贫困的平稳过渡，为2020年后高质量解决相对贫困问题奠定基础。

（一）坚持党对贫困治理的领导

中国共产党是我国的最高政治领导力量。党的领导是脱贫攻坚战中必不可少的前提。党的十八大以来，在党中央的坚强领导下，中国治贫能力有了长足提高，扶贫攻坚取得了前所未有的进步，彰显了中国共产党领导和中国特色社会主义制度的政治优势。党的十八大以来每年中央一号文件几乎都对脱贫攻坚进行了部署，2020年中央一号文件《中共中央国务院关于抓好“三农”领域重点工作确保如期实现全面小康的意见》，把“坚决打赢脱贫攻坚战”摆在第一部分，明确了全面完成脱贫任务、巩固脱贫成果防止返贫、做好考核验收和宣传工作、保持脱贫攻坚政策总体稳定、研究接续推进减贫工作的任务和措施。在后续贫困治理中，要一如既往地坚持党的领导，加快发布相对贫困治理的责任制落实措施，积极推动相对贫困治理一把手负责制，加强“中央统筹、省负总责、市县抓落实”的扶贫管理体制，构建责任明确责任体系，各负其责，共

① 《为实现中华民族伟大复兴提供有力保证》，载《人民日报》，2019-11-01：2。

② 《决胜全面建成小康社会决战脱贫攻坚继续建设经济繁荣民族团结环境优美人民富裕的美丽新宁夏》，载《人民日报》，2020-06-11：1。

同解决困难问题，发挥基层党组织贫困斗争堡垒的作用。加快形成全党动员起来推进减贫、落实各级相对治贫责任的局面。

（二）构建全国一盘棋的贫困治理体系

我国国家制度和国家治理体系有很多得天独厚的条件，包括“坚持全国一盘棋，调动各方面积极性，集中力量办大事的显著优势”。这是打赢脱贫攻坚战的重要制度优势。党的十八大以来，党中央把扶贫作为全面建设小康社会的落脚点和行动纲领，全国统一分配，开始了全国一盘棋策略，同贫困作斗争。与绝对贫困相比，相对贫困的原因更复杂，目标更多样化，任务成本更高。因此要借助扶贫攻坚的治理经验，加快建设全国下一盘棋的相对贫困管理体系，持续调动全社会脱贫积极性，充分发挥政府和社会的作用，构建具体扶贫、产业扶贫、社会扶贫相辅相成的大规模扶贫标准，加强政府问责，引导市场和社会合作，形成全社会广泛参与的相对贫困治理格局。同时，要加快形成城乡统筹相对贫困治理的可行方案。

（三）坚持精准识别精准治理方略

坚持精准扶贫精准脱贫是党的十八大以来推进脱贫攻坚重要法宝，是战胜脱贫攻坚战的本质道路。在精准扶贫中，注重抓“六个精准”，即扶持对象精准、项目安排精准、资金使用精准、措施到户精准、因村派人精准、脱贫成效精准。“六个精准”涵盖了确定扶贫设施、援助和管理设施的方方面面，贯穿于扶贫发展的全过程，能够有效引导贫困人口参与减贫，使项目跟着计划走，资金跟着项目走，项目资金跟着人走，确保扶贫到最有需要的人民，扶贫到准确的位置上。在相对贫困治理中，同样要做到精准识别、精准治理和精准管理，尤其随着相对贫困线的提高，更要重视在精准扶贫中的边缘贫困户、易返贫户和弱势群体的识别和治理，确保部分群体在贫困标准发生变动的情况下，能被及时纳入相对贫困治理中来。

（四）加快调整完善收入分配制度

习近平总书记指出，收入分配是民生之源，是改善民生、实现发展成果由人民共享最重要最直接的方式；要通过深化收入分配制度改革等措施使收入分配更合理、更有序。[①] 完善收入分配制度是完善社会主义市场经济体制的重要组成部分，促进收入公平分配制度，也有利于更好地发挥社会主义市场经济的优势。破解发展不平衡不充分矛盾，缓解相对贫困。

充分发挥三次分配功能，助力缓解相对贫困：第一，强化要素市场体系和按生产要素贡献进行分配的初次分配机制。进一步增加劳动者实际收入，完善标准最低工资机制，建立企业正常工资增长机制，缩小工作要素分配与其他要素分配的收入差距。第二，优化税收制度，完善公共社会保障服务，加快完善再分配调整机制。进一步强化困难特殊群体的照顾，完善最低生活保障水平调整的动力机制，落实社会救助标准与物价上涨挂钩的机制。将特殊援助下的边缘群体和符合条件的居民包括在救治范围内，推广实施医疗救援、教育救助。第三，让第三次分配发挥作用，发展慈善事业，提高收入和财富分配水平。第三次分配是促进社会正义的重要途径，在坚持志愿服务原则的基础上，第三次分配社会资源和社会财富采取慈善和公益的形式，如筹款、捐赠、资助等，缩小社会鸿沟，实现收入的合理分配。首先，政府要在发展慈善事业里发挥积极作用，一方面，扩大享受税收优惠待遇的慈善事业范围，取消对慈善事业单位和资金规模的限制，允许规模较小的民间慈善机构享受税收优惠政策。另一方面，提高企业和个人慈善捐赠的税前税收减免水平，使企业和个人有更多的财力投入慈善事业。其次，慈善机构要严格自律，不断提高慈善公信力，完善慈善事业内部治理结构，加强内部控制和审计，发挥行业组织自我管理和自控作用，加强对慈善事业的考核监督，逐步建立政府监督、行业自律、慈善事业内部控制和公众监督的监督机制，促进慈善事业的规范化、法治化和专业化发展。最后，要优化慈善环境，加大公民公共利益的社会责任感，在全社会树立积极健康的社会财富观，大力学习和弘扬善良互助等传统美德，使慈善成为人们日常生活中的普遍状况。发挥好日益发展的互联网技术，通过各种新媒体手段进行宣传，让更多的人参与到慈善公益行为中。

（五）推进缓解相对贫困的公共服务体系建设

通过在市场上引入竞争机制，把企业家精神、企业生产运作模式移植于公共项目，从而提高公共服务的效率和质量。比较有代表性的国家就是美国，在公共教育、医疗、社会保障、社会福利等基本公共服务领域引入市场竞争机制，

① 《让老百姓过上好日子——关于改善民生和创新社会治理》，载《人民日报》，2016-05-06：9。

通过合同外包、特许经营、代金券等形式，吸引各类社会资本参与公共项目的实施，推动基础公共服务提供多样化的标准。北欧各国通过扩大资本投资自由、促进各行各业分化后再重组、公共部门购入私营部门的服务等方案，加深公共服务供给的竞争激励机制。

我国公共服务体系在过去减贫实践中得到了极大完善，但地区之间、行业之间、城乡之间、不同群体之间发展不平衡依然存在，是阻碍缓解相对贫困的重要障碍。第一，应将用于产业发展的大部分资金以及直接到户的资金集中于村集体，让村集体集中力量逐步改善村内的基础设施建设。第二，不断完善乡镇、县级医院的基础设施以及医疗人才队伍建设，提高贫困地区医疗服务水平。要逐步实施全国联保，使外出务工的相对贫困群体在务工地也能享受免费医疗服务。鼓励社会力量参与对药品生产、定价以及售卖的监督。第三，要健全贫困地区教育服务体系，加大基础教育设施投资，吸引和培养一支有知识、有能力、有素养的基层教师干部队伍。第四，完善贫困地区就业服务体系，以乡镇为单位，设立专门的公共就业服务机构，配备专门的公共就业服务人员，建立完善的公共就业服务网络化平台。第五，多措并举吸引并留住公共服务人才。第六，构建贫困地区基本公共服务均等化有效参与的政绩考核机制，上级政府将考核工作以政府购买的形式交给具有专业考核技能的第三方评估机构，地方政府全程配合，上级政府全程参与。同时，加快构建基本公共服务需求的表达机制，使政府对其基本公共服务需求更加了解，进而为政府开展下一步基本公共服务建设工作提出新的要求和建议。

第十章　民族地区巩固拓展脱贫攻坚成果的障碍因素

原深度贫困地区多是原先贫困面积大、贫困程度深的地区，是贫困治理的“短板”跟“硬核”，很多都是经过多轮攻坚才啃下来的“硬骨头”，如何巩固拓展其脱贫攻坚成果、全面接续推进乡村振兴仍然是艰巨任务。从一个角度看，巩固原深度贫困地区的脱贫攻坚成果，不仅是对全面小康社会建设质量的检验，也关系着国家总体乡村振兴战略的实施以及现代化进程的实现。另一方面，一些原深度贫困户在脱贫后，由于扶贫政策外部自然环境变化、经济社会环境的不确定性也可能面临再次返贫的风险。国务院扶贫办数据显示，2020 年全国有近 500 万人划定为脱贫不稳定户和边缘户。因此，在“后脱贫时代”，寻求有效路径稳定并巩固脱贫效果，找准巩固拓展跨越成果的障碍性因素，进而实现可持续性脱贫，就成为后扶贫时期一个新的重要理论和现实问题。[①]“巩固”注重的是脱贫攻坚成果的稳定性和持续性，防止返贫和产生新的致贫因素；“拓展”重在强调不断发展和深化脱贫攻坚成果，做到提档升级、提质增效。[②]目前，我国脱贫攻坚成效显著，但脱贫攻坚具有“攻坚”性质，在现有绝对贫困完全消除后，如何保障脱贫成果稳定、可持续，我们就需要在“巩固”上下功夫。另外，由于贫困本身的复杂性和系统性，脱贫成果必须要继续“拓展”，才能使得原贫困户能够更好地激发发展动力，拓宽增收门路和渠道，从而抵御贫困风险。因此，在巩固拓展脱贫攻坚成果的过程中，还需要持续关注以下方面的问题：一是脱贫不稳定户、边缘户和特殊困难群体返贫致贫风险仍然存在，需要时刻关注和警惕。二是部分脱贫户还是存在内生发展动力不足的问题，有精神贫困层面的“等靠要”思想；现有各类扶贫帮扶措施中，社会保障和兜底政

---

① 何植民、蓝玉娇：《精准脱贫的可持续性：一个概念性分析框架》，载《行政论坛》，2021，28（1），28~38 页。

② 汪三贵、郭建兵、胡骏：《巩固拓展脱贫攻坚成果的若干思考》，载《西北师大学报》（社会科学版），2021，58（3），16~25 页。

策有效地推动了贫困问题的解决，但这也使得部分群体存在自主脱贫的思想障碍，不愿主动摆脱贫困。三是产业扶贫的可持续性问题，现有的产业扶贫基本都是由政府主导，较看重中短期的快速回报，部分产业同质化问题严重，经济带动效应不足。在扶贫产业如何发挥长效作用、跟进配套后续管理以及完善利益分配等方面都需要下功夫。四是“两不愁三保障”的指标需要持续深化，原有核心指标需要持续关注，如处于危房边缘的住房、义务教育和医疗保障是否还有薄弱环节都要持续跟进。与此同时，在核心指标完成的前提下，持续推进扩展类指标，不仅要基本生活条件得到满足，还要推动基本生产条件的完善。五是脱贫户的持续增收问题，要继续通过实施乡村振兴战略，保障原贫困户稳定增收。六是政策的调整与衔接，过渡期内，虽说脱贫不脱政策，但还是需要因户施策，充分研究哪些政策延续、哪些政策需要变化，是保留、删减还是增加等问题。同时，随着我国“三农”工作重心的转移，乡村振兴战略成为主流，如何做好原扶贫政策与乡村振兴战略之间的衔接，也是值得关注的问题。①

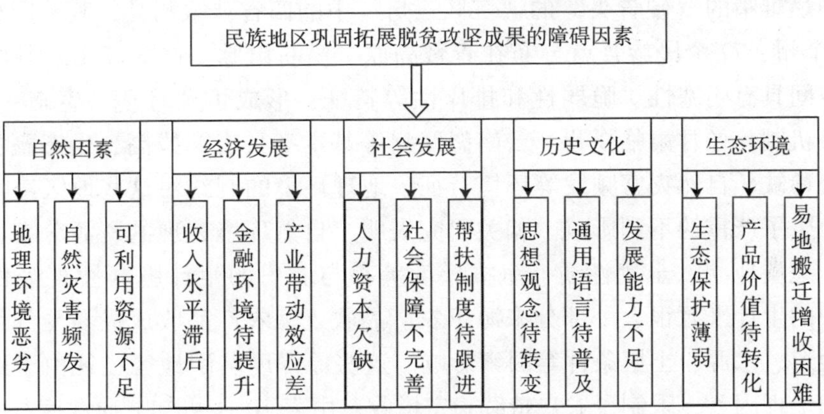

图 10-1　民族地区巩固拓展脱贫攻坚成果的障碍因素

因此，从如图 10-1 所示的自然、经济、社会、文化、生态等方面厘清原深度贫困地区巩固拓展脱贫成果的障碍因素，深入探讨返贫致贫风险内外部因素，对于对症下药、制定举措，规避脱贫户生计风险，提高其可持续生计能力，有效巩固拓展脱贫攻坚成果，实现与乡村振兴有效衔接十分必要。

---

① 韩广富、辛远：《2020 年后中国贫困治理的战略重点、难点与对策》，载《行政管理改革》，2020（9），39~47 页。

第一节 自然因素限制，巩固脱贫成果存在困难

一、地理环境恶劣

利用国内外学者通过空间数据分析等方法研究贫困的空间特征和影响因素绘制成的空间贫困地图，可以直观地发现自然地理禀赋存量与现实贫困之间存在空间布局上的重叠，具备良好的自然资源是跳出初始贫困的不可抗的基本条件。民族地区的深度贫困最开始始于其恶劣的气候条件使得农牧业经济难以得到稳定的发展，复杂的地势地貌又导致生产资料与生产产品难以与外部市场之间有效流通，二者的共同作用最终导致经济发展水平较低。从原深度贫困地区的地理区域分布来看，大多位于山区地带，且自然条件恶劣。如作为脱贫攻坚工作中最难啃的“硬骨头”的“三区三州”中的四省涉藏州县，其范围涵盖内的 12 个州、77 个民族县就分布在青藏高原、横断山脉，这些高山峡谷的自然地域空间具有闭塞性、脆弱性和排斥性等特征，形成了“环境—生态—贫困”的循环机制。像甘肃临夏州、云南怒江州等基本都具有海拔高、生态羸弱、耕地资源稀缺、自然灾害频发等环境特征，地理环境的制约对这些地区经济社会发展产生了严重的不利影响。相关研究表明，自然环境表现的资源分布、气候气象、地质地貌、土壤性质、海拔梯度等都与农户的生计脆弱性直接相关。[①]而农户的生计来源很大一部分来源于农产品收入，农产品收成极易受气候、海拔、地形、水源、土壤条件等因素影响。这些原深度贫困地区往往由于这些不良自然地理因素，限制了农户持续稳定增收。由表 10-1 可知，原深度贫困地区中，地理区位恶劣，生产生活环境多存在诸多限制。

表 10-1 原深度贫困地区地理区位及自然环境

原深度贫困地区	地理区位
青海省原 15 个深度贫困县	地处青南高海拔地区，海拔均在 3500 米以上，自然灾害多发、生态环境脆弱，生存环境严酷

① 李立娜、何仁伟、李平、罗健：《典型山区农户生计脆弱性及其空间差异——以四川凉山彝族自治州为例》，载《山地学报》，2018，36（5），792~805 页。

续表

原深度贫困地区	地理区位
新疆南疆四地州	地处塔克拉玛干沙漠西南边缘，属于戈壁荒漠地貌，荒漠面积占到总面积的90%以上，常年干旱少雨，由于沙尘暴频发，土地逐渐盐碱化、沙漠化
云南怒江州	地处中缅边境，高山峡谷地形占到了总面积的98%以上，垦殖系数小于5%，土地资源十分薄弱①
四川凉山州	地处川西南的横断山脉纵谷地带，相对高度可达5000米以上，山地、高原占全州总面积90%。地壳运动活跃，地质构造复杂，境内有12条断裂带②
甘肃临夏州	境内群山起伏，沟壑纵横。其中东乡县全县分散居住在1750条梁峁和3083条沟壑中，被称为“地球的肋骨”“大山聚会的地方”③
西藏	全区地处高原，生态羸弱，土层浅薄，鼠害、荒漠化问题严重，同时还存在多年冻土层和季节性冻土层，土壤的冻融交替作用使土壤结构极为复杂，土地耕作困难④

二、自然灾害频发

民族地区的地理环境除了静态上的不适于发展规模经济外，动态上也具有脆弱性，一方面自然灾害频发使该地理区域内居民收入不稳定且增长乏力，严重的自然灾害甚至会加剧当地农牧民的贫困程度；另一方面贫困人口为了改善生活水平，提升自身的经济抗压能力，过度开垦放牧又会破坏当地的生态，形成“生态脆弱—贫困—过度扩张—生态恶化—加剧贫困”的恶性循环。原深度贫困地区由于地理位置边缘性和偏远性以及多样化的地质地貌，地震、寒潮、洪涝、干旱、冰雹、泥石流等自然灾害频发，这些自然灾害给原深度贫困地区

---

① 怒江傈僳族自治州人民政府网站，https：//www. nujiang. gov. cn/xxgk/015279104/info/2019－01779. htmll。

② 凉山彝族自治州人民政府网站，http：//www. lsz. gov. cn/wcls/lsgk/xzqhyrk/202108/t20210820_1987083. htm。

③ 临夏回族自治州人民政府网站，http：//www. linxia. gov. cn/Article/SinglePage？Channel=00870001。

④ 西藏自治区人民政府网站，http：//www. xizang. gov. cn/rsxz/qqjj/zrdl/201812/t20181221_34484. html。

巩固拓展脱贫成果带来了很大困难。例如，云南贡山县 2020 年 5 月中旬宣布脱贫，但下旬因遭遇有气象记录以来最大持续强降雨天气，县域内多地发生泥石流、塌方等自然灾害，多地道路交通中断，多个路段塌方，导致游客滞留 1054 人，贡山县受灾人口达 5300 余人，持续暴雨，交通受损严重，呈现"点多量大，反复受灾"的态势，造成经济损失约 5. 97 亿元。① 脆弱的生态环境，一场暴雨就对游客体验和当地旅游业的可持续发展造成了不利影响。同时，因为自然灾害的影响，受灾群众很可能出现"苦心帮扶好几年，瞬间回到扶贫前"的因灾返贫风险。

如表 10-2 所示，根据各片区区域发展规划可知，各大片区的自然灾害长期存在，并对地区经济社会发展产生诸多制约。在这其中，黔东南民族地区地理环境特殊、自然条件复杂，地质灾害多发频发。据黔东南州发布的安全生产和自然灾害研判报告显示，2020 年全州自然灾害累计受灾 49. 31 万人次，占比达到全州总人口的 11%，农作物受灾面积 1. 35 万公顷，造成直接经济损失 15. 85 亿元。灾害造成紧急转移安置人口 3. 19 万人，需紧急生活救助人口 1. 40 万人，需过渡性生活救助人口 0. 77 万人，频发的自然灾害给黔东南州巩固拓展脱贫攻坚成果工作带来了一定困难。②

表 10-2　集中连片特困民族地区自然环境突出特征及主要自然灾害

区域	自然环境突出特征	主要自然灾害
六盘山区	地形破碎，植被稀疏，水土流失严重	滑坡、泥石流等主要地质灾害
秦巴山区	气候类型多样，垂直变化显著，地形复杂封闭	洪涝、干旱、山体滑坡、泥石流等
武陵山区	平均海拔高，气候恶劣，土壤瘠薄，部分地区水土流失、石漠化现象严重	旱涝灾害并存，泥石流、风灾、雨雪冰冻等灾害
乌蒙山区	山高谷深，地势陡峻，人均耕地少	干旱、洪涝、风雹、凝冻、低温冷害、滑坡、泥石流等

① 央视新闻客户端：《持续更新丨云南贡山因强降雨引发泥石流等自然灾害致 2 人死亡 6 人失踪 2 人受伤》，http：//m. news. cctv. com/2020/05/27/ARTIorTZ4pse8sBjOfC7TXCb200527. shtml。

② 黔东南州应急局：《黔东南州安全生产和自然灾害风险研判月度分析报告》，http：//www. qdn. gov. cn/zwgk_ 5871642/zdlyxxgk/yjgl_ 5872134/aqsc_ 5871717/202112/t20211215_ 72049937. html。

续表

区域	自然环境突出特征	主要自然灾害
滇桂黔石漠化区	喀斯特地貌，石漠化面积大，土壤贫瘠	干旱、洪涝以及地质灾害
滇西边境山区	地形垂直分布明显，山高谷深，海拔高度相差悬殊	滑坡、泥石流等地质灾害
大兴安岭南麓山区	冬季严寒漫长，土地退化明显，部分地区水土流失严重	旱灾、风灾突出，雪灾、冰雹、霜冻、洪涝和沙尘暴等多发
燕山—太行山区	地貌破碎、生态脆弱	地震等自然灾害
新疆南疆、西藏、四省涉藏地区	南疆常年气候干旱，西藏和四省涉藏地区地形复杂，高山峡谷，垂直变化大	南疆旱灾频发，西藏和四省涉藏地区主要为地质灾害

资料来源：根据各片区区域发展与扶贫攻坚规划整理。

就破坏性大，成灾广泛，最可能造成大量的人员伤亡和巨大的经济损失的地震灾害来看，2016—2020 年间我国地震主要发生在新疆、西藏、四川、云南、甘肃、青海等原深度贫困地区。以 2019 年为例，我国大陆地区有 7 个省份受灾，但人员伤亡和经济损失主要集中在四川省。四川省死亡占比约 94%，受伤人数占比约 97%，经济损失占比约 99%。

表 10-3　2016—2020 年间地震灾害情况统计

年份	5 级以上地震发生次数	主要发生区域	最大震级	造成经济损失情况统计
2016 年	18	青海、西藏、新疆	青海门源 6.4 级地震	50.9 万人受灾，1 人因灾死亡，41 人因灾住院治疗，直接经济损失 55.6 亿元
2017 年	13	四川、新疆	四川九寨沟 7.0 级地震	4.8 万人次受灾，33 人死亡，5 人失踪，直接经济损失 164.4 亿元
2018 年	16	云南	云南墨江县 5.9 级地震	造成 5000 余间房屋倒塌，3.1 万间房屋严重损坏，10.8 万间一般损坏，直接经济损失 29 亿元

续表

年份	5级以上地震发生次数	主要发生区域	最大震级	造成经济损失情况统计
2019年	20	西藏、四川、甘肃、广西	西藏墨脱县6.3级地震	造成17人死亡，411人受伤，直接经济损失约59亿元
2020年	20	新疆、西藏、四川、云南	新疆伽师6.4级地震	造成5人死亡，直接经济损失约18亿元

资料来源：中华人民共和国应急管理部网站，https：//www.mem.gov.cn/index.shtml。

三、可利用资源不足

在一些原深度贫困地区，或者土地等可利用资源较少，或者地多但是耕地基础地力相对较差，生产障碍因素突出，抑或是资源可利用但是资源转化难度大、潜力小，这在很大程度影响了当地农户的生计发展和经济收入。[①] 同时当地由经济、文化和制度空间组成的社会空间也很难得以发展，而这种低于平均水平的社会空间又会进一步反作用于地域禀赋开发，加大当地资源被有效利用的难度。

相关资料显示，2016年，内蒙古国定贫困县（旗）人均经营土地面积为31.6亩、耕地14.0亩（有效灌溉面积5.0亩），大大低于全区农村牧区人均经营土地面积151.7亩、耕地11.9亩（有效灌溉面积5.2亩）的平均水平；同时31个国定贫困县（旗）地处山区、半山区的比例高达70.4%，比全区农牧区平均水平高出13.1%。[②] 又如新疆南疆和田地区、喀什地区以及克孜勒苏柯尔克孜自治州，这些地区很大部分处于沙漠边缘，耕地种植面积比较有限，许多农牧民长期居住在海拔500—4800米的偏远深山区以及石山区中，如表10-4所示，这几个原深度贫困地区，人均耕地远不及新疆全区平均水平。且部分地区植被退化问题突出，耕地蓄水能力差，耕种困难。[③]

① 马光选、刘强：《乡村振兴背景下深度贫困地区不同土地经营模式效益比较研究——以云南省迪庆藏区为例》，载《贵州财经大学学报》，2020（2），105~110页。

② 国家统计局住户调查办公室：《中国农村贫困监测报告2017》，北京，中国统计出版社，2018。

③ 王光耀、苏武峥、罗万云：《基于分位数回归方法分析南疆三地州小农户收入的影响因素》，载《新疆农业科学》，2019，56（11），2148~2156页。

表 10-4　新疆部分地区人均耕地情况

地区	和田	喀什	克州	新疆全区
人均耕地面积	1.35 亩	2.29 亩	1.38 亩	3.16 亩

数据来源：2019 年新疆维吾尔自治区统计年鉴。

另外，很多原深度贫困地区不仅区位条件不好，资源禀赋也较差，多为资源环境敏感区或者生态脆弱区，根据国家农村农业部公布的《2019 年全国耕地质量等级情况公报》显示，全国耕地按质量等级由高到低依次划分为一至十等，青藏地区，包括西藏自治区全部、青海省大部、甘肃省甘南及天祝地区、四川省西部、云南省西北部。共划分为藏南农牧区、川藏林农牧区、青甘牧农区、青藏高寒地区等 4 个二级区，总耕地面积 0.16 亿亩，平均等级为 7.35 等。这部分耕地海拔高、积温低，且土层较薄、土壤养分贫瘠，灌溉能力差，耕地生产能力较低。土地可利用资源的缺乏使得以农作物为主要经营产品的农户抗风险能力更差，即便这些地区在 2020 年实现脱贫目标之后，自然环境导致的可利用资源潜力小的现实情况也无法在短时间内得到改善，与全国其他地区之间的差距依然会存在。

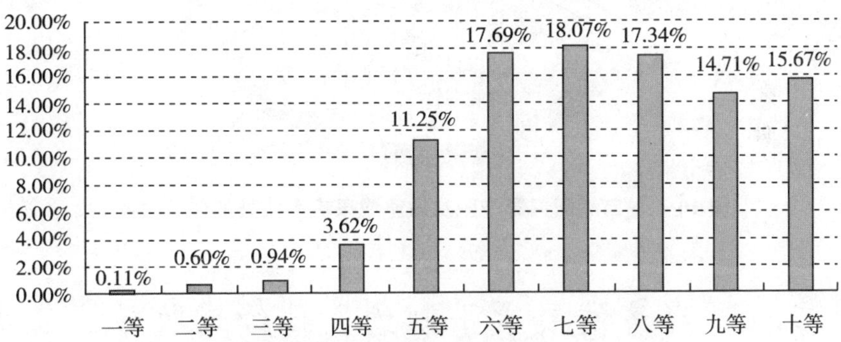

图 10-2　青藏地区耕地质量等级比例分布图

数据来源：《2019 年全国耕地质量等级情况公报》。

在原深度贫困地区，除部分自然资源相对缺乏外，落后的基础设施建设水平以及相对较差的生产技术条件，也使得这些地区的可利用资源的潜力不足。一些原深度贫困地区由于山高路远、坡陡谷深，交通条件不便，通勤时间长，构建现代交通难度大，建成后维护成本高，路面相对狭窄、硬化等级相对较低，进而导致车辆的通行速度无法提高，装载能力也不强，影响了运输效力，增加了运输成本，降低了脱贫户的持续增收能力。课题组调研发现，在云南怒江州，由于居住分散、地处边远，一般地区 5 万元就能维修改建好的房子，在这些地区可能就需要用到 8 万元及以上，运输成本高昂使得住房改造维修成本，农作物销售成本都比较高昂且周期较长。另外，调研发现，在一些原深度贫困地区，尤其是水果蔬菜等保鲜要求较高的产品，虽然光照时间长，品质好，但是受困于对外运输距离遥远、运输时间长使得其成本优势就丧失了。且这些地区往往距离内地市场较远，信息传播、接收都相对滞后，有时候也会由于信息的不对称带来生产的盲目性。

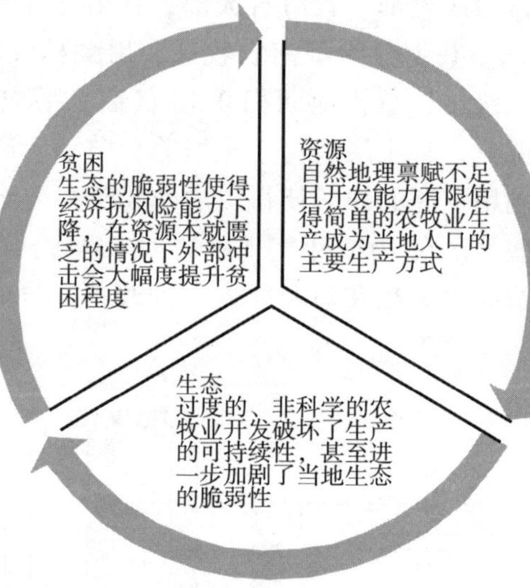

图 10-3　自然因素影响脱贫攻坚成果巩固拓展的传导机制

第二节　经济发展水平制约，持续增收效力不足

一、地区经济发展、居民收入水平较落后

经济空间是区域经济的时空布局，将会带来收入的空间差异。中国经济活动的空间布局受自然禀赋与区域发展战略的双重影响。由于本身的环境与生态问题，很多民族地区在农业经济时代就已经处于落后的状态。新中国成立后，我国实施工业经济发展战略，国家对东部地区的战略倾斜又使得经济空间的差

距被进一步拉大，最终形成了我国民族地区资金相对匮乏、人才储备不足的状态。这些短缺要素使得民族地区经济的市场化程度发展滞后，扩大了贫困地区与市场中心的空间距离。

目前，我国区域性整体贫困得到解决，绝对贫困现已消除，原深度贫困地区经济发展在近年得到了有力提升，但从各个地区经济发展方面的数据指标来看，相比于我国其他地区，原深度贫困地区经济发展水平差距仍较大，主要体现在以下两个方面：

一是从各项经济发展指标绝对数和相对数总体来说，均落后于全国平均水平。从2018年的各项经济发展水平测度数据看，原深度贫困地区中的“三区三州”的人均GDP、城镇居民人均可支配收入以及人均地方财政一般预算收入不仅远低于全国平均水平，就是比西部地区平均数都要低一截。尤其是人均GDP和人均地方财政一般预算收入，2018年“三区三州”这两项指标连全国平均水平的一半都没达到。由于自然地理禀赋不利，多处于“高海拔、气候寒、地域大但交易成本高、山地崎岖、沿边交界广”等地区，“三区三州”经济活动开展相对困难，经济发展水平长期滞后，基础薄弱。见表10-5。

表10-5　2018年“三区三州”各指标占全国和西部地区的比重

指标	人均GDP	城镇居民人均可支配收入	农村居民人均可支配收入	人均地方财政一般预算收入
占西部地区的比重	60.20%	87.10%	86%	62.60%
占全国比重	44.30%	74.95%	69.40%	44.80%

数据来源：各省统计年鉴、各地州统计年鉴及统计公报、政府网站。

从农村居民可支配收入数据看，相对贫困地区2013—2019年间逐年上涨，从2013年的人均6079元增长到2019年的11567元，7年间增长率达90.28%。相较全国而言，虽然相对贫困地区与全国平均水平的绝对差距逐渐变大，由2013年的3351元上涨至4454元，但从相对差距来看，相对贫困地区农村居民收入增速快于全国，与全国水平的相对差距不断缩小，整体发展呈现向好趋势。见表10-6。

表 10-6　2013—2019 年农村居民可支配收入　（单位：元/人）

年份	2013	2014	2015	2016	2017	2018	2019
全国平均水平	9430	10489	11422	12363	13432	14617	16021
相对贫困地区	6079	6852	7653	8452	9377	10371	11567
相对贫困地区与全国的差距	3351	3637	3769	3911	4055	4246	4454
相对贫困地区与全国对比	64.46%	65.33%	67.00%	68.37%	69.81%	70.95%	72.20%

数据来源：2013—2019 年中国农村贫困监测报告。

二是从相对贫困地区农村居民自身收入来源构成上来看，居民收入持续提升后劲不足。从 2016—2019 年的数据来看，贫困地区农村居民工资性收入一直在可支配收入占比的 35%左右，经营净收入近年平均占比 39%，转移净收入占比 26%左右。但随着收入基数的逐步加大，增资政策对工资性收入增长的拉动作用逐渐弱化，在无新政策支持下，工资性收入持续增长后劲不足。转移净收入也如此，随着人均转移性收入的基数加大，各种惠农政策性利好因素逐步被消化，农民收入快速增长难度加大。并且从经营净收入构成看，主要来源于第一产业，二三产业收益不足，随着劳动力、材料、资金等成本不断上涨，经营户增收仍存在一定困难。就第一产业而言，2019 年饲料、种子价格一路上涨，使得生产成本增加挤压农户增收空间。同时，传统农业增收空间有限，且容易受自然灾害、畜禽类疫情等影响，市场抗风险能力较弱，一二三产业尚未形成深度高效融合态势，农业经营拓展增收空间压力仍然较大。见表 10-7。

表 10-7　2016—2019 年贫困地区农村居民收入结构　（单位：元）

指标		2016 年	2017 年	2018 年	2019 年
可支配收入		8452	9377	10371	11567
工资性收入		2880	3210	3627	4082
经营净收入	一产净收入	2696	2826	2794	2986
	二、三产净收入	747	897	1094	1177
财产净收入		107	119	137	159
转移净收入		2022	2325	2719	3163

数据来源：2016—2019 年中国农村贫困监测报告。

二、金融保险环境有待提升

2017年7月，党中央强调要真正实现农业农村优先发展，必须加快普惠金融体系建设，进一步发挥金融对“三农”工作的服务与支持作用。[①] 在2020年中央一号文件中，也指出要摸清底数，把握实际需求，稳健拓宽农村普惠金融改革示范点，进一步完善农村金融体系，逐步建立起适合农业农村发展特点的，与之相配套的农村金融，构筑起农业农村发展的资金需求屏障。[②] 作为农村实体经济的血脉，农村金融无疑也是农村现代经济的核心，我国农村经济的发展与金融支持的关系密不可分。在助力脱贫攻坚阶段，农村金融发挥了重要作用，在乡村振兴战略中，也将助推农村实体经济稳步前进。但是目前财政补贴仍旧是农村金融的主要资金来源之一，这种救济式金融扶贫方式，在短时间内能使贫困问题得到纾解，但是长期性和稳定性无法保障。这种较为单一的农村金融的发展体制机制和不可回收的金融生态环境，使得原深度贫困地区很有可能陷入“福利陷阱”，无法得到可持续的发展。[③]

从中央实施脱贫攻坚以来，金融精准扶贫政策成效显著。截至2019年年末，我国贫困人口贷款余额达到7139亿元，产业精准扶贫贷款余额有1.41万亿元，金融精准扶贫政策已带动约730万人（次）贫困人口实现增收致富。金融精准扶贫中扶贫小额信贷政策的创新运用，不仅有效解决了贫困户发展生产过程中的资金短缺问题，助推贫困户实现增收，也使得产业得到了良性发展。据统计，截至2019年底，我国发放扶贫小额信贷累计达到6043亿元，惠及贫困户1520多万户。[④] 但是金融扶贫需要联动的部门多，如政府、人民银行、银保监会、证监会、担保、保险公司等等，需要完善的金融扶贫政策体系，才能调动全金融系统集中力量攻坚，引导更多金融资源的投放，协调调动的难度很大。从实地调研的情况来看，金融扶贫主要还存在以下三个方面的问题：

一是部门地方政府总揽协调、统筹联动、整合资源的作用发挥还不够。政

① 《服务实体经济防控金融风险深化金融改革促进经济和金融良性循环健康发展》，载《人民日报》，2017-07-16：1。

② 《中共中央国务院关于抓好“三农”领域重点工作确保如期实现全面小康的意见》，载《人民日报》，2020-02-06：1。

③ 王薇、孙健：《金融支持脱贫攻坚的实证分析——基于普惠金融发展的视角》，载《武汉金融》，2018（11），66-69+8。

④ 中国人民银行：《2019年中国普惠金融发展报告》，http：//www.pbc.gov.cn/goutongjiaoliu/113456/113469/410025/index.html。

府部门政策性引导基金优势未能有效发挥，一些涉及民营或者小微企业的金融支持相关配套制度和政策还不够完善或者不能完全落实。调研发现，部门地区还未建立起信用贷款风险承担机制，政府不搭台增信，政府桥梁纽带作用没有充分发挥，导致金融扶贫资金无法充分显现其杠杆撬动作用。另外，一些地方政府往往只看眼前，关注于当前的扶贫需要，没有从长远发展角度考虑问题，造成一些金融扶贫政策和产品无法有效落实，也为金融机构增加了一些不必要风险。制定的一些金融引导政策对金融机构或者地方银行开展金融扶贫工作的参与性和积极性调动不够。

二是部分地区商业银行金融扶贫贷款投放力度仍然偏低。作为地区发展产业的重要推动因素，金融支持有力推动了原深度贫困地区扶贫工作从“输血”向“造血”的转变，但从实际调研情况看，原深度贫困地区金融扶贫贷款的投放力度仍然偏低，调研发现主要存在以下原因：第一，由于金融供给成本较高，存在“行为不经济”，所以部分金融机构主观上做原深度贫困地区金融信贷产品的意愿就不高。原因主要在于我国原贫困人口大都分布在位置偏僻、山峻沟深的地方，居住相对分散，金融需求也难以集中，并且金融需求体量不是很大，更不说形成规模效应，导致金融扶贫供给成本无法摊薄，金融机构投入大量的人力、财力、物力，但取得的收益和成本并不匹配，很多金融仅仅是因为国家和上级政策要求，被动相应、被动供给。另外由于提供金融服务需要对客户的信用和贷款业务金融风险进行评级，对一些贫困人口来说，工作单位和收入来源都不固定，金融业务接触较少，通过中国人民银行征信系统直接查阅其征信信息难度较大，给金融机构带来一定的信用和道德风险。收益和成本不匹配及风险问题都导致部分金融机构主观上形成“不想做”“不爱做”的思想。第二，部分偏远地区金融扶贫存在客观上“不会做”“不懂执行”的问题。由于偏远地区银行相关专业技术人员较少，现代化金融服务水平不高、信息化设备操作不熟练，甚至拿捏不清金融扶贫政策的具体要求，在手续、流程办理等方面获得金融产品的便利性差，“涉农贷款”的管理方式比较粗放，金融服务水平明显较低，金融扶贫力度和效果仍有待提升。第三，部分地区存在金融需求与供给不匹配的问题。从金融需求角度看，只有精准识别金融需求，才能精准利用金融服务为客户做好服务。农民的基本金融行为与信贷需求之间尚未建立应有的联系，对现行的金融精准扶贫政策和措施缺乏认知和获取的兴趣。需求不清导致银行供给产品比较单一，无法有效制定出符合农户需求的个性化金融产品。目前阶段，金融机构提供的涉农金融产品还主要是小额贷款，缺乏更多的创新性金融产品的支持，产品过于集中。

三是农村农业保险体系还不够完善。保险扶贫是保障和防范致贫返贫风险的有利手段，由于宏观经济环境变化、自然灾害的发生、产业结构的调整、因病因意外等各种原因，各个风险因素一不留神就可能演变成“灭顶之灾”。推广“防贫保险”，能长期有效地发挥风险“防火墙”“减震器”效用，增强相关人员的抗风险能力，具有“济贫”和“防贫”的重要功能。[①] 在我国脱贫攻坚中，大部分地区都实施了保险扶贫，但是保险意识还不强和保险体系还不够完善。一方面是由于农户对于保险的认知还不是很全面。保险是典型的先付费后“享受”项目，而且后期兑不兑付还要根据具体情况来决定，购买保险的好处需要在未来某个特定时点才可能体现，所以尽管对于农户来说，保险是非常有效的抵御风险措施，但考虑到成本效应和存在“侥幸心理”，部分农户主动购买保险的意愿不是很强烈。另一方面是在于完善保险体系，现有政策性农业保险存在供需失衡、补贴方式单一和补贴范围较小等问题，要加大构建与脱贫产业配套的农业保险扶贫体系，与多层次健康保障相配套的健康保险体系，与普惠金融相适应的“保险+融资”体系。

三、产业发展带动效应不足

在脱贫攻坚阶段，产业扶贫是主力军，对于减贫和区域发展都很重要，在巩固拓展脱贫攻坚成果阶段，也是实现稳定脱贫、带动农户持续增收的主要途径和长久之策。根据脱贫攻坚项目库统计数据显示，2019 年，脱贫户中享受产业扶贫支持的占 72.3%。据农业农村部数据统计，截至 2019 年底，全国参与产业发展的贫困户占比达到 92%，主要通过产业带动实现增收脱贫的脱贫人口占比 67%，产业扶贫成为脱贫攻坚“五个一批”中涉及面最广、带动人口最多的脱贫方式。实践证明，脱贫之本，在于产业；产业兴旺，致富有望。同样在巩固拓展脱贫攻坚阶段，虽然农户发家致富具有多元化路径选择，但最根本的还是产业发展。党的二十大报告指出，全面建设社会主义现代化国家，最艰巨最繁重的任务仍然在农村。坚持农业农村优先发展，坚持城乡融合发展，畅通城乡要素流动。加快建设农业强国，扎实推动乡村产业、人才、文化、生态、组织振兴。[②] 产业振兴还是

① 庹国柱、张峭：《论我国农业保险的政策目标》，载《保险研究》，2018（7），7~15 页。

② 习近平：《高举中国特色社会主义伟大旗帜　为全面建设社会主义现代化国家而团结奋斗—在中国共产党第二十次全国代表大会上的报告》，31 页，北京，人民出版社，2022。

排在首位，因此巩固拓展脱贫攻坚成果，仍要牢牢抓住发展乡村特色产业这一金钥匙，拓宽农民增收致富渠道。

习近平总书记指出，发展扶贫产业，重在群众受益，难在持续稳定。[①] 尤其是原深度贫困地区产业发展起步晚，基础还相对薄弱，产业发展带动效应的持续性和长效性还需不断探索。课题组调研发现，部分地区产业项目存在短期化、单维化、同质化问题，产业的集聚带动效应不足，一些产业还主要由政府主导，市场化运作水平不够；有些地区产业发展脱离资源禀赋和市场需求，盲目推动乡村发展民宿产业或其他非农产业，导致大量耕地被撂荒，未发挥本地资源所长，产业可持续发展困难；有的地区片面追求行业规模扩张和数量增长，加剧部分乡村产业的同质竞争和产能过剩问题。具体体现在以下几个方面：

一是在产业选择上不够科学，缺乏地域特色。有的地方简单复制先行先试地区的发展路径，不注重自身品牌、特色的打造，更不注重研究市场供求的动态变化，导致区域产业规模扩张过快，项目投产之日就是开始亏损之时。尤其是部分地区的休闲农业和乡村旅游。本身这些地区离城市较远、客流量小、消费能力也较弱，投产的休闲农业产业项目投资大、见效慢、投资回收期长，其服务质量、消费体验和特色品位也不够，难以形成文化和旅游吸引力，也难以形成对农业提质增效的带动效应。尤其是受到疫情的影响，一些本就缺乏地方特色的乡村旅游产业、民宿产业都处于失败边缘。产业发展不科学，缺乏发展潜力，导致本应造血的产业还需要不断地输血才能维持，这显然是不可持续的。发展产业不是简单的复制和盲目的跟风，需要坚持因地制宜、量体裁衣、综合考量科学选择标准，既要考虑短期产出效益，又要兼顾长期可持续。

二是产业发展存在同质化倾向，部分产品产能过剩。比如说种猕猴桃，到处都种猕猴桃，比如说发展乡村旅游，到处都是有着雷同的旅游体验乡村旅游产业。这样带来的问题就是产业本身只能勉强维持没法盈利，另外一窝蜂地跟风建设，可能对生态环境也会造成不良影响，抑或造成资源的浪费。以种植业为例，2000 年我国茶叶、水果产量分别为 6.83 亿公斤和 622.51 亿公斤，2019 年分别增加到 27.77 亿公斤和 2740.08 亿公斤，19 年间分别增加了 3.07 倍和 3.40 倍，年均递增 7.7%和 8.1%。从 2000 年到 2019 年，按年末人口计算，我国人均茶叶产量由 0.54 公斤增加到 1.97 公斤，水果产量由 49.13 公斤增加到

① 《习近平在陕西考察时强调扎实做好“六稳”工作落实“六保”任务奋力谱写陕西新时代追赶超越新篇章》，载《人民日报》，2020-04-23：1。

194.33公斤。而且在这些产品中，多数出口比例并不高。2019年蔬菜贸易顺差尚有145.4亿美元，水果贸易逆差却达29.1亿美元。随着产业规模的扩张和数量的增长，许多乡村产业包括特色农业大而不强的问题迅速凸显。

三是三产融合程度较低，产业链条短，造成产品附加值低，缺乏市场竞争力。由于原深度贫困地区均属于欠发达地区，产业发展多以种植业、养殖业等第一产业为主，第二、三产业比重低，缺乏产品加工和销售的链条，产业层次低端，产品附加值低，产品品种结构十分单一，产业竞争力不强。推动农村一二三产业融合发展，这是现代农业产业化建设必须坚持的主要方向，原深度贫困地区绝不能仅满足于种养殖为主的农业，要向产业的产前（如育种、育苗等）、产业的产后（如加工、仓储保鲜、物流、销售）等环节延伸，打破固有产业的边界和壁垒，丰富乡村经济业态，拓展农民增收空间，形成新的产业发展模式和业态，实现从单维发展到多元融合的转变。

四是扶贫产业投入资金权属不清、扶贫效益不高。比如西藏米林县可心农业发展有限公司，政府投资844.7万元，缺乏具体的产权归属，仅带动13户贫困户，带来直接扶贫受益仅包括每年1—5万元慰问金和每户每年6000元分红。844.7万元的扶贫投入，产生直接扶贫受益仅为13.8万元。[①]

五是村集体经济名存实亡现象突出，村一级无集体经济组织、无收入来源、无经营性资产、无可持续性发展项目的“四无”现状或多或少存在。很多村集体经济来源于政府行政主导而非市场经济规律，例如将政府投入的发展村集体经济资金直接入股某个帮扶企业，由企业定期分红返还再作为村集体经济收入；有的地方村集体经济收入主要来源于征地拆迁收入，“靠地吃饭”成了最重要的村集体经济收入来源，这些都只能带来短期效益，很难得以持续。

第三节　社会发展程度偏低，可持续发展保障不足

一、受教育程度偏低，人力资本积累不够

据国务院新闻办公室发布的就业扶贫有关工作情况介绍，在脱贫攻坚中，

① 陈祖海、柳长毅等：《财政扶贫资金投向分析与政策研究》，209页，武汉，湖北人民出版社，2021。

90%以上建档立卡贫困人口得到了产业扶贫和就业扶贫支持，三分之二以上主要靠外出务工和产业脱贫，建设的32688个扶贫车间吸纳贫困人口家门口就业43.7万人；培育贫困村创业致富带头人41万多人，创办领办各类经营主体21.4万个，带动406万贫困人口增收；开发保洁、保安、造林绿化、助残、托幼等各类公益性岗位，兜底安置贫困人口496.3万。[①] 习近平总书记指出，一人就业，全家脱贫，增加就业是最有效最直接的脱贫方式。[②] 就业扶贫虽取得了巨大成就，但仍然存在由于受教育程度低导致脱贫人口就业能力不足、就业稳定不够、劳动力素质状况与就业需求不匹配等问题。

从全国第七次人口普查数据来看，云南、西藏、贵州、甘肃等地区每10万人口中受教育程度在大专及以上的在11%左右，低于全国15.4%的平均水平，比之北京上海差距更是明显，不到其三分之一。受教育程度在小学以下更是比重很大，尤其是西藏，占比达34%左右，也就是说每10个人里面就有3—4个人没上过学，没接受到学历教育（见表10-8）。

表10-8　部分地区每10万人口中拥有的各类受教育程度人数统计

地区	全国	北京	上海	云南	西藏	贵州	甘肃
大学（大专及以上）	15467	41980	33872	11601	11019	10952	14506
高中（含中专）	15088	17593	19025	10338	7051	9951	12937
初中	34507	23289	28935	29241	15757	30464	27423
小学	24767	10503	11929	35667	32108	31921	29808
小学以下	10171	6635	6239	13153	34065	16712	15326

数据来源：国家统计局第七次人口普查。

脱贫人口总体存在着就业难、就业竞争力弱、就业不稳定的问题，当然这里面有一部分原因是就业政策不完善、管理体制不健全等这些外部因素，但是主要原因还是在于原深度贫困地区就业人口普遍受教育程度低、本身综合技能不够。在调研中发现，原深度贫困地区中脱贫人口劳动力无技能者或职业技能单一者居多，因科技文化水平低，甚至是不会使用国家通用语言文字，导致家庭劳动力转移就业少，在家务农的多，这种情况在新疆阿克苏地区尤为普遍。

① 国务院新闻办公室：《国务院新闻办发布会介绍就业扶贫实施有关工作情况和主要成效》，http：//www.gov.cn/xinwen/2020-11/19/content_ 5562757.htm。

② 中共中央党史和文献研究院：《习近平扶贫论述摘编》，北京，中央文献出版社，2018。

另外，调研发现，脱贫人口劳动力培训意愿不强，部分农户表示培训内容听不懂，或者与实际需求有一定差异，培训效果没有立竿见影，所以参训热情不高，本身受教育程度低，接受后期培训的意愿又不强烈，导致部分农户走进了“就业创业不稳定—参训不积极”的怪圈。

文化程度偏低使贫困地区农村牧区劳动力转移培训比较困难，思想保守陈旧，对新生事物的接受能力差。文化知识的匮乏特别是与本村以外群众基本交流能力的欠缺，限制了部分有意愿摆脱贫困的人口通过外出务工或者是从事更为现代的农牧业生产的可能，压缩了他们收入的潜在提升空间。① 事实上，根据国家统计局按家庭成员最高文化程度分组处理得到的农村地区常住居民收入情况（见图 10-4），可以直观地发现随着家庭成员受教育程度的增加，农村地区常住居民的人均可支配收入有着明显的提升，且收入构成中工资性收入更高，转移支付收入更低，收入结构更加合理，抗风险性与自我增长能力更强。

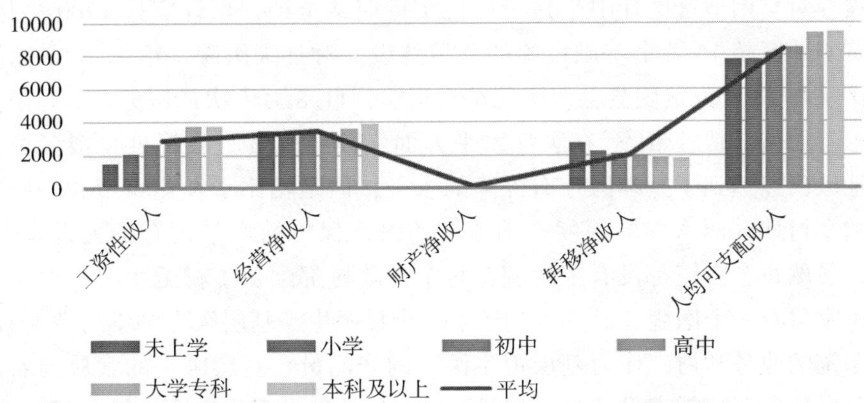

图 10-4　2016 年按家庭成员最高文化程度分组的农村地区常住居民收入（单位：元）

数据来源：国家统计局农村贫困调查。

阻碍原深度贫困地区巩固拓展脱贫攻坚成果的另一个因素就是人力资本积累不够。人才难以招进来，或者招进来了留不住，抑或是留下来了上不去最终还是选择离开。原深度贫困地区多处于地理位置相对偏远、自然环境相对较差、基础设施相对不健全的地区，且存在发展机会受限、持续发展空间不足等问题，使得人才难以招进来。另外就是乡村基层工作繁复冗杂，琐事多，工作强度相

① 国家统计局住户调查办公室：《中国农村贫困监测报告 2017》，北京，中国统计出版社，2018。

对较大，但是工资待遇却不高，虽现在政策已有倾斜但毕竟有限，使得人才们选择“逃离乡村基层”，人才引进来了也留不住；另外乡村基层人才学习深造机会较少、培训形式内容单一，造成基层人才个体素质发展较慢，发展空间小、晋升渠道不够通畅，使得留下来的人才发展受限。调研发现，原深度贫困地区中的Z州州扶贫办（现改为乡村振兴局）91名干部中，仅有2人为硕士研究生学历，其余均为本科及以下学历，其中大专学历的占到50%以上。此外，像一些村卫生室房屋陈旧、设备短缺，执行环境差、没有辅助检查设备等，导致乡村医生执业风险很高，这都进一步加剧了专业人才的流失。[①]

二、社会保障水平偏低

据国家卫健委发布会显示，党的十八大以来，中央财政累计投入资金1.4万亿元，同口径年均增长11.6%。支持脱贫攻坚任务重的25个省份卫生健康事业发展，对贫困地区医疗卫生建设项目实行应纳全纳，累计安排1700多亿元，支持贫困地区超15万个基础设施的项目建设。对县级医院，组织1007家城市三级医院与1172家贫困县县级医院结对帮扶，11.8万人次的医务人员蹲点基层服务，着力传、帮、带。[②] 在医疗水平方面，按照脱贫验收标准，很多原深度贫困地区已经达到了基本医疗有保障的水平，但是相比于发达城市和一些发展较好的乡村地区而言，原深度贫困地区的医疗保障的水平还有很大提升空间。例如，虽然每个乡镇都设有卫生院，每个行政村都配备了村卫生室，但是一般村卫生室只有一个医生，而且可能还不是全科医生，基层医生的学历普遍较低，缺乏系统的业务学习，作为基层卫生医疗的守门员，基层医生的素质与农民群众日益增长的医疗需求显然是不相匹配的。另外就是卫生室医疗设备相对缺乏，无法进行辅助检查，这些都限制了紧急救治作用的发挥。而且课题组调研了解到，一些村卫生室的主要功能就是出售简单日常药品和提供一些慢病性管理以及宣传一些基本医疗知识，这在一定程度上满足了人们日常的医疗需求，但是面对需要采取紧急医疗措施的急重症患者，显然还有很大的不足。

教育扶贫是“拔穷根”、防止贫困代际传递的根本政策之一，在教育方面，原深度贫困地区控辍保学成效显著，义务教务均有保障。党的十八大以来，全

① 邓婷鹤、聂凤英：《后扶贫时代深度贫困地区脱贫攻坚与乡村振兴衔接的困境及政策调适研究——基于H省4县17村的调查》，载《兰州学刊》，2020（8），186~194页。

② 申少铁：《贫困人口基本医疗有保障》，载《人民日报》，2020-11-21：3。

国累计改造贫困地区义务教育薄弱学校 10.8 万所；800 多万名贫困家庭初高中毕业生接受职业教育培训，实现“一人就业，全家脱贫”；教育帮助无数家庭战胜贫困、改变命运，为阻断贫困代际传递、全面建成小康社会作出了历史性贡献。但相比发达地区，原深度贫困地区的教师队伍专业水平还是有很大差距，教育质量有待提高。教育部 2020 年教育统计数据显示，从学历层次上看，普通高中专任教师中北京地区研究生学历毕业的占比为 34.56%，上海为 28.04%。而云南、西藏、贵州等地该项指标占比均为 5%到 6%左右。副高及以上职称教师人数北京地区占比达到 40.03%，西藏只有 15.25%，贵州也只有 22.44%。从上述数据就可以看出，原深度贫困地区教师队伍相对薄弱、专业化程度也相对较低，使得其教育水平长期处于低洼地带。还有一些地区音乐、美术、体育、计算机技术等学科教师短缺，结构性缺编的问题长期存在，对于当地教育的全面发展造成了极大的制约。

表 10-9　部分地区普通高中专任教师学历、专业技术职务情况

地区	北京	上海	云南	西藏	贵州
总教师人数	21013	19042	72991	6080	69086
研究生学历教师人数	7281	5340	3839	406	4068
占比	34.65%	28.04%	5.26%	6.68%	5.89%
副高及以上职称教师人数	8412	5679	21228	927	15502
占比	40.03%	29.82%	29.08%	15.25%	22.44%

数据来源：中华人民共和国教育部 2020 年教育统计数据。

此外，学前教育（0—6 岁）作为基础教育的有机组成部分，是个人教育和成长的根基，同样也面临着发展不均衡和不充分的问题。根据教育部 2019 年教育统计数据，2019 年全国共有幼儿园 28.12 万所，在园幼儿 4713.88 万人，这其中民办幼儿园 17.32 万所，占比为 62%，民办幼儿园在园幼儿 2649.44 万人，占比为 56%，学前教育中民办幼儿园占比过高，公办幼儿园比例不到 40%。处于乡村地区的幼儿园总计 9.86 万所，其中民办幼儿园有 4.24 万所。[①] 尤其是公办性普惠性学前教育资源的覆盖率低，财政投入不足、监管力度不够使得学前

① 教育部网站：《2019 年全国教育事业发展统计公报》，https://www.gov.cn/xinwen/2020 05/20/content_ 5513250.htm。

教育入学难、入学贵问题凸显。

三、社会制度、帮扶政策待跟进

一是如何进一步发挥制度优势，撬动社会资本发挥杠杆作用功能。共同富裕基于共同奋斗，政府主导作用毋庸置疑，但更需要社会各界的广泛参与，需要人人参与、人人尽力，这样才能实现人人享有。在我国脱贫攻坚阶段，中央及省级政府每年以财政专项扶贫资金、易地扶贫搬迁资金、扶贫贴息贷款等形式向各贫困县投入了大量扶贫资金。据《人类减贫的中国实践白皮书》数据统计，脱贫攻坚以来，中央、省、市、县各级财政专项扶贫资金累计投入额度达1.6万亿元，其中中央财政累计投入6601亿元，减贫人口9899万人，也就是说，助力一个贫困人口脱贫仅一般转移支付投入额度就得16163元。以四川凉山州为例，据统计，2016—2019年各级财政累计投入凉山州的扶贫专项资金总计581.58亿元、脱贫攻坚一般债券44.59亿元、易地扶贫搬迁债券及贷款158.39亿元、东西部扶贫协作（佛山）援建资金15.73亿元。[①] 由此可见，财政资金“四两拨千斤”“小钱撬大钱”的杠杆作用还没有得到发挥，财政资金的带动作用和撬动的杠杆效应还没放大，如何通过财政资金为社会资本进入涉农领域创造良好环境，使得资本效用得以成倍放大是巩固拓展脱贫攻坚成果阶段的重要议题。

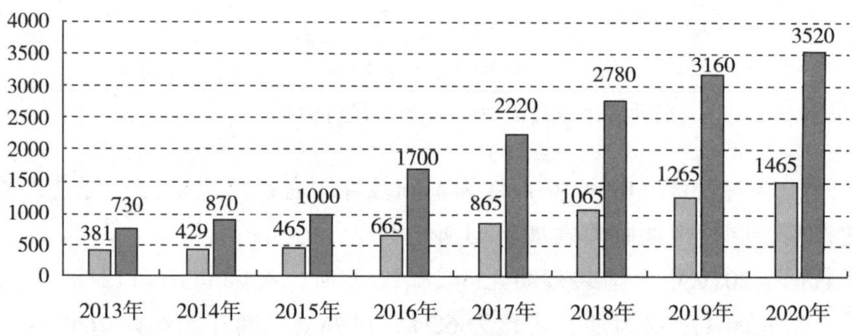

图 10-5　脱贫攻坚以来财政专项扶贫资金投入情况（单位：亿元）

数据来源：《人类减贫的中国实践白皮书》。

① 张克俊、杜婵：《后全面小康社会我国贫困治理的任务变化与政策转型》，载《中州学刊》，2020（10），40~47页。

二是东西部协作与对口支援模式有待进一步优化和完善。在我国改革开放的历史进程中，东西部协作孕育形成并在具体实践中不断地调整完善。自1978年党中央提出对口支援和1996年提出东西部扶贫协作以来，从1994年的《国家八七扶贫攻坚计划》到2016年中共中央办公厅、国务院办公厅印发《关于进一步加强东西部扶贫协作工作的指导意见》，东西部协作的区域变得越来越广泛，协作的程度也进一步加深，相关制度也日趋规范与完善。在脱贫攻坚阶段，为了消除绝对贫困，东西部协作与对口支援更多表现为单向援助，具有一定行政强制性色彩，帮扶双方的协作发展和双向奔赴较为缺乏，有效的互动和反馈机制也还不完善。现阶段如何推动更加广泛的双边发展协作、形成双赢的发展格局和长久的合作机制成为主要挑战。因此需要探索如何实现双方的产业互补、双利双赢，进一步有效激发帮扶双方的内生动力、实现劳务输出输入地的供求对接。另外就是如何在政府引领的同时，充分发挥市场在资源配置中的决定性作用是巩固拓展脱贫攻坚成果的后续重要考量。

第四节　历史文化因素影响，自我发展动能不足

一、市场观念转变需要过程

习近平总书记在全国脱贫攻坚总结表彰大会上指出，“志之难也，不在胜人，在自胜”。[①] 这说明激发贫困群体的主观能动性，提升其消除贫困的内生动力，实现可持续性发展的重要性。脱贫必须摆脱思想意识上的贫困，把各族群众对美好生活的向往转化成脱贫攻坚的强大动能，实行扶贫和扶志扶智相结合，既富口袋也富脑袋，引导贫困群众依靠勤劳双手和顽强意志摆脱贫困、改变命运。

在原深度贫困地区，大多数贫困农民家庭以务农为主，以此作为生计和生活的来源。但由于受自然环境和技术条件的限制，所付出的劳动与收入不成正比，农作物庄稼所得大多只能维持基本温饱。同时，由于自然环境相对封闭，很多农户与外界交往交流较少，外出打工一方面担心自身文化水平不高，怕被骗；另一方面习惯了自主劳作、自主安排的农户也不愿意被外出务工相对严格的上下工时间和管理制度所约束。其实在我国改革开放以后，很多地区都

① 《全国脱贫攻坚总结表彰大会在京隆重举行》，载《人民日报》，2021-02-26：1.

逐渐转变了以务农为主导的生计模式，通过务农结合务工或者经商这些多样化的收入来源，已经实现了家庭发展资源的有效积累。这种打破自我封闭，积极融入市场观念上的转变，不仅使得农民家庭的生计模式更加多样，同时也增强了家庭的经济韧性。而在原深度贫困地区，这一市场观念的转变过程相对较为缓慢。

马克思主义认为，人是一切社会因素中最关键的因素。人是生产力要素中的主力军，能够起到决定性作用，人的主观能动性的发挥能有效促进社会生产力的发展，因此不断转变思想观念，积极投身市场，同时提升人力资本质量，是巩固脱贫攻坚成果、实现乡村振兴的重要途径。有学者就曾指出，原深度贫困地区受历史文化因素的影响，人的思想受到固化，发展历程的阶段性不同，需要重构与社会主义新发展相适应的现代思想观念体系。[①] 首先是需要培育农户的市场理念，一方面要长期发展教育，尤其是专业知识技能培训教育，通过教育引导思想观念的转变，提高农户的专业技能基础和文化程度；另一方面是要通过农户自我实践，如打工、经商等途径逐步去了解和认识市场经济的规则，初步掌握在市场中独立生存的基本技能。另外不断加强人力资本市场的交流，这对于弱化淡化脱贫人口的“等、靠、要”思想具有积极作用。

二、国家通用语言普及率较低

习近平总书记曾指出：“语言相通是人与人相通的重要环节，语言不通就难以沟通，不沟通就难以形成认同。”[②] 语言具有作为人力资本特征的经济属性。在经济活动中，使用通用语言进行无障碍交流，有助于形成市场规模效应，降低交易成本，对促进国家经济发展和提高个人收入水平都具有重要作用。原深度贫困地区为少数民族集中地区，普通话普及率较低，语言交流障碍也已成为脱贫的主要障碍之一。普通话作为我国的国家通用语言，其普及与推广有助于加强民族贫困地区与外界的交流与沟通，使贫困群众尽快融入到全国一体的经济大潮中。

1972 年，普尔（Pool）分析了 133 个国家 1962 年前后国内人均生产总值与语言使用状况的关系，得出这样的研究结论：“一个语言极度分散的国家，总是

---

① 刘成良：《转型性贫困、多维贫困问题与中国的扶贫能力转型》，载《东方学刊》，2020（1），10~20 页。

② 国家民族事务委员会：《中央民族工作会议精神学习辅导读本》，北京，民族出版社，2015。

不发达或是半发达的；而一个高度发达的国家，语言总是具有高度的统一。”①党的十八大以来，以习近平同志为核心的党中央高度重视语言文字工作，一系列文件、工程相继出台和实施，标志着语言文字事业的规划和路线图逐步变成现实：从2012年《国家中长期语言文字事业改革和发展规划纲要（2012—2020年）》的发布到2018年《推普脱贫攻坚行动计划（2018—2020年）》的印发，语言文字事业蓬勃发展。根据教育部举办的“教育这十年”系列发布会第六场报告显示，仅2019年针对重点人群加强普通话培训，中西部12个省份参加培训教师达46.3万人次，青壮年农牧民达195.8万人次，基层干部达21.3万人次。十八大以来，十年间，全国普通话普及率从70%提高到80.72%。虽然语言文字事业改革发展成就显著，但仍有占全国五分之一的人口尚未学会使用国家通用语言，且地区差异、群体差异显著。就“三区三州”而言，截至2020年普通话普及率才61.56%，还达不到全国十年前的平均水平。② 因此在原深度贫困地区提升国家通用语言水平和应用能力任务重，难度大，具有“攻坚”和“巩固提升”的双重任务。

课题组调研发现，青海省贵德县在脱贫攻坚开展扶贫易地搬迁工作中就因当地少数民族群众不具备国家通用语言听说能力，而遇到了无法安置就业的问题，存在“搬得出、稳不住”的风险隐患。因搬迁移民均为藏族和蒙古族，大部分不会讲普通话，即使是清洁工等公益性岗位，也因无法听懂工作指令而不能上岗。内蒙古科右中旗是国家扶贫重点县，蒙古族人口占86%以上，外出务工经商人员少，增收缓慢。当地干部说，内蒙古西部地区60%—70%劳动力外出打工，而他们那里只有10%，主要原因就是语言不通。③ 语言交流障碍会形成“语言不通—无法交流、故步自封—工作机会变少—个人收入难以提升”的恶性循环，增加巩固脱贫攻坚成果的难度。

语言通，经济行。因此在原深度贫困地区推广普及国家通用语言文字，从个人层面上看有利于促进交往交流，从而提高个人知识能力和技术水平，进而增加就业创业机会实现持续增收；在地区层面也有利于促进资源要素流动、社会交往区域联系畅通，有利于加快现代化建设步伐，让各族群众共享现代化发展成果；从国家宏观层面看，更是构建中华民族共有精神家园，提高国家文化

① 李宇明：《语言扶贫问题研究》（第一集），3页，北京，商务印书馆，2019。

② 中国教育部网站，http：//www.moe.gov.cn/jyb_ xwfb。

③ 李瑞华：《从国家通用语言的经济价值看民族地区推普脱贫的时代意蕴——基于“三区三州”贫困特征的分析》，载《青海师范大学民族师范学院学报》，2021，32（1），26~32页。

软实力，加快推进教育现代化进程的重要利器。

三、自我发展能力不足

现阶段，物质贫困已经极大缓解，但是能力贫困问题的治理不是一蹴而就的。个人综合能力的提升是农户摆脱贫困的关键，也是其实现可持续脱贫致富的法宝。在脱贫攻坚阶段，通过党中央统揽全局，协调各方，广泛动员，政府主导、市场引领、社会协同发力的多元扶贫局面已然形成。中央和地方不断投入财政资金支持，东西部协作、定点帮扶、对口支援等政策措施有效实施，极大提升了原深度贫困地区的基础设施建设水平、基本公共服务水平和区域性发展水平。潘秀珍和周济南在广西沿边地区调研时发现，在经济、教育、医疗、产业、生态、旅游等帮扶措施中，资金帮扶和政府兜底比重均超过了30%。[①]换句话说，在一些原深度贫困地区，外部帮扶成为很多脱贫人口生计资本的重要来源。这种外部嵌入式扶贫，在短期内能够快速带动贫困群众脱贫致富，但是其自我“造血”功能还没有很好形成，自我发展的能力还没有得到有效提升。很有可能出现外部帮扶政策中止或减少，脱贫人口返贫的状况。

现阶段，由于原深度贫困地区就业机会有限，外出打工成为农户脱贫致富的一个重要手段，但受限于较低的文化知识水平和单一的劳动技能，很多原深度贫困地区外出务工人员从事的都是比较低端的服务业，就业岗位主要集中在低端劳动市场，就业的低层次使得生计保障水平不高，这些现实状况都导致容易出现相对贫困问题。因此，在巩固拓展脱贫攻坚成果阶段，帮扶重心要转变到提高脱贫人口个人的发展能力上来。个人能力提升相比于短期帮扶致富，更为复杂，需要更长期、更系统的过程才能实现。

第五节　生态扶贫矛盾凸显，易地搬迁增收有困难

一、生态保护存在薄弱环节

习近平总书记指出：“绿水青山就是金山银山。”生态保护与脱贫攻坚，一

① 潘秀珍、周济南：《广西沿边地区精准脱贫效果持续性的阻碍及策略分析》，载《广西民族研究》，2019（1），148~156页。

头连着绿水青山，一头连着金山银山。近年来各地扶贫攻坚在绿色发展的理念指导下，实行退耕还林还草政策，开展风沙治理工程、水土保持工程，采取封山禁牧等保护措施，引导培育生态农业、生态产业，生态环境修复效果明显，人民群众增收效果显著，实现了脱贫攻坚和生态文明建设同步增收增绿的双赢。但是调研走访发现，生态保护和巩固脱贫攻坚成果有待深入结合。例如，农村传统规模畜禽养殖与水质污染、土壤污染的关系如何处理，封山禁牧与养殖脱贫如何兼得，需要进一步研究。有的地方注重农业发展，但是废弃农膜残留地里、缠绕树丛，造成“白色污染”严重；有的地方倡导发展农家生态旅游、推广农家乐，但基础设施不完善、农户环保意识薄弱、行业监管不到位，农家乐的废水、废气、油烟、生活垃圾成为了新的污染源，“饭菜飘香、厕所臭脏”。

一些地方绿色发展理念树立不牢，保护为发展让路的思想和做法依然存在。为了追求短期利益，不顾生态环境保护，或片面追求资源开采效益，或违规分配资源，挤占生态保护资源，造成生态功能区退化严重。据国家生态环境部近年案例通报，贵州某市违规建设氰化尾矿库，环境风险隐患突出；甘肃某公司企业不按规划开采、弃渣乱堆乱放、废水乱排污染环境等问题较为严重，矿山整治修复工作进展迟缓，生态环境破坏问题长期未得到解决；新疆某地水资源管理不力，水资源违规分配，流域违法取水问题多发，挤占生态用水，流向生态功能区的河道长期断流，部分生态功能区退化严重。探索适应绿色发展要求、坚守生态环保底线、在发展生产的同时保护环境、治理遗留的生态环境问题，发挥其在巩固拓展脱贫攻坚成果中的作用，成为当前摆在部分地方政府面前的难题。

因此，进一步巩固和强化生态保护思想观念，牢牢树立“保护生态环境就是保护生产力，改善生态环境就是发展生产力”的发展理念，在保护生态环境前提下持续增收、在经济发展基础上实现环境保护，是原深度贫困地区可持续发展的必由之路。

二、生态产品价值转化有难度

生态产品价值的实现是“绿水青山”转化为“金山银山”之间的桥梁，生态要素经济价值的充分挖掘，使生态成为重要的生产要素，变得跟农产品、工业产品和服务产品一样具有经济效益，生态产品价值实现才能让良好生态环境成为经济社会可持续发展的有力支撑。部分地区先行先试，重塑理念、重构机制，让生态产品的价值充分显现，将生态优势转变为乡村振兴的产业优势，让土地上长出“金元宝”，让生态产业变成“摇钱树”，实现GEP向GDP高效率、高质量转化。中共中央办公厅、国务院办公厅也于2021年4月出台《关于建立健全生态产品价值实现机制的意见》（下称《意见》），设计了“1+6”的制度框架，构建了生态产品价值实现机制的“四梁八柱”，为各地区探索生态优先、绿色发展的新路子提供了根本遵循。

《意见》刚刚出台，可见生态产品价值实现是一项创新性工作，政策空白多、推进难度大，需要大胆探索，也离不开政府、企业、农民专业合作社、个人、金融资本和社会组织多元主体参与和配合。从实地调研情况来看，原深度贫困地区生态产品价值的高效实现还存在一定困难，主要受制于以下几个方面：一是政府职能有待转变，生态产品价值转化政策框架设计不完善。部分生态保护红线生态补偿中各利益相关者的权责利关系不明晰，资源税费改革不到位，生态保护补偿立法工作还相对滞后；二是经济社会发展水平相对落后，交易市场发育滞后，产品价值核算方法不统一、可比性差，科学性估值、标准化定价的缺失导致从生态资源到生态资产的转化变现缺少依据，产品价值实现缺乏基础；三是多元参与的不足，生态农副产品同质化严重。单一的产品价值转化路径导致同质化竞争难以避免，生态产品的溢价空间压缩，因此丰富生态产品转化模式、拓展价值实现路径、发挥其应有的经济价值、生态效益与可持续脱贫效果尚待进一步挖掘。

三、易地扶贫搬迁持续增收存在一定困难

易地扶贫搬迁是“十三五”脱贫攻坚期间的“头号工程”和“标志性工程”，也是帮助贫困群众彻底实现“挪穷窝”“换穷貌”“改穷业”“断穷根”的最有效、最彻底的途径之一。2020年12月3日，国新办就易地扶贫搬迁工作情况举行发布会指出：“十三五”期间，累计投入各类约6000亿元用于易地扶贫搬迁，全国累计建成集中安置区约3.5万个，建设安置住房266万多套，总建筑面积2.1亿平方米，人均住房面积20.8平方米，使近1000万生活在“一方水土养不好一方人”地方的贫困人口实现脱贫。①

脱贫攻坚阶段“搬得出”这前半篇文章做好了，广大贫困搬迁群众从以往居住的土坯房、茅草房、杈杈房、土窑洞、危旧房，搬进了宽敞明亮、结构牢固、功能齐全、分区合理、干净整洁的新房，但是能否“稳得住”，并确保

① 赵展慧：《易地扶贫搬迁任务全面完成》，载《人民日报》，2020-12-04：1。

“能致富”“能融入”则面临严峻的挑战，如搬迁后的可持续生计问题、社会融入问题、社区管理问题等都还是短板。同时，集中安置的社区，必然会带来服务资源的紧张，安置人口来自不同的村镇，且享受低保的人员居多，如果采用常规化管理模式，将面临诸多困境。围绕安置人口持续增收的问题，如何提高其发展能力和致富能力，使他们长久安定地居住下来，因没有统一的模式，相关工作方法还需因地制宜，需要探索，这远比初期的统一搬迁难得多。

课题组调研走访的甘肃临夏回族自治州东乡县，其易地扶贫搬迁，绝大部分都是集中安置，东乡县达板易地搬辽集中安置点位于洮河岸边，占地2000余亩，围绕搬迁群众好就业、好就医、好就学、好办事、好生活“五好”目标，切实加大安置点教育、医疗、文化等民生需求配套供给。就业方面，通过政府注入担保基金、引导输出等方式，继续加大餐饮劳务输出力度，确保有能力有技术的搬迁户能实现创业就业；就近开发更多的公益性岗位，如保洁员、护林员、物业管理员等优先吸纳搬迁户中就业能力较弱的群体；通过生态补偿、土地流转等方式，着力解决搬迁户原有土地的收入问题，确保原有土地效益最大化，持续增加搬迁户收入；对搬迁户中的老弱病残进行政策兜底扶贫，确保这部分搬迁户能稳定生活。但搬迁人口的重新就业问题并未完全解决，搬迁后续可持续发展任务依然繁重。搬迁人口大多自身素质不高、文化水平较低，基本只能从事劳动密集型企业的简单生产，加之近年受新冠肺炎疫情影响，经济下行压力较大，安置点就近的“扶贫车间”或“卫星工厂”可容纳的就业人口十分有限。因此，易地移民搬迁人口就业的稳定性不足，存在较大的返贫风险。

第十一章　巩固脱贫攻坚成果与乡村振兴有效衔接的建议

2018 年 2 月，《中共中央、国务院关于实施乡村振兴战略的意见》中正式提出“做好实施乡村振兴战略与打好精准脱贫攻坚战有机衔接的工作”[①]，之后每年，中央一号文件、政府工作报告等文件都一再强调“脱贫攻坚与乡村振兴衔接”的重要性。2020 年 10 月，中国共产党十九届五中全会提出，要实现巩固拓展脱贫攻坚成果同乡村振兴有效衔接，继续坚持优先发展农业农村，全面推进乡村振兴。[②] 习近平总书记在 2021 年 2 月 25 日全国脱贫攻坚总结表彰大会上指出：“要切实做好巩固拓展脱贫攻坚成果同乡村振兴有效衔接各项工作，让脱贫基础更加稳固、成效更可持续。”[③] 2022 年 10 月，党的二十大报告指出：“巩固拓展脱贫攻坚成果，增强脱贫地区和脱贫群众内生发展动力。”[④]

脱贫攻坚成果同乡村振兴的有效衔接是我国“十四五”时期的重要使命。就目前来说，中国正面临一个重要的政策交汇期，即在巩固脱贫攻坚成果的同时与乡村振兴进行有效衔接。巩固脱贫攻坚成果与乡村振兴有效衔接是党中央对我国未来农村工作以及乡村振兴工作进行的战略性部署和重大制度安排，也是原深度贫困地区持续、稳定脱贫，参与到新时代实现中国式现代化伟大进程的重要实践探索。

巩固原深度贫困地区脱贫攻坚成果与乡村振兴有效衔接是一个多层次、多领域、多视角的综合概念。一方面，如何做到将巩固脱贫攻坚成果同乡村振兴有效衔接统一协调地整合到实现两个一百年奋斗目标的体系中，是接续推进脱

---

① 《中共中央国务院关于实施乡村振兴战略的意见》，载《人民日报》，2018-02-05：1。

② 《中共中央关于制定国民经济和社会发展第十四个五年规划和二〇三五年远景目标的建议》，载《人民日报》，2020-11-04：1。

③ 《习近平在全国脱贫攻坚总结表彰大会上的讲话》，载《人民日报》，2021-02-26：1。

④ 习近平：《高举中国特色社会主义伟大旗帜为全面建设社会主义现代化国家而团结奋斗》，载《人民日报》，2022-10-26：1。

贫地区发展的必然要求，更是丰富发展中国特色社会主义发展理论体系的必然要求。另一方面，有效衔接应把握消除绝对贫困与乡村振兴的正确方向，在牢牢巩固和拓展脱贫攻坚成果的基础上，完善农村问题的实际解决路径，为乡村振兴工作注入新的内容。

进一步巩固原深度贫困地区脱贫攻坚的重要成果，不断提升其自身发展能力、增强内生动力，坚决守住不发生规模性返贫的底线；同时，做好与乡村振兴战略的有效衔接和协同推进，解决我国不平衡不充分发展问题、促进实现全体人民共同富裕和中国式现代化，需要我们对巩固脱贫攻坚成果与乡村振兴有效衔接的内在逻辑、作用机制进行剖析，提出合理适用的对策建议。

第一节　巩固脱贫攻坚成果与乡村振兴有效衔接的内在逻辑

贫困是一个世界性难题，贫困循环是指处于贫困状态的个人、家庭、群体、区域等主体或单元由于贫困而不断地再生产出贫困。[①] 作为原深度贫困地区，“三区三州”的绝对贫困在于贫困面大、贫困程度深、扶贫成本高、脱贫难度大、成果巩固难，绝对贫困虽然已经消除，但相对贫困依然长期存在。因此，巩固跨越成果的主战场依然是原深度贫困地区，乡村振兴全面推进的主战场也在原深度贫困地区。新发展阶段，原深度贫困地区巩固脱贫攻坚成果与乡村振兴有效衔接具有历史必然性、战略紧迫性和可持续发展性。

一、巩固脱贫攻坚成果与乡村振兴有效衔接的历史必然性

巩固脱贫攻坚成果目的在于稳定实现贫困人口“两不愁三保障”，确保中国现行标准下农村贫困人口摆脱绝对贫困，解决区域性整体贫困问题，为实现全面建成小康社会提供保障。乡村振兴以巩固脱贫攻坚成果为基础，巩固和深化脱贫攻坚成果，进一步丰富、深化“三农”工作重点，在消除绝对贫困的前提下，化解中国现阶段发展不平衡不充分的主要矛盾，缓解发展过程中必然出现的相对贫困问题，到2050年实现乡村全面振兴和社会主义现代化，最终实现共同富裕。消除贫困、改善民生、逐步实现共同富裕，是社会主义的本质要求，

① 马尔萨斯：《人口论》，郭大力，译，北京，北京大学出版社，2008。

是我们党的重要使命。[①] 新发展阶段，巩固拓展脱贫攻坚成果是“贫困—小康—富裕”的必然结果，是新形势下由“全面建成小康社会”到“实现共同富裕”的目标转化。脱贫攻坚和乡村振兴战略均不是凭空想象而来的产物，其中既包含了中国乡村建设百年探索的历史经验继承和总结，也包含了对各时期理论的吸收和发展，两大战略思想的产生有着深刻的历史渊源。[②] 中共中央在“十四五”规划建议中特别强调要“扎实推动共同富裕”，并首次将“全体人民共同富裕取得更为明显的实质性进展”作为远景目标列入党的全会文件。因此，巩固脱贫攻坚成果与乡村振兴有效衔接存在着历史必然性。

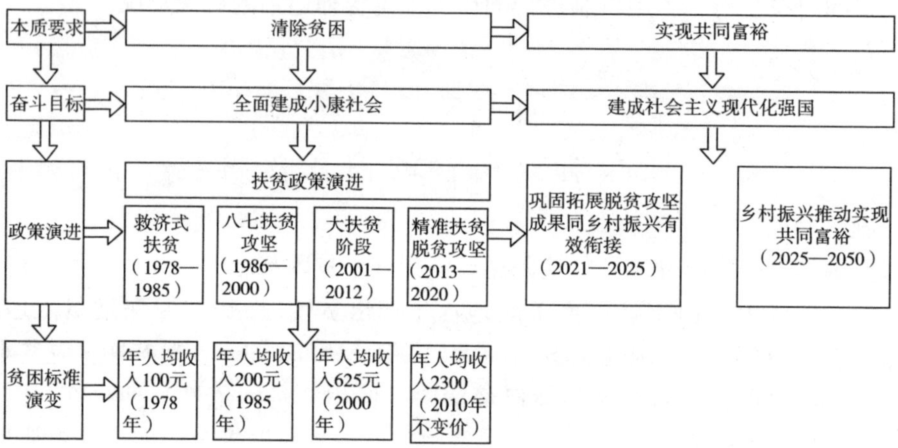

图 11-1　改革开放以来奋斗目标历史演进图

资料来源：课题组根据相关文献绘制。

如图 11-1 所示，中国的扶贫演进是一个历史过程，在我国的不同发展时期，根据贫困特征的变化，确立和实施了不同的扶贫减贫战略。改革开放以来，我们党深刻意识到“贫穷不是社会主义”，将扶贫工作视为重中之重。中国的扶贫政策演进经历了体制改革下的救济式扶贫（1978—1985 年）、开发式扶贫制度化和八七扶贫攻坚阶段（1986 年—2000 年）、“大扶贫”格局的形成和发展阶段（2001—2012 年）、精准扶贫和脱贫攻坚阶段（2013—2020 年）四个阶

① 燕连福、王亚丽：《脱贫攻坚精神是伟大民族精神和时代精神的赓续传承》，载《光明日报》，2021-03-2。

② 李楠、黄合：《脱贫攻坚与乡村振兴有效衔接的价值意蕴与内在逻辑》，载《学校党建与思想教育》，2020（22），90~92 页。

段。在此期间，我国农村扶贫标准不断提高，在提高贫困人口收入水平的同时，还进行基本生活水平的扶持，提出“一个收入、两个不愁、三个保障”的综合性标准，这充分体现了一定历史时期国家对贫困内涵的深刻理解。现阶段绝对贫困已经消除，为贫困人口识别、贫困制约因素分解、完善扶贫机制等方面带来了宝贵的实践经验。

2020 年，我国圆满实现全面建成小康社会目标，正式向全面建设社会主义现代化国家的新征程迈步前进，下一个百年奋斗目标将分为两个阶段逐步实现。第一个阶段是到 2035 年基本实现社会主义现代化；第二个阶段是到 21 世纪中叶把我国建成富强民主文明和谐美丽的社会主义现代化强国。毫无疑问，巩固拓展脱贫攻坚成果和乡村振兴有效衔接所处阶段，是进入全面建设社会主义现代化国家新征程的关键时期。要实现全面现代化，就必须实现农业、农村和农民的现代化，因此巩固拓展脱贫攻坚成果和乡村振兴有效衔接，持续高效解决农业、农村和农民的重难点问题，保证脱贫人口的稳固性和发展的可持续性，将为我国全面建设成社会主义现代化国家和实现第二个百年奋斗目标奠定坚实有力的基础。解决新时代相对贫困问题、原深度贫困地区跟上共同实现现代化步伐的问题，就需要把脱贫攻坚成果进一步巩固、持续、提高和拓展下去。

（一）巩固脱贫攻坚成果是乡村振兴战略实施的关键基石

巩固脱贫攻坚成果以资本投入、物质投入、人力投入等各种资源的集中有效投入为重点，以此彻底消除绝对贫困返贫现象。乡村振兴战略是通过加大外部支持同提升内部活力的方式来为乡村发展提供动力，从而使贫困人民获得更多发展的机会，令有效巩固脱贫攻坚成果这一政策更进一步，两者既有交融，也有各自的发展重点。一方面巩固脱贫攻坚成果为乡村振兴提供理论基础、实践经验和政策借鉴，另一方面乡村振兴为巩固脱贫攻坚成果、防范返贫风险提供可持续保障。①

虽然“三区三州”等原深度贫困地区当前已经解决了现行国家标准的绝对贫困问题，但由于社会发展尤其是人的发展的历史滞后性，仍然有很多脱贫人口面临着随时返贫的风险，部分脱贫地区还未能建立起能够促使农民增收的长效稳定机制，很多内源性问题在脱贫攻坚期内难以彻底解决。截至 2019 年底，

① 江二贵、冯紫曦：《脱贫攻坚与乡村振兴有机衔接：逻辑关系、内涵与重点内容》，载《南京农业大学学报》（社会科学版），2019，19（5），8-14+154 页。

我国仍然有200万人存在随时返贫的风险，农民工等边缘人口中还有300万随时可能因为一些灾难、疾病、市场、产业等重新贫困，就目前来说巩固已有脱贫成果依然存在巨大压力。原深度贫困地区依托政府大规模投入人力物力，在最短时间内推进脱贫工作完成，也因此这些地区的经济基础并不完全牢固，面临短期效应与长期目标内在冲突、减贫行为与贫困治理尚不匹配、乡村市场化不足与过度并存等多重现实困境，成效的持续性还需加强，依然需要在“十四五”衔接过渡期加强针对性政策支持力度，夯实原深度贫困地区脱贫基础，进一步巩固脱贫攻坚成果，构建防返贫机制，更好地推动乡村的发展，使脱贫攻坚的成果经得起历史检验。

当前实施的脱贫工作只是根据目前社会经济发展标准所做出的计划安排，并不意味着贫困问题就此解决。通过政府给予政策优惠、财政补助等短期的保障措施并不是长远之计，以此实现脱贫的地区更需要有长远的规划来巩固脱贫攻坚成果。当前我国虽然已经解决了绝对贫困问题，但在如何治理相对贫困问题中还面临着更为错综复杂的局面，相较于前者，相对贫困问题在构建治理模式以及阻断返贫路径等方面的探索还远远不够充分。因为我国目前的城乡二元结构，大量脱离群体依附于城乡间的新型贫困人口难以有效区分，种种类似的贫困问题随着我国逐渐深入推进的信息化、城镇化发展越来越明显。不解决人的基本需求和绝对贫困问题，乡村振兴就不可能实现，“三农”问题就不会得到根本解决。因此，巩固拓展脱贫攻坚成果是乡村振兴战略实施的重要基础，提高脱贫人口的防贫抗贫水平，促进脱贫地区可持续发展，把防止不发生规模性返贫作为底线和首要任务，不仅是我国扶贫政策的关键，同时也是脱贫地区以及脱贫人口能否稳步走向共同富裕的重要选择与过程。

同时，原深度贫困地区脱贫攻坚也取得了巨大成果，不仅仅历史性地解决了绝对贫困问题和区域性整体贫困，显著改善了原深度贫困地区的发展面貌，还激发了制度创新、经济社会发展实践和精神道德等层面的深刻变革，从制度成果、治理能力、产业培育、人才支撑、基础设施改善、群众发展共识等多层面产生溢出效应，为全面推进乡村振兴奠定了坚实基础，也提供了不竭动力。比如，在脱贫攻坚中形成的领导体系、工作机制和组织模式，在全面推进乡村振兴过程中，立足新的实际充分加以借鉴、复制、推广、应用，这些制度成果将转化为振兴成效。

（二）乡村振兴战略是巩固脱贫攻坚成果的有效保障

党的十九大报告作出“中国特色社会主义进入新时代”的重大历史判断，我国社会主要矛盾从“人民日益增长的物质文化需要同落后的社会生产之间的矛盾”转化为“人民日益增长的美好生活需要和不平衡不充分的发展之间的矛盾”。其中，发展最不平衡最不充分的问题在农村，最艰巨最繁重的任务在农村，而最广泛最深厚的基础也在农村。①

确保脱贫攻坚成果的长期稳固，必须以乡村振兴作为后续支持。作为农村问题的总抓手，乡村振兴战略的实施，为巩固脱贫攻坚成果提供后续支持和有效保障。② 从乡村振兴战略实施方面来看，我国经历了从“新农村建设”到“美丽乡村建设”再到“实施乡村振兴战略”的过程；从城乡关系视角来看，中国乡村经历了从“城乡统筹”“城乡发展一体化”再到“城乡融合”过程，城乡关系在融合一体发展中得到进一步的升华。巩固脱贫攻坚成果与乡村振兴需要有效衔接，才能提高各类资源的使用效率，减少不必要的浪费，确保各项目标有序实现。巩固脱贫攻坚成果与乡村振兴有效衔接，既不能以牺牲脱贫攻坚成果为前提，也不能以牺牲乡村振兴目标为前提。乡村振兴战略的实施是巩固脱贫攻坚成果的有效保障，使已经摆脱绝对贫困的人口不返贫，在此基础上实现城乡融合发展、人民的共同富裕。

乡村振兴要从地理、经济和社会等方面让乡村焕发新的活力，其着力点集中在乡村发展、结构功能、社会建设、政治经济等方面。两者从产业、人才、文化、生态、组织五部分结合来看，发展产业是进一步巩固脱贫攻坚成果的根本之策，产业兴旺是乡村振兴战略重要的物质基础；人才聚集是巩固脱贫攻坚成果的主体保障，人才振兴是乡村振兴的内生动力；提升农村公共文化服务水平既是建设社会主义新农村文化的内在需要，也是发展农村经济、全面建成小康社会的持久动力；生态扶贫是让贫困地区获得“良性造血功能”，生态振兴是突出绿色产业、绿色人居、绿色意识、绿色环境四个支点和绿色政策这个平台，重构“生产、生活、生态”的多功能乡村；党建扶贫体现了党组织在农村工作和战斗力的基础，突出农村基层党组织政治功能，提升组织力，以乡村组

① 张菀航：《统筹推进乡村振兴坚持农业农村优先发展——2018、2019 年中央一号文件出台背后》，载《中国发展观察》，2021（22），26~30 页。

② 陈明星：《脱贫攻坚与乡村振兴有效衔接的基本逻辑与实现路径》，载《贵州社会科学》，2020（5），149~155 页。

织振兴保证乡村振兴战略实施。

（三）目标连续性与阶段性的统一

巩固脱贫攻坚成果重在防止返贫，乡村振兴则重在致富，二者虽存在目标指向的差异和发展进程的先后之别，但巩固脱贫攻坚成果与乡村振兴战略目标之间相互联系、相互衔接，不断提高，逐步深化，体现了目标连续性和阶段性的统一。

巩固脱贫攻坚成果与实施乡村振兴战略，缩短我国目前城市与乡村之间存在的较大经济发展差距，解决我国城乡以及区域之间存在的经济不充分不平衡发展的问题，当前的短期目标就是让贫困人口能够更快摆脱贫困，长期目标就是要保证农民生活质量并使其稳步提升，从而真正让全国共同步入小康社会，最终实现共同富裕。从 2018 年起，巩固脱贫攻坚成果与乡村振兴并行推进，在战略布局上着重于解决贫困问题以及“三农”问题，两者高度契合；从战略方案上看，两者在解决贫困问题中所实施的方式保持相同；在政策的支持上，两者在脱贫攻坚中实施的政策相互统一。

从目标连续性来看，脱贫攻坚针对的是农村绝对贫困人口，瞄准的是“第一个百年”奋斗目标——2020 年全面建成小康社会。通过“五个一批”举措，使贫困户实现“一超过”“两不愁”“三保障”，完成我国农村贫困人口全部脱贫、贫困县全部摘帽的任务。而乡村振兴指向农业农村现代化与乡村治理体系和治理能力现代化，总要求是产业兴旺、生态宜居、乡风文明、治理有效、生活富裕，瞄准的是“第二个百年”奋斗目标——2050 年全面建成社会主义现代化强国。从政策实施来看，重点是减少波动性以提升连续性。在前期阶段，以巩固拓展脱贫攻坚成果为主，辅之以夯实乡村振兴的发展基础；在中期阶段，实现巩固拓展脱贫攻坚成果与乡村振兴一体推进，并相机调控发展重点；在后期阶段，将相对贫困的减贫治理融入乡村振兴整体战略中，以乡村振兴带动持续减贫。

可见，乡村振兴战略是脱贫攻坚的向前推进，是更高层次的目标、要求的继续与延伸，即从解决绝对贫困、实现全面小康向解决相对贫困、实现共同富裕跃进；从消除农村贫困问题、解决人的生存问题向统筹城乡发展、解决人的发展问题转变。①

---

① 姜正君：《脱贫攻坚与乡村振兴的衔接贯通：逻辑、难题与路径》，载《西南民族大学学报》（人文社会科学版），2020，41（12），107~113 页。

从目标阶段性来看，脱贫攻坚是“三农”工作的首要任务，而乡村振兴是其深化和继续。脱贫攻坚通过贫困户的精准识别和精准退出，从根源上消除绝对贫困，解决农村贫困人口吃饱肚子的问题；而乡村振兴在此基础上不断深化，统筹推进农村“五位一体”建设，解决脱贫攻坚后巩固脱贫成果、提升脱贫质量以及让脱贫群众过上更加美好生活的问题。同时，国家在脱贫攻坚过程中采取了一整套有效的工作机制、政策体系等，不仅为打赢脱贫攻坚战提供了保障，也为乡村振兴提供了保障。

二、巩固脱贫攻坚成果与乡村振兴有效衔接的战略紧迫性

做好巩固脱贫攻坚成果与乡村振兴有效衔接，关系到构建以国内大循环为主体、国内国际双循环相互促进的新发展格局，关系到全面建设社会主义现代化国家全局和实现第二个百年奋斗目标。[①] 从脱贫攻坚与乡村振兴在侧重点、实现路径等方面的差异性看，脱贫攻坚与乡村振兴是战役和战略的关系。[②]

（一）战略目标的紧迫性

脱贫攻坚与乡村振兴是实现社会主义现代化必须完成的两大重要战略任务，二者目标一致，内容共融，主体相同，机制互促。而巩固脱贫攻坚成果与乡村振兴的有效衔接，就是需要在战略选择的内涵上契合于中国式现代化，进而促进中国式现代化。因此，在五年过渡期内，体现着战略目标的紧迫性。

巩固脱贫攻坚成果与乡村振兴是不同历史阶段下的战略任务，同属于国家层面的顶层战略设计，在国家战略、内在逻辑、实践路径上有着高度的吻合性，共同服务于中华民族的伟大复兴和“两个一百年”的目标实现。消除绝对贫困之后，需要建立一个长效稳定的机制来进一步巩固脱贫攻坚成果，而乡村振兴战略正是对脱贫成果进行有效巩固的一个重要战略。巩固脱贫攻坚成果，是后续乡村振兴的关键一步。

中国地大物博、人口众多，各个地区间由于地理位置、资源禀赋、历史基础、政策取向等多方面原因，经济社会存在着发展不充分不均衡的问题，总体发展呈现出多元形态，无法做到以同一个目标、同一个模式发展，因而需要国

① 郑瑞强、郭如良：《“双循环”格局下脱贫攻坚与乡村振兴有效衔接的进路研究》，载《华中农业大学学报》（社会科学版），2021（3），19-29+183页。

② 卢黎歌、武星星：《后扶贫时期推进脱贫攻坚与乡村振兴有机衔接的学理阐释》，载《当代世界与社会主义》，2020（2），89~96页。

家层面进行综合法律因素、经济因素、技术因素和社会因素的整体制度安排，地方层面则根据当地实际情况进行探索。虽然扶贫已经取得初步成效，但受到某些不可控因素的影响，部分地区“踩线”脱贫导致群众脱贫后面临高返贫风险，尤其是在“三区三州”等原深度贫困地区，由于地理条件复杂，致贫因素多样，产业基础薄弱，政策性收入占比较高，更有可能增加规模性和高发性返贫概率。脱贫的不稳定性和不可持续性，是巩固脱贫攻坚成果与乡村振兴有效衔接需要面临的最紧迫的问题。

十九届四中全会提出要坚决打赢脱贫攻坚战，建立能长期保证解决相对贫困问题的制度体系。其战略重点是要从以解决绝对贫困问题为中心，逐渐向解决相对贫困问题为中心转变。脱贫攻坚的重心是解决绝对贫困问题，而乡村振兴战略的重心是解决相对贫困问题。我国当前的脱贫攻坚战取得了全面胜利，成功完成了消除绝对贫困这一艰巨的任务，为推动乡村振兴提供了坚实的基础，但绝对贫困问题的解决并不意味着扶贫工作的结束。当前，我国相对贫困问题依旧严峻，尤其是区域与城乡之间发展的不平衡问题，各个地区甚至都还位于不同的经济社会发展阶段，因而不可能有相互同步的经济社会发展水平。巩固拓展脱贫攻坚成果是我国脱贫攻坚中必不可少的过程，但并不是一个孤立存在的阶段，而是为期五年的过渡期，过渡期内要服从于乡村振兴的整个战略布局，并嵌入乡村振兴战略中而逐步融为一体。因此，“解决相对贫困”问题既是将来乡村振兴战略的重中之重，同时也是乡村振兴战略的艰巨的长期性战略部署。要做到将巩固拓展脱贫攻坚成果以及乡村振兴有效衔接的各项工作安排做好，让脱贫地区的基础更加稳定、制度体系更可持续。

（二）战略实施的紧迫性

党的十八大以来，中央有关部门围绕脱贫攻坚，先后出台了 200 多个政策文件和实施方案。2017 年乡村振兴战略提出以来，从中央到地方层面都提出了一系列实施乡村振兴战略、巩固脱贫攻坚成果的纲领性政策，各地区各部门深入贯彻习近平总书记重要讲话和指示批示精神，认真落实党中央、国务院决策部署，健全落实防止返贫动态监测和帮扶机制，加强脱贫劳动力就业帮扶，强化易地扶贫搬迁后续扶持，在西部 10 个省（区、市）确定了 160 个国家乡村振兴重点帮扶县并出台 14 个方面政策倾斜支持，这 14 个方面涵盖资金、重大项目、金融、土地、基础设施、教育、医疗、住房、产业、就业、生态、低保、社会支持、工作保障等，相关政策的时间顺序分类梳理如表 11-1 所示。

从战略协同推进来看，巩固脱贫攻坚成果具有突击性和紧迫性，是短期内必须实现的政治目标，而乡村振兴则是我国目前长期坚持要完成的重大历史任务，更需要具备优秀的战略目标以及科学性的计划方针。从政策文件体系的逻辑性、发布的密集性与覆盖的全面性可以看出，巩固脱贫攻坚成果与乡村振兴有效衔接的战略实施紧迫性。

表 11-1　脱贫攻坚与乡村振兴有效衔接的相关政策梳理

分类	时间	政策名称	政策内容
指导性政策	2018. 02	《中共中央国务院关于实施乡村振兴战略的意见》	将乡村振兴战略的实施作为目标任务，切实做好在实施乡村振兴战略的同时打好精准脱贫攻坚战
	2018. 08	《中共中央、国务院关于打赢脱贫攻坚战三年行动的指导意见》	再次提出“统筹衔接脱贫攻坚与乡村振兴”的要求
	2018. 09	《乡村振兴战略规划（2018—2022 年）》	到 2020 年，乡村振兴的制度框架和政策体系基本形成，推动脱贫攻坚与乡村振兴有机结合相互促进
	2018. 09	《贯彻落实实施乡村振兴战略的意见》	公共财政将更大力度向“三农”倾斜，落实涉农税费减免政策
	2019. 02	《中共中央国务院关于坚持农业农村优先发展做好“三农”工作的若干意见》	巩固发展农业农村好形势，发挥“三农”压舱石作用，为有效应对各种风险挑战赢得主动
	2019. 05	《中共中央国务院关于建立健全城乡融合发展体制机制和政策体系的意见》	重塑新型城乡关系，走城乡融合发展之路，促进乡村振兴和农业农村现代化
	2019. 06	《关于促进乡村产业振兴的指导意见》	在以往政策的基础上进行集成、延伸、拓展、细化和实化，促进乡村产业振兴要求更加具体
	2019. 10	《中国的粮食安全》白皮书	重点阐述党的十八大以来我国在保障粮食安全方面实施的一系列方针政策和举措办法
	2020. 03	《国务院扶贫开发领导小组关于学习贯彻习近平总书记在决战决胜脱贫攻坚座谈会上重要讲话精神的通知》	鼓励东部地区以及中部稳定脱贫两年以上的地区，在巩固脱贫成果的前提下，积极探索解决相对贫困问题，推进减贫战略和工作体系平稳转型，为中央顶层设计积累经验

续表

分类	时间	政策名称	政策内容
	2020.11	《中共中央关于制定国民经济和社会发展第十四个五年规划和二〇三五年远景目标的建议》	健全防止返贫的监测以及帮扶机制，要做好易地扶贫搬迁以及后续的帮扶工作，并加强扶贫项目的资金资产管理以及监督，稳步推动特色产业的可持续发展
	2021.01	《中共中央、国务院关于抓好"三农"领域重点工作确保如期实现全面小康的意见》	建立解决相对贫困的长效机制，推动减贫战略和工作体系平稳转型。加强并解决相对贫困的问题以及顶层设计，将其并入乡村振兴战略实施的统筹安排
	2021.02	《中共中央国务院关于全面推进乡村振兴加快农业农村现代化的意见》	设立衔接与过渡的时期；要持续巩固并拓展脱贫攻坚的成果；之后接续推进在脱贫地区的乡村振兴战略
	2021.03	《中共中央国务院关于实现巩固拓展脱贫攻坚成果同乡村振兴有效衔接的意见》	全力做好脱贫地区的巩固以及拓展脱贫攻坚的成果和乡村振兴战略的有效衔接
	2021.09	《数字乡村建设指南 1.0》	深入实施《数字乡村发展战略纲要》，扎实有序推进数字乡村建设。
	2021.12	《"十四五"推进农业农村现代化规划》	梯次推进有条件的地区率先实现基本的农业农村的现代化，以及脱贫地区加强巩固并拓展脱贫攻坚的成果与乡村振兴战略形成有效衔接
	2022.01	《农业农村部关于落实党中央国务院 2022 年全面推进乡村振兴重点工作部署的实施意见》	重点围绕"四稳四提"展开。粮食生产稳面积提产能。稳口粮、稳玉米，扩大豆、扩油菜，持续推进高标准农田建设，深入实施种业振兴行动，提高农机装备水平，保障种粮农民合理收益，稳步提高农业综合生产能力
	2022.04	《2022 年数字乡村发展工作要点》	到 2022 年底，数字乡村建设取得新的更大进展。数字技术有力支撑农业基本盘更加稳固，脱贫攻坚成果进一步夯实。乡村数字基础设施建设持续推进，5G 网络实现重点乡镇和部分重点行政村覆盖，农村地区互联网普及率超过 60%。乡村数字经济加速发展，农业生产信息化水平稳步提升，农产品电商网络零售额突破 4300 亿元

续表

分类	时间	政策名称	政策内容
	2022. 06	《农业农村部体育总局国家乡村振兴局关于推进“十四五”农民体育高质量发展的指导意见》	到2025年，农民群众的体育意识、健康意识显著提高，农村青年普遍掌握1—2项运动技能；农村健身场地设施基本健全，人均场地面积接近全国平均水平
	2022. 11	《关于铸牢中华民族共同体意识扎实推进民族地区巩固拓展脱贫攻坚成果同乡村振兴有效衔接的意见》	着眼于促进各族群众在实现乡村振兴进程中不断铸牢中华民族共同体意识，提出五个方面的具体举措
	2022. 11	《数字乡村建设指南2. 0》	围绕信息基础设施、农业全产业链数字化、乡村建设治理数字化、乡村公共服务数字化、乡村数字文化、智慧绿色乡村等方面，进一步完善内容、丰富案例，更好地指导各地建设数字乡村
	2023. 01	《农民参与乡村建设指南（试行）》	各地在实施乡村建设行动中，组织农民参与村庄规划编制、乡村基础设施和公共服务设施建设与管护等工作
	2023. 02	《农业农村部关于落实党中央国务院2023年全面推进乡村振兴重点工作部署的实施意见》	在工作布局上，重点推进“三个协同”。一是协同推进产能提升和结构优化。二是协同推进成果巩固和农民增收。三是协同推进乡村建设和乡村治理
资金	2021. 03	《中央财政衔接推进乡村振兴补助资金管理办法》	衔接资金用于支持各省（自治区、直辖市）用来巩固与拓展脱贫攻坚的成果同乡村振兴战略形成有效衔接。明确所有资金的主要的用途以及分配的方法、支持重点和项目管理要求，紧紧围绕过渡期的特点和巩固衔接任务做出规定
	2021. 04	《关于继续支持脱贫县统筹整合使用财政涉农资金工作的通知》	2021—2023年在脱贫县延续整合试点政策。2024—2025年，整合试点政策实施范围调整至中央确定的国家乡村振兴重点帮扶县
	2021. 05	《社会资本投资农业农村指引（2021年）》	根据各地农业农村实际发展情况，因地制宜创新投融资模式，通过独资、合资、合作、联营、租赁等途径，采取特许经营、公建民营、民办公助等方式，健全联农带农有效激励机制，稳妥有序投入乡村振兴

续表

分类	时间	政策名称	政策内容
	2021.05	《关于开展 2021 年电子商务进农村综合示范工作的通知》	扩大电子商务进农村覆盖面，健全农村商贸流通体系，促进农村消费，培育一批各具特色、经验可复制推广的示范县
	2021.06	《农村环境整治资金管理办法》	用于支持地方开展农村生态环境保护工作，促进农村生态环境质量改善的专项转移支付资金
	2021.06	《关于加强扶贫项目资产后续管理的指导意见》	按照目前已经存在的资产管理制度和农村集体产权的改革等，建立能够长期实行的制度体系来实施扶贫项目，保证项目的资产能够持久良好的运转，要让经营性资产不会流失或者不会被侵占，让公益性资产能够持续发挥作用
	2021.12	《衔接推进乡村振兴补助资金绩效评价及考核办法》	原财政专项扶贫资金调整为衔接推进乡村振兴补助资金
	2022.03	《关于加强中央财政衔接推进乡村振兴补助资金使用管理的指导意见》	过渡期继续通过原有资金渠道巩固“三保障”成果；贯彻落实中央一号文件关于“推动脱贫地区更多依靠发展来巩固拓展脱贫攻坚成果”的要求，督促指导各地围绕“三聚焦”用好管好衔接资金，提升资金使用效益和脱贫群众增收效果
	2022.06	《落实全国稳住经济大盘电视电话会议精神进一步做好扩大农业农村有效投资工作实施方案》	把扩大投资作为支持农业农村经济发展、全面推进乡村振兴的重要抓手，主动作为、多措并举，千方百计扩大农业农村有效投资
重大项目	2018.09	《乡村振兴科技支撑行动实施方案》	打造 1000 个乡村振兴科技引领示范村（镇）；结合“关于创新驱动乡村振兴发展的意见”，编制《乡村振兴科技创新专项规划（2018—2022 年）》，以细化实化政策措施，分类有序推进创新驱动乡村振兴战略实施
	2021.02	《国务院关于新时代支持革命老区振兴发展的意见》	坚持统筹谋划、因地制宜、各扬所长，聚焦重点区域、重点领域、重点人群巩固拓展脱贫攻坚成果，促进革命老区振兴发展

续表

分类	时间	政策名称	政策内容
	2021.09	《"十四五"特殊类型地区振兴发展规划》	支持欠发达地区、革命老区、边境地区、生态退化地区、资源型地区、老工业城市等特殊类型地区更好解决自身困难
	2021.10	《家政兴农行动计划（2021—2025年）》	进一步巩固家政扶贫成果，促进家政服务业提质扩容，助力乡村振兴
	2021.11	《"十四五"支持革命老区巩固拓展脱贫攻坚成果衔接推进乡村振兴实施方案》	坚持推进实施乡村的建设行动。并加快对各个革命老区的百姓安居乐业的美丽乡村建设
	2022.03	《2022年新型城镇化和城乡融合发展重点任务》	深入推进以人为核心的新型城镇化战略，提高新型城镇化建设质量
	2022.03	《"十四五"巩固拓展水利扶贫成果同乡村振兴水利保障有效衔接规划》	进一步补齐补强脱贫地区水利短板和弱项
	2022.12	《国家发展改革委等部门关于推动大型易地扶贫搬迁安置区融入新型城镇化实现高质量发展的指导意见》	着力扶持壮大县域特色产业，着力促进搬迁群众就业创业，着力提升安置区配套设施
	2023.01	《乡村建设项目库建设指引（试行）》	乡村建设项目库依托全国防止返贫监测和衔接推进乡村振兴信息系统建立，并与国家重大建设项目库做好衔接
金融	2019.02	《关于金融服务乡村振兴的指导意见》	确定推进乡村振兴战略所要达到的三个重要目标
	2019.10	《关于加快农业保险高质量发展的指导意见》	本意见是在我国在农业保险改革方面推进的重要举措，是历史性的重要任务，是未来一段时间实施农业保险工作关键要点
	2021.03	《关于深入扎实做好过渡期脱贫人口小额信贷工作的通知》	扶贫小额信贷政策在过渡期内将继续坚持并进一步优化完善，切实满足脱贫人口小额信贷需求，支持脱贫人口发展生产稳定脱贫

续表

分类	时间	政策名称	政策内容
	2021.04	《关于2021年银行业保险业高质量服务乡村振兴的通知》	从八个方面提出了2021年银行业保险业高质量服务乡村振兴工作要求
	2021.09	《中国银保监会办公厅关于印发支持国家乡村振兴重点帮扶县工作方案的通知》	吸纳脱贫人口就业、带动脱贫人口增收能力较强的产业和企业，积极支持引入优质企业，夯实重点帮扶县产业发展基础
	2022.03	《中国人民银行关于做好2022年金融支持全面推进乡村振兴重点工作的意见》	加强资源配置，创新金融产品，优化金融服务，进一步提升金融支持全面推进乡村振兴的能力和水平
	2022.05	《支持乡村振兴税费优惠政策指引》	从支持农村基础设施建设、推动乡村特色产业发展、激发乡村创业就业活力、推动普惠金融发展、促进区域协调发展、鼓励社会力量加大乡村振兴捐赠等六个方面梳理形成了109项针对乡村振兴的税费优惠政策指引
	2022.07	《农业农村部办公厅国家乡村振兴局综合司国家开发银行办公室中国农业发展银行办公室关于推进政策性开发性金融支持农业农村基础设施建设的通知》	聚焦农业农村基础设施重点领域，强化区域资金、资产、资源全要素整合
	2023.04	《关于银行业保险业做好2023年全面推进乡村振兴重点工作的通知》	优先保障粮食和重要农产品各环节金融供给，积极服务新一轮千亿斤粮食产能提升行动，探索金融支持高标准农田建设领域的有效模式
土地	2019.01	《关于统筹推进村庄规划工作的意见》	明确集聚提升类、城郊融合类、特色保护类等村庄分类；结合国土空间规划编制在县域层面基本完成村庄布局工作
	2019.03	《中央农办、农业农村部、国家发展改革委关于深入学习浙江“千村示范、万村整治”工程经验扎实推进农村人居环境整治工作的报告》	要不断对经验进行总结，指导督促各地朝着既定目标，持续发力，久久为功，不断谱写美丽中国建设的新篇章

续表

分类	时间	政策名称	政策内容
	2019.09	新修订的《中华人民共和国土地管理法》	要保证实施最严谨的耕地保护制度以及最严谨的土地集约制度，对土地制度的改革以及农村试点经验的基础上做出重大突破
	2019.11	《关于切实加强高标准农田建设提升国家粮食安全保障能力的意见》	依照法律加强管理、好的田用于种粮，政府带头推进、多元参与等原则，真正做好标准农田建设。要保证在2022年我国能实现10亿亩高标准的农田，通过这种举措来稳定一万亿斤以上的粮食产能
	2019.11	《关于保持土地承包关系稳定并长久不变的意见》	继续提倡“增人不增地、减人不减地”以及建立健全土地承包权依法自愿有偿转让机制等方面着手，稳妥推进土地承包关系“长久不变”的实施
基础设施	2019.05	《数字乡村发展战略纲要》	明确指出到2020年，全国行政村4G覆盖率超过98%，农村互联网普及率明显提升。建立一定数量的特色乡村文化数字资源库，让线上扶贫行动能深入发展
	2019.09	《关于深化农村公路管理养护体制改革的意见》	在2022年能够基本建立明确责任与权利的界限、对自身职责了然于胸、社会各方面群策群力的格局
	2021.11	《关于“十四五”推进困难重度残疾人家庭无障碍改造工作的指导意见》	着力消除残疾人家庭生活障碍，提高残疾人居住环境和生活品质，助力残疾人全面发展和共同富裕
	2022.08	《农村公路扩投资稳就业更好服务乡村振兴实施方案》	到2025年，便捷高效、普惠公平的农村公路网络进一步完善，农村公路2020年底存量四、五类桥梁改造基本完成
	2022.09	《关于扩大当前农业农村基础设施建设投资的工作方案》	聚焦农业农村基础设施短板弱项，突出抓好大中型灌区等水利设施、小型农田水利设施
教育	2018.02	《原深度贫困地区教育脱贫攻坚实施方案（2018—2020年）》	要保障“三区三州”的义务教育、发展学前教育、普及高中阶段教育、加快发展职业教育，以稳步提升“三区三州”的教育基本公共服务水平

续表

分类	时间	政策名称	政策内容
	2019. 02	《中国教育现代化 2035》	到 2035 年，总体实现教育现代化，构建服务全民的终身学习体系。充分发挥东部地区对中西部地区教育发展的辐射带动作用，加快落后地区、重点领域的教育现代化进程，协同开展教育现代化建设
	2019. 10	《关于办好原深度贫困地区职业教育助力脱贫攻坚的指导意见》	要保障原深度贫困地区中的贫困户家中存在的对职业教育有需求的学生都能参与义务教育，让贫困户家中的劳动力能够参与职业技能的培训，从而能得到稳定的工作，带动整个贫困户脱贫
	2021. 12	《国家通用语言文字普及提升工程和推普助力乡村振兴计划实施方案》	到 2025 年，全国范围内普通话普及率达到 85%；基础较薄弱的民族地区普通话普及率在现有基础上提高 6-10 个百分点，接近或达到 80%的基本普及目标
	2022. 04	《新时代基础教育强师计划》	实施中西部欠发达地区优秀教师定向培养计划。深入推进县域内义务教育学校教师“县管校聘”管理改革
	2022. 05	《教育部办公厅关于组织实施部属高校县中托管帮扶项目的通知》	2022 年秋季学期起，全面启动部属高校县中托管帮扶项目，示范引领地方高校和城区优质普通高中积极开展县中托管帮扶工作，力争到 2023 年形成国家示范、地方为主的县中托管帮扶体系，到 2025 年，帮扶县中办学质量显著提升，促进整体提升县中办学水平
医疗	2021. 01	《关于巩固拓展医疗保障脱贫攻坚成果有效衔接乡村振兴战略的实施意见》	优化资助参保政策。分类调整大病倾斜和救助托底政策。坚决治理过度保障政策。严禁超越发展阶段、超出承受能力设定待遇保障标准，确保制度可持续
	2021. 02	《关于巩固拓展健康扶贫成果同乡村振兴有效衔接的实施意见》	在这五年中，保证能够健康扶贫是重心，政策总体趋于稳定，不断的调整以及优化目前的支持政策，更好地弥补脱贫地区在卫生健康以及服务体系方面存在的短板弱项，让健康乡村建设得以更加深入

续表

分类	时间	政策名称	政策内容
	2021.10	《国家卫生健康委办公厅关于推进脱贫地区县域重大疾病救治管理工作的通知》	组织对农村贫困大病患者实施定点集中救治，将农村贫困人口大病专项救治模式作为脱贫地区县域医疗机构针对所有罹患30种大病的患者住院治疗的规范化措施
	2021.12	《关于印发“十四五”时期三级医院对口帮扶县级医院工作方案的通知》	在前一阶段对口帮扶工作基础上，2021-2025年，国家卫生健康委、国家乡村振兴局、国家中医药管理局、中央军委政治工作部和中央军委后勤保障部继续在全国联合组织开展三级医院对口帮扶县级医院工作
	2022.11	《关于坚决守牢防止规模性返贫底线健全完善防范化解因病返贫致贫长效机制的通知》	全面巩固“基本医疗有保障”成果
住房	2020.03	《国家发展改革委关于深入贯彻落实习近平总书记重要讲话精神决战决胜易地扶贫搬迁工作的通知》	将巩固易地搬迁脱贫成果作为乡村振兴的重要内容，在农村安置区优先布局相关产业振兴项目，推动农村人居环境整治、一二三产融合发展等政策措施向安置区倾斜，促进搬迁群众持续增收、逐步致富
	2021.04	《关于切实做好易地扶贫搬迁后续扶持工作巩固拓展脱贫攻坚成果的指导意见》	对目前所推进的乡村振兴战略以及城镇化发展进行结合，聚焦原集中连片特困地区、原深度贫困地区、乡村振兴重点帮扶县的大中型安置点
	2021.08	《关于做好农村低收入群体等重点对象住房安全保障工作的实施意见》	按照“安全为本、因地制宜、农户主体、提升质量”的原则，实施农村危房改造和地震高烈度设防地区农房抗震改造，逐步建立健全农村低收入群体住房安全保障长效机制
产业	2018.10	《促进乡村旅游发展提质升级行动方案）》	补齐乡村建设短板，加大对贫困地区旅游基础设施建设项目推进力度，鼓励和引导民间投资通过PPP、公建民营等方式参与有一定收益的乡村基础设施建设和运营等规划，扩展乡村旅游经营主体融资渠道等

续表

分类	时间	政策名称	政策内容
	2019.01	《国家质量兴农战略规划（2018）》	着眼于贯彻落实党中央、国务院关于实施质量兴农战略的决策部署，加快推进农业高质量发展，分阶段制定了到2022年和到2035年的质量兴农发展目标，提出了包括加快农业绿色发展、推进农业全程标准化、促进农业全产业链融合、培育提升农业品牌等七个方面重点任务
	2019.02	《关于促进小农户和现代农业发展有机衔接的意见》	党的十九大提出，实现小农户和现代农业发展有机衔接。为了小农户更好的发展，要提升小农户在现代农业方面的能力，让农业现代化更加深入，巩固乡村振兴战略的根基，对如何促进小农户以及现代农业的发展有机衔接针对性的提出意见
	2019.09	《关于开展农民合作社规范提升行动的若干意见》	强调对农民合作社的规范行动
	2021.04	《关于推动脱贫地区特色产业可持续发展的指导意见》	到2025年，脱贫地区特色产业发展基础更加稳固，产业布局更加优化，产业体系更加完善，产销衔接更加顺畅，农民增收渠道持续拓宽，发展活力持续增强
	2021.10	《农业农村部关于促进农业产业化龙头企业做大做强的意见》	以保障国家粮食安全和重要农产品有效供给为根本目标，以打造农业全产业链为重点任务，以建立联农带农利益联结机制为纽带，促进小农户和现代农业发展有机衔接，构建农民主体、企业带动、科技支撑、金融助力的现代乡村产业体系，为全面推进乡村振兴和农业农村现代化夯实产业根基
	2021.11	《农业农村部关于拓展农业多种功能促进乡村产业高质量发展的指导意见》	以生态农业为基、田园风光为韵、村落民宅为形、农耕文化为魂，贯通产加销、融合农文旅，促进食品保障功能坚实稳固、生态涵养功能加快转化、休闲体验功能高端拓展、文化传承功能有形延伸

续表

分类	时间	政策名称	政策内容
	2021.12	《文化和旅游部办公厅人力资源社会保障部办公厅国家乡村振兴局综合司关于持续推动非遗工坊建设助力乡村振兴的通知》	继续推动非遗工坊（原非遗扶贫就业工坊）建设，加强非遗保护，促进就业增收，巩固脱贫成果，助力乡村振兴
	2021.12	《加快农村能源转型发展助力乡村振兴的实施意见》	将能源绿色低碳发展作为乡村振兴的重要基础和动力，统筹发展与安全，推动构建清洁低碳、多能融合的现代农村能源体系，全面提升农村用能质量，实现农村能源用得上、用得起、用得好
	2022.03	《关于支持实施县域商业建设行动的通知》	到2025年，建立完善县域统筹，以县城为中心、乡镇为重点、村为基础的县域商业体系。在具备条件的地区，基本实现县县有综合商贸服务中心和物流配送中心、乡镇有商贸中心、村村通快递
	2022.06	《文化和旅游部教育部科技部工业和信息化部国家民委财政部人力资源社会保障部商务部国家知识产权局国家乡村振兴局关于推动传统工艺高质量传承发展的通知》	到2025年，传统工艺高质量传承发展工作机制不断健全，保护传承体系更加完善，各民族优秀传统手工艺得到有效保护，传承发展模式初步建立，行业发展活力明显增强，传统工艺在培育传统文化产业、促进乡村振兴、服务经济社会高质量发展、弘扬中华优秀传统文化、促进民族团结等方面的作用进一步发挥
	2022.07	《文化和旅游部公安部自然资源部生态环境部国家卫生健康委应急管理部市场监管总局银保监会国家文物局国家乡村振兴局关于促进乡村民宿高质量发展的指导意见》	到2025年，初步形成布局合理、规模适度、内涵丰富、特色鲜明、服务优质的乡村民宿发展格局，需求牵引供给、供给创造需求的平衡态势更为明显，更好满足多层次、个性化、品质化的大众旅游消费需求，乡村民宿产品和服务质量、发展效益、带动作用全面提升，成为旅游业高质量发展和助力全面推进乡村振兴的标志性产品
	2022.08	《国家发展改革委等部门关于新时代推进品牌建设的指导意见》	深入实施农业生产“三品一标”（品种培优、品质提升、品牌打造和标准化生产）提升行动

续表

分类	时间	政策名称	政策内容
就业	2019.12	《关于促进劳动力和人才社会性流动体制机制改革的意见》	健全兜底保障机制，阻断贫困代际传递。推进精准扶贫促进贫困群体向上流动；将教育发展作为第一位的同时要保证起点都公平；让就业困难的人员能够得到公正的发展机会
	2021.02	《关于加快推进乡村人才振兴的意见》	加快培养农业生产经营人才、农村二三产业发展人才、乡村公共服务人才、乡村治理人才等
	2021.05	《关于切实加强就业帮扶巩固拓展脱贫攻坚成果助力乡村振兴的指导意见》	及时为农村低收入人口提供就业帮扶，使有就业意愿的都可以得到就业服务和技能培训，符合条件的都可以享受就业政策，农村低收入人口就业帮扶长效机制健全完善
	2021.06	《国家乡村振兴重点帮扶地区职业技能提升工程实施方案》	加强技工教育和职业培训基础能力建设，加大帮扶力度，做到“应培尽培、能培尽培”，努力实现每个有培训需求的脱贫家庭和防止返贫致贫监测对象家庭（以下简称帮扶家庭）劳动力都有机会接受职业技能培训，每个有就读技工院校意愿的帮扶家庭“两后生”都有机会接受技工教育，丰富技能教育层次，加强高技能人才培养
	2021.08	《人力资源社会保障部办公厅国家发展改革委办公厅国家乡村振兴局综合司关于开展易地扶贫搬迁安置区就业协作帮扶专项活动的通知》	努力解决公共就业服务能力不足问题，促进特大型安置区公共就业服务水平明显提升；努力解决岗位供给不足问题，促进特大型安置区就业渠道丰富拓展；努力解决搬迁群众就业问题，促进特大型安置区就业局势保持总体稳定
	2021.11	《人力资源社会保障部国家乡村振兴局关于加强国家乡村振兴重点帮扶县人力资源社会保障帮扶工作的意见》	“十四五”时期，实现乡村人才规模不断壮大、素质稳步提升、结构持续优化，初步满足实施乡村振兴战略基本需要

续表

分类	时间	政策名称	政策内容
	2021. 12	《“十四五”农业农村人才队伍建设发展规划》	坚持人才队伍建设与三农工作同步谋划、同步推进，促进人才规模、质量和结构与农业农村发展相适应相协调
	2022. 03	《人力资源社会保障部发展改革委财政部农业农村部国家乡村振兴局关于做好2022年脱贫人口稳岗就业工作的通知》	按照稳存量、扩增量、提质量的要求，帮助有劳动能力和就业意愿的脱贫人口实现就业，帮助已就业脱贫人口稳定就业，推动全国脱贫人口（含防止返贫监测对象，下同）务工规模不低于3000万人
	2022. 04	《“雨露计划+”就业促进行动实施方案》	以雨露计划为基础，以校企合作为重点
	2022. 10	《2022—2023年国家乡村振兴重点帮扶县“农村青年主播”培育工作方案》	突出对青年农民的技能培养、实践转化，通过线上学习、集中培训、流量扶持、平台赋能等培育环节，培养一批掌握短视频和直播“新农技”，带动农民增收致富和宣传推广乡村发展的“农村青年主播”
生态	2020. 06	《关于以生态振兴巩固脱贫攻坚成果进一步推进乡村振兴的指导意见（2020－2022年）》	以美丽乡村建设为导向提升生态宜居水平；以产业生态化和生态产业化为重点促进产业兴旺；以生态文化培育为基础增进乡风文明；以生态环境共建共治共享为目标推动取得治理实效
	2021. 06	《住房和城乡建设部农业农村部国家乡村振兴局关于加快农房和村庄建设现代化的指导意见》	加快农房和村庄建设现代化，完善农房功能，提高农房品质，加强农村基础设施和公共服务设施建设
	2021. 10	《关于推动城乡建设绿色发展的意见》	将乡村生态宜居作为目标，设计一个乡村建设的评价机制，对县域如何发展乡村进行探索，立足资源优势打造各具特色的农业全产业链，推动农村一二三产业融合发展

续表

分类	时间	政策名称	政策内容
	2021.12	《农村人居环境整治提升五年行动方案（2021—2025年）》	在2025年到来时，农村居民居住的环境变得更好，生态环境保护方面得到巨大提升。位于较为偏远，经济还不够发达的地区，基础设施建设取得明显提升，厕所革命卓有成效，垃圾与污水的治理得到改善，美丽乡村建设发展的更好
	2022.01	《农业农村污染治理攻坚战行动方案（2021—2025年）》	到2025年，农村环境整治水平显著提升，农业面源污染得到初步管控，农村生态环境持续改善。新增完成8万个行政村环境整治，农村生活污水治理率达到40%，基本消除较大面积农村黑臭水体；化肥农药使用量持续减少，主要农作物化肥、农药利用率均达到43%，农膜回收率达到85%；畜禽粪污综合利用率达到80%以上
	2022.01	《关于印发"十四五"土壤、地下水和农村生态环境保护规划的通知》	切实加强土壤、地下水和农业农村生态环境保护
	2022.06	《住房和城乡建设部 国家开发银行关于推进开发性金融支持县域生活垃圾污水处理设施建设的通知》	支持县域生活垃圾收运处理设施建设和运行。支持县域生活污水收集处理设施建设和运行。支持行业或区域统筹整合工程建设项目
低保	2021.06	《关于巩固拓展民政领域脱贫攻坚成果同乡村振兴有效衔接的实施意见》	首先要保持民政领域兜底保障政策总体稳定，确保符合救助条件的脱贫人口基本生活。其次是调整优化民政的制度政策，改善民生保障制度短板，更好地调整最低生活保障制度以及各项福利政策的覆盖范围，让乡村振兴战略更好地实施
	2021.07	《最低生活保障审核确认办法》	县级人民政府民政部门负责最低生活保障的审核确认工作，乡镇人民政府（街道办事处）负责最低生活保障的受理、初审工作

续表

分类	时间	政策名称	政策内容
	2021.08	《中央农村工作领导小组关于健全防止返贫动态监测和帮扶机制的指导意见》	要把监测防止返贫的工作和帮扶工作成效作为巩固脱贫攻坚的关键，将其划作乡村振兴战略的一部分，强化考核结果运用
社会支持	2021.03	《关于坚持做好中央单位定点帮扶工作的意见》	开展调查研究，与定点帮扶县一起分析发展现状，制定好实施方案。发挥单位优势，创新帮扶方式
	2021.04	《关于运用政府采购政策支持乡村产业振兴的通知》	从2021年开始，各级预算单位应当按照不低于10%的比例预留年度食堂食材采购份额，通过线上的网络销售平台来购买脱贫地区的一些农副产品
	2021.04	《关于深入开展政府采购脱贫地区农副产品工作推进乡村产业振兴的实施意见》	尽量用三年至五年的时间，依靠832线上农副产品的销售平台，做到单位食堂在食材采购时选择脱贫地区的农副产品，将乡村特色产业的发展作为重心，依据不同地区的特点以及其组织的形式探索出一个适宜的脱贫地区的特色农副产品产销模式
	2021.04	《国务院办公厅关于印发新时代中央国家机关及有关单位对口支援赣南等原中央苏区工作方案的通知》	激发赣南等原中央苏区内生发展动力，努力构建人才、产业、项目、创新等相结合的对口支援工作格局
	2021.05	《关于继续大力实施消费帮扶巩固拓展脱贫攻坚成果的指导意见》	围绕消费、流通、生产三大环境和强化预警妥善应对农副产品滞销等方面，提出14项具体政策举措
	2021.06	《商务部等17部门关于加强县域商业体系建设促进农村消费的意见》	加强县域商业体系建设，推动农村消费提质扩容
	2021.12	《“万企兴万村”行动倾斜支持国家乡村振兴重点帮扶县专项工作方案》	力争实现民营企业与160个重点帮扶县的对接全覆盖，通过“帮县带村”等形式，逐步向行政村延伸

续表

分类	时间	政策名称	政策内容
	2022.01	《"十四五"时期社会工作服务机构"牵手计划"实施方案》	从2021年至2025年，以国家乡村振兴重点帮扶县为主，从社会工作先发地区遴选一批社会工作服务机构一对一牵手帮扶受援地区
	2022.02	《民政部国家乡村振兴局关于动员引导社会组织参与乡村振兴工作的通知》	精准对接脱贫地区人民群众帮扶需求，推动社会组织工作重心从解决"两不愁三保障"逐步向助力乡村产业兴旺、生态宜居、乡风文明、治理有效、生活富裕转变
	2022.05	《革命老区重点城市对口合作工作方案》	支持革命老区重点城市与东部地区部分城市建立对口合作机制，促进结对城市优势互补、互惠互利、共谋发展
	2022.05	《社会组织助力乡村振兴专项行动方案》	组织动员部分重点社会组织对160个国家乡村振兴重点帮扶县进行对接帮扶，做好巩固拓展脱贫攻坚成果同乡村振兴有效衔接工作
	2022.10	《"百校联百县兴千村"行动实施方案》	乡村建设高校联盟统筹组织、协调指导作用充分发挥，校地合作机制不断健全；百校服务乡村建设的创新能力和质量明显提升，百县乡村建设取得实质性进展
	2022.11	《人力资源社会保障部办公厅国家发展改革委办公厅国家乡村振兴局综合司关于进一步推进东西部人社协作的通知》	进一步健全东西部人社协作体制机制，创新协作方式，强化服务保障，提升协作效率，构建集劳务协作、品牌打造、技能培训、技工院校建设、人才交流于一体的东西部人社协作新格局
工作保障	2019.06	《关于加强和改进乡村治理的指导意见》	本意见对于未来我国如何治理乡村提出了需要奋斗的目标以及如何实现的方法
	2019.08	《中国共产党农村工作条例》	《条例》把党管农村工作的进行细化变得更加具体，做到有法律可以依照，将对党的领导进行加强作为关键

续表

分类	时间	政策名称	政策内容
	2019.10	《关于进一步推进移风易俗建设文明乡风的指导意见》	本意见对于现在以及未来一个时期的文明乡村建设给出一个全面的安排
	2021.03	《关于坚持和完善东西部协作机制的意见》	部分东部省帮扶能力强，在“一对一”基础上承担更多帮扶任务（苏粤鲁）。将原来的9+13对口14+20的帮扶关系，调整为现行的8组结对帮扶关系：北京——内蒙，天津——甘肃（不含定西、陇南、临夏），上海——云南，江苏——陕西、青海，浙江——四川，福建——宁夏，山东——重庆、甘肃定西、陇南、临夏，广东——广西
	2021.05	《关于向重点乡村持续选派驻村第一书记和工作队的意见》	适应“三农”工作新形势新任务新要求，健全常态化驻村工作机制，为全面推进乡村振兴、巩固拓展脱贫攻坚成果提供坚强组织保证和干部人才支持
	2021.05	《关于健全防止返贫动态监测和帮扶机制的指导意见》	在监测对象上，《明确以脱贫不稳定户、边缘易致贫户，以及因病因灾因意外事故等刚性支出较大或收入大幅缩减导致基本生活出现严重困难户三类群体作为对象
	2021.06	《交通运输部关于巩固拓展交通运输脱贫攻坚成果全面推进乡村振兴的实施意见》	加快实施乡村交通高质量发展，全面支撑乡村振兴战略实施；严格落实党中央关于五年过渡期政策的要求，做好工作体系衔接、做好规划实施衔接、做好投融资政策衔接、继续做好东西部协作和对口支援、定点帮扶工作、继续加强统计监测和监督管理
	2021.07	《国家乡村振兴局综合司财政部办公厅关于防范洪涝灾害切实防止返贫致贫的通知》	各地要增强风险意识，强化底线思维，用好防止返贫监测帮扶机制，把洪涝灾害对农民群众生产生活的影响降到最低

续表

分类	时间	政策名称	政策内容
	2021.08	《中央农村工作领导小组办公室农业农村部国家乡村振兴局关于进一步做好抗灾救灾工作尽快恢复农业生产和农村正常生活秩序的紧急通知》	及时有力开展农业农村抗灾救灾，最大限度降低农业生产损失，尽快恢复农业生产和农村正常生活秩序
	2021.08	《中央农村工作领导小组关于健全防止返贫动态监测和帮扶机制的指导意见》	树牢底线思维，持续压实责任，继续精准施策，补齐短板，消除风险，做到早发现、早干预、早帮扶，切实防止返贫致贫，坚决守住防止规模性返贫的底线
	2021.11	国家乡村振兴局全国普法办公室关于印发《乡村“法律明白人”培养工作规范（试行）》的通知	规范推进乡村“法律明白人”培养工程，着力培养一支群众身边的普法依法治理工作队伍
	2021.11	《农业农村部国家乡村振兴局关于在乡村治理中推广运用清单制有关工作的通知》	各个地区要将积极减轻村级组织人力物力的负担、提高乡村治理能力作为战略目标，要积极发挥清单制的作用

注：根据相关政府网站公开文件整理所得。

从汇总梳理脱贫攻坚与乡村振兴有效衔接的相关政策可以看到，全国自上而下的政策和帮扶措施中都突出强调了加强脱贫劳动力就业帮扶、强化易地扶贫搬迁后续扶持、加强扶贫项目资产管理以及有效防范和化解因灾返贫致贫风险。

从相关政策涉及的全面性来看，国家的指导性政策涉及全面、系统，同时资金、重大项目、金融、土地、基础设施、教育、医疗、住房、产业、就业、生态、低保、社会支持、工作保障等14个方面又都在指导性政策的指引下，在每一个方面进一步细化与实化，同时地方上也依据纲领性的文件，立足本地区具体情况相继出台了地方性的相关文件和指导意见。

从政策推进的分类分级来看，整个政策推进里面突出了七个方面，一是抓牢“两个环节”——防止返贫监测和帮扶；二是抓住“两个关键”——产业和就业；三是抓细“两个重点”——国家乡村振兴重点帮扶县和易地搬迁集中安置区；四是盯紧“两个风险点”——医疗保障和饮水安全；五是抓实“两个基础”——新型农村集体经济和扶贫项目资产；六是抓好“三类帮扶”——东西部协作、中央单位定点帮扶和社会力量帮扶；七是用好“两支力量”，即驻村工作队和农村基层组织。①

从政策推进的时效性来看，随着2021年过渡期开始，相继出台的政策文件超过前面3年的总和，其中对于原深度贫困地区、革命老区等过渡期内返贫风险最大的这些地区，都有专门出台的相关政策，足以显示出巩固拓展脱贫攻坚成果同乡村振兴有效衔接的迫切性与重要性。

三、巩固脱贫攻坚成果与乡村振兴有效衔接的可持续发展性

巩固脱贫攻坚成果与乡村振兴二者之间本质上是一种共生共存共促的关系，以高质量扶贫产业、新农村建设、繁荣农村文化为接点，以产业扶贫推动农业强，以生态扶贫助力农村美，以教育扶贫实现农民富，这是巩固脱贫攻坚成果与乡村振兴有效衔接的持续发展路径。② 从可持续角度看，我们主要依靠政府大规模、超常规、短时间、高强度、强监督下取得的跨越深度贫困成果，其基础还不是十分牢固，成效的持续性还需加强，还需进一步巩固、拓展和提高脱贫攻坚成果。巩固脱贫攻坚成果与乡村振兴有相同外部动力与内生动力，乡村振兴在协调城乡资源配置实现帕累托最优的过程中强化了巩固脱贫攻坚成果的内生动力，降低了巩固脱贫攻坚成果的制度费用，在实践逻辑上巩固脱贫攻坚成果是乡村振兴的时序前提和空间基础，乡村振兴通过助力产业脱贫和精神脱贫为巩固脱贫攻坚成果提供长效内生动力。

（一）内部可持续性

巩固脱贫攻坚成果与乡村振兴的本质是在不同发展阶段、不同生产方式下的生产力发展水平提升与社会风险的防治。在脱贫攻坚阶段，我国主要是农业生产方式，生产力发展水平相对比较低，社会风险主要表现为物质匮乏风险，疾病特别是传染病风险，自然灾害风险，两极分化和社会冲突风险等，这些都阻碍了经济增长方式的转型。同时，城市的工业化生产方式又带来了工伤风险、

① 刘焕鑫：《把巩固拓展脱贫攻坚成果放在突出位置坚决守住不发生规模性返贫底线》，载《中国乡村振兴》，2022（1），5~9页。

② 豆书龙、叶敬忠：《乡村振兴与脱贫攻坚的有机衔接及其机制构建》，载《改革》，2019（1），19~29页。

养老风险、失业风险和城市化风险等。

乡村振兴阶段，我国已经进入后工业化生产方式阶段，农业和工业化生产方式的社会风险仍然或轻或重的存在，后工业化新的社会风险源包括失业风险、财政赤字和通胀风险、全球化风险等。巩固脱贫攻坚成果与乡村振兴的实质不仅仅是经济发展跨越与巩固，而是社会发展的整体巩固与振兴。

巩固脱贫攻坚成果是通过“五个一批”和“六个精准”的具体方法，按照贫困人口的实际情况有的放矢地解决他们的贫困问题并持续性的脱贫；乡村振兴则是从制度、手段、环境等方面入手，着眼于增加贫困人口收入、通过教育培训增加就业技能、以生态保护改善生存条件、提供基本权利保障等多个维度，共同目标都是有效推动农村贫困人口全面发展和贫困乡村整体发展。

乡村振兴激活脱贫发展内生动力。推动乡村产业发展，是脱贫攻坚方略和乡村振兴战略的重要结合点，提升乡村发展内生动力，是脱贫攻坚成效稳定性的保障，也是实现乡村振兴战略目标的重要抓手。

（二）外部可持续性

巩固脱贫攻坚成果与乡村振兴的最终目的是全面小康和共同富裕。全面小康重在全面，惠及全体人民，是城乡区域共同发展的结果。为确保把脱贫攻坚与乡村振兴的“接力棒”交接好，中央一号文件明确提出从脱贫之日起设立5年过渡期，保持现有主要帮扶政策总体稳定，对摆脱贫困的县做到“扶上马、送一程”，完成好巩固拓展脱贫攻坚成果、推进乡村全面振兴、加强农村低收入人口常态化帮扶这3项重点任务，逐步实现由集中支持脱贫攻坚向全面推进乡村振兴平稳过渡。打赢脱贫攻坚战，是全面建成小康社会的底线任务和标志性指标。我国于2020年脱贫攻坚战取得了全面胜利，提前10年实现《联合国2030年可持续发展议程》减贫目标，创造了人类有史以来规模最大、持续时间最长、惠及人口最多的减贫奇迹。通过实施乡村振兴战略，我国农业稳定发展，农村和谐稳定，农民幸福安康，生动体现出全面建成小康社会的成色，但仍存在发展不平衡、不充分的问题，特别是农业农村仍是薄弱环节，是短板和弱项。

脱贫攻坚为乡村振兴提供理论思维和实践经验。脱贫攻坚旨在促进贫困乡村全面发展，与乡村振兴的发展需要相契合，涵盖经济、文化、社会、生态等多方面的发展。脱贫攻坚的“五个一批”治理措施，包含收入增加、人力资本提升、生态保护、基本权利保障等多个维度，多维贫困治理的特性使扶贫措施更精准，有效推动农村贫困人口全面发展和贫困乡村整体发展。从实施路径看，乡村振兴包括乡村产业振兴、人才振兴、文化振兴、生态振兴、组织振兴，脱贫攻坚包括产业扶贫、人才帮扶、文化扶贫、生态扶贫、党建扶贫等，需要打通二者之间的衔接渠道，实现相互交融、相互促进。① 巩固拓展脱贫攻坚成果需要帮扶政策体系的转型和调整完善。为巩固脱贫攻坚成果，国家要求现有工作体系、帮扶体系和政策体系保持总体稳定，但“总体稳定”并不意味着一点都不能变，应根据后全面小康社会贫困治理任务的变化，对脱贫攻坚时期已有的帮扶政策进行系统分类梳理，作出“继续、退出、调整、归并”的分类处理。“巩固”重在强调脱贫攻坚成果的可持续性和稳定性，稳定已有的工作机制、帮扶体系和扶贫政策，避免以动员式、战役式为主的贫困治理模式骤然退出而使贫困人口陷入“扶贫—脱贫—返贫”的恶性循环；“拓展”则重在强调帮扶对象的延伸和帮扶标准的提高，总结脱贫攻坚中对贫困人口扶贫工作的经验，调整和完善脱贫攻坚时期已形成的工作机制、帮扶体系和扶贫政策，拓展面向整个农村和全体农民的制度机制和工作方式，探索建立更具普惠性的政策体系，对乡村治理组织结构和运行机制等进行整体性、系统性变革。

第二节　巩固脱贫攻坚成果与乡村振兴有效衔接的作用机制

消除绝对贫困和乡村振兴虽然都聚焦乡村进展，两者在政策目的、作用对象、施策方式等方面有显著不同，在衔接过程中既不能仅靠简洁的战略递进或政策并轨，把脱贫攻坚各项政策制度扩大保障范围后照搬照抄，也不能无视相关政策的连续性，导致脱贫攻坚与乡村振兴之间出现政策断层。② 在已有脱贫成果的基础上，推进巩固脱贫攻坚成果与乡村振兴有效衔接，离不开全面深入总结消除绝对贫困的有效经验做法，研究分析当前农村发展现状，充分分析巩固脱贫攻坚成果与乡村振兴有效衔接的相互作用机制，做好衔接的连续性、科

---

① 左停、李颖、李世雄：《巩固拓展脱贫攻坚成果的机制与路径分析——基于全国 117 个案例的文本研究》，载《华中农业大学学报》（社会科学版），2021（2），4-12+174 页。

② 刘建生、邱俊柯：《从脱贫攻坚到乡村振兴：内生活力的政策体系与治理机制研究》，载《农村经济》，2021（4），18~24 页。

学性、稳定性，有针对性地谋划推进乡村振兴。①

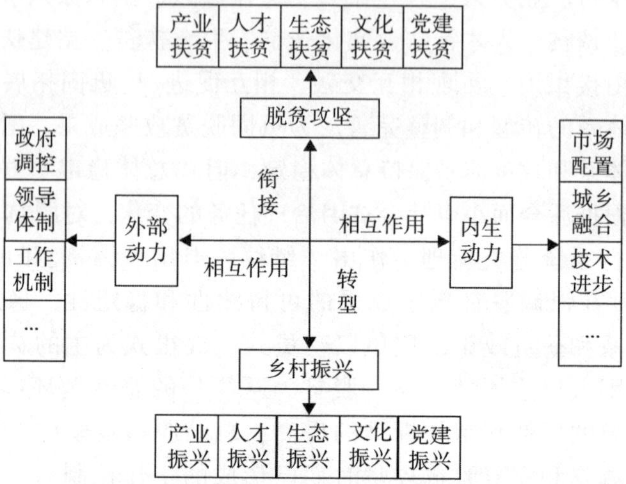

图 11-2　脱贫攻坚与乡村振兴有效衔接的作用机制图

资料来源：课题组根据相关文献绘制。

一、目标衔接，注重连续性

脱贫攻坚和乡村振兴战略都是将“两个一百年”的重要奋斗目标作为目标导向，两者在共同目标下需要满足不同方面的战略要求，其目标息息相关、互相促进。扶贫不仅要把消除绝对贫困作为首要目标，还要为达成“产业兴旺、生态宜居、乡风文明、治理有效、生活富裕”这个终极目标奠定基础。

新时代脱贫攻坚目标任务如期完成，但贫困问题具有复杂性和系统性，脱贫摘帽无法保证一劳永逸，返贫致贫风险仍然存在，需要不断巩固脱贫攻坚成果，为全面建设社会主义现代化国家奠定坚实基础。要实现巩固脱贫攻坚成果与乡村振兴的目标衔接，要注重连续性。针对深度贫困和脆弱的生态相互交织、互为因果的实际情况，要聚焦防止返贫动态监测帮扶机制，紧盯巩固脱贫成果问题排查整改，在产业提质增效上出实招，夯实脱贫致富基础。

乡村振兴是一个长期的过程，各地发展也不平衡。乡村振兴战略不仅要保障乡村能够得到全面的发展振兴，同时还要将解决相对贫困放在首位，严防返

① 高强：《脱贫攻坚与乡村振兴有机衔接的逻辑关系及政策安排》，载《南京农业大学学报》（社会科学版），2019，19（5），15-23+154-155 页。

贫与新贫的出现，对贫困地区给予更多扶持。目前才脱贫成功的农村地区尚在乡村振兴的初级阶段，应以巩固脱贫攻坚成果作为首要发展目标，绝对不可以过分地贪图规模大而盲目发展。在脱贫攻坚过程中积累了大量权威性的数据，要吸收好这些数据，合理规划这些资源，促进乡村振兴战略的实施。

（一）稳定增收，提升产业实效

产业兴旺是实现脱贫的根基，是推动乡村振兴战略的重要物质基础。如何做到稳定增收是关键，推动产业扶贫与产业兴旺有效衔接，夯实产业发展基础，根本上要提升贫困群众自主发展能力，同时发展壮大特色产业。以新疆维吾尔自治区为例，全区全面落实支持特色产业发展政策，各地大力发展林果业等特色产业，延伸产业链，通过优惠政策招商引来众多企业。其中不少企业当年落地、运营投产，大大提高了当地农产品附加值，带动了就业，促进农民增收。同时，全区启动生产、供销、信用“三位一体”综合合作试点，推进供销合作社、农民合作社、农村信用社在组织形态、服务功能、管理运营上有机融合，增强联农带农能力，强化合作为农服务，稳步推进试点工作，提升农业产业质量效益，推动乡村产业振兴。

（二）瞄准主体，增强内生动力

内生动力是增强脱贫人口自我发展动力的重要方式，人口和人才是发展的核心与关键。农民不仅仅是脱贫攻坚的主体，同时也是乡村振兴的主体。坚持以人民为中心的发展思想是乡村建设的核心，关乎“乡村建设为了谁、乡村建设依靠谁”的问题。同时，乡村人口的流失和老龄化是任何地区“乡村振兴”战略思考所必须面对的。以宁夏回族自治区为例，2021 年以来，宁夏聚焦“百万移民致富”和“城乡居民增收行动”，把农村劳动力转移作为巩固脱贫攻坚成果和农民工有效融入社会的重要任务。采取春风行动、就业帮扶月等公共就业服务，搭建劳动力供需平台，打造就业帮扶示范基地，全力落实东西部合作、对口帮扶、定点帮扶等机制，发挥国外劳务站和劳务中介的作用。截至 2021 年 7 月底，全区农村劳动力转移就业 77.61 万人，实现工资收入 85.19 亿元，人均工资性收入达 10977 元。①

① 马照刚、杨阿敏：《宁夏 77.6 万余名农村劳动力实现转移就业》，载《宁夏日报》，2021-08-22：1。

（三）遵循规律，践行“两山”理论

人与自然和谐共生，生态系统有效管理，推进绿色发展，保护生态环境是两者共同的目标。广大乡村自然条件优越，水资源和森林资源丰富，生态环境优势明显，通过大力推进产业绿色化，加快生态农业的发展，把乡村生态环境保护放在突出位置，遵循村庄自身发展规律，充分体现村庄特色，注重乡土气息，保留乡村风情，保留青山绿水，牢记乡愁。以甘肃省为例，党的十八大以来，甘肃省陇南市康县深入贯彻落实习近平生态文明思想和“绿水青山就是金山银山”的理念，充分学习借鉴浙江省“千村示范、万村整治”成功经验，集中力量建设美丽乡村，实现了从改善人居环境、建设美丽乡村到打造不要门票的全域生态旅游大景区“三部曲”的循序推进，形成了特色鲜明、影响广泛的“康县探索”。甘肃省甘南州坚持以生态文明为主基调，以绿色发展为大路径，把发展文化旅游产业作为推动经济转型、加快绿色崛起、实现富民兴州的最佳路径。

（四）凝聚人心，提升文化软实力

乡村文明是中华文明史的主体，耕读文明是我们的软实力。乡风文明是乡村振兴的灵魂，加强乡村精神文明建设，实现人心凝聚、精神振奋、社会和谐，巩固脱贫攻坚成果和接续乡村振兴等工作就有了强大的智力支持和思想保证。如在云南，世界文化遗产哈尼梯田地处云南省红河哈尼族彝族自治州，元阳县阿者科村属遗产地核心区，是一个哈尼族古村落，至今仍延续着“森林、村庄、梯田、水系”四素同构的生态系统。阿者科村在充分调研的基础上编制了属于他们自己的“阿者科计划”，该计划以“房、人、田”为基础，对旅游分红的标准进行严格划分，宣扬保护传统民居、耕种梯田、保留村籍。

（五）强化衔接，坚持组织建设

不管是脱贫攻坚的推进，还是乡村振兴战略的实施，都与党组织的坚强领导密不可分。以西藏自治区为例，西藏阿里地区确定了党的建设重点就是抓好发展，而要抓好发展就必须把握住党的建设的工作理念。出现了“最美战士”尼玛顿珠、全国脱贫攻坚奖获得者吉吉拉姆等一批优秀基层人才。在这一基础上，阿里地区利用这些脱贫攻坚的优秀榜样，很好地发挥基层党组织的治理能力，带动人民群众积极推动经济发展，为乡村振兴战略的实施提供坚实保障。

二、政策衔接，注重稳定性

从当前的新发展局面来看，乡村振兴战略不仅仅是为了农业农村工作，更是影响到国内大循环的正常运行的关键战略。“实施乡村振兴，政策保障是定盘星。”要梳理现行扶贫政策，对成熟的扶贫理论成果和实践经验进行总结归纳，用来完善乡村振兴政策体系以及制度框架。将扶贫成果与新扶贫战略统一纳入乡村振兴战略“十四五”和第二个五年规划，做好时间方面的衔接和内容方面的衔接。中国地大物博、人口众多。由于地理位置、可利用资源、历史基础和政策导向等多种原因，区域间经济社会发展并不平衡，发展呈现多种形式。制定一个目标和一个方向是不可能的。探索将国家层面的的制度总体安排与地区层面的特点进行结合，从顶层设计、宏观区域、微观个人等维度，处理好常量、增量、变量的关系。

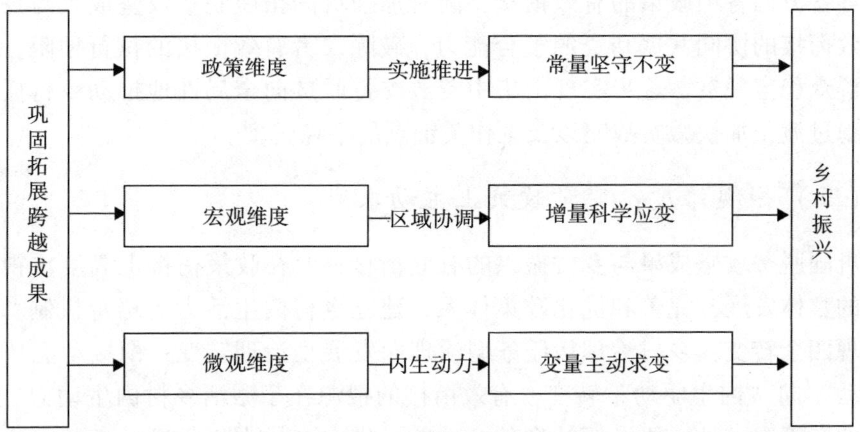

图 11-3　巩固拓展脱贫攻坚成果与乡村振兴有效衔接的政策衔接机制图

资料来源：课题组根据相关文献绘制。

（一）顶层设计维度：常量政策上坚守不变

脱贫攻坚战取得全面胜利后，我们必须持续保持扶贫工作定力，保证过渡期内的帮扶措施不变，要从顶层设计出发，按照党中央部署，严格落实“四个不摘”要求，持续抓好各项帮扶措施，保持过渡期内责任不松懈、政策不断档、力度不减弱、监管不退出，实行动态化管理和常态化帮扶，把防贫扶贫工作继续推进深入。持续落实常态化扶贫政策措施，因地制宜、因户施策，及时消除致贫因子，坚决守住不发生规模性返贫底线，带领群众在彻底消除贫困、逐步实现共同富裕的新征程上不断前进。在这五年中，顶层设计应将重点放在推进战略以及政策布局的一体化，保持顶层设计稳步实施，制定更加系统化和可行化的设计规划，夯实巩固拓展脱贫攻坚成果与乡村振兴有效衔接的组织、资源与制度基础，并适度调整。

（二）宏观维度：增量政策上科学应变

阻碍巩固拓展脱贫攻坚成果、制约群众稳定脱贫的不利因素和困难挑战还比较多。在宏观区域上要体现增量政策的科学应变，要克服权力不集中、信息过于片面产生的阻碍，构建一个行之有效的整体性机制框架。持续巩固拓展原深度贫困地区的脱贫攻坚成果与发展乡村产业、深化农村改革、实施乡村建设行动、加强和改进乡村治理、推进城乡融合发展、改善生态环境、完善综合性制度等各方面各项政策的有效衔接，同时加强巩固拓展脱贫攻坚成果与乡村振兴有效衔接的协同共振和资源整合能力，破除二者有效衔接的执行梗阻，确保当地群众稳定脱贫。逐步实现由集中资源支持脱贫向全局性地推动乡村振兴战略平稳过渡，加快减贫战略以及工作关键点的平稳转型。

（三）微观维度：变量政策上主动求变

巩固脱贫攻坚成果与乡村振兴的有效衔接，要在政策衔接上高度重视推动乡村的整体发展，完善和优化政策体系，建立乡村内生活力的培育机制。要努力实现四个转变：乡村治理从任务型治理向发展型治理转变；衔接动能从“外部推动”向“内生驱动”转变，有效衔接的根源在于激活乡村内生动力。除外源性的政策嵌入外，要发挥社会整合功能，借力乡村内生规则、道德习俗和互惠规范等的约束功能。衔接力量从“政府主体”向“多方参与”转变，深入推进扶志亦扶智，增强包括贫困人口在内的所有农村居民的总体行动能力，使减贫与乡村振兴有效衔接的落实有坚实的社会基础。衔接方式从“集中式作战”向“常态化推进”转变。立足实际，差别化对待、分类实施优惠性扶贫政策，推动扶贫政策向常规性、普惠性以及长效性转变，提高政策针对性和调节性。

总体而言，在衔接过渡期，最新推行的综合扶贫措施应兼顾可持续性，增强组织内部生存发展需要产生的自发动力，为纳入未来乡村振兴战略夯实基础。随着发展阶段不断转变，就必须增强扶贫以及乡村振兴的自发动力，发挥市场在资源配置中的重要作用，加快政府职能的重新定位，解决贫困群众内生性动力不足的问题。

三、要素衔接，注重科学性

要加大中央定点帮扶和东西部扶贫协作力度，巩固脱贫攻坚成果、推动乡村全面振兴，持续引进信息、资金、技术、人才和管理等方面的先进经验，发展横向经济联合体，着力搭建脱贫攻坚与乡村振兴战略有效衔接的政策桥梁。借鉴脱贫攻坚形成的领导体制和工作机制，丰富和完善乡村振兴体制机制，激发市场主体和要素活力，强化基层党建、带强乡村业务、摸清乡村家底、找准乡村出路、规划乡村发展等方面来推动乡村振兴开新局。

（一）生产要素方面

从要素流动视角分析贫困地区土地、劳动力、资本、信息、技术等要素城乡双向融合特点，探索从脱贫攻坚到乡村振兴耦合度及有效衔接微观动力机制。①

土地方面，土地要素配置需要倾斜支持，鼓励村集体和农户通过盘活利用集体闲置的房地资源发展乡村产业，统筹新增和存量建设用地加大土地要素供给，对脱贫县和乡村振兴重点帮扶县继续保持在矿产资源勘查开发利用、生态修复、全域土地综合整治、矿山地质环境治理、地质灾害防治等方面的政策支持。

资本方面，增加衔接资金产业投入比例，强化脱贫人口小额信贷风险防范；探索资源变资产、资产变资金、资金变资本、农民变股东的市场化新路径。比如在新疆，2016 年以来，17 家中央单位定点扶贫 28 个贫困县，投入帮扶资金 8. 8912 亿元，帮扶项目 432 个，下派挂职干部 322 人次；自治区 235 家单位定点帮扶 280 个贫困村，投入 28. 28 亿元，实施项目 7543 个。

劳动力方面，原深度贫困地区是脱贫攻坚的硬骨头，同样也是乡村振兴中的重难点，部分原因在于区位和自然条件的限制，更重要的是有效劳动力的匮乏，因病致贫、因病返贫，是乡村振兴路上的“拦路虎”，需要建立健全防范化解因病返贫致贫长效机制，开展脱贫人口、边缘易致贫户高额医疗费用监测，及时跟进开展医疗救助。要继续落实脱贫攻坚时期人才以及智力扶持的各项政

① 卫志民、吴茜，《脱贫攻坚与乡村振兴的战略耦合：角色、逻辑与路径》，载《求索》，2021 (4)，164~171 页。

策，建立并完善各类人才服务乡村振兴的导向。健全人才下乡进行服务的激励机制，稳固人才振兴的保障方式，为返乡以及入乡的人才创造比较完善的就业与创业环境，为人才提供更加广阔的成长空间，最大限度地激发人才的自发动力，巩固乡村振兴人才方面的基础。要拓宽有组织的劳务输出以及产业招商引资，发挥扶贫车间人才吸纳作用，保障贫困地区劳动力稳定就业。随着城乡互联网基础设施和服务应用的加速融合，农村已广泛参与到移动互联网生态中。信息与技术方面，伴随城乡网络设施建设以及服务均等化的快速发展，互联网的接入使得乡村对移动互联生态广泛参与，比如借助“互联网+”，让农民共享更多优质公共服务，通过“互联网+义务教育”打造新时代城乡教育共同体，让城区优质教育资源“飞”入山区孩子的课堂，借助科技的手段来刺激农村群众的自发动力，让他们能够积极参与科学项目，比如云南省继续推进“产业+技能”科技扶贫模式等。

（二）制度建设方面

全面实施乡村振兴战略的深度、广度、难度都不亚于脱贫攻坚。面对深刻变化的国内外环境，必须加强顶层设计，完善政策体系、工作体系、制度体系，促进农业高质高效、乡村宜居宜业、农民富裕富足。因此，社会要素方面，要充分挖掘潜力，吸纳更多社会资源助力乡村振兴，狠抓立项争资和招商引资两个关键，进一步健全完善企业与农户的利益联结机制，为乡村振兴贡献力量。

一是组织上，集体经济的壮大是基层党组织引领群众共同富裕的关键方式，在巩固拓展脱贫攻坚成果中具有重要作用。如云南省红河哈尼族彝族自治州泸西县把发展壮大农村集体经济作为巩固拓展脱贫攻坚成果的重要抓手，把有限的资金和资源转变为看得见摸得着的经营性资产，并将资产的所有权归属村集体，再以租赁、合作、折股等方式获取收益，探索建立起多渠引水、多管齐下的村集体经济可持续发展模式，从根本上强化了村集体经济增收的“造血”功能，拓展出一条为农业龙头企业减轻投资压力、促进扶贫项目资产保值增值、让集体组织成员获得稳定收益的发展路径，向共同富裕的目标迈出了实质性步伐，受到群众普遍认可。

二是领导上，选好用好扶贫干部，是事业所需、导向所呼、干群所盼。脱贫攻坚是世界减贫史上的奇迹，扶贫干部是创造这一奇迹的重要力量。2013 年至 2021 年的 8 年间，全国累计派出 300 多万驻村干部、第一书记和数百万名基层工作者奋战在没有硝烟的战场，1800 多人将生命定格在了脱贫攻坚征程上。

三是管理上，树立系统治理、依法治理、综合治理、源头治理理念。从党建扶贫到党建振兴，加强农村基层党建，是推动巩固脱贫攻坚成果与乡村振兴有效衔接的固本之举。把农村基层党组织书记培养成一名名坚强的“铁军头雁”，以提升组织力为重点，把突出党的政治功能摆在首位，把讲政治要求贯穿基层党建工作全过程、各个方面、各条战线。组织振兴，抓实了就出组织力，抓细了就出凝聚力，抓强了就出战斗力。在新征程的“赶考”上，我们要毫不动摇贯彻习近平总书记关于乡村全面振兴的重要指示精神，汇聚引领乡村振兴的强大合力，促进农业高质高效、乡村宜居宜业、农民富裕富足。

第三节　巩固脱贫攻坚成果与乡村振兴有效衔接的对策建议

巩固脱贫攻坚成果同乡村振兴的有效衔接，是乡村振兴推进工作尤其是脱贫地区发展的新课题。各地政府要科学认识巩固脱贫攻坚成果以及乡村振兴工作，充分认识到两个一百年目标面对的艰难与挑战，同时也要制定适合每个地区特点的具体交接方式。总的来说，巩固脱贫攻坚成果与乡村振兴有效衔接应从坚持问题导向、完善衔接机制、提升要素效率等方面着手。

一、坚持问题导向，持续巩固拓展脱贫攻坚成果

坚持问题导向，突出重点对接好乡村振兴20字方针，需要正确定位乡村价值，树立多功能乡村理念。要实现乡村振兴，首先就要正确定位乡村价值，认识乡村的功能。乡村既有农业生态承载价值，也有社会文化调节价值；具有维系传统农业循环经济特征、发展乡村旅游等功能。

（一）以“产业兴旺”为重点，深入实施“六大强农”行动

实施乡村振兴战略，习近平总书记把“产业振兴”摆在“五个振兴”中的首要地位。必须把握产业兴旺这一乡村振兴战略的核心，乡村建设才能有经济基础，农民才有生活富裕的来源。图11－4展示了2020年江苏省各地级市的产业兴旺发展情况（以农林牧渔业产值占比与作物多元化水平测度），可以看出，多数地区的乡村产业发展情况较好。以江苏省连云港市连云区黄窝村为例，该地区三面环山，一面靠海，曾是传统的渔家村落，村民世代以打渔为业，勉强

度日。但由于21世纪末海洋的过度捕捞，黄窝村村民仅有的收入来源被切断，成为远近闻名的贫困村、“黄沙窝”。针对这种情况，时任村党委书记的张立祥同志于2000年便立志要“拔穷根、走富路”，通过产业来振兴黄窝村。在海网箱养鱼、养殖羊栖菜的产业措施均以失败告终后，张立祥同志无畏挫折，继续带领村民实施新一步产业措施——紫菜养殖，终于成功找到适合黄窝村的富路。随着村集体的共同努力，截至2019年，黄窝村集体收入达到年均500万元，村民人均年收入也达到3.5万元，贫困状态得到了极大的改善，真正走上了脱贫致富小康路。① 因此，无论是巩固脱贫攻坚成果还是乡村振兴，都要依靠发展产业来建立促进农民增收与推动生活富裕的长效机制，表明了做好产业扶贫是实现乡村振兴的内在要求，也是实施乡村振兴战略的首要条件。

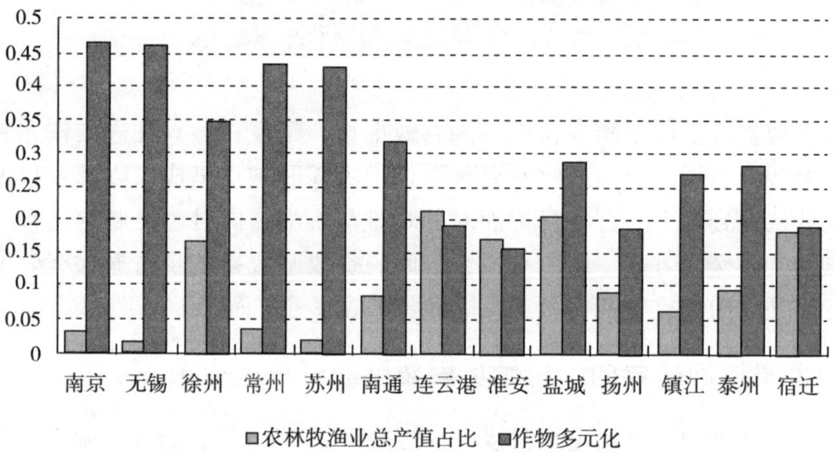

图11-4　2020年江苏省各地级市产业兴旺发展水平（%）②

数据来源：2020年《江苏统计年鉴》。

（二）以“生态宜居”为关键，着力提升基础设施硬实力和人文生态软环境

生态宜居既要注重乡村生态，又要注重乡村宜居，需要以乡村绿色振兴为

① 中国新闻网：《连云港黄窝村：海边小渔村从黄沙窝迈向“黄金窝”》，https：//www.chinanews.com.cn/sh/2020/07-09/9233675.shtml。

② 注：农林牧渔业产值占比=农林牧渔业产值/地区生产总值×100%，作物多元化水平=非粮播种面积/总播种面积×100%。

基点，突出绿色产业、绿色人居、绿色意识、绿色环境四个支点和绿色政策这个平台。绿色产业是想要振兴绿色乡村的重要物质基础。为了能够给社会供给绿色产品，让贫困地区得到“良性造血功能”，绿色产业是重中之重。绿色人居则是振兴绿色乡村的根本要求，它包含了生态宜居的所有内容，涵盖饮用水、村景、垃圾、厕所等。绿色意识是振兴绿色乡村的保障和内生动力，它既体现了实现振兴所需要的道德标准以及精神要求，也体现了实现振兴的生活方式，同时，也直接关系到脱贫攻坚和绿色振兴的实际效果。绿色环境是对振兴绿色乡村的追求和保护。乡村之美在于碧水青山，莺歌燕舞。这种优美的自然生态环境不应该被破坏，应当有优美舒适的环境和稳定的生态系统。这样的生态环境是不断获取“金山银山”的强大储备。绿色政策这一平台是上述四大支柱的支撑基础和保障。原深度贫困高发地的中西部地区有着丰富的自然资源，但同时也有着较为脆弱的生态环境。由于“资源诅咒”问题的存在以及农村地区化肥的过度使用（如图 11-5），该地区环境发展状况欠佳，69.9%的生态脆弱县也同时是贫困县，亟需生态扶贫振兴。以四川省资阳市安岳县李家镇先锋村为例，该地由于早期生态环境破坏，水土流失严重，居民生活存在较大的风险隐患且收入水平低下。自“十三五”以来，资阳市政府坚持“预防、治理、开发、利用”四方面措施并重，努力减少坡地水土流失、增强土壤水源涵养能力。截至 2020 年底，资阳市治理水土流失面积达 630 平方千米，治理区生态修复率

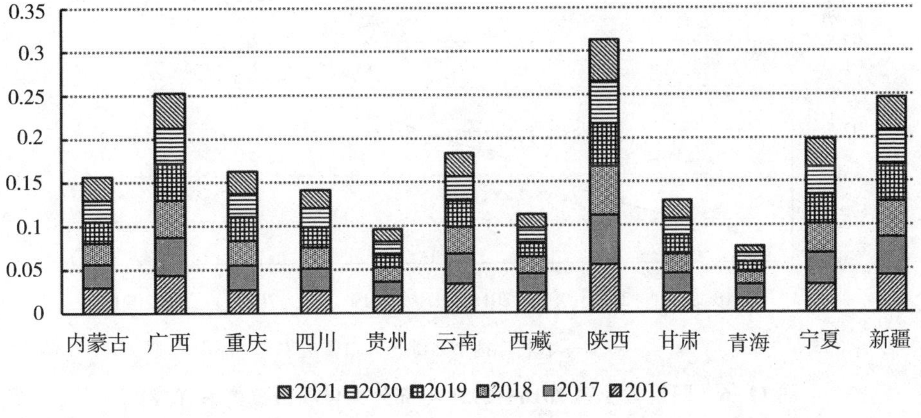

图 11-5　2016—2021 年部分西部地区省份乡镇每十万亩耕地化肥施用量（单位：万吨）

数据来源：2016—2021 年《中国农村统计年鉴》。

达 95%、土壤侵蚀量减少 70%，全市林草覆盖率达 43. 8%，成功实现了生态宜居乡镇的建立，为当地群众带来了满足与幸福。①

（三）以“乡风文明”为保障，加强乡村精神文明建设。

仅靠物质的扶持无法满足日益增长的美好生活的需求，没有文化的乡村振兴最终必然走向衰败。文化振兴是乡村振兴的重要内容与必然要求、推动着乡村的全面进步与振兴、促进乡村实现产业结构调整、激发贫困群众的自主脱贫意识。在乡村振兴中，我们必须在完善农村文化建设“最后一千米”，建立文化振兴资金长效投入机制、发展文化旅游业拓宽脱贫渠道、构建多元主体的资源整合机制、建立乡贤联系机制，构建动态的政策评估体系、造就一支高素质的农村文化队伍。以四川省农村地区为例，该地区地处西部，经济社会发展水平落后，多年来贫困发生率一直居高不下。根据图 11-6 可以看出，2016—2021 年间四川农村地区广播节目以及电视节目人口覆盖率呈现递增趋势，并于 2019 年达到 95%以上水准，2021 年更是达到 99%以上。在巩固脱贫攻坚成果与衔接乡村振兴的新阶段，该部分成就还远远不够，仍需要持续推进高质量文化建设，促进乡村文化振兴。

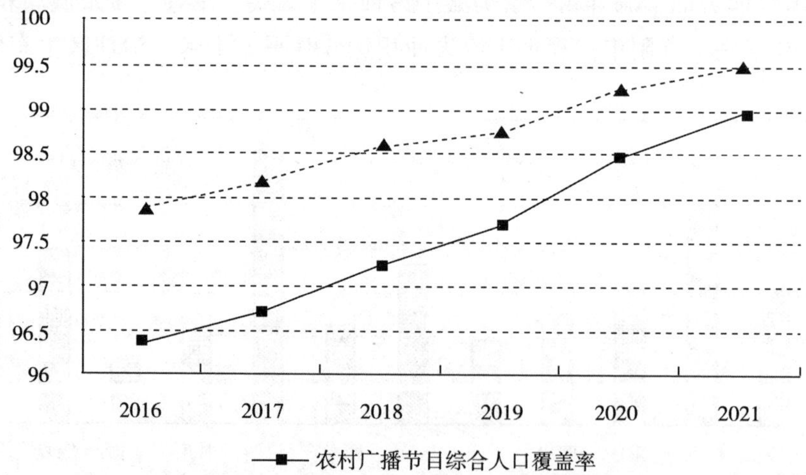

图 11-6　四川省乡镇 2016—2021 年部分文化项目覆盖率（%）

数据来源：2016—2021 年四川省国民经济和社会发展统计公报。

① 中国乡村振兴在线：《四川资阳：水土保持美生态乡村振兴富百姓》，http：//f. china. com. cn/2021-12/24/content_ 77950558. htm。

（四）以“治理有效”为基础，加强基层党建

党组织是实施乡村振兴战略的“主心骨”，基层党组织坚强有力，乡村振兴便会蹄疾步稳。农村基层党组织是党在农村全部工作和战斗力的基础，是党联系广大农民群众的桥梁和纽带。当前中国正处于快速老龄化向深度老龄化迈进阶段，老年人口的比重不断上升，乡镇治理难度也在不断增加，特别是在原深度贫困地区的多民族省份（如图 11-7），老龄化治理形势更显严峻。针对该类状况，应当更加注重基层党组织的建设，增强其凝聚力，解决群众的多样化需求。以江苏省金湖县湖畔旺屯社区为例，该社区居民由吕良镇 10 多个村的村民组成，邻里之间相对陌生，矛盾一度难以调节。2021 年 5 月，金港小区以“双重管理、属地为主”为原则成立社区党支部，对 44 名在社区中居住的党员进行管理，并建立社区服务站，履行居民管理职能，同时通过建立社区监督小组、社区党群议事会、社区红物业，联合管理社区事务，构建社区党组织领导

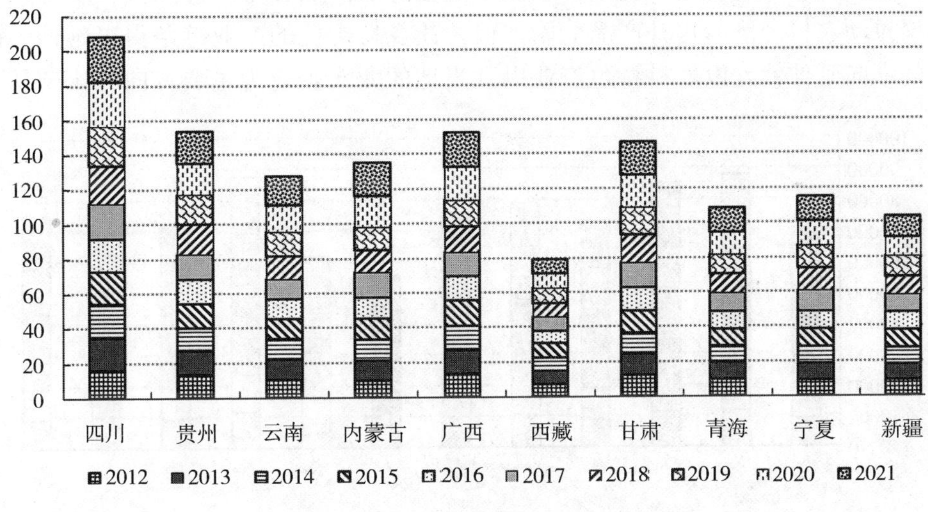

图 11-7　2012—2021 年西部地区省份老年人口抚养比（%）②

数据来源：CSMAR 数据库。

① 张江华、戴岱、陈海霞：《内外兼修，金湖农村社区有“型”更有“心”》，载《新华日报》，2021-12-22：1。

下的"1+4"治理体系。[①] 随着社区工作的不断进行，居民矛盾得到了解决，居民生活幸福水平也有了显著的提升。因此，必须突出政治功能，提升组织力，打造千千万万个坚强的农村基层党组织，以乡村组织振兴保证乡村振兴战略实施。

（五）以"生活富裕"为根本，落实更加积极的"稳就业、促增收"政策措施

在劳动密集型转向技术密集型的升级过程中，原材料价格便宜、劳动力资源成本低是乡镇企业的发展优势。随着农村中劳动密集型产业规模逐渐扩大，其过程中对劳动力的缺口不断加大，而在引进高科技产品的价格低于劳动力的价格时，乡镇企业便为取得更大的利润自主转向技术密集型企业，从而使整个农村产业不断发展。农村产业凭借自身得天独厚的资源优势，形成特色产业集群，从而发挥集群效应带动周边经济发展。提高区域特色产业产品的竞争力，形成不仅具备区域特色，还附带较强专业性的农产品加工产业园区，实现产业集聚拉动农村经济，提升产品的附加值，让乡村支柱的产业链条得以延伸。链条的纵向延伸就是以农村特色产业以及当地的龙头企业为主要方向，让产品不

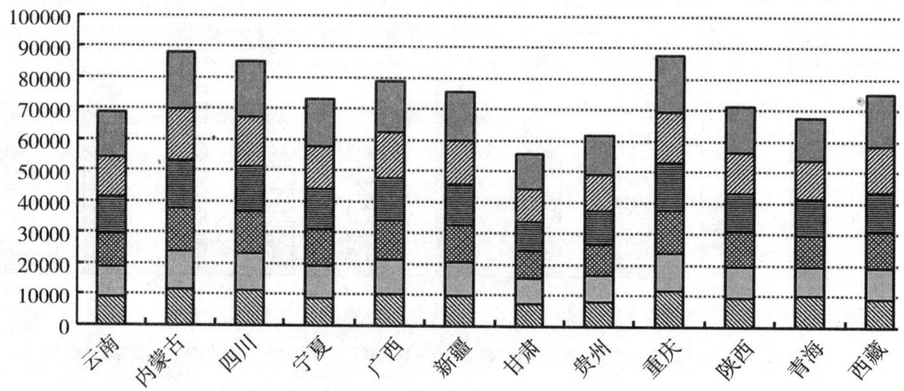

图 11-8　2016—2021 年西部地区省份人均可支配收入（单位：万元）

数据来源：2016—2021 年《中国统计年鉴》。

① 老年人口抚养比=（65 岁以上人口数÷劳动年龄人口数）×100%

断扩散，以此提升产业发展；链条的横向延伸的关键技术掌握在核心龙头企业手中，最重要的市场位于产业链两端。链条中间部分较为分散，在规模以及技术达到一定程度后，从外面引进金融资本市场并学习新型的经营管理模式，从而实现产业发展的目标。虽然当前所有贫困地区均已摆脱绝对贫困，实现了收入的稳步增长，但对原深度贫困地区的多民族省份而言，当前的人均可支配收入依旧处于较低水平（如图 11-8）。针对该部分地区，需要大力发展特色产业，确保"稳就业、促增收"的乡村生活富裕早日实现。

二、完善衔接机制，发挥政府主导作用

（一）深化农村制度改革

以深化农村集体产权制度改革为动力，以增强集体经济造血功能为重点，推动村级集体经济由主要依靠自身力量封闭发展向外引内联转变，完善一二三产业高度交融发展的乡村经济产业体系，以及越来越精细的乡村经济组织方式。[①]

（二）完善三权分置制度

将弱化所有权作为重点，加强保障使用权以及经营权。构建土地流转市场，促进带动土地适度规模经营的发展。推动农业现代化发展需要土地经营权和使用权得到保障。

（三）继续对涉农财政资金进行统筹整合使用

不断优化支出结构的同时要保证财政支持政策趋于稳定，并不断调整支持的关键点以及范围，不仅仅只发展脱贫村，其他乡村也要一同发展，坚持推动均衡发展，发展的重心放在重点帮扶村，不断提高产业发展的比重。加强金融服务支持，继续对已脱贫人口、边缘易致贫人口开展小额信贷续贷或展期，并按规定给予相应资助。认真落实基层人才培养、评价、激励等政策，各级人才项目向乡村振兴一线倾斜。

① 龙花楼、陈坤秋：《实现巩固拓展脱贫攻坚成果同乡村振兴有效衔接：研究框架与展望》，载《经济地理》，2021，41（8），1~9 页。

（四）推动城乡融合发展

增强乡村生态振兴的技术和人才保障，其重点就在于要构建城乡融资机制，鼓励城市剩余资本进入乡村，将乡村存在的资源以及生态优势转化为经济优势，以此促进乡村农业产业的转型升级。一是要加强乡村人才引进。鼓励人才流动并给予优惠政策吸引城市人才下乡以及乡村人才留乡，政府统筹协调，推动人才参与治理乡村建设。二是提高乡村人才教育水平。增强乡村教育水平，确保义务教育全覆盖，给乡村人才更多发展机会。三是对乡村人才予以激励。通过优惠政策、教育宣传等激励方式增加对人才的吸引力。

三、提升要素效率，优化市场资源配置

（一）加强科学技术向农业渗透

党中央及地方政府增加对农业研究机构的资金政策扶持，给予更优渥的设备与研究环境，让科学技术在农业层面发挥更多作用，完善物质方面的基础。通过不断的科技创新推动乡村现代化发展，提升乡村发展的内生动力。

（二）适应市场需求

目前来说乡村金融、电信业务等方面都存在产业壁垒亟待打破，从而为乡村文化旅游、智慧农业、信息化发展提供一个成本更低的新产业、新业态。找准经济建设的核心，促进产业扶贫向产业振兴的转型。产业扶贫是贫困地区内源发展的关键，能够提高贫困人口的自发动力。产业扶贫目前最大的难点在于并不是每个贫困地区都有与其资源条件相匹配的特色产业，或其特色产业培育并不够充分，乡村产业振兴要坚持从壮大特色产业入手，加强对产业发展建设投入。完善农民农村优惠保障政策，对农民诚信方面建立积分评价体系，限制低诚信农民享受政策扶持。同时构建稳定的土地流转市场，建设更多高标准农田，建立统一的耕地中心以及宅基地的流转平台，从而改善农户人均耕地面积较少等问题。

（三）优化乡村劳动力配置

找准主体建设的基石，促进人才扶贫向人才振兴转型。原深度贫困地区是脱贫攻坚的硬骨头，同样也是乡村振兴中的重难点，部分原因在于区位和自然

条件的限制，更重要的是人才匮乏，探索从人才扶贫到人才振兴是实现脱贫攻坚到乡村振兴有效衔接的关键。优化信息获取渠道，减少信息不对等的现象，推动城乡市场融合，让城乡社会保障体系能够均衡化发展，减少城乡差距，培养更多有知识有技能的新型农民，提高农村基础设施建设及基础教育水平，全面提高乡村人口素质。

（四）找准政治建设的根本，促进党建扶贫向组织振兴转型

基层党组织是实施乡村振兴战略的“主心骨”，从脱贫攻坚战的历史发展中可以看到，基层党组织发挥了不可替代的作用。而在推动乡村振兴战略的过程中，既要实现组织振兴，保证领导地位，还要能够发挥出基层党组织在乡村振兴中的作用，做乡村振兴的“排头兵”。加强组织领导，将种养大户、龙头企业、专业合作社等作为模范榜样，通过各项资源要素整合、产业经营链条不断延伸，资金整合化注入以及构建村集体经济项目经营等方式渠道，完善村级合作社经营管理和利益联结机制模式组合，从而不断深入探索并建立相应的农村集体资产监管平台以及制定第三方财务管理和审计制度，通过这些方式防范监督生产经营风险以及可能存在的内部管理风险。

参考文献

[1] Atkinson A B, Rainwater L, Smeeding T. Income Distribution in OECD Countries. Paris: OECD, 1995.

[2] Banerjee, A. V. and Duflo, E., 2008, "What if Middle Class about the Middle Classes Around the World?", Journal of Economic Per? spectives, Vol. 22, No. 2, pp. 3~28.

[3] Banerjee, A. V. and Duflo, E., 2011, "Poor Economics, a Radical Rethinking of the Way to Fight Global Poverty", New York: Public Affairs.

[4] Barham V, Boadway R, Marchande M, etal. Education and the poverty trap. Core Discussion Papers Rp. 1995 (07).

[5] Barrientos, A., 2002, "Old Age, Poverty and Social Investment", Journal of International Development, Vol. 14 (8), pp. 1133~1141.

[6] besley T, Burgess Rh. alving global poverty. Journal of Economic Perspectives, 2003, 17 (3): 3~22.

[7] Birdk, Shepherd A. Livelihoods and chronic poverty in semi-arid Zimbabwe. World Development, 2003, 31 (3): 591~610.

[8] Bird K, Shepherd A. Livelihoods and chronic poverty in semi-arid Zimbabwe. World Development, 2003, 31 (3): 591~610.

[9] Bowlus A J, Jean-Marc R. An International Comparison of Lifetime Inequality: How Continental Europe Resembles North America. Journal of the European Economic Association, 2012 (6): 1236~1262.

[10] Cai, X., Lu., Y., Wu, M. and Yu., L., 2016, "Does Environmental Regulation Drive Away Inbound Freign Direct Investment? Evi? -81-dence from a Quasi-Natural Experiment in China", Journal of Development Economics, Vol. 123, pp. 73~85.

[11] Carroll, C. D. and Miles, S. K., 1995, "On the Concavity of the Con-

sumption Function", Econometrica, Vol. 64, No. 4, pp. 981~992.

[12] Cidadee, Mourajf, Nepomuceno B B, et al. Poverty and fatalism: impacts on the community dynamics and on hope in Brazilian residents. Journal of prevention& intervention in the community, 201, 44 (1), 51~62.

[13] Crepon, B., Devoto, F., Duflo, E. and Pariente, W., 2015, "Estimating the Impact of Microcredit on Those Who Take It Up: Evidence from a Randomized Experiment in Morocco", Social Science Electronic Publishing, Vol. 7 (1), pp. 123~150.

[14] Das, J., Hammer, J. and Leonard, K., 2008, "The Quality of Medical Advice in Low Income Countries", Journal of Economic Perspec? tives, Vol. 22, pp. 93~114.

[15] Deaton A. Price Indexes, Inequality, and the Measurement of World Poverty. American Economic Review, 2010, 100 (1): 5~34.

[16] Dercon S, Christiaensenl. Consumption risk, technology adoption and poverty traps: Evidence from Ethiopia. Journal of Development Economics, 2011, 96 (2): 159~173.

[17] Dewitt L. The Decision to Exclude Agricultural and Domestic Workers from the 1935 Social Security Act. Social Security Bulletin, 2010, 70

[18] Dollar, D. Poverty, Inequality, and Social Disparities During China' s Economic Reform. World Bank Policy Research Working Paper Series, 2007, (28): 1~28.

[19] Dollard, Kraaya. Growth is good for the poor. Journal of Economic Growth, 2002, 7 (3): 195~225.

[20] Epprechtm. Muller D, MINOT N. How remote are Vietnam's ethnic minorities? An analysis of spatial patterns of poverty and inequality. The Annals of Regional Science, 2011, 46 (2): 349~368.

[21] FANS, ZHANGL, ZHANGX. Growth and poverty in rural China: The role of public investments. International Food Policy Research Institute Policy Report 12, 2002.

[22] Feldstein, M., 1974, "Social Security, Induced Retirement and Aggregate Capital Accumulation", Journal of Political Economy, Vol. 82, No. 5, pp. 905~926.

[23] Goodwin D W. Alcoholism: The Facts. New York: Oxford University

Press, 2000.

[24] Grusky, D. et al. "The Causes of California's Sky-High Poverty and the Evidence Behind the Equal Opportunity Plan for Reducing It California ? why is there so much poverty in." (2015) .

[25] Guiso, L. and Paiella, M., 2008, "Risk Aversion, Wealth and Background Risk", Journal of European Economic Association, Vol. 6, No. 6, pp. 1109~1150.

[26] Hagenaars A, de Vos K, Zaidi A. Poverty Statistics in the Late 1980s [R] . EUROSTAT, Luxembourg, 1994.

[27] Horri R, Sasaki M. Training and innovation in an imperfect labour market. Journal of Public Economic Theory, 2012 (14) .

[28] Hulme D, Shepherd A. Conceptualizing Chronic Poverty. WorldDevelopment, 2003 (3) .

[29] Hurd, M. D. and Rohwedder, S., 2006, "Economic Well-Being at Older Ages: Income and Consumption - Based Poverty Measures in the HRS", NBER Working Papers.

[30] Iglesias, W. J. and Coelho, A. B., 2020, "Poverty and Inequality Within Brazilian Households: An Application of a Collective Con? sumption Model", Empirical Economics Volume, Vol. 58, pp. 1923~1952.

[31] Jappelli, T., Pischke, J. and Souleles, N. S., 1998, "Testing for Liquidity Constraints in Euler Equations with Complementary Data Sources", Review of Economics and Statistics, Vol. 80 (2), pp. 251~262.

[32] Jorgenson and Dale, W., 1998, "Did We Lose the War on Poverty?", Journal of Economic Perspectives, Vol. 12 (1), pp. 79~96.

[33] Jorgenson, D. and Slesnick, D., 1987, "Aggregate Consumer Behavior and Household Equivalence Scales", Journal of Business and Economic Statistics, Vol. 5, pp. 219~232.

[34] Karlan, D. and Morduch, J., 2010, Handbook of Development Economics, Volume 5, Netherlands: North Holland.

[35] Khanar. Poverty in China in the period of globalization: New evidence on trend and pattern. Issues in development discussion paper 22. International Labor Organization, Geneva, 1998.

[36] Knight, Li S&Deng Q. Education and Poverty Trap in Rural China:

Setting the Trap. Oxford Development Studies. 2009 (4).

[37] Li, P., Lu, Y. and Wang, J., 2016, "Does Flattening Government Improve Economic Performance? Evidence from China", Journal of Development Economics, Vol. 123, pp. 18~37.

[38] Liu, Q. and Qiu, L. D., 2016, "Intermediate Input Imports and Innovations: Evidence from Chinese Firms'Patent Filings", Journal of International Economics, Vol. 103, pp. 166~183.

[39] Lusardi, A., 1996, "Permanent Income, Current Income and Consumption: Evidence from Two Panel Data Sets", Journal of Business & Economic Statistics, Vol. 14 (1), pp. 81~90.

[40] Mcgregor, P. P. L. and Borooah, V. K., 1992, "Is Low Spending or Low Income a Better Indicator of Whether or Not a Household is Poor: Some Results From the 1985 Family Expenditure Survey", Journal of Social Policy, Vol. 21, No. 1, pp. 53~69.

[41] Mellor, J. W. and Malik, S. J., 2017, "The Impact of Growth in Small Commercial Farm Productivity on Rural Poverty Reduction", World Development, Vol. 91, pp. 1~10.

[42] Meyer, B. B. and Sullivan, J. X., 2003, "Measuring the Well-Being of the Poor Using Income and Consumption", Journal of Human Resources, Vol. 38, pp. 1180~1220.

[43] Nunn, N. and Qian, N., 2011, "The Potato's Contribution to Population and Urbanization: Evidence from a Historical Experiment", The Quarterly Journal of Economics, Vol. 126 (2), pp. 593~650.

[44] Park, A. and Wang, S., 2010, "Community-based Development and Poverty Alleviation~An Evaluation of China's Poor Village In? vestment Program", Journal of Public Economics, Vol. 94 (9), pp. 790~799.

[45] Rahman, M. M., 2014, "Estimating the Average Treatment Effect of Social Safety Net Programmes in Bangladesh", Journal of Devel? opment Studies, Vol. 50, No. 11, pp. 1550~1569.

[46] Ravallionm, J. China's lagging poor areas. American Economic Review, 1999, 89 (2): 301~305.

[47] Ravallionm. Growth, inequality and poverty: Looking beyond aver-

age. World Development, 2001, 29 (11): 1803~1815.

[48] Schultz, T. P. and Tansel, A., 1996, "Wage and Labor Supply Effects of Illness in Cote d'Ivoire and Ghana: Instrumental Variable Estimates for Days Disabled", Journal of Development Economics, Vol. 53, No. 2, pp. 251~286.

[49] Short, K., Shea, M., Johnson, D. and Garner, T., 1998, "Poverty-Measurement Research Using the Consumer Expenditure Survey and the Survey of Income and Program Participation", American Economic Review, Vol. 88, No. 2, pp. 352~356.

[50] Skoufias, E., 2007, "Poverty Alleviation and Consumption Insurance: Evidence from PROGRESA in Mexico", Journal of Socio-Economics, Vol. 36, No. 4, pp. 630~649.

[51] Slesnick, D., 1993, "Gaining Ground: Poverty in the Postwar United States", Journal of Political Economy, Vol. 101, No. 1, pp. 1~38.

[52] Suryahadi, A., Suryadarma, D. and Sumarto, S., 2008, "The Effects of Location and Sectoral Components of Economic Growth on Pov? erty: Evidence from Indonesia", Journal of Development Economics, Vol. 89 (1), No. 1, pp. 109~117.

[53] United Nations (2010-03-27). "Gap between rich and poor in Latinamerica is largest in the world, says UN". MercoPress. Retrieved 2010-11-25.

[54] Vreyer P D, Herrera J, S Mesplé-Somps. Spatial poverty trap. Sandrine Mesplé Somps, 2003.

[55] Ward, P. S. Transient Poverty, Poverty Dynamics, and Vulnerability to Poverty: An Empirical Analysis Using a Balanced Panel from Rural China. World Development, 2016 (78): 541~553.

[56] Zaidi, M. and de Vos, K., 2001, "Trends in Consumption-Based Poverty and Inequality in the European Union During the 1980s", Journal of Population Economics, Vol. 14, pp. 367~390.

[57] 安格斯·迪顿. 逃离不平等: 健康、财富及不平等的起源. 北京: 中信出版社, 2014.

[58] 白晓梅. 新时代民族地区文化扶贫与压茬推进乡村振兴——基于内蒙古阿古拉嘎查的考察. 北方民族大学学报, 2020 (6): 27~33.

[59] 常钦. 资本扶贫, 关键在"可持续". 人民日报, 2018-02-12 (5).

[60] 陈聪、程李梅. 产业扶贫目标下连片贫困地区公共品有效供给研究.

农业经济问题，2017，38（10）：44~51.

［61］陈豪、刘丽娜、李波．企业履行社会责任的动机及作用机理研究——基于中部六省上市企业的实证．中南民族大学学报（自然科学版），2023，42（5）：712~720.

［62］陈全功、程蹊．空间贫困理论视野下的民族地区扶贫问题．中南民族大学学报（人文社会科学版），2011，31（1）：58~63.

［63］陈祖海、柳长毅等．财政扶贫资金投向分析与政策研究．湖北人民出版社，2021（8）：209.

［64］程名望、Jin Yanhong、盖庆恩、史清华．农村减贫：应该更关注教育还是健康？——基于收入增长和差距缩小双重视角的实证．经济研究，2014，49（11）：130~144.

［65］丁建军、冷志明．区域贫困的地理学分析．地理学报，2018，73（2）：232~247.

［66］董帅兵、郝亚光．巩固、拓展与衔接：过渡期贫困治理的路径探索．经济学家，2021（8）：109~118.

［67］豆书龙、叶敬忠．乡村振兴与脱贫攻坚的有机衔接及其机制构建．改革，2019（1）：19~29.

［68］杜建国、陈豪、甘天琦等．农业经济增长的数字力量——基于数字乡村建设的视角．经济问题，2023（10）：103~110.

［69］段忠贤、黄其松．要素禀赋、制度质量与区域贫困治理——基于中国省际面板数据的实证研究．公共管理学报，2017，14（3）：144-153+160.

［70］范东君．新中国成立以来反贫困的历史进程与经验启示．求索，2020（5）：190~196.

［71］方迎风、童光荣、邹薇．公共资本、私人投资与区域性贫困陷阱．经济评论，2015（5）：70~83.

［72］方迎风、邹薇．能力投资、健康冲击与贫困脆弱性．经济学动态，2013（7）：36~50.

［73］封进、余央央．中国农村的收入差距与健康．经济研究，2007（1）：79~88.

［74］龚维进、覃成林、徐海东．交通扶贫破解空间贫困陷阱的效果及机制分析——以滇桂黔石漠化区为例．中国人口科学，2019（6）：111 123+128.

［75］顾雷雷、郭建鸾、王鸿宇．企业社会责任、融资约束与企业金融化．

金融研究，2020（2）：109~127.

［76］韩小伟．改革开放以来中央单位定点扶贫研究．吉林大学，2020.

［77］何植民、蓝玉娇．精准脱贫的可持续性：一个概念性分析框架．行政论坛，2021，28（1）：28~38.

［78］贺新闻、张城、侯建霖、赵海鑫．中小型产业扶贫企业可持续发展能力研究．软科学，2020，34（10）：70~75.

［79］侯守杰．后小康时代的相对贫困治理．西北农林科技大学学报（社会科学版），2021，21（2）：36~42.

［80］胡晗、司亚飞、王立剑．产业扶贫政策对贫困户生计策略和收入的影响——来自陕西省的经验证据．中国农村经济，2018（1）：78~89.

［81］黄英君、胡国生．金融扶贫、行为心理与区域性贫困陷阱——精准识别视角下的扶贫机制设置．西南民族大学学报（人文社科版），2017，38（2）：1~10.

［82］黄志平．国家级贫困县的设立推动了当地经济发展吗？——基于PSM-DID方法的实证研究．中国农村经济，2018（5）：98~111.

［83］贾海彦．“健康贫困”陷阱的自我强化与减贫的内生动力——基于中国家庭追踪调查（CFPS）的实证分析．经济社会体制比较，2020（4）：52-61+146.

［84］姜安印、陈卫强．贫困时代转换的经验证据、特征研判及路径选择．经济学家，2021（3）：63~70.

［85］姜长云．科学理解推进乡村振兴的重大战略导向．管理世界，2018，34（4）：17~24.

［86］蒋永甫、龚丽华、疏春晓．产业扶贫：在政府行为与市场逻辑之间．贵州社会科学，2018（2）：148~154.

［87］解垩．农村家庭的资产与贫困陷阱．中国人口科学，2014（6）：71-83+127-128.

［88］匡远配、肖叶．贫困治理的质态转轨：多元逻辑与现代化进路．经济学家，2021（9）：69~77.

［89］李波、陈豪．数字乡村建设缩小收入差距的机制与实现路径．中南民族大学学报（人文社会科学版），2023，43（5）：137-145+187.

［90］李波、刘丽娜．深度贫困地区农户多维贫困测度及影响因素研究——基于青海藏区四县的实证调查．北方民族大学学报，2020（5）：5~12.

［91］李波、张春燕、刘丽娜．“三区三州”深度贫困地区扶贫政策效应与作用机制研究．中央民族大学学报（哲学社会科学版），2021，48（2）：118~131.

［92］李芳华、张阳阳、郑新业．精准扶贫政策效果评估——基于贫困人口微观追踪数据．经济研究，2020，55（8）：171~187.

［93］李佳、田里、王磊．连片特困民族地区旅游精准扶贫机制研究——以四川藏区为例．西南民族大学学报（人文社科版），2017，38（6）：116~121.

［94］李俊杰、耿新．民族地区深度贫困现状及治理路径研究——以“三区三州”为例．民族研究，2018（1）：47－57+124.

［95］李俊杰、郭言歌．“三区三州”易地扶贫搬迁政策执行机制优化探究．黑龙江民族丛刊，2019（5）：30~37.

［96］李俊杰等．民族地区特殊类型贫困与反贫困研究．经济科学出版社，2019：51.

［97］李升发、李秀彬．耕地撂荒研究进展与展望．地理学报，2016，71（3）：370~389.

［98］李维安、王鹏程、徐业坤．慈善捐赠、政治关联与债务融资——民营企业与政府的资源交换行为．南开管理评论，2015，18（1）：4~14.

［99］李翔、李学军．连片贫困地区精准扶贫政策效应研究．干旱区资源与环境，2020，34（10）：34~42.

［100］李小云、于乐荣、齐顾波．2000—2008年中国经济增长对贫困减少的作用：一个全国和分区域的实证分析．中国农村经济，2010（4）：4~11.

［101］李扬、张晓晶．“新常态”：经济发展的逻辑与前景．经济研究，2015，50（5）：4~19.

［102］李玉恒、宋传垚、阎佳玉、刘彦随．转型期中国农户生计响应的时空差异及对乡村振兴战略启示．地理研究，2019，38（11）：2595~2605.

［103］李志平、吴凡夫．农村电商对减贫与乡村振兴影响的实证研究．统计与决策，2021，37（6）：15~19.

［104］林毅夫、刘培林．自生能力和国企改革．经济研究，2001（9）：60.

［105］刘成良．后扶贫时代贫困治理的挑战和建议．经济导刊，2020（12）：38~42.

［106］刘慧．实施精准扶贫与区域协调发展．中国科学院院刊，2016，31（3）：320~327.

［107］刘建生、陈鑫、曹佳慧．产业精准扶贫作用机制研究．中国人口·

资源与环境，2017，27（6）：127～135.

［108］刘牧．当代中国农村扶贫开发战略研究．吉林大学，2016.

［109］刘小鹏、苏晓芳、王亚娟、赵莹、黄越．空间贫困研究及其对我国贫困地理研究的启示．干旱区地理，2014，37（1）：144～152.

［110］刘耀彬、卓冲．绿色发展对减贫的影响研究——基于中国集中连片特困区与非集中连片特困区的对比分析．财经研究，2021，47（4）：64～78.

［111］罗良清、平卫英．中国贫困动态变化分解：1991—2015年．管理世界，2020，36（2）：27～40.

［112］马楠．民族地区特色产业精准扶贫研究——以中药材开发产业为例．中南民族大学学报（人文社会科学版），2016，36（1）：128～132.

［113］宁吉喆．改革开放40年．北京：中国统计出版社，2018.

［114］潘健平、翁若宇、潘越．企业履行社会责任的共赢效应——基于精准扶贫的视角．金融研究，2021（7）：134～153.

［115］祁毓、卢洪友．污染、健康与不平等——跨越“环境健康贫困”陷阱．管理世界，2015（9）：32～51.

［116］曲天军．非政府组织对中国扶贫成果的贡献分析及其发展建议．农业经济问题，2002（9）：27～30.

［117］盛伟、廖桂蓉．深度贫困地区经济增长的空间关联与减贫的外溢效应——以西藏和四省藏区为例．财经科学，2019（2）：63～73.

［118］斯丽娟、王超群．区域扶贫质量测度及其时空演变——基于贫困县夜间灯光数据的研究．宏观质量研究，2020，8（6）：28～38.

［119］孙才志、陈琳、赵良仕等．中国农村水贫困和经济贫困的时空耦合关系研究．资源科学，2013，35（10）：1991～2002.

［120］孙久文、夏添．中国扶贫战略与2020年后相对贫困线划定——基于理论、政策和数据的分析．中国农村经济，2019（10）：98～113.

［121］覃成林、李超．幼稚产业保护与“李斯特陷阱”——一个文献述评．国外社会科学，2013（1）：9.

［122］汤颖、邬志辉．后扶贫时代教育扶贫应处理好的几对关系．教育与经济，2021，37（1）：11～18.

［123］涂洪波、梁春晴、刘姣姣．家庭农场纵向一体化发展机理——基于扎根理论的质性研究．中国流通经济，2021，35（12）：76-89.

［124］涂圣伟．脱贫攻坚与乡村振兴有机衔接：目标导向、重点领域与关

键举措．中国农村经济，2020（8）：2~12.

［125］庹国柱、张峭．论我国农业保险的政策目标．保险研究，2018（7）：7~15.

［126］汪三贵、郭子豪．论中国的精准扶贫．贵州社会科学，2015（05）：147~150.

［127］汪三贵．在发展中战胜贫困——对中国30年大规模减贫经验的总结与评价．管理世界，2008（11）：78~88.

［128］王国勇、邢溦．我国精准扶贫工作机制问题探析．农村经济，2015（9）：46~50.

［129］王建民．扶贫开发与少数民族文化——以少数民族主体性讨论为核心．民族研究，2012（3）：46-54+108.

［130］王介勇、陈玉福、严茂超．我国精准扶贫政策及其创新路径研究．中国科学院院刊，2016，31（3）：289~295.

［131］王凯、朱芳书、甘畅、席建超．区域产业结构转型升级水平与旅游扶贫效率耦合关系——以武陵山片区为例．自然资源学报，2020，35（7）：1617~1632.

［132］王韧、何正达、郭晓鸣、骆希．相对贫困治理中的金融扶贫创新研究．农业经济问题，2021（4）：59~70.

［133］王小林、张晓颖．中国消除绝对贫困的经验解释与2020年后相对贫困治理取向．中国农村经济，2021（2）：2~18.

［134］王小林、张晓颖．中国消除绝对贫困的经验解释与2020年后相对贫困治理取向．中国农村经济，2021（2）：2~18.

［135］王亚华、苏毅清．乡村振兴——中国农村发展新战略．中央社会主义学院学报，2017（6）：49~55.

［136］王永生、文琦、刘彦随．贫困地区乡村振兴与精准扶贫有效衔接研究．地理科学，2020，40（11）：1840~1847.

［137］王志涛、徐兵霞．产业扶贫降低了贫困脆弱性吗？——基于CLDS的准实验研究．云南财经大学学报，2020，36（10）：32~44.

［138］王志章、杨志红．贫而不困：当下中国农村不存在贫困陷阱．湖北民族大学学报（哲学社会科学版），2021，39（2）：118~131.

［139］韦吉飞．扶智：缓解民族地区慢性贫困之行动逻辑．财经研究，2020，46（5）：155~168.

[140] 韦韡、黄文富．创业拼凑：少数民族地区脱贫农户实现可持续生计的创新模式．农业经济，2020（11）：73~75.

[141] 文丰安．新时代社会力量参与深度扶贫的价值及创新．农业经济问题，2018（8）：98~106.

[142] 吴国琴．贫困山区旅游产业扶贫及脱贫绩效评价——以郝堂村为例．河南师范大学学报（哲学社会科学版），2017，44（4）：63~68.

[143] 吴晓蓉、范小梅．教育是实现特困地区有效脱贫的路径保障——以"三区三州"特困地区为分析个案．西北师大学报（社会科学版），2020，57（2）：130~137.

[144] 吴梓境、张波．少数民族地区扶贫引导基金的模式探索．云南民族大学学报（哲学社会科学版），2019，36（1）：104~109.

[145] 武汉大学易地扶贫搬迁后续扶持研究课题组．易地扶贫搬迁的基本特征与后续扶持的路径选择．中国农村经济，2020（12）：88~102.

[146] 武小龙．城乡对称互惠共生发展：一种新型城乡关系的解释框架．农业经济问题，2018（4）：14~22.

[147] 习近平．关于全面建成小康社会补短板问题．求知，2020（6）：4~6.

[148] 邢成举、李小云、史凯．巩固拓展脱贫攻坚成果：目标导向、重点内容与实现路径．西北农林科技大学学报（社会科学版），2021，21（5）：30~38.

[149] 邢成举、李小云．精英俘获与财政扶贫项目目标偏离的研究．中国行政管理，2013（9）：109~113.

[150] 徐虹、王彩彩．乡村振兴战略下对精准扶贫的再思考．农村经济，2018（3）：11~17.

[151] 徐翔、刘尔思．产业扶贫融资模式创新研究．经济纵横，2011（7）：85~88.

[152] 许汉泽、李小云．精准扶贫背景下农村产业扶贫的实践困境——对华北李村产业扶贫项目的考察．西北农林科技大学学报（社会科学版），2017，17（1）：9~16.

[153] 许年行、李哲．高管贫困经历与企业慈善捐赠．经济研究，2016，51（12）：133~146.

[154] 杨德进、白长虹、牛会聪．民族地区负责任旅游扶贫开发模式与实现路径．人文地理，2016，31（4）：119~126.

[155] 杨义东、程宏伟．政治资源与企业精准扶贫：公益项目下的资本性

考量．现代财经（天津财经大学学报），2020，40（9）：64~82.

［156］杨宇、陈丽君．理性制度为何无法取得理性结果？——产业扶贫政策执行偏差研究的三种视角及其启示．西北农林科技大学学报（社会科学版），2021，21（1）：60~71.

［157］姚树洁、王洁菲、汪锋．新时代习近平关于扶贫工作重要论述的学理机制及文献分析．当代经济科学，2019，41（1）：7~19.

［158］叶兴庆．新时代中国乡村振兴战略论纲．改革，2018（1）：65~73.

［159］尹志超、郭沛瑶．精准扶贫政策效果评估——家庭消费视角下的实证研究．管理世界，2021，37（4）：64~83.

［160］游珍、封志明、杨艳昭．中国 1km 地形起伏度数据集．全球变化数据学报（中英文），2018，2（2）：151-155+274-278.

［161］余春苗、任常青．农村金融支持产业发展：脱贫攻坚经验和乡村振兴启示．经济学家，2021（2）：112~119.

［162］张国建、佟孟华、李慧、陈飞．扶贫改革试验区的经济增长效应及政策有效性评估．中国工业经济，2019（8）：136~154.

［163］张健翎．防治返贫巩固脱贫攻坚成果调查研究——以贵州省黔东南州为例．理论与当代，2020（6）：24~26.

［164］张俊良、闫东东．多维禀赋条件、地理空间溢出与区域贫困治理——以龙门山断裂带区域为例．中国人口科学，2016（5）：35-48+126-127.

［165］张立冬．中国农村贫困代际传递实证研究．中国人口·资源与环境，2013，23（6）：45~50.

［166］张敏、马黎珺、张雯．企业慈善捐赠的政企纽带效应——基于我国上市公司的经验证据．管理世界，2013（7）：163~171.

［167］张琦、张涛、贺胜年．供给侧改革视角下民族地区产业精准扶贫的路径探索．西南民族大学学报（人文社科版），2019，40（1）：97~104.

［168］章军杰．从脱贫攻坚到乡村振兴：脱贫村空间再生产——以茶卡村为例．西北农林科技大学学报（社会科学版），2021，21（4）：1~8.

［169］郑秉文．“后 2020”时期建立稳定脱贫长效机制的思考．宏观经济管理，2019（9）：17~25.

［170］郑信哲、王磊．关于边疆民族地区交通设施建设问题——以吉林省长白朝鲜族自治县为例．黑龙江民族丛刊，2017（3）：59~64.

［171］中共中央关于坚持和完善中国特色社会主义制度推进国家治理体系

和治理能力现代化若干重大问题的决定．北京：人民出版社，2019：27.

[172] 中共中央国务院关于实施乡村振兴战略的意见．人民日报，2018-02-05（1）.

[173] 周国华、于雪霞、贺艳华、陈奕璋、毕方泽．湖南省巩固脱贫攻坚成果同乡村振兴有效衔接的思考．经济地理，2021，41（8）：10~18.

[174] 周侃、王传胜．中国贫困地区时空格局与差别化脱贫政策研究．中国科学院院刊，2016，31（1）：101~111.

[175] 周力、郑旭媛．气候变化与中国农村贫困陷阱．财经研究，2014（1）：62~72.

[176] 周力、孙杰．气候变化与中国连片特困地区资产贫困陷阱．南京农业大学学报（社会科学版），2016（5）：55~64.

[177] 朱梦冰、李实．精准扶贫重在精准识别贫困人口——农村低保政策的瞄准效果分析．中国社会科学，2017（9）：90-112+207.

[178] 邹薇、方迎风．健康冲击、“能力”投资与贫困脆弱性：基于中国数据的实证分析．社会科学研究，2013（4）：1~7.

[179] 左停、李世雄．2020 年后中国农村贫困的类型、表现与应对路径．南京农业大学学报（社会科学版），2020，20（4）：58~67.

[180] 李俊杰、姬浩浩．原深度贫困地区巩固脱贫攻坚成果研究的理路与展望——基于文献计量的分析与思考．黑龙江民族丛刊，2023（3）：68~75.

后　记

本著作是国家社科重大项目“民族地区深度贫困大调查与贫困陷阱跨越策略研究”（18ZDA122）的部分研究成果。项目能够获批立项，是我们长期对民族地区反贫困与发展问题观察和探索的结果，为我们对民族地区当下如何巩固脱贫攻坚成果和走向乡村振兴的持续研究树立了信心。自2017年开始，以北方民族大学、中南民族大学和湖北全面小康研究院的青年教师和硕博研究生为主要成员的研究团队，围绕民族地区反贫困与发展的问题，广泛收集整理国内外经典研究文献，运用跨学科范式对民族地区尤其是“三区三州”原深度贫困地区的贫困问题进行深入研究。课题组先后赴西藏、新疆、云南、四川、青海、甘肃等原深度贫困地区开展调查访谈，多次到中央与地方相关政府职能部门调研咨询，在调研过程中得到了多方面的支持和帮助，使项目得以顺利完成。

本课题以“三区三州”原深度贫困地区为研究对象，从“民族地区深度贫困大调查”与“跨越贫困陷阱”两个方面，贫困陷阱的形成、跨越贫困陷阱的路径、巩固拓展跨越成果的障碍因素、专题数据库设计与建设等六个部分展开研究。经过四年努力，课题组取得了丰富的阶段性成果。一是公开发表论文24篇，其中在CSSCI刊物上发表学术论文22篇，其中1篇分别获湖北省、宁夏回族自治区社会科学优秀成果奖一、二等奖；二是撰写调研报告和咨询报告，其中3篇分别获国家民委社会科学优秀成果奖一、二等奖，1篇被地方政府采纳运用；三是承担地方政府扶贫第三方评估，加快学术研究成果应用转化。

该项目是在首席专家李俊杰教授所设计的总体框架下，课题组成员分工协作完成的，是集体合作的结晶。其中，北方民族大学李俊杰教授设计研究框架，并参与第一、二、九、十、十一章撰写；中南民族大学李波教授团队负责第二、三、七章；中南财经政法大学吴海涛教授团队负责第六、十一章；西藏大学占堆教授团队负责第三章；中南民族大学耿新教授、王鑫副研究员团队分别负责第四、五、八、九章；此外，中南民族大学罗如芳老师、谈玉婷老师、马楠副教授、博士研究生陈豪、中南财经政法大学博士研究生谢宜峰也参与了田野调查和部分章节内容的撰写。最后由李俊杰教授完成研究成果的统稿工作。由于研究能力和研究时间有限，书中不妥之处在所难免，恳请读者批评指正。

衷心感谢对本课题相关研究及编写做出贡献的人员和机构。感谢每一位作者在各篇章撰写、书稿审校和修订中付出的辛苦劳动！感谢国家社科工作办提供的项目研究经费资助！感谢调研区域的相关政府职能部门的大力协作！感谢北方民族大学、中南民族大学、中南财经政法大学、西藏大学等院校的支持！

最后，衷心希望民族地区巩固脱贫攻坚成果和乡村振兴事业能不断前进，也希望我们的研究成果能为我国原深度贫困地区巩固脱贫攻坚成果和乡村振兴提供借鉴，为世界其他欠发达地区和国家消除贫困、走向富裕做出力所能及的贡献！

课题组

2025 年 4 月

图书在版编目(CIP)数据

民族地区深度贫困大调查与巩固脱贫攻坚成果研究/李俊杰等著. --北京:民族出版社,2025. 2. -- ISBN 978-7-105-17474-4

Ⅰ. F127. 8

中国国家版本馆 CIP 数据核字第 2025ZY3638 号

策划编辑:向　阳
责任编辑:向　阳
封面设计:刘海伦
出版发行:民族出版社
地　　址:北京市和平里北街 14 号
邮　　编:100013
网　　址:http://www. mzpub. com
印　　刷:河北鑫兆源印刷有限公司
经　　销:各地新华书店
版　　次:2025 年 3 月北京第 1 版
印　　次:2025 年 3 月北京第 1 次印刷
开　　本:710 毫米×1000 毫米　1/16
字　　数:560 千字
印　　张:30. 5
定　　价:85. 00 元
书　　号:ISBN 978-7-105-17474-4/ F・505(汉 397)

该书如有印装质量问题,请与本社发行部联系退换

汉文编辑一室电话:010-64271909　　发行部电话:010-64224782